W0001015

Tiziano Terzani, 1938 in Florenz geboren, war von 1972 bis 1997 Korrespondent des SPIEGEL in Asien. Er kannte die Länder und Kulturen dort wie kaum ein anderer westlicher Journalist. In seinen letzten Lebensjahren, die er in Indien und Italien verbrachte, beschäftigte er sich zunehmend mit Meditation und fernöstlicher Lebensphilosophie. Im Sommer 2004 erlag Tiziano Terzani einer Krebserkrankung.

Tiziano Terzani in der Presse:

»Tiziano Terzani war einer der großen Reporter des 20. Jahrhunderts, ein vor Vitalität berstender Geschichtenerzähler.«

Die Zeit

Außerdem von Tiziano Terzani lieferbar:

Asien, mein Leben
Das Ende ist mein Anfang
Fliegen ohne Flügel
In Asien

Besuchen Sie uns auf www.penguin-verlag.de
und Facebook.

Tiziano Terzani

Spiel mit dem Schicksal

Tagebücher eines außergewöhnlichen Lebens

Vorwort von Angela Terzani Staude

Herausgegeben von Àlen Loreti

Aus dem Italienischen von Barbara Kleiner

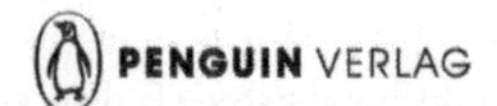

Die Originalausgabe erschien 2014 unter dem Titel *Un idea di destino. Diari di una vita straordinaria* im Verlag Longanesi, Mailand.

Verlagsgruppe Random House FSC® N001967

1. Auflage 2017

In Kooperation mit dem SPIEGEL-Verlag, Hamburg,
Ericusspitze 1, 20457 Hamburg
Umschlag: any.way, nach einer Vorlage von Büro Jorge Schmidt, München
Umschlagmotiv: Effigie/Leemage/Picture Alliance
Redaktion: Ulrike Schimming
Satz: DVA/Andrea Mogwitz
Druck und Bindung: GGP Media GmbH, Pößneck
Printed in Germany
ISBN 978-3-328-10134-5
www.penguin-verlag.de

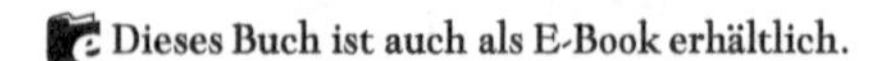
Dieses Buch ist auch als E-Book erhältlich.

Inhalt

Ihr handelt, ich schreibe

Von Angela Terzani Staude

Ein paar Monate, nachdem Tiziano in Orsigna gestorben war, fuhr ich nach Florenz, um mir sein Büro anzusehen. Alles war in Ordnung und aufgeräumt: rasch, aber sinnvoll in Schachteln und Kartons verstaut, die ihm in den 25 Jahren Arbeit in Asien in die Hände gefallen waren. Er mochte alte und etwas abgenutzte Dinge, sie hatten die Patina der Geschichte. Neuerungen interessierten ihn nicht sonderlich, außer es waren solche technischer Natur.

Als ich ihn kennenlernte, da war ich achtzehn, zeigte er mir seine Olivetti Lettera 22, die damals der letzte Schrei war und das italienische Design in die ganze Welt trug. Das war sein einziger Besitz, und er war stolz darauf. Als ein Florentiner Techniker aus Übereifer die alten, etwas abgewetzten Tasten durch neue ersetzte, war Tiziano verzweifelt: Der Mann hatte seiner Schreibmaschine die Geschichte genommen, die Freuden und die Leiden, die er beim Schreiben darauf übertragen hatte und die sie zu seiner machten! Er musste die Tasten wieder auswechseln.

1972 zogen wir mit unseren damals noch ganz kleinen Kindern Folco und Saskia und vier Koffern nach Singapur. Mit seiner Lettera 22 machte Tiziano sich gleich ans Werk und schrieb seine ersten Berichte über den Vietnamkrieg; für Aufzeichnungen und Interviews dagegen benutzte er Notizhefte, die genau in die Brusttasche seiner weißen Hemden passten. Von diesen Notizheften finde ich einige Hundert in der schweren Renaissancetruhe in seinem Büro: Auf den ersten sind verschiedene vietnamesische Schönheiten abgebildet, die späteren haben fast alle einen schönen blassblauen Einband.

Ich blieb mit den Kindern in Singapur, meine Mußestunden brachte ich unter einem riesigen Baum mit lila Blüten zu und schrieb Tagebuch. Darum beneidete mich Tiziano. Er hat es immer für wichtig gehalten, eine Spur der eigenen Tage zu hinterlassen, aber er hatte keine Zeit dazu. In Saigon brach er frühmorgens auf an die Front, kam zurück ins Hotel Continental, um seinen Artikel zu schreiben, von dort eilte er zur AFP und gab ihn per Telex durch, dann machte er sich noch einmal auf, um einen Informanten zu interviewen oder die neuesten Gerüchte zu überprüfen. An den tropischen Abenden aß er mit den Kollegen in den Restaurants am Mekong, und sie redeten dabei weiter von den Ereignissen des Tages. Jede verlässliche Information landete in seinen Notizheften. Aus diesen Heftchen mit der energischen, fantasievollen und ein bisschen ungezügelten Schrift – für mich fast nicht zu entziffern, aber manchmal auch für ihn selbst nicht – sind zwölf Jahre lang Artikel und Korrespondentenberichte für den SPIEGEL, *Il Giorno*, *L'Espresso* und *La Repubblica* hervorgegangen sowie seine ersten beiden Bücher über den Vietnamkrieg.

1973 schreibt Tiziano in Singapur *Pelle di Leopardo (Leopardenfell)* und 1975 in Orsigna *Giaiphong! La liberazione di Saigon (Giai Phong! Die Befreiung von Saigon)*, und ich erinnere mich, dass er, wie um die euphorische Stimmung des Kriegsendes aufrecht zu erhalten, vietnamesische Befreiungslieder hörte, die Notizhefte über den ganzen Tisch verstreut, und von nichts anderem reden und hören wollte. Die Niederlage der Amerikaner durch die Hand der kommunistischen Revolutionäre war für ihn ein persönlicher Triumph, sie stellte die Befreiung der Kolonialisierten von den Imperialisten dar, die Revanche der Unterdrückten für ihre Demütigungen. Der Traum seiner Generation, den er als Journalist unterstützen wollte, war in Vietnam Wirklichkeit geworden. Er weinte vor Freude, als die kommunistischen Panzer in Saigon einrollten. Über dem Schreibtisch in seinem Büro hängt noch immer ein Porträt von Ho Chi Minh, dem Vater der vietnamesischen Revolution.

Doch sein eigentliches Ziel war China. Er hatte sich lang darauf vorbereitet, hatte an zwei amerikanischen Universitäten Sinologie studiert: Er schlug den Revolutionären in Peking vor, uns als Köche, Übersetzer, Sprachlehrer oder sonst etwas anzustellen; er hatte sogar einen Aufsatz über Maos großes Experiment der sozialen Umgestaltung geschrieben, eine Umwälzung, wie die Welt sie noch nicht erlebt hatte und die ihn maßlos interessierte. Aber natürlich bekam er keine Antwort, und das Buch ist nie erschienen.

1975 wurde Tiziano Asienkorrespondent des Nachrichtenmagazins DER SPIEGEL, und wir zogen nach Hongkong, das damals noch eine englische Kolonie vor den Toren des riesigen China war. Und von dort aus unternahm er einen erneuten Vorstoß. Er suchte den Kontakt zu Kommunisten vor Ort, befreundete sich mit einem jungen chinesischen Journalisten, dem er sich so nah fühlte, dass er ihn »Bruder« nannte; er fragte einen gebildeten alten Jesuiten um Rat, Pater Ladány, der seit 30 Jahren im Auftrag des Vatikans China beobachtete. Im Januar 1980 schließlich war er einer der ersten Journalisten, die in Peking zugelassen wurden, und er eröffnete ein Korrespondentenbüro. Wir folgten ihm am Ende des Sommers, zusammen mit unserem Hund Baolì.

Aber die Enttäuschung kam bald. 1981 beginnt Tiziano seine ersten chinesischen Tagebücher auf der Maschine zu tippen. Es handelt sich um kurze, sporadische Reflexionen auf Durchschlagpapier und losen Blättern, der Tenor ist bereits skeptisch und pessimistisch. Er reist durch das Land, und schon die ersten Eindrücke bestätigen das, was ihm von Anfang an evident zu sein schien: Die Wirtschaft steht vor dem Kollaps, die Menschen sind traurig, arm und verängstigt, es herrscht ein Klima der Angst und der Bespitzelung. Millionen Menschen in Umerziehungslagern, Dutzende Millionen Tote. Die Kulturrevolution, die erst kürzlich zum Stillstand gekommen war, hatte Klöster, Buddha-Statuen, Pagoden, Denkmäler, öffentliche und private Bibliotheken zerstört und damit nicht nur die Schicht der Gebildeten vernichtet, sondern auch die materiellen Spuren der alten Kultur des Landes. Die sozialistische

Moderne, dieses schöne Projekt, in das auch Tiziano so große Hoffnungen gesetzt hatte, ging zugrunde, wie zuvor schon in Kambodscha unter Pol Pot.

Seine Reportagen lassen keinen Zweifel an seinen Einschätzungen, und am 8. Februar 1984 wird er auf dem Rückweg von Hongkong von der Sicherheitspolizei am Flughafen Peking festgehalten. Man beschlagnahmt seinen Reisepass und zwingt ihn, eine »Selbstkritik« zu schreiben, in der er seine Vergehen gesteht: Mao beleidigt zu haben und im Besitz chinesischer Kunstschätze zu sein. Auch wird ihm verboten, irgendjemandem gegenüber ein Wort über das zu verlieren, was ihm zustößt, andernfalls droht die Deportation in ein Arbeitslager oder Gefängnis.

Schon 1983 hatte Tiziano aufgrund einiger merkwürdiger Vorkommnisse geahnt, dass jemand dabei war, ihm eine Falle zu stellen, deshalb hatte er mich, Folco und Saskia im Herbst nach Hongkong zurückgeschickt. Er kam von einem Besuch bei uns zurück, als man ihn festnahm. 36 Stunden nach seinem unerklärlichen Verschwinden aus der Wohnung in Peking, wo ich ihn zu keiner Tages- und Nachtzeit telefonisch erreichen konnte, setzte er sich endlich mit mir in Verbindung, um mir vage anzudeuten, dass ihm etwas zugestoßen sei und dass wir nur über »Brieftauben«, das heißt Reisende, die unsere Nachrichten persönlich überbringen würden, miteinander kommunizieren könnten.

Das Verbot, etwas über seine Festnahme verlauten zu lassen, galt auch für mich, weshalb ich in aller Heimlichkeit nur zwei Personen in Hongkong kontaktiere: den »Bruder« und Pater Ladány. Ich rufe auch beim SPIEGEL an und bei unserem Freund Bernardo Valli, der damals für *La Repubblica* aus London berichtete. Keiner von ihnen weiß, was er mir raten soll. In Peking tut Tiziano so, als wäre alles in Ordnung, aber es kursieren Gerüchte über einen Journalisten in Schwierigkeiten, und die Kollegen beginnen nachzuforschen. Bei mir in Hongkong taucht ein befreundeter Diplomat auf, aus dessen Fragen ich schließe, dass er ein doppeltes Spiel spielt, und ich fühle mich in die nebulöse Welt der Spione und Geheimdienste versetzt.

Außerdem weiß ich, dass die Chinesen subtile Psychologen sind und Tizianos erklärten Wunsch, weiterhin in China leben zu können, ausnützen werden, um Katz und Maus mit ihm zu spielen, und dass dieses Spiel ihn am Ende zerstören wird.

Drei Wochen verstreichen, ohne dass sich etwas tut, meine Ratgeber in Hongkong sind besorgt und legen mir nahe, eine »allerhöchste Instanz« einzuschalten. Im ersten Moment ist mir nicht klar, dass sie den Präsidenten der Republik Italien, Sandro Pertini, meinen. Doch dann versuche ich umgehend, den Kontakt zu ihm herzustellen, auch wenn das nicht leicht ist.

Endlich, am 5. März 1984, wird Tiziano aus China ausgewiesen.

Voll bepackt mit Koffern – den Rest seiner Habe hat er in der italienischen Botschaft in Peking gelassen – landet er in Hongkong. Er ist erschöpft und desorientiert, hat sich aber vollkommen in der Hand. Der SPIEGEL bestellt uns nach Hamburg, und vor versammelter Mannschaft von Redakteuren und Herausgebern wird Tiziano einer peniblen Befragung unterzogen: Die Möglichkeit, dass ein Journalist für den Geheimdienst eines anderen Landes arbeitet, ist nie auszuschließen. Die Entscheidungen, die am Ende getroffen werden, fallen jedoch alle zu seinen Gunsten aus. Der SPIEGEL und danach *La Repubblica* veröffentlichten seinen Artikel mit der detaillierten Schilderung seiner Ausweisung, den Tiziano trotz der Drohungen der chinesischen Polizei hatte schreiben können und unter dem Titel *Love Letter to a Wife* (Liebesbrief an eine Ehefrau) von Peking nach Hongkong geschmuggelt hatte. Die inkriminierten Artikel werden noch im selben Jahr zu einem Buch zusammengefasst und publiziert, zunächst in Deutschland unter dem Titel *Fremder unter Chinesen*, wenige Monate später in Italien unter dem Titel *La porta proibita*.

Nach der Ausweisung aus China bietet der SPIEGEL Tiziano ein anderes Einsatzgebiet an: Tokio.

Von China ist zwischen uns nicht mehr die Rede. Nur einmal, als er in den letzten Tagen sein Leben überdachte, sagte Tiziano mir, wenn Indien ihm geholfen habe, seine Gelassenheit wiederzufinden, so sei China das Land gewesen, in dem er am liebsten gelebt habe. An den Chinesen gefiel ihm, wie sie den Alltag meisterten, wie sie zu »spielen« verstanden, auch mit dem Schicksal, ihre Beharrlichkeit.

Im Büro in Florenz sehe ich über dem Faxgerät eine Karikatur hängen, die Folco unmittelbar nach der Ausweisung aus China gezeichnet hat. Sie zeigt wie Tiziano aus China rausfliegt: Ein Fuß in einem chinesischen Pantoffel hat ihm soeben einen Tritt versetzt, und er hält auf den in der Luft ausgestreckten Beinen eine Schreibmaschine, auf deren Tastatur er wild einhämmert.

Die Zeichnung illustriert sehr gut seine Beziehung zur Macht: »Ihr handelt«, sagte er, »ich schreibe.« Darin sah er seine Rolle, daraus schöpfte er seine Kraft und seine Freiheit.

Unter den Ordnern mit veröffentlichten Artikeln entdecke ich eine dicke Mappe, mit Tesafilm verklebt und doppelt verschnürt, darauf mit schwarzem Stift die Aufschrift: »NEIBU«, was auf Chinesisch heißt »nur für den internen Gebrauch bestimmt«, nicht in Umlauf bringen. Es ist das Dossier, das Tiziano, bevor er Peking verließ, einem australischen Diplomaten anvertraute, der in den Tagebüchern *Deep Throat* (»tiefer Schlund«) genannt wird, damit er es nach Hongkong bringe. Ich öffne es und sehe, dass es nur Material rund um seine Ausweisung aus China enthält – von »Brieftauben« überbrachte Botschaften, Treffen mit chinesischen Funktionären, Inventarlisten der Polizei, Schriftverkehr mit den beiden Botschaften, meine verschlüsselten Notizen, seine Anmerkungen, Papiere, Zettel und Telegramme. Zuoberst auf dem Stapel liegt ein Blatt Papier mit einem Gedicht:

Sag mir,
geliebter Computer,
ist die Welt, in der du geboren wurdest,
neu, oder bist du verdammt,
nur der Spiegel zu sein
eines alten,

gescheiterten,
unvollendeten Gedankens,
der den Pfad der Vernunft
verloren hat?

Computer

Hongkong, 25. Dezember 1983

*Tiziano Terzani an seine Frau, die verzweifelt ist
über die Einführung des Computers ins menschliche Leben.*

Ich muss lachen. Wie er sich aufregen konnte über meinen Widerstand gegen technische Neuerungen, die ihn hingegen faszinierten. Dieser klobige Computer, den er Weihnachten 1983 anschaffte, war ihm überaus nützlich beim Verfassen und ständigen Neuschreiben seiner »Geständnisse«, wozu die Chinesen ihn zwangen. Er änderte ein paar Worte, druckte aus und gab die neue Fassung ab. Die chinesischen Polizisten ahnten ja nichts von der Existenz eines Computers in seinem Leben!

Von diesem Zeitpunkt an gibt Tiziano seine alte Lettera 22 auf und arbeitet nur noch mit dem neuen Gerät. Offenbar war er der Erste unter den Korrespondenten in Hongkong, der mit einem Computer arbeitete, und sicherlich mit Abstand der Erste unter den Journalisten des SPIEGEL. Er ist fasziniert, verbringt Stunden davor, ist begeistert von den enormen Möglichkeiten der Maschine. Er beschließt, den PC zu benutzen, um regelmäßig Tagebuch zu führen, was für seine künftige Produktion ausschlaggebend sein wird. Von diesem Zeitpunkt an sind seine Tagebücher also »technisch«, er schreibt sie nicht mehr wie früher von Hand in schöne, individuell gestaltete Hefte, er tippt sie nicht mit der Maschine und legt sie in Ordnern ab, sondern verfasst sie am PC und speichert sie auf Disketten.

Ich finde Schachteln voll solcher Disketten. Auf jeder in Schwarz, Violett oder Rot die Aufschrift »Tagebuch«, gefolgt von der Jahreszahl. Ich drucke eine aus, und es ist, als würde Tiziano selbst in diesen Zeilen wieder lebendig. Es ist, als ob ich das warme Timbre seiner Stimme wieder hörte, sein lebhaftes Sprechen, bald provozierend und überschäumend, bald nervös und irritiert von düsteren Gedanken. Ich bin beeindruckt von der Tatsache, dass die Texte wirklich »geschrieben« sind, es gibt keine halbfertigen Sätze oder nur angedeutete Gedanken.

Und noch etwas anderes beeindruckt mich in diesen Tagebüchern, etwas, was in seinen Büchern nicht zu Tage tritt: die starken Stimmungsschwankungen, dieses Hin- und Hergerissensein zwischen Begeisterung und Verzweiflung, Zweifeln, Gewissheiten und erneuten Zweifeln, zwischen Wut und heiterer Gelassenheit. Seine sehr hohen Ansprüche, vor allem an sich selbst, stürzten ihn in entsprechend tiefe Enttäuschung über die Wirklichkeit, notwendigerweise auch über die Familie. Dann ließ er einem keinen Raum, schenkte niemandem Vertrauen, vor allem seinen Kindern nicht. Im chinesischen Horoskop war Tiziano im Zeichen des Tigers geboren, der nächtlich dunklen Tiger-Mutter. Eine Familie zu schaffen und zu beschützen, lag in seiner Natur. Ohne den sicheren Rückhalt in der Familie hätte er sich in der Welt nicht durchfinden können, daran gab es für ihn keinen Zweifel, und auch als die langen Zeiten des Alleinseins fast unerlässliche Bedingung für seinen inneren Frieden geworden waren, verlor er doch keinen von uns je aus den Augen. Es war schön, sich so geliebt und beschützt zu fühlen, aber es war auch schwierig, so oft hören zu müssen, wie man sein sollte und was man zu tun hatte. Aber merkwürdig, das alles hat uns sehr verbunden, uns untereinander und mit ihm.

Ich finde es schön, heute in den Tagebüchern auch diese seine andere Stimme vernehmen zu können, die zornige, zweifelnde, leidende, die den Kontrapunkt zu der kräftigen und überzeugten Stimme bildet, mit der er sich der Welt präsentierte. Es ist, wie die ins Dunkel der Erde hinabreichenden Wurzeln eines Baumes zu entdecken, der seine Wipfel dem Himmel entgegenreckt.

Die Idee, diese Tagebücher zu veröffentlichen, kam mir sofort. Aber die Entscheidung, wann und wie, mit welchem Herausgeber und nach welchen Auswahlkriterien, hat einige Zeit gebraucht.

Natürlich hatte Tiziano sie für sich selbst geschrieben. Er brauchte einen stummen Gesprächspartner, stets bereit zuzuhören, so wie er ein virtuelles Archiv brauchte, dem er das anvertraute, was ihm tagsüber begegnete oder durch den Kopf gegangen war, sodass er beim Schreiben darauf zurückgreifen konnte. Er sagte, er sei nicht imstande, etwas zu erfinden, nichts erscheine ihm fantastischer als die Wirklichkeit.

Ich glaube nicht, dass er dieses ganze Material unter Verschluss halten wollte: Sonst hätte er die Tagebücher nicht so wohlgeordnet, durchnummeriert, gut sichtbar in seinem Büro liegen lassen. Ich sehe ihn noch, wie er in den letzten Monaten seines Lebens mitten in der Nacht aufstand, um von seinen Laptops all das zu löschen, was mit ihm verschwinden sollte. Von dem, was blieb, hätte er, wenn wir ihn gefragt hätten, dasselbe gesagt wie von all den schönen Dingen, die er gesammelt und stets eifersüchtig gehütet hatte: »Macht damit, was ihr wollt.«

Auch weil der eine oder andere sich eines Tages in seinen Texten wiedererkennen konnte, was ihm diesen »kleinen Moment von Ewigkeit« bescheren würde, den er sich in seinem Buch *Fliegen ohne Flügel* wünschte.

Schließlich haben wir alle Disketten ausgedruckt, und der Papierstapel war fast einen Meter hoch. Alles findet sich darin: Begegnungen, Eindrücke, Überlegungen, auf Englisch geführte Interviews, Hintergründe des politischen Geschehens, Spaziergänge durch alte und neue Welten, Tiere, Sonnenauf- und -untergänge, Briefe an die Familie ... Besonders berührt hat mich der ergreifende Brief an Saskia über das sterbende Macau, das von der Modernisierung zerstört wird. Eine Stadt! Wie sehr kann man eine Stadt lieben? So sehr wie einen Menschen, wie das Leben selbst. Und Tiziano hat viele Städte geliebt.

1985 kommen wir nach Tokio. Tiziano ist neugierig, Japan kennenzulernen, damals das einzige asiatische Land, dem die Modernisierung gelungen war und das den Westen bereits mit seinen Autos und seinen elektronischen Gadgets überschwemmte. Der Preis für eine derart florierende Wirtschaft – das sieht Tiziano sofort – ist hoch, immens hoch. Die Amerikanisierung, die in Japan bereits vor über einem Jahrhundert einsetzte, hat die traditionelle japanische Kultur unter sich begraben, und das Land wird von einem einzigen Ideal beherrscht, das nicht mehr sozial und auch nicht mehr politisch ist, sondern einzig auf Produktion und Gewinnmaximierung beruht.

Tiziano hat jedoch den Eindruck, dass der imperialistische Traum des *Dai Nippon*, der Herrschaft Japans über ganz Asien, der in der ersten Hälfte des 20. Jahrhunderts voller Ambition gehegt wurde und erst mit der Niederlage des Landes im Zweiten Weltkrieg unterging, irgendwo noch weiterlebt. Er wittert ihn, kaum in Tokio angekommen, im pompösen Patriotismus des schintoistischen Yasukuni-Schreins, wo der in den Schlachten des 20. Jahrhunderts gefallenen Soldaten gedacht wird. Diesem Traum hatte auch der Schriftsteller Yukio Mishima angehangen, der aus Protest gegen sein geschichtsvergessenes Land 1970 durch traditionelles Harakiri Selbstmord beging.

Den Reden, oder besser, wie er sagte, dem »Nachhall der Reden« von Leuten wie Premierminister Nakasone und anderen Männern der regierenden Rechten lauschend, gewann Tiziano den Eindruck, als ob tatsächlich ein Teil des Landes durch einen Geheimplan jenem glorreichen Traum verhaftet geblieben wäre, der 1988, während der Agonie von Kaiser Hirohito, kurz noch einmal aufflammte. In Wirklichkeit aber bestand Japans Ehrgeiz darin, eine wirtschaftliche Großmacht zu werden, ein Ehrgeiz, der durch die Globalisierung, von der man damals zu reden begann, noch bestärkt wurde.

Bereits traurig über das Scheitern des Sozialismus und den Verlust seines chinesischen »Gartens«, sieht Tiziano, als ihm klar wird, dass die Zukunft von einem ungehemmten und unkontrollierbaren

Wachstum beherrscht sein wird, keine Rolle mehr für sich und verfällt in eine bedenkliche Depression, von der er sich nie mehr ganz erholen wird.

»Wenn das unsere Zukunft ist«, sagt er dem Freund Paolo Pecile, als er im Sommer nach Florenz kommt, »dann will ich sie nicht sehen.«

Seine Begeisterungsfähigkeit wird zum Teil wiederbelebt durch die »gelbe Revolution« auf den Philippinen – eine Revolution der alten Art, wie er sie mochte: Das ganze Volk protestierend auf den Straßen. Ausgelöst durch die Ermordung des Oppositionsführers Ninoy Aquino, brachte sie Präsident Marcos zu Fall, und Cory Aquino, Ninoys Witwe, kam an die Macht. In diesen zwei Jahren fährt Tiziano oft nach Manila, er wird gern gesehener Gast in der Familie Aquinos, von dem es hieß, er habe in Amerika Tizianos Bücher über die Befreiung Vietnams gelesen. Tiziano taucht ein in das fröhlich resignierte Leben der Philippinen, die, so sagte er, von den Völkern Asiens das sympathischste seien.

»In Manila trete ich ans Fenster, und ich sehe das Leben vorüberziehen«, erklärte er mir. »In Tokio sehe ich nichts.«

Das war das Grauen für ihn: nichts zu sehen. Denn, so wiederholte er immer wieder, sein Kopf sei leer, er brauche also Stimuli von außen, die er aufsauge wie ein Schwamm und auf die er dann reagiere.

Im Gegensatz zu China, wo in jenen Jahren alles zur Diskussion gestellt wurde, wo die Politik und das Leben noch einmal neu definiert wurden und in wer weiß welche Richtung aufbrachen, erschien ihm Japan reglos, im Materialismus erstarrt.

Im Sommer 1990, nach fünf schwierigen Jahren und bevor wir nach Bangkok übersiedeln, erprobt Tiziano zum ersten Mal eine Lebensform, die ihm neue Kraft gibt und auf die er auch in Zukunft mehrfach zurückgreifen wird: Er beschließt, in der Gegend von Daigo einen Monat in vollkommener Einsamkeit zu verbringen. Er will in Ruhe nachdenken, seine Schlüsse ziehen und womöglich ein Buch über Japan schreiben. Er bricht mit Baolì auf, in dem roten

Toyota, den er schon in Peking fuhr, aber einmal in der Ruhe der Landschaft um Daigo angekommen, lässt er das Buchprojekt fallen, schläft, beschäftigt sich mit dem Hund und schickt Faxe über das wiedergefundene Glück an die in Orsigna versammelte Familie. Erst da beginnt er, nach langem Schweigen wieder Tagebuch zu schreiben, und diese Faxe werden darin aufgenommen.

1990, die letzten Tage des alten Bangkok. Wir beziehen das schönste Haus unseres Lebens in Asien, »Turtle House«, das Schildkröten-Haus, ganz aus Holz, halb von Termiten zerfressen, aber mit einem Teich unter Palmen und Mangobäumen, in dem eine riesige Schildkröte lebt. Anfangs hat Tiziano seinen Spaß daran, er kauft Fische, bringt zwischen den Pflanzen versteckte Lampen an, aber der schwarze Hund der Depression, von dem Churchill schreibt, kehrt an seine Seite zurück. In dem Wissen, dass nur dann, wenn er in Bewegung ist, sein Herz sich wieder öffnet und die Angst weicht, geht er erneut auf Reisen.

Im Sommer 1991 ist er mit einer chinesisch-sowjetischen Expedition auf dem Fluss Amur unterwegs, als er erfährt, dass Gorbatschow gestürzt wurde. In Chabarowsk, am äußersten östlichen Ende des Sowjetreichs, geht er von Bord, um durch Sibirien, Zentralasien und Russland bis Moskau zu reisen und nach 70 Jahren Kommunismus dem Zusammenbruch der UdSSR beizuwohnen. Er reist mit einem Laptop, auf dem er Tag für Tag seine Eindrücke und Gedanken festhält, und am Ende der Reise ist das Buch praktisch fertig. In einem Monat der Überarbeitung in seinem Büro in Bangkok, mit Blick auf den Teich und die Kokospalme, die aus dem Dach herauswächst, macht er aus den Tagebuchaufzeichnungen das Buch *Gute Nacht, Herr Lenin*.

Es ist ein Abschied vom Kommunismus, ohne Wut und ohne Häme. Im Gegenteil, Tiziano empfindet großes Mitgefühl mit denen, die ihr Leben der Idee des Sozialismus geweiht haben, und er widmet das Buch dem Andenken seines Vaters, der ebenfalls diesem Traum anhing. Mit dem Zusammenbruch der UdSSR ist der Traum vom Kommunismus definitiv an sein Ende gelangt, um nur auf dem kleinen Kuba noch weiterzuleben. Schon während er durch die zentralasiatischen Staaten reist, bemerkt Tiziano, dass die Lenin-Statuen mit dem Ruf »Allahu akbar!«, Allah ist groß, gestürzt werden und er sieht als einer der ersten voraus, dass der Islam die neue Religion der Entrechteten sein wird.

Im selben Jahr, 1991, wird Kambodscha, das sich nach dem Pol-Pot-Regime nicht mehr erholte, einer UN-Übergangsregierung unterstellt. In zwei Jahren fährt Tiziano mehrmals nach Phnom Penh, eine Stadt, die er in Kriegszeiten, als sie noch schön, buddhistisch und in ihre Mythen eingebettet war, zutiefst liebte. Manchmal fährt er in Gesellschaft seines französischen Freundes Poldi hin, der in Bangkok lebt, und jedes Mal ist er bestürzt. Das Volk der Khmer ist traumatisiert, von Leiden entkräftet. Es ist ein unschuldiges Volk, weltfremd und in dunklen Prophezeiungen gefangen: Zu was soll es gut sein, dieses Volk noch weiter zu verwirren, indem man ihm unsere Werte aufzwingt, Demokratie, freie Wahlen, ganz zu schweigen von Prostitution, Drogen und Korruption, die die gut bezahlten Angehörigen der internationalen Organisationen unweigerlich ins Land schleppen? Warum überhaupt diese Organisationen dort hinbringen?

Tiziano kehrt immer erschütterter, düsterer und nervöser nach Bangkok zurück, unentschlossen, was zu tun sei. Schreiben erscheint ihm mittlerweile sinnlos. »Ich verspüre Angst vor den alten Gespenstern der Depression, die ständig bereit sind, mir wieder an die Kehle zu springen. Ich begreife, dass sie ihren Ursprung auch in der Politik haben«, vermerkt er am 24. September 1992 in seinem Tagebuch.

Es ist an der Zeit, einen neuen »Blickwinkel« zu finden.

1992 erinnert er sich zufällig – auch wenn nichts »zufällig« geschieht, den Zufall gibt es nicht, sagte er, der Zufall, das sind wir – an die Prophezeiung eines chinesischen Wahrsagers in Hongkong, der ihn 1976 gewarnt hatte, er solle im Jahr 1993 kein

Flugzeug besteigen. Und 1993 stand vor der Tür! Er bricht erneut auf, wie er in dem neuen Tagebuch bemerkt, das zu schreiben er sich anschickt: »Die Wahrheit ist, dass ein Mensch mit 55 Jahren große Lust verspürt, sein Leben mit einem Schuss Poesie zu würzen, die Welt mit neuen Augen zu betrachten, die Klassiker wieder zu lesen, wieder zu entdecken, dass die Sonne aufgeht, der Mond am Himmel steht und die Zeit nicht nur eine mit der Uhr messbare Einheit ist.«

Er genießt diese Langsamkeit, dieses Leben mit dem Boden unter den Füßen, die vielen »zufälligen« Begegnungen wie ein Reisender der Vergangenheit, dennoch erforscht er mit dem Blick des Journalisten, der verstehen will, die Städte, die Lebensformen, die politischen Systeme und die Überlebensstrategien, die ihm unterwegs begegnen. Da heutzutage nun einmal die Möglichkeit der Erneuerung und der Modernisierung besteht, ist die schöne Welt der Vergangenheit zum Verschwinden bestimmt, das ist ihm klar. Und während er auf dem Mekong entlangfährt und am einen Ufer das von Öllämpchen gesprenkelte Dunkel von Laos sieht und am anderen die Scheinwerfer der Autos und die Neonlichter Thailands, fragt er sich: »An welchem Ufer liegt das Glück?« Wie viel von der alten, vertrauten Welt sind wir bereit aufzugeben, und was bekommen wir im Tausch dafür von der neuen? Die Antwort ist so komplex, dass Tiziano sie nie finden wird; umso dringlicher erscheint es ihm, dass die Menschheit und ihre Führer sich diesem Problem stellen.

Am Ende eines Jahres der Reisen durch Asien und Europa entsteht das Buch *Fliegen ohne Flügel*. Als einzige Passagiere neben 2000 Containern kehren wir an Bord eines Frachters des Lloyd Triestino nach Bangkok zurück, 19 Tage dauert die Fahrt auf der alten Schifffahrtsroute von La Spezia nach Singapur. Da gab es nur Meer und Himmel zu sehen.

In einem kleinen Haus in Ban Phe, an einem langen weißen Sandstrand am Golf von Thailand beginnt Tiziano, sein Buch zu schreiben. Aber zu viel hat er auf seiner langen Reise gesehen und bedacht, nicht alles wird Eingang ins Buch finden, vieles bleibt in den Tagebüchern aufbewahrt.

Und die Wahrsager! Was für ein wunderbarer Ausweg aus den Ängsten und Nöten des Alltags sind für die asiatischen Völker ihre Wahrsager, die Meditation, die religiösen Riten, die Spiritualität. Sie sind eine Lebenshilfe, die wir im Westen im Namen der Rationalität und der Wissenschaft endgültig verspielt haben. Als Entdecker, der er ist, und auch als jemand, dem die Angst so nah ist wie sein Schatten, möchte Tiziano versuchen, diese verschütteten Wege wieder freizulegen.

Schon im nächsten Jahr bittet er um seine Versetzung nach Indien. Dort sind die Vergangenheit und das traditionelle Wissen noch am Leben, auch wenn das Land sich schnell den neuen Zeiten anpasst. Es war ein Schock zu entdecken, dass Coca-Cola gleichzeitig mit uns in Delhi Einzug hielt.

Zwei Jahre lang bereist Tiziano als Journalist den Subkontinent – Indien, Kaschmir, Pakistan, Bangladesch, Sri Lanka –, immer mit seinem Computer, in den er seine Tagebuchnotizen eingibt. Entdeckungsreisender von Natur aus, kann er freilich nichts Romantisches mehr in dem Asien ausmachen, das sich modernisiert, in den Millionen hupender *Three-Wheelers* – den dreirädrigen Motorrikschas – Autobussen, Motorrädern, Lkw, alle mit Verbrennungsmotor, die die Luft in eine »Gaskammer« verwandeln, wie er mir aus Pakistan schreibt. Er hat genug von den Ländern in chaotischem Wandel, genug auch von den Muezzin, die nicht mehr mit volltönender Stimme zum Gebet rufen, sondern durch krächzende Lautsprecher, die ihn im ersten Morgengrauen aus dem Bett reißen.

Haben sie vielleicht nicht das Recht dazu? Haben wir nicht auch unsere Modernisierung durchgemacht?

»Ich fühle mich wie gestern auf dem Balkon dieses baufälligen Hauses, zwischen dem ›Doktor‹ bei Kerzenschein und dem jungen Moslem mit seiner modernen Computerschule. Ich bin immer dazwischen, immer ein Pendler zwischen diesen beiden Welten:

einer alten Welt, die ich nicht verlieren will, und einer neuen, auf die zu verzichten mir absurd und unlogisch vorkäme«, bemerkt er in seinem indischen Tagebuch.

Das sind Probleme, die sich mit den Mitteln des Journalismus nicht lösen lassen. So groß war Tizianos Wunsch, sich auf diese Fragen zu konzentrieren, dass er Ende 1996 in einer plötzlichen Entscheidung beim SPIEGEL seine Frühpensionierung beantragt.

So fühlt er sich entbunden von der Pflicht denen gegenüber, die ihm ein Gehalt bezahlten, die ihm eine Last war, nicht aber von der Verantwortung gegenüber dem Leben. An Plänen mangelt es ihm nicht. Wenige Monate später jedoch, während er noch auf der Suche ist nach einem Ort, wohin er sich zurückziehen kann, wird Magenkrebs bei ihm festgestellt. Es ist der Frühling des Jahres 1997, er ist 58 Jahre alt. Seit einer Weile schon war er unruhig, sah Ungutes voraus, aber bestimmt nicht Krebs.

Alles muss neu überdacht, verändert und umorganisiert werden. Nur auf eines der alten Projekte will er nicht verzichten: Hongkong. Die letzte und erstaunlichste aller britischen Kolonien, wo Folco und Saskia zur Schule gegangen sind und wir als Familie acht wunderschöne Jahre verlebt haben, wird am 30. Juni 1997 an China zurückgegeben: Damit endet der Kolonialismus und die Vorherrschaft des weißen Mannes in der Welt, ein Augenblick von größter historischer Bedeutung. Tiziano, der seit seinen Studientagen in Pisa von Entkolonialisierung sprach, darf bei diesem letzten großen Termin des 20. Jahrhunderts nicht fehlen. Wir fahren gemeinsam hin, wir wohnen in zwei kleinen Zimmern am Fuß des Peak, unter Chinesen, nur ein paar Schritte vom FCC, dem Korrespondentenclub, entfernt. Saskia lebt in Hongkong, es kommen Bernardo und andere befreundete Journalisten, Mitstreiter in vielen Kämpfen. Sogar *xiao* Liu kommt, unser geliebter Dolmetscher aus Peking, und es ist eine Dauerparty.

Die Artikel, die Tiziano hiervon an den *Corriere della Sera* schickt, sind sein Schwanengesang, sein Abschied vom Journalismus.

Nach dem Sommer in Orsigna brechen wir nach New York auf. Tiziano hat beschlossen, am Memorial Sloan Kettering Cancer Center Hilfe zu suchen, einer auf die Behandlung von Krebs spezialisierten Klinik. Chemotherapie, Bestrahlung, Eingriff an einer Niere, um einen Tumor zu entfernen. In New York will er allein sein, mit seinem PC auf dem Tischchen vor dem Fenster, das auf den Central Park geht, um von diesem neuen Stück Wegs zu erzählen. Plötzlich mit dem Tod konfrontiert zu sein, sieht er als »Chance, sich nicht zu wiederholen«, und er sagt, er sei glücklich darüber.

Wir kommunizieren per Fax und per Mail. Ich besuche ihn mehrmals, und ich empfinde ihn als zugleich zerbrechlich und stark. Kraftvollen Schritts gehen wir stundenlang vom Park bis zur Bowery und bis ans Ende der Insel Manhattan. Wir machen Halt und essen Sushi, geröstete Kastanien an den Straßenecken, wir kaufen Bücher bei Strand, bequeme Kleidung im Old Navy Store, wir gehen ins Kino, reden, machen auch Pläne. Keine langfristigen allerdings: Tiziano macht sich keine Illusionen über die Zeit, die ihm bleibt. Von diesem neuen Abenteuer, von dieser weiteren Runde auf dem Karussell, möchte er in seinen Tagebüchern berichten, um einen Sinn darin zu entdecken.

Im Januar 1998 ermuntern ihn die Ärzte, sein früheres Leben wieder aufzunehmen, aber das erscheint ihm absurd: »Wenn es doch eben dieses Leben war, das mich krank gemacht hat!« Wir kehren zurück nach Indien, und unter dem Vorwand, alternative Behandlungsmethoden zu suchen, beginnt er zwischen einem Kontrolltermin in New York und dem nächsten, das spirituelle Leben Asiens zu erkunden. Mit seinem Freund Poldi meditiert er im Norden Thailands, er besucht die Heiler auf den Philippinen, er verbringt Monate in einem Aschram in Südindien und studiert die klassischen indischen Texte, unter Anleitung eines *Swami* – Meister oder Guru –, in enger Gemeinschaft mit seinen Schülern. Er bringt sein Ego zum Schweigen, indem er sich »Anam« nennen lässt, der Anonyme, der Namenlose, doch als echter Florentiner verzichtet er nicht auf den »guten alten Zweifel« und wird niemandes Anhänger.

»Mein Hiersein, jetzt, mein Versuch zu schreiben, führt die Geschichte weiter und fügt das letzte Kapitel hinzu, das wahrhaftigste: Es gibt keine Abkürzungen, schon gar nicht die eines Guru, der dir den Pfad weist. Das ist ein Aspekt, den man unbedingt unterstreichen muss, auch um künftige junge Reisende davor zu warnen, sich von der Vorstellung irreführen zu lassen, ›dass man jemanden braucht, der Licht macht‹. Das soll er tun, doch dann ist es an uns zu urteilen, zu bewerten, unsere Erfahrungen zu machen«, schreibt er am 10. Juli 2002.

Am 14. September 1998 feiert er in Orsigna seinen 60. Geburtstag. Mit Folco hatte er im Himalaja in der Nähe der Stadt Dharamsala, dem Exilort des Dalai Lama, die Hütte eines Eremiten gesehen, die ihm sehr gefallen hatte, eine *Gompa*. Im Tagebuch hat er sie ausführlich beschrieben, und nun baut er sie sich in Orsigna bis ins Detail nach, auch mit den kräftigen tibetischen Farben, die er so sehr liebt. In dieser *Gompa* wird er sechs Jahre später für immer die Augen schließen.

Tiziano ist weiterhin auf der Suche nach einer Bleibe in Indien. Ende 1999 nehmen wir mit Poldi von Delhi aus einen Zug, und nach 15 Stunden Fahrt, davon drei im Auto, gelangen wir nach Almora, einst Hauptstadt eines kleinen Himalaja-Reichs. Im Gästehaus Deodars, wo wir unterkommen, erzählt uns der Besitzer von einem alten Mann, der auf 2300 Metern Höhe abgeschieden an einem Ort namens Binsar wohnt, vor sich die göttliche Himalaja-Kette, die hier den ganzen Horizont einnimmt.

Sollen wir hinfahren? Natürlich fahren wir hin.

Mit dem Auto fahren wir die Abhänge hinauf, durchqueren einen alten Wald, gelangen an einen *Mandir*, einen Tempel, von dort aus gehen wir noch eine Stunde zu Fuß weiter, dann kommen wir an ein Gittertor. Wir öffnen es, noch ein Stück Wald, und wir sehen uns vor einem sonnenüberfluteten Halbrund aus Wiesen, am oberen Ende ein kleines Haus in englischem Kolonialstil vom Ende des 19. Jahrhunderts. Ein alter Inder, Vivek Datta, empfängt uns und lädt uns ein, mit ihm und seiner belgischen Frau, Marie-Thérèse, das letzte Silvester des alten Jahrtausends zu verbringen. Am Ende macht er Tiziano wunderbarerweise den Vorschlag, die steinerne Hütte zu beziehen, die unterhalb seines Hauses steht: das schönste Geschenk, das er ihm machen konnte.

Wir verzichten nicht auf unsere Reise nach Pakistan, die wir mit Poldi schon geplant hatten, aber auf dem Rückweg besorgen wir Solarpaneele und Vorräte für Tiziano, und dann, während ich schon wieder auf dem Weg nach Florenz bin, wird er sich auf dem Basar von Almora mit dicken Decken und warmer Wollkleidung versorgen: In Binsar gibt es weder Strom noch fließend Wasser, geheizt wird mit Holz.

Schnee fällt, und Vivek, ein sehr gebildeter Mann mit einem reichen Fundus an Geschichten und indischer Spiritualität, öffnet für Tiziano die »Büchse der Pandora« seines Geistes. Seit seiner ersten Berührung mit Indien war Tiziano beeindruckt von der starken Spiritualität, die er bei den Menschen hier wahrnahm. Es ist also kein Zufall, dass ausgerechnet ein Inder seiner langen Suche ein Ende setzte und ihm das letzte Stück Wegs wies, das zurückzulegen blieb. Das bestätigt, wie wahr das indische Sprichwort ist: »Wenn der Schüler bereit ist, erscheint der Meister.«

Dort oben verbringt Tiziano mit langen Unterbrechungen die Jahre 2000 und 2001.

Allein vor der erhabenen Gebirgskette des Himalaja, sieht er sich wie einen verschwindend kleinen Teil des Kosmos, ähnlich wie ein Marienkäfer, ein Blatt, eine Krähe, die geboren wird und vergeht, wie eine Wolke, die sich bildet und sich wieder auflöst, und das versöhnt ihn vollkommen mit dem Gedanken, dass das auch sein Schicksal ist.

Die Natur ist seine große Lehrmeisterin, der einzige Guru, den er anerkennt: »Ich setze mich und versuche zu meditieren, aber nichts, was ich in mir finden könnte, ist so überwältigend wie das, was ich vor Augen habe, weshalb es absurd wäre, sie zu schließen. Ich lasse mich durchdringen und trunken machen von den Farben, der Stille, dem Wind, den Rufen meiner beiden Krähen, die sehen, wie feige ich bin, und mich am Boden zurücklassen.« (25. Februar 2000)

Nur der 11. September kann ihn aus seiner Höhle locken und führt ihn zurück *into the plains*, wie die Inder aus dem Gebirge die Ebene nennen, womit sie auch die weltlichen Geschäfte meinen. Das Gefühl der Verantwortung gegenüber der Welt hat ihn nie ganz verlassen: Bis zum Schluss wird er ihr gerecht, ohne je seine Krankheit als Entschuldigung anzuführen und sich zurückzuziehen. Er kehrt nach Italien zurück, nach Pakistan, Afghanistan und noch einmal Italien: Er arbeitet wieder als Journalist, oder besser als Autor der *Briefe gegen den Krieg*. Sein Tagebuch beginnt mit kurzen Botschaften an mich, von der »Front«, wie in alten Zeiten.

Auf der Suche nach einem neuen Banner, unter dem er in den Kampf ziehen könnte, findet er den Pazifismus: Nicht weil diese Haltung ihm am meisten gelegen hätte, sondern weil er in der Gewaltfreiheit die einzige Waffe sah, die man dem Krieg in Zeiten der Massenvernichtungswaffen entgegensetzen kann.

Ein Jahr später, im November 2002, geben die Ärzte ihm die Gewissheit, dass sein Tod nahe ist. Die 20 Monate, die ihm bleiben, sind, das mag merkwürdig scheinen, die heitersten. Nicht den Tod fürchtet er, sondern das Chaos, die Irrtümer, die eigene Verwirrung. Er hat begriffen, dass man durch die Arbeit an sich selbst die Welt verändern kann, damit wird der Tod für ihn eine Herausforderung, bei der hohe Ideale im Spiel sind. Aus den dramatischen Bewegungen seiner Reflexionen geht *Noch eine Runde auf dem Karussell* hervor, ein Buch voll »lächelnder Heiterkeit«. Die emotionale Mühe hingegen, die den Schreibprozess begleitet und am Ursprung jeder Form des Schöpferischen steht, wird in den Tagebüchern sichtbar.

Für Tiziano war der Weg das Ziel. Unentwegte Neugier trieb ihn an. Sein Streben nach Perfektion hinderte ihn daran, sich mit dem zufriedenzugeben, was er zu einem gewissen Zeitpunkt erreicht hatte: Er suchte nach mehr, Besserem, weiter, immer weiter voran ... Die Heiterkeit seines Endes entsprang der Überwindung einer unendlichen Unruhe, eines ewigen Ungenügens.

Der Eindruck, den seine Erscheinung in den letzten Jahren auf die Menschen machte, verdankte sich dem Ernst, mit dem er gelebt hatte. Was ihn auszeichnete, war dieses immer in erster Person für alles Einstehen. Er delegierte nichts, fühlte sich mitverantwortlich für alles und jedes, von der schlechten Politik bis zur eigenen Krankheit.

In den letzten Monaten ging er immer noch aufrecht, mit seinem Stock, der weißen Wolljacke aus dem Himalaja und der Würde eines antiken Menschen. So betrat er mit Folco das Sushi-Restaurant im Einkaufszentrum von Sesto Fiorentino oder mit mir das hinter der Piazza della Signoria, wohin er mich zu einem letzten Abendessen führte; und so hielt er auf Saskias Hochzeit seine letzte Rede.

Unzeitgemäß, doch königlich in seiner Erscheinung, demütig nur vor schönen Dingen.

Florenz, 9. April 2014

Tagebücher

1981–1984

Nachdem er fünf Jahre lang in Hongkong gelebt hat, ist Terzani 1980, als das kommunistische China seine Grenzen öffnet, einer der ersten ausländischen Journalisten, die ihren Wohnsitz in der Volksrepublik nehmen. Von Peking aus telegrafiert er an den SPIEGEL: »Habemus officium!« Die Familie und der Hund werden im September nachkommen.

In Peking baut er ein dichtes Netz an Kontakten und Freundschaften auf, wobei ihm bewusst ist, dass er wie alle ausländischen »Gäste« unter Aufsicht schreibt. Nach dem Tod Maos im September 1976 versucht China eine vorsichtige Öffnung zum Westen, während im Inneren der KPCh drastische Abrechnungen stattfinden, aus denen Deng Xiaoping als neuer Mann hervorgeht. Für einen Journalisten ist das eine heikle wie stimulierende Situation. Terzani befindet sich in einer in mehrfacher Hinsicht widersprüchlichen Lage: Er ist ein Italiener, der an einer amerikanischen Universität Chinesisch studiert hat und für ein deutsches Magazin arbeitet ... und alles daran setzt, wie ein Chinese zu leben. Er nimmt einen chinesischen Namen an – Deng Tiannuo –, er kleidet sich chinesisch, schickt seine Kinder Folco und Saskia auf eine chinesische Schule, er versenkt sich in eine Kultur, die er aus ganzer Seele liebt. Aber die Wirklichkeit ist »weniger schön als die Träume«. Er bereist jeden Winkel des Landes, von Xinjiang bis Shandong, von der Mandschurei bis zu den Hainan-Inseln und stellt fest, dass das alte China verschwindet, pulverisiert von der Kulturrevolution und erstickt vom Prozess der Modernisierung. Er schildert, was er sieht, ungeschönt, und auch in den Tagebüchern hält er beunruhigende Gefühle fest.

Ab 1981 zeigt der SPIEGEL sich besorgt über die Unverblümtheit seiner Berichte, aber Terzani ändert sich nicht. Beschwerden und Nötigungen lassen nicht auf sich warten, chinesische Regierungsfunktionäre bekunden Missfallen über seine Artikel, die von grenzenloser Neugier diktiert sind. Sie treibt ihn an, alle und jeden zu befragen, in die entlegensten Gebiete zu reisen, manchmal ohne Genehmigung. 1983 nimmt der Druck zu, und Terzani sieht ein, dass er handeln muss. Im Juni schickt er seine Frau Angela und die Kinder wieder nach Hongkong und bleibt allein in Peking zurück. Ende des Jahres zeichnet er erstmals auf einem kleinen Computer digitale Notizen auf, eine echte technologische Innovation.

Im Januar 1984, als er nach dem Tod seines Vaters Gerardo nach Hongkong zurückkehrt, bestellt das chinesische Außenministerium ihn ein, um ihm mitzuteilen, dass seine Arbeitserlaubnis trotz der Verlegenheit, die seine Artikel ausgelöst haben, um ein weiteres Jahr verlängert wird. Aber drei Wochen später, während er von einer Reise in den Süden Chinas zurückkehrt, hält die Sicherheitspolizei ihn am Flughafen Peking fest. Mitten in der Nacht bringt man ihn zuerst in seine Wohnung, wo verschiedene Gegenstände beschlagnahmt werden, dann auf das Polizeipräsidium, wo er befragt, bedroht und formell »konterrevolutionärer Vergehen« bezichtigt wird. Ohne Pass und verpflichtet, absolutes Schweigen über die Sache zu wahren, andernfalls droht ihm die Inhaftierung, wird er gezwungen, wieder und wieder eine Selbstkritik zu schreiben, die seine »gute Einstellung« beweisen soll. Angela organisiert von Hongkong aus eine Hilfsaktion. Beraten durch einen ungarischen Jesuiten in Hongkong und einen Journalisten der KPCh, einen Freund Terzanis, und unter Ausnützung der Kanäle der Tageszeitung *La Repubblica* gelingt es ihr, die *Causa Terzani* auf den Schreibtisch des Staatspräsidenten Pertini zu bringen, was die Situation entspannt.

Im Morgengrauen des 5. März trifft Terzani in Hongkong ein, aus der Volksrepublik China ausgewiesen. Das ist ein Schock. Der SPIEGEL steht ihm zur Seite, indem er sofort seinen Artikel über die Ausweisung veröffentlicht sowie im Juni eine Anthologie mit seinen wichtigsten Reportagen aus der Volksrepublik China *(Frem-*

der unter Chinesen. Reportagen aus China). Im September, während der Verlag Longanesi den Druck der italienischen Übersetzung unter dem Titel *La porta proibita (Die verbotene Tür)* vorbereitet, hält Terzani in einer Notiz ein neues Projekt fest, das nie verwirklicht werden wird: »Ein Buch schreiben über das Journalistsein in China. Eine Lektion in Sachen Berufskunde: Wie man sich nicht in die Falle locken lässt, wie man die Maske abnimmt. Die Geschichte der Geschichten, die Geschichte der Reisen, die Kontakte mit den Menschen, die Chinesen als große Hypnotiseure, China als Theater.«

Er kommt nach Hamburg, wo er mit dem SPIEGEL seine Zukunft plant: Mit Standort Hongkong würde er Reportagen über Südostasien und die Philippinen schreiben, wo das Regime von Marcos zu wanken beginnt; ab 1985 sollte er Japan-Korrespondent werden.

März 1981, Peking. In der Nacht fällt eine Einheit der Befreiungsarmee alle klassisch chinesischen Bäume (Trauerweiden) rund um den Regierungssitz im Innern der ehemaligen Kaiserstadt und schafft sie weg. Am Morgen sieht es aus, als wäre nichts geschehen. Die Trauerweiden wurden durch Weihnachtsbäume amerikanischen Typs ersetzt, die mit der chinesischen Tradition nichts zu tun haben.

* * *

Mai 1981, Peking. Das große Problem aller westlichen Intellektuellen, die die Revolutionen verfolgt haben, ist, dass sie sich für die nationale Revolution begeistert haben und dabei vergaßen, dass es die Kommunisten waren, die sie machten.

Das ist das Thema des zu schreibenden Buches.

Das ist die Geschichte unserer Zeit. Die Linke, gefangen gesetzt von der kommunistischen Bürokratie, nachdem sie fasziniert war vom Kampf für Gerechtigkeit.

War es das, was die fortschrittlichen Kräfte von damals wollten? Was wollten wir in Vietnam?

Schauen wir uns ins Gesicht.

Juni 1981, Peking. Ein Mann geht zwischen den zerschlagenen und wieder zusammengekitteten Stelen von Qufu* herum und sagt: »Das hat Mao gemacht, das hat die Kommunistische Partei gemacht …«

* Begriffe, die mit * markiert sind, werden in den Anmerkungen ab Seite 535 erklärt.

Auf dem Markt von Qufu fragt mich ein Bauer, woher ich komme. Ich sage aus Italien, und er: »Ah, das ist ein schönes Land, besser als unseres. Alle Länder sind besser als unseres.«

* * *

1. Oktober 1981, Peking. Feier zum Jahrestag der Gründung der Volksrepublik China. In den Zirkus gegangen. Die besten Akrobaten, die besten dressierten Hunde, der beste chinesische Bär, der Ball spielt oder einen Kinderwagen schiebt. Aber alles ist ohne Zauber: die faschistische Perfektion der Akrobaten, die Varieté-Beleuchtung … Die Leute kommen und gehen. Sie sind hier, weil die Partei ihnen die Karten gegeben hat, aber es interessiert sie nicht, sie applaudieren nicht, sie amüsieren sich nicht.

Das Leben in China hat die Freude eingebüßt, wenn es sie denn je gekannt hat.

Man tritt in die Nacht hinaus, es müsste Festtagsstimmung sein, aber die Lichter an den Häusern sind schon gelöscht, um zu sparen. Seit Jahren wird kein Feuerwerk mehr veranstaltet, um zu sparen. Vereinzelt radelt jemand mühsam in der grauen Stille des Tiananmen-Platzes durch die Nacht.

China ist ohne Inspiration.

Wir nähern uns immer mehr einer Form des Faschismus ohne Ideologie, es sei denn man betrachtet ein Regime von Disziplin, Ordnung und Stärke, der Denunziation und des Verdachts als Ideologie.

Nirgendwo eine Spur von Ironie, nirgendwo Übermut der Vernunft.

5. Oktober 1981, Peking. Arme chinesische Kommunisten. Sie rühmen sich einer 4000 Jahre alten Kultur*, aber in Wirklichkeit haben sie mit dieser Kultur nichts zu tun. Jede ihrer Manifestationen wird kritisiert, jede Spur davon wurde vernichtet, und wenn sie jetzt restauriert wird, so, um eine Touristenattraktion daraus zu machen. Die Kommunisten überlassen ihr Volk den Segnungen der westlichen Kultur, die mit Coca-Cola und ihren plattesten und schrillsten Symbolen Einzug hält. Ohne Verbindung mit der Vergangenheit, ohne Vision von der Zukunft, zerstören die chinesischen Kommunisten die Geschichte und taumeln auf die Zukunft zu. Alles, was gebaut wird, ist nur für kurze Zeit.

Das alte Peking wird abgeschafft, was an seine Stelle gesetzt wird, wird nur wenige Jahre dauern.

* * *

23. Februar 1982, Peking. Vergangene Woche hat sich ein chinesischer Journalist von der Nachrichtenagentur Xinhua*, zu Besuch im Weißen Haus, beschwert, weil er aufgrund einer alten Verordnung sogar bis auf die Toilette von einem bewaffneten Polizisten begleitet wurde. Während einer Pressekonferenz ist er aufgestanden und hat protestiert: »In meinem Land würde so etwas nie passieren.«

Am 20. Februar ist das mir passiert. In der Stadt Hunyuan wurde ich von drei Polizisten verfolgt, die mich einfangen wollten, um mich zum Essen zu bringen. Sie wollten verhindern, dass ich den Dreck auf den Straßen fotografierte. Hunyuan ist für Fremde geschlossen, man darf nur zum Essen gehen, den Tempel besuchen, der während des Besuchs geschlossen wird, diese riesigen, sauberen und abgeschirmten Gästehäuser der Regierung betreten, wo früher die Herren der Erde wohnten, und wieder abreisen: Das ist die Art, wie sie Fremde wollen.

3. April 1982 auf dem Weg zum Flughafen Peking. Die jungen Leute trösten sich mit dem Gedanken, dass es in 20 Jahren niemanden mehr geben wird, der sagt: »Ich habe die Volksrepublik gegründet, ich habe die Revolution gemacht …« Dann wird es nur noch die Nachkommen der Veteranen geben, es wird Fraktionen geben: »Die Erben der KPCh« und diejenigen, die den westlichen Weg der Modernisierung einschlagen wollen.

Der Kampf zwischen den zwei Fraktionen wird nicht ohne Blutvergießen auskommen.

* * *

8. August 1982, Orsigna. Angela arbeitet an ihrem chinesischen Tagebuch.* Ich versuche, diesen verdammten chinesischen Roman* zu konzipieren und zu schreiben. Es fehlt die Fantasie, um mit dem Ehrgeiz Schritt zu halten. Ich suche und finde Ausreden, ergreife jede Gelegenheit, um mich nicht an diese schreckliche Schreibmaschine zu setzen … Pilze sammeln, ein Kamin, der nicht zieht, der Regen.

Die Wonne der Muße und dann die Angst wegen der vergeudeten Zeit. Später die schmerzliche Erinnerung.

* * *

12. September 1982, Peking. Zurück in China.

Immer am falschen Ende der Welt.

Und doch ist es ein Heimkommen.

Es ist schwer, sich wieder an die Polizei zu gewöhnen, an die versteckten Mikrofone, an das Leise-Sprechen, an das Nicht-Sagen, was man denkt.

15. September 1982, Peking. Viele Ausländer, insbesondere Japaner, weigern sich, in das neue Gebäude von Jianguomenwai zu ziehen, weil sie erfahren haben, dass die Abhöranlagen ausgezeichnet sind. Die Chinesen haben sie in Japan gekauft.

* * *

20. November 1982, Hongkong. Verwirrt im Kopf und im Herzen. Ich betrachte den Kolonialismus der oberflächlichen Frauen von hier, den räuberischen Kapitalismus der fetten chinesischen

Herrn, die in ihre Rolls-Royce steigen: Willkommen seien die Kommunisten!

Ich denke an die Kommunisten mit ihren über die Augen gezogenen Mützen, ihren Plastiktüten und denke, das ist das Ende der Freiheit.

Auf welcher Seite stehen?

Dezember 1982, Peking. Dieter aus Hamburg ruft an*, besorgt wegen der Schärfe meines Artikels über Peking. »Wird man ihn annehmen? Wird man dir Probleme machen?«

Na und? Wir sind keine Diplomaten. Wir müssen dieses Metier gründlich machen. Man zahlt uns dafür, dass wir unseren Spaß haben, aber auch dafür, dass wir sagen, was die Diplomaten nicht zu sagen wagen.

Dezember 1982, Peking. Ich entdecke, dass meine Berichte von der Polizei gelesen wurden, insbesondere der mit dem Titel *Notes on China*. Er ist so wieder hingelegt worden, dass der Titel verdeckt war. Ich frage meine Nachbarin: »Ja, ich habe zwei Männer aus Ihrer Wohnung kommen sehen, während Sie in Chengde waren.«

Der fette »Professor«* sagt, er sei drei Mal von der Polizei angerufen worden. Die erste Frage war, warum ich mich nach den Ferien nicht bei ihm gemeldet habe. Und er, was wusste er davon?

Sie sind immer zu zweit. Es ist klar, die Absicht ist Einschüchterung, man will den Verdacht in uns nähren, dass alle, die problemlos mit uns umgehen, Spione sind. Und vielleicht sind sie es ja auch. Als Ausländer fühlen wir uns, als ob wir die Pest hätten, denn der Kontakt mit uns schafft Probleme.

* * *

März 1983, Peking. »Rabbit« Li* vom Außenministerium, Abteilung Information, nimmt mich beiseite, um mir zu sagen, dass er im Namen der Leser protestiert, sie sind empört über das, was ich über

Peking geschrieben habe. »Es stimmt nicht, dass ›jeder Parteisekretär ein Kaiser‹ ist«, sagt er mit Bezug auf den Titel meiner Reportage. Wie konnte ich schreiben, »die Imperialisten haben weniger zerstört als die Kommunisten und sie haben Peking geschützt«?

* * *

*17. Januar 1984, Peking.** Um drei Uhr Verabredung im Außenministerium. Es empfangen mich Frau Han (klein und freundlich) und Zhen Wencheng, ehemals Begleiter unserer Journalistengruppe in Kashgar. Zunächst Beileidsbekundungen zum Tod meines Vaters, dann setzen wir uns, und ich sage die Dinge, die ich sagen will.

Ich bin seit vier Jahren hier, halten wir fest. Ich weiß, dass es Leute gibt, die beleidigt sind, dass ich kritische Sachen schreibe, dass ich mit vielen Polizisten gestritten habe, aber ich bin kein Feind dieses Landes. Ich wusste, wo Hu Yaobang* wohnte und habe es nie geschrieben; ich war in Kontakt mit Shi Pei Pu* und habe es nie geschrieben.

Kritisch bin ich, weil ich dieses Land liebe. Kritisch bin ich, weil das mein Beruf ist.

Ich bin bereit zu diskutieren und den Standpunkt von anderen anzuhören.

Ich spreche über eine halbe Stunde lang, dann sage ich, ich könnte noch stundenlang so weitermachen, weil ich das Thema gut kenne, aber vielleicht will Zhen seine Meinung sagen.

Er holt ein Blatt mit Notizen aus der Jackentasche und sagt: »Ja, vielleicht ist die Reihe an mir. Sie beginnen nun Ihr fünftes Jahr hier. Wir haben sehr geschätzt, was Sie über die Freundschaft sagen, und wir danken Ihnen, aber Ihre Arbeit hat tatsächlich bei vielen Funktionären und auch bei einigen Ihrer in Peking akkreditierten Kollegen Verstimmung ausgelöst (bei wem?, frage ich mich). Verdrehung der Tatsachen und einseitiges Urteil tragen nicht zum Kennenlernen und zum Verständnis zwischen der Bundesrepublik Deutschland und China bei. Ihr Visum läuft bald aus. Wir haben beschlossen, es um ein Jahr zu verlängern, aber wir hoffen, Sie werden objektive und weniger verzerrte Dinge schreiben, sowohl über die Innen- als auch über die Außenpolitik Chinas.«

Es scheint auch ihn in Verlegenheit zu bringen, diese Rolle spielen zu müssen, er sucht nach Worten. In einer Stunde haben wir es geschafft, und er wiederholt mit feierlicher Miene seine Beileidsbekundungen zum Tod meines Vaters, und die sind freundlich.

Ich gehe und bin beeindruckt von ihrem *Savoir-faire*, glücklich, weiter hier zu bleiben, traurig, nicht gezwungen zu sein, eine andere Lösung für mein Leben zu suchen.

Ich lebe in China, und das missfällt mir nicht. Das Problem ist, dass die Linke die Wahrheit akzeptieren muss. Die Tatsache, dass der Traum zu Ende ist, bedeutet nicht, dass China sich verwandelt hat. Das China von heute ist viel wahrhaftiger und realer als das falsche, zusammenfantasierte der Reisenden der Vergangenheit. Auch ich habe Chinesisch studiert, weil ich glaubte, dass hier ein großes menschliches Experiment stattfindet.

Das Problem ist, dass man uns getäuscht hat.

China hat enorme Schwierigkeiten. Ja, jetzt, da man es kennenlernen und entdecken kann, lohnt es sich, hier zu leben.

Die Sache ist die, dass dieses Land aus seinem Zauber gerissen wurde. Es hatte seine Kultur, eine eigene Welt, und der Kontakt mit dem Westen war es, was ihm Stöße versetzt hat. Ein paar Kanonenschüsse hier, ein paar Landungen da, und die Ausländer ergatterten eine »Konzession« nach der anderen.

Es ist doch seltsam, und ich höre nicht auf, mich darüber zu wundern, wenn ich am 1. Mai und am 1. Oktober die Konterfeis dieser vier (Marx, Engels, Stalin und Lenin) auf dem Tiananmen-Platz sehe. Wie ist es möglich, dass das jahrtausendealte China mit seiner immensen Kultur auf der Suche nach einem neuen Weg sich auf diese vier Europäer beziehen muss, von denen einer ein berüchtigter Massenmörder ist?

Und doch ist es so, China rennt hinter uns her.

8. Februar 1984, Peking. Aufzeichnungen während der Inhaftierung. Das Flugzeug bleibt in Tianjin liegen, weil ein Motor Öl verliert.

Zwei Stunden Wartezeit, dann geht es nach Peking.

Gleich nach der Ankunft überprüfen mich die vom Zoll. Sie nehmen mir meine Zollerklärung ab. Das Gepäck kommt, und unter einem Vorwand halten sie mich auf. Als alles vorbei ist, verlangt ein Polizist am Ausgang meinen Personalausweis und fordert mich auf, ihm zu folgen. Er trägt das Gepäck bis ins Obergeschoss, die Rolltreppe ist defekt.

Die zwei Polizisten in dem Raum setzen ein falsches Lächeln auf, dann reden sie in einer Ecke leise miteinander und weichen meinen Fragen aus:

»Sind Sie bewaffnete Polizisten oder vom Büro für öffentliche Sicherheit?«

Die Inhaftierung beginnt um 11 Uhr 20 abends.

Gedanken, Vermutungen, Erschießung, Verschwinden im Gulag.

Leben, um dann ein Buch zu schreiben, das niemanden interessiert.

Drei Leute und ein Kapo kommen in den Raum. Der Älteste spricht, er fragt mich, ob ich »Deng Tiannuo« bin.

Ich sage, ich kann kein Chinesisch.

Er brüllt mich an: »Du kannst es! Du kannst es! Hör auf zu schreiben!«

»Aber ich bin Journalist.«

Er befiehlt mir, zum Büro für öffentliche Sicherheit von Peking zu gehen. Sie hindern mich daran zu telefonieren. Um 00 Uhr 45 kommen wir im Büro an.

9. Februar 1984. Liste der beschlagnahmten Gegenstände:

1. Bronze Buddhas (fünf große, sechs kleine) 11
2. Bronze Tierfigur (klein) 2
3. Silberschachtel 1
4. Räucherschälchen in Bronze 1

5. Grillenkäfig in Bronze 1
6. Kleiner bronzener Wassertopf 1
7. Langer Räucherstäbchenhalter 1
8. Porzellanvase mit zwei Henkeln (rot) 1
9. Porzellanvase cremefarben, zerbrochen 1
10. Porzellanblumentopf (blau und weiß) 1
11. Keramikvase mit zwei Henkeln (cremefarben) 1
12. Porzellanplatten groß und klein 7
13. Porzellankugeln (blau und weiß) 3
14. Weinkelch (blau und weiß) 1
15. Runder Porzellanbehälter (schwarz-weiß) 1
16. Grillenkörbe 2
17. Großes Kupferschloss 1
18. Jadegegenstände 8
19. Holzgegenstände aus hartem und rotem Holz 6
20. Holztauben (eine groß, eine klein) 2
21. Damenuhren (Seiko, schwarzes Zifferblatt) 2
22. Herrenuhren mit Datumsanzeige und drei Zeigern 2
23. Buddhistische Thangka-Malerei 2
24. Gemälde des Vorsitzenden Mao 1
25. Gemälde in Rahmen 2
26. Fotos 16
27. Postkarte des Vorsitzenden Mao 1
28. Rollbild 1

»Deng Tiannuo weigert sich zu unterschreiben. Zeugen: Yue Feng und Wang Guang. Durchsuchung durchgeführt von Liu Yongxiang.«

10. Februar 1984, Peking. Ich treffe diejenigen, die gestern Abend zur Verstärkung gerufen wurden. Alle lächeln verlegen. Ich begrüße sie, als ob nichts geschehen wäre. Der mit dem breitesten Lächeln von allen sagt: »Deng Tiannuo, wie geht es dir? Ausgezeichnet, ausgezeichnet, nicht wahr?«

Ich gebe ihm Recht: »Wirklich ausgezeichnet!«

Und alle lachen noch mehr. Nicht schlecht, die Chinesen!

Höflichkeitsbesuch bei Frau Doss wegen ihres nächtlichen Anrufs. Ihr erster Eindruck war, dass etwas Merkwürdiges im Gange ist. Vielleicht die CIA? Vielleicht der KGB? Weil sie nur meine grauen Haare und schwarze Schatten gesehen hatte. Zum zweiten Mal hörte sie Schreie: »Neal, Neal Ulevich!«* Schon nach dem ersten Schrei hat sie Graziella Simbolotti, Botschaftsrätin bei der italienischen Botschaft, angerufen, und bis zum Morgen sind sie in Telefonkontakt geblieben.

Auch andere haben etwas gehört, hüteten sich aber, irgendetwas zu unternehmen.

Besuch in der italienischen Botschaft, um mich bei Graziella zu bedanken. Sie erzählt mir, dass sie nach dem Anruf von Frau Doss die Nacht am Telefon verbracht hat, um zu verstehen, was vorging. Am Morgen schickte sie Bisogniero von der Botschaft zu mir nach Hause, um sich zu informieren, aber die Köchin und das Dienstmädchen machten erstaunte Gesichter und beteuerten, nichts gesehen zu haben. Dann hat sie Gabriella Giubilei, die Sekretärin des Botschafters, in Hongkong anrufen lassen, um mich zum Abendessen beim Botschafter einzuladen. Das war ein Vorwand, um herauszufinden, ob ich wirklich abgereist war und was Angela wusste. Guter Schachzug.

Als ich zurückkomme, sagt mir *xiao* Liu*, dass die vom Büro für Öffentliche Sicherheit angerufen haben, um mir mitzuteilen, dass ich um 14 Uhr 30 bei ihnen sein muss.

Nachmittags. Das Verhör beginnt um halb drei, ich bin in Begleitung von Bisogniero und Giorgi von der Botschaft. Der chinesische Kapo sagt, ihre Anwesenheit sei nicht erforderlich und überflüssig. Giorgi erinnert an das Wiener Übereinkommen über konsularische Beziehungen von 1963: Unter diesen Umständen ist es ihre Pflicht, einem italienischen Staatsbürger beizustehen.

Der Offizier ergreift das Wort und sagt: »Nach einigen Schwierigkeiten hast du gestern einige Fortschritte gemacht. Jetzt wollen wir deinen Umerziehungsprozess einleiten. Du musst uns die ganze Wahrheit sagen, musst versuchen, dich an alle Einzelheiten zu erinnern, du darfst nicht lügen, so wirst du eine mildere Strafe bekommen. Andernfalls wird deine Strafe sehr hart ausfallen. Wir stellen dir jetzt Fragen, und du musst uns antworten.«

Sie bringen einen Teil der konfiszierten Dinge in den Raum. Der Offizier nimmt den größten Buddha und fragt mich, wo ich ihn gekauft habe.

Ich betone, es sei schwierig zu sagen, wo und wann, weil ich einige Dinge schon lang besitze, schon seit Jahren. Ich sage, einige Stücke habe ich auf privaten Märkten gekauft, und ich könne mich nicht mehr genau erinnern, bei wem. Fünf kleine Buddhas (einer mit erhobener Hand) habe ich eines Abends in einem Wachtturm an der Großen Mauer von einem Bauern bekommen. Einen von den beiden anderen habe ich am Abend vor dem chinesischen Neujahrsfest auf der Straße in Taiyuan gekauft, erinnere ich mich; einen weiteren von einem Typen, den ich vor Jahren in einem Laden in Peking kennengelernt habe, wo er altes Zeug sammelte, er hat mir einige Dinge verkauft und mir geholfen, Möbel zu reparieren. Vor zwei oder drei Monaten hat dieser Mann eines Abends bei mir angerufen und wollte mich treffen. Zu dieser Verabredung bin ich nicht gegangen, weil ich nicht in eine Geschichte verwickelt werden wollte, die mir verdächtig schien.

Zu der Frage der fünf Buddhas zeigen sie eine Polaroidaufnahme vor, auf der man fünf Figuren sieht, aber nur drei sind noch vorhanden.

»Wo sind die anderen?«

Ich erkläre, dass viele Leute bei mir aus und ein gehen und dass ich manchmal auch etwas verschenke.

»Woher kommen die Uhren?«

Unlängst war ein amerikanischer Freund namens Orville Schell* bei mir, der sie bei mir gelassen hat und sie sich wieder abholen will, wenn er das nächste Mal nach China kommt.

12. Februar 1984, Peking. Spaziergang mit Graziella im Park. Auch die Autos werden abgehört, und jemand von der Botschaft hat in seinem Auto eine sehr raffinierte Wanze gefunden.

Wir analysieren die Situation. Ihrer Meinung nach gibt es zwei Möglichkeiten:

– teilweise Beilegung der Sache mit Zahlung eines Bußgelds für das Vergehen, Fortführung der Ermittlungen, was erlauben würde, hier zu bleiben, aber ständig in Unsicherheit und wie eine Geisel;
– Formalisierung der Angelegenheit in einem Prozess, Verurteilung und »großzügige« Ausweisung.

13. Februar 1984, abends. Das Schreiben der Selbstkritik bereitet mir fast so etwas wie Befriedigung. Ist das der neue PC oder werde ich verrückt?

Ich denke an die chinesischen Intellektuellen, die ich so sehr verachtete. Mache ich es nicht wie sie? Oder schlimmer noch, bin ich im Begriff, ein »Eunuch« zu werden wie die anderen »Freunde Chinas«? Während ich die letzten Sätze meines Geständnisses niederschreibe, wird mir klar, dass dieses Land im Mittelalter des Todes lebt.

Schön, die Selbstkritik wie einen Brief an die Familie zu schreiben, um verstanden zu werden. Es wird schrecklich, danach wieder Artikel zu schreiben. Unter anderem, weil meine Feder stumpf geworden sein wird.

14. Februar 1984, Peking.
*An Angela.** Treffen zwischen 16 Uhr 30 und 17 Uhr im üblichen Polizeirevier. Jedes Mal, wenn ich diese Schwelle überschreite, packt mich im Magen der Würgegriff, den man Angst nennt. Ich erinnere mich an das Durcheinander jener ersten Nachtstunden und fühle mich beklommen, aber meinen chinesischen »Freunden« gegenüber kann ich das Gesicht wahren. Ich komme mit meinem Schutzengel, Giorgi von der Botschaft, ein junger Mann aus

Piacenza aus gutem Haus und in seiner ersten Anstellung, er hat den großen Vorzug, dass ihm die Rolle auf den Leib geschrieben ist.

Aus der Wachstube des Polizeipräsidiums kommt breit lächelnd der junge Intellektuelle Shi Lei (Felsenblitz) auf uns zu, Sohn eines Generals und angehender Historiker (er hat einen Aufsatz über Jean Moulin geschrieben und die Rolle der KPF in der Résistance untersucht), der uns mit weit ausholenden Gesten zu »meinem« Zimmer führt. Sogleich sagt er, dass er eben meinen Artikel über die Zerstörung Pekings gelesen hat und ihn richtig und interessant findet. Ich sage ihm, er solle achtgeben, denn wegen genau dieses Artikels werde ich scharf kritisiert, und er täte vielleicht besser daran, sich nicht so zu äußern. Er scheint nicht besorgt, im Gegenteil, er ist extrem freundschaftlich. Immer wieder sagt er, dass ich absolut Recht habe.

Man führt mich in den üblichen Raum und lässt mich Platz nehmen, und bald darauf kommt *lao* Liu*. Er scheint mir verlegen, auch wenn er wie üblich den Hartgesottenen spielt. Er setzt sich, macht es sich bequem, räuspert sich umständlich. Dann sagt er: »Bist du fertig mit Schreiben?«

Mit reumütiger und müder Miene, wie es sich gehört (»Ich habe die ganze Nacht nicht geschlafen, um fertig zu werden«) reiche ich ihm die Mappe mit beiden Händen hinüber und setze mich wieder.

Er nimmt die dicht beschriebenen 20 Seiten und blättert darin, wiegt sie in der Hand, als ob er etwas davon verstünde, als ob er interessiert wäre, aber ich sehe, dass er an anderes denkt und dass er hin und her blätternd nicht einmal bemerkt, dass ich in dem ganzen Dokument keine einzige Unterschrift gesetzt habe. Ich sehe, dass er verlegen ist, dass er an anderes denkt, und es kommt bald heraus, was dieses »andere« ist.

»Seit dem letzten Mal, als wir uns sahen, sind Dinge zum Vorschein gekommen, von denen ich nichts wusste …«

Einen Augenblick lang bin ich besorgt. Ich denke an die Falle, die ich schon länger erwarte, dass mir einer unserer Freunde vorgeführt wird, der unwahrscheinliche, aber belastende Dinge vorbringt …

»Es ist herausgekommen, dass wir dich geschlagen haben sollen, und dadurch habe ich enorme Probleme bekommen. Ich bin Mitglied der Sicherheitsorgane der Volksrepublik China, und alles, was ich tue, steht im Einklang mit dem chinesischen Gesetz ...« – er sagt das alles in demselben Tonfall, in dem er mich vor einigen Tagen schrecklicher Vergehen beschuldigte, aber nun, scheint mir, ist *er* in Schwierigkeiten – »und nach dem chinesischen Gesetz dürfen Ausländer nicht geschlagen werden. Darüber und darüber, wie du deine Selbstkritik verfasst hast, müssen wir noch einmal sprechen. Komm Donnerstag um neun wieder. Hast du noch Fragen?«

Nach wie vor reumütig und mit leiser Stimme erkläre ich, dass diese Geschichte schon lange genug gedauert hat und dass ich mir eine vernünftige und rasche Lösung erhoffe, die mir erlaubt, meine Arbeit in China fortzusetzen, und die unsere Freundschaft bekräftigt.

Er sagt, ich sei ein berühmter Journalist (zum Glück, bis vor drei Tagen war ich ein »krimineller Journalist«), und daher könne ich zur Freundschaft beitragen. Ich schlage die gleichen Töne an, aber ich sehe, dass der Freund nicht zuhört, ich spüre, dass er an anderes denkt. Er blättert wieder in dem Manuskript und sagt: »Gut, ich hoffe, du hast in zufriedenstellender Weise geschrieben, ich sage Bescheid, wenn wir noch Fragen haben.«

Ich danke ihm tausend Mal, und zum ersten Mal nenne ich ihn »*lao* Liu«.

Liu steht auf und versucht, mir die Hand zu geben, ich verstehe nicht und strecke ihm die meine nicht hin. Seine Hand verharrt in der Luft, in der anderen hat er mein Manuskript und schlüpft davon.

Ich bleibe zurück mit dem jungen Intellektuellen mit dem aufgeweckten Gesicht, der sofort sagt: »Auch mein Chef hat deine Artikel interessant und richtig gefunden. Wir haben uns lang darüber unterhalten.«

»Aber dein Chef steht über *lao* Liu?«, frage ich.

Und als sei von ihm verlangt, den Himmel und die Erde zu

vergleichen, hebt er die Hand in die Höhe, verdreht die Augen und gibt mir zu verstehen, dass sein Chef – ja der – dass der wirklich etwas zählt. »Ich würde dich gern wiedersehen, wenn diese Geschichte vorbei ist«, sagt der junge Mann.

»Sollte ich in China bleiben, können wir uns nicht treffen, wenn du weiter diese Uniform trägst«, sage ich zu ihm.

Er lacht und fragt mich, ob mein Dolmetscher *xiao* Liu ist. Er weiß es besser als ich, aber er sagt es nur, um mich wissen zu lassen, was er schon weiß.

Wir stehen im Hof des alten Patrizierhauses. Giorgi kommt aus dem Raum, wo man ihn hat warten lassen, und steuert auf uns zu. Bevor er uns erreicht, kann der junge Mann nur noch sagen: »In deiner Angelegenheit steckt eine Geheimdienstgeschichte.«

Ich lache, ich komme nicht mehr dazu weiterzufragen, und unter großen Verbeugungen gehen wir hinaus.

Ich bitte Giorgi, ein paar Schritte zu gehen. Wir parken den Wagen auf dem großen Hof der Verbotenen Stadt und machen in der Kälte des Sonnenuntergangs unter den rot-violetten Mauern einen großartigen Spaziergang. Die Mondsichel hängt am Himmel, ein eingemummelter Alter geht im Marschschritt an uns vorbei. Ich fühle mich frei, fern von versteckten Mikrofonen, frei in einem herrlichen Peking, das zu verlassen mir wehtun würde.

Ich erzähle von der Unterhaltung mit dem jungen Mann, ich frage mich mit lauter Stimme, ob hinter dieser Sache nicht der chinesische Geheimdienst steckt, und er sagt, der Botschafter habe schon vermutet, dass diese Sache mit einer Anwerbung durch die Chinesen enden könnte (da ich nun einmal ein so guter »Freund« bin).

Ich lache von Herzen, atme die Abendluft. Und sogleich werde ich traurig, weil ich sehe, dass ich angesichts eines solchen Angebots nur gehen könnte, ohne Türenschlagen und ohne die Reputation und den Ruhm, der erste Journalist zu sein, der nach der Kulturrevolution ausgewiesen wird.

Und wenn ich mir durch mein »Chinese-Spielen« meine Leute

entfremde? Fragt man in der deutschen Botschaft nicht nach mir, weil man mich für »chinesisch« und daher für verloren hält?

»Wenn man Ihnen ein Angebot macht«, sagt der italienische Botschafter am Abend, »Sie sind ein freier Mann, Sie können tun, was Sie wollen. Sie können die zuständigen Stellen informieren ...«

Aber wer ist die zuständige Stelle in dieser Geschichte, Angelina? Und wenn es wirklich so wäre?

Wenn sie schon seit einer Weile versuchten, mich festzunageln (erinnerst du dich an all die Durchsuchungen, jedes Mal, wenn ich durch den Zoll musste?), so dass sie mich erpressen und anwerben könnten? Und wenn ich an jenem Abend nicht geschrien hätte und sie mich womöglich drei oder vier Tage lang hätten verschwinden lassen, und ich wäre dann als »einer der ihren« wieder herausgekommen? Dass ich damals geschrien habe, scheint mir immer mehr das Richtigste, was ich tun konnte.

Am Abend gehe ich bei Giorgi eine Pizza essen. Es ist klar, dass in der Botschaft sehr viele mittlerweile Bescheid wissen. Die kommenden Stunden sind entscheidend, weil ich allein zusehen muss, wo und wie die nächsten Jahre meines Lebens verlaufen sollen.

17. Februar 1984, Peking. Es ist bereits eine Gewohnheit, was mache ich bloß, wenn diese Geschichte vorbei ist? Um neun bin ich auf dem Polizeirevier. Auf dem Tisch wie üblich der Schlüssel zu meinen beschlagnahmten Schätzen.

Zuerst spricht *lao* Liu: »Hast du geschrieben?«

Ich sage ja, öffne die Mappe und nehme die neuen fünf Seiten heraus, aber auch den SPIEGEL mit der Geschichte von den Grillen, und übergebe alles feierlich.

Er sieht mich sehr interessiert an und fragt mich, wer die alten Männer auf den Fotos sind (ihre Namen will er wissen). Dann fragt er, ob ich auch über die Frage geschrieben habe, von der gestern so viel die Rede war, über »die Schläge«.

»Nein. Ich habe nicht darüber geschrieben. Ich wiederhole, was ich bereits gesagt habe, wenn ich eine solche Erklärung unterschriebe, würde das nur Verdacht wecken. Bisher habe ich alle Dokumente freiwillig unterschrieben, weil es mir richtig erschien. Wenn ich eine Erklärung unterschreiben würde, in der ich sage, dass ihr mich nicht geschlagen habt, würde das nur den Gedanken nahelegen, dass ihr mich tatsächlich geschlagen und gezwungen habt zu unterschreiben.«

Das hatten sie erwartet und auch schon einen Ausweg gefunden. *lao* Liu beginnt eine große Rede, die der junge Kerl zu seiner Linken eifrig aufschreibt. Es ist eine lange Erklärung, in der er sagt, dass er an jenem Abend nichts weiter getan hat als dem Buchstaben des Gesetzes und den Anordnungen seiner Vorgesetzten zu gehorchen, dass er daher auch Elektrostöcke hätte einsetzen können, es aber nicht getan habe, weil er mir vertraute, und erst als ich zu fliehen versuchte, sei er gezwungen gewesen, einzugreifen, mich wieder in den Wagen zu setzen und zum Polizeirevier zu bringen, um mich zu »erziehen«.

Ich unterbreche ihn und gebe zu Protokoll, dass ich nie die Absicht gehabt habe zu fliehen und dass ich nie versucht habe, es zu tun. Fliehen hätte überhaupt keinen Sinn gehabt. Fliehen wohin?

Da sagt er: »Du musst zugeben, ich konnte denken, dass du fliehen wolltest.«

»Sicher, ich kann Ihnen nicht die Freiheit absprechen, zu denken, was Sie wollen.«

Die ganze Übung an diesem Morgen besteht darin, diese Dinge zu Protokoll zu geben, er bringt sie vor, ich habe nichts dagegen einzuwenden und werde unterschreiben. Weiter sagt er, dass ich habe fliehen wollen und dass sie mich an den Mantelärmeln hätten festhalten müssen, deshalb sei mein Mantel zerrissen, dass niemand mich geschlagen habe, dass ich es gewesen sei, der sich losmachen wollte, dass ich drei Mal so stark sei wie sie, und dass ich in dem Handgemenge ihren Wagen (einen Mercedes) beschädigt hätte und dass sie Fotos von dem Schaden gemacht hätten.

Ich sage, ich hätte nicht bemerkt, dass der Wagen beschädigt worden sei, und dass, wenn es so wäre, mein Bein wesentlich stärker verletzt sein müsste, als es ist, da ich mit dem Oberschenkel angestoßen sei.

Er sagt, schon andere Male hätten Ausländer, wenn sie von der Polizei festgehalten wurden, erzählt, sie seien geschlagen worden, aber »dann haben wir mit ihnen geredet und die Dinge haben sich geklärt«. Er spricht unentwegt, spielt den Sympathischen, im Wesentlichen sagt er, sei es eine Frage von vier armen Polizisten, die einen »Wilden« festhalten mussten, der zu fliehen versuchte.

Genug von dieser Frage. »Sprechen wir jetzt von der anderen Frage«, sagt *lao* Liu.

Ich frage mich, welche Frage, und bald verstehe ich, dass jede Frage recht ist. Sein Problem ist, dass er eine Art neues Verhör mit mir führen muss, um mich am Ende ein offizielles Protokoll unterschreiben zu lassen, seine Version dieser Nacht, um die Geschichte mit den Schlägen zu vertuschen. Hut ab! Das Gespräch dreht sich nun darum, warum ich das Kruzifix auf Maos Brust geheftet habe und nicht irgendwo anders hin. »Dein Haus ist groß. Du hättest es ins Esszimmer hängen können, ins Gästezimmer, auf ein Foto … Warum auf Maos Brust?«

Ich wiederhole dieselben Dinge. Ich bin entspannt, ich fühle, dass heute er es ist, der ein Problem hat, nicht ich. Er sagt, das sei ein Grundsatz des internationalen Rechts, dass auch Ausländer die Regierenden der Länder, in denen sie sich aufhalten, respektieren müssen.

Ich erlaube mir zu sagen, ich hätte einige Kenntnis des internationalen Rechts und es sei ein allgemeiner Grundsatz jeden Rechts, dass das Delikt der Verunglimpfung eines Staatsoberhaupts durch die Presse oder in der Öffentlichkeit erfolgen muss, während es in meinem Fall in der Privatsphäre meines Hauses geschehen sei.

Er schließt, die Verunglimpfung liege in der Natur meiner Tat, da sie in meinem Haus stattgefunden habe, sei sie weniger schwerwiegend, es handle sich aber doch um Verunglimpfung. »Hast du etwas zu erklären?«

»Ja. Kann ich meinen Reisepass zurückbekommen?«

»Das hängt nicht von mir ab. Ich muss meinen Vorgesetzten einen Bericht liefern, ich muss sagen, welche Fortschritte du in der Umerziehung gemacht hast, und sie werden entscheiden. Wir lassen es dich wissen, wann wir wieder mit dir sprechen müssen. Hast du etwas zu erklären?«

»Ja, mein lebhaftester Wunsch ist, dass dieser unglückliche Zwischenfall sich in freundschaftlicher Weise beilegen lässt und dass ich weiterhin in China leben und arbeiten darf, um zum Verständnis unserer Völker beizutragen.«

»Du hast das falsche Wort gebraucht«, sagt er. »Du sprichst von einem ›unglücklichen Zwischenfall‹, aber du hast gegen das chinesische Gesetz verstoßen, das müsstest du zugeben und die Volksregierung bitten, dich mit Milde zu behandeln. Du kennst unsere Politik, Tatsachen sind Tatsachen, aber was zählt, ist die Haltung. Wenn du zeigst, wie du bereits getan hast, dass du Fortschritte in deiner Umerziehung machst, wirst du mit Milde behandelt werden. Warum also sprichst du von einem ›unglücklichen Zwischenfall‹ und nicht von einem Gesetzesverstoß?«

Aber das sind die letzten Funken eines Feuers, das dabei ist zu erlöschen. Davon ist schon nicht mehr die Rede. »Wenn wir dich festgehalten haben, so deshalb, weil du gegen das Gesetz verstoßen hast, sonst wären wir uns nicht unter diesen Umständen begegnet.«

»Ich hoffe jedenfalls, dass wir uns unter anderen Umständen wiederbegegnen können. Wir haben so viel miteinander geredet, nun kennen wir uns besser. Wir könnten uns schon ›alte Freunde‹ nennen.«

Er lacht, ich lache, und wir gehen aus dem Raum. Er immer ein bisschen verlegen zwischen seiner Rolle des Bösen und einer falschen Freundlichkeit.

19. Februar 1984, Peking. Mittagessen mit der amerikanischen Anwältin. Sie erinnert mich an einen berühmten Ausspruch Maos: »Die Selbstkritik ist die große Erfindung der Chinesen, etwas wie Hundefleisch, bei dem man erst, wenn man es gegessen hat, feststellt, wie gut es schmeckt.«

21. Februar 1984, Brief von Angela aus Hongkong.
Liebster Tiziano,

mir wird klar, wir haben unser *1984* erlebt oder erleben es im Haus, oder besser, in zwei durch ein Telefon verbundenen Häusern. Das ist wirklich makaber, oder es wird dazu. Als ich deine Stimme am Telefon hörte, 20 Stunden nach der Festnahme, dachte ich, das wäre eine »Story«, die besser als alles andere die Natur Chinas enthüllen würde, das ein Wolf im Schafspelz ist, eine »Story«, die beweist, dass der Kommunismus Kommunismus bleibt, dass der Polizeistaat ist, was er ist ... was du immer beweisen wolltest.

Alle, die Profis des Metiers noch mehr als ich, bewundern, wie du dich verhalten hast. Wenn du nicht nachgegeben und der Polizei nicht gestattet hättest, ihr Gesicht zu wahren, hätte, so scheint es, auch ein Pertini dich nicht vor wesentlich Schlimmerem bewahren können. Wer hätte sie daran hindern können, von ihren »Führern« oder sogar dem Politbüro in die Enge getrieben, Beweise über Beweise zu produzieren?

Deine brillanteste Entscheidung, die sehr viel Mut verlangte, war es zu schreien. Und das macht aus der ganzen Sache eine »Story«, das gibt ihr das Salz und hat dich wahrscheinlich gerettet. Nach diesem Schrei mussten sie annehmen, dass jemand etwas gesehen und gehört hat, dass es Zeugen gibt, und das hat ihre ganze Intrige vereitelt. Die Schläge, die du deswegen bekommen hast, der anonyme Ausländer, der in der Nacht die Botschaft benachrichtigt, dass ein Italiener geschlagen würde, das alles hat ihre Pläne durchkreuzt. Du hast es dir selbst zu verdanken, dass die gesamte SPIEGEL-Redaktion mit angehaltenem Atem deinen Brief an Dieter liest und dass du daraus als »echter Journalist« hervorgehst.

Es stimmt, dass die Sache jetzt entschärft wurde und nun in Händen der Botschaft und des Vizeministers liegt, aber für dich bleibt das berufliche Problem: Was machst du daraus?

Deine tausend Mal am Telefon wiederholte Absicht – du liebst China, willst dort bleiben, du lässt dich nicht scheiden von einer »untreuen« Ehefrau, die Bindung ist alt, da wäre anderes vonnöten – bestärkt sie, glaube ich, in ihrer Hinhaltetaktik. Der »Bruder«* sagt, sie können auch Monate vergehen lassen, ohne sich zu melden, ohne dir den Reisepass wiederzugeben, und nach sechs Monaten, auch wenn du die ganze Geschichte veröffentlichst, werden die Leute sich fragen: Warum erst jetzt? Und China wird alles abstreiten. Und in der Zwischenzeit hast du dich aufgerieben, du konntest nicht reisen und dich nicht bewegen und im Grunde auch nicht arbeiten, weil jeder Schritt dich erneut in Misskredit bringen kann.

Aber nehmen wir die beste aller Hypothesen an: Sie geben dir in ein paar Tagen den Reisepass zurück und auch das Visum und sagen: Freunde wie eh und je. Was machst du aus dieser Geschichte? Veröffentlichst du sie? Der SPIEGEL wird eine vage Erklärung abgeben, und damit ist die Sache beigelegt, ohne dass sie je zur Debatte gestanden hätte.

Du machst dich wieder an die Arbeit. Auf jede deiner Anfragen wird die Antwort der Obrigkeiten sein: »Es gibt Probleme ...« Jeden deiner Schritte wirst du abwägen müssen. Deine chinesischen Freunde werden dich nicht mehr treffen können. Hindernisse werden sich dir von allen Seiten in den Weg stellen. Du läufst Gefahr, ein schäbiges Leben zu leben, nicht mehr wie früher, du läufst Gefahr, deine Widerstandskräfte zu verschleißen und nach einem Jahr ein Buch über eine alte Geschichte zu schreiben.

Anfangs war ich auf deiner Seite, ich dachte, ja, das Wichtigste ist, dass du in China bleibst und noch Geschichten schreibst. Aber Folco sagt sehr richtig: Welche Geschichten? Die wahre Geschichte, die wirklich große Geschichte, die hat Papa in Händen, und er will sie verborgen halten. Im Übrigen scheint mir, dass du deine Arbeit nicht mehr machen könntest, wie du es gewohnt bist. Was würdest du sagen, wenn du entdecken müsstest, dass einem anderen Korrespondenten eine ähnliche Geschichte passiert ist und er sie dir nicht erzählt hat, dass er sie verborgen gehalten hat? Du würdest sagen, er habe ein Abkommen mit der Polizei geschlossen und seine Pflicht als Journalist vernachlässigt.

So sehen es unsere Freunde:

- Pater Ladány* ist schockiert. In der Kulturrevolution angewandte Taktik, aber nie Ausländern gegenüber. »Aber«, sagt er, »er hat Glück, weil er eine großartige Geschichte in Händen hat. Wäre ich Journalist, ich würde ihn beneiden.« Im Lauf des Nachmittags hat er noch einmal gründlich darüber nachgedacht. Er sieht die Gefahr, dass sie dich ohne eine Antwort monatelang festhalten (was liegt mir an meinem Pass, sagst du, aber du täuschst dich. Sie spielen Katz und Maus mit dir, sie nützen deine erklärte Liebe zu China aus, deinen Wunsch zu bleiben. Sie schieben die Veröffentlichung auf. Und was bekommst du im Ausgleich dafür?). Er ist entschieden für eine Intervention auf höchster Ebene durch Pertini (in China der am meisten geachtete europäische Staatsmann), damit du deinen Pass innerhalb einer Woche zurückbekommst. Du kannst bleiben oder musst ausreisen: In beiden Fällen wirst du die Geschichte veröffentlichen. Er hat mich heute Abend noch einmal angerufen und mir gesagt, wenn wir den Chinesen zu viel Zeit lassen, werden sie neue »Beweise« fabrizieren.

  Denk dran, die Chinesen sind raffinierte Psychologen, die großartigsten Menschenkenner. Sie wissen, wie sie dich zerstören können. Geh fort.
- Der »Bruder« ist ein besonnener und extrem intelligenter Ratgeber. Ein Freund und überaus feinfühliger Tröster. Er war es, der unter allen möglichen Schutzpatronen Pertini ausgewählt hat. Pertini genießt enorme Achtung in China, wie man in China alte, weise Männer achtet, nicht ihre Funktion. Es war der »Bruder«, der gesagt hat, wir sollten Pertini kontaktieren, hätten sich die Dinge nicht bis vergangenen Freitag gelöst. Er wusste, dass die Polizei dein Schreiben braucht, um sich gegen eventuelle Repressalien von oben zu schützen. Hätten sie dein Schreiben nicht gehabt, hätten sie vielleicht Anschuldigungen mit falschen Zeugen fabriziert. Der »Bruder« erklärt, dass eine Protestnote eine ernsthafte Angelegenheit ist und dass die Ant-

wort, die das chinesische Außenministerium den Italienern gibt, Hand und Fuß haben muss; dass die Polizei gewöhnlich nicht nachgibt.

Es interessieren ihn die Gründe, er versucht, sie zu verstehen, aber es gelingt ihm nicht. Er hat gedacht, die Polizei handelt auf eigene Faust, aus Wut, weil du unbequem bist, weil du zu viele »seltsame« Leute kennst, weil du zu viele inoffizielle Kontakte zu jeder Art von Leuten hast – »in dieser Hinsicht ist er ein echter Journalist« –, weil du unbezähmbar, schroff und impulsiv bist und weil du ihnen mit deiner Kenntnis Chinas, deinen Kontakten zu Auslandschinesen und deiner Kommunikationsgabe unaufhörlich Probleme bereitet hast. Er sieht es als Racheaktion nach vier Jahren des Ärgers. Das glaube ich jedenfalls zu verstehen.

Vom Standpunkt seines Landes aus betrachtet würde die Veröffentlichung dieser Geschichte »dem Bild Chinas enormen Schaden zufügen, die ganze Sache passt nicht zur Politik des Politbüros«.

Er sieht nicht, wie du weiterhin in China leben und arbeiten kannst, aber in diesem Punkt legt er sich nicht fest.

– Beim SPIEGEL scheinen mir alle einig in ihrem Abscheu. Sie fühlen sich persönlich beleidigt. »Er muss raus da! Raus! Raus!«, schrie Böhme*. Er will nichts von Kompromissen hören. Nur weil du willst, dass sie stillhalten, halten sie still. Dieter ist schon ganz scharf auf deine Geschichte, er findet deinen »Brief« wunderbar und ließ aus Kalifornien verlauten, dass auch deine »Selbstkritik« ein Meisterwerk sei, in seinem schlechten Englisch hat er mir die besten Abschnitte vorgelesen. Sie denken unentwegt an dich – das sind seine Worte – und sind frustriert. Bereit, das Büro zu schließen und niemanden mehr hinzuschicken. Wenigstens eine Weile lang.

– Mit Scalfari* heute dieselbe Geschichte. »Ich bin vom SPIEGEL kontaktiert worden, um Pertini zum Eingreifen zu bewegen, und bin jederzeit bereit, das zu tun. Ich stehe in täglichem Kontakt mit dem Außenministerium, wo man mich gebeten hat, noch stillzuhalten, aber ich bin bereit zu handeln, lasst es mich wissen. Tausend Grüße an Terzani.« Sehr nett, sehr unruhig wegen dieses Schweigens der Presse, das für den Chefredakteur einer Zeitung nicht leicht zu akzeptieren ist.

Und nun zu uns beiden, weil wir es sind, die zählen. Ich verstehe nicht genau, wie du dir die kommenden Monate vorstellst.

Siehst du dich in dieser Wohnung allein leben, monatelang auf den Reisepass warten und, wie du heute Morgen sagtest: »Wer schert sich um den Reisepass«? Ist dir nicht klar, welchem Druck du dich aussetzen würdest und wie dich das zermürben würde? Da sind keine chinesischen Freunde mehr, und wenn sie da wären, könntest du nicht mit ihnen sprechen. Du könntest nicht nach Hongkong kommen, und die Geschichte würde untergehen. In ein paar Wochen würde sie im Sand verlaufen, und in einem Monat gibt es sie nicht mehr. Von der Dramatik zum grauen Alltag, ohne Befriedigung, und in ihren Händen.

»Er müsste zehn Jahre in China bleiben, nicht ein weiteres Jahr. Im kommenden Jahr wird nichts geschehen«, sagte Pater Ladány heute.

Du bist vier Jahre dort gewesen, bald sind es fünf, länger als viele deiner Kollegen. Bis vor kurzem hattest du Lust auf Borneo, Brunei, Korea und Japan, und jetzt hast du deine Ehe mit China wiederentdeckt, so sehr, dass du bleiben und dafür womöglich darauf verzichten willst, eine Geschichte zu erzählen, die China ganz offenbaren würde und die wirklich deine Geschichte ist. Wie kannst du mit der Polizei im Nacken leben?

Unterdessen werden die Kinder groß, und du versäumst die letzten drei Jahre mit Folco im Haus. Du büßt die Abenteuerfreude ein. Wir wären ständig in Sorge um dich dort oben, ich hätte keine Ruhe mehr, und ich sage das nicht, um dich zu erpressen, du weißt, dass du mich beruhigen kannst, wenn du willst, dass ich ruhig bin. Aber ich würde nicht mehr mit dem Gefühl von früher an dich denken: Dass du in einem Land der folgsamen Lämmer ohne Kriminelle bist, während wir in Hongkong im Dschungel leben. Ich weiß, dass sie rachsüchtig sind, und sie machen mir Angst.

Etwas ist geschehen, etwas hat sich radikal verändert, und wir können nicht so tun, als sei alles gleich geblieben. Du hast mir gesagt, allein in Peking zu leben, auch eingesperrt, genügt dir, um etwas zu lernen, was du hier nicht lernen würdest. Sicher. Aber bis vor kurzem, genau, bis vor zwei Wochen, interessierte dich das, was du lerntest, nicht mehr, es war immer dieselbe Geschichte, bis zum Überdruss wiederholt und bekannt. Schreib sie auf, und wir gehen, wenigstens für ein Weilchen, zu einem anderen Thema über.

Du solltest also deine Sachen packen und nach Hongkong kommen, dir hier ein Büro suchen und zu neuen Reisen aufbrechen. Fassen wir meine Vorstellungen zusammen: Pertini meldet sich bei den großen Führern; du bekommst deinen Pass wieder, veröffentlichst und kommst nach Hongkong zurück. Du fängst mit deinem Buch über China an und zerstreust dich auf wundervollen Reisen durch Brunei und Korea. Statt den Jangtsekiang hinaufzufahren, fährt die Familie mit dir im Kanu den Rajang in Sarawak entlang, und das macht dir viel mehr Spaß. Du würdest nicht wegen unterdrückter Wut, moralischen Vorwürfen, Sehnsucht und Einsamkeit deinen Magen dransetzen.

22. Februar 1984, Peking.
Brief an den »Bruder«. Lieber Bruder (»Bruder«, denn wenn ich einen chinesischen Bruder hätte, wärst das du, »Bruder«, weil das der Codename ist, den Angela und ich am Telefon verwenden), also: Lieber Bruder,
dies wird ein schwieriger Brief, denn im Unterschied zu denen, die ich dir in den langen Stunden der Haft und der Verhöre im Geiste geschrieben habe, muss dieser auf der Maschine getippt werden, und das geschriebene Wort mit seiner unausweichlichen Präzision tut den gestaltlosen Dingen, die man empfindet, den nebulösen Ausdrücken, die einem im Kopf herumgeistern, in gewisser Weise Gewalt an.

Du bist sehr wichtig für mich gewesen, weil ich dich immer gegenwärtig hatte. Du warst Spur und Orientierungspunkt. Mit dir habe ich im Stillen diskutiert, dich habe ich befragt in der Umnebelung, die Nicht-Schlafen, Nicht-Trinken, Nicht-Essen und der Stress hervorbringen. Ich habe sogar gedacht, ich bin du, weil ich immer gewusst habe, dass all dies eines Tages dir passieren könnte und dass es für dich das Ende sein würde. Stattdessen ist es mir passiert.

Der Geist ist ein Ozean voller gekenterter Schiffe, und der Stress der Verhöre, das Auf und Ab von Drohungen und Versprechungen, die ruhigen Momente zwischen einer Sitzung und der nächsten bringen langsam die vergessenen Trümmer des Lebens wieder an die Oberfläche: Unsere erste Begegnung im September 1976 in der Bank of China bei der Beerdigung von Mao; die Gespräche über unser Leben, und was darin richtig und was falsch war.

Angenehme Überbleibsel der Vergangenheit, während in den Ohren eine metallische Stimme dröhnt, die aus einem von sardonischem Grinsen verzerrten Mund kommt: »Gesteh. Du hast keine andere Möglichkeit. Wir wissen alles über dich, wir wollen nur, dass du gestehst. Die Massen haben dich seit langer Zeit überwacht und haben uns informiert. Wir kennen deine Verbrechen. Wir wollen nur deine Haltung kennenlernen. Wenn sie gut ist, wird die Volksregierung dich mit Nachsicht behandeln; andernfalls wird die Strafe sehr streng ausfallen. Wir wollen dir helfen. Es ist unsere Pflicht, dich umzuerziehen. Gesteh.«

Stunde um Stunde.

Die Welt ist weit weg. Man sieht auf die Zweige eines Baums vor dem grauen Himmel von Peking, und man denkt, was in diesem Augenblick wohl all die Menschen tun, die man kennt.

»Du bist ein Verbrecher. Du musst deine Verbrechen gestehen.«

Einerseits war ich froh, andererseits aber bedauerte ich, dass es bald vorbei war. Endlich hatte sich für mich ein kleines Fenster auf das wahre China aufgetan, und ich wollte nicht, dass es zu schnell wieder geschlossen würde.

Welches Privileg, in den Bauch des Walfischs schauen zu dürfen, sich dem Herzen der Finsternis zu nähern!

Ich stellte mir vor, ich bin ein Chinese, und ich spürte, wie ich verzweifelte. Kein Boden, auf dem man stehen könnte, kein Gesetz, das man anführen, kein Recht, auf das man sich berufen könnte. Nur um Vergebung bitten: keinen fernen Gott, den ich einst kannte, sondern einen anderen Menschen, der keine besondere Wahrheit zu bieten hat, und doch mächtig ist aufgrund seiner Unterstellungen: »Uns wurde berichtet, dass ...«

Man geht die Freunde durch, und man stellt sie sich alle als potenzielle Verräter vor. Keiner hält den Zweifeln stand, und man bleibt allein mit seinen Folterknechten oder Rettern.

»Öffne dich uns. Sag uns, was du denkst, und wir helfen dir, dich zu ändern.«

Liebe ich China nun weniger?

Im Gegenteil, ich fühle mich dem Land näher. Deshalb ist es mir leichtgefallen, wie ein Chinese zu sein, wie ein Chinese zu leben, womöglich zu denken wie ein Chinese.

Über den Sozialismus? Ich wüsste wirklich nicht, was ich darüber sagen sollte.

Vor ein paar Wochen sprach ich mit Orville Schell eben über unsere einstige Begeisterung für Mao, für die Kulturrevolution und »die Revolution« im Allgemeinen. »Wir haben uns geirrt, aber ich traue denen nicht, die Recht hatten«, sagte er.

Ich bin seiner Meinung. Aber da sind wir, noch immer in der Klemme zwischen zwei Fehlern, unfähig, uns einen neuen Weg vorzustellen, ohnmächtig, eine neue Gesellschaft zu formen, die den einzelnen Menschen respektiert statt »das Volk«, ohne eine Wahl, außer der zu gestehen und in der anonymen Masse der anderen ein Zuhause zu finden, aus der die Ankläger der Zukunft hervorgehen werden.

Weißt du was, Bruder? Nur einen Augenblick lang hatte ich wirklich Angst in diesen Stunden: Als ich plötzlich dachte, du könntest der Strippenzieher hinter den Kulissen sein.

Diese Vorstellung war mir unerträglich. Noch unerträglicher ist es mir heute zu denken, dass im Namen großer Ideale Gesellschaften errichtet werden, in denen solche Gedanken möglich sind.

Danke für all deine Unterstützung, deine Freundschaft und vor allem, dass du die Distanz verstehst, aus der ich zu dir spreche.

Herzlich

Tiziano

23. Februar 1984, »Love Letter« to a Wife.
An Angela. Eben habe ich nach dem Gespräch mit dir den Hörer aufgelegt, und die physische Distanz wird siderische Ferne. In einer halben Stunde kommt eine »Brieftaube« vorbei, um diese Zeilen abzuholen, und ich muss sie schnell zu Papier bringen, und dabei bedenken, dass diese »Brieftaube« nicht wirklich bombensicher sein könnte. Eine bessere kommt Samstag und eine weitere Anfang der Woche: der erste Teil des »Liebesbriefs« mit der ersten und das Übrige mit der zweiten, zuzustellen an den »Onkel«.

Es ist sehr wichtig, dass du dir keine Sorgen machst. Wirklich, Angela, versuchen wir, zwischen uns keine Missverständnisse aufkommen zu lassen, denn die wiegen für mich schwerer als jede Anklage und jedes Verhör. Lass dir zum wiederholten Mal sagen, dass ich absolutes Vertrauen zu euch dort draußen habe, dass ich nicht einen Augenblick lang gedacht habe, du würdest nicht tun, was du zu tun hast. Du musst nur verstehen, dass die Enttäuschung über den Brief, der nicht kommt – weil die Italiener sich immer irgendeine Dummheit einfallen lassen –, ganz einfach an meinen ohnehin schon aufs Äußerste gespannten Nerven rüttelt, aber nur einen Moment lang. Ich brauche nicht lang, um mich wieder auf den Ton einzustimmen. Und der Ton ist: Ich bitte dich, halt die Kontakte nach draußen, wie du sie hältst, und teile mir diskret, aber präzise deine Überlegungen und die der anderen mit.

Ich bin, wie man auf Chinesisch sagt, »die Kröte, die vom Grund des Brunnens aus in den Himmel schaut«, und es können mir Fehleinschätzungen unterlaufen, auch weil ich als persönlich

Betroffener Gefühle und Vermutungen habe, die schwer in präzise Worte zu fassen sind, und das müsst ihr verstehen. Die Frage ist, ob die chinesischen Freunde sich einig sind, wie man diese Geschichte zu Ende bringt. Und mein Eindruck ist, dass sie es überhaupt nicht sind, wie sie es von Anfang an nicht waren, als das Außenministerium mein Visum erneuerte, während die anderen ihre Operation gegen mich beschlossen.

Mittlerweile sind zwei Wochen vergangen, sie wären am Zug. Aber der Ball liegt wieder in meinem Feld. Was tun?

Ich frage mich schon, wie ich meine Notizen aus vier Jahren, mein Arbeitsarchiv aus zehn Jahren und meine Bibliothek mit Büchern über China und chinesische Kunst wegbringen soll.

Nur um dir eine Vorstellung von dem zu geben, was hier passiert: Die Italiener sind nach wie vor nett und zuvorkommend, aber natürlich ein bisschen abgekühlt, weil »Dinge, die sich in die Länge ziehen, Schlangen werden«. Ihr nächster Schritt wird sein, auf konsularischem Weg die Rückgabe meines Reisepasses zu fordern.

Die Deutschen auf der persönlichen Ebene freundlich, aber meiner Meinung nach übervorsichtig in ihren Schritten.

Ich bleibe der alten Ansicht, dass ich, wenn ich China verliere, nicht auch die Exklusivität meiner Geschichte verlieren will.

Was kann schlimmstenfalls passieren?

Theoretisch ist die Festnahme noch möglich, eventuell ein Prozess und eventuell die Verurteilung, aber das scheint mir in Anbetracht der Zeit, die schon vergangen ist, und der Präsenz der beiden diplomatischen Vertretungen auszuschließen. Bleibt also noch die Ausweisung, eventuell begleitet von einer Rufmordkampagne auf der Grundlage meiner »Geständnisse« und eventuell anderer »Gerüchte«, die man in Umlauf gebracht haben könnte.

Ich glaube, die »Brieftaube« kommt bald, und ich muss alles dem großartigen Drucker in den Rachen schieben, dessen Nadeln sich als überaus nützlich und rettend erwiesen haben.

Danke noch einmal, Angelina, meine liebe Angelina. Wir werden uns was zu erzählen haben, im Alter!

Ich bitte dich, mir zu glauben, dass ich ganz in deinen Händen bin und du in meinem Kopf. Ich liebe dich, ich danke dir für alles, was du tust, und für all die Energie, die ich von deiner Aufgabe abziehe, die jetzt noch wichtiger und dringlicher ist als je zuvor. Hier ist auch der Brief an den Bruder. Lies ihn, bevor du ihn ihm gibst, oder wirf ihn weg, wenn du ihn nicht für richtig hältst.

Ich umarme dich, ich umarme euch und verspreche euch, ruhig und weise zu sein … und dann ein paar stille Stunden in der Sonne.

Bis bald.

24. Februar 1984, Peking. Seit Tagen sehe und höre ich nichts von den Deutschen, aber ich bekomme die Einladung des Botschafters zum Karnevalsfest. Mir fällt ein, ich könnte als Gefängnisinsasse maskiert gehen oder in der Uniform der Umerziehungslager.

25. Februar 1984, Peking. Um sechs Anruf von Giorgi: »Kannst du herkommen?«

»Wohin?«

»In die Botschaft.«

Merkwürdig, was machen sie da am Samstagnachmittag? Ich gehe ins Büro des Botschafters, und da ist die ganze Mannschaft versammelt: Giorgi, Bisogniero, Bresciani, Piaggesi, die Simbolotti und der riesige Hund. Ich muss lachen und sage, als ich eintrete: »Italien ist erwacht.«

»Italien hat nie geschlafen«, sagt der Botschafter.

Er redet lange drum herum, dann drückt er mir ein »streng vertrauliches« Telegramm in die Hand, in dem der Minister weitere Informationen über den Fall des Journalisten Terzani erbittet, für den sich auch der Staatspräsident einsetzt.

27. Februar 1984, Peking, morgens.
Liebste Angelina,

es ist halb sieben morgens. Ich habe die ganze Nacht durchgearbeitet, aber ich habe an alle geschrieben, und jetzt habe ich keine

Zeit mehr für dich. In zehn Minuten muss ich joggen gehen und alles der »Brieftaube« übergeben. Lies alles aufmerksam durch*, korrigier es, und wir sprechen darüber, bevor du es per Telex abschickst, falls du einige Dinge lächerlich oder absurd findest. Vielleicht habe ich auch ein wenig das Gefühl für die Proportionen verloren, und dieser ganze Wortschwall auf 20 Seiten interessiert nur mich und dich. Sei ehrlich. Das ist eine Eigenschaft, die ich immer an dir bewundert habe.

Ich glaube wirklich, ich habe nichts ausgelassen, außer dass ich dich liebe.

PS: Seid ganz beruhigt. Ich bin vorsichtig und geduldig. Grüß mir Folco und Saskia. Schade, dass ihre Briefe noch nicht angekommen sind.

*27. Februar 1984, Peking, nachmittags.**

Am Telefon mit Angela brülle ich extra laut, dass sie unbedingt Pertini dazu bewegen sollen einzugreifen, dass Pertini den chinesischen Botschafter in Rom anrufen und auch an Deng Xiaoping schreiben soll, dass es jetzt reicht, sie haben drei Wochen gehabt, um eine freundschaftliche Lösung zu finden …

Mitten in der Nacht ruft Böhme mich an und sagt: »Merk dir diese drei Dinge: Wir sind alle hundertprozentig auf deiner Seite und haben volles Vertrauen zu dir; wir unternehmen Schritte bei der italienischen Regierung, damit sie alles tut, um dich freizubekommen; wir schreiben an die Botschaft in Bonn und kündigen an, dass wir die ganze Geschichte Montag veröffentlichen.«

Bernardo* ruft an und sagt immer wieder: »Sei ganz beruhigt und lach dir eins.«

Ich schlafe schlecht, und um 7 Uhr 30 muss ich aufstehen, um bei der Tai-Chi-Chuan-Stunde dabei zu sein, ich habe mich in den Kurs eingeschrieben, weil er zwei Monate dauert und ich zeigen will, dass ich glaube, in zwei Monaten noch hier zu sein.

28. Februar 1984, Hongkong. Brief von Angela.
Bis nächsten Freitag muss das Ganze ein Ende finden: Intervention der Deutschen, die den SPIEGEL und dessen Interessen repräsentieren; Intervention Pertinis, der den italienischen Staatsbürger und dessen Familie repräsentiert, die dieses Warten beschämend und entwürdigend finden.

Reisepass zurückbekommen, du reist in jedem Fall nach Hamburg und entscheidest mit dem SPIEGEL, was danach zu tun ist; Reisepass nicht zurückbekommen, du veröffentlichst die ganze Geschichte. Ich rate dir, sie so bald wie möglich fertig zu machen, komplett und perfekt. Wenn dir diese Optionen akzeptabel erscheinen, sag es mir, denn ich würde es dem SPIEGEL weiterleiten. Um sie bei Laune zu halten, muss ich ihnen eine Strategie vorschlagen. Ich versichere dir, sie haben die Nase gestrichen voll davon, sich derart demütigen zu lassen.

Was uns betrifft, uns geht es gut. Deine Mutter und Baolì sind unzertrennlich, sie geht jeden Tag drei oder vier Mal mit ihm raus. Alle Polizisten und Arbeiter im Viertel grüßen sie, streicheln den Hund, und heute haben sie ein Foto von ihr gemacht. Ihr anderer Freund ist die Grille. Saskia hat mehr Freiheit, weil die Oma endlich einen Rhythmus gefunden hat.

Meine Mutter übersetzt dich sehr gut, sie läuft eine Stunde auf und ab und verschwindet dann wieder in deinem Büro. Die Mahlzeiten, zu denen ich mich mit den Kindern treffe, sind verschenkte Gelegenheiten, und wir sprechen über nichts mehr. Das ist der Preis, der zu zahlen ist. Wir reden manchmal in einem versteckten Winkel des Hauses, die Kinder sind extrem mitfühlend, ernst und sehr lieb. Ich arbeite, so viel ich kann, und gesundheitlich und seelisch geht es mir gut. Aber auch ich fühle mich ein wenig in einer provisorischen Position.

Ich fühle, dass in diesen Tagen auf dem Spiel steht, welche Rolle du in Zukunft dir selbst gegenüber einnimmst, und es muss eine Rolle sein, mit der du leben kannst.

29. Februar 1984, Hongkong. Brief von Angela.
Lieber Freund,

Pater Ladány hat deinen Artikel für den SPIEGEL gelesen und hat mich angerufen. Wie ich war er sehr berührt, besonders dort, wo du sagst, dass du dir jetzt vorstellen kannst, wie sich ein Chinese fühlen muss. An der Stelle, sagt er, zeigst du, dass du China liebst. Er fand die Geschichte entsetzlich, dein Englisch wunderbar, er hat keine Kritik anzubringen, man versteht, dass du nichts zu gestehen hattest, und dass sie dich mit ihren Verhören über das Maß misshandelt haben. Er möchte, dass Folco von dir die Liebe zum chinesischen Volk lernt, unabhängig davon, wer es regiert. Er zeigt sich als der große Mann, der er ist. Er war gerührt.

Also warte nur noch weitere zehn Tage. Kümmere dich nicht um das, was Bernardo nicht »Rufmord« nennt, sondern den »Tratsch von Peking«: Es ist kalt, es passiert nichts, und sie haben nichts anderes zu tun, also tratschen sie. Diesbezüglich haben der Bruder und Bernardo dieselbe Meinung.

Alle sind auf deiner Linie. Fühl dich nicht verlassen.

Die Entscheidung des SPIEGEL ist gefallen, alle ziehen an einem Strang.

Und jetzt bricht diese »Brieftaube« auf, mit Liebe.

29. Februar 1984, Peking.
Liebste Angelina,

dies wird ein Brief auf Raten, so wie meine Tage sind, aus Teilen und Stücken zusammengesetzt, mit Hochs und Tiefs, mit Momenten der Euphorie und der Depression, mit Augenblicken der Freude beim Gedanken an die Raffinesse der Spiele, die im Gang sind, aber auch der Angst bei der Vorstellung gewisser immer noch möglicher Alternativen.

Mein Leben hier ist wie das der Kuh, die du während des Krieges mit deiner Freundin in Schleswig-Holstein gehütet hast: Ich bin an der frischen Luft und fresse frisches Gras. Aber ich bin an einem Pflock festgebunden und kann nicht weiter gehen, als mir der Strick erlaubt. Und diesem Strick gilt natürlich mein ganzes Denken.

Worin ich Riesenfortschritte gemacht habe, ist die Konspiration. Dabei spielt das Telefon eine ganz wesentliche Rolle, und das darfst du nie vergessen, wenn wir miteinander sprechen.

»Hallo, ist dort die amerikanische Botschaft? Hier ist T. T., ich möchte in einer dringenden Angelegenheit mit dem Botschafter sprechen.« Die, die zuhören, müssen sich sagen: »Aber der kennt ja wirklich alle Welt, oder blufft er?«

Eine Stunde später ruft die Sekretärin an und sagt: »Der Botschafter würde sich sehr freuen, Sie zu sehen.«

Heute Morgen war ich dort. Ein großer Zuhörer. Freundlich und entgegenkommend. Das Einzige, was er gesagt hat, war: »Ich sehe keine Möglichkeit, dass Sie nach dieser Geschichte normal in China weiterarbeiten können. Die Leute, mit denen Sie es zu tun haben, geben niemals zu, einen Fehler gemacht zu haben, oder treten stillschweigend den Rückzug an. Also werden sie weitermachen. Hüten Sie sich, etwas zu veröffentlichen, bevor Sie aus dem Schneider sind.«

Vielleicht habt ihr Recht, du und deine Berater, wenn ihr meint, man müsse noch schweigen. Vielleicht, weil die Luft gut ist und das Gras frisch, realisiere ich die Gefahr nicht, mich mit dem Strick zu erdrosseln.

Dein Brief mit den Überlegungen der verschiedenen Personen fehlt mir sehr. Ich hoffe, er kommt bald und durch sichere Hände.

2. März 1984, Peking. Um 9 Uhr 15 ruft Giorgi an und sagt, die Polizei habe bei ihm angerufen und er habe einen Termin um drei. Die Polizei habe gesagt, wenn Herr Terzani kommen wolle, sei er willkommen.

Um 9 Uhr 30 klingelt auch bei mir das Telefon: »Ich bin vom Büro für Öffentliche Sicherheit in Peking, wir bitten dich, um drei Uhr bei uns auf dem Revier zu sein. Es geht um dein Problem, und wir haben dir das Ergebnis mitzuteilen.«

»Wo? Am üblichen Ort?«

»Ja, am üblichen Ort.«

»Ich werde da sein.«

Um 10 Uhr 15 bringt David* indonesische Zigaretten, die Angela geschickt hat. Mit dem Vorwand der Zigaretten kann ich *Deep Throat* anrufen: »Ich habe Zigaretten für dich. Da ich dich ein paar Tage lang nicht sehen werde, bringe ich sie dir besser gleich vorbei. Ich komme in deine Gegend.«

Ich übergebe ihm die Zigaretten und alle Aufzeichnungen dieser vergangenen vier Jahre* für ein eventuelles Buch und erzähle ihm von dem Termin, den ich um drei habe.

Elf Uhr, bei Schödel* in der deutschen Botschaft. Er fragt, was es für Neuigkeiten gibt, und ich sage es ihm. Wir analysieren die Möglichkeiten, die ich um drei Uhr nachmittags vor mir haben werde:

1) freundschaftliche Lösung, Zahlung eines Bußgelds und ich bleibe in China;

2) nicht freundschaftliche Lösung, Ausweisung, eventuell mit Verhaftung.

Ich meine, dass auch im Fall der freundschaftlichen Lösung der SPIEGEL etwas über die Sache veröffentlichen muss.

Um Punkt drei kommt Giorgi, der seinen Wagen im Hof parken kann, weil er »vorgeladen« ist.

Wir warten einen Augenblick, denn in den Zimmern herrscht ein gewisses Durcheinander.

Aus dem Zimmer, in dem ich üblicherweise verhört werde, kommt eine Gruppe Polizisten mit Teetassen in der Hand. Unter denen, die uns begrüßen, ist »Felsenblitz«, der fragt, ob wir einen Dolmetscher haben, weil heute »offizielle« Dinge gesagt werden und die Übersetzung richtig sein muss. Sie rufen zuerst Giorgi, und ich darf mich in den Wartesaal für die Visa setzen, unter Polizistinnen, die wie üblich darüber diskutieren, wie viel sie für den Kohl bezahlt haben und wo man bestimmte Wollhemden kaufen kann.

Ich gehe im Hof umher, es ist schönes Wetter, ich schaue auf die grauen Dächer und einen Baum, aus einem Zimmer kommen sieben junge Polizisten, die mich ansehen. Um ein Gespräch anzufangen, fragt mich einer, was für eine Marke Giorgis Wagen ist, den er genau dort geparkt hat.

Wenige Gedanken und vor allem immer dieselben: Lösung eins oder Lösung zwei?

Wenn es Lösung eins ist, was mache ich? Veröffentliche ich? Es vergeht über eine halbe Stunde, und die Ausweisung erscheint mir am wahrscheinlichsten. Jetzt kommt mir diese Vorstellung wie eine Erleichterung vor. Wie sollte ich unter diesen Bedingungen hier weitermachen? Angela wäre glücklich, und ich bräuchte keine Entscheidungen zu treffen.

Ausgewiesen. China verlieren. Ich schaue auf den Himmel, die Dächer, den Baum. Werde ich die Sehnsucht ertragen?

Die Tür zu dem zweiten Zimmer, nicht dem »meinen«, geht auf, und ich sehe alle herauskommen. Giorgi kommt auf mich zu und flüstert mir mit einem Lächeln zu: »Sie wollen dich so schnell wie möglich aus dem Land haben.«

Das erscheint mir eine Befreiung.

Man bittet mich in »mein« Zimmer, das, aus dem alle Polizisten herausgekommen sind, und jetzt verstehe ich, warum. Das Zimmer sieht aus wie ein Trödlerladen. Alle meine bei der Durchsuchung beschlagnahmten Gegenstände sind auf drei Tischen ausgestellt.

Man nimmt Platz. Der knochige *lao* Liu macht sich zum Sprechen bereit, der Junge mit dem Igelkopf schlägt ein Heftchen auf, in dem die Übersetzung in feiner kalligrafischer Handschrift schon ganz aufgezeichnet ist:

»Wir haben dich gerufen, um dir das Ergebnis deines Problems mitzuteilen. Du kannst dir Notizen machen.

Entscheidung über die Behandlung von Deng Tiannuo, der illegal chinesische Nationalgüter gekauft hat:

Deng Tiannuo, 46 Jahre alt, Geschlecht männlich, italienischer Staatsbürger, in der Volksrepublik China tätig als Korrespondent der Bundesrepublik Deutschland für das Nachrichtenmagazin

DER SPIEGEL, wohnhaft in Peking, Quijayuan 7-2-31, wurde am 1. Februar 1984 an der Zollstation Gongbei festgehalten, während er versuchte, eine Buddha-Statue zu schmuggeln. Aus diesem Grund wurde er am 8. Februar vom Büro für Öffentliche Sicherheit von Peking einbestellt und sein Haus wurde durchsucht. Wir haben in seinem Haus 57 Objekte gefunden, die chinesische Kulturgegenstände sind. Nach der Identifikation wurden 24 dieser Gegenstände als wertvoll eingestuft und ihr Gesamtwert auf 20 000 Yuan geschätzt. Außer diesen Kulturgegenständen haben wir vier Uhren gefunden, die Schmuggelware sind.

Wir hätten den Fall von Deng Tiannuo mit einem Gerichtsverfahren behandeln müssen, aber in Anbetracht der chinesisch-deutschen und der chinesisch-italienischen Beziehungen und der Fortschritte, die Deng Tiannuo in seiner Umerziehung und im Bewusstsein seiner Verbrechen gemacht hat, haben wir beschlossen, ihn mit Milde zu behandeln. Weshalb Folgendes verfügt wird:

1) Beschlagnahmung der 24 von Deng Tiannuos illegal erworbenen Gegenstände, dazu einer in Gongbei konfiszierten Buddha-Statue sowie Beschlagnahmung der vier geschmuggelten Uhren.

2) Geldbuße von 2000 Yuan.

3) Deng Tiannuo ist nicht geeignet, in China zu leben.«

An diesem Punkt werden mir die Gegenstände auf dem Tisch gezeigt. Die, die beschlagnahmt werden, die, die zurückgegeben werden, und auf dem Tisch in der Mitte die Beweise für meine Beleidigung der chinesischen Führer und der Kommunistischen Partei, für die eine eigene Konfiskationsliste gemacht wurde, die ich unterschreiben muss. Da steht geschrieben: »Diese Dinge werden beschlagnahmt, weil sie die Beleidigungen symbolisieren, die Deng Tiannuo dem Präsidenten Mao und der Kommunistischen Partei zugefügt hat.«

Während sie mir die Dinge zeigen, wiederholt *lao* Liu: »Deine Handlungen sind eine Verletzung des chinesischen Gesetzes. Die Beweise hast du vor dir, und du solltest die Milde bedenken, mit der du behandelt worden bist. Obwohl du den Präsidenten Mao und die Kommunistische Partei beschimpft hast, wird dir verziehen, und in der Tat gehen wir nicht in diesem Sinn gegen dich vor, weil das zu einer sehr schweren Strafe führen würde. Deshalb wurde dieser letzte Punkt in unserer Entscheidung nicht berücksichtigt. Hast du etwas zu sagen?«

»Ich habe keinen Kommentar abzugeben.«

»Sehr gut.«

Da frage ich: »In Punkt drei heißt es, ich sei ›nicht geeignet‹, in China zu leben. Heißt das, dass ich aus dem Land ausgewiesen werde?«

»Wenn es eine Ausweisung wäre, hätten wir dir nicht gesagt, was wir eben gesagt haben«, antwortet er.

»Aber was heißt dann, dass ich ›nicht geeignet‹ bin?«

»Das heißt«, fährt der knochige Vernehmungsbeamte fort, »dass du so schnell wie möglich deine Ausreise organisieren sollst. Wir stellen dir kein Ultimatum, und wir sagen auch nicht, dass du das Land binnen 24 oder 48 Stunden oder drei Tagen verlassen sollst. Nur dass du so bald wie möglich abreisen sollst.«

»Wo muss ich die Geldbuße bezahlen?«

»Hier.«

»Wann?«

»Wann du möchtest.«

»Also morgen früh um elf.«

Wir gehen über zur Unterschrift des Protokolls, der Unterhaltung und der Inventare, dessen, was mir zurückgegeben wird, und dessen, was beschlagnahmt wird.

Der Knochige liest von einem Blatt ab: »Ich meine, diese Lösung ist entschieden freundschaftlich. Wir wollen die Sache nicht öffentlich machen, aber in jener Nacht hast du geschrien, und einige Personen haben Kenntnis von dem Fall bekommen. Wir wollen keine Öffentlichkeit, denn wir sorgen uns um deine Zukunft und um deine Arbeit. Jetzt will ich dir etwas sagen: Wir respektieren dich, so wie wir die italienische Botschaft respektieren. Da du keine Einwände gegen unsere Entscheidung erhoben hast, bedeutet das, dass du unsere Milde anerkennst. Aber ich habe dir noch etwas anderes zu sagen. Wenn du, sobald du China verlässt, versuchen solltest zu lügen und die Tatsachen zu verdrehen, bist du voll verantwortlich dafür. Ich möchte, dass das klar ist. Ich habe Erfahrung mit ähnlichen Fällen, wir haben schon einige davon behandelt. Das ist der Grund, weshalb ich dir das sage. Das reicht für heute. Wenn es Probleme gibt, ruf uns an oder komm zu uns.«

Der Tag geht weiter mit einem Besuch in der deutschen und in der italienischen Botschaft, wo man sich weiterhin in Nichtigkeiten verzettelt.

3. März 1984. Um drei im Außenministerium, um Zhen Wencheng zu treffen. Er empfängt mich allein, sehr freundschaftlich.

Ich halte eine kleine Dankesrede, ich sage, wenn nicht ich, so werden meine Kinder wiederkommen, das Leben sei lang.

Er sagt, ich sei willkommen in China und ich könne noch viel beitragen, dass wir uns schon lange kennen und alte Freunde seien.

Ich bestätige, dass ich mit seinem Büro seit der Zeit zu tun hatte, als ich von New York aus Briefe an Ma Yucheng* schrieb. Wir verabschieden uns in aller Freundschaft, und er begleitet mich bis zur Tür, wo er mit einer Geste des Grußes stehen bleibt.

Ich gehe zurück nach Hause, nachdem ich dank der Geschichte mit der Ausweisung für Montag einen Flug buchen konnte. Das Außenministerium hat angerufen. Ich muss sofort telefonieren, denn sie haben etwas vergessen:

»Herr Terzani, von diesem Augenblick an sind Sie nicht mehr geeignet, über China zu berichten, deshalb müssen Sie freundlicherweise unverzüglich Ihre Akkreditierung zurückgeben.«

»Soll das heißen, dass ihr mir von diesem Augenblick an die Akkreditierung entzieht?«

»Es heißt, was ich Ihnen eben gesagt habe. Sie sind nicht mehr geeignet, Korrespondent für China zu sein, und Sie müssen Ihren Presseausweis zurückgeben.«

»Ich werde ihn zurückgeben.«

Es ist klar, dass der arme Zhen von seinen Vorgesetzten einen Rüffel bekommen hat. Offenbar hat das Außenministerium versucht, mit der Polizei Schritt zu halten, indem es eine noch härtere Gangart einschlägt. Zuerst waren sie zurückgeblieben, jetzt preschen sie vor.

4. März 1984. Peking, morgens. Um neun kommt *xiao* Liu herein. Wie üblich sitze ich am Schreibtisch und mache mir Notizen, ordne Papiere. Er öffnet seine Tasche und holt ein eingerolltes, kleines weißes Stück Papier hervor, entrollt es sorgfältig auf dem schwarzen Schreibtisch, und in kleiner Schrift, hat er da fehlerfrei – er, der immer Fehler macht – geschrieben:

Lieber Tiziano,

nie hätte ich gedacht, dass unsere Beziehung eines Tages so enden würde.

Es hat seine Zeit gebraucht, Freunde zu werden, aber jetzt sind wir es, und eines Tages werden wir uns irgendwo auf der Welt wiedersehen, oder vielleicht auch in China, wenn die Situation sich geändert hat. Ich hoffe nur, nicht das Schicksal deiner Dolmetscher in Kambodscha und Vietnam zu erleiden. Aber mach dir um mich keine Sorgen.

Ich hätte gerne Angela und dich in meine neue Familie eingeladen, aber auch das ist unmöglich. Grüß Angela, Saskia und Folco vielmals. Um mich macht euch keine Sorgen, ich will versuchen, mein Leben glücklich zu leben.

Ich lese zu Ende und bin gerührt, ich schaue auf und sehe, dass auch *xiao* Liu weint. Ich nehme das Blatt Papier und vernichte es, indem ich es in die Toilette werfe. Wir drücken uns fest die Hände, und ich mache mich wieder ans Schreiben.

Er schließt sich für etwa zehn Minuten im Bad ein, einfach, um seiner Erschütterung Herr zu werden.

Abends. Todmüde, wirrer Tag. Der letzte in Peking. Unglaublich.

Der italienische Botschafter und Frau. Ich erzähle noch einmal meine ganze Geschichte. Er hält sich bedeckt, indem er mir von dem Telegramm berichtet, das er morgen schicken wird. Am Ende tut er nichts weiter, als zu fragen, wo man dies und jenes kaufen kann. Ich habe schon die Jacke an und möchte gehen, er aber steuert auf den Raum zu, für den er neue Teppiche gekauft hat, und will wissen, wo man die aus Xinjiang bekommt.

Der deutsche Botschafter und Frau. Sie bieten mir Erbsensuppe an, mein Magen ist wie zugeschnürt, und ich trinke nur etwas. Noch einmal erzähle ich die Geschichte. In der Vitrine neben dem Platz, wo wir sitzen, sind zwei laotische Silberkästchen und Gewichte aus Birma.

»Darauf steht Gefängnis!«, sage ich, und er scheint mir verlegen. »Haben Sie die deklariert, als Sie nach China kamen?

»Nein.«

»Ich auch nicht.«

Er sagt, er würde gern mit zum Flughafen kommen, aber das erschiene ihm eine »Provokation« gegenüber den Chinesen. Ich verabschiede mich in aller Freundschaft.

5. März 1984, Peking. Die ganze Nacht geistere ich wie ein Schlafwandler durch das Haus, versuche zu entscheiden, was ich in die riesigen Koffer packe, was ich dalasse, was wichtig ist und auf was ich verzichten kann. Eine Stunde Halbschlaf, um wieder zu Kräften zu kommen, dann die morgendliche Routine, außer dem Lauf zu meinen Alten im Park.

Um sieben kommen *xiao* Liu und *xiao* Wei*, um mir mit den Koffern zu helfen. Die Fahrstuhlführerin ist heißes Wasser für den Tee holen gegangen, und wir müssen warten. Auch Graziella Simbolotti, zurück aus Datong, kommt, um sich mit einer letzten verrauchten Umarmung von mir zu verabschieden.

Meine letzte Fahrt am Steuer zum Flughafen, im Wagen mit Rupprecht* und Giorgi. Man spricht über dies und das, über praktische Dinge, was zu tun sein wird, und einer der herrlich blauen

Tage zieht über Peking herauf. Graue Häuser, kahle Bäume, ein bettelnder Bauer mit einer Schubkarre, der das verrottete Laub auf den Straßen einsammelt.

Kaum komme ich in den Flughafen, höre ich die vom Zoll sagen: *»Laile«* (»da ist er«). Sie schauen auf meine vielen Koffer. Niemals zuvor bin ich vom Zoll so freundlich behandelt worden. Alles geht sehr schnell, keine Fragen.

Vom ersten Augenblick an heftet sich ein untersetzter Mann an meine Fersen, seine Ohren sind in irgendwie bösartiger Weise am Schädel angewachsen, er trägt einen großen grauen Mantel, die Haare liegen am Kopf an wie bei jemandem, der normalerweise Hut trägt. Ich lasse das Gepäck im Warteraum, um mit den anderen beiden einen Kaffee zu trinken, aber er setzt sich neben das Gepäck und schaut.

Ich nähere mich dem Röntgengerät, um die Koffer auf das Band zu legen, aber einer der Zöllner, die um mich herumspringen, ruft meinen Namen »Deng Tiannuo, Deng Tiannuo« und sagt, das sei nicht nötig, ich solle ruhig durchgehen. Keinerlei Kontrolle, keine Fragen, nur ein Übergewicht von 123 Kilo, für insgesamt 556 Yuan.

Die Polizisten, die die Pässe kontrollieren, sind sehr freundlich, sie fragen mich, ob ich für das Fernsehen arbeite.

Alles ist heiter, alles geht glatt. Ich bin wieder bei allen Liebkind. Ich habe meine chinesischen Kleider zu Hause gelassen und wieder Lederschuhe und -jacke angezogen. Alle Formulare, die ich am Flughafen ausfüllen musste, habe ich mit Terzani unterzeichnet, nicht mehr mit meinem chinesischen Namen.

Es ist, als ob Deng Tiannuo tot oder ins Exil geschickt worden wäre, und ich meine abendländische Identität wiederentdecken würde.

Alle Chinesen lächeln, die Freundlichkeit, die Höflichkeit, alles ist da.

Bleibt nur jener Mann im Mantel, der mir bis zuletzt, als ich ins Flugzeug steige, wie ein Schatten, wortlos, mit verstohlenem Blick auf zwei Schritt Entfernung folgt.

Eine beunruhigende Präsenz, in meinem wie im Leben aller Chinesen.

* * *

31. Mai 1984, Hongkong.
Brief an Seine Exzellenz Sandro Pertini, den Präsidenten der Italienischen Republik, Rom.

Sehr verehrter Herr Präsident,

es ist merkwürdig, aber ich muss Ihnen dafür danken, dass Sie mir dazu verholfen haben, ein Land zu verlassen, in dem ich hätte bleiben wollen: China.

Das ist nicht die einzige Merkwürdigkeit. Ich war mit enormer Neugier und Wissbegier in dieses Land gekommen, dessen Premierminister Sie in den nächsten Tagen empfangen werden. Ich habe meine zwei Kinder auf eine chinesische Schule geschickt, ich habe versucht, mir vor Ort Freunde zu machen, wie sie zu leben, mit ihnen zu reisen, doch damit bin ich von dem schmalen Pfad abgewichen, den die Chinesen schon zu Zeiten Matteo Riccis* den Fremden zuwiesen, um unter sich und unerkannt zu bleiben. Und so habe ich ihren Zorn erregt.

Zum spezifisch Chinesischen kam dann noch die mittlerweile gute geölte Maschinerie eines repressiven Polizeistaats hinzu, und hätten Sie nicht eingegriffen, hätte ich Monate und vielleicht länger an einem abgelegenen Ort in China zugebracht, mit dem einzigen Trost, ein Buch zu schreiben, das dann niemanden interessiert hätte.

Sie wissen, Herr Präsident, dass Ihre Person seit Ihrem Besuch in China ein Symbol für Ansehen, Weisheit und auch für die trotz allem von den Chinesen hoch geschätzte Tugend der Aufrichtigkeit ist. Daher war Ihr Wort von überaus großer Bedeutung. Danke, dass Sie es ausgesprochen haben und mich vor jener möglichen Zeitvergeudung bewahrt haben. Von meiner Neugier auf China bin ich natürlich immer noch nicht befreit, und ich beobachte es weiterhin durch das Schlüsselloch Hongkong.

Ihnen, Herr Präsident, meine besten Wünsche für Ihre Gesundheit und Ihre Arbeit. Noch einmal danke schön.

Ihr ergebenster
Tiziano Terzani
Journalist

***

*7. Oktober 1984, Manila.** Nachsehen, wo die Demonstration am Nachmittag stattfindet. Der Präsidentenpalast Malacañang ist mit Stacheldraht eingezäunt und von Truppen in Kampfuniform umgeben, die auf den Gehwegen und rings um die Einfassung des Palasts schlafen. In der Kirche Santo Domingo versammelt sich eine enorme Menschenmenge zur Messe. Ganz hinten im Dunkeln eine kindliche Madonna mit lauter Glühlämpchen.

Auf dem Rückweg in der Buchhandlung Solidaridad bei Frankie Sionil José* (Frau Teresita, fünf schon verheiratete Kinder).

»Die Linke will, dass Marcos an der Macht bleibt, er ist ihr bester Nachwuchsbeschaffer. Wenn er geht, verlieren sie die Möglichkeit, mehr Anhänger zu gewinnen. Marcos steht hinter dem Attentat auf Ninoy Aquino. Er wird zu General Ver gesagt haben: ›Kümmer du dich darum, den will ich nicht.‹ Marcos und Imelda sind sehr abergläubisch, und die Leute sagten, wenn Aquino seinen Fuß auf philippinischen Boden setzte, sei das Schicksal der Marcos besiegelt … Deshalb haben sie ihn auf der Gangway getötet, bevor noch sein Fuß den Boden berührte.«

Aquino wurde am 21. August 1983 ermordet. Er kehrte nach drei Jahren freiwilligem Exil in den USA zurück. Er wurde im Flugzeug von fünf Soldaten gepackt und neun Sekunden später erschossen. Die Regierung sagt, der Mörder sei ein Kommunist gewesen, Rolando Galman, der wenig später ebenfalls ermordet wurde. Die Ermittlungen dauerten zehn Monate, einige wichtige Zeugen starben an Herzversagen oder bei Autounfällen, unter mysteriösen Umständen.

Nach der Demonstration vom vergangenen Dienstag wurden elf Leichen gefunden, mit Schusswaffen getötet. Die Polizei leugnet, dass es einen Zusammenhang mit der Demonstration gebe. Eine Katastrophe nach der anderen: 2000 Tote, 2,4 Millionen Obdachlose, 100 Millionen Dollar Schäden durch den Taifun im August. Dann bricht der Vulkan Mayon aus (im Süden der Hauptinsel Luzon), dessen Asche im Umkreis von 15 Kilometern niedergeht und weitere 35 000 Menschen obdachlos macht. Wenige Stunden später ein Erdbeben im Norden der Insel. Die Wirtschaft ereilt dasselbe Schicksal.

Der Vulkan ist am Vorabend von Marcos' 60. Geburtstag ausgebrochen, das Erdbeben in der Region, wo er geboren wurde. Ein katholischer Bischof vergleicht in seiner Predigt in der Kirche Santo Domingo, wo Aquinos Beerdigung stattfand, die Katastrophen, die die Philippinen heute heimsuchen, mit den Plagen, die Gott Ägypten sandte, weil der Pharao nicht auf Moses' Bitte hörte: »Lass mein Volk ziehen.«

Bei den Demonstrationen auf den Straßen heute waren zwei Typen von Philippinern vertreten. Die einen gut situiert, gut gekleidet, mit Autos, einige mit Chauffeur; die hellhäutigen, sorgfältig geschminkten Frauen in Freizeitkleidung, die Männer beleibte Mittvierziger mit schönen Ledergürteln. Und die anderen Horden von Frauen, dunkelhäutig, jung, mit Zahnlücken, in Kunststofffetzen gehüllt, angeführt von jungen, kleinen, schwarzhaarigen Kerlen, denen das Hemd aus der Hose hängt und die Tüten voller Steine auf dem Rücken tragen, gut organisiert, diszipliniert und bereit zur Hysterie, zum Angriff.

11. Oktober 1984, Manila. Vormittag im Schwimmbad, Lektüre des Buchs von Max Vanzi* über die Revolution auf den Philippinen.

Abends zum Essen bei Maur, Aquinos Schwester. Sie hat einige Anführer der Opposition eingeladen. Eine Versammlung von netten Persönlichkeiten, die mit ihrer neuen Position nicht zurechtkommen, unsicher, im Grunde unpolitisch.

Reli German begleitet mich nach Hause: Marcos' Handlanger haben ihm bei den Wahlen den Arm gebrochen, jahrelang ohne Reisepass, tüchtig, aber er glaubt an die Demonstrationen: Sonntagmorgen um sieben joggt er für Aquino. Naiv, unbedarft, ihre Lage verbietet ihnen, radikale Entscheidungen zu treffen. Eigentlich würden sie das Regime gern von innen verändern, aber sehr wahrscheinlich werden sie keine Chance haben. Den ganzen Abend wird über Persönlichkeiten und Kürzel gesprochen, nicht über Politik.

Sie spüren, dass die Linke sie benutzt, und wissen nicht, ob sie aussteigen sollen. Sie glauben an Gewaltfreiheit, ans Brückenbauen, daran, dass alle zusammenhalten müssen. »Marcos stürzen, dann sehen wir weiter.«

12. Oktober 1984, Manila. Vormittag mit Frankie in Tondo*.

In der Ferne eine rauchende Müllhalde, auf der junge Leute herumklettern, die Hemden und T-Shirts herausziehen, die man waschen und wieder verkaufen kann. Stinkende Müllfahrzeuge fahren vorbei, Kinder stürzen sich darauf, um etwas zu ergattern, bevor alles auf die rauchende Halde gekippt wird.

Imelda hat eine ganze Reihe von Häusern mit mediterranem Flair bauen lassen, die das Grauenhafte dahinter verdecken sollen. Das Grauenhafte wird aber nur noch grauenhafter durch diese weißen Fassaden, die blauen Dächer und die runden Balkone.

Kirche San Pablo Apostol. Irischer Pfarrer, Sean Connaughton, wirkt albern, ist aber intelligent und sehr aufmerksam. Überlässt seine Räume verschiedenen Gruppen für ihre Treffen. Sitzt an einem klebrigen Tisch, schmutzige Wände, ein Gasherd, auf dem ständig Kaffee kocht.

Im Raum darüber findet eine Versammlung von etwa 20 Hafenarbeitern statt, arm, zahnlos, dunkelhäutig, Haare bis auf die Schultern, Kräftige und Schwache. Ich treffe sie, stelle mich vor und frage.

Es gibt 30 000 Hafenarbeiter in Manila und 40 Gewerkschaften, viele werden von den Reedereien kontrolliert. Sie wollen versuchen, einen Zusammenschluss von verschiedenen Gewerkschaften zu erzielen. Anstelle von Marcos wollen sie eine Regierung, die die Interessen des Volkes vertritt.

Ich frage, ob Aquino dieser Regierung hätte vorstehen können. »Das ist nicht sicher«, sagen sie. Für sie ist Aquino einer der vielen Toten.

Sie erzählen, dass in den vergangenen sechs Monaten in Tondo 200 Menschen ermordet wurden: junge Männer, die Hände mit Draht zusammengebunden, mit Draht um den Hals erdrosselt oder mit einem Pickel erschlagen. Nicht einmal Kugeln, um keinen Lärm zu machen und Munition zu sparen. Viele junge Männer, keine Zeugen. »Wenn jemand sieht, dass sie dich geschnappt haben, hast du eine Chance zu überleben, sonst überhaupt keine. Früher haben sie einen festgenommen und oft gefoltert, jetzt bringen sie einen einfach um.« Morgens treffen die Leute in den Gassen von Tondo die »geheimen Marschalls« an – häufig in Zweier- oder Dreiergruppen –, die die Lizenz haben zu töten.

Ich frage nach den USA, und sie schreien: »Raus! Sie sollen ihre Stützpunkte bei sich zu Hause bauen, wir wollen nicht ihretwegen in die Luft fliegen, wir haben keine Feinde!«

Einer oder zwei machen den Eindruck, als seien sie politisiert, sie wissen, was sie sagen, sind wach.

Selbst einer wie Frankie scheint die Wut dieser Leute nicht zu verstehen, die arm sind, eingeschüchtert und gedemütigt, aber anfangen, die Welt, die sie umgibt, klar zu sehen.

Sicher nehmen die Freunde von gestern Abend in ihren großen Häusern sie nicht wahr. Sie sind blass, wütend, weil Marcos einen der Ihren getötet hat, aber leben immer noch mit Dienern, im Wohlstand, mit manierlichen Sorgen.

13. Oktober 1984, Manila. Ich gehe allein spazieren. Ich denke an die gestrige Begegnung mit den Hafenarbeitern von Tondo, ich sehe wieder die Bilder der Bourgeoisie vor mir, die Seiten des Buches von Max Vanzi, und spüre erneut Sympathien für die Revolution als Weg. Was sonst.

Ist es möglich, dass man wieder darauf hereinfallen muss, oder ist es, als ob die Geschichte sich jedes Mal genau an diesem Punkt wiederholen würde?

22. Oktober 1984, Florenz. Ich komme in Giulianos Wagen und mit meiner Mutter aus Rom. Wir fahren von Signa in die Stadt hinein. In Legnaia* ist gerade Schulschluss. Mich beeindruckt, wie dick, wohlgenährt und pausbäckig die Schüler sind, wie schlampig sie mit ihren bunten Pyjamahosen, Sweatshirts und Rucksäcken aussehen.

Florenz scheint zunehmend von Geschäftsleuten beherrscht. Dort, wo einst die aristokratische und verarmte Eleganz einer großen Familie zu Hause war, die eine ganze Villa bewohnte, haben sich heute Krämer eingenistet und es sich bequem gemacht. Neben ein schönes schmiedeeisernes Tor von einst reihen sich andere Tore mit elektronischen Überwachungskameras, unter den Olivenbäumen sind Swimmingpools aufgetaucht, unter den Zypressen die dicken Autos dieser Neureichen.

Jedes Mal, wenn ich wiederkomme, fühle ich mich fremder.

Jedes Mal finde ich mehr Kuckucke in diesem Nest, in das ich immer weniger zurückkehren will.

Das hier scheint mir wirklich nicht das Krokodil, in dessen Rachen ich sterben möchte.

Nur ein Augenblick erinnert an die Vergangenheit: Joggen am Morgen den gepflasterten Hang hinauf, der Dunst zwischen den Olivenbäumen, der Turm von Bellosguardo, die Mauer, die Florenz' stillen Glanz unten in der Ebene verbirgt.

Hauptsache, ich begegne keinen Menschen. Auch sie haben immer weniger mit dem zu tun, was sie umgibt, deshalb zerstören sie es.

24. Oktober 1984, Mailand. Diejenigen, die mich interviewen kommen, haben *La porta proibita** nicht gelesen, sie sind weder an der Geschichte noch am Menschen interessiert.

Presseclub. Der Saal ist voll, einige stehen in den Gängen an den Türen. Der übliche Ablauf. Es wird nicht über die Dinge diskutiert, sondern über die Ideen, die sich angeblich dahinter verbergen. Das gilt ganz besonders für China. Niemand will über das Land sprechen, sondern darüber, wie wir, der Westen, unsere Gesellschaft es wahrgenommen haben.

In Wahrheit ist niemand an etwas anderem außer sich selbst interessiert.

Aldo Natoli* macht viele Komplimente. Dann fängt er von der Ideologie an, vom Stalinismus, von Mao: Wie kann ich ihn einen »Verrückten« nennen? Jacoviello* hat das Buch nicht gelesen, pickt aber Details heraus und jongliert damit, nachdem er die Freundschaft und meine Professionalität sehr gerühmt hat.

Renata Pisu* erzählt von ihrem China, das sie vor mir kennengelernt hat, von dem Buch, das sie hätte schreiben wollen, von der Psychoanalyse. Ihre einzige schöne Bemerkung ist, dass wir es ablehnen sollten, uns von den Chinesen als »Freunde Chinas« bezeichnen zu lassen.

Alles verläuft im Sand. Jacoviello führt sich auf, als hätte ich seine Mutter beleidigt, weil ich gesagt habe, die chinesische Revolution sei zum größeren Teil gescheitert (»Von einem wie dir hätte ich das nicht erwartet«); einige junge Leute betonen immer wieder, wie groß Mao war; ein alter Faschist will wissen, wie viele Tote die Kommunisten zu verantworten haben.

Und ich sage: »Ich bin kein Intellektueller, ich bin bloß ein Staubsauger, der durch die Welt läuft und Geschichten einsammelt.«

Immer isolierter. Niemand will wirklich zuhören.

Ich muss eine andere Gelegenheit abwarten, um wiederentdeckt zu werden.

2. November 1984, Rom. Redaktionssitzung bei *La Repubblica*, mit Scalfari, der von seiner Begegnung mit Guttuso* erzählt.

»Ich habe den Wert der Lebensqualität entdeckt«, sagt er. »Guttuso hat einen Sekretär. Guttuso wird eigenartig nervös, wenn in seinem Päckchen bald nur noch fünf Zigaretten sind. Der Sekretär, der hinter ihm sitzt, bemerkt es, tritt still näher und ersetzt das alte Päckchen durch ein neues. Kein volles, unangebrochenes, sondern ein offenes mit nicht mehr als 16 Zigaretten darin, so dass der Meister immer ein Päckchen mit nicht mehr als 16 und nicht weniger als fünf Zigaretten neben sich liegen hat, denn nichts darf aufhören und nichts anfangen, eine gleichmäßige Kontinuität. Irgendwann sagte Guttuso: ›Geh etwas holen‹, und der Sekretär wusste Bescheid, er kam mit drei Zeichnungen wieder, der Meister sah sie eine nach der anderen an und sagte: ›Aber Eugenio mag sie farbig‹, womit er sagen wollte, dass ich nichts davon verstehe. Da ging der Sekretär noch einmal und kam mit anderen Zeichnungen wieder, und ich musste mir die bunteste aussuchen, ja, eine richtig knallbunte.«

Dann sprachen sie über Kopie und Fälschung. Scalfari sagt, das Problem sei, dass die Künstler sich selbst kopieren, sich selbst fälschen.

Großer Auftritt, er brillant, intelligent, laut.

Wir sprechen dann noch ein wenig in seinem Büro, Komplimente für die Artikel aus China, große Zerstreutheit.

Ich mache ihm klar, dass ich irgendwann wieder auf Italienisch schreiben möchte. Aber er kann mich im Augenblick nicht bezahlen. Er sagt, es sei ihm recht so, dass ich schreibe, ohne dass es ein Vermögen kostet.

Ich sage einverstanden, aber früher habt ihr die Reisespesen bezahlt und das müsst ihr wieder tun.

Er sagt, ich solle es ihn wissen lassen, er werde das regeln.

1985–1990

Im Mai 1985 beginnt für Terzani die Phase der »Annäherung« an Japan. Er ist 47 Jahre alt. 20 Jahre sind vergangen, seitdem er im Januar 1965 als Manager der Firma Olivetti zum ersten Mal nach Japan kam. Es erwarten ihn ein verändertes Land und eine harte berufliche Herausforderung. Während er Wohnung, Büro und Schule für die Kinder sucht, hält er sich in einem Ryokan, einem traditionellen japanischen Hotel auf und macht einen Japanisch-Kurs. Kollegen und Forscher, die er in Hongkong kennengelernt hat, sind ihm bei der Eingewöhnung behilflich.

Die japanische Gesellschaft erweist sich als dynamisch und ganz auf den Wettbewerb mit dem Westen um die ökonomische Vorherrschaft ausgerichtet, was einen Vorgeschmack auf die Globalisierung der neunziger Jahre gibt. Im Beruflichen muss Terzani sich nach den Anforderungen des SPIEGEL und der *Repubblica* richten, die von ihm Artikel über wirtschaftliche und finanzielle Themen erwarten, gerade das, was ihn am wenigsten begeistert.

Nach Monaten der Suche findet er im Viertel Nakameguro Wohnung und Büro und zieht im September mit der Familie und dem Hund dorthin. Aber der Abschied von China, das mit seinem dramatischen Wandel für ihn der Vergleichsmaßstab für alles bleibt, fällt ihm sehr schwer, und bald manifestiert sich das in einer Depression. Das bezeugen die Tagebücher, die im Sommer 1985 abbrechen und mit Ausnahme einer Notiz von 1986 bis zum Frühjahr 1988 keine Eintragungen aufweisen.

In dieser langen Schweigezeit verlässt Terzani immer wieder das Land, um sich den schrecklichen Ereignissen auf den Philippinen zuzuwenden, wo das Volk sich unter Anführung von Cory Aquino von der Diktatur der Marcos zu befreien sucht. So entdeckt er für sich erneut das Klima und die Leidenschaft der großen historischen Wendepunkte. In seinen Korrespondentenberichten rückt Japan an den Rand, so dass in den Jahren 1986 und 1987 die Hälfte der mehr als 60 Artikel für *La Repubblica* die Philippinen betreffen.

In einem Interview mit dem Schweizer Fernsehen im Oktober 1987 ist Terzani ziemlich explizit: »Ich will nicht länger in Tokio leben. Japan ist ein furchtbar langweiliges Land.« Obwohl er in der alten japanischen Linken ein paar gute Freunde findet, ist es ihm unmöglich, sich inmitten eines Volkes wohlzufühlen, das durch eine lange militaristische Tradition an Selbstdisziplin und Unterwerfung gewöhnt ist. Im Streben nach Geld und nach industrieller und finanzieller Vormachtstellung, was den Einzelnen zur Anpassung und unter das Diktat der großen Konzerne zwingt, erblickt er das Schicksal der Menschheit. Diese Vision beunruhigt ihn zutiefst.

Enttäuscht, im Lauf von zehn Jahren kein konkreteres Angebot bekommen zu haben, verlässt er im Winter 1988 *La Repubblica,* für die er zwölf Jahre lang, seit ihrer Gründung, gearbeitet hat. Er wechselt zum *Corriere della Sera,* für den er bis 2001 insgesamt 130 Artikel und Reportagen schreiben wird.

Ebenfalls 1988 treiben ihn die lange Agonie und dann der Tod von Kaiser Hirohito dazu, dessen politische Verantwortung während des Zweiten Weltkriegs zu untersuchen und die ehemaligen expansionistischen Tendenzen eines noch immer stark nationalistischen Landes zu analysieren, das im Begriff ist, sich erneut zu militarisieren.

1989 hält er nur wenige Daten im Tagebuch fest. Von der blutigen Niederschlagung der Proteste auf dem Tiananmen-Platz berichtet er direkt auf den Seiten des *Corriere della Sera,* wo er den chinesischen Autoritarismus anprangert.

Japan bleibt ihm verschlossen, und er bittet den SPIEGEL um seine Versetzung nach Bangkok in Thailand. Er beschließt jedoch, auf seine Weise Abschied von dem Land zu nehmen, indem er sich einen Monat lang in die Einsamkeit des Dorfes Daigo zurückzieht, um eine letzte Reportage über Japan zu schreiben. Er schickt sich an, seine Aufzeichnungen zu einem Buch zu verarbeiten über das, was er in fünf langen Jahren von dem Land verstanden hat, doch diese Abrechnung wird in der Schublade liegen bleiben.

18. Mai 1985, Hongkong. Gestern Abend Präsentation von *La porta proibita.* Der »Bruder« kommt in die Buchhandlung. Ich schenke ihm ein Exemplar mit der Widmung »Für den Bruder, den ich gewählt habe«. Wir gehen in Jimmy's Kitchen und reden ununterbrochen zwei Stunden lang. Er scheint mir enttäuscht. Ich frage ihn, ob er die Zeitung wechseln will, als Antwort erinnert er mich an das, was ich ihm einmal gesagt habe, dass auch Chefredakteur einer Zeitung zu sein hier nichts zählt, es zählt hier nur, in China wer zu sein.

»Unter einer Pergola in der Toskana oder in einem Haus mit Hof in Peking sitzend«, sage ich zu ihm, » könnten wir am Ende unseres Lebens auch zu dem Schluss kommen, dass wir alles falsch gemacht haben, dass wir uns in Dutzenden von Dingen geirrt haben. Aber wir wollen sagen können, dass wir uns guten Glaubens geirrt haben, aus Liebe, aus Naivität. Nicht aus Interesse, Gier oder Verrat.«

Wir sind uns einig.

21. Mai 1985, Tokio. Das Erste, was ich noch vor der Sprache erlernen muss, ist der Gebrauch der Automaten: der Fahrkartenautomat, der Geldwechselautomat, das Telefon usw.

Jean-Jacques* am Terminal: Ich gelange in beste Hände. Der Zufall bestimmt ein Leben: Wären wir uns nicht in der Buchhandlung von Kanda begegnet, hätte ich nicht einmal gewusst, dass er hier ist und würde jetzt vielleicht nicht in diesem *Ryokan* wohnen. Wir essen in einem großen Restaurant (Prince Hotel in Shinagawa), wo die Pendler darauf warten, nach der Rushhour mit einem weniger überfüllten Zug nach Hause zu fahren: Stimmen Gerüche, Lächeln, Schreie. Auch ich schreie. Schön, endlich in einem Land zu sein, wo ich kein Mitgefühl, kein Erbarmen und kein Mitleid haben muss, wo niemandem geholfen werden muss und keiner einen Kühlschrank, einen Fernseher oder ein Ausreisevisum haben will.

22. Mai 1985, Tokio. Erwachen im Licht, das durch die Papierfenster fällt. Ich laufe zum Yasukuni-Schrein*, der Tempel eines Landes, das stark, hart, kompromisslos neugeboren wird. Überreste von Panzern, U-Booten, Bomben, Erinnerungen an gewonnene und verlorene Kriege, Reste eines Geistes, der scheinbar zum Überleben bestimmt ist. Merkwürdig, dass wie zufällig mein erster Morgen in Japan hier beginnt. Vielleicht muss ich dem nachgehen und versuchen, es zu verstehen.

Da ist auch eine Reiterstatue, aber ich verstehe die Aufschrift und damit ihre Geschichte nicht.

Mittagessen mit J.-J., Pierre und Kato-san. Letzterer zurückhaltend, verlegen, aber am Ende sagt er etwas, was meinen Tag rettet: »›Wenn der Wind weht, werden die Verkäufer von Holzeimern reich‹ (japanisches Sprichwort). Warum? Wenn der Wind weht, wirbelt er Staub auf, der Staub kommt in die Augen der Menschen, und viele erblinden. Die Blinden spielen das *Shamisen**, um mehr *Shamisen* herzustellen, werden viele Katzen getötet, weil die Saiten des Instruments aus Katzendarm gemacht sind, so nimmt die Zahl der Mäuse zu, Mäuse aber lieben es, Holzeimer anzunagen, die so kaputtgehen, und die Leute müssen neue kaufen. Das scheint logisch, ist aber ziemlich irreal: So ist die japanische Sprache, die ich Ihnen auf logische Weise beibringen soll.«

Abends mit jungen Managern in einer winzigen Jazz-Bar im Bezirk Shinjuku*. Als sich herausstellt, dass dies mein erster Tag in Japan ist, rufen alle »Party! Party!« und trinken große Flaschen Bier, es endet in der Sushi-Bar von Kato-san, wo er seinen betrunkenen Chef und dessen Kollegen trifft.

»Jetzt, wo man dich mit einem Fremden gesehen hat, schadet das deinem Ansehen oder dient es ihm?«

»Natürlich dient es ihm«, antwortet er, und ich kehre müde in mein *Ryokan* zurück.

Warum nur muss man, wenn man Kontakt mit diesen Japanern will (wie mittlerweile überall in der heutigen Welt), so scheint's, immer essen und trinken? »Wir sehen uns beim Mittagessen.« »Gehen wir ein Glas trinken.« Warum?

Und ich will doch joggen, abnehmen und Mineralwasser mit einer Zitronenscheibe trinken.

23. Mai 1985. Dies ist das einzige Land, wo der Kommunismus funktioniert. Die Polizei kontrolliert alles. Es gibt das, was alle für soziale Gerechtigkeit halten.

24. Mai 1985. Morgendliches Joggen zum Yasukuni-Schrein, der in der Meiji-Zeit* errichtet wurde und wo heute 2,5 Millionen Soldaten gewürdigt werden, die ihr Leben für das »friedliche Vaterland« opferten, eben damit es friedlich sei.

Nachmittag bei Banken, um ein Konto zu eröffnen.

Tokio-Bank: »Wie Sie wissen, eröffnen wir kein Konto, wenn der Kunde nicht kreditwürdig ist oder bestimmte Anforderungen nicht erfüllt. Wir brauchen den Nachweis Ihrer Kreditwürdigkeit.«

Türen schlagend gehe ich.

Fuji-Bank. Das Auftreten eines Ausländers verursacht enorme Verlegenheit, keiner will die Verantwortung übernehmen, mit ihm zu verhandeln. Einer steckt den Kopf in seine Papiere, einer tut so, als würde er telefonieren, ein anderer macht seine Abrechnungen so genau wie schon lange nicht mehr, nur um nicht meinem Blick zu begegnen.

»Wir eröffnen ein Konto nur, wenn Sie für immer in Japan wohnhaft sind. Bleiben Sie für immer in Japan?«

»Nun, für immer wahrscheinlich nicht.«

»Dann können wir für Sie kein Konto eröffnen.«

Abends mit J.-J. in diversen Bars voller Frauen ohne Begleitung, die rauchen und trinken, die Straßen voller Betrunkener, die jedoch nie völlig die Haltung verlieren, in der U-Bahn-Station an jeder Säule ein Bettler.

26. Mai 1985. Ich schlafe lang, bringe die Visitenkarten auf den neuesten Stand, telefoniere.

Henry Scott-Stokes*, der Biograf von Mishima*: »In Japan gibt es keine ehrgeizigen Auslandskorrespondenten. Deine Ankunft beunruhigt alle. Die Story hier ist eine, die nur wenige kennen und die fast niemand imstande ist zu erzählen: Japan hat den Wirtschaftskrieg gewonnen, ohne einen Schuss abzugeben. Die technologischen Beziehungen zwischen den USA und Japan bestimmen die Zukunft.«

Nachmittag im Hafen von Yokohama. »Sonntag? Man macht die Wäsche, bringt die Wohnung in Ordnung und bereitet sich auf die Arbeit am Montag vor«, sagt *Mama-san**.

Tokio nimmt kein Ende und Yokohama fängt nicht an. Von der Höhe der Umgehungsstraße aus überblickt man ein niedriges Meer aus Häusern, Fabriken und Werften, über das sich hier und da der schwarze und elegante Umriss eines Tempels erhebt. J.-J. findet all das schäbig, ich fühle, dass der erste Ausdruck, der mir dazu in den Sinn kommt, »ordentlich« und »sauber« ist. Es kommt mir so vor, weil ich immer an China denke, daran, was die Chinesen sagen, wie sie reagieren würden. Und hier ist es so, wie viele von ihnen es sich wünschen. Ich bin erschüttert, als ich entdecke, dass die Chinesen von Yokohama sich fast schämen, Chinesisch zu sprechen, weil sie meinen, sich damit als Bauern zu erkennen zu geben. Die Straße der Chinesen wie auf alten Stichen, aber ohne die schöne Atmosphäre von einst.

Ich bin müde, ich bin ständig niedergeschlagen von der mangelnden Anmut des Lebens.

27. Mai 1985, Tokio. Begeisterung über die erste Japanisch-Stunde. Das schlichte Lernen tut mir gut.

29. Mai 1985, Tokio. Heute Morgen im Yasukuni-Park im Regen eine Gruppe von wunderschönen jungen Japanern gesehen, in Weiß gekleidet mit den *Geta**, die Hosen so weit wie Röcke und die Hemden mit weiten Ärmeln, die schnell in einer Reihe von einem Gebäude zum anderen gingen: Mönche des Krieges? Wächter der zweieinhalb Millionen Seelen?

30. Mai 1985, Tokio. Ich sehe mir in Azabu* ein Haus an, in dem wir leben könnten, aber durch die Tatsache, dass es in einem Viertel voller Ausländer liegt, scheidet es für mich aus.

Am ersten Tag war ich fasziniert und beklommen von den Verbeugungen der Japaner. Jetzt sehe ich in der Grammatik hinter verschiedenen Worten Pfeile, die nach oben oder nach unten weisen, um anzuzeigen, dass dieses Wort gegenüber einem Vorgesetzten oder einem Untergebenen gebraucht wird.

31. Mai 1985. Ich erhalte ein Telegramm von Scalfari, das besagt, er sei nicht interessiert an einem japanischen Tagebuch. »Zum ersten Mal in seiner Geschichte sieht Japan sich in der Lage, eine Großmacht zu sein«, sagt mein Assistent. Deshalb bin ich hier, und im provinziellen Rom begreift man das nicht.

2. Juni 1985, Harajuku. Beeindruckend. Ein riesiges Viertel bevölkert von jungen Leuten, besonders Mädchen, die Kleider, Schuhe, Andenken und enorme Portionen Eis kaufen.

Rund um den Tempel des Admirals Togo* Antiquitätenmesse. Nichts Besonderes: Besonders sind die Gruppen von Japanern, Familien mit Kindern, die die Tempelstufen hinaufsteigen und eine Münze werfen, zwei Mal in die Hände klatschen und sich dann zu Ehren des alten Admirals verbeugen, dessen Geschichte wie bei einem Kreuzweg auf 15 Tafeln rund um den Hof bebildert ist. Das ist ein Unterschied: sich vor einem politischen Führer der Vergangenheit zu verbeugen, ihn zum Gott zu machen, dessen Kult eine Gruppe schintoistischer Priester versieht.

Der Film *Ran* von Kurosawa*, wunderschön, aber bestehend aus schon Gesagtem, schon Gesehenem. Er ist wie eine große Erklärung zu dem, was man vom Leben weiß: Im Grunde ist es die buddhistische Botschaft. Vielleicht ist das alles, und es stimmt, dass der Zuschauer in den Film nicht hineingezogen wird, er betrachtet alles wie von oben, und die Leidenschaften, die die Protagonisten zu verzehren scheinen, übertragen sich nicht auf den Betrachter, so wie auch die Toten ihn nicht rühren, die man zu Dutzenden sieht, geschunden, geköpft, abgeschlachtet.

3. Juni 1985. Ich gerate in die Falle dieses Schlaraffenlands der Automaten und kaufe mir ein Eis nach dem anderen.

Abendessen mit Karel, Roland, Ninja, Fusai und Ian Buruma,* der von seinen drei Tagen in Hiroshima erzählt:

- noch nie hat er den Frieden so abgenutzt, vertan und missbraucht empfunden wie in Hiroshima;
- man bringt ihn in eine Schule, wo einige Überlebende drei Mal am Tag ihren Auftritt haben, mit Fotos der Opfer und Geschichten des Grauens. Ein Amerikaner fing an zu weinen. Eine Frau tröstete ihn. Er bat um Vergebung für die Gräuel, die sein Volk verübt hat, und die Frau sagte ihm, dass sie ihm vergibt;
- für die Japaner war die Bombe ein ausgezeichneter Vorwand, um die von ihnen im Krieg verübten Gräuel zu vergessen;
- die Japaner sehen nichts als ihr eigenes Leiden, das, welches sie selbst verursacht haben, kennen sie nicht einmal. Einer der Minister des Kriegskabinetts erfuhr erst 1946, was in Südostasien geschehen war. Der Durchschnittsjapaner weiß heute noch nichts von den japanischen Konzentrationslagern, dem Massaker von Nanking usw. So sind jetzt sie es, die vergeben;
- im Museum von Hiroshima gibt es neben den Fotos vom Grauen der Bombe ein einziges, das sich auf den Zweiten Weltkrieg bezieht: Es zeigt die Amerikaner japanischer Abstammung, die in den USA in Konzentrationslager gesperrt wurden. Wiederum sehen sie sich in der Rolle der Opfer.

4. Juni 1985, Tokio. Zum ersten Mal nach 1973 in Saigon sehe ich Abbas* wieder. Wir landen in einem kleinen Restaurant in Shinjuku und dann in einer winzigen Bar, wo ein Dichter uns sein Buch widmet.

Jemand bemerkt, japanische Frauen seien gefährlich, weil sie sich verlieben und nicht im Stande sind, Leben und Liebe wie ein Spiel aufzufassen.

* * *

7. Juli 1985. Mit Maurice* und seinem Freund André in Kamakura. Im Auto auf grauenhaften Autobahnen, flankiert von Betonwällen, mittelalterlichen Schlössern, die zum Abreagieren der allgemeinen Repression dienen *(Love Hotels)*. »Dahinter ist das Meer«, sagte André, und ich begreife, dass die Worte in den verschiedenen Kulturen aufgrund der Vorstellungen, die sie hervorrufen, wirklich etwas anderes bedeuten. »Das Meer, das Meer« oder *»thalatta thalatta«* lässt mich an eine immense blaue Fläche denken, an Felsen, Pinien und einen Strand. Hier ist »das Meer« ein dunkler, grauer Tümpel, bewegt von Wellen mit gelblicher Gischt hinter einer endlosen Stahlbarriere, die hier und da unterbrochen ist, um die jungen Leute durchzulassen, die ich auf den Autobahnbrücken sehe, im Profil mit ihren bunten Surfbrettern unter dem Arm.

Kamakura: Ich hatte immer an eine alte Stadt gedacht, etwas wie San Gimignano oder Volterra. Hingegen ist es Coney Island mit Kentucky Fried Chicken, McDonald's und vielen kleinen *Love Hotels*. Ein paar Antiquitätenhändler und ein enormer, hässlicher, pathetischer Bronze-Buddha, der nichts Heiteres an sich hat, ja, der verärgert wirkt und so mit sich selbst beschäftigt, weil er im Grunde das Buddha-Sein nicht erreicht hat. Schrecklich. Vor diesem groben Metallklotz aus dem 12. Jahrhundert verstehe ich, warum die Chinesen die Japaner so sehr verachten. Zum ersten Mal verspüre ich hier in Japan, ausgerechnet hier, eine große, verzehrende Sehnsucht nach der Größe Chinas.

Ich beobachte die Leute. Ein alter Mann in Uniform und mit einem blinkenden roten Plastikstock dirigiert die Passanten beim Überqueren der Straße. Wer bezahlt ihn? Die Frauen im Tofu-Restaurant lächeln, verneigen sich, lächeln wieder und sagen tausend sinnlose Dummheiten. Das eigentliche Geheimnis dieses Landes ist, dass die Leute es lieben zu arbeiten, sie haben nichts anderes zu tun, sie träumen von nichts anderem und erscheinen mir dabei wirklich die Unglücklichsten dieser Erde, auch wenn sie das womöglich nicht wissen.

Von Japan lernen? Gar nicht daran zu denken. Im Gegenteil, wir müssen es gut kennenlernen, um zu sehen, dass wir nichts davon zu lernen haben, dass wir es fürchten müssen. Erziehen wir unsere Kinder zur Fantasie, zur Freiheit, und wir werden die Japaner ausstechen, aber vor allem werden wir glückliche Menschen hervorbringen.

Folco ist in Cambridge*, aufgeregt und besorgt wegen seines ersten Termins, aber wie es scheint auch sehr glücklich über dieses große Abenteuer des Lebens, das sich vor ihm auftut wie eine Papierblume im Wasser.

Ich beende den Abend bei einem wenig inspirierenden alten französischen Ehepaar, in einem Häuschen am Stadtrand, der Teppichboden voller Flecken, Gestank nach Katzenpisse, die Vorhänge, Sessel und Teppiche zerschlissen. Auch sie von dieser netten Durchschnittlichkeit, die das Land anzuziehen scheint. Bisher habe ich unter diesen in Japan Versprengten nicht eine große Persönlichkeit getroffen. Das wird einen Grund haben.

Ich denke an die herrliche schlaflos verbrachte Nacht mit Angela auf der Tatami. Der einzig wirklich große Reichtum ist dieses Zusammensein.

8. Juli 1985. Mein *Ryokan* füllt sich mit jungen Reisenden. Ich fühle, wie ich verstumme vor ihrem dummen Gerede über Züge, Flugzeuge, Preise, Distanzen, und ich ziehe mich in eine Luftblase zurück, damit keiner mich anspricht.

10. Juli 1985, Tokio. Joggen am Morgen. Es fängt wieder an zu regnen, ich bin furchtbar deprimiert. Ich habe den Eindruck, auf einem Erdflecken gelandet zu sein, wo ich kein einziges Mal, keine einzige Stunde glücklich sein werde. In all dieser Zeit bin ich es nie gewesen. Ich habe das Gefühl, ich verblöde dabei, aber vielleicht ist das bloß die Abstinenz.

18. Juli 1985, von Tokio nach Hiroshima. Beeindruckend Japan am Morgen, gesehen von der Einschienenbahn aus, die zum Flughafen Haneda saust. Fabriken über Fabriken, Werkhallen, Lagerhallen, Raffinerien, Häuser, Häuschen, Hütten und *Love Hotels*. Ringsum Hunderte von automatischen Japanern, dösend mit ihren Jacken, die sie unter dem Arm gefaltet haben, ihren Toupets, die peinliche vorzeitige Glatzen bedecken, Paare, die in der Cafeteria des Flughafens von hässlichen Plastiktellern frühstücken. Viele, viele unglückliche Japaner, denen ihr Unglücklichsein nicht bewusst ist.

Im Flugzeug ist es einerlei, ob man am Fenster sitzt oder nicht. Auf einem Bildschirm oben im Passagierraum sieht man deutlich, groß und in Farbe die Erde, die Berge, das Meer, die Boote, aufgenommen von einer wahrscheinlich unter dem Rumpf angebrachten Videokamera. Sicher ist es nicht das, was glücklich macht. Das muss man unseren Leuten dort in Europa erklären, die meinen, sie müssten hierherkommen, um was zu lernen. Wir haben hier nichts zu lernen, außer wir wollen auch noch lernen, unglücklich zu sein.

***

8. Juni 1986, Hongkong. Abendessen mit Shaw* und May Lan (Überseechinesin). Er greift am Gesicht seines Tischnachbarn vorbei nach den Zahnstochern. Ich erschaudere, der andere wohl auch.

Gespräch mit Shaw: Japan ist am Rand des Abgrunds angekommen. Nachdem es China kopiert hat, Europa und letzthin Amerika, gibt es nichts mehr zu kopieren, und es ist selbst nicht zum

Vorbild geworden. Was tun? Die kommenden Jahre sind ausschlaggebend. Das ist die große Geschichte Japans, denn es gibt da verborgene Kräfte, die für mein Gefühl jene Kultur des Todes repräsentieren, von der Jean-Luc Domenach* sprach.

In China ist das Leben der höchste Wert und Überleben die höchste Tugend eines Menschen.

Hier ist der höchste Wert wirklich der Tod. Wie hätte China mit seiner Kultur Kamikaze hervorbringen können?

Im Grunde stehe ich wieder vor einem Land, auf dessen Gefährlichkeit ich hinweisen muss.

Im Grunde machen die Japaner mir Angst. Hinter ihrer Freundlichkeit stecken seltene Undurchsichtigkeit und Grausamkeit.

Ich lese Burumas Rezension zu *Fremder unter Chinesen*. Er hat Recht, das Buch hat Fehler, im Grunde ist es kein ganzes Buch, ich habe es immer einen *Coitus interruptus* genannt, aber auch er ist einer von denen, die glauben, schon alles kapiert zu haben, und daher nicht zuhören und nichts verstehen. Schade, denn sonst ist er intelligent. Dass er mich einen Romantiker nennt, ist mir recht, aber das heißt so viel wie, dass solche wie ich nicht mehr gebraucht werden.

Und sie, die Kalten, die schon alles wissen?

* * *

19. Mai 1988, Tokio. Ein Heer von Männern mittleren Alters und jungen Mädchen, alle ausgestattet mit Papiertüten, dringen in unser Viertel ein. Jede Gruppe hat ein Blatt mit den Namen der Bewohner, sie kontrollieren, gehen an jede Tür, verbeugen sich vor der Gegensprechanlage, wenn jemand antwortet. Das sind die Angestellten der Fuji-Bank, die hier in der Nähe eine neue Filiale eröffnen wird, und in dem Versuch, neue Kunden zu werben, verteilen sie Papiertaschentücher.

Die jungen Leute sind wie leere Stahlbehälter. Uniform, Disziplin, die Anzahl der Löcher für die Schnürsenkel an den Tennisschuhen: Alles ist festgelegt. Eines Tages wird diese Leere mit einer neuen Ideologie aufgefüllt werden, schon weil mit der Zeit, mit der Arroganz, mit dem Reichtum das Bedürfnis danach wächst.

3. Juni 1988. In der Galerie des Hauptbahnhofs von Tokio Versammlung von finsteren Managern der Bahn und deren Zulieferfirmen, also denen, die Schienen oder Sitze usw. verkaufen, sie finden sich ein wie zu einer Beerdigung, mit Blumenkränzen am Eingang, um eine Ausstellung von Picasso zu sehen. Ausstellung? Nein, es ist die hässliche Sammlung der Enkelin Picassos, die von einer Genfer Galerie hierhergebracht wurde. Der Direktor der Galerie war Computertechniker; sein Chef hat ihn zu sich gerufen, um ihm zu sagen, dass er die Computer sein lassen soll und sich stattdessen für die Bahn um die Kunst kümmern soll. Er tut das mit finsterer Leidenschaft. Die Ironie bei der Sache ist, dass die Bilder sehr hässlich sind und dass Picasso scheinbar tatsächlich alle an der Nase herumgeführt hat. Dann ist es nur recht, dass er das am Ende auch mit den Japanern macht.

6. Juni 1988. Abendessen bei einer amerikanischen Dame: Die Japaner lieben es, im Neuen zu leben, sie werden des Alten extrem schnell überdrüssig. Unmöglich, hier richtige Architektur zu machen. Man baut hier kein Haus, sondern Szenerien für eine Theateraufführung. Entsprechend sind die Häuser: Kulissen, in denen die Leute ihre Rolle spielen. Das kommt daher, dass die Grundstückspreise derart hoch sind, dass die Häuser, die darauf stehen, nichts mehr wert sind, dass sie ersetzt, weggeworfen, neu gebaut werden können. Es gibt keine großen jungen Architekten. Es gibt einige, die schöne Sachen gemacht haben: Tange*, Ando*.

Ich frage nach den psychologischen Auswirkungen der Tatsache, dass Tokio zweimal innerhalb von 60 Jahren zerstört und wiederaufgebaut wurde und dass die Leute ständig ihr Koordinatensystem ändern mussten, dass es keine Kontinuität gibt. Philippe* meint, diese fehlende Kontinuität der Dinge, die sie umgeben, führt dazu, dass sie noch mehr und mit größerer Treue an dem festhalten, woran sie im Innersten glauben: das Nicht-Sichtbare, die – wirkliche oder vermeintliche – »Japanischheit«.

18. Juni 1988. Hiroshi, Yuppie-Architekt, intellektuelle Ehefrau. Neureich. Tristes Leben in einem Betonhaus außerhalb von Shinjuku, man hat den Eindruck, man kommt in einen Bunker. Alle Wände in Sichtbeton mit nachgebohrten Löchern, ein Bild, das von der Decke hängt wie das Opfer einer furchtbaren Folter, alle Räume durch Betonmäuerchen unterteilt, die von der Decke hängen und gegen die ich mit dem Kopf stoße. Im Keller ohne Licht das Arbeitszimmer mit Bücherregal auf Rollen. Er ruft mich, um mir eine große Erwerbung aus der Han*-Dynastie zu zeigen: fünf Köpfe von Grabfiguren, vermutlich gefälscht, auf schwarzen Pfählen auf einer schwarzen Holzplatte. Aus einer alten, hässlichen, nachgemachten Truhe aus Malakka zieht er eine sogenannte Sammlung von Stoffen aus Südostasien hervor. Aus einem hässlichen, in Hongkong nach englischem Vorbild angefertigten Sekretär kramt er eine Sammlung von Abendtaschen hervor.

Hiroshi hat soeben eine Wohnung in Kuala Lumpur gekauft und nächste Woche kauft er sich eine in Los Angeles. Für die Han-Köpfe hat er einige Millionen Yen bezahlt.

Was für ein elendes Leben!

* * *

14. September 1988, Orsigna.

50 Jahre alt.

Große Vorsätze.

Nicht trinken.

Nicht rauchen.

Abnehmen.

Regelmäßig Tagebuch führen mit Adjektiven und Ideen.

Vorsatz, wie von vorne anzufangen.

Nicht um meine Pflicht zu tun, sondern als wäre es die letzte Chance.

Sie ist es wirklich.

* * *

8. November 1988, Tokio. Nach dem alten japanischen Kalender ist es der zweite Wintertag. Eiskalter, böiger Wind. Anscheinend liegt Hirohito* im Sterben. »Karasu«, die Journalisten-Krähen, lagern vor den Toren des Palasts. Schon sind viele Polizisten aus den Provinzen angekommen. Dunkles Schwarz vor dem eisigen Funkeln der Hochhäuser von Otemachi*. Von fern hört man die Stimmen der paar Leute, die vor dem Finanzministerium gegen das neue Steuergesetz protestieren.

Ob Akihito* schon im Kenji no Ma* ist, um den Spiegel, das Juwel und das Schwert an sich zu nehmen? In Kyoto ist sicher schon einer dabei, den Sarg zu zimmern. Man macht auch schon den Gürtel für den neuen Kaiser, aber nicht mit Löchern, denn das würde bedeuten, dass der alte tot ist. Hirohito verlässt seinen Posten, wie er ihn vorgefunden hat: ein konfuses Land unter der mystischen Macht des Kaisers.

Heute wie damals ist Japan unsicher über den einzuschlagenden Weg: aggressiv und hegemonial?

20. November 1988, Tokio. Abendessen mit Karen, Frau von Peter Kann*. »Wenn ein Marsmensch auf die Erde käme und in dem Land leben möchte, das den größte Einfluss auf die Zukunft der Welt hat, wohin müsste er sich wenden?« Alle, die mit Geld zu tun haben – Bankiers, Geschäftsleute – antworten: »Nach Japan.« Politiker: »Nach Amerika.« Ich: »Nach Europa.« Die Japaner haben das Geld, aber haben sie auch Einfluss? Mit welcher Art Macht werden sie sich voranbewegen?

25. November 1988. Ich treffe Vizechefredakteure und Chefredakteur des *Corriere*. Am Mittag liegen die Zeitungen stapelweise unberührt auf ihren Tischen. Stille* will die Sache allen bekannt machen. Ich bitte zu warten, bis ich mit Scalfari gesprochen habe. Großer, warmherziger Empfang durch Fattori*.

Das alles gefällt mir, bringt mich aber auch in Verlegenheit. Mir gefällt die Vorstellung, etwas Neues anzufangen, allerdings nicht die, bei einer »alten«, langsamen Zeitung einzusteigen und in gewisser Weise den SPIEGEL zu »verraten«. Sie zahlen mir zu wenig, als dass ich die Deutschen aufgeben könnte, und zu viel, als dass ich mich bei den einzuhaltenden Verpflichtungen nicht schuldig fühlen würde. Die Entschuldigung, weshalb ich für *La Repubblica* wenig gemacht habe, gilt nicht mehr.

26. November 1988, mit Saskia in Orsigna. Man weiß nicht, wer schöner ist, sie oder die Natur.

Die mit Schnee bestäubten Berge, der kalte und blaue Himmel, die Luft so klar und klirrend wie Eis. Das Geräusch unserer Schritte und unserer Stimmen auf dem Weg zurück vom Fosso, das große Feuer im Kamin und intensive Gespräche. Alles, was mich zärtlich stimmt. Die Bahnhöfe, das blaue Mondlicht. Am Morgen laufe ich bis Pruno, noch im eisigen Schatten des Morgengrauens. Hätte ich das Haus kaufen sollen – soll ich es kaufen?

* * *

11. Februar 1989, Tokio. Abendessen bei Maurice. Ein Franzose erzählt von einem peinlichen Abendessen, zu dem er einen intelligenten uruguayischen Diplomaten und einen jungen Mann vom japanischen Außenministerium eingeladen hatte. Letzterer behandelte den Uruguayer den ganzen Abend hindurch von oben herab, weil er aus einem Land kommt, das nicht zählt. Er selbst, der Franzose, wurde nach monatelanger Praxis in Kendo von seinem Meister gerufen, der zu ihm sagte: »Bis hierher, bis zum vierten Dan, kannst du kommen. Weiter nicht, denn nur ein Japaner kann die höheren Ebenen verstehen.«

Der ökonomische Aspekt an der Sache ist, dass Kendo-Lehrer mit höheren Graden als dem vierten Dan im Ausland Schulen eröffnen und damit Geld verdienen können. Die Japaner wollen, dass es Japaner tun, so dass sie das Mutterhaus, aus dem sie kommen, unterstützen können. Dabei immer die Vorstellung, dass es ein Niveau gibt, das nur ein Japaner versteht.

28. Februar 1989. Treffen mit dem Botschafter Dries van Agt*. Er: »Die Dinge laufen besser, viel besser. Sie orientieren ihre Wirtschaft um auf die Binnennachfrage. Sie importieren mehr. Wenn wir nicht mit ihnen mithalten können, so kommt das daher, dass sie mehr arbeiten, disziplinierter sind und keine langen Wochenenden wollen, Skifahren usw.«

Ich, nachdem ich eine halbe Stunde lang nichts gesagt habe: »Entschuldigen Sie, sind Sie der Botschafter Japans bei der Europäischen Gemeinschaft oder umgekehrt? Es geht hier nicht darum, etwas zu rechtfertigen. Wir wollen keine Japaner werden!«

Er, nach zehn Minuten: »Sie haben mich eben beschuldigt, ich sei von den Japanern bezahlt, um ihren Standpunkt zu vertreten.«

Ich: »Ich beschuldige Sie nicht, ich sage nur, dass wir – Sie in Ihrem wie ich in meinem Beruf – aufhören müssen, den Japanern entgegenzukommen, wir müssen unser Interesse klar vor Augen haben. Der Punkt ist doch der, dass wir nicht selbst Japaner werden sollten, um mit ihnen mithalten zu können. Im Gegenteil, wir müssen, wie auch immer, einen Weg finden, unsere Lebensart zu verteidigen, wir müssen uns gegen das japanische Wesen zur Wehr setzen, wir müssen unsere Wochenenden verteidigen und zulassen, dass die Leute Skifahren gehen, ja, dass sie noch mehr Skifahren, dass sie sonntags malen, Kathedralen bauen und Gedichte schreiben. Wir müssen ihnen beibringen, dass man ohne die japanischen Mixer leben kann, ohne zu viel Fernsehen.«

Am Ende bittet er um ein erneutes Treffen, ich soll ihn anrufen.

2. März 1989. Zum Mittagessen mit einer japanischen Professorin, einer Soziologin, die in Amerika studiert hat. Ich frage sie: »Was wollt ihr der Welt schenken? Mit welchem Beitrag zur Menschheit wollt ihr in Erinnerung bleiben?« Nach einiger Überlegung sagt sie ruhig: »Techniken der Unternehmensführung.«

14. März 1989, Fukuoka. Beton, Glas und Stahl. Nur das helle Licht eines Frühlingstages macht diese Stadt erträglich. Am Fluss Nagasu entlang eine Reihe neuer Gebäude, Hotels mit glitzernden Fassaden aus Aluminium, Gold und Silber. Davor die übliche triste Menge von Frauen auf hohen Absätzen, Hostessen, die zu einer Verabredung in einer Bar eilen. Hunderte junger Männer in dunklen Synthetik-Anzügen, zerknittert und übelriechend. Sie kommen aus den U-Bahn-Stationen und gehen in überfüllte Büros, wo sie sich mit Broschüren, Prospekten, Abrechnungen, Plänen und Telefonaten befassen, um später in den üblichen Bars zu landen und sich dann auf einem modernen Strohbett zu wälzen an einem Ort, den sie Zuhause nennen.

Eine Stadt mit Gebäuden aus Glas und Stahl, zombiehaften Menschen und Huren, Huren, ein ganzes Viertel davon. Diskussion mit Philippe über die Werte, über die sich abzeichnende Schlacht zwischen denen, die im Japan von heute eine Gefahr sehen und denen, die das nicht tun.

»Es ist eine Frage des Überlebens der abendländischen Kultur, und wir müssen die Kraft finden, uns zur Wehr zu setzen«, sage ich.

Er meint, die Vulgarität sei mittlerweile ein weltweites Phänomen, unsere Gesellschaften produzierten die gleiche Menge davon wie Japan, und es habe keinen Sinn, sich dagegen zu wehren. Im Grunde müssten die Japaner ihren Beitrag zur Modernität leisten, wir hätten nicht mehr das Monopol darauf, und gewiss sei es ein Schock für die »weißen« Mächte, sich die Macht auf Erden mit einer »gelben« Macht teilen zu müssen.

Ich denke, wie sie alle Opfer eines Systems sind, das ihnen überhaupt keine Freiheit lässt. Ich denke wieder an den Gärtner von

Hirohito, der erzählte, dass der Kaiser Bonsai-Pflanzen hasste, die doch das Symbol für das japanische Wesen sind. Ja, und dann? Wenn er, der schließlich die Quintessenz des japanischen Wesens ist, ein so wichtiges Symbol wie dieses hasste, was bleibt dann von allen Theorien übrig?

Das Problem ist, dass wir die Ideen beherrschen müssen und uns nicht von ihnen beherrschen lassen dürfen, wir müssen uns zu den Prinzipien bekennen, an die wir glauben, ohne uns von schimärischen Pflichten beherrschen zu lassen, die alle hinnehmen, ohne zu wissen, wer dafür verantwortlich ist.

Eine Bonsai-Pflanze, die über Generationen unter Kontrolle gehalten wurde, was macht sie, wenn niemand sie mehr zurückschneidet? Kehrt sie zur Natur zurück?

Lafcadio Hearn* stellt sich dieselbe Frage bezüglich der japanischen Gesellschaft, die Jahrhunderte hindurch von einer militärischen Klasse gestutzt wurde.

20. März 1989. Auf der großen Messe von Yokohama.

Das ganze Ausmaß der Tragödie Japans: ein Land voller Geld, und es weiß nicht, was es damit anfangen soll. Keine Fantasie in all dem, was mit so viel Sorgfalt und Präzision zusammengetragen wird.

Ein Stand mit einer Band aus Robotern, die Rockmusik spielen. Ein Pavillon der Nippon Telegraph and Telephone Corporation, überragt von einer großen Arche Noah aus Holz. Innen eine Show, die die Geräusche der Sintflut wiedergibt. Im Pavillon von Sogo* eine Pantomime mit Tänzerinnen, die inmitten von Rauch und Lichtern auftauchen: die Geschichte der Zeit. Plüschtiere und ohrenbetäubende Klänge. Der einzige traditionelle Bau ist ein vollkommen neues Kunstmuseum aus Marmor; die Architektur ist die eines *Love Hotel* mit einer spiegelnden Wasserfläche davor, ab und zu von Nebel überwölkt, der aus unsichtbaren Rohrstutzen strömt.

Es ist absurd, diese enormen leeren Räume zu betreten. In den Ecken verneigen sich junge Frauen in neuen Uniformen. Ich fühle das Leiden einer wunderschönen Madonna mit Kind. Was macht sie hier zwischen Messeständen, Puppen, auf einem riesigen Jahrmarkt mit Polizisten, Mädchen in merkwürdigen Piratinnen-Uniformen, eine Verkleidung aus der Meiji-Zeit?

*2. April 1989, Tokio.** Die blühenden Kirschbäume im Nachbarviertel angesehen. Das versöhnt ein wenig: wunderschöne, weiße Blütenbäusche über schwarzen Stämmen, ein kleiner Zoo, wo japanische Mütter ihren Kindern, die noch unsicher auf den Beinen sind, beibringen, Hühner und Hähnchen, auch Schweine anzufassen. Dann, als wir das Innere der italienischen Salesianer-Kirche besichtigen wollen, treffen wir auf eine Hochzeit.

Eine Gruppe von Japanern hat die Kirche und einen Priester gemietet, als ob das ein Theater wäre, wo man seine Hochzeit aufführt, mit Ave-Maria-Gesängen, Orgel und Predigt des Pfarrers, Hin und Her zwischen Altar und Tür im Hinblick auf die Videokameras, die alles aufnehmen.

Die Fotosession dauert länger als die Zeremonie. Die Frauen der Firma, die das Brautkleid hergestellt hat, zeigen – auch uns –, wann man sich erheben und sich setzen soll. Die Fotografen stellen ihre Blitzgeräte mit Schirm auf und bedeuten der Gruppe loszugehen. Das Brautpaar schreitet im Kirchenschiff auf und ab, dann kommt es durch die Hintertür wieder herein, um sodann an der Eingangstür zu erscheinen, in der Sonne und im Regen von Konfetti, das die Gesellschaft, die das alles organisiert, zur Verfügung gestellt hat.

Am Schluss gehe ich zu dem Priester, der soeben sein liturgisches Gewand abgelegt hat. »Nein, das ist keine wirkliche Hochzeit, sondern ein Segen, ein Segen, wie wir ihn allen spenden, wie wenn wir Schweine segnen …« Aber in Wirklichkeit ist es so, als ob sich die Japaner im Abstand von Jahrhunderten an den Christen rächen würden, die mit ihrem absoluten Glauben kamen, um sie zu bekehren und sie zu lehren, wer der wahre Gott sei. Nun, jetzt ist ihnen das gelungen. Die Rache!

* * *

16. Februar 1990, Tokio. Philippe sagt: »Wir haben uns zu sehr in der Vorstellung gewiegt, Träger einer universalen Kultur zu sein. Wir sind es nicht. Was den Westen beunruhigt, ist nicht so sehr, dass Japan uns nun ökonomisch Konkurrenz macht, sondern vielmehr, dass hier zum ersten Mal ein nicht weißes Volk sich unseres vermeintlichen Alleinanspruchs auf die Modernität bemächtigt.«

Das stimmt, das ist ein Thema, mit dem man sich befassen muss. Was bedeutet diese japanische Macht für uns? Welche Gewissheit tilgt sie aus unserem Bewusstsein? Warum reagieren wir so hysterisch und besorgt? Da ist etwas in unserem Unterbewusstsein, was uns beunruhigt: der Verlust der Gewissheit, dass unsere Kultur letztendlich die überlegene ist.

China, sagt Philippe, können wir verkraften, weil wir es im Grunde als unterentwickelt einstufen, Japan aber nicht.

* * *

1. August 1990, Daigo.* Ein großartiger, sehr vertrauter Mond hängt über dem schwarzen Berg vor dem Haus. Eine großartige Stille umfängt einen. Die Gerüche sind wie zu Hause, wie in Orsigna. Großer Augenblick des Glücks nach den aufreibenden Stunden im Gewühl des Verkehrs von Tokio, letzte Kisten packen, Wut darüber, wieder einmal Opfer der Gerissenheit der japanischen Gauner geworden zu sein. Frau Hara huscht davon, ohne sich von mir zu verabschieden, mit ihrem Geschenk aus zweiter Hand, das ich der Putzfrau weitergegeben habe.

Angenehmer, ruhiger Schlaf, nachdem ich die Papiere in Ordnung gebracht habe.

2. August 1990, Daigo. Die übliche stumpfsinnige Effizienz der Japaner. In Daigo im Lauf einer Stunde: Auf der Post kaufe ich einen Briefkasten (es gibt einen Standardbriefkasten, den mir der Direktor persönlich übergibt); ich wechsle den Telefonstecker aus (eine Frau weiß sofort, was zu tun ist); ich lasse mir den Schädel kahl und das Gesicht glatt rasieren (die Frau des Barbiers weiß sofort, was zu tun ist, ihr Mann, auch wenn er »Chef« genannt wird, wirkt verloren vor dem ungewöhnlichen Ansinnen).

Ich empfinde andauernde Freude. Nur einen Augenblick der Unruhe, als ich die Haare fallen sehe, als ob ich mich auf eine Kopfoperation vorbereiten würde. Nur einen Augenblick Panik bei dem Gedanken, dass alles anders sein könnte (ich denke an Bernardo). Dann erneut andauernde Freude. Ich gehe zu Baolì, der unter einem Baum in der Sonne festgemacht ist: Er wirkt wie krank vor Einsamkeit und beeindruckt von dem Neuen.

Ich gehe zweimal joggen. Ich rauche nicht mehr. Ich lasse den Alkohol.

Angela ruft an. Sie glaubt nicht an mein Glücklichsein. Ich wundere mich selbst darüber. Ich fühle mich befreit. Das Abschneiden der Haare, der Wechsel des Wohnorts, der Bruch mit der Routine, mit den alltäglichen Beziehungen, all das macht, dass ich mich leicht fühle. Ich frage mich, warum man es nicht immer so macht.

Mir kommt das besorgte Gesicht des Barbiers in den Sinn; als er begreift, dass ich allein und ohne Frau hier bin, fragt er: *»No wife? No wife serbice?«* Dieses »b« anstelle des »v« klingt immer obszöner in meinen Ohren.

Es gelingt mir, das Faxgerät in Betrieb zu setzen. Die Effizienz der Japaner beeindruckt mich nach wie vor. An der Kasse geben sie das Wechselgeld, nachdem sie mit dem Rechner nachgerechnet haben. Eine Frage der Sicherheit. Für alles gibt es Formulare. Beeindruckend dieser Vormittag im Zeichen der außergewöhnlich effizienten sozialen Organisation.

3. August 1990, Daigo. Die Natur ist großartig. Bei Sonnenuntergang überziehen sich die Reisfelder mit Gold, das hat etwas Verzehrendes.

Ich schaue mich um mit den Augen von Lafcadio Hearn, der ein außergewöhnliches Japan gesehen haben muss, von dem ich hier noch eine schwache, verblasste Spur wahrnehme: ein Dach, das

Dunkelbraun eines alten Hauses, das sich noch hält. Ich habe der Versuchung nicht widerstanden, bei Sonnenuntergang »ins Dorf« zu gehen. Daigo ist angenehm, ruhig, überaus effizient. Ich frage mich, warum die Leute davon träumen, in die Stadt zu ziehen. Hier haben sie alles, außer der Freiheit, anonym zu sein, die ich mir hier nehme.

Heute habe ich eine Art Schlafkur gemacht. Ich habe auf der Tatami-Matte in der Sonne geschlafen. Der kahl geschorene Schädel reizt meine Eitelkeit, er muss aber wenigstens gebräunt sein, damit ich mich wohlfühle. Fast wäre die Einsamkeit zur Last geworden. Unter Vorwänden habe ich verschiedene Telefonate geführt, aber ich halte durch. Ich spüre genau, dass man sagen könnte, das alles lohne sich nicht. Warum hier sein inmitten von Fremden und eine Natur betrachten, die nur die Sehnsucht nach derjenigen schürt, die ich kenne und die ich um mich haben könnte? Ich habe gut daran getan, mich kahl scheren zu lassen. Ein Grund mehr, mich der Welt nicht zu zeigen.

Die Japaner hier sind genauso dumpf wie die anderswo, aber angenehmer, sympathischer. »Kein neues Gesicht, nur alte Gesichter«, sagt stolz der Barbier, der seinen neuen Nissan nimmt, um mich zu dem ein paar Schritte entfernten Fotografen zu bringen. Der Konsum, der Überfluss töten alles. In Daigo gibt es mindestens drei oder vier Schreibwarengeschäfte, alle haben sie die neuesten Kugelschreiber, alle dieselben Rechenmaschinchen, Bänder, Farben, Hefte. Es gibt drei Elektriker, Dutzende Geschäfte, eins wie das andere, jedes bemüht, den anderen Konkurrenz zu machen, zu überleben und mit meist überflüssigen Gedanken ein Leben hinzubringen, das man sonst anderem hätte widmen können … aber was? Im Grunde ist das Problem, dass wir zu viele geworden sind! Deshalb ist es unerlässlich, das Unnütze zu produzieren.

Wieder ein großartiger Mond, der über dem Hügel aufgeht. Baolì bellt wie ein Verrückter das Echo an, er glaubt, endlich einen Gefährten oder einen Gegner gefunden zu haben. Wenn ich ihn so höre, wie er gegen sein Echo anbellt, scheint mir, dass die Einsamkeit ihm mehr zur Last wird als mir. Auch für ihn ist Daigo eine schöne Illusion. Aber wenigstens hat er nicht die Vorstellung, hundert Seiten, die zählen, über Japan schreiben zu müssen.

Eben habe ich gelesen, dass es in Japan 100 000 verschiedene Insektenarten gibt. Ich habe den Eindruck, sie geben sich alle heute Abend hier ein Stelldichein. Ich gehe schlafen und rechtfertige mich mit der Müdigkeit von Jahren.

5. *August 1990, Daigo*. Die Tage vergehen. Ich habe das Zeitgefühl verloren, und das ist mir egal. Wieder zwölf Stunden ruhigen Schlafs voller Reminiszenzen von weit zurückliegenden Dingen. Im Frieden kehren die Reste vieler Erinnerungen wieder, vieler Schiffbrüche.

Wunderschönes Joggen im Morgengrauen mit Baolì, auch er überglücklich, immer auf der Jagd nach Mäusen, die er wittert, immer dabei, diesem fernen Köter, seinem Echo, zu antworten.

Ich bin ständig in Gesellschaft von Lafcadio, der diesem Japan ein Denkmal errichtet hat, von dem ich fühle, dass es einmal hier ringsum war, das aber verschwunden ist. In einer Straßenkurve, die durch eine kleine betonierte Schlucht führt, hat jemand das aufgestellt, was von der schönen Statue eines Buddha mit erhobenen Händen übrig ist. Im Schatten eines Bambuswäldchens steht noch ein Stein, der dem »Gott der Stärke des Pferdes« geweiht ist, mit schönen, blau gefärbten Lettern. Eine verschwundene Poesie, an der diese Japaner, die mich umgeben, noch teilhaben.

Dauernd kommt mir in den Sinn, ich sei glücklich. Vielleicht bin ich es wirklich.

Fast schäme ich mich, an Angela zu denken, die, um mich zu verschonen, die Probleme der Familie auf sich nimmt. Aber hier ist wirklich das Paradies: Ich höre nichts als die Geräusche der Natur, Vogelstimmen, Zirpen von Zikaden. Niemand ruft mich an, niemand will etwas von mir, höchstens Baolì, dem ich einen Fußtritt geben kann, wenn mir danach ist. Sogar die Eitelkeit kommt auf ihre Kosten: Ich werde braun, nehme ab, es gefällt mir, über dem

Nacken die kahl geschorene Kugel zu sehen, wo jetzt erste weiße Stoppeln sprießen. Ich reibe mich mit der Creme aus der Apotheke von Santa Maria Novella ein und erfreue mich an dem Gedanken, genau das tun zu können, was der Apotheker für unmöglich hielt (er war selber kahl): dieses stinkende (aber überaus gesunde) Zeug einen Monat lang auftragen, ohne sich zu waschen. Herrlich. Das mache ich jetzt.

Vielleicht, weil ich sie nicht kenne wie die Natur von Orsigna, wo mir jeder Weg, jede Stimme aus jedem Waldstück vertraut ist, verwirrt mich die Natur hier mit ihren Geräuschen, mit dem Changieren ihrer Grüntöne. Ich verliere mich in der Betrachtung des Zedernwalds vor dem Haus, beim Hören des Gekrächzes der Krähen, des Zirpens der Zikaden, des verzweifelten Summens Dutzender Fliegen, Mücken, Libellen, Hornissen, Schmeißfliegen, die sich abmühen, an meinen Glasscheiben einen Weg hinaus zu finden. Ich genieße die Stille, das Telefon, das nicht läutet, die Tatsache, dass mich niemand antreibt, die Tatsache, dass niemand etwas von mir erwartet – ich selbst fast auch nicht.

Ich denke an Japan, ich spreche darüber mit den wenigen Bücher-Freunden, die ich mitgenommen habe, ich schreibe das Buch in die Luft, aber wer weiß wann in den PC? In Gesellschaft von Fou Ts'ong*, der im Hintergrund Chopin spielt, und Baolì, der alles ignoriert und unter dem Tisch schnarcht, an den ich mich nicht setze.

Ich habe den vorzeitigen Sonnenuntergang hinter dem Hügel vor dem Haus genossen (es ist gerade einmal 16 Uhr 45), erst unerträglich für die Augen, gleißend, dann wie ein funkelnder Diamant zwischen den Baumspitzen, die immer dunkler werden. Ein leichter Wind kommt auf, der die Wipfel der Rotahorne bewegt und die Vögel zwitschern lässt.

Was für ein Fehler es war, sich von der Natur zu entfernen! In ihrem Formenreichtum, ihrer Schönheit, in ihrer Grausamkeit, in ihrer unendlichen, unvergleichlichen Größe liegt der ganze Sinn des Lebens. Wenn er euch je abhandenkommt, wie es mir geschah, braucht ihr nur hierher zurückzukehren, zur Natur, zum Ursprung von allem, zu dem Baum, von dem wir vorgestern heruntergehüpft sind, ihr in Hochmut und graue Nadelstreifen gekleidete Menschen.

Ich steige die Treppe zu meinem Lager hinauf und freue mich auf weitere Erinnerungen, die mit dem Schlaf kommen werden.

6. August 1990, Daigo. Ich fühle wieder Termindruck. Wenn ich den Artikel über den Fuji* fertig bekomme, werde ich danach frei sein, scheint mir. Ich denke schon mehr an das Buch als an anderes. Aber es zu Papier bringen?

7. August 1990, Daigo. Die Einsamkeit beginnt mir zur Last zu werden. Anflüge von Heimweh. Häufig kehrt das Bild meiner Mutter in Maresca wieder, während wir die Straße zum Markt hinuntergehen. Ein Bild des Friedens. Im Schlaf taucht das Bild einer blassen, blonden Frau auf, es ist Derons Frau. Wie die Erinnerung an etwas, was man begehrt, aber nicht bekommen hat. Dann Laos. Eine Kollage aus Erinnerungen und Farben.

Ich verfalle wieder in die Routine, in die Vorwände dafür, mich nicht an den Tisch zu setzen: Wasser heiß machen, die Post holen gehen, mir die Nase putzen oder die Tür schließen. Ich halte wieder Diät, damit ich keinen Grund habe, aufzustehen und die x-te Orange oder den zehnten Apfel zu essen. Ich laufe mit Baolì. Um die Routine zu durchbrechen, nehme ich einen anderen Weg, aber das bekommt uns nicht. Ein Jeep hätte ihn beinahe überfahren (mich schreckt das Durcheinander, das das in dieser Ruhe auslösen würde), der neue Weg ist hässlich, der einzige Trost ein schöner Wasserfall, um den herum ein hässliches Café gebaut wird.

Ich kehre zurück wie ein Ball, aus dem die Luft raus ist. Ich möchte, dass sich jemand bei mir meldet. Das Telefon klingelt, es ist Folco, der aus Orsigna anruft. Immense Freude, ihn zu hören, aber noch stärker der Wunsch wegzufahren.

Er warnt mich: »Hierher darfst du nicht kommen. Wenn du uns sehen willst, ist das nicht der richtige Ort. Alles ist voll kleinlicher

Dinge, essen, schlafen … alleine geht es einem besser, man liest ein gutes Buch und schreibt schöne Sachen.«

Großartig. Er ist froh, dass Saskia sich wieder in der Hand hat, wieder stark und entschlossen ist. Ich empfinde wie er. Ich lege ihm seine Mutter ans Herz, auch sie muss sich über die kleinlichen Dinge stellen. Ich kehre an den Tisch zurück und habe einen Krampf im Rücken.

»Für dein Pamphlet reichen zwei Wochen«, sagt Folco.

Ich versuche es noch einmal, aber voller Sehnsucht.

8. August 1990, Daigo. Ich denke an die zum Alleinsein Verdammten. Ich verstehe, dass man darüber verrückt werden kann. Ich kämpfe mit dem Vorsatz, diesen Artikel über den Fuji zu schreiben, den ich mir wie einen Klotz ans Bein gebunden habe, und versuche die Routine zu durchbrechen, um noch einen Tag zu vertrödeln (joggen, schwitzen, ausruhen, Wasser heiß machen, das Geschirr abtrocknen, Weihrauch anzünden, Radio hören und Fenster auf- und wieder zumachen, ins Bett gehen mit dem Vorsatz, dass morgen gearbeitet wird. Ich suche Trost bei den Zahlen: 8.8.1990, bringt das Glück? Wie viele andere Kombinationen habe ich vergeblich ausprobiert?!).

Eine Woche ist schon herum.

Liebste Angela,

du musst zugeben, die Technik hat ihre Vorzüge. Ich »fühlte«, dass du anrufen würdest und habe, als ich ausging, diesen Apparat auf automatischen Empfang gestellt. So hat es mich nicht gewundert, bei meiner Rückkehr außer dem heftig Schwanz wedelnden Baolì (unglaublich, wie sehr er meine Gesellschaft braucht, seitdem wir allein sind!) einen schönen Streifen Papier vorzufinden, der aus dem Faxgerät herauswuchs. Danke. Siehst du, dass auch du die moderne Technik beherrschst und dich ihrer bedienen kannst?

Heute war ein Tag der Waffenruhe. Ich habe den *Fuji* fertig gemacht (nur an zwei Abschnitten gegen Ende muss ich noch etwas feilen), dann habe ich die Zeit genutzt und in dem Supermarkt mit dem größten Sortiment der Welt eingekauft, sauber gemacht, die Kadaver von Dutzenden Fliegen, Mücken, Kakerlaken, Libellen und anderen Insekten, die ich ohne großes Federlesen oder sonderliche Gewissensbisse an den vergangenen Abenden getötet hatte, hinausgekehrt.

Nachdem der *Fuji* erledigt ist, habe ich das Gefühl, mein *Retreat* würde erst jetzt beginnen und die vergangenen Tage seien nur eine Art Lehrzeit gewesen. Wirklich, ich erwarte mit Freuden den Tag, an dem ich, nachdem ich sechs Kilometer gelaufen bin (die Straße, die auf den Hügel hinaufführt, mit Baolì, der ohne Halsband hinterherläuft, wobei auch er die Freuden der Natur mit ihren Gerüchen und Überraschungen wiederentdeckt, heute Morgen hat uns eine Schlange besucht), nachdem ich mit dem Müsli, das du mir eingepackt hast, gefrühstückt habe, meine Angel auswerfe in die Masse der Notizen, Disketten und Dateien, die ich mitgenommen habe. Wer weiß? Ich ertappe mich dabei, dass ich überhaupt nicht beunruhigt bin, im Gegenteil.

Die vergangenen Tage waren beherrscht von einem außerordentlich heftigen Taifun, der die Hitze beendet hat und uns nach 48 Stunden sturzbachartigem Regen tiefhängende Nebelbänke beschert, wodurch der Wald vor meinem Haus japanischer aussieht denn je. Wirklich, diese werden zu den wenigen schönen Erinnerungen zählen, die ich an dieses Land habe. Was für ein Land! Das Haus eines Amerikaners in einem menschenleeren Tal mit einem chinesischen Hund: Und doch habe ich hier angefangen, mich wieder normal zu fühlen, gut zu schlafen, was alle möglichen seltsamen Reminiszenzen aus vergessenen Jahren zutage fördert, mich angstfrei zu fühlen.

Nicht einmal den Fuji-Artikel zu schreiben war eine große Anstrengung. Die Dauer erklärt sich durch die Unterbrechungen, die Sonne und die Tatsache – mittlerweile weiß ich das –, dass ich, um eine Sache zu sagen, und sei sie noch so banal, sie in mir reifen lassen muss, sie wieder und wieder niederschreiben muss, bis sie mir wie die selbstverständlichste Banalität erscheint, aber auch wie die einzige, unausweichliche Wahrheit. Über die Tatsache, dass meine kostbaren Tage verrannen, tröstete ich mich damit, dass ich mir sagte, auf diese Weise geschrieben, könnte der *Fuji* in jedem Fall eine Art letztes Kapitel sein.

Denk nur, wie merkwürdig, Angelina: 10 000 Kilometer Entfernung liegen zwischen uns, aber beide befassen wir uns mit Japan, du wie ich vor dem Bildschirm eines Computers! Alles Gute für die Arbeit, aber fühl dich nicht bedrängt! Lass dir so viel Zeit, wie du willst. Lassen wir uns von niemandem hetzen! Von Daigo aus denke ich an euch und erwäge jedes Detail, das du mir lieferst.

Ein fabelhafter rötlicher Halbmond im Stil der *Ukiyo-e** geht jetzt über meinem tiefschwarzen Hügel auf, Baolì wirft kostbare alte Konserven voller unnützer Gewürze hinter dem Gasofen um, auf seiner ständigen Jagd nach der ungreifbaren Maus, und ich mache die Lichter aus, versichere mich, dass der letzte Weihrauch vor dem Buddha, den ich mitgebracht habe, verbrannt ist, steige die Holztreppe hinauf und werfe mich auf mein leeres Lager.

Gute Nacht, Angelina.

13. August 1990, Nachmittag, Daigo.
An Angela. Liebe Freundin, mein wunderbares Fax hat soeben geklingelt zur Bestätigung, dass mein Fuji-Artikel gut angekommen ist.

Wie üblich bin ich nicht zufrieden mit dem, was ich geschrieben habe und hüte mich wohl, es dir zu schicken, weil ich die Aufrichtigkeit deines Urteils fürchte. Ich wollte eine Besteigung des Fuji benutzen, um die *deux ou trois choses que je sais d'elle* zu sagen, aber das ist ein Knochen, an dem man sich die Zähne ausbeißt. Jetzt ist alles fertig, und ich will nicht mehr daran denken. Denen in Hamburg habe ich gesagt, sie sollen mich ab morgen als in Ferien betrachten, es sei denn, die Welt geht unter.

Ich hoffe sehr, dass sie das nicht tut, nicht zuletzt, weil ich für mich klären muss, ob ich ein, zwei Dinge über Japan zu sagen habe oder nicht und ob ich dazu imstande bin. Sollte ich es nicht sein, ist es nur gut, dass ich keine Ausreden habe, mir das nicht einzugestehen. Ich habe drei volle Wochen vor mir. *Hic Rhodus, hic salta!*, mein Lieber.

Und du, Angelina? Ich denke sehr oft voller Zärtlichkeit an dich und mit einem untergründigen Schuldgefühl, das du dir vorstellen kannst. Du stehst mitten in der Arena mit der lässigen Peitsche des wohlwollenden Dompteurs, lässt dir von allen Löwen ihre Leiden berichten und gewährst mir den unerhörten Luxus, weit weg zu sein, während in Wahrheit dein Buch das einzig wahre ist, sicher und im Grunde – du weißt, wie ich denke – auch das bessere. Kurzum, ich weiß, dass ich in deiner Schuld bin, und ich verspreche, sie abzugelten.

Die Sonne ist eben untergegangen. Die Krähen lachen ihr letztes krächzendes Lachen über die Welt, und die Zikaden sind ihres Zirpens noch nicht müde. Vom Schreiben an diesem Computer habe ich Schmerzen in der rechten Schulter bekommen, die ich jetzt mit einem schönen, schweißtreibenden Lauf den Hügel hinauf verscheuchen werde. Ich lasse Baolì zu Hause, aber die Einsamkeit übermannt ihn, und nach ein paar Metern sehe ich ihn hinter mir hertraben, etwas widerwillig, aber treu, wenn auch aufgrund seiner Hundenatur.

Zwangsläufig treu auch ich, umarme ich dich, schaue auf das Datum und fühle *Ferragosto** herannahen, mit dem Festlärm auf der Piazza, dem Geruch nach Lasagne und gebratener Polenta aus der Gemeindeküche, kurz, bei allem gibt es ein Pro und ein Kontra, wie man sagen würde.

Ich liebe euch, fühle mich aber auch geliebt.

13. August 1990, elf Uhr abends, Daigo.

Angela, entschuldige, aber ich muss dir schon wieder schreiben, zunächst, um dir für deinen schönen Brief zu danken, der mich über alle Bewegungen und Befindlichkeiten der Familie auf dem Laufenden hält, sodann, um dir noch einmal von deinen Japanern zu erzählen. Ich habe sie heute Abend zu Tausenden und Abertausenden am Fluss entlang auf der »Straße der Träume« von Daigo gesehen, des Daigo, das du kennst. Sie drängten sich auf den Brücken wegen des Ortsfestes und des Feuerwerks.

Was hat mich an dieser Masse beeindruckt? Die Kompaktheit der Rasse und eine dunkle, verborgene Seele, die mir alle Atombomben und alle Amerikanisierung zu überleben scheint und die man nur momentweise erblicken kann. Ich erinnere mich, dass du mir tief beeindruckt von einigen japanischen Trommelspielern erzählt hast, die du irgendwo gesehen hattest. Nun, ich habe heute Abend nicht die nationale Truppe gesehen, nicht die Großen, sondern die Trommelspieler hier vom Ort, die aus Daigo, und bei Gott, das hat sich gelohnt.

Sie waren auf dem Gelände einer Tankstelle an der »Straße der Träume« aufgestellt. Zehn, mit bescheidenen Trommeln, sie selbst aber beeindruckend im traditionellen *Happi Coat**, mit Lendenschurz, die Beine nackt, das Kamikazetuch um die Stirn, intensiv und angespannt wie Raubtiere, die zum Sprung auf die Beute ansetzen.

Das waren nicht der Bäcker und der Gemüsehändler, die sich am Festtag mit Renaissance-Kostümen verkleiden, sondern das waren die Priester eines Ritus. Und der wurde mit der größten Konzentration vollzogen, während die Welt ringsum in der japanischen Banalität oder wenigstens ihrer anscheinenden Banalität versank. Am Himmel explodierten die ersten Feuerwerksraketen, »die Stimme« aus den Lautsprechern auf der Straße verkündete, welcher *Pachinko** und welcher Supermarkt das Feuerwerk bezahlt hatte, auf dem Fluss schwammen die ersten hundert Flämmchen, die weiter oben auf das Wasser gesetzt worden waren – Anlass für das alles war das Totenfest –, aber als diese Trommeln von diesen zehn dicken und dünnen japanischen Männern berührt, geschlagen, gestreichelt zu donnern begannen, habe ich etwas Altes, Antikes, etwas Verborgenes gespürt, das da zum Vorschein kam und das alle kannten. Wie eine Geheimsprache, ein Zeichen, das man nur im Notfall verwendet. Das hat mich beeindruckt, denn dieses Gefühl, einen Blick auf den Grund eines Brunnens zu werfen, wie es uns manchmal in diesem Land geschah, ist uns sicher nirgendwo anders begegnet.

Ich bin zu Fuß zum Wagen zurückgegangen, den ich weit weg geparkt hatte, auf der Straße, die früher zum Tempel führte, dabei kam ich der Reihe nach am dunklen Haus des Metzgers vorbei, am genauso finsteren des Sushi-Verkäufers und an den ebenso düsteren sämtlicher Bewohner von Daigo, die durch Unterentwicklung der Region ein paar Jahrzehnte zurückgeblieben sind und daher auch dem Anschein nach japanischer wirken.

Aber Tatsache ist, dass sie sich nicht ändern. Die hier könnten in absehbarer Zeit ihre Holzhäuser mit den Tatami-Fußböden und den schwarzen Dachschindeln abreißen und in solche Klohäuschen ziehen, wie man sie in Kamimeguro um uns herum gebaut hat (wie weit weg dieses Leben schon ist!), aber diesen Trommeldonner hören sie immer auf dieselbe Weise. Da ist etwas Instinktives in ihnen, was sie »japanisch« macht, wie Baolìs Hundsein instinktiv ist, der mittlerweile auf mein »Such!« hier genauso reagiert wie in Tokio.

Ich bin heimgekommen und habe mir Kohl mit einem Beefsteak gemacht, habe ein Dutzend Fliegen getötet (einige zur Strafe, weil sie mich gestochen hatten, abends ist es ihretwegen schwierig zu arbeiten), ich hab dir geschrieben, als ob es unsere üblichen Kopfkissengespräche wären, und jetzt ziehe ich mich zurück auf mein Lager, während Baolì mittlerweile den schäbigen Teppich am Fuß meiner Treppe zu dem seinen erwählt hat. Gute Nacht.

Ferragosto 1990, Daigo. Liebste Angela, nur zwei Zeilen, wirklich nur zwei, um dir für deine Nachricht von gestern Nacht zu danken.

Deine Großzügigkeit ist so verlässlich, dass man darauf bauen kann, um sich aufzurichten. Ich weiß wohl, dass der *Fuji* nicht so ist, wie er hätte sein sollen, aber ihn in der Schublade liegen zu lassen, ohne ihn dir zum Lesen zu geben, dir, die du immer alles gelesen, redigiert und korrigiert hast (hättest du es doch auch hier tun können!), dadurch wäre, schien mir, der Gestank nach Scheiße mit der Zeit nur schlimmer geworden, und so habe ich beschlossen, ihn dir zu schicken – und ihn damit wie einen fauligen Zahn auszureißen. Danke für deine Reaktion. Sie hat mir dazu gedient, heute Morgen – dem Morgen von *Ferragosto*, bedenke! – aufzuhören, mit Ködern und Angeln herumzuhantieren und zum Kern der Sache zu kommen.

Abends. Nun, wenigstens diesen Gefallen müsst ihr mir tun. Konzentriert euch einen Augenblick und stellt euch meine Situation vor. Draußen ist es stockdunkel. Die großen Fenster, die auf den Wald gehen, sind lediglich schwarze Spiegel, in denen ich meinen kahl geschorenen Schädel und den Rauch des Weihrauchs sehe, der vor meinem kleinen chinesischen Buddha auf dem Tisch mit der roten Decke aufsteigt, dahinter die weißen Kugeln der Lampen, gegen die sich Schwärme von Motten, Fliegen, fliegenden Läusen und Ähnliches werfen. Die Stille draußen wird noch dichter durch das gelegentliche sanfte Zirpen einer Grille, die, wer weiß warum, nicht wie die anderen schweigt. Vielleicht ist sie wie ich, der ich mich an das Zirpen des Faxgeräts hänge.

Ich habe eben die erste Hälfte meines Abendessens beendet. In der Mitte der Küche an einer Ecke des Metalltisches sitzend – er stammt aus der Konkursmasse eines Hotels – habe ich Stücke rohen Thunfischs mit Soja hinuntergeschlungen, als Beilage Ingwer, und jetzt warte ich darauf, dass der Kohl gar ist. Dann wieder an den Schreibtisch.

Nun glaubt bloß nicht, ich hätte mir euch nicht vorgestellt. Ich habe mir euch an dem großen Tisch vorgestellt, wie ihr euch große Platten mit Essen herumreicht, recht viel schwatzt und euch – sagen wir so – darin einig seid, dass ich euch fehle. Aber glaubt mir, trotz der Schmerzen in der Schulter, trotz der Tatsache, dass mir beim Schließen einer der großen Fenstertüren eins von diesen seltsamen winzigen Fröschchen, die sich für Kletterer halten, kalt und schlaff in der Hand liegen blieb, und obwohl ich in der Masse der

Aufzeichnungen, Ausschnitte, Notizen, Disketten herumschweife auf der Suche nach einer Ordnung, die sich mir jetzt entzieht, geht es mir gut, bin ich heiter (ein Wort, das immer wenig zu mir passte), und ich frage mich, ob ich in einem meiner früheren Leben nicht Eremit gewesen bin.

Ihr müsst verstehen, dass ich hier, allein, im Dunkeln mit dem Duft meines Weihrauchs an euch denke, und euch im Grunde besser fühle, als wenn ich dort bei euch wäre und mich mit Tortelloni vollstopfen würde. Das sagt sich so! Ich umarme euch alle. Genießt *Ferragosto*. Ich werde jetzt meinen Kohl genießen, aber ohne Öl, jawohl.

Ich umarme euch wirklich, weil es mir so gut geht, und weil ich weiß, dass ihr alle dort seid.

17. August 1990, Daigo.
An Angela. Heute war ein Tag der großen »Neuigkeiten«: Philippe hat angerufen und seinen Besuch für Sonntag zu einem gemeinsamen Abendessen mit J.-J. »angedroht«; K. hat angerufen, um mir seine Probleme und Problemchen aufzubürden. Er will eine Geschichte über die Japaner schreiben, die Angst vor den Ferien haben (»das haben schon sämtliche Arschlöcher von Journalisten geschrieben, die seit 1945 in Tokio waren«, ist mir herausgerutscht).

Seit zwei Tagen donnert und blitzt ein Gewitter verheißungsvoll hinter den Bergen, hält sein Versprechen aber nicht, und eine schwüle Hitze lastet auf unserem Leben: meinem und seinem, also dem des Hundes, wir sind mittlerweile so innig miteinander verbunden, dass es mich nicht wundern würde, wenn er auf meine Reden, die ich ihm halte, über die Fliegen, die ich getötet habe, über das Fressen, das ich ihm gebe oder verweigere, mit einem Mal in perfektem Italienisch antworten würde. Vielleicht hat er das auch schon getan, und ich habe es nicht einmal bemerkt.

Es geht mir weiterhin prächtig. Ich selbst beginne, mich zu fragen, wie das möglich ist, aber glaub mir, es ist wirklich so. Ich erwache im grünlichen Licht des Zimmers, das du kennst, und ich stehe auf in der Vorfreude auf die Routine, die mich erwartet. Zum ersten Mal seit sehr langer Zeit fürchte ich nicht mehr, dass mich bei einer Geste, einem Seufzer die Lebensangst wieder packen könnte, die mir in Tokio so viele Tage vergällt hat und dich erschreckte, auch an den Tagen, an denen sie zufällig ausblieb. Es macht mir Spaß, wieder der zu sein, der ich immer war, ohne Furcht vor dem, was mich ängstigen könnte.

Kurzum, durch Schlafen, Laufen und der Welt fern sein, vor allem aber dem Büro in Tokio fern sein, das für mich zum Käfig geworden war, werde ich gesund, scheint mir. Ja, ich werde gesund, denn heute mehr als damals bemerke ich, dass sich wirklich ein Holzwurm in mir eingenistet hatte, der das – wie du weißt – nicht allzu harte Holz, aus dem ich geschnitzt bin, langsam hätte zernagen können. Sollte das das einzige Ergebnis meines »Rückzugs« nach Daigo sein, hätte er sich absolut gelohnt.

Nachdem ich die Natur wiederentdeckt habe, entdecke ich die Freude an den kleinen Dingen wieder, die dazu dienen, im Alltag Ordnung zu halten: Ich räume auf, fege, achte darauf, jeden Tag frische Handtücher zu haben, die ich mir, um den Schweiß abzuwischen, um den Nacken lege. Ich hänge die am Vorabend eingeweichten zum Trocknen auf, koche große Töpfe voller Äpfel, bevor die in dem Einmachglas im Kühlschrank zu Ende sind.

Auch die Fliegen scheinen sich von der Trägheit der Hitze zu erholen und finden jetzt, da sich der Abend herabsenkt, immer mehr Geschmack an der Creme »Baumwipfel«, die ich weiterhin zwei Mal am Tag auftrage, nach sämtlichen Vorschriften, die der glatzköpfige Apotheker von Santa Maria Novella mir genannt hat, einschließlich der, mir niemals den Kopf zu waschen. Das Ergebnis scheint mir nicht vielversprechend: Die Haare wachsen sehr langsam nach – das hätten sie in jedem Fall getan –, und dort, wo kahle Stellen waren, bleiben kahle Stellen. Das macht nichts. Das Schöne ist die Gewohnheit, die Verpflichtung, die Creme gemäß den Vorschriften aufzutragen und festzustellen, dass die kahlen Stellen genau dort sind, wo mein Vater sie hatte und wo mein Großvater Livio sie hatte.

Könntest du sehen, Angela, wie sehr ich ihm ähnle, jetzt, da die Haare als harte weiße Stoppeln nachwachsen, wie ich mich im Spiegel an ihn erinnere, auch er mit Schnurrbart – ich hatte nie daran gedacht, dass dieses Erscheinungsbild im Grunde von ihm her kommt –, wenn er im Flanellhemd ganz mit Mörtel verschmiert nach Hause kam und sich in einer Waschschüssel, die in der Küche auf einen Stuhl gestellt wurde, fluchend Kopf und Hals wusch.

Wer weiß, ob da nicht eines Tages irgendwo auf der Welt jemand ist, der mit einer Handbewegung eine Menge Erinnerungen durcheinanderschüttelt, woraus dann ich in Gestalt des Großvaters hervorgehe, in wer weiß welcher Kleidung, mit wer weiß welchen Flüchen. Ist das nicht die einzige Form von Ewigkeit, die uns vergönnt ist? Mir, muss ich sagen, genügt das. Mehr als die Ewigkeit, die gedrucktes Papier verleiht? Aber rühren wir nicht an den wunden Punkt. Oder vielleicht ist er ja gar nicht wund. Sollte es nur sein.

PS: Du musst dich wirklich nicht verpflichtet fühlen, mir zu antworten. Schreiben raubt Zeit. Ich habe genug davon, und durch das Schreiben fühle ich mich mit der Welt verbunden, außer durch diesen Hund, aber du hast ja schon genug Verbindungen. Wenn es Neuigkeiten gibt, ruf mich nach dem Mittagessen an. Ich gehe nicht vor elf Uhr hier ins Bett, und morgens kannst du damit rechnen, bin ich um 6 Uhr 30 wach, was bei dir halb zwölf abends ist, wenn dein Zirkus schläft und du die Peitsche aus der Hand legen kannst.

18. August 1990, Daigo.

An Angela. Ich habe ein bisschen besser gearbeitet. Dein knapper, aber wie immer sehr richtiger Ratschlag (Artikel nicht wiederverwerten!) war sehr nützlich. Ich habe mich an den PC gesetzt, als würde ich einen Brief an Freunde schreiben, und auch wenn ich nicht weiß, welchen Sinn es hat, habe ich wenigstens geschrieben. Ich wollte dir danken für deine verlässliche Weisheit. Ich stelle fest – trotz des Traums von einer großen Wiege eines Kindes, das ich nicht sah –, dass das, was im Augenblick zählt, nicht »ein Buch schreiben« ist, sondern das Unausgesprochene in mir zur Sprache zu bringen.

Das Buch ist eine Frage der Opportunität, ob man sich zur Zielscheibe derer machen will, die mit ihrem Zynismus leichtes Spiel hätten gegen die Spontaneität. Das Buch ist eine Frage des Kalküls. Aber dieses Frei-von-der-Leber-weg-Schreiben, ohne allzu viele logische Verknüpfungen, mit zahllosen Schreibfehlern, mehr Notizen als sonst was, ist ein Weg, dieses japanische »Gift« loszuwerden, das ich vom ersten Tag an in meinem Organismus fühlte.

Wenn ich so weiter mache, werde ich wenigstens diesem Bildschirm, der mir zublinzelt, all das gesagt haben, was mir auf der Seele lag. Das Weitere wird sich finden.

Sag Paola, dass ich mir für diesmal, mit einem Haus vor einem Wald, mit einem Hund und Tagen vor mir, von denen ich wusste, dass niemand etwas von mir verlangen würde, den Psychoanalytiker erspart habe!

Ich umarme dich.

19. August 1990, Daigo, in Gedanken an meine herrliche Tochter, die mir nah ist.
An Saskia. Du weißt, wie ich hier – in jedem Sinn – von wenig lebe, und du, die du mich kennst, kannst dir vorstellen, wie dein Fax heute Morgen, als ich vom Laufen den Hügel hinauf zurückkam, meinen Tag erfüllt hat. Ich danke dir, dass du daran gedacht hast. Ich habe es wieder und wieder gelesen, und in fast jeder Zeile steckt ein Detail, das mich hier – in der Abwesenheit von Zerstreuungen oder anderen Emotionen – mit Freude erfüllt oder zum Fantasieren anregt.

Es schürt verschiedene Regungen der Sehnsucht. Sie wären das aber nicht, und ich würde sie nicht genießen, wenn ich dort wäre.

Sehnsucht ist eine Sache, von der ich immer glaubte, viel zu verstehen. Man muss sie genießen, denn sie ist das große Surrogat dessen, wonach man Sehnsucht hat, aber mitunter muss man sich wohl auch hüten, sie zu befriedigen, denn es kann leicht geschehen, dass man unglücklich ist, im Besitz dessen zu sein, wonach sie verlangte, und obendrein auch ohne die Sehnsucht nach dem, was man nicht hat.

Das gilt für mich und Florenz. Ich muss der Stadt fern sein, um wenigstens die Sehnsucht danach zu genießen.

Du schreibst von dir und verwendest das Wort »glücklich«, das hat mich beeindruckt. Ich brauche dir nicht zu sagen, wie sehr ich das für dein sakrosanktes Recht halte, dass es das ist, wofür man sich geboren fühlt (das Problem ist herauszufinden, was uns wirklich glücklich macht, oder besser gesagt, was aus dem Leben, das wir haben, ein glückliches Abenteuer macht), und dass es das ist, was ich dir am meisten wünsche. Weder in deinem Alter noch in meinem »passt man sich an«. Wenn das Leben, wie deines, noch ein herrlich unbeschriebenes, weißes Blatt ist, im Namen welchen Prinzips sollte man sich da an das Bekannte »anpassen«, bloß weil man es vor der Haustür gefunden hat, und seine restlichen Tage mit dem zersetzenden, nagenden Gefühl zubringen, dass es vielleicht anderswo etwas oder jemanden gäbe, die es der Mühe wert wären, sich in einem letzten Höhenflug zu verzehren, endlich auf die Suche nach dem »Glück« zu gehen?

Das Problem ist zu bemerken, manchmal regelrecht zu »spüren«, wann man keine Alternativen mehr hat und dass man im Grunde keine Wahl mehr hat. Jeder kommt dahin, jeder auf seine Weise. Entscheidend ist zu wissen, dass dieser Zeitpunkt kommt, und sich nicht über das Wann zu ängstigen. Wenn man mit dem Bewusstsein für Qualität lebt, wenn die Beziehungen zu Menschen, mit denen man etwas teilt, qualitativ wertvoll sind, kann man nur bereichert daraus hervorgehen. Und wenn man »verheiratet« daraus hervorgeht, nun ja: »Heute Blumenduft, morgen Kinderlächeln!« Wenn es etwas gibt, was ich von klein auf an dir gesehen habe, dann ist das ein besonders ausgeprägter Sinn für Qualität. Und auf den verlasse ich mich.

Themenwechsel!? Die Geschichte, dass G. mit einem 22 Jahre alten VW-Kabriolett gekommen ist, hat mich völlig aus der Fassung gebracht. Mama wird dir gesagt haben, dass unser erstes wirkliches Auto ein VW-Kabriolett war (genauso, weiß!). Was sie dir vielleicht nicht gesagt hat, dass wir beschlossen, es von einem Tag auf den anderen zu verkaufen, als wir im Sommer 1967 frei und unbeschwert nach Amerika aufbrachen. Wir wohnten in Mamas Elternhaus in der Via delle Campora, und ich malte zwei Schilder, die besagten: »Ich bin zu verkaufen«. Eins legte ich vorne auf das Armaturenbrett, und eins machte ich hinten fest, damit fuhr ich ins Zentrum, durch die Via Maggio, ich überquerte die Brücke Santa Trinità, bog in die Via Tornabuoni ein, als ein Mann um die 40 hinter mir herzulaufen begann und rief: »Halt! Halt!« Ich ließ ihn einsteigen, wir fuhren wieder zur Via delle Campora, wir setzten uns einen Augenblick mit den Papieren an den Tisch im Esszimmer und der Volkwagen gehörte ihm.

Es freut mich, dass deine Freundschaft mit Simona die Zeit überdauert, denn durch die Zeit wird alles – auch die menschlichen Beziehungen – immer kostbarer. In der Liebe wie in der Freundschaft gibt es diese Anhäufung von Geschichte, die unersetzlich wird, was mich betrifft, auch bei Möbeln. Wenn es gemeinsame Geschichte ist, dann ist das eine echte Kraft! Auch bei den Tischen: Denk an den, an dem ihr in Orsigna esst, ich habe ihn zusammen mit dem armen Aldo gemacht, aus Kastanienbrettern, die wir in Pracchia geholt hatten, der Baum aber kam aus dem Orsigna-Tal.

Deine Streifzüge mit Simona durch die Toskana haben mir Lust gemacht. Diese Felder, die, wie du sagst, drei- oder vierhundert Jahre alt sein könnten, sind das, woran mir am meisten liegt. Im Grunde ist es, um diese Sachen zu schützen, dass ich so sehr imstande sein möchte, ein paar Zeilen über die verdammten Japaner zu schreiben, die letztlich diese Felder und unsere ganze Lebensart bedrohen. Aber wie stelle ich es an, diese Dinge zu sagen, ohne gleich als Rassist verschrien zu werden, als hysterisch, als die übliche Kassandra? Vorerst schreibe ich für mich selbst.

Von der Höhe eines Lichtmasts aus lacht eine große Krähe wie verrückt Baolì aus, der aber ignoriert sie mit neuer Abgeklärtheit und widmet sich der immer unsichtbarer werdenden Maus. Den Hund zu beobachten, ist für mich eine Quelle der Weisheit. So bemerke ich zum Beispiel, wie er unter diesen neuen Bedingungen, inmitten der Natur mit ihren neuen Gerüchen und neuen Unvorhersehbarkeiten nach und nach Instinkte und Fähigkeiten in sich entdeckt, die er in seinem Leben als Luxushund in der Stadt vergessen hatte oder von denen er nicht einmal ahnte, dass er sie besaß. Es ist seltsam, dass wir auch so sind. Du auch, Saskia.

Denk an die Dinge, die du in dir trägst, an die Kraft, die Fantasie, an das Potenzial an Glück, das du erst noch entdecken musst, indem du allem die Gelegenheit gibst, zum Vorschein zu kommen. Diese Gelegenheit muss man ihm geben, denn traurig stimmt der Gedanke an die Menschen, die sich diese Gelegenheit nie gegeben haben und am Ende dahingehen in dem Glauben, sie hätten nie etwas anderes sein können.

Denk an mich. Ich hätte Japan ohne weiteres verlassen können, glücklich, mich seiner bösartigen Magie zu entziehen, und in der thailändischen Sonne die Wunde lecken können, die dieses Land mir geschlagen hat. Nein! Ich wollte mich am Hauptmast festbinden lassen und sie noch einmal singen hören, diese japanische Sirene. Deine Mutter hat mir dabei enorm geholfen, indem sie mich ermunterte und mir die Zeit dazu gab. Und da bin ich nun. Die Wunde ist gewiss verheilt. Jetzt muss man sehen, ob ich imstande bin, meinerseits eine zuzufügen! Aber auch wenn mir das nicht gelingen sollte, ist es doch schon enorm viel, glaub mir, meine Tochter, die Freude am Leben wiedergefunden zu haben.

Der heutige Tag hat mit einem frischen, herbstlichen Wind eingesetzt, doch dann kam wieder klarer, kräftiger Sonnenschein, den ich genossen habe, indem ich kiloweise Äpfel schälte und dabei braun wurde, und jetzt genieße ich es, die Sonne hinter den geraden Pinien untergehen zu sehen, und umarme dich ganz, ganz fest.

25. August 1990, Daigo.
An Angela. Guten Tag! Ich weiß, ein Brief an dich wie an deinen Sohn müsste von Hand geschrieben sein, aber ich habe dir so viel zu sagen, dass das mit der Hand Seiten um Seiten in Anspruch nehmen würde. Also entschuldige mich und nimm das Folgende als ein

»Fax«, kurz, als einen Brief zweiten Ranges. Da es aber in jedem Fall ein japanischer Brief ist, muss er mit einem Verweis auf die Natur beginnen. Natürlich auf meine »Natur«: Dass ich dich gestern nackt und eben aus der Dusche kommend erwischt habe, hat Wellen der Erregung hierhergesandt und deutlich gemacht, dass es an der Zeit ist, einen Punkt zu setzen. Das tut auch die andere Natur, die, die allen gehört: Der Himmel ist bedeckt, und es ist nicht mehr so warm. Es sieht aus, als würde ein Gewitter kommen, kein Sommergewitter mehr, sondern eins von denen, die den Herbst verkünden.

Ich schreibe dir nicht mehr als »Patient«. Daigo ist nicht mehr meine ganz spezielle Kurklinik, und ich bitte dich nicht um weitere Zeit, um mein *Retreat* fortzusetzen. Es geht mir gut, ich fühle mich völlig normal, und ich habe große Lust, in meine angestammten Rollen als Vater, Sohn, Dompteur und … Geliebter zurückzukehren. Deshalb schreibe ich dir. Bisher musstet ihr alle euren Sommer rund um die Tatsache organisieren, dass »er« nicht da ist, dass man »ihn nicht beunruhigen darf«, dass man ihm »dies oder jenes nicht sagen darf«. Gut. Jetzt steh ich wieder zur Verfügung, also macht eure Pläne so, wie es für euch bequem ist, an euren Terminen ausgerichtet und nicht mehr an meinen.

In Daigo liegen die Dinge so: Vier Wochen sind vergangen. Unglaublich, wie ein langer Seufzer, in einem Augenblick. Es war außerordentlich: eine große Freude vom ersten bis zum letzten Augenblick. Nicht ein Moment von Traurigkeit, nicht einer von Panik, außer den drei, vier … Heute ist hier einer von den Männlein aufgetaucht, die für mich »Japan auf dem Marsch« verkörpern, er wollte sämtliche Gasleitungen überprüfen, die Gasflasche kontrollieren … und sich unterhalten. Baolì mit seinem Geknurr hat mir geholfen, ihn zu verjagen.

Die große Entdeckung, die ich in Daigo gemacht habe: Man hat unglaublich viele Reserven in sich (eines schönen Tages gewiss nicht mehr!), man braucht sich nur unter Bedingungen zu begeben, die sie aktivieren. Einsamkeit, auf Abstand von der Welt gehen, sich fernhalten von den Käfigen, in die man sich aus Notwendigkeit oder missverstandenem Pflichtgefühl begibt, ist enorm hilfreich. Nimmt man die Natur hinzu, scheint mir die Formel unfehlbar. So war es für mich.

Ich bin jeden Tag zwischen sechs und zehn Kilometern gelaufen, ich habe Gymnastik gemacht, ich habe den Himmel betrachtet, die Bäume, und habe Fliegen gejagt. Ich habe, ohne zu leiden, den Fuji-Artikel geschrieben und habe meine Angel ausgeworfen in das Meer von Notizen, Aufzeichnungen und Interviews, im Hinblick auf das gebenedeite Buch. Davon habe ich natürlich nicht eine Zeile geschrieben, aber mehr zu erwarten, wäre absurd gewesen. Lieber komme ich gesund zurück, ohne Buch, als umgekehrt. Es freut mich, dass auch du die Aussicht auf eine größere Maus später für mich siehst, da es mir nicht gelungen ist, die kleine jetzt zu fangen. Ebenso freut es mich, dass du in der Sonne warst und dass auch du mit deiner »Maus« entschlossen bist, dich nicht unter Termindruck setzen zu lassen.

Die Sache mit der »Maus« sehe ich jetzt so: Aus den Artikeln für den SPIEGEL, den vielen Notizen aus fünf Jahren und dem, was ich in diesen zwei Wochen zusammengekratzt habe, ließe sich schon ein Buch machen. Ich brauche dafür Zeit und Konzentration. In Daigo habe ich den Boden bereitet. Ich habe die Dateien gesichtet, die Notizen geordnet, eine Art Schema aufgestellt. Wenn ich ab und zu ein freies Wochenende hätte, könnte ich mir erlauben, an dem einen Steinchen zu feilen und das andere in das Mosaik einzufügen, aber dann brauche ich mindestens zwei volle Monate ohne Ablenkung, um alles in eine akzeptable Form zu bringen. In den kommenden Wochen werde ich sehen, ob ich mir das erlauben kann oder nicht.

Im September hätte ich Bangkok gern so weit eingerichtet, dass wir beide wissen, wo wir uns hinsetzen können. Dann wird man sehen. Hier in Daigo brauche ich noch drei, vier Tage, dann kann ich wieder auftauchen und meine Ankunft in Italien um ein paar Tage vorziehen, wenn das hilft, die Akkorde besser aufeinander abzustimmen. Ihr könnt jetzt mit meiner vollkommenen Bereitschaft rechnen, die Dinge so zu organisieren, wie es für euch am besten ist.

Guten Tag, Angelina. Siehst du also, dass ich dir nicht mit der Hand schreiben konnte!

1991–1994

Mit der Entscheidung, sich in Bangkok niederzulassen, begibt Terzani sich 1991 ins Zentrum des »heißen Asien«, das heißt, an den Punkt seines Koordinatensystems, den er in beruflicher und emotionaler Hinsicht bevorzugt. Er verfolgt die Wahlen auf den Philippinen und die Entwicklung Indochinas, insbesondere Kambodschas. Er beginnt sich zu fragen, wie eine politische Zukunft aussehen könnte, die nicht mehr von Ideologie bestimmt wäre.

Die »Lücke« in den Tagebüchern, die vom Mai bis in den Herbst 1991 reicht, zeugt von einem Ereignis, das ihn erschüttert: Der Sturz Michail Gorbatschows leitet den Zerfall der UdSSR ein. Ein epochaler Augenblick, der ihn während einer chinesisch-sowjetischen Expedition auf dem Fluss Amur überrascht. Terzani wird direkter Zeuge des Zusammenbruchs des kommunistischen Weltreichs und durchquert in zwei Monaten neun der 15 Sowjetrepubliken von Ostsibirien bis Moskau. Er führt dabei ein Reisetagebuch, das er dann zu dem Buch *Gute Nacht, Herr Lenin* verarbeitet.

Der Wille, sich über die Auswirkungen des Kommunismus Klarheit zu verschaffen, führt ihn 1992 noch einmal nach Kambodscha, in ein zerrissenes Land, verarmt und in einen Friedensprozess verwickelt, der die Grenzen und die Verlogenheit der internationalen Organisationen, allen voran der UNO, in aller Deutlichkeit offenbart.

Terzani ist nun 54 Jahre alt, und immer noch setzt die Depression ihm zu, er sucht ärztliche Hilfe, erkennt aber, dass der einzige Weg, »die alte, finstre Bestie« zu verscheuchen, darin besteht, sich dagegen zur Wehr zu setzen und eine neue Aufgabe zu suchen. Er ersinnt eine »gute Gelegenheit«, sich selbst und den Kontinent, auf dem er seit über 20 Jahren lebt, zu befragen: Sich auf ein neues Abenteuer einlassen, ein neues Buch schreiben. Er beschließt, das Asien der Magie zu erkunden, das Bedürfnis des Menschen, sich seines Schicksals zu vergewissern und es zu beherrschen. Die Warnung eines Wahrsagers, der ihm 1976 in Hongkong angeraten hatte, das ganze Jahr 1993 über nicht zu fliegen, weil er abstürzen könnte, wird der ideale Anlass, zu reisen wie die großen Entdecker.

Es ist das Jahr des *Fliegens ohne Flügel:* zwölf Monate ohne ein Flugzeug zu nehmen. Für einen Journalisten ist das eine enorme Herausforderung, Terzani legt immerhin 40 000 Kilometer zurück und durchquert 15 Länder, nimmt alle Verkehrsmittel zu Land und zu Wasser in Anspruch.

Das Experiment, das 1992 beginnt und die Korrespondententätigkeit für den SPIEGEL nicht einschränkt, verändert seinen Lebensrhythmus radikal. Er ist das ganze Jahr 1993 hindurch unterwegs, trifft Wahrsager und Magier, kommt in Berührung mit einer so verborgenen und gefährlichen Realität wie dem »Goldenen Dreieck«, Drehkreuz des Drogen- und Waffenhandels, und im Sommer fährt er mit dem Zug durch Indochina, China, die Mongolei, Sibirien und Russland, um nach Italien zurückzukehren. Im September macht er sich erneut auf die Reise, diesmal auf dem Seeweg, an Bord eines Containerschiffs, das die Linie La Spezia-Singapur befährt. Er entdeckt ein Asien, das er sich so tief und menschlich nicht vorgestellt hatte. Er bemerkt jedoch auch, dass die Globalisierung, die durch Warenzirkulation und Verbreitung neuer Lebensstile zustande kommt, das Wollen und die Träume der Individuen spürbar verändert. Es kommen ihm Zweifel, dass Politik und Journalismus die Welt wirklich ändern und verbessern können. Auch sein Körper, durch die vielen Strapazen stark beansprucht, beginnt nachzugeben und macht ihm Sorgen.

In den ersten Monaten des Jahres 1994 beendet Terzani sein Jahr »ohne Flugzeug« und erprobt Meditationstechniken in einem Zentrum im Norden Thailands, dann verlässt er definitiv Bangkok und geht nach Delhi. Wie die chinesische, hat er die indische Kultur von

Jugend auf bewundert und studiert. Doch bevor er sich gründlich mit dem alten Subkontinent befasst, der ebenfalls von der Modernisierung überrollt wird, kehrt er mehrmals an die einsamen Strände von Ban Phe im Golf von Thailand zurück, um das Buch zu schreiben, das dieses Jahr der Abenteuer beinhaltet: *Fliegen ohne Flügel*.

16. Mai 1991, Manila. Ich komme am Flughafen an und fühle mich zu Hause. Eine menschlich warme Atmosphäre. Ich steige ins Taxi, und der Fahrer hat das Radio an, wo von den Wahlergebnissen die Rede ist. Ich höre, dass Imelda* eine Pressekonferenz gibt, um drei Uhr im Philippine Plaza. Das ist in zehn Minuten. Wir fahren hin.

Man wartet eine halbe Stunde. Sie kommt herein, mit theatralischen Gesten, auf langen, schwankenden Beinen, umgeben von alten Herren mit gefärbten Haaren. Da sind nur Söhne von alten Machthabern, die meisten sind alte Männer mit frisch gefärbten Haaren. Leute aus einer anderen Zeit, aus einem anderen Regime, die eine Jugend wiederzubeleben suchen, die es nicht mehr gibt. Wie Imelda selbst.

* * *

31. Oktober 1991, Neapel. In Neapel wegen der Fernsehsendung mit Oriana Fallaci* über Vietnam. Schrecklich alberne, neurotische Primadonna, die Riesenprobleme macht, um den Sessel ganz vorn zu bekommen, und von ihren überflüssigen Erinnerungen erzählt. Sie läuft mit dem Tagebuch herum, das sie der Leiche eines Vietcong in Südvietnam abgenommen hat, und zitiert daraus einige Gedichte. Sie erzählt, sie habe bei der Leiche eines Mädchens eine kleine Tasche gefunden, die ein Parfümpröbchen enthielt, einen kleinen Kamm und einen winzigen Spiegel. Sie ist schrecklich voyeuristisch, oberflächlich, anmaßend, eitel und von sich selbst eingenommen, jetzt mit Anwandlungen von Verfolgungswahn. Sie verklagt alle. Sie beschuldigt alle, schlecht über sie zu reden, und nennt als Zeugen Leute, die schon tot sind, die sie also nicht mehr mit hineinziehen kann.

Ich habe den Eindruck, in einer anderen Welt gelebt zu haben, über andere Kriege, andere Länder berichtet zu haben, einen anderen Beruf auszuüben.

* * *

8. Dezember 1991, unterwegs nach Bo Rai (an der Grenze Thailand-Kambodscha). In einem kleinen VW-Bus, der als Salon eingerichtet ist, zusammen mit Léopold* und James Barnett* sehen wir ein Video über Vietnam, unterwegs Richtung Chanthaburi und kambodschanische Grenze. Wir sind in einem Bordell untergebracht, das Eastern Hotel heißt und von Edelsteinhändlern frequentiert wird. Mädchen mit nackten Schenkeln überall, in der Bar, im Restaurant, in der VIP-Lounge, im türkischen Bad. Vergangene Woche ist das französische Fernsehen hier gewesen. Jeder hat sich eine genommen.

Die Hauptstraße heißt Siam Gems Street. In den Geschäften der Steinschleifer sieht man im bläulichen Neonlicht große Statuen, Christus am Kreuz und Madonnen. Es sind vietnamesische Katholiken, die schon 1830, zur Zeit der Christenverfolgung, hierhergekommen sind.

Der Spaziergang in der Nacht ist großartig. Man überquert den Fluss, und vor dem Himmel zeichnet sich ein chinesischer Tempel ab, im Hof wird eine Oper aufgeführt, nur zwei Frauen und ein paar Kinder sitzen auf den Matten am Betonboden und hören zu. Die Menge hat sich vor der großen Kathedrale im Kolonialstil versammelt, wo im Freien ein Film über den Vietnamkrieg gezeigt wird. Welche Ironie. Weiter hinten spielen Mannschaften mit dem Weidenball, Rudel von Kindern spielen Basketball. Wenige Kilometer entfernt die Grenze zu den Roten Khmer. An den Fassaden der Hotels und Bordelle das farbige Porträt in Lebensgröße des Königs. In den vergangenen Tagen war sein Geburtstag.

*9. Dezember 1991, Bo Rai.** Wir stehen im Morgengrauen auf, um nach Bo Rai zu fahren. Es geht zügig voran, die Straße ist asphaltiert. Um sieben füllt sich das Städtchen mit Edelsteinkäufern und -verkäufern und Banditen. Jeder vor einem Holzstand, jeder mit einer Nummer. Die Bergarbeiter, viele jung und mit malariakrankem Aussehen, haben gelbliche Gesichter unter dunkler, gebräunter Haut. Sie kommen mit Plastiksäckchen und schütten ihre »Ernte« auf die Tische der Käufer. Die, dicke Goldringe an den Fingern und protzige, mit Diamanten und Saphiren besetzte Uhren am Handgelenk, schieben die Steine auseinander, befeuchten sie mit etwas Wasser, betrachten sie und entscheiden. Man will nur zwei. Man will nichts. Der Bergarbeiter steckt alles wieder in sein Säckchen und geht zu einem anderen Stand. Die Entscheidungen fallen sehr schnell. Wenn der Käufer »ja« sagt, werden die Steine gewogen, und die Bezahlung wird mit Bündeln von 500-Baht*-Scheinen erledigt.

Das ist Pol Pots Bank.*

Nichts erhellender als das, um die wahre Lage Kambodschas einzuschätzen. Man muss das gesehen haben, um es zu begreifen. Hun Sen* wird sich nicht leicht von den Roten Khmer befreien können, und die brauchen die Unterstützung Chinas nicht. Ihre Finanzkasse liegt hier, in dieser etwa eine Million Dollar, die täglich über die Grenze gehen. Wir versuchen die Grenze zu erreichen.

Wir kommen an den alten Thai-Bergwerken vorbei und gelangen an den Fuß des Hügels. Eine Straßensperre aus Rangern hält uns an. Wir Fremde können da nicht rüber. Zu Dutzenden gehen dagegen thailändische und Khmer-Träger hinüber, die ihren Personalausweis vorzeigen. Beladen mit Benzin, Reis und sogar Käfigen mit Hühnern. Sie gehen zu den Bergwerken in der von den Roten Khmer kontrollierten Zone. Große Traktoren, voll beladen mit Benzinkanistern, arbeiten sich den Hügel hinauf. Die Träger haben Plastiktüten und Hosenträger, die sie um die Stirn tragen, um das Gewicht zu verteilen. Ein sehr beschwerlicher Weg den Hügel hinauf. Ein beeindruckendes Schauspiel der Heuchelei, der

Gier und der Unmoral. Die UNO sollte hierherkommen, um das zu begreifen.

Léopold redet, fragt nach dem Obersten, kein Durchkommen. »Aber vergangene Woche …«, sagt er. Eben, sagt der Offizier. Die Roten Khmer haben sofort bei der Straßensperre der Ranger angerufen, und der befehlshabende Soldat ist ersetzt worden, abgezogen, weil er einem Fremden erlaubt hat, hinüberzugehen. Das Geheimnis muss gewahrt bleiben.

Auf dem Markt von Bo Rai sind wir die einzigen Ausländer. Ein Mann bietet uns einen schönen Stein an, erst will er 30 000 Baht, am Ende lässt er sich auf 15 000 ein. Wir wollen ihn schon kaufen, als Léopold fragt, ob der Mann den Scheck einer Bangkoker Bank annimmt. Der Typ sagt ja, und Léopold flüstert: »Gehen wir.« Wenn er bereit ist, einen Scheck anzunehmen, dann ist da etwas faul, der Stein ist nicht das, was er scheint, oder es stimmt sonst etwas nicht.

Wir nehmen wieder unseren Bus und fahren in Richtung Bangkok, dabei sehen wir einen wunderschönen Film, *Miller's Crossing**.

* * *

15. April 1992, Ubon (Thailand). Eine kleine Stadt, die durch den Vietnamkrieg zu Wohlstand gekommen ist. Von der großen Piste, auf der das Flugzeug landet, starteten die B-52, um Vietnam zu bombardieren.

16. April 1992, Preah Vihear Tempel, an der Grenze zwischen Thailand und Kambodscha.* Von der Höhe eines Felsens aus gesehen ist das geheimnisvolle Kambodscha eine immense Wüstenebene ohne Spuren des Menschen, platte, dürre Erde mit verstreuten schwarzen Bäumen und kleinen Seen in einem bläulichen Dunst, der den Horizont verbirgt, wo in 260 Kilometern Entfernung Angkor liegen müsste.

Hinter uns der traurige, tausendjährige Tempel. Es bleiben davon nur die Teile, die man nicht fortschaffen konnte, die Kapitelle, die jeden erschlagen hätten, der versucht hätte, sie von den leeren Torbögen herunterzuholen. Die Steine sind traurig. Traurig ist der Löwe, der von Ziegeln gestützt wird, traurig ist in der Mitte des Tempels der Weihrauch, der vor winzigen verstümmelten Buddha-Figuren brennt, von denen nur die amputierten Beine übrig sind.

Die Thai sind überall, Preah Vihear ist nicht mehr in Hand der Khmer, sondern gemeinsamer Besitz mit Thailand. Bangkok nimmt sich das, was es mit der Entscheidung des Internationalen Gerichtshofs in Den Haag von 1962 verloren hat. Gleich danach organisierte Sihanouk* eine Besichtigungstour für Diplomaten, um das Ereignis zu feiern. Während sie eine Holztreppe hinaufstiegen, die der Prinz hatte bauen lassen, erlag der sowjetische Botschafter in Phnom Penh einem Herzinfarkt.

Wir kommen auf einen großen Parkplatz. Die Thai verlangen, dass man auf Formularen Namen und Nachnamen der Gruppenteilnehmer angibt. Man muss einen Ausweis hinterlegen. Hundert Baht pro Kopf. Ein großes Schild verkündet: »Willkommen in Khao Phra Viharn, die besten Wünsche vom Rotary Club Kantharalak«.

Alles scheint darauf ausgelegt, Tausende von Menschen zu empfangen, mit Parkplätzen für Autobusse und Autos. Man passiert den letzten thailändischen Kontrollposten, steigt eine Metalltreppe hinunter und geht etwa hundert Meter durch Niemandsland, zwischen zwei Stacheldrahtzäunen mit Zeichen des Todes überall. Es wird geraten, nicht vom Weg abzuweichen, wegen der Minen. Man erreicht den Khmer-Posten, bezahlt hundert Baht, geht durch ein Gittertor, das nachts natürlich geschlossen wird, wie das auf der thailändischen Seite auch, und steigt eine Treppe hinauf zu den beiden Köpfen des *Naga**.

Khmer-Kinder mit Plastiktüten sammeln Coca-Cola-Dosen und Plastikwasserflaschen ein. Khmer-Fahnen wehen in den Ruinen. Mönche aus Thailand gehen zwischen den umgestürzten Steinen herum. Nur die Großartigkeit der Landschaft ringsum verleiht der Szenerie Sinn. Diese alten Baumeister wussten, was sie taten, sie hatten einen großartigen Sinn für Baustätten. Die Stellen für diese Tempel waren außerordentlich gut ausgesucht.

Alles liegt in Trümmern. Es gibt ein paar wenige behauene Steine. Die letzten Ornamente scheinen von jemandem gekennzeichnet worden zu sein, der dabei ist, sie wegzuschaffen. Ich fotografiere sie mit der Vorstellung, sie eines Tages in Phnom Penh ankommen zu sehen.

19. April 1992, Phnom Penh. Großer Empfang in der ehemaligen Villa des französischen Gouverneurs in Indochina, die am Fluss gelegen und heute Sitz des Supreme National Council* ist.

Die Absurdität von Krieg und Frieden ist überall gegenwärtig. Mörder und Opfer flüstern einander große Geheimnisse ins Ohr. Son Sann* und Son Sen*, Khieu Samphan* und Ranariddh* mischen sich unter die Soldaten aus aller Herren Länder: Ein Kommandant der uruguayischen Marine verspricht dem deutschen Sanitätsoffizier, ihm am nächsten Tag seine persönliche Visitenkarte zu geben, der verwundete Australier lässt sich von den Frauen bewundern, Indonesier steigen auf die Bühne, um etwas zu singen, in dem die herausgeschrienen »Indonesien«-Rufe unerträglich werden, ich gehe derweil herum und frage mich, ob dieses Lied nicht *Timor, here we come* heißt.

Schlechte kambodschanische Kanapees. Indonesische Soldaten stehen am Eingang des Palastes Wache. »Die Mission der UNO ist es, Frieden und Demokratie wieder ins Land zu bringen, eine neutrale Atmosphäre zu schaffen, in der die Bürgerrechte ausgeübt werden können, aber die hat es in Kambodscha nie gegeben, und wie sollen wir sie in einem Jahr durchsetzen?«, sagt Dennis McNamara*.

Ich bin weiterhin der Ansicht, dass ein Frieden, der auf menschlicher Ungerechtigkeit, und eine Demokratie, die auf sozialer Ungerechtigkeit beruht, anstößig sind. Was hier geschieht, ist nicht die Rehabilitierung, sondern der Schutz einer Minderheit von Personen, die sich bereichern. Es gibt keine Investoren, nur Spekulanten. Die für die Erwirtschaftung von Profiten angesetzte Zeit ist so kurz, dass es keine Investoren gibt, sondern nur Zocker. An der Hauptstraße stehen einen halben Kilometer weit ausschließlich Hotels, mehr als zehn, um den Tourismus zu fördern. Die kleinen Leute profitieren davon sicher nicht.

20. April 1992, Phnom Penh. Der Königspalast am Morgen. Pressekonferenz im Pavillon im Freien. Boutros-Ghali* spricht von seinem Optimismus, denn das Gespräch mit Sihanouk stimme optimistisch. Man hat den Eindruck, er spielt den Diplomaten, will Fragen vermeiden, will von der Bühne gehen und einen Hauch von Optimismus zurücklassen. Henry Kamm* steht auf und fragt, wie man das Problem der Mörder lösen will, und Ghali sagt, wir seien hier, um die Wiederversöhnung zu befördern, sonst nichts.

Boutros-Ghali spricht von der nationalen Wiederversöhnung, und ich denke an die Toten: Diese Millionen Tote wollen sie nicht wiederversöhnen? Die herumirrenden Seelen werden dem Land nicht guttun, möchte ich sagen, doch dann begreife ich, dass ich die Feststimmung nur stören würde, Sihanouk lächelt, und ich schweige.

22. April 1992. Der Hauptmann der Minenräumaktion: »Das Problem der Minen wird die Kambodschaner noch über Jahre begleiten. Es ist frustrierend zu sehen, dass Bulldozer und Lkw, die von fremden Firmen gestiftet wurden und zum allgemeinen Gebrauch bestimmt wären, dazu verwendet werden, für die lokalen Chefs Häuser und Villen zu bauen, statt für die Reparatur von Straßen und Brücken.« Der Kurs für die Minenräumer dauert drei Wochen. Bislang haben sie 80 ausgebildet.

23. April 1992, Battambang. Ich fliege mit einer kleinen Cessna über Kambodscha. Eine Ebene voller Wüsten und Zuckerpalmen.

Abends am Fluss das große Kasino von Battambang. Etwa zwanzig, von Chinesen betriebene Tische, die Roulette und *Fan Tan** spielen. Kinder, Militärs, Polizeioffiziere und Geschäftsleute setzen ihre bescheidenen Summen auf die Felder mit den zwölf Tierkreiszeichen; dann kommt aus dem Maul eines als Hintergrund aufgemalten Tigers eine Karte mit der Figur des Tiers. Und Päckchen von Geldscheinen wechseln den Besitzer. Die ganze schöne Stadt im Kolonialstil mit ihrer alten Skyline erlebt ihre Wiederauferstehung und ist ein Ort für Glücksspieler geworden.

In einer Bar des Victory-Hotels prostituieren sich arme Mädchen, einige aus Hanoi, für die Soldaten der UNTAC. Eine ganze Bar wird leergeräumt, als ein weißer Lastwagen die ganze Gruppe abholen kommt. Das ist das Werk der Vereinten Nationen. Traurig die Musik, der Lärm, die Korruption. Und alles in so kurzer Zeit.

* * *

9. Juli 1992, Pisa. Mit Angela und Folco von Volterra nach Pisa, um den Psychiater Cassano zu sehen. Er sagt mir, an Depressionen hätten alle gelitten, ich solle nur Churchill lesen. Und er gibt mir die von seinem Assistenten vorbereitete Krankenakte zurück. Ich fühle mich erleichtert, und wir feiern in einem kleinen Restaurant in der Nähe der Piazza dei Miracoli und kaufen Farben, um meine Jurte* anzustreichen.

29. Juli 1992, Orsigna. Seit Tagen schlafe ich in der Jurte. Ich fühle mich immer mehr von der Familie isoliert. Ich beneide den Jungen, der mitten auf der Piazza San Marcello auf seinem Motorrad sitzt und gestreichelt und abgeküsst wird. Ich nehme mir vor, meine Pläne nicht mehr bekanntzugeben, aber ich plane, mich neu zu organisieren, bald aufzubrechen, die Leinen selbst einzuholen, vielleicht ein paar Routinen zu ändern, die mein Leben in diesen Jahrzehnten bestimmt haben. Wenn ich das Problem bin – so wie es aussieht –, dann kann nur ich allein es lösen.

Für die Familie bin ich eine Last geworden, und die Familie ist eine Last für mich. Folco hat schon zwei Mal gesagt, dass es ohne mich in Orsigna bestens läuft. Das ist sicher wahr. Oder es läuft zumindest anders.

Als ich mich dem Steintisch nähere, die Nacht (von mir!) mit schönen Fackeln erhellt, erstirbt die Unterhaltung zwischen Jakob, Folco, Angela und einer deutschen Schauspielerin, die Folco mitgebracht hat. Keiner weiß mehr etwas zu sagen. Meine schlichte Anwesenheit, mein Fasten macht allen Angst. Heute kommt Saskia wieder. Ich werde sie einen Augenblick lang sehen, dann reise ich ab.

Ich muss anfangen, mich nur um mich selbst zu kümmern, und zulassen, dass die anderen sich um sich kümmern. Vielleicht ist es das, was sie wollen. Ich auch? Ich muss es mir auferlegen.

30. Juli 1992, Orsigna. Nach dem Mittagessen fliehe ich förmlich auf den Berg, den Berg, der – wie ich gestern beim Abendessen zu Jakob und Chiara* sagte – mein Leben so sehr beeinflusst hat, der Berg, auf den ich als Kind lief, der Berg, auf den ich meine Hochzeitsreise machte, der Berg, auf dem ich meine Beziehung zu Folco zu klären suchte, immer derselbe Berg, der mich überleben wird, weil es mir nicht gelingen wird, ihn in die Luft zu sprengen. Auf dem Gipfel war es wunderschön.

Beim Essen gestern Abend habe ich mich zu einer langen, wortreichen Schilderung meiner Ängste hinreißen lassen. Blöd genug. Beim Mittagessen wurde ich deshalb auf sympathische, aber beißende Art gehänselt. Ich hatte gesagt, ich wäre gern ein anonymer Paolo Rossi ohne eine öffentliche Rolle, und heute erzählt Jakob eine Anekdote von Pirandello*, der »anonym« zu einem Freund zum Abendessen mitgenommen wird und beim Abschied allen die Hand drückt und sagt: »Hat mich gefreut. Mein Name ist Pirandello.«

Ich isoliere mich weiter von der Familie und fühle mich von ihr isoliert. Angela versucht, eine Verbindung herzustellen, aber das kommt mir falsch vor und nur im Interesse des allgemeinen Friedens. Folco lebt in einer Welt mit seinen eigenen Vorstellungen, wo keine Tische zu decken, keine Glühbirnen auszutauschen und keine Salate anzurichten sind. Ich verlege mich auf meinen eigenen Rhythmus, versuche nicht mehr, von anderen abhängig zu sein und sie nicht von mir abhängig zu machen.

Auf dem Berg träumte ich davon, fliegen zu können. Ich stellte mir meinen Körper vor, wie er über dem Abgrund schwebt. Wie klein dieser Schritt ist, und wie schwer!

Ich verlängere die Schlammkur in Porretta, um noch länger zu Hause bleiben zu können, bis ich weiß, was ich will. Gestern Abend ein halbstündiges Telefonat mit Bernardo über die italienische Krise. Das interessiert mich keinen Deut, aber er spricht darüber, weil er das braucht und weil er meint, mir so einen Gefallen zu tun. Ich laufe in meine Jurte, krieche ins Bett und ziehe die Decken über mich, um alle Einmischungen fernzuhalten, auch die von Angela, die mir gute Nacht sagen will, und ich tue so, als würde ich schon schlafen.

Nur allein habe ich das Gefühl, allem auf den Grund gehen zu können, und ich will davon nicht abgelenkt werden.

25. August 1992, Orsigna. Folco ist losgefahren, einen großen Rucksack, einen sehr schweren Koffer mit Büchern und die Trommel unter dem Arm. Er hat eine große Leere hinterlassen.

Alberto Baroni* kommt uns besuchen, eine kleine Bibliothek bei sich für das geplante Buch über alte Menschen. Ein paar seiner Ideen haben uns beeindruckt: die veränderte Auffassung vom Tod in diesem Jahrhundert.

Bei den Mayas bekam, wer im Pelota-Spiel gewann, als Preis das Privileg zugesprochen, den Göttern geopfert zu werden. In einer Welt, in der ein immens hohes Risiko bestand, an Durchfall zu krepieren, war es eine große Ehre, als Held zu sterben. Der Tod erfuhr im Heldentum seine Veredelung.

Heute will niemand mehr als Held sterben, weil die Chancen, lang zu leben, groß sind. Daher auch die Krise der Religion. Die Menschen stellen sich keine Fragen mehr über das Jenseits, sondern danach, wie sie sich gesund erhalten, wie sie jung und fit bleiben können. Ich sage, die Menschen sprechen nicht mehr über Gott und den Tod, sondern über ihre Pension.

Früher war der Tod eines Menschen ein gemeinschaftliches Ereignis. Einer starb, und die Nachbarn kamen und halfen, so machte jeder die Erfahrung des Todes. Heute ist es das Gegenteil, der Tod wird verborgen und versteckt. Keiner weiß mehr, mit ihm umzugehen, keiner weiß mehr, was tun angesichts eines Toten. Die Nachbarn laufen weg, sie nehmen nicht teil. Früher machte ein junger Mensch mehrmals die Erfahrung des Todes, heute kann es geschehen, dass er den eigenen Tod erreicht, ohne je den anderer gesehen zu haben. Früher wurde man zum Sterben aus dem Krankenhaus nach Hause gebracht. Heute ist es das Gegenteil. Die Familie bringt den Sterbenden ins Krankenhaus, weil niemand weiß, was er mit einem Toten anfangen soll. Ich erinnere mich, als Kind bei der Totenwaschung dabei gewesen zu sein.

2. September 1992, Bangkok.
An Angela. Wagen des Oriental mit Chauffeur. Wir tauchen ein ins chaotische, schmutzige, unveränderte Chinatown Bangkoks, das Vorachak-Viertel. Das letzte Stück bis zu unserer Verabredung müssen wir allerdings zu Fuß gehen, weil unser Astrologe uns in einer der dunklen und stinkenden Seitengassen erwartet, in einem der üblichen chinesischen Häuser – Geschäft und Wohnung nebeneinander –, wo er in seinem Korbstuhl hinter einem kleinen Schreibtisch hockt. Er hat die Beine angezogen, und wenn er nicht mit den Händen unsichtbare Berechnungen anstellt, massiert er sich die Füße. Seine Augen sind leer, anstelle der Pupillen hat er weiße Flecken, die immer zum Himmel gewandt sind, den er nicht sieht.

Ich bin dran, und nach einem sinnlosen Gebrabbel – und jetzt hör gut zu, Angelina – sagt er: »Dieses Jahr ist nicht gut für dich, und du musst aufpassen. Du könntest dein Geld verlieren, deshalb pass auf mit Geschäften. Aber mach dir keine Sorgen, ab 57 geht es dir sehr gut, solange du keine Geschäfte mit der Regierung machst. Du bist zu ehrlich, um Geschäfte mit der Regierung zu machen, du widmest dich besser der Erziehung – hör genau zu! –, dem Schreiben, beispielsweise von Romanen. Das wird dir Ruhm und auch mehr Geld einbringen. Wenn du etwas anfangen willst, warte damit bis zum kommenden Jahr. Dieses Jahr ist nicht ideal für deine Gesundheit und deinen Namen.« Er denkt nach, flüstert etwas, rechnet noch einmal, dann sagt er: »Tatsächlich ist das Schlimmste vorbei. Die schlimmsten Dinge sind im August zu Ende gegangen – wie meine Depression? – und ab dem 8. September wird alles gut gehen, sehr gut.« Da kann ich nicht anders, als ihm zu sagen, warum ich hier bin. »Vor einigen Jahren hat ein anderer Astrologe mir gesagt, ich müsse mit Flugzeugen aufpassen und 1993 solle ich nicht fliegen …« Mein Kerl bricht in schallendes Gelächter aus, wirft sich in seinem Korbstuhl zurück, setzt die Füße auf den Boden, und mit seinen leeren Augen, die jetzt ebenfalls lachen, sagt er zu mir: »Nein, 1991 war gefährlich für dich! Aber jetzt ist alles in Ordnung. Ab dem 8. September geht alles gut.« Wenn er glaubt, ich werde deshalb mein Vorhaben, mein »Fliegen ohne Flügel«, aufgeben, täuscht er sich auch hier.

Ich danke, zahle und gehe amüsiert hinaus, ich habe alles genau auf kleine Zettel notiert, als Gedächtnisstütze für die Zukunft. Auf dem Weg sagt eine alte Frau zu mir, gerade finde unweit vom Zentrum ein Astrologentreffen statt, die berühmtesten aus ganz Thailand seien dort versammelt. Da habe ich ja zu tun in den nächsten Tagen. Ich gehe mit Léopold zum Abendessen.

Eine feste Umarmung euch allen.

5. *September 1992, Bangkok.* Ich denke an das nächste Buch, weil das das Einzige ist, was mir vergnüglich erscheint, und so verbringe ich den Vormittag auf der Suche nach einem Sinn unter den hiesigen Astrologen.

Erste Station ein paar Schritte von der Goldenen Pagode entfernt, jenseits der Brücke, wo es bei dem Aufstand im Mai Zusammenstöße und Tote gab. Hinter dem merkwürdigen Denkmal, das Sumet Jumsai für seinen königlichen Vorfahren errichten ließ, müsste die Versammlung der Astrologen sein, aber in Wirklichkeit sind da nur zwei schlafende alte Mönche, die auf einen Professor warten, der ihnen eine Vorlesung über Astrologie halten soll, aber nicht kommt. Ringsum machen Dutzende von Ständen auf, die buddhistisch-astrologischen Plunder verkaufen.

Mich amüsiert das Spiel. Ich habe den Eindruck, dass sich, indem ich mich auf die Frage nach der Zukunft, auf Astrologen eingelassen habe, ein Hauch Poesie auf mein von Pflicht und Routine bestimmtes Journalistendasein legt, und ich möchte nicht darauf verzichten (das würde heißen, nicht mehr an das Buch zu denken – was im Augenblick die Sache ist, die mir am meisten Spaß macht).

Jedenfalls scheint mir immer mehr, mit dieser Art von »Hexerei« muss man vorsichtig sein: Wenn man will, kann man sich darin verlieren, kann abhängig davon werden wie von einer Droge, kann sein Leben damit ruinieren wie mit der Spielsucht und am Ende, um die eigene Leichtgläubigkeit zu rechtfertigen, das eintreten lassen, was diese Schwindler vorhergesagt haben, die manchmal mehr Intuition besitzen als andere, im Grunde aber doch nur ihr täglich Brot verdienen oder, schlimmer noch, in das Leben anderer eingreifen wollen.

Notiz für Angela. Im Grunde muss man die Welt auch von ihrem Standpunkt aus sehen. Mach dir mal den Spaß (versuch es!): Schließ die Augen und sag zu jemandem, der vor dir steht: »Ich sehe, du bist als Mensch so und so, in einem Jahr wird dir dies passieren, in zwei Jahren jenes.« Das Machtgefühl, das einem dieses Zuhören des anderen gibt, muss enorm sein. Wären wir nicht gut erzogene Leute mit Achtung vor der Menschlichkeit des anderen, könnten wir zum Erstbesten, dem wir in der Straßenbahn begegnen, sagen: »Vorsicht! Vorsicht! Ich sehe in Ihrem Gesicht, dass sie am 23. des kommenden Monats einen schrecklichen Verkehrsunfall haben werden, das sehe ich.« Glaubst du, dass der bis zum 23. des kommenden Monats Ruhe haben wird? Glaubst du nicht, die schlichte Tatsache, dass jemand diese Bedrohung formuliert hat, macht die Bedrohung wahrscheinlich und damit beängstigend?

Ich muss gestehen, dass es dieser Aspekt ist, der mich an der ganzen Geschichte fasziniert, und ich gebe mir Mühe, mich diesen »Zukunftsdeutungen« mit derselben Einstellung zu nähern, mit der ich Black Jack spiele.

24. September 1992, Bangkok–Phnom Penh. Am Flughafen. Der Anblick eines Khmer mit amerikanischem Pass, der mich verschwörerisch ansieht, macht mich traurig. Er ist in schwarze Seide gekleidet, und als ob er einen Tick hätte, rückt er ständig das Tuch zurecht, das in der Jackentasche steckt. Er ist mit zwei Badmintonschlägern unterwegs, die aus seiner Reisetasche herausschauen. Mit seinem Sitznachbarn, einem Franzosen, der Krankenhausbedarf verkauft, höre ich ihn über Investitionen sprechen.

Ich denke ständig daran, ein Pamphlet gegen die Wirtschaft zu schreiben. Warum sollen wir von Geschäftsleuten regiert werden? Ihre Logik schließt jede Moral aus, ist nur am Profit orientiert, der an irgendeiner Stelle Ausbeutung von irgendjemand bedeutet. Das Kambodscha von heute ist ein gutes Beispiel: Es ist ein Abfall-Land, wo nicht getestete Arzneimittel verkauft werden und Maschinen, die anderswo als gefährlich eingestuft werden. Wer sie verkauft, macht ein gutes Geschäft. Niemand macht ihm zum Vorwurf, dass er dieses Geschäft macht. Es gibt keine Gesetze. Rein formal gesehen ist nichts illegal.

Ich gehe joggen, und außer dem Schweiß, der reichlich fließt, verspüre ich die Angst vor diesen alten Gespenstern der Depression, die ständig bereit sind, mir wieder an die Kehle zu springen. Ich begreife, dass sie ihren Ursprung auch in der Politik haben.

Die Rückkehr nach Kambodscha liefert den Beweis für das, was ich gesagt habe: dass alles nutzlos ist, dass das Leben keinen Sinn hat, dass es keine große Bedeutung hat, hierher zu kommen.

Die UNO ist dabei, ein von Habgier und Ungerechtigkeit beherrschtes Monstrum zu schaffen. Die Stadt ist verseucht, Luxusautos, die ohne Nummernschild laut hupend durch die von Armen verstopften Straßen preschen, um ihre fetten und dreisten Besitzer zu dem Treffen zu bringen, bei dem sie noch mehr Reichtum für sich und noch mehr Ungerechtigkeit für die Mehrheit schaffen werden.

Wenn das die neue Weltordnung ist, die uns bevorsteht, muss man anfangen, sie zu bekämpfen: jetzt.

Ich erinnere mich, wie viel mehr Gerechtigkeit und Barmherzigkeit herrschten, als ich in das von den Vietnamesen besetzte Kambodscha kam. Es war ein Klima des Neuanfangs, die Bösen hatten verloren. Jetzt ist wieder alles konfus, verrottet, unlesbar, man fühlt sich desorientiert, und ich spüre es, die alten Gespenster liegen auf der Lauer. Vielleicht muss ich mich entschließen, Asien zu verlassen. Aber wie kann ich das, bevor ich nicht abgerechnet habe?

Einen Roman sollte ich schreiben, nichts sonst. Man muss all dies zu etwas anderem verdichten als dem üblichen Artikel.

Werde ich nicht die Zeit dazu finden?

25. September 1992, Phnom Penh. Ich sehe mich um, und dieser Krieg erscheint mir schön und einfach, leicht zu verstehen. Die Vietnamesen verjagen Pol Pot, die provietnamesischen Khmer besetzen Phnom Penh und nehmen sich die schönen Häuser, ihre Verwandten machen Geschäfte, es gibt keine Gerechtigkeit, keine Prinzipien, und das Ergebnis ist, dass einige superreich sind und üppig essen, mit Goldringen an den Fingern und protzigen Halsketten, während andere Jungs mit mageren und schmutzigen Fingern an die getönten Scheiben der Mercedes klopfen.

Die ersten japanischen Offiziere kommen an. Am Flughafen drängen sich die Journalisten, alle jung. Als der erste Japaner im Lärm der noch laufenden Motoren seinen Fuß auf den Boden setzt, rufe ich: *»Remember Nanking, remember Bataan!«* Ein junger amerikanischer »Kollege«, der für *Associated Press* schreibt, kommt zu mir her und fragt: »Wovon redest du? Was soll das heißen?« Ich habe wirklich das Gefühl, die zweite Invasion hat begonnen.

Eine wunderbare Stunde mit Maurice* verbracht, einem australisch-jüdischen Psychiater-Anthropologen.

Maurice ist wie ich der Meinung, dass die UNTAC der letzte Scherge ist, der auch das bisschen noch tötet, was nach den Verheerungen durch Amerikaner, Rote Khmer und Vietnamesen noch am Leben geblieben ist. Er meint, die echten Khmer würden es nie schaffen zu werden, was man von ihnen verlangt, »Kapitalisten« nämlich, nur die anderen, die chinesischen Khmer, die Auslandschinesen würden das Land in die Hand nehmen. In den ländlichen Gebieten kommt der Fortschritt nur in Form verschärfter Ausbeutung an. Maurice sagt, die UNTAC solle einen Anthropologen wie ihn anhören, weil sie wissen müsse, welche Auswirkungen ihre Politik auf die Menschen hat. Sie hat wohl ein paar Anthropologen, aber das sind Amerikaner, und wie die Funktionäre der UNTAC haben sie diese »nordamerikanische« Einstellung, als Zivilisationsbringer hier zu sein. Sie wollen den Khmer beibringen, sich zu organisieren, effizient und demokratisch zu sein, die Menschenrechte zu achten.

Diese Gedanken bringen mich immer mehr ins Grübeln über die erschreckende Tendenz des Westens, den Großteil der nicht länger ideologisierten Dritten Welt in einen Prozess hineinzuziehen, mittels dessen er der ganzen Welt seine Logik und seine Moral aufzwingen will, eine neue Ordnung, die alles gleichmacht.

Was wäre passiert, wenn nach dem Krieg die Marsmenschen in Europa angekommen wären und allen ihre Ideen, ihre Organisationformen, ihre Ethik aufgezwungen hätten?

Wir gehen ins »No Problem« und setzen uns auf den Boden. Draußen diese Horden von Rikscha-Fahrern, die ihr Stück Brot ergattern wollen, und drinnen diese seltsame Rasse von Marsmenschen, alle weiß und kräftig, alle trinken und schwätzen von ihren kleinen Büroangelegenheiten. Den Büros, in denen das getötet wird, was von Kambodscha übrig bleibt. In der besten Absicht.

McNamara, ein netter Neuseeländer, trinkt mit einem von der BBC, ein farbloser Typ. Ich schockiere sie, indem ich ihnen erzähle, dass ich heute Morgen den Japanern zugerufen habe: »Erinnert euch an das Massaker von Nanking.« Ich spüre, dass sie mich für ein bisschen verrückt halten, aber das ist die einzige Art und Weise, mich nicht von ihrer Banalität herunterziehen zu lassen und zu werden wie sie: Tüchtig, intelligent und in bester Absicht macht McNamara aus den Khmer Neuseeländer.

26. September 1992, Phnom Penh, Totenfest. Die Seelen der Toten kommen auf die Erde zurück, um zu sehen, was ihre Nachkommen machen. Deshalb ist es wichtig, gut angezogen und wohlriechend zu sein, viele Geschenke für sie zu haben. Sonst bleiben die, die aus dem Jenseits kommen, hier, machen Verdruss und Ärger. Man kann sich denken, in einem Land der Massaker sind es viele Seelen, die wiederkehren, vor allem die der unlängst Verstorbenen.

In jeder Pagode sind Tausende Menschen, an den Eingängen stehen Schlangen von Verstümmelten, Bettlern, Frauen mit verkrüppelten Kindern, als wäre da irgendwo eine Truhe geöffnet worden, in der sie sonst verwahrt werden.

Aus einem Lautsprecher tönt es: »Das Leben gehört nicht dir, es kann dir in jedem Augenblick entrissen werden, bedenke das.« Am Fuß der Bäume Gaben und Weihrauchstäbchen. Der Banyan* ist ein heiliger Baum. Es heißt, wer es wagt, einen Ast von ihm abzuschneiden, wird schwer krank, weil viele Geister in dem Baum leben. Man stelle sich vor, was das für eine Stadt wie Bangkok bedeutet, in der sämtliche Bäume gefällt wurden, und wie viele Krankheiten, wenigstens seelischer Natur, von diesem Abschlachten der Bäume verursacht wurden.

Hoc* veranschaulicht mir das Problem, von dem Maurice sprach: Die Khmer haben nicht dieselbe Zeitauffassung wie wir. Er erzählt mir, sechs Monate nach der Befreiung durch die Vietnamesen, während er und seine Familie, die die Roten Khmer überlebt hatten, zu Fuß nach Phnom Penh zurückkehrten, seien sie in einem Dorf auf diejenigen Roten Khmer getroffen, die sie gepeinigt und ihre Verwandten getötet hatten. »Wir haben nichts gegen sie unternommen. Sie waren nicht böse, sie hatten Angst. Sie waren wie wir.« Was heißen soll, sie waren nicht mehr dieselben wie früher, sondern unter den veränderten Umständen waren sie andere Menschen geworden. Sie waren nicht mehr die Bösen von früher, deshalb konnte man ihnen nicht böse sein. Daher kommt es, dass die Menschen keine Rache suchen. Als das Fernsehen Bilder des blutüberströmten Khieu Samphan zeigte, hatten die Leute Mitleid mit ihm. Er war nicht mehr der Schlächter von einst, jetzt war er ein geschlagener und blutender alter Mann.

Abendessen mit Maurice in dem Thai-Restaurant an der großen Avenue.

Man muss sich fragen, im Namen welchen Prinzips die Vereinten Nationen mit ihrer Logik einer neuen Weltordnung hierherkommen, die Koordinaten von Raum, Zeit und sämtliche Prinzipien verändern und den jungen Khmer ihre Vision der Dinge aufzwingen wollen. Das müsste der zentrale Punkt der Analyse eines Pamphlets sein.

Folgendes ist das Problem der Khmer: Sie leben nicht so sehr in diesem Leben, sondern mit Blick auf das nächste, daher ist ihre Zeitauffassung völlig anders als bei uns. Deshalb sagt Buddha: »Rache kann nicht mit Rache enden.«

Die Khmer sagen: »Man soll nicht gegen das Schicksal aufbegehren.« Das ist eine natürliche Art zu sagen, dass alles vorherbestimmt ist. Die Roten Khmer sind also Teil des Schicksals, da kann man nichts machen.

3. Oktober 1992, Phnom Penh. Im Morgengrauen bin ich bei meinem Magier-Mönch. Die Sonne ist eben am Horizont aufgetaucht, pastellfarben, und die eleganten Umrisse der Stupas spiegeln sich im Wasser der gefluteten Reisfelder.

Ein Bild großen Friedens in einem Land, das auch hierin dem thailändischen Vorbild nacheifert: Vor der Pagode ist ein enormes Gelände mit einer hohen Mauer eingefasst worden, obendrauf auch noch Stacheldraht.

»Was wollen sie daraus machen?«, fragen wir eine Frau, die am Eingang einer Pagode Getränke verkauft.

»Ein Waisenhaus und eine Schule«, sagt sie gerührt.

Unmöglich. Solche Institutionen, die überhaupt erst noch gebaut werden müssen, schützt man nicht mit Stacheldraht.

Hoc sagt, die Khmer hätten vielen Thailändern, mit denen sie in Geschäftsverbindung stehen, Geld gegeben, damit sie unter ihrem Namen Land kaufen.

Der Wiederaufbau bringt zwei Kambodschas hervor: das der Städte, wo die Menschen Wasser aus Flaschen trinken, Zugang zu Medikamenten, Schulen und Krankenhäusern haben; und das Kambodscha der ländlichen Gegenden, wo man Regenwasser trinkt, die Kinder an Malaria sterben und man Petroleumlicht hat – das ist die Mehrheit der Menschen.

Ich sehe mich um und stelle mit Entsetzen fest, dass ich an Pol Pot denke und die Logik sehe, die in seinem Wahn lag, als er mit einer ausdrucksvollen und hochsymbolischen Tat die Zentralbank in die Luft sprengte, die Menschen aus den Städten vertrieb ... Von außen gesehen, werden die Städte wieder das, was sie waren: Sitz des Bösen, Aufenthalt der Teufel, Orte, die man ausräumen, liquidieren, säubern muss.

So haben das die jungen Roten Khmer gesehen, so könnten auch die Intellektuellen das wieder sehen.

Am Flughafen treffe ich Andrea Comino, Salesianer. Sein Orden gehört zu den wenigen, die etwas Sinnvolles gemacht haben. Sie haben die ersten 70 Schweißer und Elektriker ausgebildet, in ihrer kleinen Berufsschule am Fluss, zehn Kilometer von der zerstörten Brücke entfernt, durch private Spenden finanziert, wurde sie in zwei verlassenen Pagoden eingerichtet. Die jungen Handwerker werden jetzt 30 bis 40 Dollar im Monat verdienen.

Im Restaurant am Flughafen treffe ich Sergej, Sohn des ehemaligen sowjetischen Botschafters in Manila. Er ist, scheint mir, ein unbeugsamer Kommunist geblieben, er sagt, das Ende des Kommunismus sei schrecklich, Gorbatschow habe die Sowjetunion verkauft, Jelzin sei schrecklich, der Kalte Krieg sei nicht zu Ende, der Kampf sei immer noch der gegen den US-amerikanischen

Imperialismus, den er jetzt in den Vereinten Nationen am Werk sieht.

Er ist bereit, mir bei den Recherchen über Fälle von Korruption in der UNO zu helfen, über die Verträge der Kanadier in Singapur, die die russischen Piloten regelrecht ausrauben, und weitere schauerliche Mauscheleien in New York. Er scheint mir ein intelligenter junger Mann, vom KGB erzogen, aber er gefällt mir besser als die Lauen.

23. November 1992, Hongkong, Mandarin Hotel. Meine liebe Angelina, dies nur, um dir zu beweisen, dass ich ein technisches Genie bin, und es mir nach langem Nachdenken gelungen ist, das Fax in meinem Zimmer in Funktion zu setzen ... wenn diese Nachricht dich erreicht.

Im Prinzip ist es so: Ich bin verliebt in die Vergangenheit und fasziniert von der Zukunft, aber die Gegenwart langweilt mich.

Ich habe das graue Gespenst unseres Hauses gesehen, es steht noch, und ich habe dadurch die Faszination des Gestern noch heftiger verspürt. Glaub mir, hierher zurückzukehren, war wie eine erste Liebe wiederzusehen: Die Brust füllt sich mit Glut, der Kopf wird leicht, und das Flair all der Jahre von einst, die Gerüche, die Freunde, die Kinder noch klein, die Spritztouren nach Macau – all das steigt auf und schnürt mir die Kehle zu vor Wehmut. Schön, einen Ort geliebt zu haben! Schön, immer noch eine Frau wie dich zu lieben und sicher zu sein, dass ich an den Orten der Vergangenheit mit ihr gemeinsam alt werden kann. Ich umarme dich elektronisch, aber deshalb nicht weniger zärtlich.

tiziano

24. November 1992, Hongkong.

An Angela. Ich habe gesehen, wo wir wohnen werden in dieser außergewöhnlichen Stadt, die sich täglich neu erfindet, Hongkong: in dem Geviert aus alten Häusern, die sich steil den Hang der Hollywood Road hinaufziehen, wo Weihrauchschwaden einen noch Asien fühlen lassen, wo die Familien noch rund um einen Holztisch versammelt essen neben einem kleinen Altar unter einer scheußlichen Neonlampe, wo diese unglaubliche englische Kolonialregierung eine hochmoderne Rolltreppe baut, die von Central aus alle Sträßchen durchquert und hinauf, immer weiter hinaufführt über die Hänge dieses Felsens, auf dem nach Lord Palmerston* kein Haus hätte entstehen dürfen.

Wir werden in drei Zimmern wohnen, nicht sehr viel Licht, aber mit schneeweißen Wänden und bunten Stoffen anstelle von Möbeln, Büchern, Teppichen, denen wir in Florenz einen schönen und dauerhaften Rahmen schaffen werden. Zu Fuß bin ich zu den Jesuiten gegangen, Erben von Pater Ladány, die in einem dieser Häuser wohnen, mitten unter Chinesen, zwischen den Druckereien, die bis spät in die Nacht arbeiten, den Schulen, aus denen die Sprechchöre der Kinder aufsteigen, die auswendig all das Wissen aufsagen, das die Kolonie ihnen noch beibringt.

Es gibt Momente, da weiß man in dem alten Hongkong, das wir so gut kannten, nicht mehr, wo man ist, man verirrt sich. Die alten Orientierungspunkte sind verschwunden. Die Geschäfte in der Innenstadt sind allesamt Boutiquen geworden für eine überhebliche Schicht von Chinesen, die mit China reich geworden sind und mittlerweile, als Klasse von Arbeitgebern, Scharen von jungen *Expatriates* »beschäftigen«, die ihre Abende in einem halb Dutzend verräucherten Pubs hinbringen – noch englischer als die in London –, deren Namen eine absurde Hoffnung auf Kontinuität zum Ausdruck bringen: *1998, 2001*. Nein, die Welt der Weißen – die zahlenmäßig zugenommen haben – hat an Qualität verloren.

Ich war mit unserem alten chinesischen Freund Mittagessen, wie immer war es anrührend und freundlich, jedes Mal nehmen wir eine Unterhaltung wieder auf, die wir vor Jahren unterbrochen haben, und immer ist es, als wäre es gestern gewesen. »Mit dir zu sprechen, erhebt meinen Geist, macht mir Hoffnung«, sagte er beim Abschied und bat mich, ihm dabei behilflich zu sein, ein Stipendium zu bekommen, um fortzugehen und sich frischen Wind um die Nase wehen zu lassen; unterdessen gingen wir an der alten

Bank of China vorbei und erinnerten uns an die Träume, die wir beide hatten, als wir uns im September 1976 beim Begräbnis des großen Steuermannes und großen Schwimmers, Mao, zum ersten Mal begegneten.

Abwechselnd große Euphorie aufgrund der außerordentlichen Vitalität dieser Stadt, Berührtsein von ihrem Schicksal und eine tiefe Traurigkeit, so dass ich manchmal weglaufen möchte, wegen des krassen Reichtums, mit dem sie sich umgibt. Der Stil des heutigen Hongkong ist in gewisser Weise eine merkwürdige Replik des Shanghai der dreißiger Jahre: Da sind die neuen Wolkenkratzer, wie die am Bund, da sind die neuen Hotels und Coffee-Shops, als ob die Chinesen von hier sich bereits darauf vorbereiteten, dasselbe Ende zu nehmen wie die Shanghaier einst, und sich schon jetzt vergewissern wollten, dass sie in derselben Ausstattung enden.

Ganz und gar merkwürdige Stadt.

Ich denke noch nicht an das, was ich schreiben werde, und es wundert mich, dass mich nicht die Panik packt. Sollte es mir am Ende wirklich egal sein?

Ich umarme dich und danke für das Fax von heute Morgen. Was soll man über die Welt sagen? Hast du die neueste Nachricht aus Deutschland gehört, wo Nazis drei Türken ermordet haben? Ich habe Lust, dich zu sehen, um mit dir über die Welt zu sprechen. Genieß die Vorstellung, nach Bangkok zurückzukehren. Es ist warm dort, und auch wenn das alles ist, so ist es doch schon viel.

tiziano

5. *Dezember 1992, Taipeh.* Ich öffne den Vorhang am Fenster im Zimmer, und die Geschichte dieser Insel liegt zusammengefasst vor mir: eine Fläche aus niedrigen, grauen Häusern mit schwarzen Dächern, zwischen denen blühende Bäume herausragen, winzige Höfe, spielende Hunde. Rundherum die japanischen Wolkenkratzer und dahinter die Berge.

Ich verlasse das Zimmer, und vor dem Aufzug stehen die Zimmermädchen aufgereiht, alle in Uniform, jede mit einem Schlüsselbund am Gürtel, und vor ihnen wie ein Feldwebel eine ältere Frau, die Stockwerkschefin, die die Anweisungen von einem Blatt abliest:

»Der Gast von Zimmer 1020 ist abgereist, in 1022 ist ein Ausländer.«

Effizienz, Präzision, Sauberkeit. Vom Zimmer aus sehe ich einen jungen Mann, der mit einem Besen Abfall zusammenkehrt und sorgsam einen Parkplatz säubert. Ein alter Mann in Uniform steht in dem Holzhäuschen und gibt die Parkscheine aus.

Es herrscht Ordnung. Sie werden uns überrunden.

6. Dezember 1992, Taipeh. Beeindruckend die Computermesse. Eine Jugend, die lernen will, die hinauswill.

* * *

28. Januar 1993, Bangkok. Abends Abfahrt nach Chiang Mai.* Der Bahnhof voller Gerüche und voll von Menschen. Pünktlich um 19 Uhr 40 fährt der saubere und ordentliche Zug los. Wie Generäle gehen die Bahnbeamten durch den Zug und kontrollieren die Passagiere, in Uniformen mit Bügelfalte, mit goldenen Sternen an den Achselstücken und Schnüren von nicht geschlagenen Schlachten.

Man fährt durch das Bangkok von einst. Der Zug rollt am Königspalast vorbei, man passiert den Bahnhof des Königs, dann kommen die Hütten voll einer asiatischen Menschheit, die man, wenn man zum Flughafen fährt, nicht mehr sieht.

Ich bin froh, dass ich beschlossen habe, ein Jahr lang so zu reisen. Ich werde mich wieder mit meinen Mitreisenden unterhalten können, nicht wie im Flugzeug, wo man sicher sein kann, es mit einem Geschäftsmann zu tun zu haben, der einem von seinem Unternehmen erzählt, von der Schwierigkeit, in Asien zu verkaufen usw.

Die ersten Menschen, mit denen ich mich unterhalten möchte, sind Mönche, die im Zug um mich herum sind. Fünf hübsche junge Männer, ein bisschen schwul, erregt von ihrer Reise. Sie haben keine Fahrkarten, sondern einen Passierschein mit schönen roten Siegeln am Ende.

Wovon träumt ein Mönch? Was sind seine Erwartungen? Wonach strebt er im Leben?

Saubere Toiletten. Am Morgen haben alle eine Zahnbürste in der Hand.

Die Nacht ist kalt, ein Luftzug vom Fenster her, das ich nicht schließen konnte, weckt mich ständig auf, und ich muss pinkeln gehen. Was habe ich mir da nur eingebrockt, mit dieser Entscheidung? Und doch muss ich weitermachen. Schön, diese selbst auferlegten Schwierigkeiten. Ich werde nicht lockerlassen.

Der Morgen ist neblig, kalt und grau, feucht erheben sich die Schatten der Bäume, die Bambusgebüsche und die Flecken violetter Blumen. Ich erkenne sie wieder, wenn die Blüten abfallen, kreiseln sie wie Propeller zu Boden.

Ich bin froh, dass ich mir so etwas wie eine neue Brille aufsetze, um auf das Leben zu schauen.

Asien so betrachtet wird eine neue Erfahrung sein.

1. Februar 1993, Mae Sai. Eine Stadt mit regem Handel und Drogenhandel. Das Hotel scheint das Symbol dafür. Die Louis-XV-Sessel, in denen zerbrechliche alte Chinesen mit glänzenden, schlauen Augen sitzen, geschützt von Leibwächtern mit Walkie-Talkie, ein zugedröhnter Amerikaner mit einem schönen Thai-Mädchen, vielleicht 30 Jahre jünger als er, das ihn stützt, (ist er voll mit Drogen oder ein Undercover-Agent der DEA*?). Schauplatz von Abenteuern und Handelsgeschäften, von Dramen und Verbrechen.

Mein Visum für Thailand ist abgelaufen, das macht es mir unmöglich, nach Birma zu fahren. Tausend Baht für den Portier des Hotels, und er kümmert sich darum. Er lässt von einem Arzt ein Attest ausstellen, aber das gilt nicht: Man braucht eins von einem staatlichen Krankenhaus.

2. Februar 1993, Kengtung (Birma). Wir haben Mae Sai um 9 Uhr 30 verlassen, nachdem wir die thailändische Einwanderungsbehörde um eine Sondergenehmigung gebeten und die Pässe am Grenzposten hinterlegt hatten.

Der nächtliche Spaziergang vermittelt eine Vision der Welt von einst. Durch die offenen Türen der Häuser sieht man im flackernden Kerzenlicht Familien um einen Tisch sitzen, der Hund liegt vor der Tür, die Kinder schlafen am Boden, der Ahnenaltar dahinter und überall Ornamente, Kalender, Fotos von anderswo. In der allgemeinen Armut ist ein einfaches Foto eine Kostbarkeit.

Die Thai nutzen das aus und verteilen ihre Kalender mit den Fotos des Königs und der Königin.

3. Februar 1993, Kengtung. Essen im Honey Tea House (die anderen heißen »Star« und »Smile«). Den Birma-Inder beschreiben, der mit seinem schmutzigen langen Rock und der schmierigen Guerilla-Jacke zwischen den Tischen herumläuft, den Jungen, der die Pfannkuchen mit bloßen Händen aus dem siedenden Öl holt, sie wendet und das Öl mit einem Schöpflöffel von oben eingießt, ein Künstler. Der Tee ist wie der indische, süß und mit Milch, nebenan wird chinesischer Tee in kleinen Tässchen ausgeschenkt. Man isst *You Tiao** wie die Chinesen, Pfannkuchen wie die Inder, in Scheiben geschnittenes Brot, gebraten, in Zucker gewendet und Kondensmilch getunkt. Üppig und fett. Man wird an erhöhtem Cholesterin sterben. Ringsum rauchen alle *Cheroot**.

Der Lärm des Markts, der bunteste Asiens. Gewürze, Gemüse, Fleisch, die Minderheiten, die von den Chinesen betrogen werden. Der Wechselkurs der Rupie. Es ist ordentlich und sauber hier. Viel Militär. Das Gebiet wurde militarisiert. Auf dem Weg nach Kengtung ist ein Hügel terrassiert worden, um Platz für Kasernen zu schaffen. Es ist, als hätte man die Präsenz der Soldaten verdoppelt, um den Tourismus zu begünstigen. Auf dem Markt sind sie überall.

Ich sehe die Notwendigkeit, in diesem Buch den Buddhismus zu erklären, die Bedeutung bestimmter Dinge, die Weltsicht der

Buddhisten, ihre Toleranz und in alldem die Magie, die Magie dieser Missionare, ihre Kraft! Erinnern an die Unterhaltung mit dem Typen vor Mandalay über den Buddhismus und den Unterschied zum Christentum.

Immer wieder kommt mir die Frage der Forschungsdirektorin der École française d'Extrême Orient in Bangkok in den Sinn: »Warum ist der Buddhismus aus Indien verschwunden?«

Franciscus* hat eine Antwort: Weil der Islam eingegriffen und ihn auf brutale Weise vertrieben hat, mit schrecklichen Verfolgungen, und alles, was buddhistisch war, zerstört hat.

Aber genügt das als Erklärung? Das Christentum hat gerade wegen der Verfolgungen überlebt. Vielleicht liegt darin schon ein Unterschied? Darüber nachdenken.

Nach dem Abendessen gehen wir hinter den Königspalast. In der Stille der Nacht hören wir ein Glöckchen läuten. Der Mond steht am Himmel, fast voll, und wirft silberne Schatten auf die Pagode, deren Kuppel aus Gold ist. Die Atmosphäre ist vollkommen. Sie hat etwas Antikes an sich. Angela hat Recht, sich ständig die Frage zu stellen, wie die Menschen leben: Was zählt mehr, in der Furcht vor den Göttern zu leben, mit dem Mond zum Betrachten und Beobachten und mit menschlichen Beziehungen, die aus Gesprächen auf dem Markt bestehen, ohne Umweltverschmutzung; oder das Leben, das die Thai gerade erlernen?

Tatsache ist, dass sich hinter der scheinbaren Romantik die Fäulnis einer nicht aufgeklärten Gesellschaft verbirgt: Es gibt kein elektrisches Licht und kein Fernsehen, aber es gibt Pornovideos. Die Unterhaltungen auf dem Markt werden von Dutzenden Spionen abgehört, das Leben der Menschen hängt vom Zufall ab, von der Willkür eines Polizisten, eines Soldaten, eines neidischen Nachbarn, der einen denunziert.

Abend im Kloster Wat Zom Kham*. Wir folgen dem Läuten der Glocke in der Nacht. Wir gehen um die Einfassungsmauer der Pagode herum, auf Zehenspitzen treten wir durch die letzte Tür ein, die offen geblieben ist. Fabelhaft. Wir treffen auf eine Gruppe von Pilgern, die ein bisschen beschwipst zurückgekommen sind. »Sie waren in der Disco, für sie ist das eine große Neuheit«, sagt einer der Mönche.

Ganz einfach. Es gibt kein Gefühl der Sünde: einer der großen Vorzüge des Buddhismus. Im Unterschied zum Islam.

4. Februar 1993, Kengtung. Wir verlassen die Stadt mit dem Bedauern, nicht noch einen Tag länger geblieben zu sein.

Man muss es sich eingestehen: Ein Land, wo die Straßen nicht von Werbeplakaten gesäumt sind, wo der Blick, wenn man ihn schweifen lässt, auf die Umrisse von Bäumen, auf die Skyline von Hügeln trifft, wo die Menschen wie Schatten sind, wo die Luft rein und das Wasser der Flüsse klar ist, ein solches Land ist schön.

Es sollte von einem Philosophen-König verwaltet werden statt von rohen Militärs. Von einem Intellektuellen, der es versteht, die Vergangenheit zu bewahren und der Versuchung zu widerstehen, der den Menschen zu erklären weiß, der den Dingen ihren Wert zu verleihen weiß, der das Volk vor seiner Zukunft zu verteidigen weiß.

Aber man muss ehrlich sein und zugeben, dass man sich, wenn man in einer Mondnacht das Läuten dieser Glocke vernimmt, unwillkürlich fragt, wohin wir steuern. Ob die Moderne so, wie wir sie kennen, hier tatsächlich Sinn hat. Sollte Asien nicht versuchen, seine Identität zu wahren?

6. Februar 1993, Chiang Mai.
An Angela. Ich bin im erstickenden Abgasgestank der Autos gelaufen, die schon im Morgengrauen die Straßen verstopfen, ich habe einer Gruppe von Touristen, die mich fotografierten wie eine seltene Kuriosität (mir scheint, das werde ich immer mehr, sicher bin ich es in den Augen anderer) die Zunge rausgestreckt, habe die ersten Notizen gemacht, ich werde noch ein paar Stunden weitermachen, bevor ich hinaus gehe, aber eigentlich habe ich nur diese zwei metallischen Klänge im Kopf: den nächtlichen, leisen und beruhigenden der einzelnen Glocke oben auf der Stupa mit den acht Haaren Buddhas im Mondlicht und den langsamen, schleppenden,

durchdringenden der Ketten dieser Unglücklichen unter dem Gewicht ihres riesigen Baumstamms. Vorerst schreibe ich nur für mich und an dich am PC!

Den Vormittag verbringe ich in den Lagerräumen der Antiquitätenhändler auf der Suche nach Sachen aus Kengtung. Die Lager sind voll. Alles wird illegal hinausgeschafft, mit Billigung der Regierung. Es ist zum Weinen, wenn man die Hunderte und Hunderte von Buddhas sieht, die still in den Lagerräumen sitzen, dem Halbdunkel der Klöster und der Anbetung der Gläubigen entrissen, um dann in den Salons der reichen Leute im Westen aufgestellt zu werden und so eine Diktatur zu finanzieren, die ihre Menschen in Ketten legt.

26. Februar 1993, Bangkok. Am Montag kommt die Sekretärin nicht. Ich bin sehr wütend, denke mir, ich werde ihr eine schöne Standpauke halten. Am Dienstag kommt sie: »Ich musste weg, weil meine Tante in Surin geträumt hat, dass es ihrem Bruder, meinem Vater, schlecht ginge, er hatte Hunger, großen Hunger. Da hat sie angerufen, und die ganze Familie musste zu seinem Grab gehen, um ihm zu essen und Gaben darzubringen und sich zu entschuldigen. Deshalb bin ich nicht gekommen.«

Was soll ich da sagen? Nach all meinen Klagen darüber, dass die Vergangenheit verschwindet?

*1. März 1993. Bangkok.** Eine schreckliche Stadt, Bangkok, mit den Bordellen, die die Nacht beherrschen.

Ein Porträt der Stadt schreiben, als Beispiel für das sterbende Asien.

* * *

*21. Juli 1993, Bangkok.** Ich breche auf zu einer großen Reise, der längsten meines Lebens, vielleicht auch das letzte Mal so langsam, mit so viel Muße. Da ist die Last der Familie, die mich erwartet, aber auch der Trost, sie glücklich zu wissen, weil sie mich glücklich weiß.

Angelas kleine Papierzunge hängt aus dem Faxgerät, nach der von Folco und Saskia – meine Wegzehrung. Die Familie, welch große Kraft.

Ich bin die ganze Nacht wach, packe den Reisesack und suche die Bücher aus. So viele Freunde, die ich mitnehmen möchte, von einigen weiß ich nicht, wie langweilig sie sein werden. Ich bin wie besoffen vor Müdigkeit. Ich habe bis zuletzt gearbeitet.

Ein Moment, den ich feiern will. Zum Glück bietet sich dazu keine Gelegenheit, die Wache hat die Autos schon angehalten, das Tor steht offen, ich muss aufbrechen. Wie bei chinesischen Beerdigungen: keine Zeit zum Weinen, weil man für die Geladenen kochen muss. Wie bei Hochzeiten: Die äußere Form verlangt so viel Aufmerksamkeit, dass man schließlich die Sache, um die es geht, aus dem Blick verliert; es hat den Anschein, dass die Form dazu verhelfen soll, die Gefühle in Bahnen zu lenken und aufzusaugen.

23. Juli 1993, Phnom Penh (Kambodscha). Gerade einmal zehn Dollar kostet es, in einem langsamen Taxi mit geschwätzigem Fahrer die Strecke von Battambang nach Phnom Penh zurückzulegen: sieben Stunden. Am beeindruckendsten sind die Kinder an der Straße, die sich auf den Boden werfen oder vor den vorbeifahrenden Wagen niederknien, um ein Almosen zu ergattern oder den Lohn dafür, dass sie ein Schlagloch aufgefüllt haben. Die Familien schicken solche auf die Straße, die zum Arbeiten nicht zu gebrauchen sind: Alte, gelähmte Kinder, sehr kleine Kinder. Im Hintergrund Palmen. Eine beindruckende Szenerie.

25. Juli 1993, Saigon (Vietnam). Abfahrt nach Hanoi. Ich drehe eine Runde durch die Stadt. Ich suche ein Restaurant und finde keins.

Dagegen finde ich eine chaotische Stadt, korrupter, schamloser, käuflicher, verhurter als zu Zeiten des Krieges. Aus allen Ecken werde ich gerufen, angelockt, verführt von der Stimme von jemandem, der hofft, mir einen Hut zu verkaufen, eine Tochter, eine Rikscha-Fahrt, eine Schale Suppe. Vergnügt und verzweifelt klingen diese Rufe, begleitet von schwarzem, gelblichem Lächeln über fauligen Zähnen der kaum 20-jährigen Mädchen. Jeder versucht, das zur Schau zu stellen, was er zu bieten hat, ein verstümmeltes Glied, zwei schöne Brüste, gepusht von BHs, die auf großen Reklametafeln über den Dächern erscheinen. Es gibt fast nur Zigarettenreklame.

Man hat wirklich den Eindruck von einem Asien, das zu sich selbst zurückgekehrt ist, ohne die Rituale und Mysterien von einst, bloß mit dem ketzerischen Chaos dessen, der an nichts mehr glaubt und dessen einzige, alleinige Beschäftigung das Überleben ist, essen und Kinder machen. Ohne Poesie, ohne Kultur, ohne Religion und Geist.

Wenn es eine Stadt gibt, die scheinbar ganz in diesem schäbigen Unterfangen zu essen und zu leben aufgeht, dann ist das Saigon.

1. August 1993, im Zug von Nanking nach Xian (China). Zehn Uhr vormittags, der Zug hält in Changsha, dem Geburtsort Maos. Ich denke an die heroisierte Vergangenheit. Und jetzt?

Ein moderner Bahnhof voll verschwitzter Menschen, beladen mit Paketen, Koffern, schlecht gekleidet und schmutzig. Seltsam, die Freiheit. Jetzt, wo die Chinesen sich außerhalb der Arbeitsbrigaden bewegen können, jetzt, wo sie mehr Geld haben, wachsen mit den enormen Massen, die in Bewegung sind, die Probleme.

Ehrlich gesagt, je mehr ich es betrachte, desto mehr macht dieses Volk mir Angst, mit seinem Potenzial an Gewalt, Wut und Rachedurst. Heute habe ich den Eindruck, dass China immer mehr auf eine Krise zusteuert. Eine anarchische Krise, wo der, der Geld hat, mehr Macht und Freiheiten hat, während die Elenden keinen Schutz mehr genießen.

2. August 1993, im Zug von Nanking nach Xian (China). Das einzige Vergnügen am Morgen ist festzustellen, dass man in der Nacht aufs Land gekommen ist, dass der Boden aus gelbem Lehm besteht, dass es Höhlen gibt, Reisfelder und bestellte Terrassen. Wir sind in der Nähe von Ruicheng.

Ich denke an das herrliche Leben, das wir hinter uns haben, und daran, wie wenig einem von Anstrengungen wie dieser bleibt. Es war ein völlig anderes Land, in dem Folco und Saskia in Peking ein Flugzeug bestiegen und wir sie in Xian in Empfang nehmen konnten.

4. August 1993, Hohhot (Innere Mongolei, China). Sieben Uhr abends, ich komme von einem Ausflug in die Stadt zurück und bin unruhig und verwirrt, in dem Gefühl, dass ich mein Leben lang nichts Richtiges von mir gegeben habe. Auch jetzt nicht. In den vergangenen Tagen habe ich mich in meinen Aufzeichnungen über das aufgeregt, was in China passiert, den absoluten Ausverkauf aller überkommenen Prinzipien; doch wenn man Hohhot sieht, hat man wirklich den Eindruck, dass hier wenigstens die Reformen greifen, dass sie vitale Energien freigesetzt haben, die mehr auf Stabilität hinzudeuten scheinen als auf das Gegenteil.

6. August 1993, im Zug nach Ulan Bator (Mongolei). Die Sonne geht auf über einer gleichförmigen, blassgrünen Ebene soweit das Auge reicht. Ein endloser goldener Strich ringsum am Horizont: die Steppe. Nicht das Grün der Reisfelder, nirgends ein Fluss, auch nicht in der Ferne, kein Berg, kein Anhaltspunkt außer den hölzernen Strommasten, die sich in endloser Reihe neben der Eisenbahnlinie entlangziehen.

Wie wirkt es sich auf den Geist aus, in einer solchen Ebene zu leben?

Von was außer Dämonen kann ein Volk träumen, das in einer derartigen Verlassenheit lebt? Alles gleich.

Die mongolischen Zöllner steigen zu, gekleidet wie Russen, arme Nomaden mit Schirmmützen! Die Formulare, die sie uns für den Zoll geben, sind wie die Einreisevisa auf Russisch. Auch alles Übrige ist in Kyrillisch geschrieben. Arme Mongolei, ganz gewiss eine Kolonie. Die Russen hatten keine Schwierigkeiten, die Animosität der Mongolen gegen die Chinesen auszunutzen.

Seit der Zug in die Mongolei gelangt ist, ist er kein Vehikel der Modernität mehr, er wird zur Karawane: Er fährt nicht mehr nach Fahrplan, ein Fahrplan erübrigt sich.

Der Himmel ist ganz klar, die Luft ist frisch und stechend. Die Sonne geht unter wie ein glühender Ball, groß, aber man kann ihn anschauen.

Nach China ist das hier für mich die Lust am weiten Raum. Schauen, ohne Menschen zu sehen, die Gänge im Zug sind leer, auf der Toilette kann man sich Zeit lassen, ohne dass jemand klopft, an der Klinke rüttelt und aufzumachen versucht, obwohl da ein Schild ist, auf dem »Besetzt« steht.

Zwei Millionen Menschen auf einer immensen Fläche Land.

6. *August 1993, Ulan Bator (Mongolei).* Ich habe die Ankunft sehnlich erwartet, aber die erträumte Steppenstadt Ulan Bator zeigt sich in der Ferne nicht mit goldenen Tempeldächern und von Sonne und Regen reingewaschener Luft, sondern mit weißem Rauch aus sehr hohen Schloten links vom Zug. Wir haben den Fluss überquert, der Hochwasser führt. Der Zug hatte sechs Stunden Verspätung wegen vom Hochwasser unterspülter Geleise. Ulan Bator liegt in einer Talsenke. Nichts springt von fern ins Auge, nur das Pantheon über einer Art Kolosseum, die Antennen eines Radio- oder Fernsehsenders. Eine sozialistische Stadt aus Beton, gehüllt in einen goldenen Nebel, weil nach langem Regen die Sonne wiedergekehrt ist.

7. *August 1993, Ulan Bator (Mongolei).* Vielleicht hat China seinen letzten bösen Zauber ausgeübt: Dieser Röntgenapparat am Bahnhof von Lanzhou könnte alle Filme, die ich in Vietnam verknipst habe, und die neueren ruiniert haben. Nur einige, die im Sack waren, könnten überlebt haben. Das ist ärgerlich, quält mich aber nicht. Auch das ist »Schicksal«. Ich werde mich zwingen müssen, umso besser mit Worten zu beschreiben.

Mir geht die Überlegung durch den Kopf, dass die Krise des Sozialismus die Völker auf ihre frühere Natur zurückwirft, wie ich das in Vietnam gesehen habe; ob die Mongolen auf ihre Weise zum Nomadentum zurückkehren? Wenn Fabriken und Autobahnen nicht mehr funktionieren, kehren die Menschen in ihre Jurten zurück und züchten wieder Pferde und Rinder. Mir gefällt diese Idee, dass Revolutionen im Grunde bestimmte Entwicklungen abkürzen. Aber die Abkürzungen fordern ihren Tribut, und wenn sie, wie hier, aufgezwungen waren (vielleicht nicht so sehr wie die Französische Revolution), dann kehren die Menschen langsam zum Alten zurück.

Aber die Kultur? Die Religion?

10. August 1993, im Zug nach Moskau (Mongolei). Pünktlich um 20 Uhr 15 sind wir unter großem Winken in einem schönen Sonnenuntergang losgefahren, Frauen mit erhobenen Armen warfen in der schräg stehenden Sonne lange Schatten. Ein alter Mongole im braunen Anzug mit einer gelben Schärpe um den Bauch hat mir zugewinkt.

Um vier Uhr früh sind wir in Süchbaatar, dem letzten mongolischen Bahnhof vor der Grenze.

Zum x-ten Mal lese ich meinen Ossendowski*: die Erklärung des »Weltgotts« des Reiches von Agarthi mit seinem unterirdischen Leben, seinen Zugängen und den wenigen, die es besucht haben.

Auf dem Grund jeder Erklärung bleibt das Geheimnis.

Auch ich: Was mache ich denn anderes als nach einer Erklärung zu suchen, die mir erlaubt, in das Geheimnis des Lebens einzudringen? Mit dieser Zugfahrt? Bin ich noch nicht tief genug eingedrungen? Wiedergeburt? Sicher bin ich auf eine Weise wiedergeboren! Manchmal fühle ich, dass ich nicht nur der Welt angehöre, die ich kenne, der Welt meines Vaters und meiner Mutter, manchmal fühle ich, dass es in meiner Erinnerung etwas anderes gibt als das, was mir scheinbar angehört.

12. August 1993, im Zug in Nowosibirsk (Sibirien, Russland). Eingelullt vom Rattern des Zuges und leicht benommen von den Ausdünstungen des mongolischen Freundes, der isst und trinkt, aber nichts ausscheidet, habe ich acht Stunden geschlafen. Das Erwachen im ersten Morgenlicht ist wie immer in den letzten Tagen: Birken, Strommasten und Geleise. Noch mal Birken, Birken, Birken. Die Reise ist wunderschön wegen der menschlichen Abenteuer, aber seit wir in Sibirien sind, ist die Landschaft eintönig und wenig abenteuerlich.

Immer mehr drängt sich mir der Gedanke auf, wie bedauerlich es ist, dass es diese heroischen Kosaken waren, die Sibirien kolonisierten: eine so schöne Natur, vergeudet für banale Dinge. Überall tritt der materialistische Traum zutage, eine Gesellschaft der Güter und Häuser, aus Eisen und Stahl, eine Gesellschaft der Züge und Strommasten zu errichten. Vielleicht war es die Auswirkung des Krieges, vielleicht die Banalität der Träume derer, die immer gegen die Naturgewalten kämpfen mussten, Tatsache ist jedenfalls, dass sich dieses Sibirien vom einen Ende des Kontinents bis zum anderen immer gleich bleibt, überall Holzhütten, die abgelöst werden von Plattenbauten, bewohnt von Leuten, die scheinbar nie ihre Kleidung wechseln, ihre Gesten, ihre Armut.

Ich sehe eine Frau, die mir Symbol für all das scheint: Im Mantel und ein gelbes Tuch um den Kopf, zieht sie im Morgengrauen mit schnellen Schritten einen kleinen Karren auf einem schlammigen Weg, als ob sich ihre Tasche heute nun wirklich mit einem Schatz füllen sollte.

Manchmal rühren mich freundliche Gesten zwischen Mann und Frau. Oft sehe ich sie untergehakt, arme alte Leute, vereint im behaglichen Mief ihrer Hütten.

Die Szenen auf den Bahnsteigen sind höllischer als anderswo. Wie ein wildes Tier wirft sich die Menge gegen den Zug, rennend und keuchend.

Ich schlafe ein mit diesem Bild des russischen Volkes. Eine unruhige Nation, unstet, unbefriedigt, zornig, aber vorerst noch verhalten, noch eingeschüchtert von den Schlagstöcken zweier Polizisten in Schirmmütze mit rotem Streifen. Und morgen?

Solche Menschen können nicht lang in der Unterdrückung ausharren, unbefriedigt und fügsam angesichts des Elends, der Gewalt.

Und was soll man von den Chinesen sagen? Auch sie unterwegs und dabei so siegreich. So überzeugt von sich selbst, vor allem wenn sie diese elenden Russen sehen, die abhängig sind von ihrer Industrie, um ihr weißes, von Fett und ungesundem Brot aufgedunsenes Fleisch zu verhüllen.

Zwei große Völker heute im Zentrum großer Instabilität. Europa muss sich Sorgen machen, alles neu überdenken.

Wie viele realisieren das?

Wie viele Politiker reisen in diesen Zügen, sehen diese Szenen?

Es muss mir gelingen, dieses Phänomen zu erklären.

13. August 1993, Richtung Moskau. Endlich fühle ich, dass wir uns einer großen Stadt nähern. Die Bahnbeamtin klopft an die Türen der Betrunkenen, der Schlafenden, und mit immer netterer Stimme ruft sie: »Mockbá!!! Mockbá!« Wunderschön.

Es ist drei Uhr morgens, und wie üblich fällt Regen auf das Bahnsteigdach in dem Augenblick, da ich mit enormer Lust den Fuß auf den Boden setze.

Ein finsteres Hotel, alle schlafen in den Sesseln, die Rezeption liegt im Dunkeln. Um fünf Uhr gelingt es mir, ein winziges Zimmer zu beziehen, mit einem Bad, in dem ich mir wie im Gefängnis vorkomme, ein durchgelegenes Bett.

Es ist schon der 14. August. In Italien ist morgen *Ferragosto*. Wie vor zwei Jahren in Chabarowsk! Habe ich ein Schicksal in diesem Russland?

14. August 1993, Moskau. Was hier geschieht, der Umbau einer sozialistischen Gesellschaft in eine Marktwirtschaft, ist ein unerhörter, atemberaubender Vorgang, der von einem Menschen mit viel Genie, Fantasie und Mut, mit viel Weitblick und großer Entschlusskraft gelenkt werden müsste. Dagegen ist dieser Prozess Jelzin und seiner Entourage anvertraut, alles Leute, die im Kommunismus groß geworden sind, als Abtrünnige und Ausgestoßene desselben.

Das ist die große Tragödie: Der Kommunismus hat keine Helden hinterlassen, hat alle Ausnahmeerscheinungen zunichtegemacht, hat die wahrhaft Großen unterdrückt und hat das Überleben nur den großen Überlebenden des Apparats erlaubt.

Was heute in Russland geschieht, würde einen großen, aufgeklärten Diktator erfordern, der diesen Menschen, die jetzt unruhig und unglücklich sind, wieder Zutrauen gibt, einen Traum für ihre Zukunft bereithält, der alles daransetzt, im Rest der Welt mit Stärke aufzutreten. Recht betrachtet, entsteht da vor den Grenzen Europas eine unruhige und unbefriedigte Masse an Land und Menschen, die noch historische Rechnungen zu begleichen haben. Wir in Europa müssen das zur Kenntnis nehmen und darüber nachdenken.

15. August 1993, im Zug durch Weißrussland. Wie die Sonne der Zukunft geht über den endlosen Weizenfeldern eine Sonne auf, deren wunderschönes Gelb ganz allmählich aus der Dunkelheit heraustritt. Die Nacht war völlig klar, mit einem sternenübersäten und nur schwach leuchtenden Himmel.

Ich wache auf und lese *Siddhartha* von Hesse. Ich bin beeindruckt von der Ähnlichkeit der Gedankengänge, die mich zu ähnlichen Schlüssen geführt haben. Die Sätze über den Fluss gleichen denen, die mir zum Amur einfielen. Ein Buch, das ich seit der Zeit in Peking besitze, seitdem es mir von diesem seltsamen italienischen Mädchen geschenkt wurde, das ich durch den Tempel des Lama führte; ich habe es nie gelesen in der Annahme, es sei ein »Kultbuch« für junge Reisende. Es hat mich nicht angezogen. Aber wie bei allen Dingen kommt der richtige Zeitpunkt. Da ist er; im Zug von Moskau nach Minsk, nach einem Monat quer durch Asien. Auf meine Weise auch ich ein Suchender.

Ein merkwürdiges Jahr, dieses mein fünfundfünfzigstes, und von mehreren Seiten vernehme ich diesen »Ruf« nach Veränderung.

Der mächtigste kommt von innen, denn tatsächlich interessieren mich immer mehr die kleinen (großen) Dinge, und alles, was ich bisher gemacht habe, scheint mir nur ein Mittel, um mir alles Übrige zu erlauben. Wenn das so weitergehen kann, gut, wenn nicht, verzichte ich. Nicht mehr die Politik fasziniert mich, sondern das Leben, die Natur, die Entdeckung der Bäume, der Wind ... der Fluss!

Weißrussland fliegt an den Fenstern vorbei, solider, fester, domestizierter als alles, was ich bisher gesehen habe. In gewisser Weise empfinde ich es so, als ob mit der Durchquerung des Ural das wirkliche Asien endete; in Moskau, Hauptstadt eines – noch asiatischen – Reiches bestehen die beiden Welten nebeneinander, Asien ist noch präsent, aber in Weißrussland ist man schon ganz in Europa.

Bei der Einfahrt nach Wien konzentriere ich mich auf Folco. Ich überlege mir, dass ich aufhören muss, ihm Ratschläge zu erteilen, ihn reden lassen muss. Sein Leben gehört mittlerweile ganz ihm. Ich kann es nicht mehr für ihn schützen oder ihm sagen, wo er es am besten verbringen soll. Ich bin überglücklich, ihn wiederzusehen.

16. August 1993, Wien. Ich genieße es, in die Ordnung zurückzukehren, in die Sauberkeit, und gleichzeitig empfinde ich Sympathie mit der Welt, aus der ich komme, fühle mich eins mit ihr. Ordnung, Sauberkeit und Kleinbürgertum scheinen mir Hand in Hand zu gehen. Mich beeindruckt der böse verzogene Mund eines Mannes am Steuer eines Mercedes, der an einer Ampel neben meinem Taxi hält.

Es ist heiß, die Sonne scheint. Ich bin enttäuscht, dass Folco nicht am Bahnhof ist. Ich pfeife wie in früheren Zeiten und hoffe, aus der Ferne seine Antwort zu hören. Sie kommt nicht. Offenbar ist er noch im Bett. Eine Geliebte wäre er abholen gekommen. Warum nicht einen Vater? Ich wäre bestimmt an einen Bahnhof gekommen, um ihn abzuholen, und hätte nicht in einem Hotel auf ihn gewartet. Immer diese Enttäuschungen, weil ich mir gern ausmale, wie etwas sein wird, und dann ist es nie, wie ich erwartet habe.

Ich beherrsche mich. Ich lasse ihn schlafen. Ich erspare Angela Vorwürfe und schicke mich an, mich von dieser ganzen langen Reise zu reinigen. Es klopft, er ist es, mit Bart und ebenfalls frisch aus der Dusche: sehr herzlich, leicht, an ein früheres Gespräch anzuknüpfen. Wunderschön, mit ihm zu frühstücken, mit ihm in der Sonne herumzuspazieren und am Nachmittag *Der dritte Mann* anzusehen, ein Film über das Wien von vor 50 Jahren, in einem Programmkino nur zwei Schritte vom Hotel entfernt, dann Abendessen in einem Beisl und früh ins Bett, weil man uns glücklicherweise nicht ins Spielkasino lässt: Wir sind nicht in Jackett und Krawatte.

17. August 1993, Wien. Erwachen im Sacher, wo ich schlecht geschlafen habe: Die Betten sind zu perfekt, die Decken zu warm, die Kissen zu weich. Ich gehe joggen in einer verlassenen Stadt voller Gespenster in den Büschen.

In diesen Zug einzusteigen ist, wie ein Flugzeug zu nehmen, automatisch öffnende Türen, elegantes Design, Klimaanlage, der Speisewagen mit Tischtüchern aus gestärktem Leinen, weißen Kugellampen, und draußen vor den Fenstern ein unversehrtes, sauberes Österreich. In den Tälern frisches Gras, sehr grün, die Kühe wirken wie falsch. Stattlich sitzen die Häuser auf ihren Anhöhen, die kupfernen Kirchdächer, von der Zeit mit Grünspan überzogen, ragen vor dem Frühnebel empor, durch den die erste Sonne dringt. Als Abschluss dieser Reise nichts Beunruhigenderes als diese ruhige, fast tote Perfektion.

Bis Bologna nichts Auffälliges außer der Tatsache, dass man in diesem supermodernen österreichischen Zug die Fenster nicht öffnen kann, und dass er, wenn die Klimaanlage ausfällt, ein Brutofen wird.

Die Zugreise endet fröhlich. In Porretta fällt der Anschlusszug aus, und so komme ich mit dem Taxi von Giuliano ins ersehnte Pracchia. Die Freude des Nachhausekommens ist immens!

14. September 1993, Orsigna. Ich werde 55, wie gewöhnlich ohne die Größe der Wende zu spüren, ich stelle sie mir aber groß vor und fasse große Vorsätze: diesmal REGELMÄSSIG UND SYSTEMATISCH TAGEBUCH ZU FÜHREN über die Jahre, die mir bleiben, das soll ein Tresor sein voll der Dinge, die der Strom des Lebens sonst mit sich nehmen würde. Werde ich das schaffen? ICH MUSS ES SCHAFFEN. Gewiss ist das eine Art, die Zeit, die bleibt, zweimal zu leben.

*25. September 1993, Mailand – La Spezia.** Ankunft bei strömendem Regen. Spaziergang mit den Stajanos*. Mittagessen in der toskanischen Trattoria Da Dino, gedünstete Garnelen mit Weißwein aus den Cinque Terre. Dann im Kino *Auf der Flucht**, ein bisschen beschwipst und glücklich. Wir erfreuen uns an dieser Stadt, die nach überaus vernünftigen Kriterien von einem gewissen Admiral Chiodo geplant wurde, der für das eben geeinte Königreich Italien eine Werft errichten sollte. Eine Fähre aus Korsika läuft ein. Ich frage einen Mann in einem Boot der Hafenwache, ob er etwas von der *Trieste* weiß.

»Ja, sie ist am Nachmittag um fünf eingelaufen und wird im Neuen Hafen beladen.«

Voller Aufregung und Neugier gehen wir zu Bett.

28. September 1993, La Spezia. Zum ersten Mal sehen wir die *Trieste*, schwarz und weiß, fast grau, mit der Aufschrift »Lloyd Triestino« an der Seite. Fast drei Wochen werden wir an Bord verbringen. Neugier.

Als wir das Hotel verlassen, läuft der Direktor mit einem Fax hinter uns her: Ich habe den Gaeta-Preis bekommen, ob ich ihn am 2. Oktober entgegennehmen kann? Bestimmt nicht. Das bereitet mir eine kleine Genugtuung.

Abends. Der Hafen wirkt wie die Kulisse eines Science-Fiction-Films. Keine Menschenseele. Nur riesige Kräne mit ihren Alarmsirenen, die, da sie unentwegt heulen, niemanden alarmieren. Enorme Container werden wie riesige Lego-Steine vom Boden gehoben, auf Lkw gehievt, auf andere Containerstapel gesetzt und dann auf das Schiff verfrachtet. Ein beunruhigendes Gefühl bei dem Gedanken, dass alles funktioniert, als ob der Mensch nicht mehr notwendig wäre.

29. September, an Bord der Trieste. Gegen ein Uhr nachts legt das Schiff ab. Ich komme gerade noch rechtzeitig auf die Brücke, um zu sehen, wie die Lichter des Hafens sich entfernen und die herrliche Bucht sich in der dunstigen Dunkelheit der Nacht verliert.

4. Oktober 1993, im Roten Meer. Im Roten Meer geht die Sonne unter wie nirgends sonst.

»Wenn du bei Sonnenuntergang einen grünen Strich um die Sonne siehst, dann ist dein Mädchen wirklich in dich verliebt«, sagten die alten Seeleute zu den jungen. Am Roten Meer geht die Sonne immer mit einem letzten grünen Leuchten unter!

7. Oktober 1993. Ich habe Aden nicht gesehen. Wir sind in der Nacht daran vorbeigefahren. Das Meer ist extrem ruhig, ähnlich wie das Mittelmeer. Die Schwüle des Roten Meeres hört auf, die Schiffe werden seltener. Weiterhin Seemannsgeschichten.

Bald passieren wir das Kap Guardafui (nach dem Portugiesischen »schau und flieh«), das Horn von Afrika mit dem Crispi-Leuchtturm in Form eines Liktorenbündels. Zuvor sieht man in der Ferne das Elefantenkap, das die Italiener so benannten.

11. Oktober 1993, im Arabischen Meer. Ich stehe früh auf, um in der Ferne die Insel Minicoy zu sehen. Man erkennt nur den weißen Leuchtturm mit seinem Licht. Die Hütten mit den Leprakranken sind nicht zu sehen. Seit Tagen ist von diesem Augenblick die Rede gewesen, von den Hütten am Strand, vom Leuchtturm, aber nur in der Fantasie der Seeleute ist das etwas Reales.

13. Oktober 1993, im Golf von Bengalen. Das Morgengrauen ist ein herrliches Gebräu aus schwarzen, grauen und weißen Wolken voller Regen, der mit einem Mal heftig und warm niedergeht, Decks und Container reinwäscht, die Kippen wegspült, in öligen Wellen über die Decks schwappt und die Geister erfrischt. Kräftig dringt die Sonne durch die großen, bewegten Zirruswolken am Horizont. Am Heck bilden Meer und Himmel eine schwarze Mauer, am Bug eine fantastische Kombination aus Licht, Grau, Silber, Strahlenglanz und Dunkelheit.

16. Oktober 1993, weiterhin an Bord der Trieste. Abends um sieben kommen wir an Malakka vorbei. Im schwachen Licht kann ich keines der Viertel ausmachen, die ich kenne. Eine Reihe von weißen, skeletthaften Wolkenkratzern säumt die lange, dunkle Küste. Dass wir in Malakka sind, bemerke ich durch einen Blick auf die Karte, nicht auf die Küste. Ich spüre den Hauch der Geschichte, denn mir scheint, ich sehe Malakka, wie die Portugiesen es 1511 vor sich sahen.

Jetzt strebt alles zum Himmel, freilich nicht Kirchen und Kirchtürme, sondern Einkaufszentren.

16. Oktober 1993, nachts. Nachts um drei fahren wir in die Bucht von Singapur ein. Der chinesische Lotse flüstert seine Befehle in ein Walkie-Talkie. Um Punkt vier Uhr werfen die Matrosen den Arbeitern auf der Mole die Taue zu. Um 4 Uhr 10 beginnen im strömenden Regen große Kräne die Container von unserem Schiffsdeck zu löschen. Die *Trieste* wird von vielen chinesischen, malaysischen, indischen Arbeitern gestürmt, jeder mit seiner Aufgabe. Das Schiff wird in wenigen Stunden entladen, wieder beladen und betankt sein. Schon um zwei Uhr sticht es wieder in See.

20. Oktober 1993, sieben Uhr morgens in Kuala Lumpur. Ich komme mit dem Zug aus Singapur. Mit einem Taxi, das mich im Morgengrauen abholt, fahre ich bis nach Penang. Ich habe drei Stunden bis zur Abfahrt des Zuges.

Ich lasse den Reisesack am Bahnhof und gehe zu Fuß in die Stadt. Immer ein großes Vergnügen diese Wärme, die Gerüche, nicht zu reich gewordene Chinesen, die Säcke von einem Lastwagen abladen, in den Tempeln beten, in den Häusern ihrer Klans Tee trinken.

Ende Oktober 1993, Bangkok. Die Rückkehr nach Hause ist hart. Die Post, die beantwortet werden muss, die ungelesenen Zeitungen. Die Begeisterung, die Freude, die Schwärmerei vergehen im Lauf der Tage, und bald meldet sich morgens wieder der Schatten der Depression. Ich laufe dagegen an, ich schwitze dagegen an, aber die Angst liegt schon wieder auf der Lauer.

1. November 1993, Bangkok. Abendessen bei Pringle*. Diskussion. Ich würde gern sagen:

– Die Welt steht heute an der Schwelle zu einem erneuten Mittelalter. Die Menschheit muss sich darauf besinnen, in welche Richtung ihre Entwicklung gehen soll. Wie man in einem Wald oder einer Wüste die Richtung wechselt, wenn man feststellt, dass die eingeschlagene falsch ist, so muss der Mensch es machen, wenn er bemerkt, dass die Richtung, die Wissenschaft und Fortschritt nehmen, zur Zerstörung der Natur und des Menschen selbst führt.
– Wir leben in einer Zeit, da die Ästhetik schon am Ende ist. Die Ethik geht ihrem Ende zu.

11. November 1993, Bangkok. Wieder in den Klauen der finsteren Bestie. Vielleicht ein Gefühl des Scheiterns mit dem Buch über Lenin: Es hat offenbar nicht eingeschlagen. In den großen Zeitungen in Italien wurde es nicht besprochen, in England keine wirkliche Rezension. In Deutschland Schweigen. Auch das ist schiefgegangen. Gewiss habe ich im Leben großes Glück gehabt, aber nicht mit diesem Buch.

Ich beschließe, nicht mehr an den *Lenin* zu denken, nicht mehr davon zu sprechen. Gegen meine Gewohnheit gehe ich allein essen.

Ich setze alles wieder in Bewegung, mache Pläne.

19. November 1993, Bangkok. Ich breche zu einem *Retreat** im International Buddhist Meditation Center auf.

21. November 1993, Bangkok. Drei Tage Meditation, vegetarisches Essen, zwei Tage Schweigen. Das Alter fördert die Toleranz. Noch vor wenigen Jahren wäre ich am ersten Tag abgereist. Dass ich ausgehalten habe, hat mich etwas gelehrt.

Scheinbar eine Welt der Außenseiter. Das ist auch ein Aspekt, aber im Grunde ist es der Versuch zu verstehen, was seit 2500 Jahren in Asien vor sich geht und was intellektuell nie wirklich beachtet wurde.

All das hat etwas schrecklich Anziehendes. Deshalb besteht der weitaus größte Teil der 50 Meditierenden aus jungen Leuten aus dem Westen. Unsere Welt ist in der Krise, sie bietet keine Lösungen, macht keine Hoffnung, und die kommen hierher, um sich Lehren anzuhören, die sie mittlerweile von ihrem Pfarrer nicht mehr zu hören bekommen, außerdem finden sie Geschmack am Exotischen, am Andersartigen, und sie knien befriedigt nieder vor einem Idol, einem Gott, der mit ihrem Leben nicht viel zu tun hat, was genau ihn aber akzeptabel macht.

»Aufstehen, aufstehen, aufstehen …«, eine Form der Meditationsverblödung.

Tage ohne zu denken, ja, der Auslöschung des Denkens, der Konzentration auf das Banale, auf die Bewegung eines Fußes, die des Nabels.

Was für eine eigenartige Religion: ganz darauf bedacht, sich zu vergessen, ohne Gedanken zu sein, ohne Lehre, ohne Inspiration. Das Einzige, was man tun muss, ist, sich lösen, die Gedanken an sich und die Welt aufgeben. Es wird damit enden, dass ich zum Christentum zurückkehre. Ich sehe in den Gesängen und dem Knien eine Form der Gewöhnung. Die jungen Leute lieben das Rituelle.

Helen, die Dicke, spricht über *Dharma*, um zu erklären, dass die Meditation auf allen Ebenen hilfreich ist, der des Alltäglichen und der des Übernatürlichen. Sie erzählt von einem »berühmten thailändischen Wissenschaftler«, der im Alter von elf Jahren nach England geschickt wurde, er war der Schlechteste in der Klasse; er hat meditiert und ist der Beste geworden, das Lernen fiel ihm leicht, und er schaffte es bis in die NASA. Meditieren, »um das Büroleben besser zu bewältigen, den Straßenverkehr, das Eheleben, den Verschleiß des Alltags«.

Ich spüre eine Verschwörung zur Schwächung des Abendlands.

Was macht die Kirche mit ihren Werten, ihren Prinzipien, ihren Ideen, die wir hier nur vergessen? In der Wiederholung von rituellen Formeln, die keiner versteht, versteckt sich eine Fähigkeit, eine asiatische Form der Sozialisierung, die beeindruckend ist.

Ich suche die Religion, ich suche etwas Verpflichtenderes als das Alltägliche, aber ich kann die sklavische Unterwerfung unter Regeln nicht akzeptieren, das Niederknien, die Anbetung in der Masse.

Ich mache »Gehmeditation«, »Sitzmeditation«, aber ich meditiere keine Sekunde lang.

Hier sagen sie, der Geist ist wie ein Affe, er springt mal hierhin, mal dahin. Der meine scheint eine ganze Horde von Affen zu sein, die überall herumhüpfen. Der Mönch sagt, man solle sich nicht dagegen wehren, solle ihn lassen, aus dem Affen einen wilden Büffel machen, dem man einen Strick umlegt, an dem man ihn ziehen kann. Man soll sich der Fluchtbewegung des Geistes nicht widersetzen, nur feststellen, dass er flieht, sich sagen »ich denke, ich denke, ich denke«, und wenn man etwas sieht oder hört, sagen »ich sehe, ich sehe, ich sehe«, »ich höre, ich höre, ich höre«.

Werde ich am Ende nach Europa zurückkehren?!

Ich meditiere nicht, aber ich habe den Eindruck, ich entwickle ein Verständnis für das, was die anderen tun, was mir auf seine Weise eine Form von Weisheit scheint. Ich sehe die Freude bei einigen.

Manchmal denke ich, die Aura des hiesigen Weisen ist der Blick des Idioten. Einer der Mönche wirkt so. Jahrhundertelang haben die hier meditiert, während draußen die Stürme tobten, die Bauern kamen im Hochwasser um, und keiner baute Dämme.

Der Buddhismus übt eine schreckliche Anziehungskraft auf die jungen Leute im Westen aus (daher der große Erfolg von Hesses *Siddhartha*). Die Welt ist zu kompliziert, keiner hat mehr das Gefühl, etwas ausrichten zu können, unnütz, sie ändern zu wollen, das bringt nichts. Und selbst wenn es gelänge, es wäre doch nur Schein. Wenn Toyota dich zu monotonen Arbeitsrhythmen zwingt, meditier und mach sie dir erträglich. Japan geht da voran.

Der Buddhismus predigt die Tatenlosigkeit, den Nicht-Widerstand. Man braucht nichts zu tun, nur zu reflektieren, um den Gedanken an das Ganze auszuschalten. Weil das Ganze unnütz ist. Das Haus des Nachbarn brennt? Du meditier, ihm zu helfen ist unnütz.

Diese Wiederentdeckung in Asien ist auch durch das Ende des Kommunismus bedingt. In allen Ländern kommt der Buddhismus wieder in Mode, und die Japaner sind begeistert von diesem Revival. Der Kommunismus ist am Ende, die Träume von einer besseren Gesellschaft sind am Ende. Alles löst sich, indem man sich auf einen Punkt zwei Zentimeter oberhalb des eigenen Nabels konzentriert.

Die Faszination des Tuns ist vorbei. Man glaubte, die Antwort in der Wissenschaft gefunden zu haben. Nein, die Lösung liegt in der Meditation in einem schönen Raum in japanischem Stil.

Das erlaubt eine wunderbare Kontrolle des sozialen Systems. Um die Gesellschaft kümmern sich die anderen, die Unreinen. Wer verstanden hat, meditiert. Aus diesem Grund lasen in früheren Zeiten die Mönche den Laien nicht einmal die Sutren vor, sie hielten sie geheim. Man versteht den alten Streit zwischen denen, die die Sutren geheim halten wollten, und denen, die das nicht wollten.

Man hat keine Angst mehr vor dem Tod, es gibt ja die Reinkarnation. Eine herrliche Mode. Der Buddhismus als asiatisches Erfolgsmodell? Asien ist ganz buddhistisch, und das könnte mit einer Wiederentdeckung des Nationalismus einhergehen. Das Christentum hat hier nur aufgrund von Hunger und Armut Fuß gefasst. *Rice Christians** – jetzt, wo sie genug Reis haben, entdecken sie die Idole wieder, die Zeichen ihrer Identität sind.

Beim letzten gemeinsamen Essen, nachdem wir von den acht Vorschriften befreit worden sind und uns zu den fünfen (nicht töten, nicht lügen usw.) bekannt haben, sprechen die Meditierenden miteinander, und die geheimnisvollen Personen der vergangenen Tage bekommen ein Gesicht. Die verhuschte, spindeldürre junge Frau ist eine Bankiersgattin, die hier auftankt, um den schweren sozialen Verpflichtungen ihres Lebens gerecht werden zu können. Die älteste unter den Frauen ist eine Amerikanerin, die aus der Hippie-Bewegung kommt. Dann ein kanadischer Diplomat mit französischer Frau, der junge Deutsche, der zu einer stumpfsinnigen Arbeit in Deutschland zurückkehrt, der Professor für englische Literatur mit seinem Gelehrtenbart und mein Kanadier, ein einfacher Mann, den ich im Kleinbus getroffen habe und der mir jetzt sagt: »Heute Morgen ist es mir endlich gelungen, ich bin in einen zeitlosen Zustand eingetreten, in dem ich keinerlei Gewicht verspürte, wo alles grenzenlos schien.«

Ich habe nichts gehört, habe nichts gesehen, ich bin nur belustigt und immer neugieriger auf die Möglichkeiten, die diese Alternative eröffnet.

* * *

9. Januar 1994, Bangkok. Der SPIEGEL fordert mich auf, nach Australien zu fahren und mich um den Buschbrand zu kümmern. Ich fühle mich nicht wohl, und ich würde es nicht schaffen.

Ich gehe ins Krankenhaus Samitivej, und die Ärztin sagt zu mir: »Keine Malaria, aber Anämie und ein Herzgeräusch.« Die Welt bricht über mir zusammen. Weitere Untersuchungen, Medikamente. Ich muss mich entscheiden, ob ich in diese Krankenhauswelt eintreten oder so tun will, als ob nichts wäre.

Ich habe immer gedacht, das ist der Anfang vom Ende, ein Arzt, der zu mir sagt: »Wissen Sie, hier ist ein Schatten, ein Geräusch, weitere Untersuchungen sind notwendig, kommen Sie wieder.« Die arme Angela, sie ist in sich schon geschwächt und deprimiert wegen meiner verheerenden Reaktion auf die Lektüre der Übersetzungs-Überarbeitung ihres Buches *Die Erben der Samurai. Japanische Jahre*. Und jetzt muss sie sich mit noch einem hässlichen Problem herumschlagen.

Ich habe nicht einmal die Kraft zu verzweifeln. Mir scheint, das Leben hat seinen Rhythmus verändert.

13. Januar 1994, Chiang Mai. Ich komme am Morgen mit dem Zug an. Ich bin mittlerweile ein *Habitué*. Das Haus von Dan Reid* im Morgengrauen ist wundervoll. Sie schlafen noch alle. Der Wind in den großen Bambusbüschen. Der grüne Fluss, der wie eine von einer großen Kraft zusammengehaltene Masse träge dahinfließt. Trockenes Laub auf der Holzterrasse.

Jeder Gegenstand ist ein Vergnügen. Im Raum der Buddhas zünde ich zwei Weihrauchstäbchen an. Der kleine Löffel auf dem Tisch, mit dem man den Tee nimmt, ist wie ein Phallus geformt, mit dem Kopf des Laotse.

Ich fahre zum Flughafen, um Léopold zu treffen. Der Wagen des Generals, mit dem zu fahren wir eingeladen sind, klettert im Dunkeln einen Hügel hinauf. Wir fahren etwa eine Stunde und kommen in ein herrliches Tal voller Dunkelheit und mit einer schönen, dichten, üppigen Vegetation.

Aus der Gruppe tritt John Coleman* heraus, riesig, dick mit dem schönen Lächeln eines zufriedenen alten Mannes. Er trägt eine Mütze auf dem Kopf, eine Jacke über mehreren Pullovern und hat ein sehr sanftes, etwas verschmitztes Lächeln. Ich bin gewohnt, Spiritualität mit Magerkeit und Leiden in Verbindung zu bringen, und dieser Anblick überzeugt mich wenig.

14. Januar 1994, Pong Yang, Garden Village (Thailand). Der Ort ist fabelhaft. Man wacht am Morgen auf vom Schlag eines birmanischen Gongs, der im Tal widerhallt. Große Blumen, Büsche, ein geräuschvoller Wasserfall hinter dem Restaurant im Freien. Jeder von uns ist in einem Bungalow im dichten Wald untergebracht. Die Grasdächer sind überwuchert von Kletterpflanzen mit roten Blüten. Auf der Terrasse ein Büschel orangefarbener Blumen, wie viele, zum Himmel gereckte Finger. Dann ein großer Busch jener Pflanzen mit roten Blütenblättern, wie man sie ins Weihnachtszimmer stellt.

Wie schrecklich diese Abkehr von der Natur, wie wir sie tagtäglich praktizieren, und wie schön, zu ihr zurückzukehren, sie wiederzuentdecken.

Ich frage mich, warum ich hierhergekommen bin auf der Suche nach dem Nichts, nach der Leere des Geistes, wenn es diese herrliche Natur ist, die es wiederzuentdecken gilt. Ich verstehe dieses Sich-Versenken in der Stille, wenn der erste Laut am Morgen, nach dem Gongschlag, der Ruf eines Vogels in der Ferne ist und dann noch einer.

Wir kehren zurück nach Pong Yang: an einem Tisch die Chefin des Ganzen, eine mächtige alte Frau, fett und stark geschminkt, mit einem Homosexuellen als Hausfreund, der eine Buddha-Figur aus der Prä-Angkor-Zeit um den Hals trägt, ein Polizeigeneral, ein CIA-Agent, Frauen ohne Hoffnung. Wie viele Leichen hinter der Suche nach dem Nirwana!

Ich bin ein skeptischer Florentiner, der jeden Tag, den er sie aufgehen sieht, die Sonne fragt, ob sie echt oder gefälscht ist. Was habe ich hier zu suchen?

20 Uhr. Nach so und so vielen Aufschüben sagt Meister Coleman die üblichen Banalitäten über Energie, über Qualität, über Maschinen, über die Vorschriften, um unsere spirituelle Suche auf eine moralische Basis zu stellen. Das beeindruckt mich nicht. Ich spüre wenig Disziplin darin, und schon allein das missfällt mir.

Er sitzt und meditiert, ich betrachte seinen Körper, und ich sehe, dass der obere Teil schön und edel ist, dass er einen schönen Kopf hat, dass Kraft darin liegt, sein Blick und seine Stirn sind erfüllt von großer Güte.

16. Januar 1994, Pong Yang. Im Morgengrauen und in der Kälte, den Rücken dem herrlichen Tal zugewandt, denke ich an meine Nasenspitze. Da stimmt doch etwas nicht. Ich hätte Lust davonzulaufen. Ich ertappe Coleman dabei, dass er mitten in der Meditation ein Auge öffnet und wie ich auf seine Digitaluhr schaut, die er neben sich liegen hat. Auch er zählt also die Minuten, bis er sich bewegen kann. Auch er leidet. Warum soll man sich einer solchen Tortur unterziehen?

Ich spüre etwas Falsches in den Reden über »Energie auf höchstem Niveau, höchste Qualität«. Ist es möglich, dass alle Religionen so verkommen sind? Vielleicht muss auch die Religion neu erfunden werden. Aber auf welcher Basis? Auf der unseres heutigen Bewusstseins, das in der Angst vor der Wissenschaft groß geworden ist? Die Antwort liegt bestimmt nicht hier.

17. Januar 1994, Pong Yang. Wecken um fünf Uhr. Die Stunden der Meditation im Dunkeln und in der Kälte sind die besten. Auch wenn ich nicht meditiere, beginne ich mich daran zu gewöhnen. Man hört nichts als das Rauschen des Wassers von dem Wasserfall in der Nähe, und in das Geräusch mischt sich das des Windes in den Bäumen auf der anderen Seite des sehr engen Tals.

Das Frühstück ist ganz vegetarisch, mit vielen Pilzen, Omeletts und zwei verschiedenen Sorten Reis. Ich versuche auch, wenig zu essen. Die Stunden vergehen. Ich meditiere keinen Augenblick lang, das Bewusstsein ist wie der klassische Affe im Wipfel eines Baums, es springt von einem Ast zum anderen, streift und tollt umher, und die meiste Zeit denkt es daran, mit der da ganz hinten zu vögeln, mit Leuten, die vorbeikommen, auch mit sehr engen Freunden, mit Frauen wie der neben mir. Ich stelle meine Bibliothek um, gehe zum Kardiologen, richte das Haus in Orsigna anders ein, die Jurte: Ich versuche, auch dort einen Ort zum Meditieren zu schaffen. Ich schreibe ein Buch, bekomme einen Literaturpreis, meditiere aber nie. Der Gedanke, wie wenig großzügig die italienischen Zeitungen waren, erfüllt mich mit Wut, ich verscheuche ihn, ich vögle wieder mit der Dicken neben mir, ruhe mich aus.

18. Januar 1994, Pong Yang. Die übliche Atmosphäre, ich bleibe sitzen, wie es sich gehört, aber der Affe springt in alle Richtungen, kriecht in die Schlüpfer aller Frauen ringsum, schreibt Briefe an Scalfari, schickt ihm stapelweise Bücher mit Rezensionen dazu. Ich bin noch immer ein Gefäß voller Frustrationen und Wut, die ich nicht aufzulösen vermag.

Abends noch einmal eine Stunde angestrengter Bemühung. Ich halte eine ganze Stunde lang durch. Ich wusste nicht, dass Meditationskurse so beschwerlich sein können. Meditation: Dabei denkt man an Leute an einem exotischen Ort, die schöne, ruhige Dinge tun. Von wegen: Es ist Leiden und Tortur.

Ich gehe ins Bett mit Angst vor einem Herzinfarkt und davor, am nächsten Morgen nicht lebend aufzustehen. Aber auch das macht mir nicht wirklich Angst. Den ganzen Tag lang habe ich mich beobachtet, mir zugehört. Ich habe auch versäumt, ein Testament zu machen. Aber die Familie wird wissen, was zu tun ist, sei es mit der Leiche, sei es mit meinen Dingen: Ich denke an die Bücher über Asien, an Maraini*, daran, alles miteinander nach Florenz zu bringen.

20. Januar 1994, Pong Yang. Die Meditation frühmorgens ist die schönste. Erstmals ist es mir einige lange Momente gelungen, den Schmerz zu beherrschen, zu vergessen und zum Verschwinden zu bringen, viel Schmerz, aber auch die Freude: fühlen, dass sie sich verflüchtigt, verschwindet, und versuchen, auch an dieser angenehmen Empfindung nicht zu hängen, weil auch sie *Anicca** ist. Ich bleibe eine ganze Stunde reglos sitzen.

Die Stunde in der Gemeinschaft ist die schlimmste, es gelingt mir nicht, mich zu konzentrieren.

Um sieben letzte Meditationsstunde am Tag. Es ist dunkel, und nach 15 Minuten laufe ich weg. Ich schaffe es nicht. In meinem Kopf dreht sich alles. Ich habe Kopfweh, die Beine tun mir weh, zum ersten Mal habe ich unten an den Waden einige schauerliche Krampfadern entdeckt, sicher das Ergebnis dieser stundenlangen Unbeweglichkeit.

Warum sich diese Pein auferlegen? Warum zu allen Schmerzen, die das Leben ohnehin bereithält, noch andere hinzufügen, um am Ende einzusehen, dass alles vergänglich ist? Warum nicht auf den Lauf eines schönen Flusses schauen, um seine Vergänglichkeit einzusehen?

In gewisser Weise zieht das Experiment mich an, weil sich dahinter ein Aspekt von Asien verbirgt, der mir entgeht, aber in gewisser Weise stößt es mich auch ab, wie eine Übung für einfältige Gemüter, gegründet auf Pessimismus, träge. Was für eine Gesellschaft hätten die Menschen geschaffen, wenn sie diese Ideen wirklich beherzigt hätten und wirklich buddhistisch geworden wären?

Ich begreife, dass dieses Phänomen jetzt für den Westen attraktiv ist, dass es da eine Mode gibt, worin all das Exotische liegt, alle Farbigkeit, alle Poesie und eine Praxis, die für einen nach Spiritualität dürstenden Westen eine Antwort zu enthalten scheint.

Sicherlich haben die Ideologien wie die Religionen – insbesondere die christliche – ihre Lebenskraft erschöpft, sind auf bloße Liturgie reduziert, leben nur in sektiererischen und marginalen Formen weiter, und deshalb breiten sich überall die »neuen Religionen« aus, die nichts anderes sind als vereinfachte und verkürzte Formen der alten Religionen.

Was die Welt jetzt sehen könnte, ist das Auftreten einer neuen Religion, die die Bedeutung der anderen in sich versammelt und sich nicht mehr durch Feuer und Schwert behauptet, sondern dadurch, dass sie dem ausufernden Materialismus des heutigen Lebens wieder einen spirituellen Sinn gibt. Dazu hat der Buddhismus gewiss einiges beizutragen.

21. Januar 1994, Pong Yang. Der Kurs hat die Idee des Todes in mir verankert.

Früher war der Tod wichtig im Leben. Der industrialisierte Optimismus von heute meidet den Tod, eliminiert ihn. Der Buddhismus als Wiedererschaffung des Bewusstseins vom Tod hat, scheint mir, seinen Wert. Nur in Orsigna wird die Totenglocke noch geläutet. Wo noch? Sonst werden die Beerdigungen verstohlen gemacht, wie um etwas Lästiges, etwas Unbequemes zu eliminieren.

Ich verknüpfe meine übliche Ansicht, dass unser ausschließlicher Wissenschaftsglaube uns womöglich vom Weg abgebracht hat, mit diesem Buddhismus, wo der Schmerz nicht bloß etwas mit einer Pille Abzuschaffendes ist, die Depression nicht mit einem Medikament zu bekämpfen ist, das eine Illusion von Glück vermittelt. Warum schlafe ich seit drei Nächten, ohne zu denken, ich werde an einem Infarkt sterben?

Träume um Folco und Saskia. Ich erinnere mich nicht, was, aber nichts Beängstigendes. Alles ist heiter. Sollte der Geist sich wenigstens vorläufig beruhigt haben? Dann ein anderer Traum: Ich bin in Florenz und leite eine Kampagne zur Moralisierung, ich sehe mich, wie ich die jungen Leute vom Konsum abbringe, sie zum Nachdenken anrege, ihnen die Freude an den kleinen Dingen wiedergebe. Ich sehe mich auf einem kleinen Lastwagen, normal gekleidet, um nicht für einen Verrückten gehalten zu werden, der dann, weil er banale Wahrheiten verbreitet, wie Savonarola* auf der Piazza della Signoria verbrannt wird.

Ich erwache mit dem Gedanken: Wenn man dem Konsumterror ein Ende setzen will, muss man einen Weg finden, die Menschen zu beschäftigen, ihnen neue Ziele geben; muss man ihre Zeit anders ausfüllen, die heute in der Produktion von zumeist überflüssigen Dingen vergeudet wird.

Die neue Religion, die die Welt mehr erobert als die »neuen« Religionen, ist die Globalisierung, die neue Moral sind die Menschenrechte, wodurch die USA der Welt der Hamburger ihre Pax Americana aufoktroyieren wollen. Alles für den Markt, alles für die

Wirtschaft. Deshalb regt sich bei den jungen Leuten das Verlangen nach anderem, das Verlangen nach Spiritualität.

23. Januar 1994, Chiang Mai. Ich schlafe vorzüglich, allein in meinem Schlafsack auf dem nackten Boden des Gästezimmers, wo das Bett durchgelegen ist. Im ersten Morgengrauen stehe ich auf. Das Aufstehen um fünf Uhr ist ein wenig in Fleisch und Blut übergegangen. Ich gehe in den Raum der Buddhas und zünde am Altar drei Weihrauchstäbchen an, dann meditiere ich eine Stunde, zum Fluss gewandt. Wunderschön. Dann noch etwa zehn Minuten mit Dan vor seinen Buddhas. Das Frühstück ist herrlich mit Honig, Ginseng und Schwarzbrot mit Sonnenblumenkernen drauf.

Ich kündige an, dass ich zum ersten Mal wieder ein Flugzeug nehmen werde.

Dan bringt mich zum Flughafen. Ich komme ins Turtle House*, und man sagt mir, dass Baolì gestern ins Koma gefallen ist, er rührt sich nicht mehr. Er hat gewartet, bis ich zurückkomme, um ihn auf diesem letzten Lauf zu begleiten. Ich verbringe fast die ganze Nacht bei ihm vor dem Esszimmer, mit Räucherkerzen gegen die Mücken, eine Decke über die mittlerweile leeren Augen gebreitet, wo Fliegen und die schauerlichen Nachtmücken herumschwirren.

24. Januar 1994, Bangkok. Baolino ist noch immer im Koma. Ich versuche, ihm auf jede Weise zu helfen, aber es gelingt mir nicht.

Ich erinnere mich an *Final Exit* und die Methode mit der Plastiktüte, scheinbar schmerzfrei, weil man in den berauschenden und einschläfernden Dämpfen des Kohlenmonoxids stirbt, aber im letzten Moment halte ich die Vorstellung nicht aus, das Aufbäumen des letzten Atemzugs unter meinen Händen zu fühlen.

25. Januar 1994, Bangkok. Ich lese weiterhin in den Stapeln von Post, Rechnungen und Zeitungen, die sich angehäuft haben, um nicht ins Krankenhaus zu gehen.

Ich frage auch Doktor Margherita, ob sie mir helfen kann. Sie hat kein Strychnin in ihrer Praxis. In einer Apotheke sagt man mir, sie hätten nichts zu verkaufen. Ist es möglich, dass ich ihn so leiden lassen muss?

Am Nachmittag gehe ich zur Tierärztin.

»Töten? Wir Thai tun so etwas nicht.«

Da setzt es bei mir aus, und langsam sage ich zu ihr: »Ich bin Journalist, vor wenigen Monaten habe ich eure thailändischen Soldaten auf eine wehrlose Menge schießen sehen, dabei sind mehr als 200 Menschen ums Leben gekommen. 200 thailändische Menschen, keine alten, kranken Hunde, sondern junge, quicklebendige Thailänder … Ihr Thailänder und nicht töten? Was ihr Thailänder tut, ist schlichtweg lügen.«

Und ohne ein weiteres Wort verlasse ich die Klinik.

Mehr Glück habe ich bei den jungen Tierärztinnen von der Sukhumvit*, in der Nähe des Soi 55.

»Sie wollen Ihren Hund ins Paradies schicken? Sind Sie wirklich sicher, dass er es nicht mehr schafft, dass er sich nicht noch einmal erholen kann?«

Sie füllt mir ein Fläschchen mit einer Flüssigkeit ab, die man intravenös spritzen muss. Mit Hilfe von Kamsing* gebe ich Baolì die Spritze und verabreiche ihm viele Valium-Tabletten und mein ganzes Prozac. Ich glaube, ich werde es nicht mehr brauchen, auch nicht als psychologische Rückversicherung. Nachts gehe ich zwei, drei Mal nach ihm schauen, er atmet noch, langsam, mühsam, aber er scheint nicht zu leiden, er rührt sich nicht. Er schüttelt sich nicht.

26. Januar 1994, Bangkok. Angela ist mit einer französischen Freundin in Samui am Meer. Es geht ihr gut. Ich freue mich, ihr sagen zu können, dass es mir auch gut geht. Ich bin distanziert. Ich meditiere. Mir scheint, ich habe da etwas erreicht.

Ich gehe ins Krankenhaus Samitivej, um meine Untersuchungen machen zu lassen. Während des Belastungstests lässt der Arzt bei 92 Prozent unterbrechen und sagt, das EKG zeige Infarktrisiko an. Im EKG finden sie einen Defekt an der Mitralklappe, sie schließt nicht richtig. Das erscheint mir schlimm, aber ich mache mir keine Sorgen.

Bei Margherita lasse ich die Impfung gegen virale Hepatitis machen und stelle mich darauf ein, auf Erholungsurlaub ans Meer zu gehen. Ich muss auf meinen Körper Rücksicht nehmen. Rat suchen.

Ich muss wissen, ob ich noch fit genug bin, um es mit Indien aufzunehmen, oder ob es an der Zeit ist, meine sieben Sachen zu packen und einen Abgang zu machen. Ich hätte lang genug mitgespielt, falls es so sein sollte.

Ich komme nach Haus, und man sagt mir, Baolì sei tot.

Es ist, als wäre er an meiner Stelle gestorben, während ich den Belastungstest machte. Hat er meinen Infarkt auf sich genommen?

Übermorgen kommt Angela zurück. Ich muss diese Ruhe beibehalten und darf sie nicht mit meinen Ängsten belasten.

Am Nachmittag Baolìs Beerdigung. Die Grube zu Füßen der Ganesh-Statue* war seit drei Tagen bereit. Bedeckt von einem weißen Leintuch und mit Blumengirlanden geschmückt wird er hinuntergelassen in das Wasser, das sich unten angesammelt hat, am Rand der Grube brennen Weihrauchstäbchen.

Ringsum versammelt sind die Angestellten von Turtle House und die Wachen, sie werfen die ersten Schaufeln Erde hinunter. Eine einfache und rührende Angelegenheit. Ein Teil meines Lebens geht da dahin, die Kindheit der Kinder, ein guter Teil der Familienbindungen: Hongkong, Peking, Hongkong, Tokio, Daigo und dann dieses Alter in der Familie, im Turtle House. Gute Reise, Baolì. Wer weiß in welchem Körper und wo du wiedergeboren wirst? Sicher in einem höheren Wesen als ein Hund es ist, in einem, das dem Nirwana schon sehr nah ist.

10. Februar 1994, das Jahr des Hundes beginnt, Rayong, Strand von Ban Phe (Thailand).* Ich bin seit dem 5. Februar hier. Ich habe wieder angefangen zu joggen, ich esse wenig, ich lese und versuche zu entscheiden, ob ich das Buch schreibe oder nicht. Ich möchte es, es gelingt mir nicht, aber das ängstigt mich nicht. Herrliche Einsamkeit im Gästehaus von Pao und Kitti. Ein wunderschöner Ort. Ich nehme Eisen zu mir, mache Gymnastik und versuche, den Aufbau dieses Buches zu konzipieren, das ich schreiben will, schreiben muss. Wenn ich nicht vom Sex besessen wäre, würde ich noch mehr zustande bringen. Ich meditiere jeden Tag, und das beruhigt mich.

Angela war zwei Tage hier und kommt morgen wieder. Schöne Zeit.

Heute wäre der Tag, an dem mein Flugverbot zu Ende gegangen wäre. Ich feiere mit zwei Bieren und drei Whiskys und fasse große Vorsätze der Abstinenz für das kommende Jahr: einen Monat ohne, einen mit Alkohol. Gymnastik und Meditation. Und vor allem der Vorsatz, Tagebuch zu führen. Elektronisch oder nicht. Tagebuch.

11. Februar 1994, Ban Phe. Um sieben kommt Angela mit dem Bus. Es geht mir ausgezeichnet. *Anicca* ist auf meiner Seite, und wir verbringen wunderschöne Stunden miteinander, zuerst am Meer in dem kleinen Restaurant im Hafen von Ban Phe, das von einem Herrn aus Bangkok geführt wird, ehemaliger Maler, ehemaliger Student in Paris, der in unserem Alter beschlossen hat, sich von der Welt abzukehren, Garnelen zu züchten und die Meeresluft zu genießen. Dann im Haus von Kitti, der letzte Abend. Morgen muss ich umziehen in das scheußlich proletarische Haus zur Miete, das jetzt noch von fetten Chinesen belegt ist.

Am nächsten Abend viele Einkäufe, um das Haus anders einzurichten und von den Chinesen zu reinigen. Bei Sonnenuntergang kommen wir zu dem stinkenden Haus zurück und treffen vor der verschlossenen Tür Abbas, als braver Reporter kommt er mich besuchen, obwohl ich ihn nicht angerufen habe, ja versucht habe, ihn zu meiden. Er ist auf dem Weg nach Vietnam. Im Grunde freut es mich, ihn zu sehen. Aber dies ist der ungeeignetste Augenblick.

Die Nacht ist furchtbar. Schrecklicher Streit mit Angela. Um zwei Uhr nachts erwache ich am Boden im Salon und entdecke, dass sie auch nicht schläft. Ich rette mich mit einem Blumenstrauß vor ihrer Tür und mit einer Karte: »Entscheidungen niemals in einer schlaflosen Nacht fällen, niemals nach vier Bier, zwei Whiskys und einem Willkommensdrink auf das Leben blicken. Ich gehe die letzten Sachen besorgen.«

Ich komme wieder, und wir putzen wie die Verrückten. Am Nachmittag ist das Haus unser geworden, und wir weihen es ein, indem wir uns lieben, überschwänglich wie junge, vor Leidenschaft wild gewordene Pferde.

14. Februar 1994, Ban Phe. Angela fährt am Morgen ab. Abbas kommt mich besuchen. Ich habe sein Tagebuch am Schluss seines wunderschönen Fotobands über Mexiko gelesen. Auch das Tagebuch ist wunderbar! Bravissimo. Er erzählt mir von seinem mythischen Meister Weston* und von seiner geliebten Muse Tina Modotti*, einer Italienerin, die als *pasionaria* dorthin gegangen ist.

16. Februar 1994, Ban Phe. Zwei Tage lang habe ich mit Leidenschaft geschrieben. Dann plötzlich die Krise. Ich sehe den Plan des Buches nicht mehr, ich habe den Faden verloren. Alles erscheint mir banal, ich weiß nicht, wie ich das Politische und das Persönliche verknüpfen soll, wie man mich nicht für verrückt halten soll. Ich rufe Angela bei Sonnenuntergang an, und sie ist wunderbar.

»Du musst das Buch schreiben, von dem du ein Jahr lang gesprochen hast, wie du davon erzählt hast, so dass es alle amüsierte. Das Buch muss ein Vergnügen sein, ein Spiel, eine Art zu sagen: ›Schaut her, was ich mir ausgedacht habe.‹«

Das ist es, was ich immer machen wollte, aber ich hatte den Faden verloren.

Erleichtert gehe ich ins Palmeraie*. Auf dem Rückweg denke ich an die Widmung: »Für Angela, die trotz aller Prophezeiungen seit dreißig Jahren meine Frau ist. Sie ist und bleibt die fabelhafte Lektorin, ohne deren Hilfe dieses Buch nie möglich gewesen wäre.«

Jetzt geht es darum es zu schreiben, zehn Tage habe ich schon verloren.

Ban Phe (Wochenende). Angela kommt. Mit großem Bangen gebe ich ihr die letzte Version der ersten zwei Kapitel zu lesen. Sie werden gebilligt. Wir verbringen zwei herrliche Tage in großer Intimität und großer Leidenschaft.

Eine wundervolle Liebe.

26. Februar 1994, Ban Phe–Bangkok. Weil Spagnol* kommt, muss ich in die Stadt. Es ist wie eine Klausur aufzugeben, wie ein Gelübde zu brechen. Am ersten Tag halte ich es aus, am zweiten drehe ich durch. Ich begleite ihn durch die Stadt, begleite ihn an den Fluss, wir sprechen aber nie über Bücher. Zum Mittagessen lade ich auch Renata Pisu ein, eine schöne, unaufdringliche und klare Person. Der Rückweg mit Angela ist schlimm. Wir streiten, es besteht eine enorme Spannung zwischen uns, Unduldsamkeit auf beiden Seiten, weil jeder von uns das tut, was der andere verabscheut: das Urteil über die Kinder, der Besuch Spagnols.

Am Abend versöhnen wir uns wieder. Wir gehen zum Abendessen ans Meer bei Vollmond, doch dann packt es mich. Ich verliere wirklich die Beherrschung. Ich fahre wie ein Verrückter und bringe sie zum letzten Autobus, der schon losgefahren ist. Wenn ich nicht am Infarkt sterbe, bedeutet das, dass das Herz mitmacht. Ich nehme ihr ein Zimmer in einem schauerlichen Hotel am Meer in Ban Phe, The Silver Pine Beach Hotel, und kehre in meine Stille zurück.

27. Februar 1994, Ban Phe. Ich stehe im Morgengrauen auf, um die Rechnung zu begleichen und im Coffeeshop auf Angela zu warten, damit sie den ersten Autobus nehmen kann. Jemand klopft an der Tür, sie glaubt, ich sei es, und sagt mit einem strahlenden Lächeln »Guten Morgen«. Es sind die Zimmermädchen vom Stock, die sagen: »Check out.« Sie glaubt, sie muss raus. Sie geht hinunter. »Die Rechnung ist schon bezahlt.« Sie sucht ein Taxi, um mir eine Nachricht bringen zu lassen, die sie beim Aufstehen geschrieben hat. Ich klopfe an die Scheibe des Coffeeshop. Strahlendes Lächeln, und wir verbringen das herrlichste Wochenende: ein langer Spaziergang in der Sonne, schlafen am Nachmittag, gemeinsam lesen, uns lieben und reden, reden. Die zärtlichste Liebe, wiedergefunden.

Warum kann man das Leben nur mit Höhen und Tiefen genießen? Warum erlebt man das Glück nur im Kontrast?

28. Februar 1994, Ban Phe. Wir schlafen in der leise säuselnden Brise, die vom Meer kommt, schwer von Salz und Geruch nach Algen.

Wir stehen im Morgengrauen auf. Rechts vom Strand steht noch der silberne Vollmond, links steigt eine außerordentlich rote Sonne vom Graugrün des Meeres auf. Herrlich. Wir sind die Einzigen am ganzen Strand außer einem Bettler mit einem Kind, der Taue und Plastikflaschen aufsammelt und alles, was die Wellen von wer weiß wo anspülen. Wir gehen eine Stunde lang, ich mache das Frühstück. Es liegt eine sehnsuchtsvolle Zärtlichkeit zwischen uns, wie nur 30 Jahre gemeinsamer Geschichte sie schaffen können.

Ich begleite Angela zum Autobus nach Bangkok. Ich kehre ins Haus zurück, und die Grenze zwischen Meer und Himmel ist verschwunden, alles ist ein Blau, Grün, Grau, und ein Gewitter braut sich zusammen. Wunderschön.

Ich mache mich mit frischer Kraft wieder an die Arbeit am Buch. Ich darf nicht lockerlassen.

3. März 1994, Ban Phe. Immer noch am Meer. Tage voller Schreibhemmung. Ermutigt von Spagnol, der von Phnom Penh aus anrief, um zu sagen, dass er von dem Buch begeistert ist. Er glaubt daran, will es zu einem Erfolg machen. Mir bleibt das Problem, es zu schreiben.

Hier ist es nach wie vor herrlich. Ich stehe um 5 Uhr 30, 6 Uhr auf, laufe am Strand mit dem Mond auf der einen und der knallroten Sonne auf der anderen Seite, mache Gymnastik, frühstücke und verbringe den Tag am Schreibtisch, mit einem langen Spaziergang in der Sonne um zwei. Ich komme nicht recht voran: Ideen, Verbindungen, aber das Schreiben stockt, fließt nicht. Und doch leide ich nicht darunter.

27. April 1994, Bangkok. Der letzte Abend im Turtle House.

Die leeren Räume hallen wider. Die Kisten sind unterwegs, die Lampen auch, es gibt kein Licht mehr. Beim Schein der letzten Petroleumfackeln essen wir mit Jon Swain* zu Abend, der von seinem Buch über Indochina erzählt. Endlich mal, dass auch ein Engländer sich gehen, sich zu Nostalgie und Leidenschaft hinreißen lässt. Es ist schön, Jon zu sehen, wie er älter wird und sich nicht mehr gezwungen fühlt, den brillanten und arroganten jungen Mann zu spielen.

Um zehn schlafe ich am Boden ein. Ich lasse zu, dass Jon und Angela ihr Gespräch über das Leben fortsetzen. Auch dafür ist er mir dankbar. Für den Titel seines Buches auch. *River of Time*: Während wir bei Khun Sa* waren, kam mir diese von Angela angeregte Formulierung in den Sinn. Da sein Buch eine Reise den Mekong entlang beschreibt, scheint er mir passend.

Ich denke an mein *Fliegen ohne Flügel* und zittere.

*30. April 1994, Bangkok.** Turtle House ist vorbei.

Ich nehme das Schild weg, bezahle das Trinkgeld für alle von dem Geld, das wir durch den Verkauf der Klimaanlage im Baumhaus eingenommen haben. Die Enten werden im Korb eines Fahrrads ins Mechai-Viravaidya*-Zentrum für aidskranke Kinder geschafft, die Vögel und Dutzende Pflanzen kommen in den Garten der »Locanda«.

Wir stecken Weihrauchstäbchen an, legen unserem Buddha auf dem Hügelchen eine Kette um und gehen zum Schlafen zu Marisa*. Am Morgen brechen wir leichten Herzens nach Rayong auf.

Das Haus ist geschlossen: Ein Kapitel unseres Lebens ist abgeschlossen, und mit großer Freude machen wir uns bereit, das Kapitel Indien aufzuschlagen.

Ein Abend mit Léopold in meinem Bungalow in Ban Phe, dann lassen mich alle allein, auch Angela, mit dem Berg des fertig zu schreibenden Buches vor mir.

2. Mai 1994, Ban Phe. Der erste Wolkenbruch der Jahreszeit.

Das Meer wird grau, der Himmel hängt tief, und große Tropfen fallen in den Sand, ebnen den Strand und machen mir etwas Mut. Angela fehlt mir sehr.

* * *

*1. Juni 1994, Delhi (Indien).** Der erste Tag in einem neuen Leben. Er beginnt im Lodhi Garden mit dem enormen, schallenden Gelächter einer Gruppe von Männern und Frauen, die ihre Yoga-Übungen beenden, die sie im Schatten schöner Ruinen einer alten Dynastie abgehalten haben, auf dessen Kuppeln riesige Geier sitzen.

Die Stadt ist voller Tiere. Vögel, Kühe, streunende Hunde.

* * *

23. Juli 1994, Ban Phe. Ein ganzer Tag für fünf Seiten. Ich leide nicht mehr, aber ich finde es lächerlich, dass in meinem Alter jeder Artikel immer noch wie eine Prüfung ist. Basta.

24. Juli 1994, Ban Phe. Léopold kommt mich besuchen. Der Tag kriecht dahin, ohne dass ich schreiben kann.

27. Juli 1994, Ban Phe. Ich nehme es mit dem Buch auf. Es ist schrecklich. Banal. Schlecht geschrieben. Ich verbringe den Tag über den ersten vier Kapiteln. So komme ich nie an ein Ende. Aber soll ich mich geschlagen geben? Auf morgen!

28. Juli 1994, Ban Phe. Ich hänge bei Kapitel sechs fest. Grauenhaft, ohne eine zugrunde liegende Idee. Ich bin schrecklich deprimiert. Zwei Zeilen, die Angela mir schickt, trösten mich: Der SPIEGEL bringt die Geschichte aus Kambodscha. Wenn ich keine Bücher schreiben kann, werde ich eben weiterhin journalistische Sachen schreiben. Ich brauche immer ein »anderswo«, wohin ich ausweichen kann. So habe ich es immer mit den italienischen Zeitungen und dem SPIEGEL gehalten; jetzt mit dem Bücherschreiben und dem Journalist sein.

Schauerlich. In Wahrheit bin ich vom Sex besessen. Ich höre die Stimme eines Mädchens, das am Strand vorbeigeht, und ich muss hingehen und sehen, wer sie ist. Aber warum? Ich dachte, mit diesem Kitzel wäre es vorbei. Mitnichten, und am Strand finde ich den seltsam geformten Samen einer Pflanze, der wirklich wie eine Frau aussieht, und ich lege ihn mir neben den PC, um mich an das Beste im Leben zu erinnern.

Was mache ich hier bloß?

1. August 1994, Ban Phe. Im Geist in Orsigna. Um die Routine zu durchbrechen, um nicht in die Welt von gestern zu verfallen. Ich laufe nicht und sitze schon um sieben am PC. Aber ein Absatz, welche Mühsal!

Sexbesessenheit. Nur solche Bilder kommen mir in den Sinn.

2. August 1994. Ban Phe. Ich genieße es, in einem Restaurant vor einem alten Holzhaus mit einer ganz von Intarsien bedeckten Veranda eine Suppe zu essen. Ich rufe Angela an, aber die Nähe der Stimme frustriert mich. Sie möchte unter den Erfindungen des 20. Jahrhunderts das Fernsehen abschaffen, ich das Telefon. Ich esse *Durian**, und wieder eine fixe Vorstellung, die mir keine Ruhe lässt.

3. August 1994, Ban Phe. Und ich glaubte, das Alter hätte die Sinne abgeschwächt und etwas von der erträumten Bedürfnislosigkeit geschenkt. Wie kann man den Geist kontrollieren?

Ich versuche zu meditieren, aber nur diese Gedanken kommen hoch.

8. August 1994, Ban Phe. Eine wunderschöne Nachricht von Folco mit seinen Ratschlägen, wie das Buch sein sollte: Ein »Gedanke« von hundert Seiten. Bravo, aber auch er weiß, dass es schwieriger ist, hundert Seiten zu schreiben als dreihundert.

9. August 1994. Ban Phe. Eine sehr liebe Nachricht von Angela, mein Liebesbrief an sie aus Kambodscha ist endlich vom *Corriere* ganzseitig veröffentlicht worden. Es wurde auch Zeit. Das rührt mich und motiviert mich, mit meinem *Fliegen* weiterzumachen, aber der Aufstieg ist hart.

12. August 1994, Ban Phe. Ich habe die schwierigen Kapitel über Singapur weggelassen, weil zu politisch. Ich habe mich mit den beiden über Indonesien getröstet und versuche, mit dem über Kambodscha anzufangen.

Äußerst taktvoll fragt Poldi an, ob er mich am Sonntag besuchen kommen kann. Es freut mich.

Er ist ruhiger geworden, aber nicht zu sehr. Ich glaube wirklich, es liegt an der *Durian*, oder es ist der billige Versuch, schöpferische Kraft, die keine Bücher hervorbringt, in dieser dummen Tätigkeit des Vögelns abzureagieren.

14. August 1994, Ban Phe. Léopold kommt mich besuchen. Ich verliere einen Arbeitstag und den Faden, aber es ist ein Vergnügen, wieder einmal mit einem intelligenten Menschen zu reden.

15. August 1994, Ban Phe. Noch einmal *Ferragosto* fern von zu Hause. 1991 in Chabarowsk, vergangenes Jahr im Zug quer durch Russland. Nächstes Jahr zu Hause!

* * *

7. *November 1994, Ban Phe*. Es war die Reise durch ein Labyrinth, die mich wieder hierhergeführt hat.

Am 27. August bin ich aufgebrochen: Orsigna, Mailand, Indien. Die Pest in Surat*, Malaria in Rajasthan, dann eine Woche virales Fieber auf einer Schweiß durchtränkten Matratze mit dem einzigen Trost eines mongolischen *Thangka**, das sich im Nachmittagslicht belebte.

Dann die Depression, schrecklich, unwiderruflich wie in früheren Zeiten. Der Abscheu vor der Sinnlosigkeit von allem, dem Leben zu zweit, dem Sex, und sogar vor dem Buch, das nur ein Vorwand für Hoffnung schien.

Beim SPIEGEL habe ich gesagt, ich müsse eine Nasennebenhöhlenentzündung kurieren, und bin abgehauen. Zwei schöne Tage in Bangkok bei Léopold zu Hause, auch er am Ende eines Lebensabschnitts. Dann hier, wo alles gleich geblieben ist, jedes Detail genauso wie in der Erinnerung, einschließlich des hinkenden Hundes, der einen erwartet. Der Jeep ist rosa, der Strand blendend weiß und verlassen wie nie, das Meer sauber, der Sonnenuntergang silbern.

Allein mit der Depression, Versuch, den Faden wieder aufzunehmen. Drei Tage lang wage ich es nicht, mich zu setzen. Ich verbringe meine Zeit damit, den Tagesrhythmus zu ändern, um mich zu erholen. Vielleicht ist das eine Krankheit, von der ich nicht genesen werde.

Ich setze mich wieder vor den Buddha und versuche Ordnung zu schaffen. Wenigstens genieße ich wieder die Stille. Ich finde die Freiheit wieder, die Routine zu durchbrechen, mitten am Vormittag zu schlafen, um fünf Uhr nachmittags zu essen, herumzuschlendern, ohne Verpflichtung. Nicht einmal die schwer auszuschaltende des Bewusstseins.

In Bangkok ging ich eines Abends am Siam Square eine Haifischsuppe essen und danach einen der üblichen stumpfsinnigen amerikanischen Special-Effect-Filme ansehen. Das einzig Komische war, dass ich von einem jungen Mann angesprochen wurde.

»Erinnerst du dich nicht, Tiziano? Ich bin Jonathan, ich beschäftige mich mit *Wildlife*. Eines Abends hast du mich zu dir zum Essen eingeladen.« In einer Plastiktüte hat er zwei Exemplare von *Goodnight, Mister Lenin*, die er eben für seine Verwandten in Amerika gekauft hat. Er möchte, dass ich sie ihm signiere.

Freude? Ich muss lächeln, als wäre es das Buch eines anderen.

1995–1999

Im Jahr 1995 konzentrieren sich Terzanis Korrespondentenberichte aus Indien auf die Realität des Islam im indischen Kaschmir und in Pakistan. Terzani ist beeindruckt vom Islam, dessen soziale Durchdringung und politische Bedeutung er erkennt, was ihm auch früher schon auf seinen Reisen durch Zentralasien nicht entgangen war. Er reist nach Dharamsala, dem Sitz des Dalai Lama, und fragt sich nach der Faszination, die der Buddhismus auf den nach Glaubensinhalten dürstenden Westen ausübt.

Im selben Jahr bringt ihm die Publikation von *Un indovino mi disse (Fliegen ohne Flügel)* in Italien literarischen Ruhm ein und markiert gleichzeitig eine Wende in seinem Leben. Ermüdet von der Routine seines Berufs und noch nicht ganz genesen von der Depression, verspürt er das Bedürfnis nach neuen Erfahrungen. *Fliegen ohne Flügel* endet denn auch mit einem Satz, der eine Herausforderung darstellt: »Schließlich ist man doch neugierig darauf, sein Schicksal zu erfahren.«

Anfang 1996 finden in Bangladesch Wahlen statt. Terzani ist müde und verfolgt sie nur widerwillig. Aus Italien erreicht ihn eine überraschende Nachricht: Durch den Erfolg von *Fliegen ohne Flügel* ist er für den Premio Bancarella nominiert. Unsicher, was er tun soll, nimmt er am Wettbewerb teil, wird aber nicht ausgezeichnet. Also kehrt er nach Indien zurück, wo es noch große Geschichten und Gestalten gibt, von denen zu berichten sich lohnt, darunter Mutter Teresa in Kalkutta.

In der Begegnung mit der Religion zeigt sich Terzanis ganze Skepsis, er scheut auch nicht die Konfrontation mit dem Sohn Folco, der seit einiger Zeit als Freiwilliger im Sterbehaus von Kalighat arbeitet. Es ist eine lebhafte Auseinandersetzung: Auf der einen Seite ein

Mann von 58 Jahren, der im Begriff ist, seine berufliche Laufbahn zu beenden, auf der anderen Seite der Sohn mit 27, der seinen Weg sucht, angetrieben von Idealen, die im Grunde nicht so weit von denen des Vaters entfernt sind. In der Freude am Reisen finden die beiden starken und eigenwilligen Charaktere zusammen. Gemeinsam begeben sie sich in Dharamsala auf die Spur von Eremiten, deren Entscheidung, sich aus der Welt zurückzuziehen, beide fasziniert. Aber für Terzani zeichnet sich in den ständigen Konflikten und in der Verantwortung, die er als Vater empfindet, eine wachsende Sorge ab: das Verrinnen der Zeit.

Gegen Ende des Sommers fällt die Entscheidung: Nach 24 Jahren verlässt er den SPIEGEL. Die Frühpensionierung tritt im Herbst in Kraft. Die Entscheidung überrascht alle, es ist ein glatter, fast überstürzter Abschied. Er fühlt, dass seine Mission als Journalist erfüllt ist, er möchte sich anderem widmen, überlegt, einen Roman zu schreiben, der in Benares spielt. Im September drängt ihm der Tod seiner Mutter Lina Gedanken über das natürliche Bedürfnis des Menschen auf, eine Spur seines Erdendaseins zu hinterlassen.

In den ersten Monaten des Jahres 1997 reist Terzani in Indien und berichtet von der Unabhängigkeit des Landes und dem Vermächtnis Gandhis. Im März, wenige Tage nach der Hochzeit des Sohnes Folco mit einem Mädchen, das er in der Gemeinschaft von Mutter Teresa kennengelernt hat, kommt er nach Italien zurück, wo ein Check-up Beunruhigendes zutage bringt und weitere Untersuchungen erforderlich macht. Im Memorial Sloan Kettering Cancer Center in New York wird Magenkrebs festgestellt. Die Auskunft beunruhigt ihn zutiefst, was ihn jedoch nicht daran hindert, noch einmal Zeuge eines historischen Ereignisses sein zu wollen: der Rückgabe der englischen Kolonie Hongkong an China.

Erst Ende des Sommers kehrt er nach New York zurück, wo er ein Zimmer mit Blick auf den Central Park mietet und sich vier Monate lang einer Chemotherapie unterzieht sowie eine Niere teilweise entfernen lässt. Er begegnet der Krankheit mit Mut und der gewohnten Neugier. Die neue Erfahrung liefert ihm die Idee zu einem Buch, die ersten Notizen und Entwürfe dazu hält er in Briefen und Faxen an die Familie fest. Auf der Suche nach alternativen Behandlungsmethoden, die die verheerenden Nebenwirkungen der Schulmedizin ausgleichen könnten, probiert er Qigong und Reiki aus, in Boston nimmt er an einem Seminar über Homöopathie teil und beginnt sich für verschiedene Formen der östlichen Spiritualität zu interessieren. 1998 vermerkt das Tagebuch Zyklen von Strahlentherapie, abwechselnd mit Reisen nach Delhi und Kontrolluntersuchen in New York. Er sucht nach einem Weg, seine Krankheit nicht als ausschließlich persönliches Phänomen zu begreifen. Das Leben in New York selbst verschafft ihm Material zu einer Untersuchung über die Beziehungen des Menschen zum Übel seiner Zeit. Nachdem er die Anthologie *In Asien* abgegeben hat, die er in zweimonatiger Arbeit in Orsigna zusammengestellt hat, beschließt er, sein Leben in Indien zu vereinfachen, und schickt den Großteil der in 30 Jahren in Asien gesammelten Möbel und Bücher nach Florenz. In Delhi streut er die Nachricht, dass er auf der Suche nach einem abgelegenen Ort ist, wohin er sich zurückziehen könnte. Ein französischer Freund erzählt ihm von dem Städtchen Almora im Himalaja. Ganz in der Nähe von Almora, in Binsar, trifft er im Dezember zum ersten Mal Vivek Datta, den Mann, der genau ein Jahr später in der Einsamkeit der Wälder des Himalaja sein wichtigster Gesprächspartner werden soll.

1999 hört er sich weiterhin in Thailand, auf den Philippinen und in Hongkong nach alternativen Arzneimitteln und Behandlungsmethoden um. Ein paar Monate lang besucht er einen Kurs über die *Bhagavad Gita*, eine zentrale hinduistische Schrift, den ein Swami in einem Aschram in Südindien hält. Er legt seinen Namen ab, da er für ihn zu sehr mit seinem öffentlichen Leben und seinem Journalistendasein verknüpft ist, mit dem er sich nicht mehr identifiziert, er nennt sich nun »Anam«, was auf Hindi »Namenlos« heißt.

11. März 1995, Ankunft in Karatschi (Pakistan). Man hat den Eindruck, in eine belagerte Stadt zu kommen. Zwei Amerikaner sind auf dem Weg zum Flughafen ermordet worden, und die Ausländer in dem Kleinbus halten den Atem an.

19. März 1995, Peschawar (Pakistan). Die romantische Atmosphäre dieser alten, von der Geschichte gezeichneten Grenzstadt*, erstickt in den Abgasen der Mofas und der dreirädrigen Lieferwagen, die Luft ist blau davon. Der alte Basar bewahrt sich noch seinen Zauber mit seinen Menschen, deren eine Hälfte, die Frauen, unsichtbar bleibt, denn auch wenn einige von ihnen ausgehen, wirken sie wie große, düstere schwarze Bonbonnieren.

Ich überlege mir, dass dieser Tschador im Grunde demokratisch ist, denn unter diesem Schleier sind alle Frauen gleich, unerreichbar und begehrt, erträumt und düster. Die schönen können keine Privilegien beanspruchen, sie haben keine Vorteile, und auch die hässlichen, vermummt wie die anderen, haben ihren gruseligen muslimischen Zauber.

Wieder empfinde ich die Beunruhigung durch den Islam. Das hier ist ein interessanter Fall. Pakistan ist entstanden auf der Grundlage des Islam, und auf der Grundlage des Islam wird es untergehen, denn um ihn zu fördern, haben die verschiedenen Regierenden den Fundamentalismus unterstützt – und wer das nicht tat, wie Benazir Bhutto*, musste ihn dulden –, und daher gewinnen jetzt militante Gruppen die Oberhand.

Ich komme auf der Straße von Islamabad in die Stadt. Wir sind um 5 Uhr 30 losgefahren, und sind zwei und ein Viertel Stunden auf einer schönen Pappelallee unter einem zauberhaften Vollmond –

wie ein weißer Lampion hängt er am blauen Himmel und ist auch noch zu sehen, als es schon ganz hell ist – gefahren wie die Verrückten, zwischen hoch beladenen Lkw und Kühen, die auf einen Markt getrieben wurden. Den Indus im Süden zu überqueren war schön, aber der Fluss war nicht beeindruckend, er ist fast ausgetrocknet.

Die Einfahrt nach Peschawar mit seiner Festung (auch militärische Anlage) ist schön. Ich denke daran, wie viele Gefangene hierher gebracht wurden.

Wir verbringen drei Stunden mit dem großartigen Journalisten aus Peschawar und Korrespondenten der BBC, der vom Handabschneiden durch die Taliban erzählt: Ärzte schneiden Hände und Füße fachgerecht chirurgisch ab. In Lashkar Gah* hatte eine Frau das Privileg, dem Mörder ihres Mannes die Kehle durchzuschneiden.

Ich bin müde, und das Abenteuer erregt mich immer weniger.

23. März 1995, Lahore (Pakistan). Bei Imran Khan*. Ein Haus aus Ziegelsteinen mit einem bescheidenen Garten. Zwei Pajero im Hof. Das Haus ist anspruchslos, unaufgeräumt und nicht sehr geschmackvoll, im Erdgeschoss ein großer Raum für Kinderspiele, oben ein großes Zimmer mit Diwanen neben seinem Schlafzimmer. Er ist ein kräftiger junger Mann, sehr offen. Er ist unrasiert, trägt pakistanische Sandalen, grüne Hose, ein T-Shirt, lange Haare. Er bietet uns Tee an. Er ist am 25. November 1952 geboren. Er hat eine sympathische und aufrichtige Art, wie *born again*.

Von Lahore zur indischen Grenze sind es nur 28 Kilometer. Die Pakistani sind freundlich. Alles ist grün, auch das auf weißem Hintergrund geschriebene »Auf Wiedersehen«. Der indische Willkommensgruß am *Point Zero* steht auf einem großen, von Pepsi-Cola errichteten Bogen. Die Inder sind viel gelassener. Die Kontrollen sind langsam. Die pakistanischen Träger haben grüne Hemden an, die indischen, die an der Grenze warten, tragen weiße und orangefarbene Turbane und blaue Hemden.

Zwei Fahnen. Es herrscht eine gewisse Spannung. »*Welcome to India*«, sagt der Soldat am *Point Zero*. Die Grenze zwischen zwei großen Ländern. Eins mit fast einer Milliarde Einwohnern, das andere mit 120 Millionen. Dies ist der wichtigste Grenzübergang, und nur zwanzig, dreißig Personen passieren ihn pro Tag, alles Ausländer.

28. März 1995, Delhi (Indien). Gebet für den Weltfrieden. Auf einem wunderschönen grünen Rasen sind die Vertreter sämtlicher Religionen versammelt, der wahren und der falschen, die Schwindler aus der ganzen Welt. Der Dalai Lama, wie immer der Beste, spielt die Tamburins der Japaner, betet, singt, spricht auf Tibetisch zu seinen Leuten.

Was abstoßend ist und mich den ganzen Tag lang stört, ist der Pulk von Weißen, von unbefriedigten 50-jährigen Frauen, von pickeligen jungen Europäern. Zwei Italiener nehmen mich mit zu dem Heiler-Lama, der in Mailand lebt, als Arzt arbeitet und allen seinen Stuss erzählt. Mir wird ganz schlecht, wenn ich diese Leute sehe, die in der Schule *Cuore** gelesen haben, wie sie ihm zu Füßen niederknien und an seinen Lippen hängen.

2. April 1995, Bombay (Indien). Lange Fahrt durch die Stadt, ohne Gefühle. Schmutz, Elend, kleine Verschläge aus Vorhängen, Lumpen, Stroh entlang der Mauern. Das Meer ist gelb, abweisend, es riecht schlecht, auch nach Scheiße. Die Strandpromenade ist schäbig, mit zerrupften Palmen und vielen Häusern aus Beton, ab und zu sieht man welche im Jugendstil.

Mir wird klar, was für ein unglaubliches Glück es ist, am Mittelmeer geboren zu sein.

Am Gateway of India*: Auf der einen Seite der Straße die Herrlichkeit des Taj* mit Touristen in Safarikleidung, auf der anderen Seite das Elend, die lächelnde Verzweiflung, die aggressive Zudringlichkeit der Verkäufer von Souvenirs und Ansichtskarten, die Burschen, die von der Brüstung aus ins Wasser springen. Die

Engländer haben diesen Bogen errichtet, um an die Ankunft ihres Königs zu erinnern, doch in Wahrheit wurde dieses Bauwerk am Ende Symbol für ihren Abzug. Hier schifften sich die letzten englischen Soldaten ein, um nach Hause zurückzukehren. Und ließen ein Reich hinter sich.

4. April 1995, Bombay. Am Nachmittag gehe ich in den Tempel Siddhivinayak. Ich trete ein, nur wenige Minuten, und bin sehr beeindruckt von der Andacht, mit der die Leute Blumen und Süßigkeiten darbieten und wieder an sich nehmen, niederknien, beten und den Gott Ganesh befragen.

Ich komme zurück, und meine Schuhe sind verschwunden. Ein merkwürdiges Gefühl, sich barfuß auf einer schmutzigen Straße voller Kot, Glasscherben und Steine wiederzufinden. Keiner scheint etwas zu wissen. Ich versuche, die Schuhe von jemand anderem anzuziehen, doch der kommt und sagt: »Das sind meine.«

Heute Abend wird sich in irgendeinem Slum jemand die schönen Schuhe von Mannina* anziehen.

5. April 1995, Bombay. Die übliche Wut, wenn ich am Meeresufer die Scharen von Bettlern sehe, und die Reichen, die Gymnastik machen, um ihr vieles Fett loszuwerden, und den Tauben zerstreut Schöpfkellen voll Maiskörnern hinwerfen, für die sie zahlen, während die anderen nichts zu essen haben.

Indien ist der Ort, der mich ein für alle Mal davon überzeugen wird, dass man die Politik abschaffen, die Politiker vernichten, die Staatsgeschäfte Philosophen anvertrauen muss.

Ich amüsiere mich bei der Suche nach meinen Schuhen. Der Blumenhändler beim Tempel rät mir, auf den Markt der Diebe zu gehen. Dort landet alles: die Kleidung, die zum Trocknen hinausgehängt wurde, Sachen, die in die Sonne gestellt wurden, Schuhe aus den Tempeln. Eine unsichere Gaunerei: Einer kommt mit Plastiklatschen daher, sieht einen mit schönen Schuhen, zieht die an und lässt seine aus Plastik zurück.

*10. April 1995, Delhi-Kathmandu (Nepal).** Ich muss zur Expedition nach Mustang aufbrechen. Ich bitte Angela, mich zu begleiten. Ohne Ticket fahren wir zum Flughafen, der Rest ist herrlich.

Im Flughafen ist unser Warteraum von muslimischen Indern auf dem Haddsch* besetzt. Der Lautsprecher entschuldigt sich bei den Passagieren der Royal Airlines für diese Leute: »Viele von ihnen wissen sich nicht zu benehmen, sie sind noch nie geflogen, wir danken Ihnen für Ihr Verständnis.«

Die Pilger, alle in Weiß, den Gürtel mit dem Geld um den Bauch geschnallt, die Frauen verschleiert, setzten sich zum Essen im Kreis auf den Boden, einige mit nacktem Oberkörper. Immer wieder erstaunlich dieser Islam! Der Flug ist angenehm und angstfrei. Landung auf dem Hochplateau. Man spürt bei der Ankunft eine einfachere Atmosphäre, mystischer, noch gelassener als in Indien.

Wir machen uns auf den Weg nach Bhaktapur. Die Straße von Pappeln gesäumt. Neue Backsteinhäuser, der Fortschritt vernichtet den Terrassenanbau, Luftverschmutzung, dann das Städtchen. Das große Wasserreservoir, in das die Kinder hineinspringen. Dann die »Renaissancestadt«, beeindruckend. Der Platz.

An einem Tisch in dem Luxusrestaurant isst ein tibetischer Mönch – sehr elegant in seiner violetten Kutte – in Begleitung von zwei Frauen, die die Schlüssel zu diesen luxuriösen Gemächern haben. Er trinkt Bier, und die Vertraulichkeit seines Umgangs mit den Frauen beeindruckt mich. Ich kann den Blick nicht von ihm wenden.

11. April 1995, Kathmandu. Um sechs gehe ich hinaus und laufe durch die Altstadt, wo die Menschen erwachen, beten und sich vor kleinen Altären niederwerfen, um mit den Steinfiguren Butter, Fliegen und einen kleinen roten Punkt auf der Stirn zu teilen; durch die Altstadt, wo es stinkt und die Hunde aus den Müllhaufen einen letzten Brocken herausziehen, den sie zusammen mit den Bettlern verzehren.

Mystische Stimmung, Spiritualität, Sinn für das Heilige, vertrauter Umgang mit dem Heiligen. Bettelkinder, noch schlafend um das Feuer, das zu Asche geworden ist. Durch kleine, mit schönen Intarsien geschmückte Holzfenster werden die morgendlichen, fetttriefenden Kringel gereicht. Auf den Gehsteigen werden über Feuern in Pfannen Krapfen gebacken.

Viele ohne Zähne, schmutzig, frierend. Armut und Geist. Ob sie immer miteinander einhergehen müssen?

12. April 1995, Kathmandu. Angela kehrt nach Delhi zurück. Fahrt zum Flughafen. Mittagessen in der Sonne. Wir bemerken, dass wir von einer deutschen Kälte umgeben sind. Später entdecke ich, dass der Flughafen im Rahmen der Entwicklungshilfe von einer deutschen Firma gebaut wurde.

* * *

11. Juni 1995, Delhi–Srinagar (Kaschmir). Delhi unerträglich bei 46 Grad. Zusammen mit Angela, die großartig ist, fliehen wir nach Kaschmir, an die Hänge des Himalaja.

Das Flugzeug der Indian Airlines hat die übliche Stunde Verspätung. Die Ankunft ist angenehm und traurig. Die Inder stellen Fragen, die Männer vom Geheimdienst mustern die Passagiere. Die Inder haben überhaupt kein Interesse, den Tourismus zu fördern. Je mehr Touristen kommen, desto mehr Geld landet in den Taschen der Kaschmiri und mehr noch in den Taschen der militanten Islamisten. Die Nacht ist herrlich, der Mond ist fast voll und spiegelt sich im See, die Berge heben sich wie Spitzenwerk vor dem grau-blauen, aber nicht leuchtenden Himmel ab. Die Silhouette der Hausboote, das Gezwitscher von Vögeln.

Das Traurige an dieser Geschichte ist, wie es möglich war, ein solches Paradies zu vernichten.

In der Ferne flimmern die Lichter in dem großen Garten des indischen Gouverneurs. Er hat elektrisches Licht. Wir nicht.

12. Juni 1995, Srinagar (die Sonnenstadt). Die Stadt, Quelle des Reichtums für alle, die sie regiert haben.

Wir werden von den großen, monotonen und obsessiven Klagen *»Allahu Akbar«* geweckt, die über Lautsprecher von der Moschee Hazratbal kommen. Es ist gerade vier Uhr, und der Blick ist einmalig. Die Mückengitter bilden einen Schleier, von dem sich die Intarsien in den Ecken der Fenster wie hölzerne Schmetterlinge abheben. Der Schatten der Pflanzen auf dem Wasser, ein Vogel, der sich auf einen Pfahl setzt, und in der Ferne der gerade und glatte Schleier der blauen Berge des Himalaja. Die Rufe von der Moschee sind störend, manchmal wie drohend.

»Das hört sich an wie Kriegsgebete«, sagt Angela.

13. Juni 1995, Srinagar. Besuch im Tempel von Khanyar, während Lastwagen mit indischen Einsatzkommandos für eine Operation in der Altstadt eintreffen.

Der Sufi-Tempel ist schön, ganz mit Holz ausgekleidet, darin große grüne Säulen mit Intarsien im selben Stil, wie ich ihn auch in Zentralasien gesehen habe. Von der Decke hängen Kandelaber, die aus Murano-Glas zu sein scheinen. Einige Frauen sitzen vor dem Glaskasten mit dem Sarkophag eines Heiligen darin; andere Frauen kommen herein und streifen mit der Hand über die hölzerne Balustrade. Im Sitzen murmeln sie Klagen und Gebete.

Es ist etwas Fetischistisches im Verhalten dieser Sufi-Frauen. Ich verstehe, dass die Fundamentalisten diese Leute nicht ertragen, und ich kann mir gut vorstellen, dass sie den Tempel angezündet haben. Am Boden liegen Matten, die dort hockenden Männer lächeln. Aber auch im Islam dieser Sufis liegt etwas Dunkles, Bedrohliches.

Ein paar Schritte weiter sehen wir den Christus-Tempel (in Kaschmir gibt es alles, heißt es, auch Shakespeare war ein Kaschmiri, und er hieß Shaik Bir). Ein kleiner, ganz grün angestrichener Bau, staubig und mit verschlossenen Toren.

Ein junger Mann kommt und macht auf. Er sagt ein paar Worte auf Italienisch, weil er in Bangalore in der Nähe des Tempels von

Sai Baba kaschmirisches Zeug verkauft hat. Sofort sagt er, die Geschichte von Christus sei von einem abtrünnigen Moslem erfunden worden, um Geld zu verdienen.

Er sagt, er sei ein Kämpfer. Er sagt, sämtliche Antworten auf sämtliche Fragen der Welt lägen im Koran, und ihn zu lesen genüge, um alles zu wissen, was man will.

14. Juni 1995, Srinagar. Wieder um vier Uhr früh das Bellen, Miauen, Niesen der Muslime in der Moschee, genau zwei Stunden lang, von vier bis sechs. Wie sollen sie mir sympathisch sein, wenn sie mich jeden Morgen wecken? Vielleicht waren sie ja erträglich, als sie nur einfach sangen, aber jetzt mit den Lautsprechern, die ihr wie irres Gekreische über den See tragen? Wie die Muslime mit dem Krummsäbel oder mit der Atombombe.

Mittagessen bei Dargar. Mit Grauen betrachte ich die schwarz verschleierten Frauen, die mit der linken Hand den Schleier heben und sich mit der rechten etwas in den Mund schieben. Was für eine Sklaverei! Mir fällt wieder das Gespräch mit Imran Khan in Lahore ein, der meinte, wir im Westen hätten keinen menschlichen Respekt vor unseren Frauen, wir würden sie nackt ausstellen, auf dem Laufsteg halbnackt vor und zurück laufen lassen, würden sie als Reklame für Zahnpasta und anderes benutzen.

Damals hatte das Argument mir Eindruck gemacht.

17. Juni 1995, Srinagar. Idyllische Szenen aus einer Vergangenheit, die nicht mehr wiederkehrt. Hunde, Kühe, Gänse auf einem Staudamm. Mädchen, die am Fluss schöne Kupferkessel und sonstige Gegenstände mit Algen und Schlamm waschen, Kinder, die singend angeln, ein nackter Mann, der am Ufer badet, ein Eisvogel, der sich von einem Pfahl aus ins Wasser stürzt und mit einem Fisch davonfliegt. Feiner weißer Nebel liegt über einem eisigen Fluss, der aus den Bergen kommt, wo Schneeschmelze ist, er ergießt sich in den Dal-See und die anderen Seen. Ein Friede, der unvorstellbar geworden ist.

Man versteht, warum die Menschen hier jahrhundertelang nichts anderes wollten als in diesem Paradies zu leben, ohne Aufhebens, auch ohne das Ende ihrer Ausbeutung oder Unterdrückung seitens fremder Herrscher zu verlangen, und nun, da das geschieht, ist es das Ende: Sie könnten sich nicht selbst verwalten, auch wenn sie die Unabhängigkeit erlangen würden. Es gibt nicht genug ausgebildete Leute mit Erfahrung.

Die übliche Tragödie, angesichts derer man sich machtlos und deprimiert fühlt. Die Natur ist herrlich, geordnet. Die Hunde haben auf einem Deich eine kleine tote Kuh gefunden, und man hört sie im Kampf um die besten Bissen knurren, während die Raben und Krähen ringsum auf die Gelegenheit warten, ihrerseits zuzuhacken. Es ist beeindruckend, wie schön und gesund die Menschen sind.

Nachmittags unterwegs in der Altstadt. Die Moschee von Shah Hamdan, erbaut 1640 von einem, der aus Persien kam. Eine mittelalterliche Altstadt mit schiefen Häusern, Unrat in den Gassen, hölzernen Altanen, die am Fluss Jhelum stehen, so wie am Canal Grande.

Überall Bunker. »Wenn ein Einwohner der Stadt sich mit einem indischen Soldaten unterhält, wird er von den Rebellen erschossen.« Wohin man schaut, sagt irgendwer: »Wir wollen *Azadi.*« Was willst du, fragt ein alter Mann ein Kind, und das stottert: *»Azadi«*, Freiheit. Ein alter Mann an einem Fenster lädt mich ein, mit ihm Tee zu trinken. Er erzählt, das Leben sei unmöglich. Tagtäglich kommen die Sicherheitskräfte in die Häuser, und wenn sie gehen, nehmen sie Geld und Schmuck mit. Das Mädchen, das mit Angela spricht, möchte nur eins: »Stille«.

Z.s Frau sagt, es gebe nur eine Wahrheit: Die Leute fühlen sich eingekeilt zwischen zwei Gewalten, der Gewalt der Inder und der der Rebellen. Wenn die Militanten sie so reden hörten, würden sie sie töten.

Warum hat ein großes Land wie Indien so enorme Fehler begangen wie in Kaschmir? Die Stadt ist im Belagerungszustand. Wir gehen zur Moschee, und plötzlich leeren sich die Straßen. Wieder eine Handgranate, die Soldaten greifen ein, und es kommt zu einem Schusswechsel.

Keiner weiß mehr, wie er leben soll. Angst liegt in aller Augen.

25. August 1995, Florenz – Rom – Hammamet. Ich habe den Text über Kaschmir geschrieben*, und wieder hat sich jemand herausgenommen, in den ersten Zeilen etwas zu ändern.

Ich halte mein Versprechen und besuche Bernardo. Ich komme in Tunesien an, und es ist das angenehme Gefühl einer großen Flucht. Alles ist schön, aber ich traure Ban Phe nach, der Stille und Einsamkeit dort.

September 1995, Orsigna – Florenz. Un indovino mi disse (deutsch: *Fliegen ohne Flügel*) erscheint, ich kümmere mich um Verträge, meine Einäscherung.

Das Beerdigungsinstitut in der Nähe des Markts. Man kann sich verbrennen lassen, aber die Asche muss auf einen Friedhof gebracht werden. Wenn man sie zu Hause aufbewahrt oder verstreut, riskiert man zwischen zwei und sieben Jahren Gefängnis. Die Senatorin Fagni* von der Rifondazione Comunista* will das Gesetz ändern. Ich werde sie unterstützen.

Nach genau zwei Monaten komme ich nach Delhi zurück. Ich war dabei, mich an Europa zu gewöhnen.

23. Oktober 1995, Kurukshetra (Indien). Sonnenfinsternis und Sadhus*.

Im Morgengrauen brechen wir auf – Dieter, Charan Das* und ich – in Richtung Norden auf der Grand Trunk Road, der Straße, die von Delhi nach Chandigarh führt. Wir machen unterwegs Halt und nehmen zwei Zimmer in einem Hotel an der Straße.

Charan Das hockt vor dem Fernseher. Nach einem Augenblick des Zögerns isst er wie ein Scheunendrescher, liest Berge von Zeitungen und lässt es sich wohl sein. Es ist, als würde er sich sagen, er muss das tun, wenn es ihm möglich ist, und wenn es ihm oft möglich wäre, könnte er sich, glaube ich, alles andere abgewöhnen.

Wir schlafen, fahren weiter und kommen fast bei Sonnenuntergang an den heiligen See. Tausende von Sadhus sind schon da, sie reinigen ihre Wassereimerchen, die, aus denen sie trinken, und die, in denen sie das Wasser zum Hintern-Abputzen tragen: »Sie müssen sich drei Mal mit Asche oder Schlamm waschen, immer mit den eigenen Händen.«

Wir gehen auf einer Straße, die von kleinen spitzen Steinen bedeckt ist. Charan Das, der barfuß geht, müsste Schwierigkeiten haben. Es sieht aber nicht so aus. Seine Füße sind groß und liegen kräftig und gut am Boden auf. Er sagt, je mehr Steine da sind, desto besser. Das ist eine Massage. Am schönsten ist es morgens im Tau zu laufen, er sagt: »Das hat therapeutische Wirkung.«

Sadhus: Es gibt viele Arten davon. Auch sie sind aufgespalten in Sekten, die Naga, Kämpfer mit Werkzeugen, die wie Waffen aussehen und es auch sind; die Tiagu*, denen er angehört, sie sind intellektueller. Auch die Sikh haben ihre Sadhus, gegründet vom letzten Guru, daher militarisierter.

Abends im Vergnügungspark mit Löwen in Katzenkäfigen, einer Hyäne, die sich auf wenigen Quadratzentimetern im Kreis dreht, und einem Lachkabinett, in dem man nur zwei Rupien Eintritt zahlt, um sich in Zerrspiegeln zu betrachten.

Sadhus, die einem nachlaufen und um ein Almosen bitten. Kleine Feuerchen unter alten Baumwurzeln, seltsame, von Asche bedeckte Männer. Einer, ein Jugoslawe, will von anderen Ausländern nicht gesehen werden, weil er kein Visum hat und fürchtet, dass die Inder ihn ausweisen. Früher gingen solche Leute in die Fremdenlegion. Jetzt werden sie Sadhus, Gewaltfreiheit ist in Mode, aber auch das ist eine Flucht, eine Zuflucht.

Morgens baden die Menschen in dem heiligen Wasser.

Die Sonnenfinsternis: Die Luft wird grau, kalt, eine große Stille tritt ein, die Leute gehen ins Wasser. Der Schatten verformt sich eigenartig: In der Nähe des Körpers ist er scharf umrissen, am Kopf hingegen ist er wie doppelt. Charan Das sagt, man müsse ins Wasser gehen, sich im heiligen Wasser reinigen, sonst nimmt der Körper in der Sonnenfinsternis Schaden, er wird schwach, es kann ihm etwas zustoßen. Und in der Tat: Als ich ins Hotel zurückkomme, habe ich Durst, ich nehme eine Flasche Mineralwasser, der Verschluss geht nicht auf, ich versuche, ihn mit den Zähnen aufzubekommen, und *zack*, ein Zahn fällt mir aus.

* * *

19. Dezember 1995, Delhi–Dharamsala (Indien). Nacht im Jammu-Mail-Zug. Nach zehn Stunden ist man in Pathankot, voller Soldaten und Kasernen. Drei Stunden im Kleinbus. Halt vor einem Tempel und der Höhle eines Eremiten mit Affen, zum Mittagessen ein schauerliches Omelett mit Zwiebeln und Peperoni.

Dann Dharamsala: noch eine Enttäuschung, nachdem ich so viel darüber gehört habe. Eine Miniaturausgabe von Tibet, eine Reproduktion im Liliputformat. Keine Größe, kein Raum, nur ein schönes, weites Tal, das man von holprigen Gässchen aus sieht, moderne Häuser aus Beton, hässliche, moderne kleine Klöster hier und da auf den Hügeln.

Ein kleines Vergnügen, im Kashmir Cottage anzukommen, beim jüngeren Bruder des Dalai Lama, der jedoch ein wichtiger Ratgeber ist: Tenzin Choegyal Rinpoche, ehemaliger Offizier in der indischen Armee. Die Mutter hatte 16 Kinder, nur fünf Jungen und zwei Mädchen haben überlebt. Hübsch ist die Geschichte von seiner Geburt. Die Mutter hatte schon 15 Kinder bekommen, das jüngste starb gleich bei der Geburt. Die Mutter war sehr traurig. Ein Lama kam und sagte zu ihr: »Mach dir keine Sorgen, es wird wiedergeboren«, und machte ihr mit Butter ein Zeichen auf das Gesäß. Bald darauf wurde sie wieder schwanger, und das Neugeborene hatte diesen Fleck am Gesäß. Er hat ihn heute noch. Scherzend sagt er, er würde ihn gern durch Transplantation entfernen lassen.

Während wir essen, kommt der Anruf. Der Dalai Lama erwartet mich seit über einer Stunde in seinem »Palast«, das ist ein bescheidener Ort, wo ich von einem tibetischen Polizisten durchsucht werde, und gleich darauf, vor ihm, von einem indischen.

*21. Dezember 1995, Dharamsala.** Laufen am Morgen. Ich stehe um fünf Uhr auf, um das Interview zu transkribieren.

Die Sonne geht im Kangra Valley auf, links vom Kashmir Cottage. Wunderschöne rosa Bergketten, fast durchsichtig. Ich laufe auf den Hügel hinauf, wo ein Altenheim für pensionierte Regierungsbeamte liegt. Mächtige weiße und graue Berge dahinter. Tibeter, die in einer Reihe um den Tempel auf der Spitze des Hügels ziehen. Das Geräusch von sich drehenden Rädern, silberne Glöckchen. Ich versöhne mich auch mit Dharamsala.

Spaziergang durch Dharamsala, »der Ort, wo die Pilger Halt machen«. Eine Atmosphäre von Heiterkeit und Toleranz, die junge Leute aus dem Westen anzieht: der Italiener, der Astrologie studieren will, die hässliche Norwegerin, die von einem wunderschönen Tibeter Unterweisungen im Tantrismus erhält, die blasse Engländerin, die die Autobiografie des Dalai Lama liest.

»Warum bist du hier?«, frage ich sie.

»Weil ich unglücklich bin, wie so viele.«

* * *

25. Januar 1996, Delhi.

An Angela. Gestern habe ich es nicht geschafft, dir zu schreiben, weil ich immer in Eile war: Ich habe den Tag begonnen, indem ich mir einen Guru ansehen ging, der sich eine Woche lang in die Erde eingegraben hatte und nun herauskam. Natürlich war das einer der üblichen »indischen« Tricks, aber der blödeste von den zehntausend, die gekommen waren, um ihn zu sehen, war der Vertreter der Rationalistischen Gesellschaft, der ihn als Betrüger von der Polizei verhaften lassen wollte. Das Schöne ist, dass zehntausend

»Gläubige«, vorwiegend Frauen, an das Wunder glaubten, und die Tatsache, dass sie daran glaubten, ist an sich das Wunder: dem Rationalisten zum Trotz.

Und nun zu den praktischen Dingen. Mich freut jedes Wort, das du über Folco sagst. Ich weiß auch, dass er außergewöhnlich ist, und ich bin stolz darauf, dass er so »anders« ist. Nur manchmal überkommt mich eben die Angst, ich könne als Vater alles falsch gemacht haben. Grüß ihn herzlich und grüß auch die liebe Saskia, die wie ich damals bei Olivetti »Schreibmaschinen verkauft«*.

26. Januar 1996, Delhi. Militärparade. Die patriotische Rhetorik finde ich ärgerlich. Immer übertrieben, diese Zurschaustellungen der Macht, scheinbar nur dazu da, die Leute hinters Licht zu führen. Nach einer Weile langweilen sie mich, und ich gehe.

Sinnlose Abende, damit zugebracht, die unter dem Gewicht der Welt schmerzenden Schultern anderer zu massieren.

Besser die Einsamkeit von Ban Phe.

29. Januar 1996, Delhi. Bei Sonnenuntergang gehe ich mir den *Beating Retreat** ansehen. Pathetisch, das indische Militär zu den Klängen einer Musik marschieren zu sehen, zu der die Engländer marschierten, um die Inder abzuschlachten und das Land zu erobern. Große Toleranz oder große Schwäche? Ich finde es absurd, dass Gott die Menschen gemacht haben soll, damit sie wie Marionetten gekleidet zum Klang von Dudelsäcken auf einem Platz herummarschieren. Ich frage mich, was die vietnamesischen Militärattachés und die zwei chinesischen Generäle, die in der ersten Reihe sitzen, denken mögen. Sie müssen wirklich meinen, sie befinden sich in einem Land ohne Rückgrat.

17. Februar 1996, Dhaka (Bangladesch). Ich bin wegen der Wahlen hierhergekommen, widerwillig.

Meine liebe, liebe Angela,

das Hotel ist leer. An einem Tisch des verlassenen Restaurants sitzen alle in Delhi akkreditierten Journalisten und sprechen über die Wahlen, ich esse allein auf meinem Zimmer ein hartes Ei. Mit den »Journalisten« fühle ich mich mittlerweile wie ich mich damals mit denen von Olivetti fühlte: Das Schlimmste war, für einen der Ihren gehalten zu werden.

Hier ist das Problem einfach. Ich bin »gezwungenermaßen« gekommen, es gibt keine Story, ich muss mir eine aus den Fingern saugen, von der ich jetzt schon weiß, dass sie im Papierkorb landen wird. Ich versuche heute Abend, das Schiff zu nehmen, das wir nicht nehmen konnten, und ich werde ein paar Tage im Süden bleiben.

Danke für dein Fax. Du bist wirklich lieb und großzügig, aber am beeindruckendsten ist dein Geschick mit Träumen. Du hast völlig Recht: Ich hatte die Verpackung mit dem Inhalt verwechselt. Vielleicht hast du Recht, was mir Sorgen macht, sind die Kinder; aber ich hoffe, nur aus Egoismus, weil ich sie »versorgt« sehen möchte, damit ich mir erlauben kann, auf die eine oder andere Weise aus der Welt zu gehen und meine »Verantwortung« abzugeben. Ich fühle, für mich ist das eine Frage von Monaten, und unbewusst versuche ich, auch ihre Termine darauf abzustimmen.

Ich bitte dich, bleib deinem Prinzip treu, zu »leben« trotz allem, was du zu tun hast. Du kannst jetzt nichts mehr aufschieben, man weiß nicht, wie viel Zeit einem bleibt.

Meine Depression befindet sich im Winterschlaf, aber auch das wird vorübergehen – ich weiß es, und das ist ein großer Schritt –, ich warte auf die richtige Gelegenheit. Ich habe dir gesagt, dass ich von Coleman einen reizenden Kommentar bekommen habe, er sagt, er habe gar nicht gewusst, was ich dank ihm verstanden haben will. Er schickt auch dir viele Grüße, er sagt von dir, du brauchst die Meditation nicht. Wenn ich an dein Geschrei gestern am Telefon denke, würde ich sagen, die Situation könnte sich vielleicht geändert haben.

Ich weiß nicht, ob ich aufbreche, und ich weiß nicht, wann ich zurückkomme. Raghu* ist aber immer imstande, mir Nachrichten nachzufaxen und dir welche zu schicken, aber ich bitte dich, glaube ja nicht, ich sei in Gefahr, hier gibt es keine. Mach dir keine Sorgen wegen meines Schweigens und noch weniger wegen meines Geschreis (wie gestern Abend): Am Ende wissen wir beide, dass wir es aus Liebe tun.

Ciao Ems*. Lass es dir gut gehen und genieß, so gut du kannst, dieses ferne Florenz, das auch in meinem Heimweh immer ferner rückt. Glaub mir, wenn ich an einen »Zufluchtsort« denke, dann bin ich im Geist ganz beim Contadino*.

Ich umarme dich ganz, ganz fest. Alles Gute.

tiz.

19. Februar 1996, Mongla-Khulna (Bangladesch). Um drei weckt mich die übliche entsetzlich aggressive Litanei der Muezzin. Es scheint, als hätten sie sich absichtlich neben der Missionsstation niedergelassen.

Zu Fuß in der Sonne zur Fähre. Verzweiflung darüber, mich ständig unter Armen, Bettlern und Dieben aufzuhalten. Auf der Fähre der Lahme, der mir Schläge versetzt, um Geld zu bekommen; ich frage mich, wie ich alles schützen soll, die Taschen am Rucksack, die Reisetasche, die ich in der Hand habe, den Füllhalter in der Brusttasche, das Geld in der Hosentasche, das Bündel Dollarnoten in der Gesäßtasche, die Kreditkarte … Was soll ich machen?

*21. Februar 1996, Mongla-Khulna, großes Id-Fest**. In der Nacht werde ich wieder von den Muezzin geweckt. Im Hotel gibt es keinen Strom, der Generator funktioniert nicht, und ich muss mich am Fenster rasieren, wo ich in der Ferne Palmen sehe, eine verlassene Stadt.

Alle sind weiß gekleidet mit langen *Kurtas** und Hosen, auf der Straße umarmen sie sich verlogen und ostentativ drei Mal. Ausnahmsweise legen die Mädchen Lippenstift auf und tragen Schmuck, und es ist ihnen erlaubt, durch die Straßen zu schlendern und am Fest teilzunehmen.

Ich kann nichts Schönes entdecken, keine Sympathie empfinden. Es ist der Tag nach Beendigung des Ramadan, an dem wieder gegessen wird, und niemand kann mir erklären, warum genau. Es ist der Tag, an dem alle essen, auch die Bettler. Scharen von ihnen sind unterwegs, aggressiv, sie schlagen dir auf den Arm, reden dich an und rufen den Namen Allahs.

22. Februar 1996, Mongla-Khulna. Ich finde ein völlig unleserliches Fax vor, ich bin in der Endauswahl für den Premio Bancarella*.

Das freut mich, und ich fühle mich verloren. Große Überraschung. Genugtuung und Lust zu vergessen.

23. Februar 1996, Dhaka (Bangladesch).
An Angela. Ems! Von meiner Seite fangen wir wieder von vorne an ... ganz ehrlich. Ja. Gestern Abend am Telefon (ich dürfte nie telefonieren! Du hast in *Fliegen ohne Flügel* den Passus über das Telefon gestrichen, du hattest Recht, aber im Grunde stimmte das, sicherlich, was mich angeht) war ich am Schluss verärgert.

Ich habe eine Nacht im Halbschlaf zugebracht, mit tausend wirren Gedanken, Vorstellungen und Empfindungen. Vor allem große Sympathie für dich, die du diese Ausstellung deines Vaters so großartig organisierst.

Hier das Problem. Ich habe dein – endlich lesbares – Fax über diesen Terzani unter den sechs Finalisten gelesen. Mir scheint, ich kenne ihn, vielleicht habe ich ihn in meiner Zukunft getroffen, aber mit mir hat er nicht viel zu tun. Terzani? Welcher? Der aus Monticelli*? Der aus Vietnam? Der aus China? Der Autor von *Fliegen ohne Flügel*? Keiner von denen bin ich mehr, glaub mir, und mich definieren zu wollen, ist sinnlos.

Ja, ich erinnere mich, dass Spagnol vom Premio Bancarella gesprochen hat, ich habe dir auch davon erzählt, aber ich habe das nie so ernst genommen. Das waren alles Worte, und ich war auf dem Weg zurück nach Indien. Angesichts dieser Zeitungsausschnitte war meine Reaktion ein bisschen wie die angesichts des abgestürzten Hubschraubers in Kambodscha: Das geht mich nichts mehr an.

Heute Morgen beim Laufen im Park habe ich wieder daran denken müssen, dass ich unter den Finalisten bin, und das hat mich amüsiert, ich empfand es als eine Entschädigung (keine Rache) dafür, dass ich nie ein italienischer Journalist war, dass ich zu Hause nie zu Hause war, und ich musste lächeln bei der Vorstellung, dass ich nun auch für *La Repubblica* Schlagzeilen mache. Ich musste lächeln wie Anzio*, wenn er die Transparente mit seinem Namen in der Stadt sieht, die ihn nie als ihren Bürger anerkennen wollte. Und dann? Dann kam wie immer der Gedanke: Was tun?

Den Zeitungsausschnitten habe ich entnommen, dass die Preisverleihung am 14. Juli ist, aber dass vorher, bei der Buchmesse in Turin und an verschiedenen Orten wie Montecatini, eine Art Zirkus abgehalten wird, bei dem die »Autoren« eingeladen sind, wie Dressurpferde ihre »Nummer« abzuziehen.

Ich habe an Spagnol geschrieben, er soll mir sagen, was er für richtig hält, und an Bernabò*, um auch seine Meinung zu hören, aber dich – die du mich wirklich kennst – muss ich fragen, was ich mich selbst frage. Soll ich bei diesem Spiel mitmachen? Soll ich kommen, herumreisen, mich zum Gespött der Leute machen und dadurch wie die Buddha-Statuen oder die alten Männer, über die ich schreibe, meine Patina einbüßen?

Oder soll ich fernbleiben, mich heraushalten, soll ich abwarten, dass mein Schweigen mein Prestige erhöht? »Terzani? Wir wissen nicht, wo er ist. Er ist in Indien verschollen.«

Auf der anderen Seite ist das Problem, dass man ein Buch wie *Fliegen ohne Flügel* nicht oft im Leben schreibt, und ich möchte mit meinem Kommen oder Nicht-Kommen nicht einen Fehler begehen wie mit dem verunglückten Titel von *Giai Phong*. Wenn eine höhere Auflage mehr Freiheit bedeutet, wenn Teilnehmen die Chance bedeutet, in Ruhe ein weiteres Buch schreiben zu können, wenn »Autor« sein bedeutet, den Journalismus aufgeben zu können, dann muss ich darauf achten, was mir mehr nützt: Schweigen oder die Dressurnummer? Und was nützt meiner seelischen Gesundheit? Meinem instinktiven Verlangen nach Genugtuung? Meinem Beruf als Flüchtling?

Denk darüber nach, meine liebe Angelina, während du ruhig und in Frieden nach Mailand fährst. Und dann genieß Venedig, wie du es genossen hast, als du Saskia zur Welt gebracht hattest. Frag auch Paola, was sie vom Kommen oder Nicht-Kommen hält. Sie kennt diese Welt vielleicht besser als wir, aber am Ende vertraue ich auf dein Urteil, weil du mich kennst und weißt, dass es mir leidtut, wenn ich mich gestern Abend verärgert gezeigt habe, dass du Folco von mir grüßen sollst, dass du Saskia von mir umarmst und dass du diesen Terzani grüßen sollst, von dem die Zeitungsausschnitte berichten, wenn du ihn triffst.

Denn der muss in deiner Nähe sein, denn hier bin ja ich, immer dein Mann, Freund, verwirrt, immer mit den Armen beschäftigt, mit dem Gestank nach Scheiße, der Ungerechtigkeit, stets in dem Versuch, anderer Leute Angelegenheiten zu regeln, mit nicht viel Sinn für das eigene Leben.

Ich umarme dich ganz fest
dein
t.

27. Februar 1996, Dhaka. Ich besuche Yunus* in der Grameen Bank. Er sagt, in die Politik will er nicht gehen. Er ist zu sehr Privatperson, führt kein gesellschaftliches Leben, zu Hause ist er am liebsten allein, er besucht niemanden, und wer ihn besuchen will, soll zu ihm kommen. Für Politiker ist »das Zuhause die Menge«, man kommt um Mitternacht heim, und da warten Leute auf einen. Nein. Niemals!

* * *

7. April 1996, Benares (Indien). Mit Dieter, dem Fotografen, um die Geschichte über Phoolan Devi* zu machen, die für die Wahlen kandidiert.

Mit unserem Taxi fahren wir zum Hotel de Paris, ein altes Hotel im englischen Kolonialstil, vier Kilometer außerhalb der Stadt. Kein Ort, wo man sein möchte, aber Dieter ist begeistert davon. Wir fahren in die Stadt. Wenige Menschen auf der Straße, Kühe überall, die auf dem Asphalt herumlaufen und liegen. Riesige schwarze Büffel, die in einer Reihe gehen, wer weiß wohin, wenig Verkehr und wenige Menschen. Ich frage mich, welchen Eindruck jemand davon mitnimmt.

Mir scheint, es ist schon alles gesagt und geschrieben. Manchmal, es ist noch alles zu sagen. Ich habe Mircea Eliade* im Gepäck, und schlage die Seite auf, wo er denselben Eindruck festhält: alles schon gesagt, alles noch einmal zu sagen.

Ich betrete das Ganga View Hotel auf der Assi Ghat wie einen Tempel. Ich fühle, dass ich es hier aushalten könnte, es liegt etwas Magisches in der Luft, wie die Faszination eines Abgrunds.

Vielleicht werde ich mich hier verlieren.

Der erste Eindruck ist der von großem Frieden: Auf dem staubigen, besonnten Vorplatz unter einem kahlen (oder toten?) Baum Dutzende Büffel. Ich möchte gerührt sein, aber mich stören die Fremden, auch sie als Inder verkleidet, sie vielleicht mehr als die anderen.

Wir gehen hinaus, und alles scheint sich um diese weißen Bewunderer eines Aspekts von Indien zu drehen. Sämtliche Bettler, Krüppel, Kinder, der bekiffte Türke mit seiner Narrenkappe, in der er seine Geheimnisse versteckt. Die Orientalisten der Literatur à la Pasolini in *Der Atem Indiens**. Wer sagt die Wahrheit? Der Atem Indiens ist der Geruch nach Scheiße.

Es ist Ostersonntag. Zufällig treffen wir Charan Das, er sagt, in einem Theater in der Stadt gebe es einen Prostituierten-Kongress, wo ein Italiener Sitar spielt. Wir gehen hin.

Der Italiener ist halber Pole, Mark. Prostituierte gibt es nur eine einzige, sie wirkt sehr verloren, aber Marks Sitar-Musik ist mitreißend und herrlich. Dort trifft man eigenartige schöne deutsche Mädchen. Bald erfährt man, dass eine von ihnen eine »philanthropische Hure« ist. Sie schläft mit reichen Ausländern für 200/500 Dollar, um den Leprakranken zu helfen, das heißt, um sich das Leben in Benares zu finanzieren, wo sie ab und zu im Leprakrankenhaus aushilft.

Was der Mensch (oder in diesem Fall die Frau) sich nicht alles ausdenkt, um die eigenen Schwächen zu rechtfertigen!

Ich würde gern allein herumspazieren, mich an diesem höchst seltsamen Ort verlieren, wo ich überall Absurdes sehe und wo alles auf das Sterben bedacht scheint, alles mit dem Tod zu tun hat.

2. Mai 1996, Delhi – Zürich – Lugano – Florenz wegen des Premio Bancarella.

Ein schöner ruhiger Tag. Zu Gast bei Saskia, eine wunderbare Signora. Wir sprechen über Hongkong und Singapur.

5. Mai 1996, Orsigna. Ein herrlicher Tag mit Folco. Das Haus ist inspirierend, er noch mehr: ein echter Künstler, der leidet und seinen Weg geht.

7. Mai 1996, Mailand – Florenz. Kaffee mit Daniela und Luigi Bernabò, auch sie sind begeistert von der Idee zu *Benares*. Sie regt an, man müsse deutlich machen, warum Indien gefallen muss. Sie ist empört über die begeisterten Erzählungen der Leute, die zurückkommen. Wie kann man Indien lieben, was ist da?

Eine Liebesgeschichte mit allem, was dahintersteckt.

8. Mai 1996, Florenz. Ich unterschreibe den Kaufvertrag für die hundert Olivenbäume, und abends genieße ich den Sonnenuntergang mit Saskia auf der Terrasse mit Blick auf »unser Land«. Mir kommt der Gedanke, dass ich in dieser Stadt trotz ihrer Schönheit keine Zeile mehr schreiben könnte. Mit diesem Haus, jetzt mit den

Olivenbäumen, errichte ich einen Tempel für die anderen, und ich bin froh darüber.

Ich werde vermeiden, hier zu sein, denn die Umgebung verleiht mir keine Flügel, sondern legt mir die Füße in Ketten.

16. Mai 1996, Delhi. Die Regierung Vajpayee* wird vereidigt. François Gautier* und ich sind die Einzigen, die ohne Pass zur Vereidigung zugelassen werden. Anscheinend ist die ausländische Presse ausgeschlossen worden, aber uns gelingt es, Zugang zu bekommen, dank der Hilfe eines freundlichen Herrn, der Pressesprecher des Präsidenten ist.

Ein schöner Saal mit Marmorsäulchen, an der Decke Fresken mit Jagdszenen. Ein Trompetenstoß kündigt den Präsidenten an, herrliche, weiß gekleidete Lanzenträger mit großen, blank gewichsten schwarzen Stiefeln stehen in Habachtstellung an den Wänden entlang, in Logen im ersten Stock spielt ein Orchester die Nationalhymne.

Großartiges Indien, Tradition, Formgefühl, Selbstbewusstsein.

Nacht vom 22. auf den 23. Mai 1996, Delhi–Frankfurt–Turin. Abends großes Diner für den Bancarella. Ich hasse die Situation, in die ich getrieben wurde, und ich setze alles daran, freundlich zu sein und zu fliehen.

24. Mai 1996, Turin. Schöner Lauf durch den Park mit einsamen Frauen und Hunden in einem Rahmen von toter Eleganz.

Streifzug durch Buchhandlungen, dann Auftritt in Biella in dem schönen barocken Theater, Severgnini* hören, der sich für den »geborenen Direktor« hält. Der Einzige, dem ich mich nah fühle, ist der alte Rigoni Stern*, ich schenke ihm mein Buch.

26. Mai 1996, Turin. Ich stehe um fünf Uhr früh auf, um zum Flughafen zu fahren. Der Taxifahrer zeichnet mir ein Porträt der Stadt. Mich packt große Angst, und Srinagar mit seinen schauderhaften Seiten erscheint mir stimulierender. Ein Paradies.

29. Mai 1996, Srinagar (Kaschmir). Mit Dieter hier wegen der Wahlen. Eine absurde, düstere, faszinierende Atmosphäre. In der Altstadt von Khanyar rings um die alte Moschee Männer, die beten und im Schatten der Häuser rauchen. Hunde, die aus offenen Kloaken saufen. Enormer Schmutz und Gestank, aber es herrscht großer Frieden.

30. Mai 1996, Srinagar. Tag der Schande für Indien. Die Wahlen sind eine Farce.

Der Tag beginnt in der Dunkelheit mit einer Stimme, die durch den Lautsprecher der Moschee beim Hotel »Allah« anruft. Ich erwache leicht beunruhigt. Vielleicht etwas Angst, die ich überwinden muss. Man denkt immer, es könnte der letzte Tag sein. Eine Kugel genügt, um mich auf eine kleine Zeitungsnotiz zu reduzieren.

Spektakuläre Schönheit: Tauben, streunende Hunde, Krähen und Soldaten, die in die Luft schauen.

Der Morgen ist von atemberaubender Reinheit. Der Himmel tiefblau, nicht eine Wolke, glasklare Luft, die Berge scharf gezeichnet, das Wasser in den Kanälen und in dem See schwappt über auf die Wege des Welcome-Hotels. Die Straßen leer, nur Hunde lagern auf dem Asphalt. Hunderte Tauben und Krähen auf den Stromleitungen.

Die Leute haben sich in ihren Häuser verbarrikadiert, die verlassen wirken. Die Fenster der oberen Stockwerke zerbrochen, offen stehend, die Dächer häufig abgedeckt. In der Altstadt sieht man an den Bergen von Abfall, die im Licht der ersten morgendlichen Sonnenstrahlen vor sich hin stinken, dass da Menschen leben. Von einer Hundemeute gehetzt, jagt eine Reihe von Pferden an der Außenmauer der Moschee entlang. Ringsum ist Markt.

Überall Tausende Soldaten in Kampfuniform. Terrorstimmung inmitten einer berauschend schönen Natur.

Wir streifen durch die Altstadt, während die Wahllokale geschlossen werden. Im Viertel Vasant Bagh sagt eine Gruppe von Männern, dass keiner von ihnen gewählt hat. Keiner hat den Stempel auf der Hand, Unbekannte von auswärts sind gekommen und haben an ihrer Stelle gewählt. »Wir kennen sie nicht, sie sind nicht von hier.«

Ich frage, ob es vorgekommen ist, dass jemand beim Wahlbetrug erwischt wurde, als er mit falschen Namen zwei Mal wählen wollte.

»Nein, niemand!«

Es ist schrecklich zu sehen, wie die Leute lügen. Schrecklich. Unerträglich. Ich verstehe, dass junge Leute zu Terroristen werden können! Widerwärtig, gut situierte, anständige Leute zu sehen, die nicht nur mich, sondern auch sich selbst belügen.

Der Sonnenuntergang ist wieder herrlich, ich betrachte ihn auf der Brüstung zum See hockend, der sich vor dem Welcome Hotel erstreckt. Müde schlafe ich ein, ohne Lust zu schreiben. Einzige angenehme Nachricht: in *Le Monde* ist ein Artikel erschienen *T. T. vagabond d'Asie**.

Ich fühle mich immer mehr so und immer weniger als Journalist.

16. Juni 1996, Delhi. Mit Professor Anand Krishna* beim Qutb Minar*, ein herrlicher Morgen, der erste Monsunregen liegt schwer in der Luft.

Ein fantastisches, großartiges Denkmal. Beunruhigend, wie immer, die islamischen Elemente. Alles ringsum, die Säulengänge der Moschee, die Pavillons, ist aus den Resten jainistischer* Tempel erbaut, die die Muslime zerstört hatten. Das Bauwerk stammt aus dem 12. Jahrhundert, als hier eine Ansammlung von jainistischen Tempeln stand.

Die Säulen sind übereinandergestellt, in loser Ordnung, einige wunderschön mit Figuren, denen der Kopf abgeschlagen wurde, das Gesicht ausgekratzt. Am Fuß einiger Säulen tanzende Frauen. Daneben hat einer der großen Säle, die die Dynastie der Mamelucken* errichten wollte, eine wunderschöne Decke, wie ein umgedrehter Lotos. Schön ist die Kombination von rotem Stein und Marmor an den Wänden, einige mit Reliefs und Intarsien. Die Inschriften auf der Minarett-Säule sind arabisch, aber kombiniert mit indischen Bildmotiven, Blumen, Lotos, zu Ornamenten und Blumengirlanden reduzierten Gesichtern.

Eine schöne Verbindung aus Islam und Hinduismus, wo allerdings die islamischen Elemente überwiegen.

Eine große Menge Inder, die Gesichter nach oben gewandt, Gruppen von jungen Muslimen, stolz und schüchtern.

Kühl fallen die ersten Tropfen auf den heißen Stein, während die Leute weiterhin Schlange stehen, um mit eigenen Händen die Eisensäule aus dem 4. Jahrhundert v. Chr. zu berühren, »die erste Konstruktion aus rostfreiem Stahl«, sagt Anand, die Jahrhunderte später hierhergeschafft und in der Mitte des wunderschönen Platzes aufgestellt wurde.

Anand erklärt, die Muslime hätten die Ära der großen Tempel, der großen Räume eingeleitet, weil im Islam viele Menschen gleichzeitig zusammenkommen. Die Moscheen sind auch Schulen, weshalb die Kinder, wenn sie von einer Klasse in die nächste kommen, einfach nur in einen anderen Hof gehen. Wohingegen die hinduistischen Tempel klein waren, weil jeder hingehen und beten konnte, wann er wollte. Nie große religiöse Zusammenkünfte.

Anand spricht von den Sufi-Heiligen, die *Mujaji* genannt wurden, »diejenigen, die zwischen Leben und Nicht-Leben hin und her schwanken«.

Er stellt eine schöne Frage, mit der man einen Roman beginnen könnte: »Warum haben wir einen Schatten?« Nachts hat niemand einen Schatten, aber die Nacht spendet kein Leben. Die Götter haben keinen Schatten, und nach Jesu Auferstehung merkten die Jünger, dass er nicht mehr von dieser Welt war, weil er keinen Schatten hatte.

19. Juni 1996, Delhi–Hartwa [Haridwar]–Tehri (306 km von Delhi entfernt). Wieder mit Dieter.

Der Bahnhof von Delhi macht wie immer Lust abzureisen. Unter einem großen Werbeplakat für Hindustan stehen um sechs Uhr ungefähr 50 Träger, schön in Rot gekleidet, und warten auf die Reisenden, denen sie das Gepäck ohne allzu große Aggressivität abnehmen. Wäre da nicht der Schmutz, Indien wäre einer der romantischsten Orte der Welt. Oft sehne ich mich nach der Ordnung in den Ländern Südostasiens.

Der Zug ist schrecklich mit seiner Klimaanlage, seinen Ventilatoren und seinen Klappsitzen, so was wie ein Flugzeug für Arme, voll besetzt mit Leuten aus der Mittelschicht, die vor der Hitze in der Hauptstadt ins Hügelland fliehen.

Was für eine Idee, eine Mittelschicht zu »schaffen«, die die Entwicklung des Landes voranbringen soll. Sogar die Chinesen haben damit angefangen. Wie kann eine Partei, die sich kommunistisch nennt, die für die Abschaffung der Klassengesellschaft gekämpft hat, die die besitzende und gebildete Klasse von einst physisch ausgelöscht hat, heute eine Politik verfolgen, deren Zwischenziel es ist, diese schauerliche Mittelschicht zu schaffen, die ungebildet, ganz mit der Akkumulation von Kapitel beschäftigt und in allen Ländern gleich ist? Eine Klasse, die sich etwas einbildet auf ihre Fähigkeit, sich zu bereichern, die Kinder großzieht, die sich auf ihre Wänste etwas einbilden, die keinen Respekt hat vor den anderen und sich selbst als Zivilisationsträger sieht?

Nach vier Stunden mäßig schneller Fahrt kommen wir nach Hartwa. Der Bahnhof ist wie alle, schmutzig, voller Menschen, die hier biwakieren. Ich sehe zwei Alte, die sich am Boden über einem Feuer aus trockenen Kuhfladen *Chapati** backen. Ein guter Geruch steigt von dem Feuerchen auf.

Die Taxis streiken bis zwölf Uhr.

Wir essen »im klimatisierten Teil« eines schäbigen Restaurants. Immer dieselben Gerüche, dieselben Geschmäcker. Eines Tages werde ich über diese mangelnde Geschmacksvielfalt im indischen

Essen schreiben müssen. Wohin man auch geht, überall dasselbe *Masala**, dieselben Gewürze, derselbe grauenhafte Geruch nach Kardamom und etwas anderem auf dem Grund jeden Gerichts. Angela sagt, es waren die Moguln*, die ihre Küche aus Zentralasien mitgebracht und den Indern aufoktroyiert haben, die sie weiterhin verwenden, obwohl sie nichts mit ihrem Klima und ihren Bedürfnissen zu tun hat.

Ein weiterer Beweis dafür, dass die Inder sich an alles anpassen, von jedem etwas nehmen und dabei darauf vertrauen, dass sie durch ihre schiere Größe sich selbst immer gleich bleiben werden, weil nichts das Ganze wirklich verändern kann.

Man wird ja sehen mit dem Materialismus!

1. Juli 1996, Ban Phe (Thailand)

»It is here. It is here. It is here.« Das Paradies ist hier.

6. Juli 1996, Bangkok, in Marisas Haus. Und dann habe ich aus dem Paradies keine einzige Zeile mehr geschrieben.

Ich habe vier sehr seltsame Tage dort verbracht, ohne mit jemandem zu reden, im Wesentlichen ohne etwas anders zu tun als zu schlafen, mich mit Fasten aufzuputschen, nur Obst essend, mit plötzlichem Heißhunger auf jede Menge Früchte (zwei *Durian*, eine nach der anderen, und eine Nacht mit dem Gedanken, ich sterbe), weil ich auf dem Markt einen Einkauf gemacht hatte, als würde ich einen Monat bleiben, und Lektüren: Zwei Mal Marguerite Duras, *Der Geliebte*, wunderschön, aber im Grunde denke ich, bleibt über die Liebe noch alles zu schreiben, denn was sie schildert, ist keine Liebe; Thomas Mann, *Tod in Venedig*, alt und überholt, die Sprache einer anderen Zeit mit schönen Eingebungen, aber es spricht in keiner Weise zu den jungen Leuten von heute, wie ich das möchte; und dann *Benares*, das Buch, das mir als Kopfkissen dient und mich inspiriert, mich Licht sehen lässt. Vielleicht.

Sehr seltsame Tage in einem paradiesischen Haus, auf den

ersten Blick unverändert, sogar bis zum Hund, der mich bei meiner Ankunft begrüßt.

Schreckliche Rückenschmerzen, die ich seit Monaten loszuwerden versuche, werden hier zum Mittelpunkt meiner Tage und Nächte. Ich ziehe von einem Bett zum anderen. Meines mit der alten Matratze unter dem Fenster mit dem Rauschen von Wind und Wellen ist merkwürdigerweise nicht da. Ich versuche auch, auf der Terrasse zu schlafen, wo ich aus meinem kurzen Dämmerschlaf geweckt werde vom Licht der Taschenlampe des Nachtwächters, der kommt, um mich gegen Einbrecher zu schützen. »Warum schläfst du hier?«

Das Meer ist wunderschön, wie sonst, vertraut, aber man kann nicht lange im Wasser bleiben, weil Quallensaison ist: Weiß und violett schweben sie unter der Oberfläche und machen das Schwimmen unmöglich.

Im ersten Morgengrauen habe ich vom Strand Besitz ergriffen, indem ich das hölzerne Tempelchen mit der Leiter besuchte, innen stehen lediglich zwei weibliche Gipsfiguren, eine Art *Lingam** aus Korallen, mit alten Girlanden und einem Gläschen mit abgestandenem Wasser.

Während der langen Spaziergänge am Strand, immer allein, habe ich an die 120 Seiten gedacht. Der Titel steht: *Benares*. Die Handlung: Vielleicht ein Vater, der sich auf die Suche nach seiner in Indien verschollenen Tochter begibt, nach Benares kommt und das Göttliche und die Liebe wiederentdeckt und am Ende stirbt. Es bleibt ein Brief, den er auf der Terrasse des Ganga-View-Hotels geschrieben hat, wo die Geschichte beginnt. Der Brief kommt an, nachdem er am Ufer verbrannt wurde. Die Liebe ist die zu einer älteren Frau. Auch sie hat mehrere Ehemänner, Geliebte hinter sich. Die beiden leben zusammen. Der Verzicht: auf die Liebe als gemeinsames Altwerden. Sie verabreden sich im nächsten Leben, wo sie eine gemeinsame Vergangenheit haben können.

7. Juli 1996, Orsigna, il Contadino. Freude. Verärgerung. Wie jedes Jahr. Ich fühle mich fehl am Platz, in kleinliche Scherereien verwickelt, die ich anderswo zu beherrschen und unter Kontrolle zu halten weiß. Ich habe nur Lust zu fliehen, nach Benares. Der Bancarella-Preis mit all seinen Verpflichtungen, den Interviews, den Leuten, die anrufen, ist eine »Last« und keine Freude mehr. Der Preis scheint die Familie wenig zu interessieren, wie er auch mich wenig interessiert.

12. Juli 1996, Genua. Ich mache den Pausenclown an der Strandpromenade. Man erklärt mir, den Preis werde Stefano Zecchi gewinnen. Mondadori ist davon ausgegangen, dass sich sein Buch *Sensualità* sehr gut verkaufen wird und hat eine Auflage von 100 000 Exemplaren gedruckt, davon aber nur 30 000 verkauft. Um die anderen loszuwerden, hat der Verlag in den Preis investiert: so etwa 450 Millionen [Lire].

Somenzi* von Longanesi ist verzweifelt.

13. Juli 1996, Pontremoli. Wir fahren über La Spezia, um Bücher zu signieren, am frühen Nachmittag dann Fahrt nach Pontremoli, mit Folco.

Das Städtchen ist eine Enttäuschung. Das schöne Pontremoli gibt es nicht, und das Hotel ist sehr abgelegen und alles aus Plastik. Ohne Charme, mit gerade genug Ruhe.

Wir schlendern über die Piazza. Wir signieren Exemplare für die Buchhändler, die einen anderen Kandidaten gewählt haben, zum Abendessen verzehren wir die bescheidenen lokalen Spezialitäten, Pappardelle mit Olivenöl und Pesto, dann werde ich auf ein Podium gesetzt, was der »Salon« des Bancarella sein soll.

Ich sitze neben einem Journalisten, der sein Buch über irgendwas vorstellt, und neben dem alten Giorgio Saviane*. Es schmerzt mich zu sehen, wie hinfällig er ist, er wird gestützt von einer attraktiven Dame, die 30 Jahre jünger ist als er. Er sagt, er habe eben sein letztes Buch *Voglio parlare con Dio (Ich will mit Gott reden)* überarbeitet.

»Ja, aber will Gott mit dir reden?«, flüstere ich ihm zu.

Er sagt, der Bancarella, den er vor Jahren bekommen hat, sei der beste Literaturpreis Italiens, weil er das meistverkaufte Buch auszeichnet, und das ist sicher auch das beste, weil eigentlich der Markt entscheidet. Wie naiv, unter den heutigen Bedingungen!

Ich tue so, als ginge ich auf die Toilette, ich stehe auf, steige vom Podium, mache meinen Leuten im Parkett Zeichen, und wir verschwinden. Ich will nicht dableiben und mich zum Gespött der Organisatoren machen. Wir landen in dem hübschen Örtchen Mulazzo, auf dem Hügel, wo der Bancarella seinen Anfang nahm und wo die Plätze und Straßen nach großen Verlegern benannt sind. Wir landen im Haus von irgendwem. Sie sind nett, sie haben nicht für uns gestimmt und sind schrecklich verlegen. Sie sagen: »Alles Gute für morgen«, und während sie die Hand geben, schauen sie zu Boden.

Ich trinke keinen Alkohol und esse nicht die Salami, auf die ich größte Lust hätte.

14. Juli 1996, Pontremoli. Ich beginne den Tag friedlich mit einem Lauf den Hügel hinauf und entdecke einen schönen Sportplatz, umgeben von einem hohen Maschendrahtzaun, in dem ich natürlich ein Loch finde, durch das ich schlüpfe. Beim Gezwitscher der Vögel im Grünen mache ich Gymnastik.

Ich habe mich damit abgefunden, zu verlieren, ich möchte nur das Gesicht wahren. Ich rufe Piero Bertolucci* an und bitte ihn zu kommen und mir zu raten: Soll ich vor der Auszählung eine Szene machen oder gute Miene machen zum bösen Spiel?

Am liebsten würde ich eine Rede halten, ironisch und voller Anspielungen:

»Ich komme von weither, es ist schön, ein Kandidat zu sein. Preise haben bekanntlich eine eigene Logik, die im Zusammenhang steht mit dem, was man für den Preis bieten kann. Auf dem Olymp stritten sich die Göttinnen, Zeus wollte nicht entscheiden, welche die Schönste sei und schickte sie zum Schönsten der Sterblichen, auf dass er es tue. Hera ging zu Paris und versprach ihm, ihn zum König von Asien zu machen, wenn er sie erwähle; Athene versprach ihm Weisheit und Sieg in allen Schlachten; Aphrodite versprach ihm die schönste Frau der Welt (Helena). Paris gab ihr den Preis und entfesselte damit den Trojanischen Krieg. Preise, das ist bekannt … auch mir …

In Indien bin ich zu einem Wahrsager gegangen, und der hat mir prophezeit, ›den Preis wird gewinnen, wer die Buchstaben Z, E, und I im Namen hat‹. Sie kommen auch in meinem Namen vor, aber nicht in der richtigen Reihenfolge. Bücher sind wichtig, aber leider leben wir in der Ära der Bücher von der Stange, man schreibt nach einem Erfolgsrezept, um Preise zu gewinnen, um zu verkaufen, nicht, weil man etwas zu sagen hat.

Und doch sind Bücher wie Kinder, man bringt sie nur zur Welt, wenn man schwanger ist, und das besser aus Liebe und nicht aus Zufall.

Auch dieser Preis hat seine Höhen und Tiefen gehabt, man müsste das Kriterium, nach dem er vergeben wird, neu überdenken.

Was ist der Bancarella? Das meistverkaufte Buch? Dazu würden Statistiken genügen. Das schönste Buch? Das von den Buchhändlern am meisten geliebte? Überdenken wir die Kriterien, nicht damit die Jungen zu Zug kommen (die Kandidaten sind alle über 50), sondern weil ein Blick auf die Liste der Preisträger, angefangen bei Hemingway, zeigt, dass da neben dem Schönen andere Maßstäbe ins Spiel kamen: die Politik (siehe die Bücher von Luigi Preti*, von Andreotti*) oder der schauerliche Einfluss des Fernsehens, zum Beispiel als Sgarbi* einem Roman von García Márquez* vorgezogen wurde.

Auch ihr Buchhändler müsst aufpassen, dass ihr eure Kunden nicht verliert, indem ihr sie dazu zwingt, Dinge zu kaufen, die sie dann nicht lieben können. Sicher, wir leben in einer schrecklichen, verwirrenden Welt, in einem Land, das den Sinn für das Rechte verloren hat; einer Welt, in der dasselbe Buch, das für den Preis des schlechtesten Buches des Jahres zur Wahl steht, gleichzeitig für den Buchhändlerpreis nominiert wurde.

Ja, es sind seltsame Zeiten. Und doch muss man den jungen Leuten Hoffnung machen, darf sie nicht in der Überzeugung lassen, dass alles schon irgendwo entschieden ist nach Kriterien, die sie nichts angehen. Dass die Mittelmäßigkeit regiert, man für Geld alles kaufen kann, auch Preise und die Liebe der Menschen. Dass die Zeitungen immer pornografischer werden, alles Ware ist und der spirituelle Tourismus gedeiht, dass Journalisten, die falsch informieren, den größten Erfolg haben.

Genug; schauen wir uns das Ergebnis der geheimen Wahl an, denn wenn ein Wahrsager in Indien die Anzahl der Stimmen in einer Wahlurne in Italien vorhersehen kann, dann muss etwas Großes an den indischen Wahrsagern sein.«

Piero empfiehlt, ich solle mich in Acht nehmen, ich solle mich nicht lächerlich machen mit Klagen darüber, dass ich nicht gewonnen habe, denn wenn ich gewonnen hätte, hätten doch dieselben Kriterien gegolten.

Folco ist immer dabei, anteilnehmend und sehr lieb. »Es hat sich absolut gelohnt, dass ich mitgekommen bin. Ich habe eine Menge über das Leben gelernt.«

Es wird Abend, wir essen. Spagnol ist niedergeschlagen und traurig. Auf der Piazza will er nicht sitzen, und während wir in die erste Reihe gebeten werden, geht er erregt mit Piero auf und ab.

Das Demütigende ist, dass die Choreografie geändert wird, und nach dem Präfekten, der dem Bürgermeister, dem Bürgermeister, der dem Kommandanten der Carabinieri, dieser dem Bankdirektor dankt usw., kann ich keine Rede mehr halten, weder eine boshafte noch eine schlicht ironische.

Die Urnen werden geleert, und die Litanei geht los: »*Sensualità … Sensualità …*« Ich mache mir einen Spaß daraus zu klatschen, als zwei oder drei Mal der Titel des Buches von Rigoni Stern genannt wird.

Als der letzte Stimmzettel geöffnet ist, gehe ich zu Zecchi und gratuliere ihm.

»Zwei Freunde, die sich umarmen«, höre ich den Marktschreier am Mikrofon. »Terzani selbst wird den Preis überreichen.«

Und ich: »Ich bin froh, dass ich verloren habe, so kann ich noch einmal nach Pontremoli kommen.«

27. Juli 1996, Kalkutta. Auf den Spuren von Mutter Teresa.* Manchmal scheint mir, meine Batterien sind wirklich leer.

Ich habe Rückenschmerzen, das ganze abstoßende Elend der Menschheit bricht über mich herein. Kalkutta ist nicht »die Stadt der Freude«, sondern der Entwürdigung des Menschlichen.

Ich treffe den Vizedirektor des *Telegraph,* dann seinen Reporter vor Ort. Sie erzählen mir Details über das, was bei Mutter Teresa nicht stimmt. Wo sind die Bilanzen, wo ist der Bericht des Buchhalters? Wohin fließt das Geld, in die Bekehrungen?

Schon merkwürdig, unsere Zeit: Wir ertragen es nicht, Ideale, Mythen, Personen zu haben, zu denen man aufschaut und die man sich zum Vorbild nimmt!

Ja, die Mission ist von einer Mauer des Schweigens umgeben, die schwer zu durchbrechen ist. Sie haben etwas zu verbergen. Vor allem ihre Finanzen: woher das Geld kommt und wohin es fließt. Wie bei allen Einrichtungen, die Geld aus dem Ausland erhalten, müssten die Summen über die Zentralbank fließen und dort registriert werden. Das ist nicht der Fall.

Es besteht der Verdacht, dass das Geld zu Bekehrungen verwendet wird, dass Mädchen, die katholisch werden, eine Mitgift bekommen, und konvertierte Kinder auf katholische Schulen geschickt werden.

Als ich Mutter Teresa fragte, was sie von dem kritischen Buch über sie hält, sagte sie die üblichen Dinge: »Ich bete, dass Gott ihnen verzeiht, ich habe ihnen schon verziehen.«

Aber der Zweifel bleibt. Gestern sagte die Frau in der Buchhandlung, das Buch werfe berechtigte Fragen auf: »Warum weigert sie sich, Medikamente, Schmerzmittel zu geben?«

Das Problem ist nicht, ob Mutter Teresa eine Heilige ist oder nicht, sondern ob eine Stadt wie Kalkutta existieren soll oder nicht. Dass es sie gibt, scheint zu beweisen, dass es Gott nicht gibt.

31. Juli 1996, Kalkutta. Am Morgen laufe ich am Fluss Brahmaputra entlang, dem »einzigen großen männlichen Fluss Indiens«. Beeindruckend. Majestätisch. Stark. Die Motorboote müssen weite Bögen fahren, wenn sie am Ufer anlegen wollen. Ich beobachte eines, das schrecklichen schwarzen Rauch ausstößt und gegen die Strömung zu fahren scheint, weswegen es ganz schief anlandet. Dutzende Männer auf Fahrrädern mit Blecheimern fahren zum Ufer, vielleicht warten sie auf die Fischer, um lebenden Fisch zu kaufen, den sie dann auf den Markt bringen.

Träges, armseliges Leben. Wenig Romantik außer der des Flusses. Bettler im Park am Ufer, Jammergestalten, die sich die Zähne an den Abwasserkanälen der höher gelegenen Häuser putzen, wie auch ich eines bewohne. Die Glücklicheren waschen sich mit dem Wasser, das aus einer großen defekten Leitung strömt.

Soldaten exerzieren auf der Straße, in einem kleinen Tempel am Fluss betrügt ein Brahmane schon am frühen Morgen arme Leute. Vor einem armseligen Hanuman* betet jemand. Die Luft ist grau und drückend, die Menschen langsam, erkältet, mit geschwollenen Augen. Auch ich bin so.

Ich habe keine Kraft, habe Rückenschmerzen. Nur der Fluss tröstet mich. Nur die Bäume sind mächtig. Einer steht am Ufer an einer Biegung des Flusses, wo sich Strudel und Wirbel bilden und er wirkt, als wäre er jahrtausendealt. Großartig, mit dem ganzen Wildwuchs von Parasiten auf seinen enorm dicken Ästen, die sich über den schlammigen, zähflüssigen, starken, auf ruhige Weise beängstigenden Fluss recken. Von fern wirkt der Fluss friedlich, nur aus der Nähe macht seine behäbige Kraft Angst.

Ein schwerer, anhaltender Regen und Nebel ertränken das Flusstal. Ich »spüre« den Monsun, die Freude über seine Frische, dann das Grauen vor seiner Schwüle. Schwere, Einsamkeit, Müdigkeit.

Nachmittag bei Mutter Teresa, die das Heim für Aidskranke einweiht. Noch ein Beweis: Die Frau kapiert nichts mehr, wiederholt immer wieder dieselben Dinge über ihren Gott, wie eine Besessene, sie will, dass alle beten, mit den Armen arbeiten, aber sie scheint nicht nachzudenken. Ich habe nicht im Geringsten das Gefühl, dass sie eine Heilige ist.

Ich frage sie nach ihrer Mutter, die in der Nähe von Venedig geboren wurde, und sie sagt: »Nein, nein, wir sind alle Albaner, keine Italiener.« Ich frage sie nach ihrem Bruder Lazzaro, der in Italien umgekommen ist, und sie sagt: »Das ist viele Jahre her.« Das stimmt nicht, es ist nur einige Jahre her.

Sie kapiert nichts mehr, ist sie vielleicht verkalkt?

Ärzte, Funktionäre, Polizisten, alle Autoritäten sind zur Einweihung gekommen, sie halten Reden, bedanken sich untereinander. Da ist kein einziger Vertreter der Aidskranken. Die Statistik, die das Gesundheitsministerium ausgegeben hat, ist absurd: Von 22 000 untersuchten Blutproben nur 17 HIV-positiv. Elf Krankheitsfälle und im ganzen Staat sieben Tote? Das glaube, wer will!

1. August 1996, Guwahati–Shillong (Hauptstadt des Bundesstaats Meghalaya, Indien). Endlich Sonnenschein, der Brahmaputra ist blau wie das Meer, nur ein bisschen weicher, die Inseln liegen schön schwarz in der Strömung, die Bäume sind frisch und sehr grün. Ich bin müde und habe Rückenschmerzen.

Ich frage mich, was ich hier mache. Ich lerne immer weniger und habe immer mehr Mühe, voranzugehen. Ich habe das Bedürfnis nach Ruhe, Lust, das, was sich in meiner Erinnerung angesammelt hat, zu genießen und daraus die letzten zu lösenden Aufgaben zu schöpfen. Wieder breche ich zu einem unbekannten Ziel auf, einem Ort, wo ich noch nie war und wo ich nie wieder hinfahren werde. Vielleicht fahre ich nur deshalb hin; aber lohnt sich das noch?

Ich wäre gern in Orsigna und würde mich an der neuen *Gompa* erfreuen, würde den Sommer genießen und mich an all die vergangenen Sommer erinnern, die nur noch in meiner Erinnerung wiederkehren werden.

Ich kehre mit dem Vorwand ins Haus zurück, dass ich die Eindrücke von gestern aufschreiben muss. Da ist nur ein Eindruck: basta. Ich muss aufhören, dem Neuen nachzujagen und muss mich an dem Alten erfreuen, das ich zur Seite gelegt habe.

21. August 1996, Kalkutta. Abendessen mit einem Paar von der belgischen Botschaft. Ich treffe Momin Latif* wieder, großartig. Er meint, das Kastenwesen sei die große Erfindung der indischen Kultur, um Revolutionen zu verhindern. »Das ist kein Gesellschaftssystem, es ist ein metaphysisches System«, sagt er, »denn es schiebt die Lösung der Konflikte auf das nächste Leben auf. Daher die Stabilität des Landes.«

9. September 1996, Delhi – Pathankot. Folco vor zwei Tagen angekommen. Am ersten Abend Essen bei Momin, heute mit den italienischen Freunden. Endlich können wir ohne allzu viele Konflikte zusammen sein.

10. September 1996, Dharamsala. Kaffee mit dem tibetischen Mönch Rinpoche*.

»Dharamsala ist ein großes Sandkorn, aber es funkelt.« Seine Enttäuschung über alles: »Die jungen Leute sind nicht mehr überzeugt. Früher hat man getrunken, und es gab keinen Streit. Wenn die Leute jetzt trinken, prügeln sie sich. Es gibt keine Toleranz mehr. Zu viel Religion hat Tibet zugrunde gerichtet. Jetzt geschieht hier ein wenig dasselbe. Im 6. Jahrhundert waren wir die militärisch mächtigste Nation in Asien, 1959 wurden wir zertrampelt und hinweggefegt wie nichts: Schuld hat die Religion. Man muss den Lehren folgen, nicht den Lehrern. Die Ausländer, die Buddhisten werden? Für den größten Teil des Westens ist der Buddhismus Kosmetik, es bleibt an der Oberfläche.«

Um sieben gehen Folco und ich uns einen Dokumentarfilm ansehen, *Escape from Tibet*, produziert von Yorkshire TV. Falsch, bloße Show, aber wirksame Propaganda. Wir essen im Hotel Tibet zu

Abend. Wir sprechen über Ideen, angenehm. Dharamsala, Traum der Menschen aus dem Westen, ist ein trauriger Ort, Touristenmagnet nur, wenn der Lama in der Stadt ist, sonst kommen die Ausländer nicht.

Rinpoche will das Leben eines *Sannyasin** führen (ohne seine Kleidung zu ändern), aber in Wirklichkeit, stelle ich mir vor, denkt auch der Dalai Lama an nichts Anderes. Auch er muss dieses »politischen« Lebens ohne Hoffnung überdrüssig sein. Hier haben alle die Hoffnung verloren, die jungen Leute tendieren immer mehr zum Materialismus, und der Westen und die Ausländer suchen etwas Oberflächliches zur Pflege ihrer kalifornischen Seelen.

Rinpoche meint, die Tibeter müssten fortschreiten, müssten modern werden, die Religion dürfe nicht mehr diese beherrschende Rolle spielen, die sie Jahrhunderte hindurch hatte, was die tibetische Nation zerstört hat.

11. September 1996, Dharamsala. Schöner Spaziergang mit Folco auf dem Berg und rund um das Haus des »Kundun«*, des Dalai Lama. Er ist an einem Mittwoch geboren, deshalb werden an jedem Mittwoch Gebete für sein langes Leben gesprochen.

Abendessen mit Rinpoche, seiner Frau und Folco. Sehr nett. Ein Foto von ihm als kleines Kind, aufgenommen 1950 von Heinrich Harrer*.

Den Dalai Lama fragen: Es gibt da ein großes Potenzial, das nicht genutzt wird, Millionen junger Menschen, die nur nach einer gerechten Sache suchen, für die sie sich einsetzen, für die sie etwas tun könnten.

»Die Energie ist da, es fehlt die Glühbirne«, sagt Rinpoche.

Man muss diese Glühbirne erfinden. Auch die Frau scheint frustriert über diese Untätigkeit. Darüber, dass das Reservoir an Sympathie nicht in politische Aktion überführt wird.

Merkwürdige Situation: Eine Menge von Ausländern, die hierherpilgern, um ihr Heil in der Vorstellung von Tibet zu suchen, und eine kleine Gemeinschaft im Exil, die immer mehr mit ihrer Sache uneins ist, mit der Art, wie sie verfolgt wird, und die das Bild, das die Ausländer von ihr haben, als Last empfindet, als einengend. Die Mitglieder dieser Gemeinschaft würden gern voranschreiten, Fortschritte machen, nicht nur als Yak-Reiter und Meditationsgurus wahrgenommen werden.

Bei Rinpoche ist die Kritik an all jenen spürbar, die der Sache schaden, indem sie dieses esoterische Bild von Tibet pflegen, die Tantras, die Praktiken usw. Sie überleben, indem sie ein Bild von sich verkaufen, das sie letztlich daran hindert, der Sache zu dienen, derentwegen sie hier sind. Die Werbung zerstört die Sache, um die es geht.

Auf der Straße liegt im Schlamm und mit heraushängenden Eingeweiden ein Pferd, das ein Lastwagen angefahren hat, es hält den Kopf hoch, als wollte es schauen, ob ihm jemand zu Hilfe kommt. Die Leute weichen zurück, haben Angst hinzusehen. Da wäre ein englischer Offizier gefragt, der ihm mit seiner Pistole den Gnadenschuss gibt.

Ich sehe es am Nachmittag wieder, tot, die Eingeweide hängen noch immer heraus.

12. September 1996, Dharamsala. Das Pferd liegt noch immer auf der Straße, von Zweigen bedeckt, Steine im Kreis ringsum grenzen den Raum seines Todes ein.

Die Eremiten. Um zehn Uhr brechen wir auf, mit Führer.

Die Treckingtour beginnt hier, zu Füßen eines bescheidenen Bergs, überzogen von grünem Licht, seitdem der Wald abgeholzt wurde. Man kommt an den Häusern einiger indischer Bauern vorbei, mit riesigen Büffeln im Hof, rotznasigen Kindern, zudringlichen Hunden, und bald gelangt man zu einer Hütte aus Stein, schön gelegen am Rand eines Abhangs, mit herrlichem Blick über das Tal.

Der erste »Eremit« tritt durch die kleine Holztür heraus. Tashi, 63 Jahre alt, aus Tibet stammend und dann ins Kloster Gyuto eingetreten. Er ist seit zwölf Jahren hier. Alle 14 Tage, wenn in

Dharamsala Vorlesungen gehalten werden, geht er hin, hört sie an und erledigt seine Einkäufe. Sein Leben hier ist glücklich, sagt er, es gibt Bären und manchmal Tiger, die so schwer sind, dass unter ihren Schritten die Erde bebt.

»Ich habe begonnen zu sterben, und jetzt blicke ich voraus auf das nächste Leben.« Er sagt, wenn er hinunter geht, packt ihn eine gewisse Unruhe, er verliert sich im Tratsch und Klatsch darüber, was die anderen Mönche machen, über die »Gerüchte«, die umlaufen, er sieht all die Sachen in den Geschäften, und er bekommt Lust auf dies und das, er sieht all das Essen auf dem Markt, und er bekommt Lust, sich den Bauch vollzuschlagen.

»Hier gibt es all diese Versuchungen nicht, und man ist viel glücklicher, viel heiterer und ruhiger. Hier habe ich keine ›Versuchungen‹, und ich kann mich darauf konzentrieren, mein Herz zu läutern. Sobald ich den Hang hinaufsteige, fühle ich mich erleichtert, ich bin glücklich, weil ich alles hinter mir lasse.«

Er spricht weiter über die *Attractions*, denen der Mensch in der Welt ausgesetzt ist, und die ihn unglücklich machen. Er ist im Alter von neun Jahren Mönch geworden. »Wenn es mir gelingt, mein Herz in diesem Leben zu läutern, werde ich im nächsten Visionen haben können.«

Das Geld für seine Verpflegung bekommt er aus der Privatkasse des Dalai Lama. Wenn jemand stirbt, übernehmen die Mönche das Begräbnis, die Leute zahlen, und dieses Geld dient dem Unterhalt der Eremiten. Augenblicklich leben 18 von ihnen auf dem Hügel.

Er steht morgens vor Sonnenaufgang auf, verrichtet seine Gebete, liest in den heiligen Texten, die er eingeschlagen in rote und gelbe Tücher in einem Schrein verwahrt. Seine Hütte ist großartig, die Außenmauern könnten die einer Berghütte im Tal von Orsigna sein, mit Lehm zusammengehaltene Steine. Nach Norden, etwas von der Mauer entfernt, hat er aus dem Blech von alten Ölkanistern einen Windschutz errichtet. Das Dach ist aus Wellblech, das Innere der Hütte ist gefälliger, die Wände mit Lehm verputzt und erbsengrün gestrichen, das Bett steht genau unter einem kleinen

Fenster, das auf das Tal geht, zwischen zwei Brettern, weshalb es wie ein Sarg wirkt.

Er schläft auf zwei Baumwollmatratzen und hüllt sich in eine schöne violette Decke und einen Mantel mit violetten Ärmeln, gefüttert mit gelbem Schaffellimitat. An der Wand gegenüber vom Fenster Kalender mit buddhistischen Darstellungen, Reproduktionen von *Thangkas* und ein Foto des Dalai Lama, eingerahmt von einem weißen Schal. Auf einem Regal hinter dem Bett eine Reihe von kleinen Schüsselchen (sieben oder ein Vielfaches von sieben), worin morgens das dargeboten wird, was reiner und wertloser ist als Wasser.

Auf dem gestampften Lehmboden Fliesen, auf den Fliesen eine Art Teppichdecke. Ordnung und Reinlichkeit.

Er ist ein liebenswürdiger und heiterer Alter. Er macht uns Tee. Die Küche ist vom Zimmer durch eine Tür getrennt und durch eine dicke Decke, die vor der Tür hängt. Oberhalb des Ofens lässt eine Luke mit Fensterscheibe das nötige Licht ein. Früher benutzte er Holz, weshalb die ganze Küche schwarz ist, aber jetzt hat ihm jemand eine Gasflasche geschenkt. Ich erinnere mich, dass Rinpoche beim Abendessen gesagt hat, er wolle die Eremiten mit Solarpaneelen ausstatten.

Wir gehen eine halbe Stunde weiter und erreichen eine kleine Ebene mit einem letzten Bauernhaus, daneben ein schöner Ochse und eine Frau, wenige Schritte entfernt zwei Steinhütten, auf der Schwelle der einen ein kleiner, alter Mönch mit Asthma in einer europäischen Fleece-Jacke, worauf in kleiner Schrift »Patagonia« steht.

Das ist der Mönch, der seit 1979 alle zwei Jahre nach Italien fährt. Also noch ein Eremit, der zwischen Dharamsala und Italien hin und her pendelt. Er ist 70 Jahre alt, mit zehn ist er in das Kloster Sera in Tibet eingetreten, dort war er etwa 20 Jahre lang. 1960 ist er nach Indien gekommen, und hier »ist er Eremit« seit 20 Jahren. Es ist etwas Falsches an ihm, und ich ärgere mich. Dieser »Eremit« gefällt mir nicht. Er sagt, die Italiener, die ihm zuhören, würden zu 70 Prozent bekehrt.

Als Folco ihn fragt, was die größten Schwierigkeiten im Leben seien, antwortet er, das Leben als »Eremit« sei schwer, man brauche Kraft.

Ich platze heraus und sage, wirklich hart und schwierig sei das Leben dort unten in den Städten, mit Frau und Kindern, die man ernähren muss, mit Problemen, die gelöst werden müssen. Sein Eremitenleben sei leicht, bequem, er brauche sich um nichts zu kümmern, brauche nichts zu tun. Ich provoziere ihn noch mehr, um zu sehen, wie er reagiert, er wird ungehalten, er ist nicht gelassen, und nach einer halben Stunde sagt er schließlich: »Gut, reicht euch das jetzt?«, und er jagt uns weg.

Draußen regnet es, aber wir gehen trotzdem. Nach wenigen Schritten treffen wir zwei weitere »Eremiten«, die zu ihren Hütten hinaufsteigen. Der eine hat den Stöpsel eines Walkman im Ohr.

Wir kommen wieder am Haus der Bauern vorbei. Der einzige Unterschied zwischen ihnen und den »Eremiten« ist, dass sie arbeiten müssen, um zu überleben. Auch Folco ist enttäuscht, er sagt, vielleicht müsse man zu Methoden der Wissenschaft zurückkehren, wir hätten ihnen eine Ohrfeige geben müssen, um den Beweis zu bekommen, ob und inwieweit sie allumfassendes Verständnis und Mitleid erlangt haben.

Ich ärgere mich wieder mal über meine Kollegen. Ich erinnere mich an Tim, wie er mir von der Entdeckung der »Eremiten« erzählte: Zusammen mit dem Sohn von Rinpoche war er aufgebrochen zu diesen Orten, Berghöhlen, großartige Menschen, wirklich außergewöhnlich … Was für Erfinder von Mythen! Warum haben wir die so nötig?

Auf dem Rückweg wollen wir noch einmal beim ersten Eremiten Halt machen, um ihm Geschenke zu bringen, aber diesmal kommt er nicht aus seiner Hütte. Er hat Besuch von zwei anderen »Eremiten«. Wir lassen ihm im Hof Päckchen mit Weihrauch und Milch.

Mit Folco spreche ich darüber, dass dieser Ort, der vom Rest der Welt wie ein Mekka angesehen wird, wie die Quelle einer gewissen Größe, nichts anderes ist als eine banale Touristenattraktion, dass es da Krisen und Konflikte gibt, dass vieles, das man aus der Ferne erträumt, hier vor Ort nicht viel Sinn hat.

»Ich muss diese ganze Geschichte neu überdenken«, sagt Folco, der gerade das Buch von Hitchens* über Mutter Teresa zu Ende gelesen hat.

Von den Unterhaltungen mit den Eremiten bleibt das Gespräch mit dem ersten Alten, der den Horror der Konsumgesellschaft gut erklärte: Um zu verkaufen, was sie produziert, muss die Konsumgesellschaft Werbung machen, was bedeutet, Wünsche zu wecken, die es gar nicht gibt, und dadurch beständig Unzufriedenheit und Unglück zu säen.

14. September 1996, Dharamsala. Ich werde 58 Jahre alt. Wie viele bleiben mir noch?

Ein wunderbar rauschender, dichter Monsunregen fällt auf das Tal vor der Terrasse. Alle schlafen, und ich erfreue mich an dem Wasser, das in dichten und sprudelnden Rinnsalen vom Dach herabfällt und so etwas wie einen beweglichen Vorhang vor den dunklen Büschen bildet, vor dem dichten grauen und dann goldenen Nebel, der über dem Kangra-Tal liegt.

20. September 1996, Kalkutta. Ich komme vom Morgenspaziergang zurück, eine große Depression hat mich erfasst, ich kann die Armut nicht mehr sehen, ich kann nicht mehr sehen, wie sich von den Gehwegen schmutzige Bettler erheben, ihren schmutzigen Sack voller Abfall nehmen und einen weiteren Tag des Elends beginnen.

Wir sind seit gestern Morgen hier, mit Folco, wegen des Streiks der Rikscha-Fahrer. Beim Spaziergang gestern war Folco erschüttert vom Anblick eines jungen Mannes mit einem vom Wundbrand zerfressenen Bein, in dem es von Würmern wimmelte, er lag auf dem Gehsteig unweit vom Grandhotel Oberoi.

Seine Reaktion war: »Wie kann Hitchen sagen, Mutter Teresa sei keine Heilige?«

Wir haben die Streikenden gesehen, Kalighat*, das Sterbehaus und dann das Mutterhaus für das Abendgebet. Er schien beeindruckt von der Sauberkeit und Ordnung, die dort herrschen.

Ich esse mit Dieter zu Abend, Folco geht in den Presseclub, um junge Filmemacher und den Sekretär des YMCA zu treffen, wo er wohnen kann. Er kommt nicht zu der Verabredung im Grandhotel, wo ich mit Dieter zu Abend esse. Ich falle um vor Müdigkeit, gehe ins Hotel zurück und habe einen Albtraum: Ich träume, ich wäre allein in der Stadt, ohne Geld, und fiele in eine der tausend Fallen, Löcher und Abwasserkanäle der Gehsteige der Nacht.

Ich mache mir Sorgen um diesen Sohn, der den Kopf in den Wolken hat, voller Poesie, aber so unbedarft in den Dingen des Lebens ist. Ich frage mich, ob er sich wirklich auf dieses Grauen einlassen muss, um sich selbst zu finden. Ich bin zu sperrig, zu schnell, zu präzise, ich mache zu schnell kurzen Prozess mit allem. Auch mit der Poesie!

Was tun? Ich kann mich nicht umbringen, um ihm Platz zu machen? Und was für ein Platz wäre das dann?

Deprimiert gehe ich allein spazieren und komme niedergeschlagen zurück. Der Müllhaufen, bevölkert von Hunden und Krähen, die sich in der ersten Morgensonne die Eingeweide einer Kanalratte streitig machen, ist abstoßend.

Warum nicht nach Orsigna zurückkehren?

Angela ist immer mehr mit ihren italienischen Angelegenheiten beschäftigt, mit der Familie, mit den Bildern. Der Sohn auf seinem Weg, und ich allein. Ich muss Kraft schöpfen, muss meinen Frieden wiederfinden an einem Rückzugsort voller Grün, ohne Gestank und ohne Grauen.

28. September 1996, Delhi–Paris. Aufbruch in der Nacht. Folco begleitet mich freundlicherweise, und auf dem Weg zum Flughafen kommt es zur letzten großen Szene. Schreie, dann Stille.

Ich steige aus dem Wagen und geh zum Check-in. Ich höre, wie er zu Billa* sagt: »Warte hier fünf Minuten.« Er folgt mir, es gelingt ihm sogar, durch die Polizeikontrolle zu kommen.

Er wartet schweigend auf mich. Ich fühle ihn hinter mir, bis ich mit allem fertig bin, dann umarmt er mich.

In der Abflughalle des Flugplatzes umarmen sich gerührt zwei erwachsene Männer, in Tränen, sie versuchen, einander zu sagen, wie sehr sie sich lieben und wie schwer es ist, sich zu lieben. Eine Schwierigkeit, zwischen den beiden, die vielleicht unüberwindlich ist.

29. September 1996, Paris. Angela jugendlich und entspannt, kurzes Haar, auf komische Art gekleidet, die mir nicht gefällt, aber das ist eben das Zeichen dafür, dass sie etwas von mir Getrenntes, eine andere geworden ist, sich »befreit« hat. Nach außen hin geht es uns gut. Ich bin sehr weit weg.

7. Oktober 1996, Frankfurt. Buchmesse. Nie wieder.

10. Oktober 1996, Hamburg. SPIEGEL adieu.*

16.–19. Oktober 1996, Cernobbio.* Aspen: Ich habe genug von dieser Welt. Es interessiert mich nicht, einem von der Eni* zuzuhören, der mir streng vertraulich von den riesigen Ölvorkommen in Kasachstan erzählt und davon, dass Russland die Ölpipelines nach Europa nicht durch sein Gebiet bauen lassen will.

Ich bin ein Fisch auf dem Trockenen, mit immer verrückteren Ideen über die Welt. »Sie sind wie Savonarola oder wie Marco Pannella*«, sagt jemand beim Essen zu mir.

Wir leben in merkwürdigen Zeiten, wo die Literatur eine Sache der Public Relations ist, wo das, was produziert wird, nicht zählt, wenn es nur verkauft wird, wo die menschlichen Beziehungen virtuell sind, wo das Wissen von der Information erschlagen wird, wo Lügen als Wahrheiten verkauft werden, wo die Diktatur des Geistes die Demokratie beherrscht, wo die Bürger und die Lügen im Mittelpunkt des Universums stehen. Die Moral ist verloren gegangen, sämtliche Kriterien sind ökonomischer Natur, die Wirtschaft setzt

Ethik und Ästhetik außer Kraft ... Wohin soll das führen, dieser alleinige Glaube an die Wirtschaft?

Welchen Sinn hat das Wort Freiheit heute? Alles ist so wenig »frei«.

6. *November 1996, Orsigna, il Contadino*. Endlich ruft Folco aus Kalkutta an. »Noch nie im Leben ist es mir so gut gegangen, tagsüber arbeiten wir, abends sitzen wir zusammen. Eine Gruppe von besonderen, von interessanten Menschen. Ich bin befördert worden, jetzt bin ich Koordinator der Männerabteilung in Kalighat, dem Sterbehaus. Jetzt, wo ich Verantwortung habe, kann ich nicht weg. Es ist wunderbar. Ich warte, dass Mama mich besuchen kommt. Sicher, noch zwei oder drei Wochen. Ich wohne noch im YMCA, aber vielleicht ziehe ich in ein anderes Heim.«

»Isst du auch genug? Denk an deinen Körper.«

»Es geht mir ausgezeichnet, abends essen wir immer im Blue Star Café.«

»Ich will dir bestimmt keine Ratschläge geben, Folco, aber eins kann ich dir sagen: Nutz diese Zeit, führ Tagebuch, verwerte, was du erlebst, auf der Reise des Lebens kann man nicht immer nur Tramper sein.«

»Ich bin kein Tramper, ich bin General in Kalighat.«

»Lass es dir gut gehen, Folco, arbeite ...«

»Und du sag den Europäern, sie sollen hierherkommen, sie sollen kommen und Hintern abputzen, das wird ihnen guttun ... Ich kann nicht länger reden, mir geht das Geld aus. Grüß alle von mir.«

27. *November 1996, Orsigna, il Contadino*. Großmutter Lina* ist gestorben, weswegen ich wenige Tage nach meiner Abreise nach Delhi wieder zurückfliegen musste.

Orsigna ist einer der Orte, von denen man manchmal denkt, es gäbe sie nicht mehr: schlicht, kristallklar, herrlich. Ich bin aufgestanden, um bei schon scheinender Sonne einen fast vollen Mond zu betrachten, der am strahlend blauen Himmel über der

Pedata del Diavolo stand. Vogelschwärme – viele Amseln – tummelten sich im Gezweig der beiden Ebereschen, und sämtliche Katzen der Umgebung strichen schnurrend um die Tür herum, wo überraschend diese zwei menschlichen Wesen aufgetaucht waren, um sich hier von Strapazen und Frustrationen, Gefühlen und Geschwätz zu erholen.

Der Abschied der Großmutter hatte auf seine Art Klasse und Stil. Abgemagert, wie wir sie in den letzten Monaten gesehen hatten, lag sie still und ordentlich gebettet im Sarg, mit einem schönen schwarzen Schleier auf dem Kopf, in einem sehr eleganten hellen Kostüm und einer schönen Seidenbluse aus Hongkong. In den grazilen Händen hielt sie einen Rosenkranz, und die Beine waren schamhaft und vorsichtig leicht gekrümmt, weil der Sarg, wie sich zeigte, etwas zu kurz war.

Das Defilee der Nachbarn, Verwandten und Neugierigen war gesetzt und maßvoll auch in den Dingen, die alle sich bemüßigt fühlen zu sagen, um eine im Übrigen völlig akzeptable Stille auszufüllen.

Leider haben die modernen Zeiten dem Tod auch seine einstigen Geräusche genommen: Die Nägel werden nicht mehr in den Sarg geschlagen und die Schrauben nicht mehr langsam hineingebohrt. Männer mit Trauermiene kommen mit automatischen Schraubenziehern, und *vrrr! vrrr!* im Handumdrehen ist alles erledigt. So auch in der Kirche: nicht meine liebe alte Kirche von Monticelli, sondern ein neues, schauerlich kaltes Bauwerk neben dem Boschetto, mit einem riesigen Marmoraltar, einem Priester, der es eilig hatte. Die von der Liturgie vorgesehenen Worte nicht schön, es hörte sie aber auch keiner, weil der Priester ein ultramodernes Mikrofon um den Hals trug, das seine Worte in den Lautsprechern an den Wänden widerhallen ließ, mit dem Ergebnis, dass jede etwaige Rührung vermieden wurde.

Ich wollte ein paar Worte sagen, aber nachdem ich meine üblichen Albernheiten über die Natürlichkeit des Todes vorgebracht hatte, und darüber, dass er der treueste, anhänglichste und verlässlichste

Gefährte im Leben sei, fiel mir nichts Besseres ein, als das wunderschöne Fax von Saskia vorzulesen, von dem dann aber wirklich alle gerührt waren.

In einer Stunde war alles vorbei. Es war schon fünf Uhr, in Soffiano haben sie den Sarg übernommen, die Beisetzung aber auf den nächsten Morgen verschoben. Dann also alle zum Abendessen beim alten Natalino auf der Piazza del Carmine. Dieser chinesische Brauch war auch meinen Leuten gleich recht. Ich habe im Wohnraum auf dem Boden geschlafen, Elvi* im Bett der Großmutter, und am Morgen machten wir uns wieder auf den Weg, beladen mit all den Blumen und Telegrammen, die eingegangen waren.

»Ich bin die Auferstehung, o Herr! Wenn diese unsere Schwester Lina vor dich hin tritt, so bitte ich dich, vergib ihr all ihre Sünden, denn in ihrem Herzen war sie rein, ihr ganzes Leben lang war sie dir treu ergeben, ich bin die Auferstehung ...« Ein großartiger Priester im langen Talar, mit violetter Stola und dreizipfeligem Birett empfing uns an der Tür, und mit tönender Stimme, die ich noch immer im Kopf habe, stimmte er diese Litanei an, ging hinter dem Sarg, der auf einem Wagen von vier Totengräbern geschoben wurde.

Ein Bagger hatte die Grube schon ausgehoben, und mit einem hässlichen Geräusch schloss er sie wieder. Nur der erste dumpfe Aufprall der Schaufel Erde, die ich hinabwarf, war wie gewohnt, ebenso die immer lauter tönende Stimme des großartigen Priesters, der immer lauter rief: »Ich bin die Auferstehung, o Herr. Der Tod ist nicht ewig. Wenn der Engel der Auferstehung uns ruft, kehren wir alle zurück in die Gemeinschaft ...«

Ein großartiger Schauspieler, seine Worte gehen mir seither nicht mehr aus dem Kopf, und ich brülle sie auf der Wiese des Contadino.

Bevor ich Soffiano verließ, erzählte mir Anna anhand der Gräber die ganze Geschichte von Monticelli. Das war der Obsthändler, das der Barbier, das die »Erinnerst du dich noch? Sie wohnte vor dem ...«, und so weiter von Grab zu Grab mit Geschichten, an die ich überhaupt keine Erinnerung hatte.

Dann gingen wir alle zusammen das Haus und den Grund von

San Carlo* ansehen; zufrieden und beladen mit Emotionen, Banalitäten, aber auch mit Flaschen voller Öl und Kapern, ist jeder Einzelne zurückgekehrt in sein Leben. Und zu seinem schönen Tod.

Wenn ihr die Gelegenheit dazu habt, ich bitte euch, erspart mir einen solchen Tod!

Jetzt genieße ich Orsigna, ich bin schwach im Kopf und in den Knien, und denke nur daran, nach Hause zurückzukehren.

23. Dezember 1996, Kalkutta. Zusammen mit Angela im Morgengrauen angekommen, um uns an unserem »befreiten« Sohn zu erfreuen, nach Wochen Papierkram, Abrechnung von Reisespesen, Zweifel an der Entscheidung mit dem SPIEGEL, nachdem ich die Verträge unterzeichnet hatte.

Jedes Mal, wenn man hierherkommt, beeindruckt diese Stadt durch ihre Menschlichkeit. Hier gibt es eine elementare Wärme, die man in Delhi nicht spürt, auch nicht in der Altstadt.

Wir sind kaum im Hotel, da kommt Folco, sehr mager, die Augen unruhig, aber glücklich, warmherzig, einen Rucksack über der Schulter. Offenbar erlebt er etwas, worin er sich zu Hause fühlt.

Abends in der Kathedrale, die vor 150 Jahren von den Engländern errichtet wurde, weiß, ein bisschen schief, weihnachtlich geschmückt, aber schön, mit großen Ventilatoren, die von der gewölbten Decke hängen. Der Priester ist Protestant, sehr nett. Er hat Folco ein paar Minuten lang gesehen und ihm erlaubt, seine Weihnachtsgeschichte aufzuführen. Originell, in jeder Wendung eine schöne Idee. Folco bewegt sich unter diesen jungen Leuten mit einer Sicherheit, die schön an ihm zu sehen ist. Das Schauspiel ist sehr hübsch, jedes Bild ein blendender Einfall. Herodes, der einen Diener zwingt, mehrfach seinen Thron zu versetzen, was seine Arroganz kennzeichnen soll; die beiden Schäfer und das Mädchen, das ganz großartig den Esel spielt, sie bewegt das bemalte Gesicht auf rührende Weise.

Für mich eine große Erleichterung. Zu viert leisten wir uns den Luxus des französischen Restaurants im Oberoi, mit zwei Flaschen guten Weins, ich ein Fischgericht, Folco ein großartiges Steak. Es ist auch für ihn ein großes Vergnügen, nach Monaten der selbst auferlegten »Armut« ein paar Annehmlichkeiten zu genießen.

Im Oberoi beeindrucken mich ein paar westliche Geschäftsleute, gut gekleidet mit ihren Lederköfferchen mit Entwicklungsplänen und »Projekten« darin, die sie den Indern verkaufen: Das sind die wahren Terroristen. Sie sind es, die die Welt mit Wünschen vergiften und sie mit ihrer Idee von Entwicklung verpesten: Terroristen!

27. Dezember 1996, Santiniketan–Kalkutta. Erwachen bei Vogelgezwitscher, Telefon, Generatorengebrumm, aber die Terrasse liegt in der Sonne, und ich lese Tagore*. Eine pathetische Gestalt, er hat versucht, Indien wiederzuerwecken. Er wollte eine universale Kultur schaffen, die Orient und Okzident vereint. Er ist gescheitert, aber Reagan und Clinton haben es geschafft: Es ist die Kultur der Globalisierung, die auch hierherkommt. Auf dem Kumbh Mela* gab es Zelte auch für Motorräder, Waschmaschinen und Kühlschränke.

* * *

24. Januar 1997, Ahmedabad (Indien). Die große Moschee im Sonnenuntergang. Das übliche Gefühl von Unruhe beim Anblick der Menge von Männern, die mit ihren weißen Käppchen herbeieilen und sich in vollkommen geraden Reihen vor der Moschee zu Boden werfen, im Rhythmus des Gebets niederknien, sich verbeugen und mit der Stirn auf den Boden schlagen. Die Frauen sind abseits. Um das Gebet nicht zu verpassen, rennen viele, als wollten sie einen Zug erwischen, der im Abfahren begriffen ist. Draußen scharenweise Verkäufer von süßem Gebäck, das nach dem Gebet gegessen wird, wenn die Sonne untergegangen ist – es ist Ramadan –, und Bettler.

Abends Spaziergang durch die Altstadt innerhalb der Stadtmauern.

Charme des alten Basars und Beklemmung angesichts der zunehmenden Zahl an Menschen, was alles erstickend, schmutzig, unmöglich macht. Wenn Indien seine Bevölkerungszahl nicht kontrollieren kann, wird das Land untergehen.

25. Januar 1997, Ahmedabad. Die Morgenzeitung, es ist Tag der Republik: Der Bericht einer Kommission des Hohen Gerichts von Gujarat bestätigt, dass es auch weiterhin die sogenannten *Manual Scavengers,* die Latrinenreiniger gibt. »Und das an dem Ort, wo vor 50 Jahren Gandhi* seine Kampagne gegen die *Scavengers* durchführte.«

Auf den Seiten, die sich mit den Feierlichkeiten befassen, die Ergebnisse einer Umfrage unter Kindern: Was würdest du tun, wenn du absolute Macht hättest? Alle meinen, man sollte den Armen eine Wohnung, den Bettlern zu essen geben, die Städte sauberer machen, korrupte Politiker abschaffen, mehr Bäume pflanzen, die Bevölkerung verringern.

Sollte man die Macht vielleicht den Kindern übergeben?

Wenn ich noch ein Schreiberling wäre, würde ich ins Dorf der *Manual Scavengers* reisen, wo die Frauen drei Mal am Tag »die Scheiße und die Insekten abschütteln, die aus den Körben, die sie auf dem Kopf tragen, auf sie herabfallen«.

26. Januar 1997, Ahmedabad. Ich erliege wieder den »Wünschen«. Ich gehe auf die Suche nach Holzsäulen aus Gujarat. Ich kaufe sechs davon für 1000 Dollar. Anstatt eines Schreibtischs à la Gandhi kaufe ich drei. Beim Hinausgehen schäme ich mich. Ich will mit immer leichterem Gepäck reisen, aber manchmal kann ich der alten Versuchung des »Aufbauens« nicht widerstehen.

Die Stadt ist voll von Leuten, die an den Straßen Zeug kaufen und verkaufen: hässliche Dinge, geringe Qualität, viel Ramsch. In der Menge meine wunderschönen Kuhhirten mit blendend weißen Turbanen und Schurzen, die sich über dem Bauch wölben, als ob sie schwanger wären. Sie tragen Ohrringe und schöne große Schnurrbärte, und ihre Frauen sind hart, aufrecht und wunderschön.

Professor Subhash* erklärt, wie sehr Hindus und Moslems sich gegenseitig beeinflusst haben und Dinge voneinander übernommen haben. Im Islam, sagt er, bedeckt man Dinge nicht, aber die Gräber hier haben alle eine Decke, wie es im Hinduismus Brauch ist, wo man die Götter bekleidet. Im Islam wird kein Weihrauch verwendet und man zündet keine Lampen an, aber in jeder muslimischen Zeremonie wird das heute gemacht. Ebenso kommen alle indischen Süßspeisen aus dem Iran, einschließlich des *Shiro**, das die Inder für hundertprozentig indisch halten.

29. Januar 1997, Delhi–Allahabad, im Zug. Mit Bernardo Valli, der aus Paris gekommen ist, um seinen *Cafard*, seine trübe Stimmung loszuwerden.

Die Zugreise ist schön wegen des Erwachens am Morgen. Hotel Yatrik, dann die Stadt; das Haus Nehrus* mit einer Eleganz aus anderen Zeiten, der Zusammenfluss der Flüsse und die Großartigkeit der indischen Menge. Ein Richter, gefolgt von einem Polizeiinspektor, kommt zum Baden. Die Zeltstadt des Kumbh Mela, wie ein großes mittelalterliches Lager von Verrückten.

Wir sind wegen Gandhis Asche gekommen. Schöner Sonnenschein, eine traurige Zeremonie. Von diesem großen Mann bleibt nichts.

Ich bin hin und her gerissen zwischen dem alten Instinkt zu schreiben und dem neuen, starken Impuls, Schluss zu machen mit diesem Leben der Hetze, des Konkurrenzkampfs, der Oberflächlichkeit. Mir wird klar, dass man nach einem Leben der Jagd auf die Story des Tages, mit der Aussicht auf eine neue am nächsten Tag, eine Berufskrankheit entwickelt, die einen am Nachdenken, an der Vertiefung hindert, und dass der Beruf des Journalisten einem ein Gefühl der eigenen Wichtigkeit gibt, das alle anderen Überlegungen übertönt.

Ich fühle mich distanziert, fern von dieser Dimension. Ich will da sein und beobachten, dann nachdenken und zusammenfügen.

5. Februar 1997, Delhi–Colombo (Sri Lanka). Mit Angela Besuch bei Pater Balasuriya*, einem Priester, der die unbefleckte Empfängnis Marias anzweifelt. Das wird meine letzte Story für den SPIEGEL sein.

6. Februar 1997, Colombo. Großartig die Ankunft hier nach einem verpesteten und deprimierenden Delhi. Erinnerung an die Kindheit der Kinder in Singapur, mit Palmen, den großen Regenbäumen an den Alleen. Großartig das alte Galle Face Hotel, dessen altmodischen Charme der junge Gardiner zu bewahren weiß. Ich hatte ein Fax geschickt, mit dem ich meine »historische« Ankunft zusammen mit meiner Frau und den magischen Knoblauchpillen ankündigte, und mit einem Fax verkündeten sie mir, dass der Vater im September gestorben sei, am Tag der Hochzeit des Sohnes. Insgeheim war mein Plan, meinen Namen auf die Steinplatte der »berühmten« Gäste setzen zu lassen, nachdem ich gesehen hatte, dass unlängst der von Simon Winchester* eingraviert worden war!

Immer öfter denke ich über das Thema eines Romans nach, den man hier schreiben könnte. Die Terroristen des LTTE* verteidigen das Land gegen die »Terroristen« der Fünf-Sterne-Hotels mit ihren Köfferchen voller Entwicklungsprojekte. Terroristen gegen Terroristen, um den Zauber eines Landes zu retten.

Zu Fuß gehen wir ins Stardust, eines der vulgärsten Spielkasinos der Stadt mit den ärmeren Huren der Stadt. Es beeindruckt mich immer wieder, wenn ich ein Kasino betrete, dort an den Tischen dieselben Gesichter wiederzusehen wie vor zwei Jahren. Jeden Abend waren sie dort, während ich tausend andere Dinge machte. Man bemerkt mich, und ein Tisch mit Black Jack wird aufgemacht. Ich wechsle 100 Dollar, ich gewinne und verliere, um auf zwei Achten parallel zu setzen, muss ich dann noch einmal 100 Dollar wechseln, und im Lauf von zehn Minuten gewinne ich haushoch. Ich stehe auf und gehe wechseln: Wir haben genug Dollar gewonnen, um uns eine schöne Woche am Meer zu gönnen.

9. Februar 1997, Bentota (Sri Lanka). Nach einem schönen Frühstück auf der Terrasse des Galle mit Krähen, die kommen und von den Tellern picken, brechen wir auf. Ich gewöhne mich langsam an die Vorstellung, nicht mehr in Eile zu sein, nicht schreiben zu müssen, keine Identität zu haben, die mit etwas außer mir verbunden ist, mit dem Prestige eines Namens, der ein Vierteljahrhundert mit meiner Person verbunden war und von dem ich jetzt feststelle, dass ich nicht viel mit ihm zu tun hatte.

Ich habe immer mehr Lust, fernab von der Welt zu sein und über ihre Entartung zu schreiben.

13. Februar 1997, Bentota, Hotel The Villa. Es ist wirklich angenehm hier. Wir werden braun. Nette Nachricht von Spagnol: Der *Indovino* ist in der sechsten Auflage.

21. Februar 1997, Delhi. Nachmittag bei einer Vorlesung von Thich Nhat Hanh*, dem vietnamesischen Zen-Mönch. Wunderschön die Einfachheit, mit der er Dinge sagt, die die Priester nicht mehr imstande sind zu sagen.

Ich gehe zu Bett, überzeugt, dass ich ein Buch schreiben werde über all jene, die das Zauberkraut, das Elixier des langen Lebens, den Tee, der den Krebs besiegt, den Stein der Weisen suchen. Ein großes Vorhaben, scheint mir.

1. März 1997, Kalkutta. Wir verheiraten Folco.

12. März 1997, Paris. Buchmesse. Präsentation von *Un devin m'a dit (Fliegen ohne Flügel).* Ein schrecklicher Fehler, hierherzukommen und sich vor ein paar Zuhörern und zwei Freunden lächerlich zu machen. Nie mehr Journalisten, Interviews, »Publikum«.

15. März 1997, Paris. Bernardo: »Im Leben kann man nur von nichtigen Dingen sprechen.«

In der Salpêtrière* entdeckt man eine bedenkliche Anämie bei mir.

*21.–29. Mai 1997, New York.** Im Memorial Sloan Kettering Cancer Center. Das Feingefühl der Verwaltungsangestellten, als ich den Scheck unterschreibe.

*30. Mai 1997, Orvieto.** Von New York nach Orvieto wegen des Premio Barzini.

Ein schöner Abend in wunderschönem Licht an einem wunderschönen Ort, wo die Größe darin besteht, auf Neues zu verzichten und mit Genuss die Konservierung des Alten zu betreiben.

*17. Juni 1997, Hongkong.** Ich komme in das kleine Appartement in der Glenealy Road, das Saskia für uns gefunden hat. Es regnet. Es ist wie »nach Hause kommen«. Eine vertraute Welt. Die Rührung, als ich einen *Kuli** sehe, der unter seinem Strohhut seinen Karren an den Taxis am Flughafen vorbeischiebt.

Wir verbringen den Tag damit, uns einzurichten, Geräte für das »Büro« zu kaufen. Hongkong hat unglaubliche Fortschritte gemacht. Es ist reicher, sauberer, nervöser.

18. Juni 1997, Hongkong. Es regnet noch immer, aber ich lasse mich nicht davon abhalten, in den Botanischen Garten zu gehen. Wunderschön, viele alte Weiblein mit kleinen Regenschirmen gehen durch die Alleen, bleiben stehen und betrachten erstaunt eine Orang-Utan-Mutter, die ein Neugeborenes im Arm hält. Andere machen unter Wetterdächern, die geschickt zwischen den Bäumen aufgestellt sind, Gymnastik. Das übliche große Staunen über die unglaubliche Schönheit der Natur, am Beispiel der Tiere.

Den Rest des Tages »vergeudet« bei dem Versuch, ein Kommunikationsproblem mit dem Computer zu beheben, auf der Suche nach einem »Doktor«. Die Lösung kommt schließlich aus Indien.

19. Juni 1997, Hongkong. Ich nehme Angela mit in den Botanischen Garten.

Mittagessen im Landmark, Scharen von jungen Männern mit

Gesichtern wie auf Werbeplakaten. Was für eine Tragödie für China, das sich jetzt anschickt, diesem Materialismus hinterherzulaufen. Was für ein Sieg für den Kapitalismus.

Ich schreibe meinen ersten Artikel für den *Corriere*.*

21. Juni 1997, Hongkong. Um fünf kommt *xiao* Liu uns besuchen. Wundervoll und nach wie vor ein großer Freund. Er arbeitet im Liaison Committee* und klagt über die Tatsache, dass seine Kollegen auf Hongkonger Seite Angst haben, ihm näherzukommen und Freundschaft mit ihm zu schließen. Er sagt, für China sei Hongkong sehr wichtig, weil viele der Veränderungen, die in China stattgefunden haben, ihren Ursprung hier haben. Wir gehen zu Fuß durch den Stadtteil Wanchai zurück. Wir machen Halt und trinken Saft an einem Stand, der um Mitternacht noch geöffnet ist.

»Stoßen wir an auf die Feierlichkeiten«, sagt ein Chinese, der eine Bierflasche in der Hand hält und offenbar schon zwei intus hat.

»Auf die Feierlichkeiten.«

»Ich verstehe nicht, wer Recht und wer Unrecht hat. Ich verstehe es wirklich nicht. Wir sagen den Engländern Lebwohl und den Chinesen Willkommen, aber ich weiß nicht. Wir werden immer von anderen regiert.« Er ist Regierungsbeamter, und sein Vorgesetzter hat ihm den Auftrag erteilt, die englische Krone aus allen Briefköpfen und von allen Umschlägen seines Büros zu entfernen. Er bemerkte daraufhin, dass alles kaputtgehe, wenn er sie herausschneide, besser sei es, sie mit einem Etikett zu überkleben. Er erhielt keine Antwort.

»Aber das ist die beste Lösung, Wiederverwertung. Auf die Wiederverwertung!« Seine Stimme hallt durch die Nacht.

25. Juni 1997, Hongkong. Mit Bernardo im Peninsula Hotel, dann auf dem Vogelmarkt. Mit Angela im Stadion, um die englischen Militärkapellen zu hören. Ein grandioses Adieu der Kolonialmacht, die Chinesen applaudieren begeistert und gerührt. Ob sie ihnen nachtrauern? Ich glaube nicht.

Damit gibt England das optimale Beispiel einer Kolonialmacht: Es hinterlässt eine herrliche Stadt, einen Ort, wo es vor 150 Jahren nur Felsen gab.

30. Juni 1997, Hongkong. 16 Uhr 15: Der Wagen des Gouverneurs fährt drei Mal um den Platz des Gouverneurspalasts, womit er den Wunsch nach Wiederkehr ausdrückt. Mit Angela inmitten der Zweige des Wäldchens gegenüber vom Palast. Es nieselt. Die ersten T-Shirts mit der Aufschrift »Goodbye Hong Kong« tauchen auf.

16 Uhr 30, der Gouverneur holt die Fahne vom Mast. Der Kerzenlicht-Walzer [Auld Lang Syne] wird gespielt. 16 Uhr 40, der Wagen rollt durch das Tor, gefolgt von Polizisten.

Unterwegs in der Stadt, dann Schreiben bis spät in die Nacht.

9. Juli 1997, Macau. Gestern sind wir hier angekommen, mit geschlossenen Augen, um nicht zu leiden. Das alte Macau ist gefoltert und getötet worden. Besser, man vergießt keine Träne darüber. Ich mache mir nur Sorgen, weil diese schauerlichen Chinesen, die ihr Land zerstören, um so reich und modern zu werden wie wir, eines Tages entdecken werden, dass wir ihnen immer noch etwas voraus haben, denn sie werden in unsere Städte kommen und feststellen, dass es bei uns noch Tradition gibt und die Schönheit, die sie so munter zum Teufel gejagt haben.

Was für ein Jahrhundert, das unsere, so voller Schandtaten: Macau wird eines der tragischsten Beispiele sein, wie Peking, wie Phnom Penh.

Wir sind am Nachmittag angekommen, an Bord eines voll klimatisierten Tragflügelboots, wo man vom Geruch dieses herrlichen Meeres voller Geschichte und voll des Schlamms, den der Perlenfluss heranführt, nichts mehr wahrnimmt. Die Gebiete, die zu Hongkong gehören und noch unberührt oder von Illegalen besiedelt waren, haben sich in einen schauderhaften Wald aus hässlichen und sehr einfachen Hochhäusern verwandelt, ohne Geschmack und ohne Leidenschaft hochgezogen, Gefängnisse, in denen Depression und Einsamkeit gedeihen; auch die Inseln am Weg sind nicht mehr geheimnisvolle Schatten der Natur in der Einförmigkeit von Meer und Himmel, sondern hässliche Furunkel aus modernem Beton.

Der Anblick Macaus aus der Ferne ist niederschmetternd, eine neue Brücke, die Bucht mit Erde aufgeschüttet, leerstehende und verlassene Wohnsilos, ein scheußliches schwarzes Denkmal, das sich zum Himmel reckt ohne die Leidenschaft, mit der Kirchen in die Höhe ragten. Die Praia Grande*, gegen die schläfrig das Meer klatschte, verschwunden, um einem Flughafen Platz zu machen, einem Deich, tausend kleinen Konstruktionen ohne Logik und Geschmack.

Der Spaziergang durch das Innere der Stadt ist tröstlich, da ist noch der Geruch des alten Asien, da gibt es noch Bilder wie das des alten Barbiers, der vor seinem Geschäft sitzt, der Familien, die mit Hunden und Katzen in den Hinterzimmern ihres Ladens essen. Schwaden von Weihrauch, aber nicht aus dem Tempel A-Ma, der um fünf Uhr schließt und für die Touristen mit großen Scheinwerfern angestrahlt wird, wie ein neues Disneyland.

Wir essen bei Solmar zu Abend, am Nebentisch der Bischof, er unterhält sich mit einigen Missionaren, die aus Frankreich zu Besuch gekommen sind. Ich bemerke den großen Ring an seinem Finger, den man zu küssen hat.

Wenig später sehe ich einen funkelnden Ring, nein, zwei, an den Händen eines chinesischen Spielers im Spielkasino Lisboa. Auch hier ist alles verändert. Kein einziger Ausländer, die Croupiers sind ruppig und bösartig, eine Atmosphäre großen Banditentums, das Foyer voll von chinesischen Mädchen, die hier sind, um sich zu verkaufen.

Ich denke an die Opfer, die Würde, den Kampf, die Toten der Revolutionen, der Kulturrevolution und der davor, um die Würde eines Volkes zu retten. Und da ist es nun und prostituiert seine Frauen. Schauderhaft, unter den Augen der Zuhälter, die mit ihren Handys rauchend in den Ecken stehen, wo der Deal gemacht wird.

31. Juli 1997, Delhi. Ich eile, um alle zu bezahlen. Ich breche auf nach Italien und … zu den Instandsetzern* (hoffen wir's) in New York.

25. August 1997, New York. Ich lande in New York mit einem Flug der Virgin Islands aus London. In der Schlange der Einreisenden fragt mich der Polizist: »Aus welchem Grund kommen Sie in die USA?«

»Um meinen Krebs behandeln zu lassen«, antworte ich ihm.

»Viel Glück!«, und sehr freundlich stempelt er das normale Visum in den Pass, doch mit der Zugabe eines teilnehmenden Lächelns.

Im Morgengrauen sehe ich vom Hotelfenster aus die großen Bäume des Central Park, den Dampf, der aus den Kanalschächten der Stadt des »Tags danach« aufsteigt, das Papier, das über die Gehsteige weht, die wenigen Taxis: eine alte, eine grandiose Stadt.

In der Badewanne lese ich über den Templerorden, und ich bereite mich darauf vor, meinen Instandsetzern zu begegnen, hoffentlich nicht meinem Schöpfer.

29. August 1997, New York. Klinik (ich gewöhne mich daran). Umzug* (ich fühle mich zu Hause).

4. September 1997, New York. Ich laufe im Park, ich bin zerstreut, ich laufe hinter einer Frau her, die plötzlich zusammenzuckt, als sie mich hinter sich spürt, und mich entsetzt anstarrt. Hier ist jede Begegnung mit Angst verbunden. Auch für mich ist es angstbesetzt, diesen seltsamen, schönen, gebräunten Raubtier-Frauen zu begegnen, die im Park joggen, mit Jacken, die Streifen auf dem Rücken haben, sehr knappen BHs und strammen Unterhöschen, mit wippendem Pferdeschwanz und hartem, herausforderndem Blick auf diese chauvinistische Welt da draußen, die immer homosexueller wird.

Wenn ich in Indien einen Tag im alten Delhi vor mir habe, frage ich mich, in welches Museum ich gehen kann, in welchen Park, in welchen Tempel. Hier frage ich mich, was ich kaufen soll. Umgeben von tausend und abertausend Dingen, sieht man keinen anderen Sinn als zu kaufen.

5. September 1997, New York. Bester Laune gehe ich in die Klinik. Ich habe den Eindruck, ich bin irrtümlich dort. Man lässt mich eine Stunde warten. Ein junger Arzt kommt, die Ergebnisse der histologischen Untersuchung sind noch nicht da, ich soll in einer Stunde wiederkommen. Ich denke mir nichts dabei, gehe in die Sonne hinaus und esse in einem kleinen Restaurant ein Omelett. Ich gehe zurück in die Klinik. Während ich warte, komme ich einem jungen Mann um die 30 mit einem Verband um den Hals »bekannt« vor, er hält mich für einen berühmten Maler von Sport-Bildern. Er ist Geschäftsmann, er verkauft Stahl, vor drei Tagen hat er entdeckt, dass er ein Lymphom hat. Ich versuche, ihm zu sagen, dass das eine große Chance ist, sein Leben zu überdenken,

Ich bin dran. Die Ärztin tritt ein und macht ein ernstes Gesicht. Sie sagt: »Es tut mir leid, aber ich habe schlechte Nachrichten. Die Zellen haben sich verändert, es sind nicht mehr die langsamen, jetzt haben wir es mit schnellen, aggressiven zu tun, die Bestrahlungen reichen nicht mehr aus.« Sie spricht, erklärt mir, ich muss zwei Monate lang Chemotherapie machen: eine Behandlung alle zwei Wochen, dann einen Monat Pause und danach auch noch Strahlentherapie. Das wird vier Monate dauern.

Ich höre ihr zu, es ist, als würde sie nicht von mir reden. Ich bin fast emotionslos. Am Ende sage ich spontan: »Es tut mir leid für Sie, dass Sie mir so schlechte Nachrichten überbringen mussten.« Wir sehen uns Freitag wieder. Ich gehe nach Hause und denke über die Alternative nach, die sie angedeutet hat: Die Chemo hier oder in Italien. Ich zögere keinen Augenblick. Hier, wo ich anonym bin, wo ich niemanden treffe, wo ich mich nicht wehren muss, wo mich niemand bedauern muss.

Ich überlege, Angela nichts zu sagen, sie ist eben von Mailand nach Florenz zurückgekommen, aber ich schaffe es nicht.

Mutter Teresa ist tot, die Idee zu einem Artikel, ein Vergleich zwischen ihr und Prinzessin Diana. Aber mir schwirrt anderes im Kopf herum. Ich habe überhaupt keine Lust dazu.

6. September 1997, New York–Chicago. Ich fliege von Newark nach Chicago. Das Flugzeug ist voller Chinesen auf dem Weg nach Vancouver.

Meine ganze Umgebung ist kindisch, die Gespräche der Mitreisenden, ihr anbiederndes Lächeln. Alle Sklaven des Konformitätszwangs. Ich lese Fitzgeralds* *Geschichten aus der Jazz-Ära*, mit Vergnügen, auch das ein Steinchen, das Angela zurückgelassen hat.

Am Flughafen die Mugnainis*, sehr nett, ich habe sie seit der Zeit in Pisa nicht mehr gesehen, aber es ist, als hätten wir uns erst gestern getrennt. Was ist es, was die Beziehungen aus jenen Jahren auch heute noch so unkompliziert und wahrhaftig macht?

Beim Einschlafen denke ich darüber nach, wie einfach es jetzt ist, wo ich nicht mehr mein Repertoire abspulen muss. Und doch, wenn ich mich an all die schönen Geschichten erinnern könnte, mit denen ich ganze Abendgesellschaften unterhalten habe! Keine einzige. Von jeder Reise kam ich mit Eindrücken zurück, die verkostet wurden wie die Flaschen Wein beim Abendessen. Am Ende hasse ich »die anderen«. Ich hasse die »Unterhaltungen«, in denen ich aus meinem Repertoire zum Besten geben muss.

Bei den alten Freunden nicht, niemals. Wir nehmen ein Gespräch wieder auf, das vor 40 Jahren unterbrochen wurde. Wunderschön.

12. September 1997, New York. Day One*, so nennen sie es jedenfalls, als ob eine neue Ära beginnen sollte, die Ära meines Kampfes gegen die Bestie. Ich fühle mich wohl. Vorerst.

13. September 1997, New York. Day Two, ich schlafe nicht gut, fühle mich aber nicht müde. Langer Spaziergang durch Soho und Little Italy.

14. September 1997, New York, mein Geburtstag. Day Three. Beim Erwachen müde und deprimiert. Ich mache einen langen Spaziergang im Park. Ich meditiere über einen Stein im Wasser. Ich komme wieder zu Kräften, atme tief durch, schöpfe Hoffnung. Ich komme zurück inmitten von Tausenden Frauen, die einen Lauf gegen Brustkrebs veranstalten. Ich bemerke, dass ich die Schlüssel verloren habe. Ich denke nach, konzentriere mich und sehe sie vor mir, dort, wo ich Gymnastik gemacht habe, auf der einzigen flachen Holzbank am Ufer des kleinen Sees vor den beiden gotischen Türmen der West Side. Ich gehe dorthin zurück, und siehe da, funkelnd liegen sie am Boden, wie ich es mir gedacht hatte.

Habe ich »hellseherische Fähigkeiten«?

Auf dem Rückweg fühle ich mich sehr wohl.

15. September 1997, New York. Ich habe nicht geschrieben und erinnere mich an nichts.

16. September 1997, New York. Day Five. Ich fühle mich leicht. Ich laufe frühmorgens im Park. Ich beginne mit den Injektionen, die mir helfen sollen, weiße Blutkörperchen zu bilden, und die meinen Knochen schaden werden. Ich schreibe den ganzen Vormittag Briefe.

Ich gehe zu Fuß in die Klinik, sie haben angerufen, dass sie mir weitere Medikamente geben wollen (ein Antibiotikum, weil sie fürchten, ich könnte eine Lungenentzündung bekommen). Unangenehme Begegnung mit der Apothekerin, die mich behandelt wie einen Verbrecher, der ohne zu bezahlen davonlaufen könnte.

Ich gehe zu Fuß zurück und fühle mich wie in Trance vor Müdigkeit. Ich schreibe an Angela.

Angelina,

wie du siehst, haben wir einen Sinn und eine Bestimmung für die E-Mails gefunden: Sie sind unsere Kopfkissengespräche. Ich habe es nicht geschafft, mit dir zu »sprechen«, bevor du einschläfst, weil ich den Weg von John Gruens* Wohnung zu Fuß nach Hause gehen wollte, ganz gemächlich, und so bin ich zu spät gekommen.

Die Behandlung zeigt ihre Wirkungen, die sind aber eher interessant als lästig. Wie ich schon sagte, ich fühle mich Veränderungen unterworfen, und ich habe meinen Spaß daran, mich zu beobachten im Rahmen einer Erfahrung, die ich beschlossen habe zu akzeptieren, denn im Grunde ist es eine, die viele andere Leute gemacht haben und machen müssen.

Mein Körper ist nicht mehr der, den ich kenne, und oft muss ich innehalten, um ihn zu verstehen. Der Kopf ist nicht mehr der meine, schnell und geistesgegenwärtig, sondern langsam, ein wenig benommen, extrem vergesslich, aber in Frieden. Und das ist eine große Freude. Die Tage vergehen sehr schnell, als ob die Zeit in der neuen Ära, die mit Day One begonnen hat, tatsächlich eine andere Dimension hätte.

Ich stehe früh am Morgen auf. Auch die Träume sind, wenn ich welche habe, so leicht, dass ich mich nicht an sie erinnere. Das erste Gefühl ist eine leichte Depression. Nicht das dunkle Loch wie in Japan, nicht dieses erdrückende Gefühl der Sinnlosigkeit des Lebens, sondern ein Gefühl von Distanziertheit, das die Welt unerheblich erscheinen lässt, also nicht so schrecklich interessant, daran teilzunehmen. Von daher ein Gefühl des Unbehagens, mittendrin zu sein. Ja, mit dem Krebs, sage ich mir. Aber die Sache schreckt mich nicht, macht mich nicht traurig.

Ich betrachte mein von dem bisschen Sonne gebräuntes Gesicht, rasiere mich und gehe in den Park. Laufen kann ich nicht, aber spazieren gehen ist ein enormes Vergnügen. Es gibt Augenblicke großer Poesie, mit dem Blick auf Wolkenkratzer zwischen den Büschen, Vögeln, Eichhörnchen und einigen friedlichen Pennern, die mit dem Morgenwind reden. Das ist der schönste Moment in New York, weil der stillste. Im Übrigen erscheint die Stadt mir immer schlampiger und wie ein ständiges Schlachtfeld. Die Kriege, die hier ausgefochten werden, sind unendlich, vor allem der Krieg der Frauen gegen die Männer.

Die Frauen. Mich beeindrucken sehr die joggenden jungen Frauen: stark, selbstbewusst, physisch arrogant und herablassend. Sie joggen, sie trainieren und bereiten sich auf die Schlacht einer Nacht, eines Wochenendes vor, und da setzen sie alles ein. Anstatt die Jugend zu nutzen, um sich für etwas zu engagieren, vergeuden sie sie im Traum von einer vermeintlichen kriegerischen Freiheit. Und das Ergebnis sieht man schon bald: Frauen mit Hunden, die nicht mehr joggen, mit ihren Ticks, ihren Falten, ihrer unerträglichen und ordinäre Einsamkeit.

Menschlich gesehen ist New York ein Vernichtungslager: Alle sind darauf bedacht, sich einen schönen Körper anzutrainieren, mit dem sie aber nachher nichts anfangen können, so dass bald nur noch schlaffe, einsame Körper übrig bleiben, unbeseelt. Als Erstes würde ich sämtliche Fitness-Studios schließen!

Alle Gesprächsfetzen, die ich aufschnappe, sind Dispute, Streits, ein Standpunkt gegen einen anderen, Forderungen. Heute Morgen kam ich mit einem einzigen Wort im Ohr zurück, *ferocious*, »wild, hart«, das eine Frau zur anderen sagte.

Ich komme nach Hause, lese die Zeitungen – auch die *New York Times* hat nachgegeben und veröffentlicht seit heute Farbfotos – und frühstücke. Die ersten Tabletten wandern nicht einfach in den Magen, sondern machen mir bewusst, dass ich einen Mund habe, der brennt. Die erste Injektion, die das Rückenmark dabei unterstützen soll, weiße Blutkörperchen zu bilden, die die Chemo vernichtet, da sie gute Zellen nicht von schlechten unterscheiden kann, ruft ein Schweregefühl in den Knochen hervor, vor allem im Brustkorb und im Becken, verursacht aber keine Schmerzen, wie man mir vorhergesagt hatte. Dasselbe gilt für die Übelkeit. Ich trinke große Mengen Säfte – solche, wie du sie mir immer verabreichen wolltest –, in die ich alles hineingebe, vom Spinat bis zu Bananen. Ich habe mir auch Vorräte an Nüssen zugelegt, wie meine Ernährungswissenschaftlerin empfiehlt.

Von der Klinik bin ich den ganzen Weg bis zu Johns Wohnung zu Fuß durch den Park gegangen – eine Stunde –, dort haben wir auf einer Terrasse am Fluss Tee getrunken. Angenehm. Er ist nach wie vor anhänglich und sehr lieb. Er wollte ein Porträt von mir mit langen Haaren machen und eines, wenn ich den Schädel rasiert habe (das werde ich mir ersparen).

Du bist wirklich der Kitt, Ems. Der Kitt für alle und von allen. Und dann, kannst du eine Woche ruhig in Orsigna bleiben und ein bisschen Ordnung in deine Gedanken bringen?

Der Brief von Saskia ist wunderschön. Das Mädchen hat unglaublich viel Substanz. Und Folco hat mir einen wirklich sehr schönen Brief geschrieben, aber im Moment bin ich nicht imstande, ihm zu antworten, wie du an diesem Brief hier siehst. Die Gedanken fügen sich nicht. Wenn du mit ihm sprichst, sag ihm, ich war überglücklich. Vielleicht schaffe ich es morgen. Mich überkommt der Schlaf. Jetzt mach ich mir mein Abendessen. Strecke mich auf dem großartigen Sofa aus – du wirst es nicht glauben, aber ich habe einen Weg gefunden, es zu mögen – und sehe ein wenig fern.

Bis morgen, allerliebste Freundin. Bis morgen. Solange es ein Morgen gibt.

dein

tiz

19. September 1997, New York.
An Angela. Day Eight. Ich fühle mich aufgeschwemmt. Ernesto sagt, einige der Medikamente halten das Wasser im Körper zurück, ich muss sie nehmen, um die toten Zellen zu beseitigen. Der Kloß im Hals ist stärker geworden: Ob das die Polypen sind, die durch die Chemo akut geworden sind? Mein Bauch ist aufgebläht, das Gesicht auch. Das Gesicht ist beim Rasieren empfindlicher. Es ist, als würde jeden Augenblick die Haut zerreißen.

Rechts ein wunderbarer Sonnenaufgang, rote Streifen hinter den Wolkenkratzern. Der Himmel dunkelblau.

Ich gehe in den Park.

Sehr wenig Kraft. Der Geist arbeitet nicht. Ich kann nicht laufen. Ich sitze auf dem Rasen, im Hintergrund das großartige gotische Gebäude in Form einer indischen Festung. Ich finde ein wenig Frieden. Jeder Gedanke ist ein Sturm, jede Stimme ein Schrei.

Spagnol hat mir geschrieben, sehr nett, ihm gefällt die Idee zu dem Buch* sehr, und er will nach New York kommen, um mit mir darüber zu sprechen!

Hab einen schönen Abend, Ems. Mach dir keine Gedanken, dass du mir schreiben musst. Ich weiß, dass du auf meiner Seite bist, immer. Ich werde alle deine Fragen beantworten, auch die praktischen über deine E-Mail, ehe du zurückkommst. Du sollst wissen, dass alle deine Nachrichten – auch die »kleinen«, wie du sie nennst – gut angekommen sind.

Ich umarme dich.

20. September 1997, New York. Day Nine.

Mein liebstes Angelinchen, so nah,

ich hatte dir »befohlen«, nicht zu schreiben, aber eben habe ich deine Nachricht gelesen. Du bist wunderbar, Ems.

Es ist Nachmittag: Ich habe einen Einkauf gemacht, der für Tage reicht, also muss ich nicht wieder raus, wenn ich nicht will. Ich habe ein Video auf Vorrat, heute Abend gibt es *Stadt der Freude** im Fernsehen, und ich habe einen Stapel schöner Bücher. Stell dir also vor, ich bin ruhig und heiter, aber lass dir ein paar Einzelheiten von meinem Tag erzählen, und sei es auch nur, um dann darüber zu lachen. Also:

Beim Aufstehen fühle ich zum ersten Mal ein starkes Kribbeln im rechten Daumen, aber kräftemäßig geht es mir bestens. Es ist ein grauer Tag, und das Fernsehen sagt Schwüle und ein mögliches Gewitter vorher. Beim Rasieren kommt mir wie gestern nur eins in den Sinn: Was ich erledigen muss, solange ich noch »wiedererkennbar« bin. Ganz gewiss die Bank. Ich muss für alle Fälle ausreichend Geld im Haus haben, und die einzige Möglichkeit, ist persönlich hinzugehen und es abzuholen, bei der Kassiererin, die schon neulich am Telefon wegen meiner, durch die Polypen oder das lange Schweigen rauen Stimme fragte: »Aber Herr Doktor, sind Sie krank?« Ich kann sicher nicht mit kahlem Schädel, ohne Schnurrbart und vielleicht auch ohne Augenbrauen in der Bank aufkreuzen. Ich habe noch drei oder vier Tage Gnadenfrist. Ich gehe Montag auf die Bank, beschließe ich.

Im Park ist es wie immer wunderschön. Mittlerweile treffe ich immer dieselben Leute, und ich mache mir einen Spaß daraus, mir vorzustellen, wie sie mich nicht wiedererkennen. Eines Tages muss ich alles ändern, auch die Sachen, die ich trage, die Farben meiner Kleidung. Noch vier Tage Gnadenfrist.

Ich gehe mehr, als ich laufe, aber der Kopf macht große Sprünge. Ich denke an dich, wie du dich um all unsere Häuser kümmerst, und ich denke: Welches ist das Haus, in dem ich sterben kann? In welchem Zimmer? Mir wird klar, dass wir nicht dafür gebaut haben, und wenn ich wählen könnte, würde ich nach Orsigna gehen.

Der Nebel löst sich auf, New York liegt in seinem herbstlichen Glanz da, und auf der Suche nach einem Grund zum Ausgehen fällt mir sofort einer ein: Nadel und Faden besorgen, um die verschiedenen Knöpfe anzunähen, die jedes Mal an den Hosen fehlen, wenn sie aus der Wäscherei zurückkommen.

Und so, mit großer Freude über die noch langen weißen Haare im Wind, mit dem Gehrock aus indischer Baumwolle, Leinenhose und indischen Sandalen gehe ich die Fifth Avenue entlang, die ganz beflaggt ist, glitzernd und wimmelnd von Amerikanern im Trainingsanzug und Touristen mit dem Stadtplan in der Hand, die nach Boden unter den Füßen suchen, nachdem sie sich beim Anschauen der Wolkenkratzer den Hals verrenkt haben. Ich gehe, gehe schnell, fühle mich frei, glücklich. Das Kribbeln im Daumen erinnert mich daran, wer ich bin.

»Tiziano«, höre ich hinter mir die Stimme von jemandem, der mir folgt. Und da auf dem Gehsteig erscheinen Sabatier* und seine Frau Deny vor mir. Unglaublich: Das letzte Mal habe ich ihn in Ulan Bator gesehen, und zwar genau so!

»Wir waren auf der anderen Straßenseite. Wir haben uns

gefragt: ›Wer ist dieser schöne Mann, dieser Guru?‹ ›Es ist Tiziano‹, hat Deny gesagt.«

Diese Medikamente haben eine seltsame Wirkung: Sie zu sehen, hat eine besondere Euphorie bei mir ausgelöst, ich habe angefangen zu reden, zu erzählen, sie zum Lachen zu bringen, so dass sie mich für den ganzen Tag gebucht hätten. Ich stecke die Adresse ein und verabschiede mich von ihnen mit einer Wärme, die ich vielleicht immer für sie hätte haben sollen (er war es, der mir die Fotokopie dieses französischen Romans über den Fluss Amur gegeben hat).

Ich gehe weiter, die Haare im warmen Wind. Wie hätte ich ihnen in vier Tagen gegenübertreten sollen? Ich finde Faden und eine hübsche Konfektion Nadeln bei einem alten Kurzwarenhändler indischer Abstammung aus Guyana und mache mich auf den Heimweg.

Ich lese auf dem Sofa. Zum Abendessen mache ich mir Spaghetti all'aglio, dann schlafe ich, wenn du mich liest.

tiz

26. September 1997, New York. Büschelweise Haare im Kamm, auch dem Schnurrbart gehen die Haare aus. Das Merkwürdige ist, sich vor dem Rasieren über das Gesicht zu fahren und nicht diese Rauheit zu spüren, die man beseitigen muss. Das Gesicht ist glatt, der Bart ist in der Nacht nicht nachgewachsen.

Die Sonne ist schön wie immer, eine orangefarbene Wolke schiebt sich quer vor den hohen Kegel eines Wolkenkratzers, wie um ein Kreuz zu formen. Ein schlechtes Omen? Das berührt mich nicht.

27. September 1997, New York. Ich wache wie üblich um halb sieben auf, im Bad ist wieder dieser hässliche gelbliche Alte, der meinen Platz eingenommen hat und nicht weichen will. Sehr wenig Kraft. Mit Mühe und Not erreiche ich meinen Baum, der heute Morgen frei ist.

Mir fallen Titel für die Sammlung mit den besten Reportagen* ein: *Orte der Erinnerung (30 Jahre Journalismus in Asien).* Und für das Buch über die Kindheit: *Zeit der Erinnerung*. Beim Gehen habe ich gute Einfälle, ich müsste Notizblock und Stift dabeihaben.

29. September 1997, New York.
An Angela. Freuet euch. Freuet euch. Nur eine halbe Niere muss entfernt werden. »Die Aussichten danach?« »Exzellent.«

Es ist unglaublich, aber es gelingt mir nicht, verzweifelt zu sein, ja – vielleicht wegen dieses einsamen Lebens, wegen der Medikamente oder der Ferne von der Welt, die meine war –, es erfüllt mich eine Euphorie, die auf perverse Weise ganz ähnlich der ist, die ich bei jeder Abreise empfinde. Und das ist ja nun wahrlich eine Abreise!

Ich trete hinaus in dieses New York, das ich mittlerweile kenne. Ein Taxi zurück nach Hause. Ich wundere mich über mich selbst. Keine Angst, kein Selbstmitleid. Alles erscheint mir absehbar und selbstverständlich … und da es nun um diesen glatzköpfigen Alten geht und ich mich jetzt in ihm wiedererkenne, geht die Sache schließlich mich an. Und das macht mir keine Angst, glaub mir.

Ich denke nur, wie absurd es ist, dass ich mit 30 in dieses Land gekommen bin, das ich nie geliebt habe, um eine Ausbildung und die Freiheit zu erwerben, und dass ich jetzt mit 60 wiederkomme, um ein Stück Lebensdauer zu gewinnen. Und dass ich Vertrauen habe. Ja und?

Ich rieche den guten Geruch von Reis im Dampfkochtopf. Gedünstete Garnelen, so esse ich zu Mittag, bereit, mit dir zu reden, wenn du willst, oder noch mit beiden Nieren einen Spaziergang zu machen, heute auch mit viel Kraft und Zuversicht für den Fortgang dieser merkwürdigen Reise.

Bis nachher, Ems. Ich umarme dich.

Abends. Ich komme von einem Spaziergang zurück und finde deine Nachricht über Folco. Zum ersten Mal weine ich. Vor Freude.

2. Oktober 1997, New York.
Liebste Angela,

der Alte im Bad lächelt mir immer häufiger zu, und ich gewöhne mich an den Gedanken, dass es mir fast angenehm ist, dass der andere nicht mehr da ist.

Und so hab ich an einem Tag, der vollkommen aus der Reihe fällt, das getan, was wir in Jahren in New York nie getan hatten. »*Take me to the Metropolitan Museum.*« Ich habe drei Stunden dort zugebracht, und ich weiß, warum ich vorher nie hingegangen bin, warum ich nie in den Louvre gehe, nicht in die Uffizien … Ich muss es ein für alle Mal bekennen: Ich hasse Museen. Da ist zu viel von allem: zu viele Bilder, zu viele Leute, zu viel Kunst, zu viel Gewühl, zu viele Shops, zu viele Museumswärter, zu viel Licht, zu viele Kunstpostkarten, Stifte, T-Shirts, Restaurants.

Und es war auch großartig. Für mich. Vom Degas-Museum (die Bilder, die er sammelte; vor zwei Gauguins habe ich innegehalten, nicht wegen der Bilder an sich, sondern wegen seines Lebens dort unten, mit einer Gefährtin mit olivfarbener Haut, die er immer wieder vor grünen Hügeln und sehr bunten Blumen malte), dann bin ich durch die Renaissance, das 20. Jahrhundert gegangen und langsam, ein bisschen verschwitzt, wie mir das jetzt häufiger passiert (ich habe immer weniger Kontrolle über meinen aufgeblähten Körper, vor allem im Brustkorb, weswegen ich mit den Leuten zusammenstoße, ich remple Kinder an), habe ich vor den Dingen verweilt, die ich kenne: eine tibetische Bronzefigur, ein Ming-Buddha, ein *Ukiyo-e*, ein Rindenbild aus Neuguinea, ein *Bitong** auf einem Tisch für Papierrollen, ein chinesischer Schrank … Es war, als würde ich durch ein Objekt, das mich an ein eigenes erinnerte, die Reise meines Lebens – die mir immer außergewöhnlicher vorkommt – von Monticelli und zurück noch einmal machen.

Mir wurde klar, dass ich nie eine große Liebe für die Kunst in ihrer Gesamtheit, in ihrer Geschichte, ihrer Entwicklung, ihrer Bedeutung gehegt habe. Wie von Musik, Literatur, im Grunde von den Menschen, Orten, Völkern habe ich auch von der Kunst nie viel begriffen. Aber ich habe mich nachhaltig in ein Objekt verliebt, in eine Statue, ein *Thangka*, ein Stück Holz, und durch dieses in ein Volk, in seine Geschichte. Die Objekte – alle Objekte, auch dieser Stein, den ich am Strand von Sachalin auflas, wo die Gefangenen aus den *Katorga** landeten – sprachen zu mir, erzählten mir die Geschichten, die ich hören wollte.

Ja, es gibt Museen, die ich liebe, das von Lahore, das von Peschawar, weil man ohne Angst darin umhergehen kann, die Dinge, die man dort sieht, kommen aus dem Gebirge in der Nähe, sie haben – oder hatten – eine Beziehung zu den Menschen, die sich dort bewegen. Aber ein grandioses Fresko aus der Yuan-Dynastie*, zu Beginn des Jahrhunderts geraubt und dann im Herzen von New York auf einer Wand angebracht?

Ich ging weiter und fühlte mich an meine Objekte erinnert, die ich ohne Plan, instinktiv, ja, aus Notwendigkeit von Jugend auf gesammelt habe – zwingend und alternativlos, wie dich zu heiraten. Von den ersten japanischen Schriftrollen bis zu Hiroshige*, von der Ming-Bronze, die Chong mir schenkte, über das schöne *Thangka* aus Ulan Bator bis zu den letzten chinesischen Teppichen, die ich an der Grenze zu Afghanistan fand und auf der Schulter über die indische Grenze brachte.

Was für eine Reise!

Und dort, in diesem perfekten, funktionalen, effizienten Metropolitan Museum habe ich – zum ersten und letzten Mal, will ich hoffen – bereut, dass es mir nicht gelungen ist, ein großes Haus zu bauen mit einer Reihe von Räumen, in denen man Bücher und Gegenstände ausstellen kann, um sich an ihnen zu erfreuen und andere mit den Stationen der schönen Reise zu erfreuen, die wir zum größten Teil gemeinsam gemacht haben. Eigentlich war das der Grund für meinen unerklärlichen Widerstand gegen San Carlo. Ich wollte mit leichtem Gepäck reisen, das stimmt, aber hätte ich alles Gewicht unter einem Dach abgestellt, so hätte ich unter den Dingen, die ich kenne, von denen jedes eine eigene Geschichte hat und eine kleine Liebe ist, auch meine Zuflucht finden können.

Aber das heißt nichts. Jetzt erwartet mich anderes.

Ich würde gern auf ein wirklich leichteres Leben zugehen, ein langsameres Leben, auch leerer, womöglich in Asien, womöglich in dieser oder einer anderen Existenz. Ich möchte das wirklich, und nur das Metropolitan hat meine Erinnerungen geweckt. Ja, ich hasse Museen.

Ich habe mich in die Cafeteria gesetzt und Lachs gegessen, und um noch gegen mehr Regeln zu verstoßen und wieder zu Kräften zu kommen, habe ich auch ein Glas Weißwein bestellt, den ich seit Wochen nicht trinke. Prinzipien? Keine. Es hat mir Spaß gemacht.

Ems, ich erwarte dich, ein bisschen verlegen, ein bisschen ängstlich, aber mit Überschwang. Ich umarme dich, gute Nacht. Stell dir vor, ich genieße den Sonnenuntergang vom Sofa aus. Abendessen im Dunkeln, den Hocker zum Tisch umfunktioniert, vor dem Fernseher, ich esse Tofu und sehe Dan Rather*, immer älter und schlapper. Wie traurig: Denk nur, Ems, diese armen Leute, die um Millionen und Millionen im Jahr zu verdienen, jeden Abend, Abend für Abend da auftreten müssen, unterhalten, informieren, die Welt anrühren und einlullen müssen.

Ich bin wenigstens frei! Und glaub mir, ich genieße es unendlich.

Bis sehr bald,

tiziano

5. Oktober 1997, New York.

Meine geliebte Tochter,

es ist fünf Uhr morgens, ich bin zu müde zum Schlafen, draußen ist es noch zu dunkel, um in den Park zu gehen, und erfreut darüber, eine Brille zum Lesen zu haben – neulich habe ich zu Mama gesagt: bei all den schönen Dingen, die ich in meinem Leben angehäuft habe (Bilder, Statuen, Bronzeplastiken und Teppiche) ist die einzige Sache, ohne die ich nur schwer leben könnte, eine Brille – strecke ich mich auf dem Sofa aus und greife zum wiederholten Mal zur besten Medizin für mich: zu deinem Brief. Danke, Saskia.

Ich war immer der Meinung, der einzige Keim von »Ewigkeit«,

den ein normaler Mann hinterlassen kann, sind seine Kinder, und du bist die Bestätigung dafür: In dir erkenne ich mich wieder, in dir fühle ich mich, und ich weiß, dass mit dir die Geschichte, die Geschichte der Staudes, der Terzanis, der Venturis und aller anderen weitergeht. Und in diesem Fluss der Generationen genießt einer es, nur ein Blatt zu sein, auch ein gefallenes.

Ich weiß nicht, ob du diese Zeilen bekommst, bevor du Mama siehst – durch die Zeitverschiebung sind meine Tage hier sehr kurz –, aber wünsch ihr gute Reise. Sie braucht das. Sie kommt aus Florenz, aus Mailand, von den tausend Problemen, die sie so großartig meistert – wenn du wüsstest, welche Erleichterung es ist, zu wissen, dass sie diese Rolle übernimmt –, und tritt ein in eine merkwürdige, neue Welt, in der wenig oder nichts wiedererkennbar ist, angefangen bei mir.

Meine Welt in diesen Tagen besteht aus Stille, aus leeren Stunden, kleinen Gesten, unnützen Verrichtungen, aus einem unsicheren Frieden, der dadurch zustande kommt, dass jeder Hauch der vielen Winde, die vor diesen schönen Fenstern wehen, in Schach gehalten wird. Ich verbringe Stunden damit, einem Wolkenkratzer in der East-Side bei seinen Veränderungen zuzusehen, am Morgen ist er ein Kegel vor dem orangefarbenen und klaren Himmel des Sonnenaufgangs, tagsüber steht er grau vor dem zu grellen Himmel, abends leuchtet er wie eine brennende Kerze, wenn gleich nach Sonnenuntergang die oberen Stockwerke beleuchtet werden und dann immer weiter nach unten, als wäre er eine Flamme, die meine Nächte erhellt.

Gestern habe ich mit niemandem ein Wort gewechselt, wenn du wüsstest, wie sehr ich das genieße, nachdem ich ein Leben lang damit zugebracht (oder vergeudet?) habe zu erzählen, vor allem um die anderen zu unterhalten, um akzeptiert zu sein, um etwas zu bekommen – einen Gefallen oder ein Interview –, Geschichten aus einem Repertoire, das ich selbst vergessen habe.

Ich genieße die Langsamkeit, die meine Instandsetzer mit ihren toxischen und heilsamen Tränken mir aufzwingen. Fast genieße ich es, einen Kopf zu haben, der immer leerer wird, ein Herz, das immer weniger hadert, und eine Zeit, die so schnell vergeht, wie mir das noch nie erschienen ist, und jetzt tut sie das obendrein, ohne das beklemmende Gefühl der Nutzlosigkeit oder der Pflichtvergessenheit aufkommen zu lassen.

Das Telefon klingelt nicht, niemand läutet an der Tür, und die Welt der anderen ist höchstens ein fernes Raunen, in dem nie mein Name fällt. Von mir – habe ich den Eindruck – kann niemand mehr etwas wollen, und das gibt mir eine außerordentliche Freiheit. Freiheit, die Zeit zu vergeuden, zu schweigen, mich zu drehen und zu wenden, zu warten: auf nichts Besonderes, keinen Termin, kein Projekt, nicht einmal, dass die Wochen und Monate vergehen und die danach.

Ich lese, schreibe etwas auf, spiele mit Buchprojekten, vor allem aber genieße ich diese Erfahrung, die ich mir nie hätte träumen lassen, die ich aber jetzt, da ich sie auf meinem Weg finde, wie einen schönen, neuen Vorwand nehme, aus dem herauszutreten, was doch immer eine Routine war. 1993 war es *Fliegen ohne Flügel*, jetzt ist es diese Sache hier.

»Das Leben ist voller guter Gelegenheiten. Es kommt darauf an, sie zu erkennen, und das ist manchmal nicht leicht …« Ja, diesmal ist es noch weniger leicht als sonst, aber hier bin ich, mit der ganzen Freude, dich zu umarmen.

Umarme Ems von mir und sag ihr, sie soll auf den »Anderen« gefasst sein und nicht erschrecken.

Dein Vater

7. Oktober 1997, New York. Heute Abend kommt Angela. Ich bin besorgt, habe Angst meinet- und ihretwegen vor dieser Begegnung zweier Welten, die mittlerweile so verschieden und fern voneinander sind. Wer gesund ist, kann einen Kranken nicht verstehen, und das ist richtig so. Im Kranken herrscht eine Art Resignation vor, die ein Gesunder nicht verspüren kann, weil sie mit der Chemie zu tun hat.

Was macht, dass ich so gelassen bin?

Nicht die Meditation, die ich nicht richtig praktiziere, nicht die Distanz, die ich zwischen mich und die Welt lege, sondern die physische Müdigkeit, die zu hohe Welle von Problemen, die über mich hereinbricht; so erkläre ich mir alles, rechtfertige es, ich entspanne mich und warte ab, versöhne mich mit dem Gedanken an den Tod, komme auf meine Überlegung von jeher zurück, dass Milliarden und Milliarden Menschen vor mir verstanden haben zu sterben, und dass auch ich es können werde.

Mit einem Unterschied: Als ich mir das einst sagte, kam das aus dem Kopf, jetzt steckt es in den Knochen, im Brustkorb, in den Augen. Jetzt weiß ich, dass die Möglichkeit da vor mir liegt, keine Angelegenheit von diesen Milliarden und Milliarden ist.

Sie erkennt mich sofort, ich sie fast nicht.

10. Oktober 1997, New York. Noch ein Day One: Um 9 Uhr 30 empfängt uns die Ärztin, aufrecht, großartig, präzise wie immer.

Ich bitte sie, den Eingriff an der Niere noch einmal zu überprüfen, wenn ich recht verstehe, wird die Operation vorgenommen ohne die Sicherheit, dass es Krebs ist, im Wesentlichen, um einen Zweifel auszuräumen. Wäre es nicht besser, sechs Monate zu warten und dann zu schauen?

»Hören sie: Wenn Sie warten, sind Sie tot.«

Keine Diskussion. Sie ist überzeugend. Die Operation wird für den 12. November festgesetzt.

20. Oktober 1997, New York. Angela reist ab. Sie ist traurig, schwach, müde, deprimiert und verzweifelt über die Last, die nun sie spürt.

Ich mache mir Sorgen, schreibe an alle Verwandten.

30. Oktober 1997, New York.
Liebste, überaus geduldige Gefährtin,

einen wundervollen Tag habe ich verbracht! Es ist vier Uhr

Nachmittag, ich habe eben *Soba** mit Algen gegessen, habe mir einen chinesischen Tee gemacht, ich schreibe dir ein paar Zeilen, und dann wartet auf dem Diwan ein Stapel Zeitungen und Bücher auf mich, während ein großartiger warmer Nachmittag sich seinem goldenen Ende zuneigt, vor meinen Fenstern, wo gelbe Seile und Männer mit gelben Helmen in beweglichen Arbeitskörben ständig auf und ab gleiten, wie meine Stimmung ... die jetzt entschieden im Aufschwung ist.

Ich musste heute Morgen um halb zehn aus dem Haus, ich hatte viele Hemden in die Wäscherei zu bringen, und ich habe mir überlegt, auch die schwarze Hose, die ich nun schon seit Wochen trage, mit in den Packen zu tun. Leicht ging ich dahin, die Hose fiel lose auf die Schuhe herab, ohne Wind, der sonst die Beine hinauffährt, die 59. Straße entlang fast bis zur Lexington Avenue, wo ich Halt machte – diesmal wirklich, um mir etwas anzusehen, nämlich antiquarische Bücher vor einer alten Buchhandlung, wie es sie nicht mehr gibt. Wunderbar. Im Lauf einer halben Stunde hatte ich zehn Bücher zu einem Dollar das Stück zusammengesucht. Ich ging hinein zum Bezahlen, und der Geruch war großartig. Eine wirklich alte Buchhandlung, geführt von einem gepflegten Herrn in mittleren Jahren, voll von Literatur, Drucken, Kunstbänden und einem Schildchen, das besagte *MORE DOWNSTAIRS*. Und das war eine Fundgrube.

Wie schön wäre eine große, alte Bibliothek – schade, dass ich keine solche haben konnte! Ich umarme dich.

tiz

1. November 1997, Mittag, New York.

Ems,

ich schaffe es kaum, mich hinzusetzen und ein paar Zeilen zu schreiben.

Noch ein harter Tag, aber – glaub mir – friedlich. Ich beginne zu begreifen, wie die anderen leiden müssen, diejenigen, bei denen die Chemotherapie in die Tiefe geht und die nicht den Frieden finden, den ich zu meinem Glück stets vor Augen habe. Wer weiß warum?

Ich habe neun, zehn Stunden geschlafen, bin dabei jede Stunde aufgestanden, aber immer wie in Trance, wie betrunken, hatte kaum noch die Kraft, wieder ins Bett zu fallen: merkwürdig. Am Ende rolle ich aus dem Bett, die Knochen tun mir weh, besonders dort, wo das Bein ins Becken übergeht, in der Kehle wie ein Bissen, der mich immer wieder würgt, das Gesicht gelb – ich stelle fest, dass die Haut unter dem Kinn ganz verschrumpelt ist, voller Runzeln, wie bei hundertjährigen Weiblein. Das berührt mich nicht.

Der Himmel ist grau, ein leichter, dichter Regen. Ich zwinge mich, mich anzuziehen, der Park ist wunderschön – mach schnell, damit du noch einmal die unglaubliche Kombination aus Gelb, Rot, Orange und das letzte Grün genießen kannst und das Schwarz der feuchten Stämme, mach schnell, damit du noch rechtzeitig kommst, bevor alles kahl ist – so auch ich, aber fast konnte ich es nicht genießen.

Ich bin in den Wald hineingegangen, dann kam ein Platzregen, auf dem Rückweg konnte ich die Straße durch den Park nicht überqueren: Tausende und Abertausende Marathonläufer drängten sich da, die morgen an dem großen Lauf teilnehmen werden, der vor meinem Haus vorbeiführt und genau hier, in meinem Park endet.

Es war seltsam, diese vielen, schönen Menschen zu sehen, sehr viele, gesund und kräftig, die im Regen liefen und schwitzten, mit Wimpeln aus der ganzen Welt. Ich empfand keine Wehmut: Mir kam das Bild von mir selbst in den Sinn, wie ich auf dem Tiananmen-Platz vor dem Porträt Maos gelaufen bin und einen alten Chinesen mit Krebs sah, der mich damals von irgendwoher beobachtete und wohl dachte, was ich jetzt denke, und dem ein Bild von sich selbst in den Sinn kam. Die Welt dreht sich weiter, und alles in allem machen die Menschen mir Hoffnung.

Ja. Ich blicke zurück und denke, dass ich seit Kalkutta, mit der kurzen, großen, weisen und glücklichen Unterbrechung in Hongkong, nicht mehr normal lebe.

Paris, Bologna, Monate im Contadino, dann hier, und hier bin ich noch für Wochen. Und das macht mir keine Angst. Ich habe nichts zu tun, nichts zu erträumen, nichts zu hoffen. Nur Frieden, Stille und dieser großartige ruhige Tag, den ich vor mir habe, und an dem niemand nach mir fragen wird und an dem ich niemanden aufsuchen muss… Lass es dir gut gehen, Ems. Mir geht's gut!

tiz

PS: Mir gefällt die Vorstellung, über diesen Krebs zu schreiben und dabei durch das Fenster auf Amerika zu schauen.

6. November 1997, New York. Großartiger Tag, ich erwache voller Kraft, gehe in den Park. Ich mache gründlich Gymnastik, gehe mit den Aquarellfarben hinaus, um zu malen, dann bereite ich mich auf das Treffen mit Spagnol vor.

»Zwischen 4 Uhr 30 und 5 Uhr 30 werde ich im Palm Court des Plaza Hotels Tee trinken.«

Pünktlich um 4 Uhr 30 bin ich da. Ich habe ihn nicht gesehen, und er kommt direkt auf mich zu, erkennt mich mit Tränen in den Augen. Großartig und angenehm das »Sie« zwischen uns.

Er will drei Bücher: eine Neuauflage der *Porta proibita,* mein *In Asia* und das Buch über die Reise durch die Welt des Krebs* und der Alternativmedizin. Er schaut sich mein Appartement an und mit wie leichtem Gepäck man leben kann.

12. November 1997, New York. Noch bei Dunkelheit gehe ich aus dem Haus. Das Morgengrauen ist voller Dämpfe. Auf den verlassenen Straßen sieht man nichts als weiße Dampfwolken, die vom Asphalt aufsteigen, als ob wirklich gleich unter der Oberfläche dieser Stadt die Hölle wäre.

Ein Blumenstrauß auf dem Nachtkästchen neben der Liege. Die Umkleidekabine, wo man die Rüstung des Alltags ablegt, den Mantel, die Hose, die Jacke, um sich diese Klinikuniform anzuziehen, die auf eine eigene Welt verweist. Ich muss um sechs in der Klinik sein. Alles ist für meine Aufnahme bereit. Ich habe das Formular unterschrieben, das Angela die Vollmacht gibt, die Maschinen abstellen zu lassen, falls ich ins Koma falle. Die Schwester, die kommt, um mit mir zu beten, dass Gott die Hand des Arztes führen möge, ist Dominikanerin, Katholikin. Sie fragt nach meinem Namen, dem Namen des Arztes, der mich operieren wird, um dann alles richtig zu sagen.

15. November 1997, Morgen, New York. Allein. Große Freude, dass ich noch am Leben bin. Habe die ganze Nacht geschlafen. Es ist tröstlich, eine Art Ziel zu sehen.

Man bringt mir ein Gerät für Atemübungen, damit ich die Lungen dehne und nicht vor dem Schmerz zurückschrecke, den ich sehr stark auf der linken Seite spüre; das Gerät gurgelt und erinnert mich an das Gurgeln der Opiumpfeife unter der Wunderlampe bei Chantal in Phnom Penh. Dasselbe Gurgeln, eine andere Welt. Und doch verliere ich mich in der Erinnerung.

Im Ernst, Ems, du bist wirklich wunderbar,

langsam und in schlechter Verfassung kam ich nach Hause, immer in der Angst, dass mich jemand anrempeln könnte, blieb vor drei Leuten stehen, die mir entgegenkamen, um auszumachen, auf welcher Seite sie an mir vorbeigehen wollten; den Blick immer auf den Gehsteig gesenkt, aus Angst hinzufallen, bemerkte ich dann, dass ich ganz in Gedanken bei Rot über eine Kreuzung gegangen war (!!!), und ich dachte schon, ich hätte dir sagen sollen, du sollst mich abholen kommen, ich schaffe es allein nicht nach Florenz, als ich in der Wohnung – zusammen mit der Antwort des SPIEGEL – dein Fax vorfand, in dem du mir anbietest, mir helfen zu kommen.

Allein die Vorstellung freut mich, glaub mir, es wird nicht nötig sein!

12. Dezember 1997, New York. Ich frage Frau Doktor Portlock nach den möglichen nachteiligen Wirkungen der Strahlentherapie.

»Sie ist kanzerogen. Theoretisch können sowohl die Chemo als auch die Bestrahlung solche Wirkungen haben, aber wir schließen sie aus, insbesondere wenn jemand nicht raucht. Die Bestrahlung wird einen Teil der Lunge betreffen, einen Teil der Milz und den oberen Teil der Niere, aber der ist entfernt worden, also gibt es keine Probleme.«

Ich frage sie nach der Alternativmedizin.

Sie lacht lange, sagt, wir würden ein anderes Mal darüber sprechen.

Ich frage sie, was einer dann machen muss, um zu verhindern …

Sie lacht immer noch. Schließlich fragt sie: »Sagen Sie, Mister Terzani, welchen Spitznamen haben Sie mir gegeben?«

Ich sage, das sei »Portafortuna«, also Glücksbringer, und sie ist überglücklich.

Jedes Mal, wenn ich dort herauskomme, bin ich von Vertrauen und Hoffnung erfüllt.

*12. Januar 1998. New York, abends.** Wir kommen in New York an, nachdem wir den Contadino bei Sonnenschein geschlossen haben.

Nach N. Y. zurückzukommen ist leicht, aber nicht vertraut wie in Indien.

22. Januar 1998, New York. Angela fährt zurück. Ein wunderbarer Monat, eine zweite Hochzeitsreise, neu verliebt.

25. Januar 1998, New York.
An Angela. Jetzt stell dir deinen Mann vor, wie er heute um 8 Uhr 30 an einem kalten, windigen Sonntagmorgen aus dem Haus geht, gekleidet wir ein Penner, mit roter Trainingsjacke, blauer Hose, Mütze und weißem Schal, die Mönchstasche umgehängt, schwarze Handschuhe. Mal dir lieber nicht aus, was die Portiers sich wieder einmal gedacht haben müssen … und so im Marschschritt bei leichtem Sturm 40 Straßen runter in einem verlassenen Manhattan, Dampf, der vom Asphalt aufsteigt, ein paar Taxis auf der Suche nach Fahrgästen, ein paar Verzweifelte in den Hauseingängen, und

ich fast im Laufschritt gegen den Wind bis zum Center of Holistic Medicine, wo ein Qigong-Seminar unter Leitung von Meister Ho stattfindet, einem 42-jährigen Chinesen aus Xian mit einem römischen Assistenten, der entdeckt hat, dass Heiler sein besser ist als Goldschmied.

Ein schöner großer Saal voll mit Leuten (Leute?), alles Frauen, einige mit so riesigen Ärschen, dass die Stühle in Gefahr und auch die harmlosesten Übungen mit Kniebeugen unmöglich scheinen, und mittendrin ich, ein Rätsel für alle.

Das Qigong (ich habe darüber auch mit dem Arzt aus Canberra gesprochen, der mir die Adresse eines alten Freundes in Peking gab, ich weiß nicht, ob ich ihm vertrauen soll) ist interessant, weil systematischer, geheimnisvoller und älter als das Reiki (aber sie sind ungefähr gleich alt). Ich habe ein bisschen was gelernt, ich werde damit weitermachen, ich verspreche es, weil es mich interessiert, aber im Grunde ist die Sache mit all diesen Praktiken doch die: Sie funktionieren gut in ihrem heimischen Kontext, sie sind schwierig, esoterisch und für gewöhnliche Sterbliche nicht zugänglich, nur unter großen Mühen zu erwerben und daher wirksam. Aber wenn all das zur Einnahmequelle, zu einem Mittel der Bereicherung und zum psychoanalytischen Zeitvertreib für alle wird, die sich das leisten können, verliert es seinen Reiz und damit meiner Meinung nach auch einen Großteil seiner Wirksamkeit. Der Workshop ging bis um fünf.

Wieder Straße um Straße zurück im Wind, und das ist vielleicht der therapeutischste Teil des Qigong. Obwohl der Kopf das Denken nicht abstellen kann und die Augen nur sehen können, war es alles in allem doch ein schöner Tag, auch wenn er vier Mal so viel gekostet hat wie das Reiki.

Gutes Gelingen bei der Arbeit mit deinen Leuten. Ich bin noch im Rückstand mit dem »Reinemachen« meines Tisches: Ich habe die Abrechnung für die Krankenversicherung noch nicht gemacht, und an zwei, drei Leute noch nicht geschrieben, an die ich schreiben muss. Ich hoffe, das morgen alles zu erledigen, bevor ich mit der neuen Phase der Bestrahlungen und dem Buch beginne (welches, weiß ich noch nicht, aber heute dachte ich mir, dass mir die Vorstellung gefällt, keine Briefe und keine E-Mails mehr zu schreiben wie in Ban Phe). Ja, auch davon werde ich mich langsam frei machen. Denk nur, ich bin Wochen, Monate in Ban Phe gewesen, ohne Post oder Telefonate, Faxe oder E-Mails zu empfangen. Wie wundervoll!

Ich nehme mir das wieder vor … und ich weiß, dass du mein Schweigen verstehen wirst, das doch so beredt ist. Auch wenn es mir heute Abend guttut, dir zu schreiben. Ich bitte dich, fühl dich in keiner Weise verpflichtet, mir zu antworten, mich auf dem Laufenden zu halten über das, was passiert.

Ems, hab einen schönen Tag und wisse, dass du Gegenstand der großen, erneuten, sanften und sehr zärtlichen Liebe deines übel zusammengeflickten Ehemannes bist.

Ich umarme dich ganz fest.

8. Februar 1998, New York.

Liebste Angelina,

vor kurzem bin ich aus Boston zurückgekommen (Fliegen in diesem Land ist mittlerweile leichter und einfacher, als einen Autobus von der Porta Romana zum Dom zu nehmen). Ich habe drei wirklich wunderbare Tage verbracht dank Mangiafuoco* und seiner schönen Ansicht von der Welt, der Medizin und der Krankheit. In dieser Welt und diesen Fragen ist der Botschafter mindestens ebenso wichtig wie die Botschaft, zumal, wenn diese dem Anschein nach irrational und esoterisch ist, und hätte ich nach dem Äußeren einiger der Seminarteilnehmer urteilen wollen, hätte ich die Flucht ergriffen.

Morgen früh gehe ich zu meiner ersten »Bombardierung«. Das ist ein Schritt, der mich nicht gleichgültig lässt, und vielleicht begehe ich einen Fehler, den ich bereuen könnte, aber ich fühle mich verpflichtet und mag jetzt keinen Rückzieher machen.

Ich gelange immer mehr zu der Überzeugung, dass dieser Krebs eine Art von Chance ist, ein Hindernis, das mir in den Weg gelegt wird, damit ich einen Sprung mache. Es ist an mir, dafür zu sorgen, dass der Sprung nach oben und nicht zur Seite geht. Wenn ich es recht bedenke, versuche ich seit Jahren schon, aus meiner Routine auszubrechen, aus dem Journalismus, den sozialen Verpflichtungen, dem Klatsch und aus der Politik, die mir immer so viel Vergnügen gemacht hat. Einfacher gesagt, seit Jahren schon tendiere ich zu etwas Spirituellerem, einer anderen Art, die Dinge zu betrachten. *Fliegen ohne Flügel* und das Jahr 1993 bezeichnen da sicher eine Wende, doch in vieler Hinsicht – auch aufgrund des Erfolgs des Buches, der öffentliche Auftritte nötig machte – war ich dabei, in meine Routine, in die Materialität des Alltäglichen zurückzukehren.

Der Krebs ist zum rechten Zeitpunkt gekommen, mich erneut aufzuhalten, mir den richtigen Rhythmus wiederzugeben, indem er mich mit dem wahren Gehalt dessen konfrontiert, was ich bin oder was ich – für die Zeit, die bleibt – sein möchte. Kurz, wenn der Krebs als Krankheit, als Bedrohung eine dunkle Seite hat, sehe ich darin doch immer mehr auch eine andere Seite, die Licht, Möglichkeit und Erneuerung bedeutet.

Denk nur: Das Wort Homöopathie hatte ich vielleicht ein paar Mal im Leben gehört. Jetzt bin ich drei Tage lang in diese Welt eingetaucht, und ich glaube, das wird nie mehr enden.

Dieser Krebs ist »meiner«, wie meine Bücher meine sind, wie meine 60 Jahre.

Dann sollte ich ihm weniger aggressiv begegnen, ihn nicht mit allen Mitteln unterdrücken, zerstören wollen (es sei denn, er ist drauf und dran, mich zu zerstören ... war das der Fall?), sondern ihn vielmehr akzeptieren, ihn als Zeichen eines Ungleichgewichts nehmen, das ich verursacht habe, und wenn es mir gelingt, dieses zu beheben, wird auch der Krebs behoben sein.

Kurz, denk an mich morgen früh um neun, da lege ich mich unter eine futuristische Maschine, um mich mit grauenhaften Dingen bombardieren zu lassen, bei Gefahr, einen Zustand zu verschlimmern, der mir heute ideal erscheint, ich sage: erscheint. Auch in

Boston ging es mir hervorragend, ich habe viel Kraft, bin hellwach, habe keine Ängste, schlafe gut, esse mäßig, vor allem bin ich zuversichtlich, auch was die Strahlentherapie angeht, sagen wir mal so. Entschuldige den Ausbruch.

Ich umarme dich

tiziano

9. Februar 1998, New York.

Liebste Angela,

ich habe den Tag vor mir, um in meinem Kopf Ordnung zu schaffen. New York um acht Uhr früh, als ich heute Morgen aus dem Haus ging, ist leider nicht so, wie ich es sonst vom Park aus sehe, ruhig, elegant, bedächtig. Auf den Straßen geht es hektisch zu, angespannt und gewaltsam. Heute Morgen durch die Straßen zu gehen, zu der Zeit, zu der ich gewöhnlich unter meinem Baum sitze, war nicht beruhigend, im Gegenteil. Alle rennen, rempeln sich an, jeder ist angespannt.

Ich habe keinen Frieden. Ich gehe in die Klinik, nicht mit der üblichen, seltsamen Freude.

Die Welt der Weißen stört mich, vielleicht weil ich zu lang weg war, vielleicht, weil das viele Reden über die »Natur« mir diese Welt noch unnatürlicher erscheinen lässt, und die Strahlentherapie ist die Negation all dessen, was ich in jüngster Zeit glaube verstanden zu haben. Das Personal wie immer freundlich, effizient und routiniert.

Um Punkt neun werde ich aufgerufen, in meine Montur gesteckt, auf den Tisch gelegt und vier Mal – von vorn, von hinten und den Seiten – je dreißig Sekunden lang bombardiert, jedes Mal mit einem Zischen des Geräts und einem Gefühl, dass etwas in mir zerstört wird.

Merkwürdig. Die Chemo, die viel aggressiver ist, habe ich gut verkraftet, fast amüsierte ich mich dabei, die »Veränderungen« machten mir keine Angst. Diese Strahlen dagegen, wenn ich da im Dunkeln liege mit den merkwürdigen roten Lichtpunkten, die das Ziel markieren, mit der Maschine, die sich wie eine riesige Roboterspinne um mich herum dreht, stehen bleibt, zischt, prustet und prasselt, beunruhigen mich. Innerhalb von zehn Minuten ist alles vorbei, der Mann, der sich gleichzeitig mit mir ausgezogen hat, zieht sich wieder an, nimmt seine pralle Aktentasche und eilt in sein Büro, vielleicht eine Anwaltskanzlei. Als ob nichts gewesen wäre, als ob wir uns im Café begegnet wären.

Ich gehe zu Fuß, mir ist, als ob es in mir brennt, mein Magen tut weh, die Narbe ist wieder wie frisch. Zwei Stunden lang kann ich nichts essen aus Angst vor Erbrechen.

Also gehe ich und gehe, ich hasse New York, die Geschäfte, die geöffnet werden, die Verkäufer, die mit ihren Gummiwischern die Scheiben der Auslagen putzen, die gut gekleideten und parfümierten Frauen, die die Rollläden vor ihren Boutiquen hochziehen, wo sie Dessous und Luxusschuhe verkaufen. Madison um halb zehn ist grauenhaft.

Ich gehe, und langsam finde ich den Weg nach Hause wieder, fast in jedem Sinn. Jetzt habe ich hoffentlich einen Tag der Stille vor mir. Ich möchte so sehr, dass mich alle in Frieden lassen. Und nur von dir eines deiner großartigen Lebenszeichen kommt. Ich umarme dich und entschuldige mich. Wie nett von John Coleman, mich daran zu erinnern, dass ich *Anicca* kenne. Wie Recht er hat. Alles ist Schein, alles vergänglich, alles ist ohne sonderlichen Wert. Außer dem Frieden, den ich suche.

Bis bald.

14. Februar 1998, New York. Die erste Woche der Strahlentherapie ist vorbei. Heute Morgen bin ich im Park bis zur Fontäne gelaufen. Langsam wird der Kopf wieder frei und heiter.

19. Februar 1998, New York. Ein Schock: Die Veränderungen gehen weiter. Ich trockne mir einen Fuß ab, und der Nagel des großen Zehs bewegt sich, könnte abfallen. Um das zu verhindern, klebe ich ein Pflaster darüber.

22. Februar 1998, New York.
An Angela. 16 Uhr. Ich bin eben zurückgekehrt und komme aus der Dusche, wo ich versucht habe, die Schicht Traurigkeit abzuwaschen, die die wogende Menschenmenge auf mir hinterlassen hat, ich konnte nichts als Verzweiflung in den Menschen sehen, vielleicht ist das nur meine eigene, aber wie viel!

Ich bin bis zu Strand gegangen, habe ein Buch über die Hunderassen der Welt gefunden, die Subway in die falsche Richtung genommen, bin auf der Suche nach dem richtigen Weg durch die Gänge der verschiedenen Stationen geirrt, angezogen wie ein Clown, entschlossen, keine Zeit mehr zu verlieren, niemanden mehr zu sehen und mich auch nicht von einem Sonnentag verführen zu lassen, ich bereite mir einen Tee und beginne von dem Hund zu träumen, den ich haben könnte.

Ich rechne nach: Fast sechs Monate bin ich hier, ein Jahr bin ich nun auf Stand-by.

Bis bald, Ems. Ich rühre mich nicht von der Stelle. Ich bleibe mucksmäuschenstill hier mit der schmalen Rauchsäule Weihrauch, die vor dem geliebten Reise-Buddha aufsteigt, und vielen anderen Dingen, die ich tun könnte.

Ich umarme dich,

er

25. Februar 1998, New York. Mich weckt ein Fax, das nicht durchkommt. Es muss aus Indien sein. Folco schickt ein unleserliches Fax, zwei Tage alt, aus dem man nur entnehmen kann, dass er, wie ich immer gehofft habe, frei ist!

Ich habe Lust zu schreiben. Alle Verpflichtungen und Beziehungen fahren zu lassen, nur von meiner Welt zu schreiben, von meinem Krebs. Schreiben, um eine Erinnerung daran zu hinterlassen, wie das Leben in Monticelli war.

1. März 1998, New York. Vor einem Jahr hat Folco geheiratet. Das kommt mir wie eine Ewigkeit her vor.

Praktisch vor einem Jahr bin ich in diesen Tunnel eingetreten. In den vergangenen Tagen habe ich eine Reihe von Filmen gesehen, die mich für die Depression, mit der ich aufwache, entschädigen. In dieser Hinsicht ist die Kunst außerordentlich. Auf der gleichen Wellenlänge mit Angela, die sich in Venedig den letzten Tizian ansieht und in Florenz auf der Straße dieselbe tröstliche Größe verspürt. Ich habe gesehen *Hitze und Staub, Was vom Tage übrig blieb, Die Shakespeare-Truppe, Wiedersehen in Howards End* und *Quartett*, wunderbar.

Ich fühle immer mehr, wie fremd mir diese Zivilisation ist. Ich gehe durch die Straßen, und da ist nie ein Zeichen des Göttlichen, nie eine Prozession, nie ein Fest oder ein Gott, der vorübergeht. Nie ein Zeichen von etwas jenseits der absurden Erscheinungen. Sogar eine Handvoll Salz vor der Tür eines Restaurants in Japan geht mir ab. Mir fehlt Asien, mir fehlt das Alte.

In der *New York Times* von heute beklagt der neue Korrespondent das Ende des alten Peking und der *Hutong**. Dasselbe habe ich vor 20 Jahren geschrieben. Wozu war das gut?

Ich liebe es, an Orsigna zu denken und an die Stille.

8. März 1998, New York.

An Angela. In einem schönen Haus aus rotem Backstein an der East Side mit echten Picassos und Matisse an den Wänden (ich habe sie allerdings für Kopien gehalten und keinen Unterschied gemacht, da alle ihre Anwesenheit mit Gleichgültigkeit übergingen), mit weißen Kellnern in grauer Livree habe ich mit Kofi Annan* zu Abend gegessen und mit Frau Montebello, der Gattin des Direktors des Metropolitan Museum, über Japan gesprochen, das sie auch hasst, mit Arthur Schlesinger* über Gavin Young*, mit dem Historiker Paul Johnson über seinen schönen Artikel vom letzten Sommer über Hongkong, mit Bob Silvers* über das, was ich 1976 in der *New York Review of Books* geschrieben habe, mit Jonathan Galassi*, der jüngst in seiner Eigenschaft als Vizedirektor von Farrar Straus *Fliegen ohne Flügel* abgelehnt hatte, über andere Möglichkeiten, das Buch herauszubringen, mit ein paar Frauen, deren Gesicht so schlecht geliftet war, dass ich an den *Planet der Affen* denken musste, über Indien, mit der Hausherrin, Frau Heinz, über Italien und ihr Schriftstellerseminar am Comer See. Ich habe nur ein Süppchen gegessen und Kartoffelpüree, um das Lamm zu vermeiden ... Und am Ende sagt William*, alle hätten mich *charming* gefunden und wollten mich wieder einladen.

»Dein Freund ist wirklich sympathisch«, hat die Hausherrin zu William gesagt, während ich gezwungen war, das Gästebuch zu signieren.

»Ja, sechzig Jahre habe ich gebraucht, um sympathisch zu werden.«

William hat Recht: Es war wirklich meine Coming-out-Party. Out für immer. Das war ein guter Test. Ich bin hingegangen, ich weiß noch, wie man's macht, aber es interessiert mich überhaupt nicht mehr, wirklich überhaupt nicht. Darüber bin ich sehr glücklich.

Ciao Ems.

* * *

22. April 1998, Orsigna. Seit einem Monat bin ich hier. Mit Angelas fantastischer, ruhiger und aufmunternder Hilfe habe ich das letzte Wort von *In Asien* geschrieben. Ich habe in der *Gompa* geschlafen, ich habe am tiefblauen Morgenhimmel einen quecksilbernen Mond gesehen, drei majestätische Hirsche auf der Straße. Ich habe Qigong gemacht, mit Blick auf die verschneite Uccelliera, die leuchtende Mahadevi, mein Himalaja im Apennin, eine Stunde von Florenz entfernt.

Ich habe über die Vergänglichkeit von alldem nachgedacht. Ich bin sehr glücklich.

* * *

Mitte/Ende Mai 1998, Delhi. Eine sehr heiße Woche »zu Hause«. Die Ankunft ist jedes Mal berührend, hier zu leben, diesmal überraschend. Wir gehen zu Angelas Juwelier in Sundar Nagar. An jeder Haltestelle Leute, die wir kennen, unser Nachbar Sharma, der Mann mit den Duftölen im alten Delhi, eine Freude.

Bald nach meiner Ankunft, am Morgen des 17. Mai, gehe ich mit John Burns* zur Pressekonferenz von Dr. Chidambaram und Dr. Abdul Kalam, den Vätern der Atombombe. Auch das ist eine Freude. Das Publikum applaudiert. Ich schreibe darüber in einem Kommentar über die Bombe (ich verteidige das Recht Indiens auf deren Besitz), was dem *Corriere* etliche Leserzuschriften einbringt und viele Freunde veranlasst, mich zu meiner »Wiederkehr« zu beglückwünschen.

1. Juni 1998, Hongkong – Vancouver. Wir fliegen am Montagmorgen, dem ersten Juni, los und kommen nach neun Stunden Flug am Morgen desselben Montag in Vancouver an, wo uns Angelas Kusine, Jean Kershner*, abholen kommt.

Wir verbringen fünf Tage auf der Insel Lummi.

Anfang Juni 1998, Lummi Island (USA). In drei Wochen bin ich wieder in den Händen der »Wahrsager« von New York, um ihre Meinung über meine Zukunft zu hören.

Es ist eine merkwürdig Reise: Indien heiß und atomar, Hongkong nicht mehr unseres, Saskia glücklich, präsent und solide.

Wir kommen auf diese nicht allzu schöne Insel, nicht allzu außergewöhnlich, aber voller Hotels aus Zedernholz, voller Vogelschwärme und einer außerordentlichen Variationsbreite an gelebten und verpfuschten Leben: Frauen aus dritter, vierter, fünfter Hand, Paare auf dem x-ten Glückstrip, »geschiedene« Lesbierinnen, Milliardärinnen, die mit Jahrzehnte jüngeren Fischern leben, stille, bärtige Waldhüter und junge bärtige Umweltschützer, alle mit Pick-ups, in denen sie gekommen sind, die Überreste eines Lebens anderswo bei sich und bereit, von hier wegzugehen und das bisschen einzupacken, was ihnen von dem Leben hier bleibt. Ein Stück romanhaftes Amerika mit etwas, das sogar mir anziehend erscheint, die großen Weiten und eine große Freiheit, die eigene Kreativität auszuleben, indem man Hütten oder Schlösser aus Holz erbaut; oder verführerische Minotauren in Bronze schafft, Frauen, die aus der Enge ihres Bewusstseins heraustreten, menschliche Körper, die zerfallen, um sich in Form von Pflanzen und Tieren neu zusammenzusetzen in einem großen privaten Park voller jahrhundertealter Zedern und geheimnisvoller Wucherpflanzen, ständig umweht von einem Wind, der von einem eisigen Meer voller Lachse her kommt.

29. Juni 1998, New York. Rückkehr in die Welt der »Kranken« am MSKCC.

Die Frauen, die um sieben Uhr morgens allein auf ihre Operation oder ihr Testergebnis warten. Einsam, traurig, blass: dieselben 30-Jährigen, die ich im Park laufen sehe, nur 20 Jahre später.

Ein paar Untersuchungen, ein paar Tage Wartezeit. Die Auskunft: »Kommen Sie in drei Monaten wieder.« Zu früh, um zu frohlocken. Wenn ich ein bisschen Zukunft hätte, ich wüsste schon, wie ich sie ausfüllen kann.

* * *

14. September 1998, Orsigna. Ich werde 60: der Beginn eines neuen Lebens. Ein wunderschöner Tag.

Der Computer ist seit Tagen kaputt, und Angela schlägt vor, ihn nach Florenz zu meinem Guru zu bringen. Um ein Uhr nachts kommen wir zurück, es ist schon mein Geburtstag. Ich erkläre Angela meine Situation: große Unruhe, das Verlangen nach Stille und Frieden. Das ist nicht gegen sie gerichtet, aber manchmal muss ich fern von der Welt, von den Menschen sein. Da will ich niemanden sehen. Ich könnte mich morgen umbringen, und sie müsste zu denen, die nach mir fragen, sagen: »Er ist nicht da.«

Warum sollte sie es nicht jetzt schon sagen und mir damit womöglich den Selbstmord ersparen?

Beim Schein des knisternden Feuers im Kamin essen wir Lachs und Brot und trinken eine schöne Flasche Wein. Wir fühlen uns wie zwei Kinder auf dem schönen roten Sofa, wie einst vor dem Kamin in Leeds, Schutz vor der Kälte und dem grausigen Wetter draußen suchend. Wir schlafen in der *Gompa*.

Der Morgen ist wunderbar, einer der schönsten in Orsigna, das Grün der Wälder ist frisch und dunkel, der Himmel tiefblau und rein. Wir fahren bis Pian Grande im Auto, dann zu Fuß bis auf die Ignude hinauf. Im Grunde, wie ich es wollte: mein Himalaja.

Bei dem Geruch nach Gras ringsum schließe ich die Augen, und ein ungewöhnliches Bild erscheint mir klar und deutlich vor Augen: In der weißen Aureole einer Erscheinung sehe ich das Bild einer schönen, grauen Tür aus Stein. Im Schloss steckt ein Schlüssel, wie eine Aufforderung, einzutreten, auf der anderen Seite des Steins erscheint die leichte Hand eines Kindes, als wollte es mir helfen aufzuschließen. Ich weiß, dass ich eintreten kann, wann ich will, aber vorerst warte ich.

Eine Empfindung von Frieden, Heiterkeit. Ein großartiges Gefühl. Das Einverständnis mit Angela ist wunderbar.

Schöne schwarze Regenwolken ziehen durch das Tal von Maresca herauf und überraschen uns auf dem Gipfel, wo wir im Begriff sind, uns das kommende Leben auszumalen, ob lang oder kurz, weiß man nicht, aber ruhig und still wird es sein.

Auf dem Heimweg sammeln wir Kardendisteln, und wir essen bei den Sabatinis. Ein ruhiger Geburtstag.

Mehr als alle anderen Male bin ich voller guter friedfertiger Vorsätze. Die Regeln scheinen mir klar: sich von der Welt fernhalten. Tagebuch schreiben JEDEN TAG, und seien es auch nur zwei Zeilen, meditieren und Yoga machen, andere Ziele verfolgen als in der Vergangenheit, Ballast abwerfen, Eigentum und Konsum reduzieren, sich nicht zu sehr in alltägliche Dinge verstricken lassen.

23. September 1998, Orsigna. Der Berg hat eine Maus geboren. Ich habe die Einleitung zur Neuauflage von *La porta proibita* abgeschickt. Ich bin heiter. Ich baue weiter an der *Gompa*.

24. September 1998, Orsigna. Angela immer noch in Florenz, in Anspruch genommen von den Problemen der Welt, der Mieter, des Lebens, wie es ist. Ich immer noch hier, mit meinen Leuten, mit der Natur.

Besuch von Piero Bertolucci. Schöne Sätze, schöne Intuition: »Es liegt Weisheit in der Flucht« (Norman Douglas*?) Wir sprechen von den Gefährten der Zeit in Pisa, in Florenz, von seiner Flucht auf die Hügel von Lucca. Zum ersten Mal bin ich in seiner Gegenwart völlig entspannt, ein Tag ohne Ängste, der mir wieder Lust macht zu lesen und zu schreiben. Er sagt schöne Dinge über *In Asien*. Ihm gefällt die Idee zu *Noch eine Runde auf dem Karussell*, er sagt, es sei schwierig, es müsse ironisch und distanziert sein. Da ist ein berühmter Engländer, der bei Adelphi verlegt wird, und der vom Krebs seiner Frau erzählt. Lewis*?

Ich erzähle ihm von dem Reisebuch, das ich gern schreiben würde, Italien gesehen von einem Journalisten aus Laos, und er erinnert mich an die *Persischen Briefe** (zwei persische Besucher in Frankreich tauschen sich untereinander und mit Freunden in der Heimat über die französische Lebensart aus), die ich nie gelesen habe.

Piero zeigt sich sehr interessiert an dem Wort, das ich im Zusammenhang mit Angela habe fallen lassen: Trennung. Er ist neugierig, will verstehen. Ich sage, das ganze Leben lang sei es uns gelungen zusammenzubleiben, dank unserer langen Abwesenheiten und dann wieder großer Intensität des Zusammenseins. Er insistiert, ich sage, wir seien auf verschiedenen Wellenlängen. Angela immer mehr in der Welt, ich immer weniger, sie immer mehr Verantwortung, ich immer weniger, sie in Florenz zu Hause, ich hier in Orsigna.

Er sagt, er habe verstanden, und ich spüre, dass schon das darüber Reden alles kompliziert. Worte mit ihrem festgelegten Sinn zu verwenden, macht alles präziser, ernster. Es führt dazu, dass die Dinge eintreten. Trennung? Ich erkläre ihm, wie gut es mir allein geht, wie bei ihrer Ankunft dagegen alles durcheinandergerät, trotz der Anziehung, der unglaublichen Verbundenheit, der Unverzichtbarkeit.

7. Oktober 1998, Orsigna. Ich gehe mit Franca in Maresca im Supermarkt einkaufen. Während ich den Einkaufswagen schiebe, überfällt mich panische Angst, der Schrecken, in die Falle der Überlebensstrategien getappt zu sein, in die Alltagsroutine voller Verpflichtungen und »zu erledigender Dinge«. Heiße Sehnsucht nach Indien erfasst mich. Ich lasse den Einkaufswagen halbvoll stehen und fahre nach Hause. Ich rufe im Reisebüro an und frage nach dem ersten Flug nach Delhi. Alles ausgebucht.

9. Oktober 1998, Rom, am Flughafen.

»Are you Mister Terzani?«

Zwei smarte Manager der Air India kümmern sich um mich, geben mir einen großartigen Platz in der Ersten Klasse und eine Einladung in die VIP-Lounge. Wahrscheinlich hat Deepak Puri* mich als eine für die Sicherheit Indiens wichtige Person eingestuft. So fliege ich mit Stil nach Hause.

Die Ankunft frühmorgens ist wie immer betörend, die Leute hinter neuen Gittern, wie Käfige im Zoo, die Stadt stinkend, mit Blinden und Krüppeln an allen Ecken, aber der Sonnenaufgang ist golden. Der Geruch, die Möbel im Haus von verstaubten weißen Tüchern bedeckt. Das Gras auf der Wiese ist sehr grün, die Krähen wie immer sehr lebhaft. Die, die ich kannte, sind sicher tot, und andere sind an ihre Stelle getreten. Ich bin sehr glücklich.

Ich liebe es, hier zu sein, in diesem Indien, das eine Arche Noah aller Übel ist, aller Leidenschaften und Tragödien der Menschheit. Ich spüre die Aufladung mit Schmerz und Freude bei jedem Atemzug. Seltsamerweise kommt mir das Leben hier schöner vor, grandioser und großartiger verzweifelt als das in einem Land, wo wegen einer Stimme die Regierung stürzt. Hier weinen oder lachen die Menschen mit Überschwang. Großartig.

Party bei Padma* zur Einweihung des neuen SPIEGEL-Büros. Ich sage zu Baskar*, Indien, das dem Rest der Welt immer von ferne und langsam nachfolge, werde zur »Beerdigung der westlichen Zivilisation« zu spät kommen, und er setzt hinzu: »Es wird zur eigenen Beerdigung zu spät kommen.«

15. Oktober 1998, Delhi.

Meine verständnisvolle Gefährtin,

es ist sechs Uhr morgens und draußen ist es noch dunkel, aber die Sonne ist nicht da, weil sie von einer grauen Schicht Smog, Rauch und Gestank verborgen wird, die mir die Augen verklebt, mir die Kehle austrocknet und die Nase verstopft. Ich schlafe mit verbarrikadierten Fenstern, aber die Scheiße scheint überall einzudringen.

Im Salon betrachte ich die Masse der Bücher, still vor den aufgestapelten Stühlen und Kissen unter verstaubten weißen Tüchern, und denke, wenn diese ganze Bibliothek in San Carlo unterkäme, wäre sie dort vielleicht mehr zu Hause und ich würde mich unter diesen »Stimmen« mehr zu Hause fühlen, von denen ich in diesen fast 30 Jahren ihrer schweigenden Anwesenheit durch Osmose so viel gelernt habe.

Ich muss wirklich alles neu lernen, auch meine Beziehungen zu den anderen: Unnötig, dass ich hier Journalisten sehe, wenn ich sie anderswo nicht sehen will und nicht mehr einer der Ihren sein will.

Also, Delhi als Basis hat nur auf kurze Sicht Sinn, um eine psychologische Rechtfertigung zu haben, aber wirklich nicht, um hier zu leben. Es ist unlebbar geworden, glaub mir.

Ich sehe, dass Nachrichten von dir da sind, jetzt versuche ich sie zu lesen ... nein, ich drucke sie mir aus und nehme sie mit in den Park. Ich werde deine Nachrichten bei den schönen muslimischen Grabmälern lesen, so fühlst auch du etwas von dieser Freude ...

PS: Während ich aus dem Haus ging, ist der Strom ausgefallen, und so habe ich vergessen, das Wasser abzustellen, das lief, um deinen Krug zu füllen. Beim Nachhausekommen stand das ganze Haus unter Wasser. So geht das auf dieser Welt.

Es ist das alte Problem, das Pater Bencivenni* treffend so formuliert hat: Das Abendland hat sich um die Welt, die das Ich umgibt, gekümmert und ist materialistisch geworden; der Orient ist in die Tiefen des Ich eingedrungen und spirituell geworden, aber jetzt stirbt dieses Ich an Hunger und Seuchen.

Ich sehe aus dem Fenster, und es könnte wahrer nicht sein, insbesondere weil der Orient versucht, dem Abendland nachzueifern, und mit atemberaubender Geschwindigkeit den ganzen Schrott der Moderne importiert; hochmoderne und umweltfreundliche Busse wären hier gefragt, stattdessen fahren alte und stinkende Busse herum, die überall im Westen verboten sind, und die man ihnen billig angedreht oder geschenkt hat. Hier gibt es die Fabriken, die keiner will, die Medikamente, die sich als tödlich erwiesen haben.

Der Horror in der Geschichte der Menschheit waren die schwarzen Kanonenboote, die nach Japan kamen, die die Küsten Chinas eroberten, die Forscher, Missionare, Händler, Eroberer, die Erbauer von Reichen.

Wie soll man das wenige bewahren, das die Menschheit aus diesem Desaster des Orients noch retten könnte?

16. Oktober 1998, Delhi

Meine liebe Ems,

in einem Augenblick großen Überschwangs (ich habe die Einleitung zu *Piteglio** geschrieben) habe ich versucht, das Telefon-Tabu zu brechen, und nachdem ich in San Carlo nach dir gefragt hatte, hörte ich von Norma, dass du ... im Supermarkt bist. So träumte ich davon, dass du auch den halbvollen Einkaufswagen stehen lässt und zum Flughafen fährst oder in den Nebel am Fuß eines Berges eintauchst, um deinen wundervollen Sohn zu treffen, der vielerlei und gleichermaßen intensive wie intelligente Brief schreibt. Welche Freude nun auch er.

Der heutige Tag war gesegnet mit schönen Geschichten, angefangen von deinem langen Brief, den ich im verregneten Morgengrauen gelesen habe, um sechs im Sujan-Park, während ich auf Dieter wartete, um mit ihm zu einem *Darshan** des Dalai Lama zu gehen.

Ich habe mich konzentriert, habe mich amüsiert und geärgert über diese lächerlichen Freaks aus dem Westen, die tibetische Gebete murmeln, Gebärden machen, die vielleicht im Himalaja passend sind, und die mir dann mit frommem Getue erzählen, dass im vergangenen Jahr ein Wespenschwarm die Versammlung angegriffen habe und viele Polizisten mehrmals gestochen wurden, Seine Heiligkeit aber kein einziges Mal, und mir dabei komplizenhaft zulächeln. Das mir!!! Ich werde immer mehr Florentiner oder Orsignaner, wenn ich sehe, dass man mich für einen der Ihren hält.

Das Einzige, was noch getan werden muss, ist, was du vorschlägst: durch Indien reisen und sich die letzten Fragen vorlegen, die sich auch Folco am anderen Ende der Welt stellt.

Vielleicht habe ich deshalb 20 Umzugskartons kommen lassen, um die Bücher und sonstiges hineinzutun. Heute kniete Mahesh* am Boden, staubte eins ums andere die Bücher über Thailand und Birma ab. Ich fühle mich sehr frei. Der Tisch ist leer, und ich fange an, die Bücher für San Carlo beiseitezulegen.

Ich denke an das Fotobuch, und ich fühle deutlich, dass ich das über das *Karussell* schreiben muss.

11. November 1998, Benares. Wundervoller Vormittag im Haus von Anand Krishna. Mit ihm Besuch im Museum und seine Theorie über den *»arrested moment in art«*. Eine höchst anregende Definition.

Roerich* berührt mich. Vor seinem Bild eines Alten, der aus dem Dunkel des Tals kommend auf den Buddha zugeht, der seinerseits über eine Art Treppe von einer Stupa herabsteigt, überkommt mich Rührung, ich möchte niederknien. Als ob mir ein Taschentuch zu Boden gefallen wäre, verneige ich mich vor dieser Botschaft. Da ist etwas in seiner Malerei, das mich anspricht, wie vielleicht alle große Kunst es tun sollte, auch wenn ich Angelas Skepsis verstehe, die zwischen Roerichs Arbeiten und denen anderer Maler einen Unterschied empfindet und sieht. Vielleicht ist er kein »Maler«.

Immer einsame Figuren in kalten Gebirgslandschaften mit dem Streben nach Licht. Das meiste im Dämmerlicht.

Angela reist am Nachmittag ab. Ich begleite sie zum Flughafen. Essen in großartiger Harmonie.

12. November 1998, Benares. Ob das Unglück des Westens daher rührt, dass wir immer die Welt verändern wollten?

Von der – geschützten – Höhe der Terrasse des Ganga View Hotel aus betrachte ich bei Sonnenaufgang, der nur für mich stattzufinden scheint, den Fluss des Lebens, der hier ewiger ist als anderswo.

Am Ufer des Ganges legt eine Frau behutsam einen schönen Blumenkranz zu Füßen einer kleinen steinernen Göttin nieder und besprengt ihn eifrig mit Wasser. Eine schwarze Ziege rupft ein Stück davon ab, bis sie von einer Kuh verscheucht wird, die mit einem Satz diese ganze Schönheit und das Gebet verschluckt. Niemand begehrt auf, die Frau, die Ziege, die Kuh gehen ihres Weges, nachdem jede von ihnen ihren Versuch zu überleben gemacht hat.

Es liegt eine große Weisheit darin, die uns auf das Göttliche fixierten Abendländern zu entgehen scheint. Ich liebe es, diese Welt von Leben und Tod zu betrachten, die so friedlich vorbeifließt.

Unter einem Baum erhebt sich ein Alter mit großem Bart von seinen orangefarbenen Lumpen und schreit einem Gespenst am Ufer etwas zu. Er beruhigt sich, setzt sich und fängt wieder an zu schreien. So über eine Stunde lang. Niemand beachtet ihn.

Mich beschäftigt wieder die Vernunft. Angela hat nicht Unrecht, wenn sie sagt, hier habe man immer das Gefühl, die Welt von oben zu betrachten, mit dem Blick Gottes, und damit zu verstehen, dass man (Er) sich nicht mit allem befassen kann, was ihm unter die Augen kommt. Vielleicht rührt das tiefe Unglück des Westens von unserer gotteslästerlichen Anmaßung her, die Welt verstehen und sogar verändern zu können.

Jetzt, da die jungen Leute immer deutlicher spüren, dass das nicht möglich ist und dass das bisschen, das wir die Welt verändert haben, diese nicht besser gemacht hat, bricht der Aufstand gegen die Vernunft los, kommt es zu einem Wiederaufblühen des Mystizismus und einer Rückkehr zur Zuflucht der Irrationalität.

Vielleicht, weil wir sie zur Logik des Computers erziehen, werden unsere jungen Leute so leicht Opfer der erstbesten billigen »Philosophie«, die ihnen über den Weg läuft, ziehen sie bedenkenlos ins »Dr. Tripathi Guesthouse«, belegen Kurse in »Meditation and Celestial Vibration and Mantra Language« und sind beeindruckt vom erstbesten Inder, der ihnen sagt: »Gott ist Einer, aber er hat viele Gesichter. Die Herzen der Menschen sind unterschiedlich« usw.

Ich habe genug von diesen Banalitäten, von diesen schmuddeligen und bekifften jungen Leuten aus dem Westen, die durch die Straßen von Benares ziehen, dem einzigen Ort, wo sie noch geduldet sind, wo sie dank irgendwelcher, auch menschlicher Barmherzigkeit überleben können, mit all diesen Indern, die in der Hoffnung auf ein kleines Geschäft, einen Fick, ihnen von Gott und sich selbst erzählen.

Achtung habe ich nur vor denjenigen unter ihnen, die »Alternative« sind, das heißt, die sich eine alternative Art zu essen und zu überleben zulegen und nicht dahinvegetieren in den Falten einer Gesellschaft, die sie hassen und verachten, aber nicht genug, um sie in all ihren Aspekten abzulehnen.

13. November 1998, Benares. Wieder geht die Sonne nur für mich auf.

»Ich bin sechzig Jahre alt und habe nie bemerkt, dass die Sonne, wenn sie aufgeht und man am Meer oder einem Fluss steht, einen langen, von Licht und Leben flirrenden Streifen schafft, der auf dich, den Betrachter, zuläuft und in dein Herz eindringt. Die Sonne geht für mich auf der Terrasse des Ganga View Hotel auf. Ich bin hierhergekommen auf der Suche nach einem Sohn ...«

So könnten die ersten Zeilen dieser 120 Seiten lauten, nach dem Vorbild von *Tod in Venedig*, dem das Ich nacheifert, wie um sich zu vergleichen, sich zu sagen, dass es so nicht ist, dass er nicht der perversen Leidenschaft für den Sohn eines anderen nachhängt, sondern der für den eigenen Sohn, der in den Wirren unserer Zeit verloren gegangen ist.

Und das Ich versucht, die Verzweiflung zu verstehen, freundet sich mit der Idee dieser fernöstlichen Spiritualität an, die die jungen Leute anzieht, es versucht zu verstehen, die Vorurteile abzulegen, lässt seine Abwehr und seine Arroganz fallen, die Tabus – und dadurch verliert es sich. Und eines Tages, weil er Wasser getrunken, ein Stück Kokosnuss gegessen hat, die ihm ein Guru angeboten hat, den er nicht beleidigen wollte, bekommt der Mann hohes Fieber und stirbt inmitten von Geräuschen, die nicht die seinen sind, inmitten von Gerüchen, vor denen ihn ekelt, mit der Sehnsucht nach der Welt, die er zu verachten gelernt hat, die aber die seine ist und die er besser nie verlassen hätte.

Es muss die ganze Atmosphäre von Benares darin liegen, Stadt des Todes, die Verzweiflung, die Faszination des ewigen *Samsara**.

Ah, die Verrücktheit, meine Verrücktheit!!! Die ich liebe, ja, denn trotz meines wiederauflebenden Rationalismus und trotz meiner wiedererwachsenden Skepsis des Florentiners ist es vielleicht doch besser, sein Leben damit zuzubringen, an einem für heilig gehaltenen Baum rituelle Handlungen zu verrichten als an einem Fließband. Besser, einen *Lingam* zu streicheln, einer Statue in die Augen zu blicken, als eine Maschine zu bedienen, von der man sich höchstens materielles Überleben erhoffen kann, aber keine Befreiung!

3. Dezember 1998, Delhi. Ein Container mit fast 30 Jahren Leben in Asien fährt los.* Gefühl der Leichtigkeit.

6. Dezember 1998, Almora (Indien).* Eine Nacht im Zug, drei Stunden Autofahrt, um in dieses Paradies zu gelangen, das auch im Begriff ist, verloren zu gehen.

Ich denke an mein Leben, ich möchte es ändern, möchte nicht

mehr von mir sprechen, möchte meine Sichtweise der Dinge verändern, möchte den ganzen Ballast an Gewohnheiten, Gepflogenheiten, an bereits Gesagtem, an Repertoire abwerfen. Eine große Verpflichtung, eine schöne Übung.

8. Dezember 1998, Almora. Noch einmal möchte ich zwei Personen sein: eine, die Anam wird, der Namenlose, die keine Vergangenheit hat, sich zurückzieht und verzichtet; die andere, die nach einem Gleichgewicht zwischen dem Alten und etwas Neuem sucht.

Heute eine überraschende Erfahrung, wie alle die, die man dem Zufall überlässt. Auf der To-do-Liste stand ein Besuch bei Marie Thérèse*, der »Sekretärin« von Daniélou, aber heute Morgen war mir nach weiteren Begegnungen. Ich hatte keine Lust hinzufahren. Die Berge wirkten wie gemalt, die ganze Sache kam mir falsch vor. Nur die anhaltenden und obsessiven Trommelrhythmen, die von einer Hochzeit im Tal heraufdrangen, hatten einen authentischen Klang; ich wollte malen und mich nicht vom Fleck rühren. Um Richard nicht zu enttäuschen, beschlossen wir, Marie Thérèse nur einen kurzen Besuch abzustatten – es wurde dann ein ganzer Tag daraus.

Man fährt über unwegsame, schmale Straßen auf kahlen Hügelkämmen, gesprenkelt von neuen Häuschen, kaum getünchten Baracken mit Flachdach für die Hippies, »die mittlerweile die Grundlage der hiesigen Ökonomie darstellen«. Man parkt den Wagen auf einem Platz und geht eine Stunde zu Fuß. Man geht unter anderen Häusern entlang, der Wald und die Wege scheinen die von Orsigna. Man erreicht eine Hügelkuppe. Ein weißer Hund bellt, und ein alter Mann mit traurigen und langsamen Bewegungen, mit grüner Mütze und in Pantoffeln, erscheint und begrüßt uns. Die Berge hinter ihm sind sagenhaft.

In der kräftigen Nachmittagssonne bleiben wir unter dem Vordach vor seiner Küche stehen und reden.

Er, Vivek Datta*, Marie Thérèses Mann, erwarb das Haus, das von einem englischen Kolonialbeamten erbaut worden war. Man gelangt durch die Küche ins Haus. Das Innere ist einfach wunderbar. Ockerfarbene Wände aus Lehm und Kuhmist, am Boden alte Holzdielen, ein Kamin, in dem ein großer gusseiserner Ofen steht, rund wie ein Fass, überall Petroleumlampen, um Licht zu machen, außerdem eine Taschenlampe, die mit Solarenergie funktioniert.

Alles ist karg, alles ist überaus elegant. Gegenüber vom offenstehenden Fenster, das den unglaublichsten Ausblick bietet, ein kleines Bild des Nanda Devi* von Earl Brewster*: derselbe Berg, den man durch das Fenster sieht! Ich trete näher und fühle, wie eine unglaubliche Kraft von dem Bild ausgeht, das die gegenüberliegende Wirklichkeit widerspiegelt. Zarte Pastelltöne, zwei große bläuliche Bäume mit den fünf Spitzen im Hintergrund.

Zwei schöne, bequeme Holzsessel mit Intarsien, ein schönes braunes Sofa, ein Kaffeetischchen, ein achteckiger Tisch, schwarz gefärbt vom Ruß des Wasserkessels und der Kerze. Das Schlafzimmer einfach und karg mit Bücherregalen und Büchern auch auf den Sesseln: ein Büchlein der Blavatsky*, ein Buch über Rushdie, ein weiteres über Buddhismus. Ein kleiner nepalesischer Buddha auf einer Konsole, eine Vase mit Rosen, an der Wand das Foto eines Buddha, mir scheint koreanisch. Großer Frieden, eine Freude, diesem Mann zu begegnen. Ein geordnetes Leben, schwierig.

10. Dezember 1998, Ankunft in Delhi. Ich schlafe im oberen Bett des Schlafwagens zweiter Klasse, als ich von lauten Faustschlägen gegen die Außenwand des Zuges, der eben gehalten hat, geweckt werde. Jemand öffnet eine Tür, und eine Menge von verfrorenen, müden, übernächtigten Gepäckträgern dringt in den Zug ein, nicht so sehr, um das Gepäck entgegenzunehmen, sondern vielmehr, um sich in der animalischen Wärme der noch verschlafenen Passagiere in ihren Betten aufzuwärmen. Einer tritt zitternd in unser Abteil und setzt sich auf das Bett von Angela, die noch schläft.

In Delhi kommen wir inmitten einer schmutzigen und müden Menge an, die über die Treppen hinuntergeht, vorwärts eilt und sich in den Gängen drängt. Die Gepäckträger im roten Frack stehen nebeneinander aufgereiht, einer schubst den anderen, aber nicht gewalttätig, nicht bedrohlich. Auf den Stufen des Bahnhofs vor den Telefonkabinen eine Fläche von ausgestreckten Menschen, die in schäbige, staubige Decken gehüllt schlafen. In der Menge ein alter verrückter *Sadhu*, den großen Dreispitz hochgereckt.

Das letzte Land wahrer Verrücktheit.

* * *

1. Januar 1999, Orsigna. Ich gehe schlafend ins neue Jahr.

Die Familie bringt das Schlechteste an mir zum Vorschein. Ich werde banal, kleinlich (ich ärgere mich eine Stunde lang, weil jemand beim Saubermachen der einzigen schönen und funktionstüchtigen Kaffeekanne den Kaffeefilter in den Abfalleimer geworfen hat). Ich träume davon, wieder krank zu werden, um mich auf den Tod zu konzentrieren (den man so vielleicht exorziert?)

Schöner Spaziergang mit Folco im Schnee bis zum Pass von Porta Franca. Die Natur ist wunderschön, aber sie rührt mich nicht. Das tut mittlerweile nur die Einsamkeit.

Folco ist großartig. Ich lese sein Tagebuch aus Kalkutta mit Begeisterung. Einige Seiten sind echte Poesie, veröffentlichungswürdig.

11. Januar 1999, Florenz. Folco ruft an und teilt mit, dass er Vater wird. Alles hat Sinn. Für Angela ist das eine Art Schock, für mich eine Art von Befreiung: »Jetzt, da du beschlossen hast, selbst Vater zu sein, brauche ich es nicht mehr zu sein. Wunderbar!«

12. Januar 1999, Florenz. Frühmorgens gehen wir in die Kirche von San Miniato. Großartig. Wir meditieren und beten in dem fantastischen Halbdunkel, das von einem unglaublichen Sonnenstrahl durchbrochen wird.

Es ist schön, in dieser einst so außerordentlichen Stadt zu sein.

16. Januar 1999, Orsigna – Pistoia – Florenz. Tage des Umzugs. Ich bin voller Energie. Es freut mich, das für Angela und die Familie zu tun, um dann wieder die Flucht ergreifen zu können.

Ich schreibe an Bernardo: »Ich bin in Florenz, beschäftigt mit dem Entleeren eines 13 Meter langen Containers, der vor dem Haus abgesetzt wurde, mit 25 Jahren Asien darin (außer Indien), und den ich lieber auf dem Grund des Indischen Ozeans gesehen hätte. So habe ich mit Möbelpackern zu tun, Anstreichern, Zollbeamten und Klempnern. Das Ganze passiert mir zu einem Zeitpunkt in meinem Leben, da ich fühle, dass das Wichtigste ist, leicht zu werden, den ganzen Ballast an Dingen, Beziehungen, Verpflichtungen und Gewohnheiten abzuwerfen, wie man es auf Schiffen tut, bevor man es mit dem äußersten Sturm aufnimmt. Ich hingegen sitze da und schiebe die Verabredung mit NY beständig auf, die Verabredung mit der Stille, der Einsamkeit und mit diesem neuen Lebensideal, das sich in meinem Kopf festgesetzt hat: Im Himalaja bin ich einem alten Amerikaner begegnet, der nun, nachdem er ein Leben damit verbracht hat, sich in Hollywood als Schauspieler und Regisseur einen Namen zu machen, dort oben lebt, in einem kleinen weißen Haus und sich Anam nennen lässt, das heißt der Namenlose.

2. Februar 1999, Florenz. Das Haus ist fertig eingerichtet, und ich fühle wieder die Lust zu fliehen.

4. Februar 1999, Florenz – Mailand. Ich besuche Spagnol, der dem Tod immer näher ist.

Er kann weder Hände noch Beine bewegen, durch einen schauerlichen Plastiktrichter wird ihm Luft in die Lungen gepumpt, eine Frau blättert ihm die Seiten des neuen Katalogs um, den er mit seinen engsten Mitarbeitern durchgeht. Sein Kopf funktioniert noch einwandfrei. Er sagt allen, zu Weihnachten will er ein neues Buch von Terzani … Herrlich. In den Augen liegt der Schrecken dessen, der den Tod vor sich sieht, das Gesicht ist sehr blass, die Stimme brüchig. Seine drei Geschäftsführer stehen aufrecht da, voller Respekt. Von jedem Buch sagt er, wie er es will, klare, präzise Anweisungen.

5. Februar 1999, Mailand. Mittagessen mit de Bortoli*, nett und unaufdringlich. Er erzählt, dass er '69 an einer Demonstration der extremen Linken gegen den *Corriere* teilgenommen habe (»aber ich habe keine Molotowcocktails geworfen«), und jetzt steht er an der Spitze dieses großen Verlagshauses, mit ein paar Prinzipien, vor allem aber dem, zu überleben, nicht anzuecken. Er behandelt mich mit viel Höflichkeit und Wärme. Er ist an einer Art »Tagebuch eines Fremden in der Heimat« interessiert, Reiseerzählungen, aus dem Leben Gegriffenes. Er erinnert an den großen Erfolg des Tagebuchs aus Hongkong.

13. Februar 1999, Florenz. Gestern Abend haben wir *Das Leben ist schön* von Roberto Benigni* gesehen. Poetisch, wie das Leben ist, bald erheiternd (im ersten Teil), bald tragisch (wie der zweite Teil). Mutig, den Holocaust zu benutzen, um so einfache Dinge zu sagen.

4. März 1999. In Orsigna und dann in Florenz Gespräch mit Saskia über ihre Zukunft.

Wunderschön, Angela zu sehen, mitten am Nachmittag in dem chinesischen Bett, und über uns zu plaudern, über die Kinder, in Frieden, ohne die elende Routine, die uns klein macht.

5. März 1999, Orsigna. Es schneit, ich bin allein hier, alles ist weiß und still.

Spagnol: »Ich spreche immer mehr mit den Toten als mit den Lebenden.«

»Sprechen Sie mit den Großen?«

»Nein, die machen mich befangen. Ich spreche mit meinen Freunden aus Lerici, mit meinem Großvater ...«

11. März 1999, Bangkok. Ich fliege von Rom nach Bangkok. Ankunft wie üblich mit dem süßlichen Geruch des frühen Morgens, aber bald schon ermüdet mich die Wanderung durch die Vergangenheit, ich fühle mich unwohl.

Die letzte Runde auf dem Karussell? Ich spiele mit der Vorstellung, dass man später sagen wird: »Er hat es kommen sehen.«

14. März 1999, Bangkok. Abgespannt und verschwitzt wache ich auf. Bei offenem Fenster ist der Straßenlärm zu laut, bei geschlossenem Fenster stört die Klimaanlage.

Ich schlafe schlecht, habe aber einen schönen Traum: Ich bin allein in Orsigna, und Bernardo kommt mich besuchen. Er ist alt, aber er hat einen tief liegenden grauen Sportwagen mit Scheinwerfern, die oben auf der Karosserie angebracht sind. Ich sage ihm, ich wolle allein sein, und schicke ihn am Abend bei Sonnenuntergang weg. Ich sehe seinen Wagen davonfahren, ich frage mich, wo er essen wird, wie er die Nacht verbringen wird, und es tut mir leid, dass ich ihn verjagt habe, aber er ist schon weg. Ich liebe das Alleinsein. Es ist Winter, ich bin in der Küche, die nicht dort ist, wo sie in Wirklichkeit ist, sondern im ehemaligen Zimmer von Großmutter Lina. Von dort höre ich es im Haus rumoren, jemanden, der im Salon herumgeht. Ich höre den Fernseher, zuerst laut, dann leiser. Ich höre Schritte, jemanden, der zum Telefonhörer greift. Ich sperre die Tür mit dem Schlüssel ab, dann beschließe ich, mich bemerkbar zu machen, und durch das Schlüsselloch sehe ich eine rot-grüne Jacke wie die von Angela, ich weiß, dass sie es nicht ist, ich bin besorgt, habe Angst, aber nicht zu sehr; plötzlich reiße ich die Tür auf, um den Eindringling zu überraschen, und ich sehe, dass es Brunalba* ist, die ihrerseits erschrocken ist, mich zu sehen. Sie ist gekommen, um mir Baolì zurückzubringen, ganz dreckverschmiert und mit Stroh im Fell. Ich streichle ihn und bemerke, dass ihm ein Fuß abfällt, die ganze Pfote mit Krallen und Fell. Brunalba versichert mir, das sei normal, so sei es immer, wenn sie ihr Fell wechseln. Ich betrachte die Pfote, die ich in der Hand habe, ich schaue

Baolìs Beine an und sehe, dass es stimmt, er ist völlig in Ordnung, und die neue Pfote hat kleine Krallen.

Ich schlafe wieder ein, und um sieben bin ich auf den Beinen.

Ich esse auf der Terrasse des Oriental Hotel. Schrecklich, dieses Wandern durch die Vergangenheit, wo die Stelle jeder Überraschung, jeder möglichen Emotion, jeder Neugierde und Entdeckung schon von Erinnerungen besetzt ist. Vielleicht liebe ich deswegen Indien, das noch ganz zu entdecken ist, wo alles ist wie beim ersten Mal, wo ich keine Vergleiche anstellen muss … vor allem nicht mit mir selbst. Das moderne Leben zwingt uns allen einen Lebensrhythmus auf, der niemandem wirklich passt.

15. März 1999, Chiang Mai (Thailand). Dan Reid am Flughafen, die Augen stechend, intensiv, die Gesichtshaut faltig, fast durchscheinend. Das Haus klein und hübsch, großer Frieden. Auf kleinen Plattformen aus Beton überquert man einen Teich, darin Lotosblüten mit schönen großen Blättern.

16. März 1999, Chiang Mai. Früh auf. Ich habe sehr gut geschlafen, nur ein Traum: Ich bin wieder sehr jung, habe Bart und Schnurrbart abrasiert und bin braun gebrannt. Das machte mir beinah Angst, und beim Erwachen war ich glücklich darüber, dass ich den Bart noch hatte.

Dan zum Essen mit Tee, einer Banane und Nüssen aus China. Seine Theorie: Amerika, das grauenhafteste Land der Welt, wird sich am Ende durch eine Gesundheitskrise selbst zerstören; es gibt schon neue Viren.

18. März 1999, Chiang Mai. Um neun Uhr wird geraucht, großartiges Brodeln des Opiums, das in einem winzigen Pfännchen über der Flamme erhitzt wird. Es bildet sich eine Reihe von schönen, runden und glänzenden Blasen, die dann zerplatzen.

»Es ist fertig, wenn die letzte Luftblase nicht mehr die Kraft hat, von sich aus zu platzen.«

Ich rauche drei Pfeifen, und mir wird fast schlecht; ein Gefühl zwischen Freude, Gelassenheit und der Benommenheit wie beim Erbrechen. Ich entspanne mich und träume mit offenen Augen, ich erfreue mich am Klingeln der japanischen Glöckchen, dem Vogel, den ich sehe, wie er kommt und einen kleinen Fisch frisst, und an dem schönen Lotos, der eben seine Blütenblätter geöffnet hat.

Die Tage vergehen schnell und nutzlos, mit einer Reihe von Persönlichkeiten, die kommen und gehen in dem, was Léopold die Akademie der Verrückten nennt.

20. März 1999, Chiang Mai. Samstagabend im Tempel von *Khun* Anusorn* mit Dutzenden von Mönchen, die psalmodierend singen, um verschiedene Statuen »aufzuladen«, Frauen, die in Trance tanzen, er haucht diejenigen an, die in Ohnmacht fallen, am Schluss *Khun* Yin, der unter den Musikern nach Schülern sucht. Eine Frau kommt zu mir und will gesegnet werden.

Tempelfest, Dutzende Gläubige, die mit einem großen Bus aus Phuket und Bangkok gekommen sind. Große Töpfe voll vegetarischem Essen, riesige Kerzen, die in Wasserkübel gestellt werden, um das Wachs aufzufangen. Der ganze Tempel ist mit Blumen geschmückt, echten und Plastikblumen, schöne Arrangements. In der Mitte des neuen Tempels werden die neuen Statuen zusammengestellt, die Geschenke der Leute und die Schmuckstücke, die von den Gläubigen »aufgeladen« werden sollen. (Dan legt seinen buddhistischen Rosenkranz dazu). Die Mönche kommen und setzen sich entlang der vier Wände; der älteste, gebrechlich und faltig, kommt als Letzter. Der ganze Tempel, die Statuen, die Korridore, die Gegenstände sind durch rote Fäden verbunden, sie sind mit dem weißen Faden verknüpft, der in den Topf für die Almosen fällt.

Unter Gesängen zündet man die Kerzen an, die in Holztruhen aufbewahrt werden, dann taucht der Alte eine brennende Kerze mit der Flamme ins Wasser und segnet mit einem Weidenbesen alle und alles. Die Leute kriechen zu ihm hin, um seinen Segen zu bekommen. Im Shiva-Tempel setzt die Musik ein, die Frauen treten vor, tanzen und verfallen in Trance. Die Frau des Magiers tanzt, fett und mit Gold behängt, dann hält sie einen Finger in die Flamme der großen Kerze und macht den Frauen ein *Tika** auf die Stirn. Alle wollen es haben, mir dreht sich der Magen um.

21. März 1999, Chiang Mai. Ich habe einen leichten Schlaf, werde geweckt vom anhaltenden Gezwitscher eines Vogels, der geradezu auf meinem Bett zu sitzen scheint. Ich meditiere eine halbe Stunde in einer der schönen, wieder zugänglich gemachten Höhlen, mich stört eine monotone Lautsprecherstimme, die jeden Morgen die Reden irgendeines Mönchs vom Vorabend wiederholt.

Ein Verrückter nach dem anderen. Gestern war ein junger amerikanischer Mönch dran (35 Jahre alt), Sohn eines Professors für Wirtschaftswissenschaft, geschieden und in Südafrika mit einer Inderin wiederverheiratet. Seit neun Jahren plus zwei Jahren Noviziat in England hat er den harten Weg des *Sangha** eingeschlagen, aber jetzt hat er Zweifel, er fragt sich, warum; seitdem er eingetreten ist, leidet er unter Kälte, es zieht ihm kalt an den Schultern, die Kälte kriecht ihm in den Bauch und von dort in die Beine, und manchmal vergeht sie tagelang nicht, auch wenn er in den Tropen ist. Ich empfehle ihm einen Psychoanalytiker. Ich habe den Eindruck, er wäre überglücklich, wenn er ein hübsches Mädchen hätte, mit ihr auf einer Farm leben würde und Kinder hätte. Er würde das sehr gut machen.

So viele Verrückte. Ich hätte Lust, einen Roman zu schreiben mit diesen verrückten Helden, den jungen Leuten aus dem Westen, die wie Dan Reid glauben, eine esoterische Wahrheit gefunden zu haben, all diese Religiösen.

Eine Zeit der großen Verwirrungen!

22. März 1999, Chiang Mai. Sieben Uhr, Tässchen Tee mit Dan auf der Veranda. Wir sprechen über China, über seine (ich sage: virtuelle) Beziehung zu China, seiner Meinung nach die einzige große Kultur, die man überallhin mitnehmen kann. Man nimmt die großen

Themenkomplexe und versetzt sie dorthin, wo man ist. Teezeremonie, Qigong, Medizin, Kräuterkunde, Taoismus, man verpflanzt sie wie die Lotosblumen nach Thailand oder Australien. Man muss nutzen, sagt Dan, was die großen Weisen hinterlassen haben. Das China von heute ist schauderhaft, der Albtraum des Konfuzius ist Wirklichkeit geworden, die Händler sind an der Macht, und es gibt keinen Respekt mehr vor Weisen oder Priestern, aber das alte China kann weiter bestehen, für den, der das will.

Ich spreche von Arthur Waley*, und er holt eine sehr schöne Biografie von Ivan Morris* hervor, *Madly Singing in the Mountains*, mit einem wunderbaren Foto von Waley auf dem Totenbett, aufgenommen im Juni 1966 in seinem Haus: das Bett auf einem Diwan aufgeschlagen, in der Sonne, Bücher, ein offenes Fenster auf einen schönen Garten.

Wohin werde ich mein Bett rücken lassen? Wird Folco (oder vielleicht Saskia) das Foto von mir machen, das ich als Erinnerung an mich hinterlassen möchte*, wie von W.s »taoistischem Tod« – sagt Dan – mit der Vorstellung, dass der Tod ein schöner Übergang ist?

An Dan verwundern mich sein muskulöser Körper und sein Bauch ohne Fett, nicht aber seine kränkliche und zarte Konstitution. Seine Stimmung ist vielleicht gleichmäßig und ruhig aufgrund des Opiums, aber auch er und Yuki finden durch ihre Übungen nicht den Frieden und die Heiterkeit, nach denen ich suche.

Nachmittag mit Poldi. Wie es alte einsame Männer tun, reden wir stundenlang ununterbrochen, ein Strom, eine Lawine an Worten. Er hat seine eigene Theorie über die örtliche Verwurzelung von Objekten, die, von ihrem angestammten Ort entfernt, ihre Bedeutung und ihren Wert einbüßen, ein wenig wie die Buddha-Statuen, von denen es hieß, dass sie, aus den buddhistischen Ländern entfernt, Unglück bringen. Seiner Ansicht nach schafft die Globalisierung, die alle Dinge überallhin trägt, eine große Verwirrung, die der Katastrophe vorausgeht.

Mit Interesse lese ich in der Zeitung, dass das malaysische Heer eingesetzt wurde, um Tausende Schweine zu beseitigen, die von einem tödlichen Virus befallen waren. Irgendetwas stimmt nicht auf der Welt.

23. März 1999, Vientiane (Laos). Das Flugzeug aus Bangkok ist wie einst in der Business Class voll von Funktionären der UNO, in der Economy Class von Mitarbeitern der verschiedenen NGOs.

Das letzte Mal war ich 1992 hier. Dieselbe Atmosphäre eines ruhigen Orts.

Kleine Siesta am Nachmittag, dann bei Sonnenuntergang auf einer schönen Holzterrasse über dem wasserlosen Mekong mit den vielen Sandinseln, die die Franzosen Thailand wegnahmen und für sich beschlagnahmten, und an denen sich heute die Laoten erfreuen. Viele schöne Mädchen auf Jagd nach westlichen Mitarbeitern der NGOs. Am Nebentisch Angestellte der UNO von einiger Wichtigkeit, sie sprechen in ein Handy, dann über ihre Erfahrungen mit dem Essen von Schlangen in Vietnam.

Wir gehen zu Fuß am Fluss entlang – wir sehen das Haus, das Léopold mieten möchte, um sich zurückzuziehen –, und kehren zurück zu Mister Kho und seiner Mutter, Madame Loc. Ein wunderbares Abendessen ist bereit mit schönen großen Fischen vom Grill, die man mit Salat, Ingwer, Minzblättern und jungen Bananensprösslingen in durchsichtige Reisblätter hüllt. Dann wird gesalzen.

Ein junger Opiumraucher mit dunklem Gesicht bereitet die Pfeifen vor. Die Alte setzt sich mit umschlungenen Knien gegen eine schöne, von vier Bildern eingenommene Wand, irgendwelche Paradiesdarstellungen. Ich rauche ein Dutzend Pfeifen, mache ein paar Fotos … eines, das ich auf dem Totenbett betrachten werde: Ich habe immer das Foto von Arthur Waley im Sinn.

Ich spaziere durch die Straßen, dann ein Tee in dem großen Hotel im Zentrum, wo eine Hochzeitsfeier zu Ende geht.

Ich habe immer mehr den Eindruck, ich werde nie mehr hierherkommen. Ich habe keinen Grund dazu, außer um eine dunkle Flasche mit diesem wunderbaren Opium zu füllen: 400 Dollar das

Kilo. Das beste ist das von vor drei Jahren, denn das neuere – sagt Madame Loc – ist mit Bohnensaft vermischt, weil die Muong* eine schlechte Ernte hatten.

24. März 1999 Vientiane (Laos). Sehr gespanntes Mittagessen am Mekong mit Poldi, der mir erzählt, der große Bruch mit mir sei in Indien am Flughafen Bubaneswar in Orissa erfolgt, wo ich Hunger hatte und mir zwei Sandwiches bestellte, was er als »Zeichen« einer schrecklichen Vulgarität betrachtete und beschloss, mich nicht mehr zu sehen. Er erklärt mir, die Zeichen seien überaus wichtig, lebenswichtig, von seinem Vater habe er gelernt, wenn einer die Gabel rechts statt links vom Teller ablegt oder bei Tisch rülpst, sei das ein unerträgliches Zeichen, und so jemanden solle man nicht mehr sehen.

Ich sage ihm, dass ich all das schrecklich finde, und dass jemand, der so denkt, nicht würdig ist, mein Freund zu sein ... Im Stillen mache ich Pläne, nach Bangkok zurückzukehren, im Hotel zu wohnen und ihn nie mehr wiederzusehen, aber er versüßt die Pille und redet und redet, offenbar hat er verstanden, dass er zu weit gegangen ist.

30. März 1999, Delhi. Schön, nach Hause zu kommen, aber hier, wo ich, um mitzumachen, »die Rolle des Journalisten« spielen muss, tritt mehr als anderswo der ungelöste Widerspruch in mir zutage. Ich muss eine Art und einen Ort finden, um das zu sein, was ich im Begriff bin zu werden: halb Anam, halb Tiz.

Sicher nicht Delhi.

Ich habe immer davon geträumt, Monate in anderen Städten zu verbringen: zuerst Macau, dann Benares. Es wird Zeit, dass ich das tue, bevor die Wahrsager von New York mich in gelbe Asche verwandeln.

*31. März 1999, Delhi–Bombay–Coimbatore.** Man steigt aus an einem glühend heißen Flughafen: schöne Rabatten mit seltsamen Pflanzen, die mit vielen Knospen und kugeligen Grasbüscheln so etwas wie ein stürmisches Meer bilden. Das Taxi fährt in die Stadt, sie ist anonym, wie alle aus Beton, ohne jede Geschichte. Dann fährt es durch ein Tal, abgeschlossen von der Linie einer schönen blauen Hügelkette, die sich vor einem erhebt: die Hügel von Anaikatti.

Ein neues Ayurveda-Zentrum, ein Gymnasium, noch eine Schule. Dann das Gurukulam, neu, aus Beton, sehr einfach, ungepflegt, Papiermüll, Plastik in den Gärtchen, die die Schlafhäuschen umgeben. Es wird mir immer deutlicher bewusst, dass für die Inder die Wirklichkeit *Maya* ist, Illusion, dass sie sie nicht sehen, dass sie nicht zählt und dass für sie Geschichte nicht in Steinen oder Dingen liegt, sondern höchstens in Worten.

Hier scheint – und ist – alles gestern entstanden, ohne jede Tradition, ohne ein Gefühl, ohne Sorgfalt oder Leidenschaft. Die Bäume sind nicht gestutzt, sondern abgeschnitten, der Beton gegossen und so belassen. Sogar der Tempel scheint lieblos gemacht zu sein. Ich sehe mich um: viele ältere Leute in meinem Alter, ehemalige Staatsbeamte, ein paar Jüngere, Besessene und Mönche, zwei »Witwen« aus dem Westen, die im Unterschied zu allen anderen grußlos vorübergehen und nicht einmal aufschauen.

Ich bin froh, hier zu sein. Es gibt keine Kommunikationsmöglichkeiten; ich werde Zeit in der Stille haben, Zeit zum Nachdenken.

1. April 1999, Gurukulam bei Anaikatti (Indien). Endlich angekommen in Indien! Ich sitze in einem großen Raum am Boden mit einem Metallteller vor mir, darauf lauter Schälchen mit unbekannten Sachen, in einer Reihe mit vielen Männern fortgeschrittenen Alters, die mit den Händen essen und sich gierig die Finger ablecken, zum Frühstück gekochte Kichererbsen, mit vielen Gewürzsaucen angemacht, ein fester Brei aus Bohnen oder vielleicht Reis. Der Raum ist bescheiden, Betonboden, sauber und großartig.

Um fünf Uhr früh wurde man geweckt, die Kurse beginnen um

5 Uhr 30. In der ersten Stunde wird der Ablauf der rituellen Anrufung erklärt.

An jedem Ort der Welt ist die Morgendämmerung tröstlich, aber hier war sie es besonders: der Tempel auf der Anhöhe, angestrahlt von der ersten Sonne, die hinter der höchsten Erhebung der Anaikatti-Hügelkette aufgeht. Gurukulam liegt in einem Tal, das umgeben ist von niedrigen Bergen mit Felszacken: Die Hänge sind bedeckt von erst unlängst gepflanzten Obstbäumen, aber durch den Nebel wirkt alles romantisch, und im Vergleich zum üblichen Indien ist es ein Traum.

Der Tempel ist einfach und aus Beton, ohne kitschige Verzierungen. Aber sehr kompliziert und elaboriert ist die Morgenzeremonie: Drei Priester laufen unaufhörlich um die Statue im Allerheiligsten herum und machen sich daran zu schaffen, Wasserschälchen und große Messingschläuche werden gefüllt und vor den Tempel getragen, die Statue wird mit Milch und Wasser gewaschen, mit Honig bestrichen, mit Mehl und Zucker bestäubt, dann mit einem gelben Pulver (Curry?), das alles unter ständigem Psalmodieren, angeleitet von zwei fettärschigen, netten Frauen meines Alters in Weiß, vielleicht Witwen, die durch ihre genaue Kenntnis jeder Geste in der Liturgie auch die Priester kontrollieren. Unendlicher Zauber dieses Gesangs, mit den Gläubigen-Schülern, die die Anrufungen wiederholen.

Was mich beeindruckt, ist das geschäftige Hin und Her der *Pujari**, bis nach einer Stunde dieses emsigen Treibens die Statuen in glänzenden Farben dastehen, mit roten und weißen Punkten, eingehüllt in Damast-Schals. Die beiden Frauen in Weiß schauen nach, ob alles in Ordnung ist, nachdem sie während der ganzen Zeremonie mit Blicken und raschen Handbewegungen Anweisungen gegeben haben: dass die große Glocke geläutet werde, dass sie aufhöre zu läuten, dass bald die eine, bald die andere Schale dem *Pujari* gebracht werde, der in dem dunklen Raum des Hauptgottes sehr beschäftigt ist.

Ein unglaubliches Schauspiel: Alles, um zwei Steine zu bekleiden, keine einzige Geste, um etwas zu produzieren, wie so viele, wie fast alle Gesten bei uns, die im besten Fall der Lusterzeugung dienen.

Ich wohne im letzten Häuschen der Anlage, ich höre die Vögel und schaue auf die blauen Rücken dieser Hügel.

Es herrscht Frieden. Fände ich ihn nur auch in mir. Frieden mit dem, wer und wie ich bin.

Ich habe mir vorgenommen, mindestens eine Woche lang mit niemandem zu sprechen, wenigstens nicht von mir zu sprechen.

Ich empfinde eine spontane Abneigung gegen all dieses Niederknien, das Berühren der Füße des *Swami*, das sich Niederwerfen vor den Bildnissen, dem Lehrpult. Und doch, wenn ich an die Verheerungen denke, die jeder Versuch, all dies abzuschaffen, hervorgebracht hat, wird mir klar, was für ein enormer Reichtum an Frieden, an Besänftigung in all dem liegt.

Ich bemerke, dass die *Swamis* der Liturgie am fernsten stehen, sie knien nicht tief nieder, vollführen keine großen Gesten, und auch angesichts ihrer Götter zeigen sie nie diese hingebungsvolle Andacht der Laien.

Ich fahre mit dem Autobus in die Stadt. Ein Gefühl von Freiheit und Freude. Ich esse, ein Bananenblatt als Teller benützend.

*Satsang** am Abend. Jeder muss sich vorstellen. Als ich dran bin und ans Mikrofon trete, sage ich, dass es eine Herausforderung für mich ist, von mir zu sprechen, weil ich, als ich vor wenigen Monaten 60 wurde, beschlossen habe, nicht mehr von mir zu sprechen, nicht mehr auf meine Vergangenheit zurückzugreifen wie auf eine Wechselmünze, wie auf ein Maß der Größe, und dass ich, nachdem ich ein Leben damit zugebracht habe, mir einen Namen zu machen, jetzt ohne Namen leben wolle. Weshalb sie jemanden vor sich hätten, der versuche, sich nicht zu wiederholen, der sich nicht besser machen wolle, als er gewesen sei, jemand, der versuche, neu zu sein und einfach als Anam gekannt werden wolle.

Der *Swami* erinnerte das Publikum, das schon applaudierte, daran, dass ich Italiener sei, Journalist und Schriftsteller, einer, dessen Bücher auch in der Bibliothek des Aschrams zu finden waren. – So bin ich auch hier Anam, und das gefällt mir.

Oh, das Selbst! Ich war des meinen wirklich überdrüssig geworden, dieser Figur, die ich immer mit mir herumschleppen und dem Publikum präsentieren musste. Wie oft hatte ich im Flugzeug, im Zug, beim Abendessen im Haus eines Diplomaten, auf einer Cocktailparty wieder und wieder meine Geschichte erzählen müssen, warum ich als Italiener für den SPIEGEL schrieb, was ich über das Land dachte, in dem ich lebte; wie oft hatte ich mit einer Zwanghaftigkeit, von der ich mich nicht frei machen konnte, immer dieselben Anekdoten aus meinen Leben zum Besten gegeben, meine neuesten Abenteuer, um meine jeweiligen Gesprächspartner zu unterhalten. Wie hatte ich mich über die Japaner lustig gemacht mit ihrem Selbst und dem Respekt vor dem Selbst, der sich in ihren Visitenkarten ausdrückt, dabei benahm ich mich genauso: Um ernst genommen zu werden, um nicht übergangen zu werden, zeigte auch ich meine Visitenkarte vor, mehr in Wort als in Schrift, mehr gesprochen als gedruckt; jene Version von mir, von der ich so abhängig zu sein schien. Als ich vom Mikrofon wegtrete, muss ich hemmungslos lachen!

Der Abend ist ruhig. Einer der Hügel in dem Halbrund trägt eine leuchtende Feuerkrone. Die wenigen Bäume dort stehen in Flammen.

Ich träume von fernen Ländern, von Geschichten, die nichts mit hier zu tun haben.

2. April 1999, Gurukulam. Bei der beständig tönenden Stimme des *Swami* kann ich nicht meditieren. Mir tun die Beine weh und die Füße, auf denen, immer schwerer, die Knie ruhen.

Das Ritual des Abspülens gefällt mir. Alle in einer Reihe an einer Art Tränke mit Dutzenden von Wasserhähnen und Schalen mit Seife. Jeder muss sein Geschirr gut reinigen und ausspülen, in der Hoffnung, dass alle das machen. Mit den Fingern zu essen, widerstrebt mir immer noch, ohne die Hände gewaschen zu haben, nachdem man am Boden gesessen und ständig die Füße berührt hat.

Momente großer Sehnsucht nach Angela. Was für einen Sinn hat diese erzwungene Trennung? Wir sind alt, wir haben nicht mehr endlos viel Zeit gemeinsam, und anstatt die, die uns bleibt, froh miteinander zu verleben, sind wir meilenweit voneinander entfernt. In einem andern Winkel meines Herzens spüre ich allerdings, dass uns diese Distanz entspricht, dass sie uns von der Last des Alltags befreit und uns vielleicht befähigt, uns dann an der Anwesenheit des anderen mehr zu erfreuen.

Angela hat Recht: Ich brauche etwas, woran mir liegt, sonst verliere ich mich in der Banalität, in der Gewöhnlichkeit der Details.

3. April 1999, Gurukulam. Bei Sonnenuntergang wieder auf dem Hügel mit dem *Mandir**. Zuerst bin ich allein, dann zelebriert der *Pujari* eine kurze Feier für ein Bauern-Paar aus der Umgebung, die gekommen sind, um etwas zu begehen. Großartig versinkt die Sonne hinter den Hügeln, während er weiter psalmodiert und die Frau sich in der Mitte der Plattform um sich selbst dreht und sich dann der Länge nach auf den Boden wirft. Ich bin mit der noch ungelesenen E-Mail von Angela hierhergekommen. Wie seltsam diese Welt der Kommunikation. Ich empfange die Nachricht fast umgehend, aber ich nehme dieses kostbare Geschenk mit auf den Hügel, um es zusammen mit dem Sonnenuntergang zu genießen.
An Angela. Vier Uhr morgens, ich erwache aus wenig dramatischen Träumen von fernen Ländern, Geschichten wie aus einem anderen Leben, und befinde mich wieder an diesem merkwürdigen Ort voller Mücken, die mir um die Ohren sausen – ich zwinge mich, sie nicht zu töten –, und der frischen, beinah kalten Nachtluft, die aus beiden Fenstern weht.

Mein erster Gedanke gilt dir, Angela, dir schreiben, diese Hand ausstrecken in eine Ferne, von der ich weiß, dass du dort bist, und wenn ich nicht um deine Existenz dort wüsste, würde mich das um mein Leben bringen. Ich bin hier, nur weil ich weiß, nicht irgendwo auf der Welt, sondern in diesem bestimmten Haus bist du und hütest für alle das Feuer.

Unter jungen Palmen sitzend, die laut rascheln, als ob ihre Blätter aus Metall wären, denke ich daran, wie unsere Beziehung in der Jugend war. Es war – von heute aus betrachtet – von Anfang an eine Lebensgemeinschaft, eine spontane Übereinstimmung der Weltsicht und der Ziele; ein spontanes sich Wiedererkennen im Anderen. Nie hat sich das physische Begehren im schweißtreibenden Gerangel der Körper erschöpft; mir wenigstens schien es so, als läge im »Danach« stets der Beginn jener heiteren Übereinstimmung, die mir immer wichtiger war als alles andere. Sicher, hätten wir nie eine körperliche Beziehung gehabt, wäre diese Übereinstimmung nicht zustande gekommen und würde jetzt auch leiden, aber es ist bestimmt kein Zufall, dass das fleischliche Begehren mit der Zeit schwindet, um jener viel tieferen, verzehrenderen, durchdringenderen Sehnsucht nach dem Sein Platz zu machen.

Um sechs verlasse ich meinen Raum und atme tief die reine Morgenluft ein. Es ist schön, in diesem ersten Licht Dutzende und Dutzende (wir sind 110) ganz weiß gekleidete Gestalten zu sehen, die sich unter den Palmen, Bananen-, Feuer- und Regenbäumen zur Kashi Meditation Hall aufmachen. Alle in Weiß. Ist es nicht so, als hätte ich mich vor 20 Jahren, indem ich mir meine »Uniform« zulegte, auf all dies vorbereitet? In einer Weise, ja. Gestern las ich im PC noch einmal in meinem Tagebuch aus Daigo, von meiner Pilgerreise auf den Fuji, meinem »Rückzug« in dieses Haus der Stille … da gab es einen Faden, den ich meine jetzt fest in der Hand zu halten. Einen Ariadnefaden, um aus dem Labyrinth der Depression herauszufinden.

Die Tage hier scheinen alle wunderbar zu beginnen und zu enden. Aber was tut man hier für die Welt und gegen den Krieg, der, stelle ich mir vor, unserem Zuhause immer näher rückt? Scheinbar nichts, und doch erhalten Orte wie dieser eine Idee am Leben, stellen eine Inspirationsquelle dar, bieten die Gelegenheit zu einer notwendigen, unerlässlichen Reflexion.

Waren bis vor einiger Zeit nicht unsere Klöster solche Orte?

4. April, Gurukulam. Ich wache früh auf und gehe zur morgendlichen *Puja*. Das Ritual stößt mich ab (also auch die vom *Swami* zum Ausdruck gebrachte Idee, dass das Ritual zur Erlösung führt), all dieses Niederknien, dieses mit den Händen nach den Füßen des *Swami* Greifen, dieses nach dem Feuer Greifen, das am Ende der Zeremonie zwischen den Gläubigen herumgereicht wird, dieses Innehalten und sich in die steinernen Bildnisse Versenken, von denen man sich angeschaut fühlen muss *(Darshan)*, das sich auf die Erde Werfen, mit dem Kopf auf den Boden Schlagen und … heute Morgen die Verteilung von einem Löffelchen Wasser und einer Handvoll vergorener Bananen, die ich unter Ekel im Mund behalte, bis ich sie heimlich ausspucken kann.

Mich beeindruckte die affektierte Geste, womit der *Pujari* so tat, als würde er dem Stier aus schwarzem Stein vor dem Tempel Bananen zu fressen geben.

Tag der Zweifel: Worte, Worte und wieder Worte, um im Grunde wenig zu sagen. Ich lausche dem, was der *Swami* einer Schar von Händlern und Kleinbürgern aus Coimbatore zu sagen hat, die mit der Familie (im Auto!) gekommen sind, um den Sonntag hier zu verbringen. Er spricht mehr als eine Stunde über das Prinzip des »das gefällt mir, das gefällt mir nicht« und behauptet, man müsse die Wahrheit ganz offen sagen. Es war die Mühe nicht wert, deswegen von Coimbatore hierherzukommen, abgesehen von dem Vergnügen, im Aschram zu sein, dem vegetarischen Essen, das von ausländischen Schülern aufgetragen wird, der ruhigen Atmosphäre und dem Spiel der Kinder auf der Wiese.

Immer mehr empfinde ich bei dem *Swami* eine starke Dosis indischen Chauvinismus, eine Art, die Hindu-Identität zu bekräftigen. Ich lese *Indien – eine verwundete Kultur* von V. S. Naipaul*, und das nährt nur meine Zweifel, auch an meinem Hiersein. Ich stoße mich an der Vorstellung, dass die Rituale zum Paradies führen sollen. Es kann nicht sein, dass ich ein »Credo« aufgegeben habe, um mir ein anderes aufschwatzen zu lassen. Da muss es ein Maß geben, ein Gleichgewicht zwischen der Zerstörung der Religionen und diesem »Glauben« hier, der noch dazu als etwas Beweisbares ausgegeben wird. Man wird sehen, wie.

Ich sehe mich um und empfinde das Elend dieser Leben und kaum etwas von ihrer Größe. Meine Rückzugsgelüste richten sich – wie Angela richtig gesehen hat – immer mehr auf die Stille von Orsigna … heute Abend.

6. April 1999, Gurukulam. Der Bus, der hier verkehrt, fährt durch die Dörfer der Ziegelbrenner und braucht fast zwei Stunden bis Coimbatore. Ich stehe meist inmitten einer schwarzen Menge von mageren, müden und zerlumpten Indern, Kindern ohne Schuhe, die aus der Schule kommen, schläfrigen Männern.

Welche Beziehung hat das, was der *Swami* lehrt, zu diesen Menschen? Was bedeutet dieser schöne Aschram für diese Menschen?

An Angela. Heute Nacht gab es einen heftigen Sturm, die Wäscheteile, die ich zum Trocknen hinausgehängt hatte, sind weggeflogen, und es ist kühler geworden. Der Unterricht des *Swami* wiederholt sich und besteht aus nicht immer überzeugenden Sophismen. Manchmal habe ich den Eindruck, ich bin in einer Philosophiestunde für Hausfrauen gelandet. Nach jeder Lektion stürzt eine Großzahl der *Shisha* (Schüler) dem *Swami* hinterher in seine *Kutia,* seine Behausung, einer nach dem anderen werfen sie sich ihm, der nun unter einer Neonlampe in einem schönen Sessel sitzt, zu Füßen.

Mit der Vorstellung, dass er nach dem ehrerbietigen Gruß eine Banane ausgeben wird, bin auch ich heute Morgen hingegangen, doch als ich die Schwelle überschreiten wollte, drehte sich mir der Magen um, und ich bin davongelaufen, zur Bestürzung des alten Weibleins, das hinter mir in der Schlange darauf wartete, an die Reihe zu kommen. Später habe ich entdeckt, dass heute Morgen alle Bananen in dem Korb neben ihm liegen geblieben sind.

Wie du siehst, bin ich noch nicht verrückt geworden … und heute Morgen habe ich in einem Anfall häretischen Furors auch eine stattliche Menge Ameisen getötet, die in mein Zimmer eingedrungen waren und meine kostbare Schachtel mit Datteln in Angriff genommen hatten. Ich habe geduscht, nach der schönen Methode, die du auch so gern magst, mit dem Eimer (wir müssen auch bei uns einen Wasserhahn auf Höhe der Knie anbringen lassen, das ist überaus nützlich, warum haben wir noch nicht daran gedacht?), aber als ich noch im Dunkeln in den Tempel zur morgendlichen *Puja* ging … bemerkte ich, dass ich anfange zu riechen wie die Mönche: ein Geruch nach Keuschheit, Essen ohne Genuss, Verdammung des Fleisches – nicht nur des Fleisches der Tiere, sondern auch des eigenen. Kurzum, der Geruch von Karma Chang Choub*.

Heute ein Tag der Sinnkrise, wie du siehst, aber gleichwohl schön und heiter. Lach nur, Ems, lach mit mir und sei mir nah, wie ich dir nah bin in deinem alltäglichen Kampf mit den Problemen der Welt und der Familie, mit denen ich dich zurückgelassen habe.

Jetzt eile ich zum Unterricht, stecke die Diskette in meine Mönchstasche, wenn es geht, lasse ich das Mittagessen aus, nehme den Bus und eile, dir all diese Gedanken über meine womöglich unnütze, aber – glaub mir – liebe »Präsenz« zu übermitteln.

Hari Om,
Anam

7. April 1999, Gurukulam. Abendliches *Satsang*. Der Tempel war schön. Wieder kam heftiger Sturm auf, und nach der Ankündigung beim Abendessen sind wir zur Statue der Göttin gegangen, die der Menschheit die Veden gebracht hat. Sie war ganz bedeckt von wohlriechendem Sandelholzstaub, Augen und Hände bemalt. Großes geschäftiges Treiben, und die Leute waren in Ekstase, sie hielten inne, knieten nieder, berührten den Stein mit echter, aufrichtiger – und für mich unverständlicher – Rührung.

9. April, Gurukulam, Angelas Geburtstag. Ein wunderschöner Tag. Ich sehe den Sonnenaufgang von der Höhe des Hügels aus, wo ich mit den Krähen allein bin, dann die Meditation, während der ich mich in Angelas Zimmer in San Carlo eintreten sehe, ich bin so groß, dass ich bis an die Decke reiche, in einer Rüstung, um sie jetzt und für immer zu beschützen … auch wenn da ein anderer Mann an ihrer Seite wäre.

Dann Mittagessen mit meinem Nachbarn, der mich fragt, wo Mrs. Anam sich aufhält.

Der Unterricht des *Swami* wird immer verwirrender, und öfter frage ich mich, ob ich nicht aufstehen und abreisen soll. Die Annahme, er habe eine Lösung, ist natürlich verrückt, und doch bin ich neugierig, möchte begreifen, bis wohin er mit seinem Kopf gelangen kann.

Verschiedene Dinge verwundern mich: Die Leichtgläubigkeit vieler Frauen, die an seinen Lippen hängen, meines Erachtens, ohne etwas zu verstehen, wie die Ärztin in der ersten Reihe, die von früh bis spät zu allem, was er sagt, zustimmend nickt; die Art von intellektueller Masturbation, die dieses Denken mit sich bringt. Ich begreife, wie man unter dem Einfluss dieses Denkens nichts tut, spitzfindig und rhetorisch wird. Und wie der *Swami,* ohne dass jemand wirklich etwas versteht, mit Kategorien hantiert und Situationen schildert in Worten, denen keiner folgen kann und die dann ständig umgedeutet, neu definiert werden in einem Prozess, der mir immer deutlicher darauf abzuzielen scheint, den Beweis zu erbringen, dass alles, was die Erfahrung für gesichert hält, nicht existiert, und dass nur das existiert, was die Erfahrung nicht beweisen kann.

11. April 1999, Gurukulan.

Meine allerliebste Frau,

der *Swami* ist weggefahren, um anderswo jemanden zu beschwatzen, und wir haben heute einen Tag frei, »für unsere Hausaufgaben«. Ich, um in aller Ruhe an dich zu schreiben.

Wieder hat es in den Bergen einen heftigen Sturm gegeben, und danach sind hier an meinem Fenster Scharen von kleinen Insekten mit hartem Panzer aufgetaucht, von denen viele ins Zimmer gelangt sind und sich in meinen Haaren und meinem Bart eingenistet haben. So bin ich aufgewacht und habe die Blitze und den Regen genossen.

Der Morgen war frisch und hell, und ich habe die Gruppenmeditation gemieden, um allein auf »unseren« Hügel zu gehen (du hast Recht, er ist ähnlich wie der in dem Film *Alle Herrlichkeit auf Erden**, nur dass da kein großer Baum ist, sondern die schöne Tempelanlage ohne Außenwände, nach allen Seiten und für alle Winde offen). Wirklich schön ist die Welt, von dort oben und mit dem Gleichmut dessen betrachtet, der sich nichts von ihr erwartet und keine Ambitionen hat, sie zu verändern.

Ich habe Wäsche gewaschen, den Raum ausgekehrt, die Bettlaken gewechselt, die Blumen gegossen und die kleine Terrasse geschrubbt. Ein schöner (halb vedischer) Gesang *Om namah shivaya** kommt aus meinem PC, ein Weihrauchstäbchen mitten auf meinem kleinen Tisch lässt einen schönen Rauchfaden aufsteigen, und durch das Fenster sehe ich den Berg, der nun ganz aus dem mystischen Morgennebel herausgetreten ist.

Wenn mich je jemand fragen sollte, ob ich dabei bin, religiös zu werden, und warum ich mich jetzt, am Ende meines Lebens, mit heiligen Bildnissen oder Gegenständen umgebe, die mit diesem oder jenem Credo verbunden sind, wäre die ehrliche Antwort, dass mir der ästhetische Aspekt an ihnen gefällt, dass ich in diesen Übungen und religiösen Gegenständen etwas finde, das mir im alltäglichen Umgang mit gewöhnlichen Dingen fehlt, es sei denn, es handelt sich um ein schönes kunsthandwerkliches Objekt oder um wahre Kunst.

Ich glaube wirklich, dass dieser ästhetische Aspekt der Religionen eine große Anziehungskraft hat, und dass Karma Chang Choub »Tibeter« geworden ist womöglich nicht nur, weil der Lamaismus insbesondere zu seiner Zeit das Entlegenste und daher Exotischste war, was er finden konnte, sondern auch, weil ihm die Farben der Gewänder gefielen, die er tragen würde.

Ich zum Beispiel hätte nie Dominikaner werden können wegen dieser hässlichen Kombination von Cremeweiß mit Schwarz!

Und die Meditation. Ich dachte heute Morgen daran, als ich mit geschlossenen Augen im Lotossitz auf dem Hügel saß und mir die ersten Sonnenstrahlen ins Gesicht fielen: Das Wichtige ist, den

Beginn des Tages festzuhalten, sich zu sammeln, und sei es auch nur für einen Augenblick, wie man das hier tut, und an die Schönheit – wenn du so willst, das Geschenk – der Nahrung zu denken, die man sich gleich einverleiben wird. Die Menschen bei uns, vor allem die jungen Leute, könnten das übernehmen, ohne deswegen gleich Buddhisten oder anderes zu werden oder sich so zu nennen.

12. April 1999, Gurukulam.

Wieder fahre ich nach Coimbatore, um Angela eine Mail zu schicken und sie anzurufen. Die Stadt ist wie alle anderen auch anstrengend und strapaziös. Auf der Rückfahrt sitze ich in der letzten Reihe des Busses und beobachte das Leben, das schnell vor mir abläuft, wie auf einem Schneidetisch: im Staub kriechende Bettler, ein Ladeninhaber, der einer armen Frau mit der gebührenden Distanz ein Glas Wasser reicht, ein Alter, der quer über einem Abwasserkanal liegt, eine Ziege, die aus einem Korb frisst, die Hunde, die immer mit gesenktem Kopf umherlaufen, weil sie beständig auf der Suche nach irgendeinem Dreck sind, in den sie beißen können … und etwas darüber, auf den Dächern der kleinen Hindu-Tempel entlang der Straße, Löwenmäuler, Schlangen mit emporgereckten Köpfen, als ob zwischen dieser Fantasiewelt und dem Leben auf der Straße kein großer Abstand wäre.

Unter einem sehr alten großen Banyan-Baum plaudern zwei alte Männer neben einem kleinen Altar aus uraltem Stein, um den herum der Baum weitergewachsen ist.

In den Aschram zurückzukommen ist eine Freude. Durch die Bäume ist es kühler, die Vegetation ist wunderschön. Warum gibt es solche Orte nicht auch bei uns?

Ich hätte Lust, an einen Kardinal zu schreiben, mit ihm zu reden und ihm Aschrams vorzuschlagen, so dass die Menschen, um sich abzulenken, nicht notwendig in Urlaub fahren müssen.

*13. April 1999, Coimbatore–Kottakkal (via Palakkad, Ottapalam, Pattambi, Koppam, Valanchery).** Ich lege mich schlafen an einem Ort, von dem ich mir nicht hätte träumen lassen: Zimmer 502 der berühmtesten, aber auch absonderlichsten ayurvedischen Klinik Indiens.

Nach vier Stunden Autofahrt von Coimbatore bin ich hier angekommen. Durch Tamil Nadu, das schmutzig und verwahrlost ist. Man fährt durch Städtchen mit kleinen Geschäften, die überquellen von Obst und riesigen Bananenstauden, die im Inneren winziger Lädchen an langen Stielen hängen, krumm wie die Buchstaben des Sanskrit, das ich zu lernen versuche. Dann fahre ich durch ein armes, aber ordentliches Kerala, sauber und gepflegt. Fußballplätze mit Zuschauern, schöne Reisfelder, anständige Straßen, schöne Häuser mit ein oder zwei Stockwerken und Giebeldach, Einfassungsmauern aus tiefrotem Lehm.

Die Klinik ist allseits bekannt, alle können angeben, wo sie sich befindet, schlicht und bescheiden liegt sie in einem Sträßchen, das vom Stadtzentrum ausgeht. Alles in braun und gelb gestrichenem Beton ist extrem einfach, aber rational. Die Zimmer gehen auf den Hof, zwischen den Stockwerken verlaufen schiefe Ebenen für die Rollstuhlfahrer. Die Patienten laufen im *Salwar Kamiz** und Pantoffeln herum. Ich treffe den Verwaltungschef der Klinik, alt und freundlich, dann den Leiter meiner Abteilung. Ich habe Glück, die Krebs-Gruppe trifft sich morgen.

»Wir versprechen nichts, aber wir können etwas für die Verbesserung der Lebensqualität tun.« Freundliche Schilder mit der Bitte, nicht zu rauchen. Ein anderes Schild besagt: »Gratis Beratung«. Die Sprechstunde des Arztes, der das anbietet, ist von neun Uhr morgens bis 12 Uhr 30. Man weist mir ein Zimmer an (502), ohne Geld von mir zu verlangen und auch ohne wirklich zu fragen, wer ich bin.

Auf der anderen Straßenseite großer Lärm. Ein Fest auf einem schönen Platz, über dem ständig ein angenehmer Geruch nach Kräutermedizin hängt. Ein Elefant, den ich für gemalt hielt, wie er da so reglos am Rand des Platzes stand, schlackert plötzlich mit den Ohren, man legt ihm eine schöne Decke mit tausend Goldstickereien über Stirn und Rüssel, er bewegt sich in der Menge, traurig die Kette am rechten Fuß nach sich ziehend. Ein Mann erzählt eine Episode aus der *Bhagavad Gita** (ich verlasse den Aschram und die *Gita*, um sie hier wiederzufinden), dann spielt eine Gruppe Schlagzeuger, wie in Trance.

Eine schöne Menschenmenge, die Ärzte gut gekleidet, sie halten die Zipfel ihrer *Sarongs*, als wären es zu lange Flügel, die nicht über die Erde schleifen dürfen. Nur wenn sie stehenbleiben, lassen sie den *Sarong* bis auf den Boden fallen.

Das Städtchen versinkt im Dunkel, der übliche Stromausfall. Ich verlasse die Klinik: offene Abwasserkanäle, aus denen Kotgestank aufsteigt, ein Mann und eine Frau sitzen beim Schein einer Öllampe neben der Tür der Klinik und lesen aus der Hand. Ich verfalle in eine Art pure mittelalterliche Verzweiflung.

Bin ich wirklich Anam geworden, »Niemand« an einem Ort weit weg von meiner Welt, schmutzig, überbevölkert, voll kranker Menschen, und bin ich hierhergekommen, um mich behandeln zu lassen? Und doch ist mir zum Lachen zumute, und ich fühle mich wohl und genieße die Musik, die Schlagzeuger, die Tatsache, dass mich beim Zurückkommen der Verwaltungschef anruft, um zu fragen, ob ich »mein Essen bekommen« habe.

Sehr seltsam, diese meine Fluchten, dieses einer Spur Nachgehen, um »anderswohin« zu gelangen. Manchmal frage ich mich, ob es nicht an der Zeit wäre, damit aufzuhören, um stattdessen nach Orsinga zu gehen, zwischen San Carlo und dem Contadino zu pendeln und bevor es zu spät ist, die Geschichte meiner Zeit zu schreiben. Im Grunde muss ich zugeben, dass dieses Auswerfen des Netzes ins Meer des Unbekannten immer weniger Fische einbringt. Das Neue ist immer eine Version des schon Bekannten, und letztlich wiederholen sich die Situationen, trotz aller Verschiedenheit. In *Fliegen ohne Flügel* habe ich die Wahrsager aufgesucht, hier die Alternativmediziner, aber die Geschichte ist nicht neu.

14. April 1999, Kottakkal. Eine unglaubliche Nacht. Ich habe ausgezeichnet geschlafen bei dem unausgesetzten Lärmen von Trommeln, Zimbeln und Tamburins und dem eintönigen und obsessiven Gesang, den ein Mann nach dem anderen anstimmte. Ich verstehe nichts, habe aber den Eindruck, dass bei diesem Fest die Absicht darin besteht, den Lobpreis an die Götter nicht eine Sekunde lang zu unterbrechen, um jeden Preis zu verhindern, dass auch nur ein Augenblick der Stille entsteht.

Die Nacht vergeht so beim frenetischen Klang der Schlaginstrumente unter meinem Fenster, bis ich in der ersten Morgensonne, die endlose Reihen von Kokospalmen aus dem Schatten treten lässt, aufstehe und den Anblick der seltsam wirren Landschaft genieße, die sich vor mir auftut, die Backsteinfassaden, einige Kamine, aus denen Rauch aufsteigt und den ständigen Geruch nach Kräutermedizin zusammen mit dem Trommel- und Schellenklang. Der Elefant steht noch immer auf dem Platz.

Bei Sonnenuntergang versammelt sich auf dem Platz vor dem Krankenhaus eine bunte Menge, Familien mit Kindern, Alte, die sich kaum auf den Beinen halten, lokale Prominenz, der man sofort einen Stuhl anbietet. Der Platz ist mit einer Matte aus Strohgeflecht überdacht. Eine große Truppe aus Musikern und Schauspielern hat hinter dem *Samadhi** des alten Klinikgründers Zelte aufgestellt. Man sieht große Kessel, in denen für die Truppe gekocht wurde und die nun abgespült zum Trocknen aufgestellt sind, Truhen mit Kostümen, Votivlampen, plaudernde junge Schauspieler, ein alter Mann, der meditierend auf einem Mäuerchen sitzt.

Am Eingang zu der Kapelle hat man als Türpfosten zwei schöne Bananenstauden aufgehängt. Es ist die Stunde, da ältere Leute Dutzende von Öllampen entzünden, die kleinen Steinschalen, die in Mauernischen stehen, und die großen aus Messing, wie sie für die Gegend typisch sind. Der Geruch nach verbranntem Sesamöl vermischt sich mit den süßlichen Schwaden, die aus der Heilmittelfabrik herüberziehen. Kinderlärm wird übertönt von den rhythmischen, durchdringenden Klängen einer Flöte, die ein fein gekleideter Alter mit gezierten Gesten meisterhaft spielt; die Handleserin, die Polizisten gestern von ihrem Platz vertrieben haben, lässt sich ein paar Meter weiter nieder. Ich habe wirklich den Eindruck, in einer anderen Zeit zu sein.

Wie im Fall des christlichen Glaubens würde ich auch hier so gern glauben können, würde gern glauben, dass die hier eine alte Weisheit wiederentdeckt haben, dass in dem, was sie tun, etwas Wahres und Authentisches liegt, das allen hilfreich sein kann. Indessen kommt mir immer mehr der Verdacht, wie im Fall meines *Swami* und seinem *Vedanta**, dass es keine Abkürzung gibt, dass die einzige Lösung die bekannte ist und dass die letzte Auskunftsquelle wir selbst sind, wenn man die Hoffnung auf eine Lösung im Anderswo beiseitegelegt hat.

In einem sauberen und modernen Büro mit Klimaanlage hat ein junger Moslem eine Computerschule aufgemacht, er lässt mich seinen PC benutzen, um eine Nachricht an Angela zu schicken. Ich habe geschrieben, dass ich vielleicht ans Ende meiner Reisen gelangt sei; mir würde immer klarer, dass ich nichts mehr zu entdecken habe außer Details, Nuancen, dass sich scheinbar alles wiederhole und dass vielleicht der Augenblick gekommen sei, Nabelschau zu halten und etwas in mir zu suchen – wenn es denn vorhanden ist –, und nicht mehr außen, wie ich das immer gemacht habe.

Um zu dem jungen Moslem von ICT Computer zu gelangen, musste ich über Schuttberge steigen, eine staubige, halb zerfallene Treppe hinauf und an einer Betongalerie entlanggehen, von der verschiedene Räume abgingen. Da war ein dunkler Raum, in dem ich beim Schein einer Kerze den schwarzen Bart eines Mannes erkannte, der hinter einem Tisch saß.

»Die beiden Extreme Indiens«, sagte der junge Moslem zu mir. Der Typ mit dem Bart ist der »örtliche Arzt«, der für ungebildete und analphabetische Frauen arbeitet, ihnen magische Mittel verabreicht und Geld abknöpft.

Ich bin durch die Stadt spaziert. Ständig luden Lkw Kokosnüsse und sonstige Waren auf dem großen Platz des Busbahnhofs ab, Läden und kleine Geschäftchen für Plastikschuhe und billige Kleidung neben Juwelierläden, die Auslagen mit rotem Samt ausgeschlagen, Läden für Töpfe und Geschirr und viele Apotheken, kleine Kliniken, bei denen die Lettern der Namenszüge abfallen, Kurhäuser, in denen man nicht einmal seinen Hund lassen möchte.

Was mache ich hier? Bin ich wirklich auf der Suche nach einer Lösung hierhergekommen? Im Wagen habe ich eine schwere Kiste mit zehn Flaschen eines Gebräus, das der Chefarzt für seine »Versuche« herstellen lässt. Werde ich das einnehmen? Vielleicht, wenn ich hier leben würde!

Was würde Angela denken, wenn sie jetzt direkt aus Florenz, aus dem schönen Haus in San Carlo, von den Menschen dort, hierherkäme? Es ist wirklich so, als würde man hier eine andere Logik annehmen.

Ich sitze auf dem Bett und mache mir Notizen, die so wirr sind wie ich selbst. Ich empfinde Trauer darüber, dass mir im Grunde nicht mehr viel zu entdecken bleibt, dass die Welt keine Überraschungen mehr für mich bereithält, dass es keinen Sinn hat, den Weg zurück einzuschlagen und auf die Suche nach einer »verlorenen Weisheit« zu gehen. Es gibt keine goldene Vergangenheit, in der sich ein Heilmittel fände, es gibt keine Abkürzung auf dem Weg zur Weisheit, so wie es für mich nicht die Gnade des Glaubens an ein Paradies gibt.

Was denke ich wirklich? Ich weiß es nicht. Ich bin verwirrt, weil ich intellektuell all dies ablehne, weil mein kritischer Geist die Allgemeinplätze heraushört, den Mangel an wissenschaftlicher Forschung bemängelt und eine verdächtige Verbindung zwischen der »Familie«, der Göttin und der Fabrik spürt. Es wäre so schön, glauben zu können!

15. April 1999, Kottakkal. Ich schlafe, aber nur leicht, in dem Bewusstsein, dass unten auf dem Platz die Musik weitergeht, rhythmisch und ununterbrochen die ganze Nacht hindurch. Um fünf sehe ich aus dem Fenster, da ist eine große Menge Menschen, die sich auf dem Platz bewegen. Offensichtlich hat die Musik ein Publikum, das nicht schlafen gegangen ist, und ich will es sehen. Ich fürchte nur, dass die Klinik geschlossen ist und ich nicht hinaus kann. Keineswegs. Das Leben geht weiter wie tagsüber, und die Szenerie ist wunderschön.

Da ist eine Gruppe von Musikern, alle im weißen *Dhoti** und mit nacktem Oberkörper, viele mit Goldketten um den Hals, dann zwei Figuren aus dem *Kathakali**, eine Art Mann mit weißem Bart, das Gesicht grün und rosa, und mit einem riesigen Hintern, den ein Gestell unter einem großen rot-goldenen Rock formt, mit einer großen Krone und einer Maske, in der man aber die Augen rollen sieht. An den Händen hat er so etwas wie Fingerhüte, mit denen die Finger verlängert werden, die Bewegungen sind die gleichen wie im klassischen Tanz in Thailand oder Kambodscha … oder vielleicht in Indien, woher alles kommt.

Die andere wunderbare Figur, zitternd und etwas kleiner, hat den Kopf eines Esels oder einer Kuh, kniet vor der ersten nieder und lässt sich segnen, während einer der Männer an den Instrumenten das Geschehen durch Gesang illustriert. Das Publikum hängt an seinen Lippen. In den ersten Reihen sitzen auf Strohballen die Kinder, dahinter auf Stühlen die Frauen – sehr viele Frauen – und noch weiter hinten die Honoratioren.

Auch ich bin entzückt von der Schönheit der Darstellung, von der Musik, die einen Sinn in der Geschichte hat und unterstreicht, was zwischen den beiden vor sich geht, was ich aber unglücklicherweise nicht verstehe.

Eine Märchenwelt, an der wir und unsere Kinder nicht mehr teilhaben. Wie schade!

Als das Stück zu Ende ist, klatscht das Publikum Beifall.

Im ersten Morgenlicht klart der Himmel auf, ein Elefant kommt herbei, er trägt ein riesiges Bündel Zweige, sein Frühstück. Die Männer bringen die Stühle weg, ich betrete den Tempel der Göttin Viswambhara, vier Männer, einer mit einer Trommel vor dem Bauch, einer nur mit einem Stab, mit dem er auf ein dickes Messingbecken einschlägt, sitzen dort in einer Ecke und singen eine wunderschöne Melodie. Bald verfällt der Alte, vom Klang entrückt, in Trance, die Köpfe wackeln und schaukeln im Rhythmus, bei Wiederkehr des Refrains strecken sich die Körper mit einem freudigen Ausdruck im Gesicht in die Höhe.

Ich setze mich, mitgerissen von diesem Klang, und denke, wie schön es wäre, bei diesen Rhythmen zu sterben, die Männer spielen und singen weiter und stellen so eine Kontinuität her, an der uns allen zu liegen scheint.

Was denke ich also? Ich weiß es wirklich nicht. Ich bin hier mit meinen neun Flaschen Kuhpisse, ein wissenschaftlich gesehen unnützes Gebräu, in einer schönen und komplizierten und auf ihre Weise auch grauenhaften Gesellschaft, die Elend und Ungerechtigkeit hervorgebracht hat, aber auch eine Ordnung und eine Schönheit, deren große Menschlichkeit ich nicht leugnen kann.

Ich fühle mich wie gestern auf dem Balkon dieses baufälligen Hauses, zwischen dem »Doktor« bei Kerzenschein und dem jungen Moslem mit seiner modernen Computerschule. Ich bin immer dazwischen, immer ein Pendler zwischen diesen beiden Welten: einer alten Welt, die ich nicht verlieren will, und einer neuen, auf die zu verzichten mir absurd und unlogisch vorkäme.

Vom fünften Stock aus betrachtet wirkt dieses Städtchen wie eine Insel in einem grünen Ozean aus Bäumen und Kokospalmen. Durch das Fenster kommt meine wehmütige »Trauer«-Musik, und ich stelle mir den Alten vor, wie er bei geschlossenen Augen mit der Rechten seine Trommel schlägt, der Kopf schaukelnd zum tief empfundenen Gesang.

Wie schön, das Leben!

17. April 1999, Gurukulam. Seitdem ich mit dieser Schachtel voller »Arzneien« zurückgekommen bin, denke ich unentwegt nach, analysiere mich selbst und hadre mit mir. Ob ich verrückt werde?

Vor mir habe ich positive Bilder von Ordnung, von Florenz, von der Klinikwelt und – ich muss gestehen, mit Schrecken, aber auch mit einer gewissen romantischen Verklärung – sehe ich dieses Städtchen Kottakkal vor mir, die offenen Kloaken, die Elefanten, die Nacht mit dem *Kathakali* und … die »Arzneien«.

Sanskrit-Unterricht: Ich begreife, dass diese Sprache mit ihrer Fähigkeit, unendlich viele Worte zu kombinieren, bestens für abstraktes Denken geeignet ist, im Gegensatz zum Chinesischen.

21. April 1999, Gurukulam. Ich fange an, undiszipliniert zu werden: Ich lasse die Meditation ausfallen (mich stört das Reden), und ich gehe die Berge malen, vom Hügel mit dem Tempel des Subramanya* aus. Heute bin ich froh, nach Coimbatore zu fahren und mit Angela zu plaudern. Zuerst per E-Mail, dann vielleicht am Telefon.

25. April 1999, Gurukulam. Ich male die Berge bei Sonnenaufgang, aber das Zusammensein hat wohl die Barrieren niedergerissen, mit denen ich mich schützte, vielleicht ist mein Charakter schuld, den ich nicht ändern kann.

Nach einer Woche des Rückzugs, der Abkapselung und der Stille hat die Neugier die Oberhand gewonnen, und ich habe angefangen, mit den Leuten zu reden, sie zu fragen, woher sie kommen, wohin sie gehen, und das gibt ihnen nun das Recht, mich ihrerseits zu fragen, meine Gesellschaft zu suchen. Ich male, und eine meiner Nachbarinnen, die, wie um mich zu provozieren, ihre Schlüpfer so zum Trocknen aufhängt, dass ich daran vorbei muss, kommt, sieht mir zu und fragt, warum man auf dem Aquarell die Sonne nicht sieht.

Ich gehe zum Frühstück, und eine der dicken Frauen aus der ersten Reihe stellt mir eine junge Frau aus Kalkutta vor, die über das Wochenende hier ist, weil sie gehört hat, dass ich mich für Ayurveda interessiere und wir also etwas gemeinsam haben. Die junge Frau unterrichtet Yoga, bietet Therapien »gegen die Übel des modernen Lebens« an und hat begonnen, sich für Ayurveda zu interessieren, weil sie im August einen Inder heiratet, der in North Carolina lebt und ein Zentrum für Yoga und Ayurveda eröffnen will. So ist der Lauf der Welt.

Es ist mir unangenehm, dass sie mich besuchen kommt, ich kann ihre Art zu reden, voller »magischer« Worte nicht leiden, ihre Unbildung. Als sie mir erzählt, dass sie für ein paar Tage in der Arya-Vaidya-Apotheke in Coimbatore gewesen ist, wo ein junger 42-jähriger »Arzt« lebt, der Experte für Kampfsportarten und Yoga ist und mittlerweile nur noch von *»pranic energies«* lebt, platze ich. Ein solcher Irrsinn.

Ich habe wirklich eine Aufgabe: die, diese Geschichten zu erzählen, zu warnen. Die traditionelle Medizin ist wenigstens harmlos, aber diese Quacksalber mit ihren eisernen Formeln können irreparable Schäden anrichten. Ich spüre immer deutlicher, dass dies der Sinn meiner Reise ist.

27. April 1999, Gurukulam. Angela muss in der Nacht in Delhi angekommen sein. Das freut mich riesig, und ein wenig macht es mir auch Sorge, denn mit ihr kommt die Welt zurück, und ich frage mich, ob ich weise und stark genug bin, vedisch genug, um andere nicht leiden zu lassen und doch meine Gemütsruhe zu wahren.

30. April 1999, Gurukulam. Wunderbarer Mondschein auf meinem Hügel. Ich genieße die Stille.

Nachtrag. Ich habe den Eindruck, den *Vedanta* bis auf den Grund verstanden zu haben, auch wenn es mir jedes Mal, wenn ich mich auf seine Logik einlasse, scheint, ich verliere mich in einem Labyrinth von Sophismen.

Die einzige Idee, die mir gefällt, ist die, dass alles, was ich auf der Welt sehe, *Ishvara** ist.

1. Mai 1999, Arsha Vidya Gurukulam. Frühmorgens sehe ich das Datum, und beim Frühstück stimme ich die *Internationale* an.

Werde ich je gläubig sein?

3. Mai 1999, Gurukulam. Ich packe meine Koffer und bin froh. Gestern Abend habe ich den letzten Sonnenuntergang von hier aus gesehen, hinter dem Wassertank auf unserem Hügel sitzend … Bei den Formen, Klängen und Pflanzen, die ich beim Hinunterschauen wahrnahm, glaubte ich, nicht in Indien zu sein, und ich dachte, wenn ich könnte, würde ich gern im Frühling oder Sommer bei mir zu Hause sterben.

Heute Morgen habe ich den letzten Sonnenaufgang von hier aus gesehen, froh, die Koffer zu packen.

7. Mai 1999, Mysore. Bei Sonnenaufgang stehen wir auf. In der hohen Fensternische der Bibliothek im Sommerpalast des Maharadschas mit blauen und roten Fensterscheiben mache ich mir Notizen. Die Luft streicht durch die großen Spitzbogenfenster herein, draußen beginnt das Leben mit dem Geknatter der *Three-Wheelers*, dem Hupen der Autobusse und diversen Verkaufsständen, die unter den enormen Wipfeln der Regenbäume aufgeschlagen werden und unter den flammend roten der Feuerbäume, die jede noch so erbärmliche Landschaft durch ihre roten Schöpfe beleben.

Die Reise nach Bangalore ist schrecklich. Die Straße, von der der Fahrer – Nasim, sehr nett, Moslem – sagte, sie sei ausgezeichnet, ist holprig und voller Schlaglöcher, man hat das Gefühl, man fährt durch ein Erdbebengebiet, und für die 150 Kilometer brauchen wir Stunden um Stunden. Ich habe Halsweh, kann kaum sprechen. Obwohl sie in der Sonne liegt, scheint die Straße wie in einen Nebel gehüllt aus all den schwarzen Abgasen der Busse und Lkw … Alle atmen, alle machen weiter wie immer, ich bin der Einzige, der so hysterisch reagiert und sich mit einem Handtuch Mund und Nase zuhält. Aber das nützt nichts, ich spüre, wie der Gestank mir in die Lunge dringt, das Gift in die Knochen.

Auf der Einfahrt nach Bangalore, die »*Garden City*« der Engländer, sehe ich an einer Wand eine riesige Reklametafel für Asbestwellbleche zum Dachdecken, die mittlerweile in der westlichen Welt strikt verboten sind. Unnötig, sich Sorgen zu machen: Hier wird nichts kontrolliert, alles wird zum Kauf angeboten, vom Alkohol, der blind macht, bis zu illegal hergestellten Medikamenten.

Wir hassen die modernen Hotels, aber wir flüchten in eines, um eine Limonade zu trinken und Luft zu schöpfen. Noch zwei Schritte auf der Brigade Road bis zur Mahatma-Gandhi-Statue. Man kommt kaum vorwärts: Eine Menge »verwestlichter« Jugendlicher schiebt sich an dem durchbrochenen Geländer entlang, an den »Pubs«, dem Pizza Hut, dem Kentucky Fried Chicken, an den Levi's-Läden vorbei, den Ständen mit westlichen Hemden, Computerspielen usw. Die Polizei hat einen BMW angehalten, aus dem Teenager aussteigen, ein Mädchen mit einem knappen Top, das den Bauchnabel frei lässt, Jeans, die Jungs alle in Jeans und Schuhen, karierten Hemden. Ich bin der Einzige, der indisch gekleidet ist.

Wie ist es möglich, hierherzukommen und nach Lösungen für das menschliche Leben zu suchen, hier, wo das Leben mittlerweile so wenig Sinn zu haben scheint? Und doch sollte man die Größe der Vergangenheit nicht vergessen, die großen Ideen, die diese Kultur einmal hervorgebracht hat und die vor einer Zivilisation wie der unseren gerettet werden müssen.

27. Mai 1999, New York. Yahalom* sagt, es ist alles in Ordnung. In vier Monaten wiederkommen: eine Ewigkeit.

Beim Verlassen der Klinik sagt Folco voller Begeisterung: »Da siehst du es, nicht die Wissenschaft ist der Feind des Menschen, sondern das Geschäftemachen.«

11. Juni 1999, Gurukulam. Bei Sonnenuntergang kehre ich zurück ins Aschram, und Rama macht mir ein schönes Geschenk: Mir wird dasselbe Zimmer zugeteilt wie vorher. Ich bin überglücklich. Alle erstaunt, belustigt, mich wiederzusehen. Ich gehe und begrüße den *Swami*, der mich wie einen verlorenen Sohn mit offenen Armen aufnimmt.

13. Juni 1999, Gurukulam. Das Wetter ist dramatisch bewegt und schön. Die ganze Nacht hindurch schlafe ich bei Wind, der frisch durch das Fenster hereinweht, und dem Geräusch von Regen, was mir merkwürdige Träume eingibt, an die ich mich aber nicht erinnere. Ich habe ständig ein großes Bedürfnis zu schlafen, ich fühle, dass ich mich entspanne und mich diesem friedlichen, fast apathischen Rhythmus des Lebens im Aschram überlasse.

Ich frage mich, ob das nicht vielleicht wirklich etwas ist, was zu meinen Zustand passt, zu meinem »Alter«: die Stille, der Abstand von den Dingen. Mir wird klar, dass ich im Leben in der Welt so viele Energien verschwende, um Dinge zu tun, die mich nicht interessieren.

16. Juni 1999, Gurukulam. Großartig der Rückzug auf die Anhöhe des Tempelhügels, wo ich eine Folge der in Nebel und Wolken gehüllten Berge in einem sonnenlosen Sonnenuntergang male. Die Stille wird nur vom Hauch des Windes unterbrochen. Großer Frieden. Ist es möglich, dass ich den nur hier finde?

Ich meditiere im Dunkeln, an den Pfau mit der Kobra darunter gelehnt, die dem Gott in seinem steinernen Schrein huldigen, und mir kommt San Carlo in den Sinn, der Frieden, den ich auch dort finden sollte und der mir von hier aus, aus dieser großen Entfernung möglich erscheint.

17. Juni 1999, Gurukulam. Und das Leben vergeht, außerhalb und innerhalb des Aschrams, in einer Folge von Wartezeiten, Ritualen, deren einzige Funktion es ist, dem nutzlosen Verfließen des Lebens einen Sinn zu geben. Innerhalb wie außerhalb des Aschrams, ohne Unterschied. Draußen geht man einer Arbeit nach, man verrichtet Dinge, man sagt Floskeln, man spielt mit Dingen, denen man kein Gewicht beimisst; hier wiederholt man 100 000 Mal ein Mantra zu Ehren eines Gottes, einer Göttin, die Symbol für Erkenntnis sind.

Wer glaubt, mit dem Eintritt in ein Aschram verstecke er sich vor dem Leben, fliehe vor seinem Lärm, der täuscht sich: Sicher, das

Finanzamt, die Telefonrechnung, die Einladung zu einem langweiligen Abendessen mit sympathischen und interessanten Leuten kommen nicht hierher. Aber mit stillem Nachdruck wird deine Anwesenheit bei der *Puja* verlangt, man kämpft um den Platz möglichst nah bei den Füßen des *Swami*, um am Abend beim *Satsang* gesehen zu werden; nichts ist hier Pflicht, alles ist innerlich erfühlte Teilhabe.

Es gibt keine Flucht, es gibt keine Abkürzung, keiner ist heilig, einige aber haben zumindest den Anschein.

24. Juni 1999, Gurukulam. Großartiger Spaziergang am Abend, ohne *Satsang*, mit Rajan auf dem Hügel von Subramanya, den Sternenhimmel betrachtet. Ein Tag schleichenden Unglücklichseins … und ich weiß, warum. Nicht nur wegen der Erkältung, die nicht weichen will, sondern vor allem, weil ich mir vorgenommen habe, einen »Brief aus Indien« für den *Corriere* zu schreiben, das heißt, ich habe mir ein Ziel gesteckt, und die Angst, es nicht zu erreichen, es in Angriff nehmen zu müssen, frustriert mich und macht mich traurig.

Habe ich nicht schon genug geschrieben? Will ich wirklich schreiben, um meine Leser an einer wichtigen Erfahrung teilhaben zu lassen, oder will ich es, um mein Ego, das ich seit einiger Zeit vergessen hatte, wieder in den Vordergrund zu rücken?

27. Juni 1999, Gurukulam. Ich habe kaum drei Stunden geschlafen, um den Brief aus Indien zu schreiben und um mich von einer schrecklichen Allergie zu kurieren, die mir ein Nasenloch verstopft und den Kopf schwer macht. Das Schreiben fällt mir nicht schwer, aber mich belastet die Vorstellung einer neuen Verpflichtung, als ob ich nie welche gehabt hätte. Und doch, als ich im letzten Moment mit dem schon wartenden Taxi zusammen mit dem *Swami*, Rajan und dem *Brahmachari** Subramanian nach Coimbatore aufbreche, bin ich froh wie in früheren Zeiten. Mir gefällt die Vorstellung, in wenigen Worten die Erfahrung von hier und die Ideen des *Swami* über Bekehrungen zu erzählen.

28. Juni 1999, Gurukulam. Abschiedszeremonie und Überreichung der Zeugnisse. Viele sind gerührt, einige Frauen weinen: »Eine einmalige Gelegenheit im Leben«, sagt mein Nachbar.

Der *Swami* sitzt in seinem Sessel, einer nach dem anderen treten wir vor ihn, er gibt uns eine Handvoll Blütenblätter, die wir auf seine Füße streuen, die Leute werfen sich vor ihm nieder, berühren seinen großen Zeh, nehmen das Zeugnis und die Banane entgegen, die er reicht, er ist mit Blumen bekränzt wie eine der Statuen im Tempel. Die Leute sehen in ihm wirklich den Bhagwan. Und die Hingabe ist rührend.

Unter den E-Mails finde ich endlich schöne Nachrichten von Angela und eine großzügige Nachricht von de Bortoli, der von meinem Brief aus Indien begeistert ist.

30. Juni 1999, Thanjavur.
Meine wundervolle Frau,

es ist der Morgen eines weiteren Tages an einem merkwürdigen Ort der Welt, einer von denen, die das Schicksal für mich bestimmt zu haben scheint.

Thanjavur: Ein fantastischer, atemberaubender Tempel, angesichts dessen mir bewusst wurde, dass die Tragödie der Inder in gewisser Weise ähnlich ist wie die der Ägypter von heute, wenn sie sich mit den Pyramiden ihrer Vorfahren vergleichen. Anna Dallapiccola* hat Recht, wenn sie sagt, das wahre Indien, das nicht zerstörte, nicht eroberte, nicht kolonisierte und nicht von den Moslems eingeschüchterte Indien sei hier. Wirklich großartig. Irgendwann müssen wir einmal gemeinsam hierherkommen.

Die Anwesenheit des *Swami* gestern Morgen hat alle Türen geöffnet, einschließlich der zum Allerheiligsten – einem sehr hohen eindrucksvollen Turmraum, an dessen Spitze ein Hunderte Tonnen schwerer Felsblock liegt, der über eine sechs Kilometer lange geneigte Straße von Elefanten heraufgezogen worden sein muss: vor 1000 Jahren! Und das alles konstruiert nach geomantischen Regeln, die darauf abzielen, einen räumlichen Rhythmus zu schaffen, wie ein Komponist es in der Musik macht. Wahrhaft ein Wunderwerk, und noch wunderbarer ist es, dass der Ort kein Museum für Touristen ist (wir selbst waren auch keine), sondern ein Ort berührender Andacht. Bange stehen die Menschen vor dem Dunkel dieses steinernen Bauchs, zu dem sie auf langen Wegen durch großartige Säulengänge gekommen sind. Endlich strecken sie zaghaft den Kopf vor, wagen einen Blick, um die »Gegenwart Ishvaras« in einer ihrer vielen Formen zu sehen.

Der *Pujari* entzündet auf einem Teller eine kleine Menge Kampfer (der einzige Brennstoff, der restlos verbrennt), und mit dieser Flamme beleuchtet er langsam zuerst das Gesicht, dann den Körper des Gottes, und so, unter Rauch, Gebeten und Rezitieren von Mantras erscheint magisch der *Darshan*, der Anblick des Gottes, die Berührung mit dem Göttlichen: Ich sehe ihn, und er sieht mich, und die Flamme dieses Feuers, das Licht, stellt die ganze Beziehung her. Denn der Gott ist schwer zu verstehen. Und deshalb braucht man einen Guru (der die Finsternis, das Dunkel der Unwissenheit vertreibt), und nicht zufällig nennt auch dieser Priester mit der Flamme sich Guru.

Es war sehr schön, zwischen diesen abstoßenden Gestalten der Priester dahinzugehen, über die mit Butter eingeriebenen schwarzen Schwellen, dann langsam aus dem Bauch der Gottheit hinauszutreten in die blendende Sonne und ... gesegnet zu werden durch den kräftigen Schlag auf den Kopf mit dem feuchten und stinkenden Rüssel eines Elefanten (Ganesh), der mit unglaublicher Geschicklichkeit die Münzen nahm, die man ihm vor den Rüssel hielt, und sie seinem *Mahout** gab, im Tausch für Bonbons, die er sich ins Maul steckte.

Von dort sind wir ins Heimatdorf des *Swami* gefahren, eine Bilderbuchidylle aus anderen Zeiten: eine kleine Straße, die vom Wasserbecken ausgeht, eine Reihe von kleinen, niedrigen Häusern mit einem wunderbaren, sehr bescheidenen Vordach, wo Pilger und *Sadhu* auf der Durchreise sich ausruhen und schlafen können. Ein großer Raum, zur Hälfte nach oben offen, damit es hereinregnen kann, zur Hälfte mit Dachziegeln gedeckt, um für Wohnen, Schlafen und Küche Schutz zu bieten.

Im ganzen Dorf war der einzige, um ein paar Stufen erhöhte Bau der Tempel und jetzt – leider – auch die zweistöckige Villa, die von dem Geld eines Gläubigen für den *Swami* errichtet wurde, schauerlich!

Er aber ist es nicht. Wirklich eine schöne Figur, wie er vor den 1800 Schülern, die da alle sauber und pomadisiert im Staub saßen und seit Stunden auf unsere Ankunft warteten, fragte, ob jemand ein paar Worte sagen wolle.

Ich fühlte mich verpflichtet, mich zu melden ... zur kürzesten und am meisten beklatschten Rede meines Lebens: vor dieser Menge tiefschwarzer Augen, die an meinem heiligen Bart hingen, sagte ich, dass ich von weither komme, einem Ort, der einstmals ein großes Reich gewesen sei, wo heute alle superschnelle Autos, hohe Häuser, Fernseher mit Dutzenden Kanälen hätten, wo junge Leute wie sie nicht so glücklich seien, und wo alte Leute wie ich nach Indien kämen, um hier nach etwas zu suchen: dem Seelenfrieden. Dass sie uns also nicht zu sehr beneiden, vielmehr stolz darauf sein sollten, Inder zu sein, dass sie ihre Vergangenheit und ihre Traditionen bewahren sollten, nicht nur für sich, sondern auch für meine Enkel.

Den Applaus und die Rührung kannst du dir nicht vorstellen. Der *Swami* hatte alles in Tamil übersetzt und schloss damit, dass das Urteil, dass einer gut singt, nur Wert hat, wenn es von einem Musiker kommt ... also hat das, was der italienische Freund Anam sagt, Wert, denn ... und dann skizzierte er meine Biografie, und weitere Beifallsstürme.

Denk nur, als wir am Ende des Tages wieder in unseren Autobus mit den großen Töpfen Reis stiegen, stellten sich die Kinder an und wollten ein Autogramm von mir!!!

Apropos, weißt du, das ich ein »Diplom« als *Vedantin* habe, ausgestellt auf *tiziano terzani nee Anam* (man hat mir erklärt, »nee« sei ein alter englischer Ausdruck für »alias«), was hältst du davon??? Sogar de Bortoli schreibt mir unter dem Namen Anam!!!

Das war der gestrige Tag, der für mich und meinen Sancho-Panza-Mönch im Luxushotel endete (für ihn ist es das wirklich). Abendessen im »Luxus«-Restaurant … wo wir den üblichen Fraß aßen wie immer.

Heute bleiben wir einen halben Tag in Thanjavur, dann machen wir uns auf den Weg zu dem Tempel, wo der Abdruck meines Daumens etwas über meine früheren Leben aussagen soll … und über die zukünftigen.

Bis bald, meine großartige Ems. Bis bald.

anam

*4. Juli 1999, Kanyakumari, Tamil Nadu.**

Meine wunderbare Angelina,

hier wird sich mein Adel als Schriftsteller weisen, denn ich weiß wirklich nicht, ob es mir gelingt, dir den Ort und die Situation zu schildern, wo ich mich befinde. Ich bitte dich, hilf mit deiner Fantasie nach. Hierher hätten wir wirklich gemeinsam kommen sollen! Auf dieser ganzen Reise ist dies bestimmt das ungewöhnlichste Abenteuer und vielleicht in gewisser Weise auch das magischste.

Ich schreibe dir auf einem Feldlazarettbett sitzend: Die Matratze ist dünn und mit Plastik überzogen wie in den Betten im Sterbehaus in Kalkutta, so dass Blut und Kot leicht abwaschbar sind. Hinter mir ist ein vergittertes Fenster, das auf einen Hof geht, vor mir eine Tür, die in einen kleinen Raum führt, der zum Waschen und sich Waschen dient. Auf den Mauern, die diesen kleinen Innenhof umschließen, krächzen seit einer halben Stunde zwei schöne Krähen – zuerst neugierig auf diesen neuen Gast in Nummer vier der Klinik, jetzt wesentlich mehr interessiert an den Reisresten, die ich auf die steinerne Schwelle gestreut habe. In einer Ecke ist ein Abort. Ein *Gawao** schreit von der Höhe einer großen Palme aus, ihre Wipfel biegen sich im Wind, der ein Gewitter anzukünden scheint, aber der Vogel traut sich sicher nicht, bis hierher zu fliegen.

Die »Zimmer« sind sechs an der Zahl, in einer Reihe und durch ein Bambusvordach verbunden. Als ich eintrat, fühlte ich mich an die elenden Krankenhäuser erinnert, die das Rote Kreuz in Kambodscha für Sterbende einrichtete oder für die vielen armen Kerle, die auf Minen getreten waren und amputiert werden mussten. Aber dieses Bild verschwand bald wieder vor meinem geistigen Auge, denn obwohl die Landschaft genauso schön und dramatisch ist, mit großartigen spiegelnden Reisanbauflächen, Palmen und dahinter mehrere Reihen felsiger Hügel, die vor dem wolkenverhangenen Himmel malerische Profile bilden (eines davon, sagt man, sei der versteinerte Körper einer Dämonin, die Rama – der Held des *Ramayana** – tötete, weil sie die *Rishi** in ihrer Meditation störte ... von ferne betrachtet, erkennt man das Gesicht, die Brüste, die Beine, die Füße), herrscht hier eine Atmosphäre großen Friedens. Die Wände meines Zimmers sind hellblau und blau, die Türen gelb, der Boden aus schwarzem Stein.

Auf dem gestampften Lehmboden vor seiner Tür hat die Frau des Patienten neben mir – ein Alter, der sich kaum auf den Beinen halten kann – mit weißem Reispulver schöne *Rangoli** gezeichnet, die die Ameisen fressen sollen. Das Gebäude liegt isoliert inmitten von Reisfeldern, etwa hundert Meter von der Klinik entfernt, die das eigentliche Zentrum dieser Ansiedelung ist, fernab von jeder Staats- oder Provinzstraße.

Vor der Klinik gibt es ein paar der üblichen indischen Verkaufsstände, sie machen Tee für die Grüppchen von Patienten, die auf die Sprechstunde des Doktors warten. Der Autobus, der ziemlich häufig vorbeikommt, spuckt ständig neue Leute aus, die sich in der Reihe anstellen, und nimmt die wieder mit, die bereits mit Pülverchen und Fläschchen versehen sind.

Wären da nicht zwei Lichtmasten, die aber kein Licht geben, wären da nicht der Autobus und der Generator, der den Ventilator in dem winzigen Zimmer betreibt, wo mein Dr. Mahadevan empfängt – unter einem Poster von Ganesh und einem Foto seines Großvaters, einem großen Gelehrten der vedischen Schriften und Begründer dieser Klinik –, könnte die Szene so vor Jahrhunderten von einem Forschungsreisenden beschrieben worden sein. Da sind die großen Kessel, in denen die verschiedenen Kräuter von den Hügeln und Bergen ringsum sieden, mit einem Geruch, der an sich schon therapeutische Wirkung hat. Das Feuer ist Holzfeuer, wie die Tradition es verlangt, so dass sich alles in dem Rauch abspielt, der die Wände der Küche schwarz und glänzend gemacht hat.

In der Ferne ist immer irgendeine Gestalt, die auf einem Deich ihr Geschäft verrichtet, aber noch nie habe ich ein so unverfälschtes, einfaches und auf seine Weise unberührtes Indien gesehen.

Der Arzt ist wirklich etwas Besonderes. Er ist so alt wie Folco, hellhäutig, mit dichtem, teils gelocktem Haar. Eine Sicherheit frei von Arroganz, ungewöhnlich bei Indern. Die Patienten treten einer nach dem anderen in sein Kämmerchen, er untersucht sie, stellt die üblichen festgelegten Fragen, liest in ihrer Krankenakte, und binnen weniger Minuten hat er ein Lächeln und die Lösung für sie: Er sagt ihnen alles, was sie fühlen und nicht gesagt haben, sie sind erstaunt und gehen glücklich davon. Interessant und etwas ganz Besonderes, vor allem nachdem ich gestern Stunden damit zugebracht habe, mir die Theorie erklären zu lassen, die das alles zusammenhält und ihm von Fall zu Fall die Sicherheit gibt, verstanden zu haben.

Ernesto* fehlt mir sehr. Wie gern ich ihn zur Kontrolle hier hätte! Ich habe mir sogar vorgestellt, mit ihm ein paar Wochen hierher zurückzukehren … aber der würde mir ja sterben, wenn er den abscheulichen Brei essen müsste, der mir vor einer Stunde gegeben wurde (durch das Leben im Aschram bin ich mittlerweile indisiert!) Und doch, diesen jungen Mahadevan muss man anhören, jemand muss von ihm lernen, was er gelernt zu haben so sicher ist! Wie gern wäre ich ein junger Mann von 30 Jahren mit der Liebe zur Medizin! Oder ein Rentner wie Ernesto, um mich auf die Suche nach der Perle zu machen, die mir in diesem Heuhaufen verborgen zu sein scheint.

11. Juli 1999, Rom. Ich treffe mich mit Angela im Hotel d'Inghilterra. Gäbe es sie nicht, ich würde für immer aus dieser Welt fliehen. Wir machen einen schönen Spaziergang in der prallen Sonne durch das Zentrum und versuchen, »wieder zusammenzufinden«. Dieses Zurückkehren ist immer eine große Freude und eine Übung, das Gleichgewicht wiederherzustellen und sich wieder aufeinander einzulassen.

Am Nachmittag kommt ein junger Mann, um uns nach Palestrina zu bringen*, wo die vom Preis für Reiseliteratur mich nominiert haben. Ich bin »sehr weit weg« von alledem. Nur einige junge Leute rühren mich, die mir nicht von der Seite weichen und mir tausend Fragen stellen, als ob mein Leben das einzige Hoffnungszeichen wäre, das sie vor sich sehen.

Ich glaube, ich muss eine Rede halten, und ich mache mir schnell ein paar Notizen auf ein Blatt Papier: Warum reist man?

Für mich ist es eine Art, dem Bekannten zu entrinnen, auf der Suche nach etwas, was ich nicht kenne ... eine Art, von zu Hause zu fliehen, um ein Zuhause zu suchen. »Der Weg ist das Zuhause«, sagt Chatwin*, der trotz seines Nomadentums, glaubt man der bösen Zunge seiner Verlegerin, immer gern und lang im Haus anderer verweilte.

Gewöhnlich schreiben die Reisenden von sich, wie Naipaul, von der Welt, die sie hinter sich gelassen haben, oder der, die sie vor sich haben. Ich reise, weil mir bewusst wird, dass ich nicht viel in mir habe und es mir unmöglich wäre, *voyager autour de ma chambre** ...

Reisen ist eine Kunst. Das Problem ist, dass heute alle reisen, und damit die Welt ruinieren, die wahren Reisenden entmutigen. Noch Anfang des Jahrhunderts reiste man ohne Reisepass, aber mit einer Visitenkarte oder einem Empfehlungsschreiben.

Auch der Nutzen des Reisens ist geringer geworden. Sven Hedin* wurde von Hitler hofiert wegen dem, was er wusste; Richthofen* war überaus einflussreich wegen seiner Reisen durch China. Nach Indien fuhr man auf der Suche nach Spiritualität. Bei den Satelliten heute braucht man keine Entdeckungsreisenden mehr.

Und doch gibt es weiterhin Reisende, weil tief in der Psyche verborgen der Archetyp dieser mythischen Figur liegt: Jesus, der ständig unterwegs ist; der verlorene Sohn, der Held der Legenden ist Sohn der Götter, der verloren geht und nach langer Pilgerreise wiederkehrt.

Der Traum jedes Reisenden ist, dorthin zu kommen, wo noch niemand war.

Die Koffer, mit denen man aufbricht, sind anders als die, mit denen man zurückkommt.

Die großen Freuden des Reisenden: Aufbruch und Rückkehr.

Die wahren großen Reisenden folgen ihren eigenen, häufig nicht schriftlich fixierten Regeln. Sie meiden die anderen, hinterlassen jedoch manchmal Spuren, wie um diejenigen, die später kommen, neidisch zu machen, wie Hunde, die Bäume markieren, um ihr Revier abzustecken und zu sagen: »Hier bin ich schon gewesen.«

Ich liebe es, in der Menge zu sein, inkognito.

* * *

10. November 1999, Rom. Ich fliege von Rom über Paris nach Delhi. Ich nehme mir heute, an einem beliebigen Tag des Aufbruchs vor, meinen Vorsatz einzuhalten und jeden Tag Tagebuch zu führen. Die einzige Art, meinen Frieden wiederzufinden.

19. November 1999, Bangkok. Schöner Spaziergang mit Poldi in Chinatown, nachdem wir im Reisebüro waren.

Der Kanal, die Verkaufsstände, die kleinen Restaurants und die alten Mauern der Häuser von einst sind durch scheußliche Neubauten verdeckt, zwischen denen ein uralter Baum hervorsticht, ein Mann umsorgt ihn wie eine Gottheit, die zwischen den Dächern in den Himmel ragt.

*20. November 1999, Bangkok–Manila.** Die Ankunft in Manila hat ihr Kolorit verloren. Die Taxis werden ferngehalten und dürfen keine Passagiere mehr befördern, um die unendlich vielen Überfälle und Betrügereien zu vermeiden, die zu ihrem Schaden verübt wurden. Autos mit Klimaanlage bieten zu exorbitanten Preisen einen Shuttle-Service in die Stadt. Der Fahrer ist meine Informationsquelle.

Ich frage, was wem passiert ist, und in wenigen Minuten erfahre ich, dass Corys* Revolution nichts gebracht hat, die Herren von einst sind wieder an der Macht, »Gringo« Honasan* ist Senator, Imelda Mitglied der anderen Kammer, der Sohn ist Gouverneur seiner Geburtsregion. Alles ist beigelegt, versöhnt, außer den Armen, die sich an den Kreuzungen vor den Scheiben des Wagens drängen oder sich bereit machen, auf den Grünflächen der Verkehrsinseln zu schlafen.

23. November 1999, Manila. Ich besuche Frankie Sionil in seinem Refugium im Obergeschoss der Buchhandlung. Der Ort hat seine Zeit überlebt, hat seine Revolution mitgemacht, Bücher verkaufen sich besser in den neuen Supermärkten, und die Buchhandlung wird schließen.

Eine Epoche geht zu Ende, die Leute, die hier Kunden waren, gibt es nicht mehr. Die alten Bestände werden mit 40 Prozent Rabatt angeboten.

Ich schreibe an Angela.

Angelinchen, nur eine ganz kurze Nachricht, weil es halb neun ist und ich eine Kleinigkeit essen, Elvie treffen und mir Notizen über einen großartigen Nachmittag machen und mich auf die Abreise morgen früh mit Frankie vorbereiten muss.

Aber die Schilderung dieser Gemütsverfassung schulde ich dir: Ich bin sehr glücklich, erleichtert, vom Wahnsinn errettet; und das alles dank eines wunderbaren, 77-jährigen Jesuiten*, halb gelähmt, ein Freund von Ladány, der seit 30 Jahren an der Universität Ateneo von Manila Psychologie lehrt. Was für ein Vergnügen, Intelligenz mit Weisheit und Neugier gepaart zu sehen. Wenn Folco von ihm wüsste, würde er mindestens ein paar Tage mit ihm verbringen und sein Schüler werden wollen (solange er es noch macht: sein Kopf funktioniert tadellos, aber sein Körper nicht mehr). Eine ausgezeichnete Analyse all der Phänomene, mit denen ich mich befasse, keinerlei Aggressivität, aber auch keine Illusion. Die Heiler sind Magier, die Tricks anwenden, aber oft helfen die Tricks den Menschen: Das war schon immer meine Meinung, aber sie von einem Mann der Kirche zu hören, war schön. Die Frage ist, ob man nachweisen soll, dass sie Schwindler sind, oder ob man sie leben und ihre Tricks anwenden lassen soll, an die die Menschen glauben.

Ich hätte Stunden mit ihm verbringen können. Wir haben über alles geredet, über Krebs und das kommende Jahrtausend. Er glaubt, der Geist könne die Materie beeinflussen, wie ich das auch glaube, und er meint, das kommende Jahrtausend werde sich nicht mehr mit der Untersuchung der physischen Realität befassen, die im Mittelpunkt der Naturwissenschaften stand, sondern der Untersuchung dessen, was er die subjektive Realität nennt, mit anderen Worten: des Bewusstseins.

Wir waren im Begriff, ein Experiment zu machen, in dem ich hypnotisiert werden sollte, als wir bemerkten, dass das Universitätsgebäude geschlossen wurde.

Die Methode deines Vaters, Ems, kam auch von den Indern.

Kurz, ich wollte dir mitteilen, dass ich aus dem Dunkel des Morgens herausgefunden habe, und dass ich jetzt wieder auf dich eingehen kann: ein weiteres Beispiel dafür, dass die Einsamkeit schadet ... auch die durch deine Abwesenheit verursachte.

Ich liebe dich, mein fernes und doch ganz nahes Angelinchen.

Wenn du mit derselben Liebe an mich denken würdest, wäre ich überaus glücklich, wie du es sein solltest.

tiziano

25. November 1999, Pangasinan (Philippinen). Fünf Stunden, um nach Manila zurückzukehren. Die Straße ist gut, es gibt keine Staus, das Land erscheint schön und geordneter als die Städte (soll man sie wirklich zerstören, wie Mao, Pol Pot und viele andere dachten?). Wir kommen an der alten Kirche Quiapo vorbei, wo Frankie mir vor Jahren das erste *Anting-Anting** kaufte, um mich gegen den bösen Blick zu schützen. Verkaufsstände mit Kräutern, Reliquien, Andenken, Amuletten, das übliche sehr bunte Volk, arm und freundlich.

Der Sonnenuntergang über der Bucht ist ergreifend, als ob die Natur die Menschen hier für ihr Elend mit dem üppigsten, funkelndsten und verschwenderischsten Schauspiel entschädigen wollte: eine fantastische, jedes Mal einzigartige Explosion von Schwarz und Rosa, die Silhouetten der Schiffe, die Masten der im Yacht Club, dem Ghetto der Reichen, ankernden Boote, die schwarzen Silhouetten der Palmen und die der Kinder, der Liebenden, der Bettler, der Verkäufer, die auf dem Mäuerchen sitzen, das am Roxas Boulevard entlang auf den Horizont zuläuft.

An den Ampeln, wenn die Autos anhalten, strömen scharenweise Verkäufer von *sticks* herbei, einzelnen Zigaretten, von Plastikhubschraubern, Muschelketten, und einer, der mit einem winzigen, perfekt ausgestatteten Wägelchen zwischen den Autos Slalom fährt und auf einem rauchenden Öfchen geröstete Nüsse anbietet.

Ich trinke Tee mit Frankie und Tessie. Wir essen ein süßes Gebäck: *Ensaymada.* »Es ist für mich das Symbol der Philippinen geworden«, sagt Frankie. »Schau, außen ist es schön, süß und zuckrig«, dann nimmt er eine Gabel und stößt sie in den Mürbteig, »und innen ist bloß Luft.«

*1. Dezember 1999, Lamai Beach, Ko Samui (Thailand).** Vierter Fastentag. Das Buch der Reise durch die körperliche Krankheit müsste auch eine Parabel der geistigen Krankheit sein, von der Verwirrung unserer Zeit, die keine großen Werte mehr, keinen großen Sinn des Lebens mehr erkennt außer dem, alles zu konsumieren, um sich dann an Orten wie diesem von den Schlacken zu »reinigen«.

Alles hat einen gemeinsamen Nenner: die philippinischen Heiler mit ihrem Trick der Operation, um eine psychologische Heilwirkung zu erzielen, und hier der Trick der Entgiftung, um den Leuten das Gefühl zu geben, sich von den angesammelten Toxinen »zu entschlacken«.

7. Dezember 1999, Bangkok. Ich stehe früh auf, Poldis Wohnung ist schön, aber irgendwie ist sie nicht nach meinem Geschmack. Wir beschließen, nach Ban Phe zu fahren.

Ban Phe ist ein Traum, die Vegetation ist höher und üppiger, die Stille noch friedvoller, der Strand verlassen und sauber, das Meer glatt und heiter. Alles ist unverändert, da ist nur der Geruch irgendeines Kuckucks, der in meinem Nest gesessen hat. Wunderbar.

Die Vorstellung, hier zu schreiben, ist sehr verführerisch, nur fürchte ich dieses Zurückgehen in die Vergangenheit mit der – unbedingt zu vermeidenden – Gefahr, eine Neuauflage von *Fliegen ohne Flügel* zu schreiben. Ich fühle mich hier zu Hause, ich erinnere mich an die Schaffensfreude und an jene Mondnacht, als ich die überzählige Kopie der ersten Fahnen ins Meer warf, damit jemand sie läse. Am Morgen waren etliche Seiten am Strand angespült, da und dort Zeilen unlesbar, als ob jemand Tränen darauf vergossen hätte.

Jemand hat mir jetzt zum Schreiben auch ein Haus in Dharamsala angeboten. Ich spiele mit dem Gedanken, mich in Florenz inkognito im »chinesischen Zimmer« einzuschließen, um bei Angela zu sein.

Wir werden sehen, das entscheidet sich in den nächsten Wochen.

8. Dezember 1999, Bangkok – Hongkong. Der neue Flughafen von Hongkong ist schrecklich, anonym, äußerst effizient. Der Zug in die Stadt ist steril, »singapurisch«, aber die Stadt ist bewegend, mir ist fast zum Weinen, als ich sie wiedersehe.

Ich fühle mich so zu Hause, so im Einklang mit den Chinesen. Ich rufe Harvey Stockwin* an und esse mit ihm und seiner Frau in einem vegetarischen Restaurant in Causeway Bay. Reden eines alten Journalisten aus Leidenschaft. Alles Dinge, die mich nicht mehr interessieren, aber ich finde es nett, ihnen wieder zu begegnen.

Ich wohne in einem kleinen Zimmer im Robert Black College. Nationalistische chinesische Architektur der vierziger Jahre, Atmosphäre wie in *Alle Herrlichkeit auf Erden*. Ein anderes Hongkong.

10. Dezember 1999, Hongkong. Ich streife durch die Stadt, kaufe Dinge, von denen ich glaube, dass ich sie brauche, und denke, dass ich schwerlich wieder hierher zurückkommen werde, das deprimiert mich. Vielleicht bin ich nicht mehr für die Stadt geschaffen.

*13. Dezember 1999. Hongkong.**

Liebste Saskia,

tausend Dank für deine Nachricht. Ich brauchte sie, um zu wissen, dass ihr alle gut nach Hause gekommen seid, aber auch, um mich daran zu erinnern, dass ich wenigstens in der Familie noch Fixsterne habe, an denen ich mich auf meinem immer konfuseren und labyrinthischeren Weg orientieren kann.

Gestern Morgen – einem dieser grauen, aber nicht kalten Sonntage im winterlichen Hongkong – habe ich mich von der Universität aus, wo ich wohne, zu Fuß den Hügel hinunter auf den Weg gemacht bis ans Meeresufer und dann zur Fähre nach Macau. Ich wollte zwei Tage in Macau verbringen und die Luft dort atmen, bevor dieser erste Vorposten europäischer Träume in Asien in einer Woche auch der letzte Ort sein wird, an dem eine christliche Fahne an den Gestaden des Fernen Ostens eingeholt wird. Ich reiste mit einem Büchlein über Macau in der Tasche, einem Liebesbrief, den Philippe Pons mit einer großzügigen Freundschaft, die nachzuahmen ich Schwierigkeiten habe, mir öffentlich mit den Worten gewidmet hat: *»À Tiziano, cette ville en partage«**.

Ich hatte vor, es auf der Veranda der Pousada zu lesen oder auf einer Bank an der Praia Grande. Das ging aber gründlich schief! Das Tragflügelboot, auf dem es kalt war wie in den Kühlräumen eines

Leichenschauhauses voller nicht identifizierter Leichname, setzte mich ab in einer Stadt, von der ich nur den Namen wiedererkannte, in der ich niemanden zu sehen hatte, niemanden, auf dessen Schulter ich weinen konnte. Der Einzige, mit dem ich mich unterhalten konnte, war Pater Minella, den du auch kennengelernt hast, der am 31. Januar 1999 verstorben ist und an dessen Grab auf dem Friedhof hinter der Kathedrale ich eine Stunde zubrachte.

Mit dem ersten Tragflügelboot, das ich erreichen konnte, bin ich um 3 Uhr 45 zurück nach Hongkong geflüchtet, habe mich ins Bett gelegt und mir die Decke über den Kopf gezogen, um nicht von den Gespenstern überfallen zu werden, mit einer Frage im Kopf: Was ist eine Stadt? Die Häuser? Das Licht? Die Wege, die man darin zurückgelegt hat wie die Schicksalslinien einer Hand? Oder die Erinnerung an die Gefühle, die man dort gehabt hat? Vielleicht die Fantasien, die allein der Name auslöst, noch bevor man dort war? Macau.

Macau ist für mich Teil meines Lebens, für mich ist Macau das Glück der Ferne, die Erinnerung an euch als kleine Kinder auf der Rikscha auf der Praia Grande, die schlaflosen Nächte an alten Spieltischen, oder jene ruhigen in den durchgelegenen Betten der Pousada und dann des Hotels Bela Vista mit seinem Geruch nach Geschichte und Schimmel. Alles in Macau ist erneuert, zubetoniert worden. Nirgendwo habe ich diesen Hauch des Todes all dessen gespürt, was ihr Leben war. Einen Tag lang hätte ich blind, taub und ohne Geruchssinn sein wollen, so sehr verletzte mich jede Empfindung.

Ich glaube, ich bin am Ende meiner Reisen durch dieses Asien angekommen. Ich denke an Indien wie an einen großen Trost, und noch mehr an San Carlo, das ich spontan, mit glücklichem Griff als sicheren Hafen für all meine Erinnerungen erkoren habe.

Ach, Saskia. Was ist eine Stadt? Und Florenz? Was bedeutet Florenz in der Vorstellungswelt von einem, der als Junge aus der Stadt geflohen ist, sie aber als Bezugspunkt, als Richtschnur für alles »andere« stets in sich trägt? An welchen Erinnerungen orientierst du dich? Wo findest du deine Sicherheit? Auf welches Bild einer

Stadt beziehst du dich, wenn du wissen willst, wer du bist? Wenn du die Kraft finden willst, dich anders zu fühlen gegen die mitreißende Flut der anderen?

Der Vorteil von uns Europäern ist, dass wir wenigstens noch Städte haben, in denen wir uns wiedererkennen können, in denen nicht alle Bezugspunkte verändert worden sind, in denen man noch um eine Ecke biegen kann in der Gewissheit, dass eine Kirche, eine Säule, ein Baum oder das unveränderte Tor eines alten Hauses vor einem liegen wird.

In Macau ist nicht einmal mehr das Meer da, um mir mit dem einförmigen Klatschen der Wellen gegen die Kaimauer unter großen Bäumen Gewissheit zu geben. Auch das Meer hat man weggeräumt!

Ach, Florenz, Florenz! Ich frage mich, ob Theroux*, von dem du mir schreibst, Recht hat. Sicher gibt es noch Strände, an die man gehen kann, Hotels, in denen die Reichen sich erlauben können, sich von den *Aussies* fernzuhalten, aber das ist nicht der Punkt.

Der Punkt ist, dass der Sinn für das Abenteuer verloren gegangen ist, der »Geschmack am Anderen«, der noch gestern überall anzutreffen war. In unseren Gesprächen unter verrückten Fastenden haben Poldi und ich beschlossen, die Welt neu zu gestalten, indem Reisepässe abgeschafft, alle existierenden eingezogen werden und das Reisen dadurch wieder eine Frage von Leben und Tod wird … oder eines Empfehlungsschreibens.

Ich umarme dich, meine Saskia, und danke noch mal dafür, dass du angeklopft hast. Ich weiß, dass du irgendwo auf der Welt bist, und dieses Wissen tröstet mich.

t.

16. Dezember 1999, Hongkong. Essen mit Bernardo im Mandarin, sehr nett. Er erzählt mir von der chinesischen Politik, von seiner Begegnung mit dem Bischof von Shanghai, und ich bin im Begriff, ihm zu sagen, dass es mir schlecht geht. Dann sprechen wir endlich von uns, von den Kindern, vom Sterben, und alles ist einfach und schön. Nachmittags arbeite ich am Text über Macau.

Nacht des 22. Dezember 1999, Delhi–Almora. Mit Poldi und Angela. Eine merkwürdige Kombination, die zu funktionieren scheint. Schon in den Bahnhof des alten Delhi einzutreten, ist eine Reise. Die Schatten, die Gepäckträger mit ihren roten Schürzen, die Bettler, die aus den Gängen vertrieben werden, ganze Familien im Schutz der Bahnsteigdächer unter großen Decken ausgestreckt. Gebannt schauen wir einem alten Paar von Sikh-Bauern nach: er wunderschön in einer blauen Tunika, mit gelbem Turban, einer großen Decke über der Schulter und einem großen Säbel an der Seite. Sie in einen grauen Schal gehüllt. Ganz vereint.

23. Dezember 1999, Almora (Indien). Bei der Ankunft am Bahnhof von Kathgodam wartet im Dunkel ein Mann an der Waggontür auf uns, er hält ein winziges, kostbares Stück Papier in der Hand mit meinem Namen darauf.

Bei der Ankunft im Deodars* erscheinen die Berge mir kleiner. Die Fantasie ist immer wunderbar darin, die Dinge anders anzuordnen.

25. Dezember 1999, Weihnachten im Deodars. Ich schenke Angela ein Aquarell vom Tal im Nebel mit den Bergketten, die aus der Blässe der Nacht heraustreten.

Wir essen in dem alten Zimmer mit Richards ganzer Familie, François Gautier und seiner Frau Namrita, Anam* und Anandi. Wir sind alt und nicht sonderlich einfallsreich. Ich bin in Frieden mit Angela, und das ist ein großer Trost.

28. Dezember 1999, Deodars. Ich stehe auf, als die Berge noch blau sind, ich sehe das erste Rosa aufflammen und male meinen ersten echten Roerich, ein Geschenk für Saskia. Die Berge waren nie so schön, eine so ätherische, göttliche Präsenz. Wir beschließen, nach Binsar zu fahren und Vivek Datta zu besuchen. »Binsar«, das bedeutet Shiva, der die *Binsa* spielt, ein Saiteninstrument.

Wir stellen den Wagen bei dem alten Tempel mit den Katzen und den Kühen ab, auf der kleinen Ebene, von der der Weg abzweigt. Im Allerheiligsten sind zwei kleine *Nagas* aus Kupfer, die sich von der Mitte der *Yoni** aus erheben. Der Tempel ist wie eine Art kleiner, feuchter Bauch des Gebirges.

Stille. Entlang des Wegs nur unsere Schritte, plötzlich ein großes Knacken von Zweigen, raschelndes Laub, Durcheinander: Wir haben eine Affenhorde aufgescheucht. Der Wald ist schön, weil er ein lichtes Unterholz hat, durch das man ziemlich weit sehen kann. Poldi bemerkt die knallroten Sprösslinge an bestimmten Pflanzen.

Der Weg ist angenehm, wir verlaufen uns, kommen auf den falschen Hang, und so sehen wir Viveks Haus von oben, umgeben von großen Bäumen (einer davon ein Rhododendron), ein Anblick, herausgehoben aus der Zeit und beseelt von einem Frieden und einer Heiterkeit, die wir nicht mehr gewohnt sind.

Nach eins kommen wir beim Haus an. Der Hund, den ich kenne und der mir Sorgen macht, bellt nicht. Stille. Vivek ist unter dem Vordach, das nach Süden geht, die Füße in der Sonne und den Kopf im Schatten des Daches, und liest ein Buch über muslimische Frauen. Er ist glücklich, uns zu sehen, wir aber noch mehr. Poldi sagt, das sei das schönste Haus auf der Welt, das er je gesehen hat.

»Ich liebe dieses Haus, aber meine Liebe wird erwidert: Dieses Haus liebt mich auch«, sagt Vivek langsam, geistesgegenwärtig, präzise. Alles scheint perfekt, das Bild von Earl Brewster an der Wand gegenüber vom Fenster, in dem sich ebendiese Berge erheben. Das Bild verströmt eine Art blaues Licht. Wunderschön. Die alten Möbel, mit Liebe gepflegt.

»What do you do here most of the time?« Die dummen Sachen, die man so fragt. »Wie verbringst du deine Tage?«, und er hat eine Antwort, um deren Gehalt ich ihn beneide: »Ich bin einfach ich selbst.«

Er erzählt Geschichten von Tieren rund ums Haus. In den ersten Jahren hatten sie hier oben etwa 1500 Apfelbäume gepflanzt, die fünf, sechs Lastwagen voll Früchte gaben, aber dann kamen die Affen, und es war schwierig, die Ernte zu schützen. Am meisten an den Äpfeln interessiert waren die Bären. Sie kamen in Familien.

Er erinnert sich an eine Mondnacht, als er auf der Höhe des terrassierten Hügels stand und einen großen Bären mit seiner »Frau« und zwei kleinen Bären kommen sah. Sie suchten sich den Baum mit den reifsten Äpfeln aus und begannen, um den Baum herum zu tanzen, wie um ein Fest zu feiern, dann stieg der Bär auf den Baum, schüttelte ihn, und zur Freude aller fielen die Äpfel herunter. Auch zu Viveks Freude, der ihnen zusah, wie sie sich die Ernte teilten.

Mich interessiert seine Deutung der indischen Geschichte.

»Indien? Zuerst hat der Westen versucht, uns mit dem Kreuz und dem Schwert zu bekehren, dann mit seinen Institutionen: Das hat nicht funktioniert. Jetzt funktioniert es, da sie das Tier in uns angegriffen haben, das konsumiert jetzt, frisst um zu leben, lebt um zu fressen, und das ändert alles. Die einzige Hoffnung ist die Rettung des Einzelnen, die Bewusstwerdung.« Er bezieht sich auf »die dunkle Seite des Abendlands«, über die ich in *Fliegen ohne Flügel* geschrieben habe. Es ist mir eine große Freude zu sehen, wie er eine Sache, die mir am Herzen lag, begriffen hat.

Mein »geheimes« Vorhaben, Silvester bei ihm zu feiern, scheint selbstverständlich, eine völlig natürliche Sache. Er ist überglücklich darüber. Die Sonne versinkt hinter den Bergen, als wir ins Tal hinabsteigen.

Ich spüre, dass Angela glücklich ist. Im Angesicht der Berge haben wir ein paar Minuten großer Intensität verlebt. Ich fühle mich als Schöpfer dieser Gelegenheiten, an denen andere, die mir am Herzen liegen, teilnehmen. Allein würde ich sie nicht so genießen. Es ist, als läge meine wahre Freude in der von den anderen widergespiegelten Freude.

30. Dezember 1999, Jageshwar und Aschram von Mirtola. Noch ein großartiger Tag auf Reisen durch das Gebirge. Man dringt ins Innere eines Tals vor, wo Gläubige ihren Shiva-Tempel errichtet haben. Man kann sich leicht vorstellen, wie auf diesem Weg durch den dunklen Wald, der jetzt eine asphaltierte Straße ist, die von Ochsen gezogenen Karren mit Pilgern entlangfuhren. Der

Tempel ist wuchtig und imposant. Feuchte Sonnenstrahlen dringen durch den Wald hinter ihm. Ein tausendjähriger Baum beherrscht den kleinen Platz mit einer Reihe von Tempelchen und dem großen, schlichten Bau des *Mandir*. Es ist einer der anrührendsten Anblicke Indiens. Magere Männer, frierend um ein Feuerchen am Boden geschart, die Ohren mit einem kleinen, schmutzigen Schal bedeckt, andere in der Sonne, an die abblätternde Wand eines alten Hauses gelehnt, dessen Fenster und Türen mit bemalten Intarsienarbeiten geschmückt sind. Sie scheinen uns nicht zu bemerken; dann kommen einige von ihnen langsam näher und bieten uns ihre Dienste als *Puja* oder Führer an. An der Tür des Tempels lehnt ein fetter, junger Brahmane mit dummem Aussehen, der uns Zeichen macht, wir sollen eintreten. Wir gehen lieber bis ans Ende des Dorfes, um einen Blick von oben zu haben.

Abends im Deodars, vor dem Abendessen und nachdem Lalit das »Feuer gebaut« hat, stelle ich François eine Frage: »Wie ist es möglich, dass ich unter den Menschen, die den spirituellen Weg einschlagen, so wenig Frieden finde, hingegen ständig auf schreckliche Konflikte stoße? Bei euch in Auroville ist es ein Bandenkrieg, im Aschram von Osho* ging das bis zum Mord, sogar in meinem Aschram gibt es Eifersüchteleien und Streit.«

»Das ist die menschliche Natur, die unter diesen Bedingungen noch stärker hervortritt«, sagt François.

Zehn Minuten lang spiele ich den skeptischen Florentiner: Vielleicht ist es ein Sakrileg, der menschlichen Natur auf den Grund gehen zu wollen, die Knoten der eigenen Natur ans Licht bringen und lösen zu wollen; vielleicht ist es ganz und gar nicht weise, die Wünsche und den Zorn ausmerzen, immer nur gut sein zu wollen. Vielleicht ist es richtiger, natürlich zu sein, Wünsche zu haben und den eigenen Zorn auszuleben.

François sagt: »Das Leben ist eine Sisyphusarbeit.«

Das empfinde ich ganz und gar nicht so, aber ich verstehe, wie traurig es sein kann, das Leben so zu sehen, als die ständige, erfolglose Anstrengung, ein besserer Mensch zu werden.

Ich wache sehr früh auf und trinke mit Poldi in seinem Zimmer Tee. Er dankt mir für all die Gelegenheiten, die ich ihm biete, und ist froh darüber, dass er sie zu nutzen weiß. Er sagt, er habe verstanden, warum ich mit den Büchern reise, die von den Orten handeln, an denen wir sind, und nicht wie er mit Philosophiebüchern. Er sagt, er wird sich ändern.

31. Dezember 1999, Binsar. Am Morgen brechen wir auf nach Binsar, »Shiva, der Musik macht«, mit der alten Marie Thérèse, Viveks Frau, ehemals Sekretärin von Daniélou, die 1957 von Pondicherry hierher auf Urlaub kam, das Haus mietete, das jetzt Arun Singh* hat, Vivek traf, der in dem verfallenen Haus lebte, das jetzt ihr gemeinsames ist, und ihn zum Kaffee einlud, »dieser Kaffee hatte Folgen«. Sie erfreut sich an dem Weg, der sie nach Hause führt. (Von Daniélou *Shiva and Dionysus, The Omnipresent Gods of Transcendence and Ecstasy* und *Histoire de l'Inde* lesen.)

Wir essen in dem alten Raum beim Schein von Kerzen und Petroleumlampen. Um zehn liegen wir in einem schönen Bett unter der schweren *Thulma* (einer tibetischen Decke, auf dem Markt von Almora gekauft). Der Himmel ist fantastisch, mit einer schier unglaublichen Menge an funkelnden Sternen, die in der kristallklaren Luft fast Helligkeit verbreiten. Die Nacht ist völlig klar, ab und zu hört man Vogelrufe, das Rauschen von Wipfeln. Als der Mond aufgeht, sieht er aus wie ein silbernes Boot vor dem Tiefblau der Nacht, die Sterne scheinen zu erlöschen. Die Umrisse der Bäume wirken wie eine filigrane Stickerei vor dem Himmel. Im Kamin im Zimmer knistert ein duftendes Feuer aus harzigem Pinienholz.

Die Stille scheint wirklich viele Varianten zu haben, wie Vivek sagt.

Das Haus hat sein Eigenleben, seine Magie. Nehru verbrachte hier 1942 sechs Monate seiner Gefangenschaft und schrieb hier einen Teil seiner Autobiografie. Etliche Persönlichkeiten waren hier, von Alice Boner* bis Daniélou. Ich darf die Gelegenheit nicht verpassen, hierherzukommen und zu schreiben.

2000–2003

Anfang des neuen Jahrtausends bietet Vivek Datta Terzani unterhalb seines eigenen schönen Hauses in Binsar eine steinerne Hütte an, ausgestattet mit Ofen, Bett und Tisch. Terzani träumt von diesem Ort, seitdem er ihn vor einem Jahr gesehen hat. Auf 2300 Metern Höhe inmitten eines uralten Waldes gelegen, ohne Strom und fließendes Wasser, nur zu Fuß zu erreichen; von hier blickt er auf die Himalaja-Kette – den tibetischen, den indischen und den nepalesischen Himalaja – mit dem Gipfel des Nanda Devi in der Mitte. Ein Motiv, das in seinen Tagebuchaufzeichnungen und Aquarellen immer wiederkehrt.

Bevor er dorthin zieht, reist er zehn Tage lang durch Pakistan, gemeinsam mit Angela und Léopold, genannt Poldi, der ein enger Freund und Wegbegleiter geworden ist. In Islamabad und Peschawar bis an die Grenze zu Afghanistan am Khyber-Pass durchlebt Terzani eine Erfahrung im Herzen des Islam, die ihn beunruhigt und erstaunt. Wie immer interessiert ihn das Gemeinschaftsleben der Menschen, und so nimmt er am Id-Fest, dem Fastenbrechen nach dem Ramadan, teil, besucht Museen und kauft Teppiche, seine große Leidenschaft.

Sodann organisiert er sein Leben in Binsar: In Delhi besorgt er sich Solarpaneele, Petroleumlampen und Vorräte; in Almora feste Kleidung, Teppiche, warme Decken und eine Gasflasche, die von Trägern vor Ort auf den Berg hinaufgeschafft werden. Als Viveks Frau Marie-Thérèse verreist, lernt Terzani seinen Gesprächspartner als einen scharfsinnigen Intellektuellen und geschickten Provokateur kennen, mit dem das tagtägliche Gespräch eine Herausforderung ist. Das ist außerordentlich stimulierend für ihn, der beim Schreiben eines Buches, von dem er fürchtet, dass er es nicht abschließen kann, nach Antworten sucht. Tatsächlich sitzt er seit den ersten Monaten des Jahres 2000 an *Noch eine Runde auf dem Karussell*, die Arbeit daran ist schwierig und mühevoll.

Ende des Jahres zieht er in ein größeres und bequemeres Haus mit Fenstern zum Tal, es ist ein Heuschober, den die Datta für ihn umgebaut haben und den ein Hindu-Priester mit einer *Puja* segnet.

2001, nach einem Besuch Folcos im Februar, kommt Terzani nach Europa, aus Anlass der Ausstellung mit Bildern von Angelas Vater in Berlin, im Mai kehrt er wieder nach Binsar zurück. Hier gibt es eine Lücke in den Tagebüchern, die erst im Oktober fortgeführt werden.

Die Attentate vom 11. September, die heftigen Artikel von Oriana Fallaci im *Corriere della Sera* und der Beginn des Afghanistan-Kriegs beschäftigen ihn. Er empfindet es als seine Verantwortung, »in die Welt zurückzukehren« und Zeugnis abzulegen. Frei von Termindruck, wie ein junger freier Journalist am Beginn seiner Karriere, bereist Terzani Pakistan und Afghanistan. Er berichtet von den Gräueln des Krieges in einer Folge von Briefen, die er an den Chefredakteur des *Corriere*, Ferruccio de Bortoli, schickt, mit dem er eine singuläre Vereinbarung getroffen hat: Er ist frei, zu schreiben, was er will, die Zeitung ist frei, zu bringen, was ihr beliebt. Angela hält ihn auf dem Laufenden über die Reaktionen der italienischen Presse und unterrichtet ihn vom Erscheinen eines Pamphlets der Fallaci, *Die Wut und der Stolz*. Dadurch fühlt Terzani sich veranlasst, sich seinerseits zu Wort zu melden. So entstehen *Die Briefe gegen den Krieg*, die 2002 auf Italienisch in Buchform erscheinen.

Im März kommt er zu einer »Pilgerreise des Friedens« nach Italien, während das Buch auf den Bestsellerlisten steht. Im Mai kehrt er nach Binsar zurück. Im Herbst unterzieht er sich in New York erneut einer Kontrolluntersuchung und bekommt die Auskunft, dass die Metastasen sich ausgebreitet haben: Die Ärzte geben ihm zwischen drei und sechs Monaten Lebenszeit. Er verweigert jede Form der Behandlung und kehrt nach Binsar zurück. Er eröffnet niemandem, wie es um ihn steht, nicht einmal Vivek, und konzentriert sich auf *Noch eine Runde auf dem Karussell*, entschlossen, es zu Ende zu bringen.

Entgegen allen Prognosen der Ärzte wird er im März 2004, 16 Monate nach der letzten medizinischen Auskunft, noch selbst das Erscheinen seines letzten Buches ankündigen, wenige Wochen nach der Hochzeit der Tochter Saskia, bei der er auch seine letzte öffentliche Rede hält.

*1. Januar 2000, Binsar.** Binsar wird zum Maßstab des Friedens, der Heiterkeit, der Abgeschiedenheit. Ich wache um 4 Uhr 30 auf – Mitternacht in Italien – mit einem wunderschönen, fröhlichen Traum.

Das Morgengrauen ist wie das am ersten Tag der Welt. Auf der Terrasse hinter dem Haus, die auf die Berge geht, sitzen wir an einer Art kleinem, rundem Tisch der Artusrunde und schauen auf die Berge, die zunächst im dunklen, grauen Morgendunst unsichtbar sind, sehen, wie sie zu blassen Schatten werden, fast durchscheinend und blau, dann mit weißen Konturen und schließlich in einer Apotheose rosigen Lichts vor dem lapislazuliblauen Himmel erscheinen. Ich male das für Novalis*, an den ich mit inniger Freude denke. Vielleicht das hübscheste Aquarell, das ich gemacht habe, seit wir hier sind.

Frühstück mit sehr vielen, selbstgemachten Marmeladen, mit Butter, die Vivek gemacht hat.

Am Vormittag geben Angela und ich uns ein Versprechen: unbeschwerter zu leben, miteinander zu reden, sobald einem etwas das Herz bedrückt, sich gegenseitig zu helfen und zu beschützen. Wir haben uns daran erinnert, was für ein glückliches Leben wir miteinander geführt haben, und haben uns vorgenommen, nicht zu klagen, wenn aus irgendeinem Grund diese Freude irgendwie zu Ende gehen sollte.

*4. Januar 2000, Delhi – Lahore (Pakistan).** Mit Angela und Poldi.

Zwei Tage, um sich in Delhi das Nötige zu beschaffen, ein Solarpaneel für Binsar zu bestellen, die Flucht vorzubereiten, dann Aufbruch mit Poldi über Lahore Richtung Peschawar. Der Nebel hindert uns daran, bis nach Islamabad weiterzufahren, so landen wir, durch Vermittlung eines etwas aufgeblasenen und freundlichen Herrn im schönsten und schrecklichsten Hotel der Stadt, dem Pearl Continental.

Abendessen mit Rizvi*, zwei Doktortitel, Experte für den Mittleren Osten, maßgeblicher Meinungsmacher im deutschen Thinktank. Mir reißt die Geduld, als er sagt, meine These, die einzige Lösung für den Subkontinent liege in einem erneuten Zusammenschluss von Indien und Pakistan, der daraus wieder *ein* Land macht, sei für ihn inakzeptabel. Er sagt, für ihn sei es unmöglich, neben einem Hindu zu leben, es sei ihnen nicht zu trauen, unmöglich, mit Leuten zu tun zu haben, »deren Helden unsere Feinde sind und deren Feinde unser Helden sind«.

Und Gandhi?

»Das ist der schlimmste von allen. Er hat alles darangesetzt, die Entstehung Pakistans zu verhindern.«

Seine dumme Verbohrtheit macht mir Angst, und ich sage ihm, die Größe der Inder bestehe darin, dass keiner von ihnen sich je so über die Pakistani äußern würde.

5. Januar 2000, Lahore. Der Nebel hüllt die Stadt noch immer in Grau. Wir versuchen, ins Museum zu gehen, das öffnet aber erst um elf Uhr. Also Teppiche. Auf der Nicholson Road werden große staubige Teppiche von alten Pferdekarren abgeladen und in dunkle Geschäftsräume gebracht. In einem davon verkaufen Männer mit schönen mongolischen Gesichtern (sie kommen aus Turkmenistan) neue, mit Pflanzenfarben gefärbte Teppiche. In einem Laden, den ich kenne, betrachten wir neue Kelims für 100 Dollar. Dekorativ. Wir lassen uns zwei zur Seite legen. Um eins heißt es, wir sollen in aller Eile zum Flughafen, aber das Flugzeug geht erst Stunden später. Léopold findet seinen Pass nicht. Ich glaube ihn in seinem Zimmer zu »sehen«; ich bringe ihn dazu, dass er ins Hotel zurückkehrt und ihn dort sucht. Er findet ihn in dem Umschlag, in dem er für gewöhnlich alle seine Dokumente aufbewahrt.

Mir will der Hass, die Verachtung, die Verbohrtheit des Herrn *Thinktank* gegenüber den Hindus gestern Abend nicht aus dem Kopf. Das macht mir Angst. Als wir in Islamabad ankommen, ist es dunkel, und ich kann Angela diese »muslimische Schweiz« nicht erklären.

6. Januar 2000, Islamabad – Peschawar (Pakistan). Am frühen Morgen erreiche ich Faizal, den Teppichhändler, und so werden wir der paschtunischen Gastfreundschaft teilhaftig. In einer von Steinmauern umgebenen und geschützten Villa sitzen wir auf einem Stapel Teppichen und sehen Dutzende und Dutzende von »Samarkandern«. Kein Teppich ist von außergewöhnlicher Qualität.

Zaman, Faizals älterer Bruder, erklärt, »vor Jahren, wenn wir nach China fuhren, gab es zwei Sorten von Teppichen, schöne und normale. Wir nahmen die ersten. Wenn wir heute wieder dorthin fahren, sehen wir nur eine Sorte Teppiche, die normalen, und wir nehmen sie.«

Zaman besteht darauf, uns in seinem Auto nach Peschawar zu bringen.

Wie andere Male bin ich beeindruckt und gerührt, auf einer Brücke den Indus zu überqueren, der hier aus dem Zusammenfluss des sehr grünen Wassers des Gilgit und der braunen, dunklen Wassermassen des Flusses, der von Kabul her kommt, entsteht. Die Natur ist wild, kahl, dürr; die Hügel, die uns umgeben, sind hart und rau, sie sind in Nebel und Staub gehüllt; auf den Anhöhen sieht man Reste von ehemaligen Festungen. Eine mittelalterliche Menge begleitet die Reise. Jeder Basar, an dem man vorbeikommt, bietet eine unglaubliche Vielfalt an schönen Menschen antiken Zuschnitts: Männer mit wunderschönen Bärten, großen Adlernasen und grimmigen Gesichtern. Ab und zu die eiförmige Gestalt einer Frau in der Burka. Staub, Pferde, Mulis, Trupps geflohener Afghanen, Männer aus Zentralasien. Ein Schmelztiegel von Ethnien, hierhergeführt durch Kriege, Invasionen, Revolutionen, Ideologien, Religionen und Wahnsinn.

Es ist der Monat des Ramadan (Ramzan sagen sie hier), weshalb alle vor Sonnenaufgang und nach Sonnenuntergang essen. Es ist von nichts anderem die Rede: »Fasten, fasten«. Zaman sagt, das sei der schönste Monat, weil sie nirgendwohin müssen, die Männer bleiben in der Familie, und abends essen alle gemeinsam. Danach Besuch im Geschäft von Peschawar, um den schönen, 200 Jahre alten Teppich mit den Granatäpfeln zu sehen, den jemand entzweigeschnitten hat, weil er ihn auf zwei Zimmer aufteilen wollte. Die Männer hocken sich auf alten Teppichresten auf den Boden und essen mit den Fingern von gemeinsamen Tellern. Ein Gefühl großer Gemeinschaft, der Solidarität unter Männern.

Wir steigen im Green's Hotel ab und gehen dann ein paar Schritte über den Basar, der hinter dem Hotel liegt. Die einzigen Frauen, die wir treffen, sind Bettlerinnen (Witwen?) und Mädchen. Was Marco Polo sah, dürfte nicht sehr viel anders gewesen sein: Das *Naan**, in Öfen am Boden gebacken, große Kessel, in denen das Fleisch nach lokaler Tradition mit Tomaten und Paprika gekocht wird; große Flächen mit getrockneten Früchten, in der Mitte ein Mann mit seiner Waage; merkwürdige Suppen, in denen hart gekochte Eier schwimmen; Handkarren voller Äpfel, Orangen und Granatäpfel. Ein Bettler, dem ich ein *Naan* anbiete, folgt mir, nachdem er mir auf Englisch gedankt hat, und bittet mich, ihm auch eine Beilage aus Kichererbsen zu spendieren, auf die er in einem großen Kessel weist.

Ich willige ein und sehe, dass das *Naan* auch ein ausgezeichneter Teller ist, sehr ökologisch, weil er am Ende aufgegessen wird.

7. Januar 2000, Peschawar. Poldi ist müde und kränklich. Essen im stinkenden Restaurant des Green's Hotel, zusammen mit etwa 20 Chinesen, die unter großem Lärm essen. Es sind Arbeiter und Ingenieure von einem 50 Kilometer entfernten Staudamm, die hier Ferien machen. Sie verstummen, als Poldi zu mir an den Tisch kommt und ich ihn zum Spaß auf Chinesisch anrede.

Wir brechen auf zu einem Tag auf dem Basar. Zwischenstation im Museum, welches das menschlichste und außergewöhnlichste dieses Teils von Asien ist. Es ist der letzte Tag des Ramadan, und das Museum schließt um zwölf Uhr, wir zahlen jeder fünf Rupien Eintritt. Auf einer Bank in der Mitte bewachen drei vermummte alte Moslems die Kunstschätze aus Gandhara*, deren Darstellung des Göttlichen ihnen zutiefst widerstrebt. Zwei Männer bauen lautstark inmitten der Statuen ein Holzgerüst auf. Die Glasvitrinen sind völlig verstaubt; in einer davon liegen unter Verschluss neben ein paar wertvollen Stuckelementen Neonröhren, Ventilatorenblätter, Schachteln mit Nägeln, die vielleicht wertvoller sind als all die großartigen Statuen. Ein junger Mann kommt zu uns, für 600 Rupien (hier ein Vermögen) verkauft er uns das einzige verfügbare Buch über »Die Geschichte Buddhas«, die wir im Museum gesehen haben. Ich habe den Eindruck, wenn wir für eine zu vereinbarende Summe von ihm verlangten, er solle uns eine der Statuen ins Hotel bringen, er würde es tun. Alles ist verstaubt und kaputt, von der Decke sind Stuckteile heruntergefallen, die zusammenzukehren sich niemand die Mühe macht.

Angela weist darauf hin, dass der meditierende Buddha hier nie abwesend, nie in eine nur ihm gehörige irreale Welt versunken, sondern ein Mensch ist, der nachdenkt, sich Fragen stellt, der vielleicht Zweifel hat. Es liegt eine wunderbare Vermenschlichung des Göttlichen in diesen intensiven Gesichtern von schönen, griechisch anmutenden Menschen. Und die Statuen stehen da in Reichweite, zum Anfassen, Streicheln, Umarmen.

Für alle drei, Angela, Poldi und mich, ist das Museum sehr bewegend.

Ein Taxi bringt uns zur Straße der Geschichtenerzähler. Zufällig halten wir genau vor dem Geschäft von Gulu, das wir suchten. Das gesamte Gebäude ist leer, nur von einem Jungen bewacht, aber auf wundersamen Wegen der Kommunikation kommt im Lauf von zehn Minuten der »König des Lapislazuli«, dann Gulu selbst. Ich erkläre ihm, dass wir Teppiche aus Samarkand sehen wollen. Er sagt, wir sollen um zwei wiederkommen.

Zu Füßen des Uhrturms. Shamsuddin liest Zeitung, auf

einem zerschlissenen und sehr staubigen Teppich am Eingang des Geschäfts sitzend. Er sagt, schöne Teppiche gebe es keine mehr, die Macht, die einst in seinen Händen lag, sei auf zwanzig Enkel übergegangen, das schöne Leben sei vorbei, nun komme das hässliche, da könne man nichts machen, nur lachen. Wir setzen uns in seinem Laden, aber er ist verlegen, weil er uns nichts anbieten kann. Er sagt, um sie vor Motten zu schützen, hat er ein paar schöne Teppiche zu Hause. Wir werden sie sehen, wenn wir um sechs zu ihm gehen.

Er vertraut uns seinem ältesten Sohn Riaz an (der seinerseits zwei Söhne hat) und bittet ihn, uns zum Edelsteinbasar zu begleiten. Angela kauft Lapislazuli von einem überaus freundlichen Händler, der uns einige seltsame Gesteinsformationen zeigt, die er in der Natur gefunden hat und im Januar auf einer jährlichen Messe in Tucson, Texas, an Sammler aus aller Welt verkaufen wird: Quarze, aus denen Rubine herauswachsen, rechteckige Aquamarine und einen wunderschönen durchsichtigen Kristall in Grün und Rosa.

Der Basar von Chitral ist wunderbar, mit Westen, Kappen und Decken in verschiedenen Brauntönen, feilgeboten von einer wunderschönen Sammlung an Männern antiker Prägung, im Vergleich mit denen wir westlichen Menschen dekadent wirken. Klare, strenge Gesichter, makellose Haut, schöne, manchmal sehr helle Augen, schöne schwarze, graue und weiße Bärte, echte Männer.

Außergewöhnliche Höflichkeit.

Es gelingt uns nicht, um zwei bei der Verabredung mit Gulu zu sein. Wir kommen mit einer Dreiviertelstunde Verspätung, und ein Junge, der im oberen Stockwerk Wache steht, verkündet, dass wir da sind, nachdem er uns in der Menge auf der Straße, die sehr dicht geworden ist, gesehen hat. Wir kaufen ein wie verrückt, als ob Weihnachten wäre. Männer, Männer, Männer ... mit verschiedenen Turbanen, Decken um die Schultern, als wäre allen schrecklich kalt an einem Nachmittag, der nichts Winterliches hat.

Wir steigen die steile, staubige und dunkle Treppe hinauf in die drei Räume, die heute Morgen leer waren, da liegen bis unter die

Decke gestapelt Teppiche, dazu etwa 30 Männer, alles Usbeken und Turkmenen mit mongolischen Gesichtern und schönen Turbanen über kleinen weißen Mützen. Die Teppiche sind nicht von der Art, die wir suchen, aber um niemanden zu beleidigen, schauen wir sie einen nach dem andern an und scheiden sie aus, mit ganz wenigen Ausnahmen, so dass beide Seiten das Gesicht wahren können. Niemand wird ärgerlich, alle sind überaus freundlich, und am Schluss verabschieden sich alle unter großem Händeschütteln und brechen mit ihren Familienangehörigen und Helfern auf, Teppichrollen auf den Schultern. Einfach wunderbar, sehr höflich; sie lassen ihre muslimischen Gebetsketten durch die Finger gleiten, die in den drei großen Religionen gleich sind – Rosenkranz bei uns, *Mala* im Hinduismus und Buddhismus.

Was für eine merkwürdige alte Welt mit ihren alten Regeln, ihren Hierarchien, ihrer festgelegten Moral. Gestern Abend stellte Angela einen schönen Vergleich an zwischen dem Anstreicher Delfo und dem Adeligen Vanni, die heutzutage in Florenz in ähnlichen Häusern wohnen, ähnliche Träume haben, ähnliche Gedanken und Sorgen, und über Ähnliches trauern, weil die Welt um sie herum nicht mehr ist wie früher. Die Demokratie hat alles gleich gemacht, hat jedem etwas genommen und alle von ihrem angestammten Platz verscheucht.

Hier sind die Unterschiede erhalten geblieben, und die Menschen scheinen zufriedener.

8. Januar 2000, Peschawar – Khyber-Pass. Wir stehen im Dunkeln auf, in dem Glauben, dass das Id-Fest mit großen Feierlichkeiten und Gebeten einsetzt, die wir nicht versäumen wollen. Um sechs Uhr sind wir auf der Straße, die noch in nächtlichem Dunkel liegt, erhellt von den Feuern der Straßenkehrer, die sich vor Haufen aus Müll und Plastiksäcken aufwärmen. Die Luft ist verpestet und erstickend, auch durch die Staubwolken, die andere Straßenkehrer mit großen Besen von einer Seite des Gehsteigs auf die andere wirbeln.

Vor einer kleinen Moschee in der Nähe des Hotels sehen wir, wie sich die Männer an den Brunnen auf der Straße waschen, sich mit ihren Schals abtrocknen, die Schuhe ausziehen und eintreten. Wir schlendern über den Basar und bemerken, dass hier, wie in jeder anderen Stadt Milchhändler und Bäcker (hier machen sie das *Naan*) als Erste ihre Geschäfte öffnen. Wir nehmen ein Taxi, um zur großen Moschee zu gelangen, die die Zerstörungen durch die Sikhs heil überstanden hat; von ihrem Minarett ließ General Avitabile*, ein italienischer Söldner, der Gouverneur von Peschawar geworden war, die Verurteilten hinunterwerfen (ein ehemaliger Soldat Napoleons, Veteran von Waterloo, war auf mysteriöse Weise hier gelandet: seine Geschichte fasziniert mich).

Der Mond ist nicht zu sehen, so hat die Regierung beschlossen, dass Id übermorgen sein wird, während die muslimische Führung es auf heute festgelegt hat.

Wir brechen auf. Ein Reifen an dem Taxi platzt, wir fahren schließlich mit einem anderen Taxi vom Green's Hotel. Längs der Straße, die sich durch eine staubige und khaki-farbene Landschaft windet (von daher der Name der englischen Uniformen, nachdem ihre roten Jacken ein gar zu gutes Ziel für Heckenschützen abgaben), reihen sich gelbe und ockerfarbene Gipfel. Im Tal Staub, Staub und noch mal Staub, verdörrte und verschrumpelte Eukalyptusbäume. Die Häuser sind wahre Festungen, jedes mit einem großen Gittertor. Durch einige, die ein wenig offen stehen, erblickt man im Innern grüne Gärten und Laubengängen. Der schönste Garten ist der der Afriden, einer großen Familie von Händlern und Schmugglern, die beschuldigt werden, mit Heroin zu handeln.

Immer wieder kommt mir die Geschichte von dem Mädchen in den Sinn, das sich in Deutschland in einen Jungen von hier verliebte, ihn heiratete und ihm hierher folgte. Schließlich schrieb sie verzweifelte Briefe an die Familie, die sie nicht besuchen konnte. Am Ende hat man nichts mehr von ihr gehört und sie verschwand, begraben vielleicht in dieser Staubwüste, nachdem sie in einer dieser Festungen von den Verwandten des jungen Mannes getötet worden war.

Die Landschaft berührt mich nicht. Der Pass ist eindrucksvoll, aber ich fühle mich wie ein Film, der Licht abbekommen hat: Nichts prägt sich mir ein. Ich bin irritiert über den bewaffneten blutjungen Mann mit Pickeln im Gesicht, im schwarzen Rock, eine schmutzige Mütze schief auf dem Kopf und mit einer alten Kalaschnikow, der uns daran hindern will, den kleinen englischen Friedhof zu besuchen, wo in einem halben Dutzend Gräbern Soldaten liegen, die 1919 an Cholera gestorben sind. Die Gräber sind von Kindern zertrampelt, der Ort wird von allen als Abort benutzt und ist voller Scheißhaufen, auf die man achtgeben muss. Der alte Taxifahrer will, dass wir aussteigen und auf dem Markt etwas kaufen.

Es ärgert mich, alles nur von fern zu sehen, wie ein Tourist, nicht zum afghanischen Grenzposten unten im Tal gelangen zu können. Beeindruckend sind die Gipfel mit den Umrissen von halb verfallenen, alten Festungen darauf, die jüngste wurde von den Engländern errichtet, als sie bereits aus Indien abzogen. Der Fahrer beharrt darauf, dass man sich nur da und da hinstellen darf, um Erinnerungsfotos zu machen.

Wir kehren nach Peschawar zurück. Im Bett lesen wir von anderen Reisenden, die begeistert waren von ihrem Besuch an diesem Ort, der in mir keine sonderliche Leidenschaft geweckt hat. Ich frage mich, wie lang die »Weißen« der pakistanischen Elite sich noch an der Macht werden halten können, neben diesen Gebetsketten abspulenden, bärtigen Männern, die sich eins fühlen mit den Taliban …

Abendessen in der Familie bei Shamsuddin. Geschichten von der Tochter, die in Islamabad Biologie studiert, von der jüngeren, die schon mit einem verlobt ist, von dem sie nur ein Foto hat und den sie erst in ein paar Jahren sehen wird, am Tag der Hochzeit. Shamsuddin ist lieber auf dem Basar (sein »natürliches Fernsehen«) als zu Hause bei den Problemen der Kinder.

Eine perfekte Welt, vom Koran und den Rufen der Muezzin im Morgengrauen geregelt.

9. Januar 2000, Peschawar. Poldi kommt begeistert zu uns und sagt, er sei um fünf bei den Rufen vom Minarett aufgestanden und habe die ganze Welt Shamsuddins verstanden, das Gefühl der Sicherheit in der Familie, der kleinen, aber festen Basis, auf der alle sich unter dem göttlichen Segel des Islam bewegen. Er sagt, Shamsuddin genieße mehr Respekt, Autorität und Sicherheit als ein wichtiger Manager bei IBM, der tausend Mal mehr verdient als er, aber in jedem Augenblick vor die Tür gesetzt werden kann.

Beim Essen vergleichen wir diese beiden Weltsichten und Lebensauffassungen. Poldi, der tagelang mit Begeisterung Vivekananda* gelesen hat, sagt, die Theorien dieses indischen *Swami* hätten vor der praktischen Lebensauffassung Shamsuddins und seines Islam keinen Sinn. Ich rücke alles in eine andere Perspektive und sage, dieser *Swami* betrachte alles aus galaktischer Entfernung. Aus dieser Distanz sind die Entscheidungen und Sicherheiten Shamsuddins und seiner Welt ephemer, vergänglich und unbedeutend in ihrer »Menschlichkeit«.

In der Zeitung heute Morgen ein Artikel über das Id-Fest. Der Prophet sorgte sich darum, dass die Festfreude bei den Armen womöglich Bitterkeit erzeugen könnte. Daher legt der Koran fest, dass die Reichen eine genau bemessene Menge Weizen an die Armen abgeben müssen; dass die Frauen an diesem Tag Armbänder anlegen dürfen (wenn sie nicht aus Gold sind, die sind nur bei der Hochzeit zulässig), Ringe tragen und Parfüm verwenden dürfen. Die Männer dürfen neue Kleidung anziehen, wie der Prophet das tat, aber sie darf nicht zu luxuriös sein wie das Kleid, das ein Schüler ihm anbot und das er zurückwies.

Um halb zwölf in Shamsuddins Festungshaus, um die Teppiche zu bezahlen und abzuholen. Die Frauen haben Henna auf den Handinnenflächen (genau wie die Hindu-Frauen), alle sind festlich gekleidet, jeder weiht etwas Neues ein; die Mädchen, die gestern Abend spät noch auf dem Basar waren, um ihre Armbänder aus Glasperlen zu kaufen, stellen ihre Anschaffungen zur Schau, einige wurden eigens passend zum Kleid angefertigt. Auf der Straße treffen wir Väter, die ihre kleinen Kinder an der Hand halten und mit ihnen Verwandte besuchen gehen, mit einem Stolz auf beiden Seiten, der bei uns mittlerweile unbekannt ist.

Wie ein König thront Shamsuddin auf einem großen Sofa im Innenhof, mit gekreuzten Beinen und die Fersen unter dem Gesäß, Gebärden eines großen Führers: Er zählt das Geld nicht, er beschränkt sich darauf, es in die Tasche zu stecken, nachdem der Schwiegersohn es gezählt hat. Er gibt genaue Anweisungen, sogar, wie die Ballen verschnürt werden sollen.

Wir essen Fisch in einem neuen Raum, wieder am Boden von Tellern, die auf ein goldfarbenes Wachstuch gestellt werden.

Unter den Gästen ist ein fetter Mullah mit schwarzem Bart, er behält immer die Kappe auf und trägt schwarze Brillengläser. Er spricht kein Englisch, ist zurückhaltend, fast feindselig, er gibt Angela nicht die Hand, und als er die Poldis übersieht, macht Shamsuddin ihn darauf aufmerksam. Der Mann ist beauftragt, der ganzen Familie den Koran und die Gebete zu lehren. Er wird von der Regierung bezahlt, aber er bekommt Geld von den verschiedenen Familien, in denen er Lehrer ist. Die Gebete sind auf Arabisch, und er scheint es nicht zu können. Das kleinste Mädchen (drei Jahre alt) sagt die Gebete auf, die sie eben gelernt hat, und die sie für den Rest seines Lebens mehrmals am Tag sprechen wird. Das Kind weiß nicht, was sie bedeuten.

Mir kommt die Idee, dass es interessant wäre, ein paar Wochen im Hause Shamsuddins zu verbringen und das Leben einer solchen muslimischen Familie zu beschreiben.

Nachmittag mit Gulus Turkmenen. Wie zu Zeiten Marco Polos kommen Basarverkäufer mit ihren Packen an Waren, die sie am Boden ausbreiten und einzeln vorzeigen. Wir kaufen acht Teppiche aus Samarkand und andere etwas kleinere: Endlich gebe ich das Preisgeld des Preises für Reiseliteratur aus.

Abendessen im Pearl Hotel, wo sich die paschtunische Bourgeoisie versammelt. Tische voller Männer mit Kappen auf dem Kopf, andere mit Familien, die Frauen fett, die Männer mit schwarz gefärbten Haaren und die Töchter unverschleiert, sehr bunt und voller Gehänge und Armbänder. Ein Tisch mit westlich gekleideten jungen Leuten, die zwischen Tisch und Büfett hin und her pendeln, die Teller beladen mit Reis, Brot, Salat, Obst und Süßspeisen, alles übereinander. Hin und her.

10. Januar 2000, Peschawar. Angela ist geschwächt durch eine Erkältung. Sie hat es satt, immer zu dritt zu sein und Französisch sprechen zu müssen. Wir wachen um vier Uhr auf und unterhalten uns.

Um halb sechs fangen die verschiedenen Muezzins der vielen Moscheen an. Beunruhigendes Geheul in der Nacht. Unsere schwierige Beziehung zum Islam überrascht mich stets aufs Neue. Warum beunruhigt mich der Klang eines tibetischen Horns nicht, ja, flößt mir ein Gefühl des Friedens und der Ruhe ein, während diese Gesänge in der Frühe mich aufbringen? Empfinde ich sie als aggressiv? Steckt mir die frühere Angst des Westens vor den Muslimen noch in den Knochen?

Wir verlassen Peschawar im Morgengrauen mit dem alten, servilen Fahrer, Sohn eines indischen Offiziers und einer Birmanin. Wir machen Halt in Taxila. Besuch im Museum. Überrascht, lauter Moslems darin anzutreffen, viele junge Leute, die hier eine Möglichkeit gefunden haben, Id zu verbringen. Voller Unverständnis streifen sie durch die großen Säle mit den Ausstellungsstücken, beeindruckt lediglich – in der kleinen »Schatzkammer«, wo sie nur zu wenigen eingelassen werden von einem Wächter, der an der Tür als Zerberus fungiert – von einer muslimischen Puppe, verstaubt und zerfleddert, die ohne jeden Sinn in einem vom üblichen Neonlicht erhellten Schaukasten steht, lasziv und lächelnd, bekleidet mit einem blauen Sari und behängt mit Armbändern und Schmuck aus falschem Gold.

Das Museum ist wunderbar in seiner natürlichen, gelegentlich fast übertriebenen Einfachheit. Einige Statuen sind beindruckend: ein Buddha aus grauem Stein, stehend und mit den *Chapal*, den indischen Sandalen, an den Füßen einige Amulette um den Hals, die Haare zum Knoten gebunden, mit starkem und ruhigem Blick, wie alle frühen Buddhas, ohne diesen abwesenden, leicht süßlichen und ein bisschen blöden Ausdruck, der später vorherrscht. Mich fasziniert ein kleines Fragment, das rechts von der Darstellung von Buddhas Tod zu sehen ist: seine Verbrennung, wo man nur zwei Reihen von Flammen sieht, die durch so etwas wie ein Holzbrett getrennt sind: unten Flämmchen, oben große lodernde Flammen. Ich spüre, dass sein Körper da drin verbrennt.

In einem besonderen Schaukasten sehen wir das Tal von Taxila, in dessen Tiefen sich vielleicht das Geheimnis des Ursprungs der gesamten menschlichen Kultur verbirgt. Das Museum führt in einen Garten, der noch von den Engländern angelegt wurde, aber wir haben nicht die Zeit, die Ausgrabungen zu besichtigen. Ich würde gern wiederkommen, Zeit hier verbringen, verstehen. Mich verärgert dieser in allen Veröffentlichungen vorgetragene Anspruch, dass all dies Teil der Geschichte und der historischen Wuzeln »Pakistans« sein soll.

Im Museum sind wir verabredet mit dem älteren Bruder von Faizal. Ich sage ihm, es könne doch ein gutes Geschäft sein, von einigen der Statuen und Reliefs in den Schaukästen Kopien anzufertigen. Ich sehe, dass er wie beleidigt ist. Er sagt, in seiner Religion sei all dies – und er machte eine Geste, die alle Statuen des Museums umfasst – *haram*, das heißt verboten, und vollends verboten sei es, ein Geschäft damit zu machen. Gespräch beendet. Ich aber denke, dass seine Vorfahren, eben weil sie die Darstellung des Göttlichen als Sakrileg auffassten, halb Zentralasien zerstört haben, und seine Nachkommen könnten noch weiter zerstören. Auch dieses Museum!

Zaman ist frei und intelligent, aber zutiefst muslimisch, mit allem, was das mit sich bringt. Im Tresorraum seines Festungshauses auf großartigen Teppichen sitzend und am Boden essend, spricht er von seiner Bewunderung für die Taliban, die als echte Afghanen seit Jahrhunderten an Bedürfnislosigkeit gewöhnt sind.

Er sagt, so würden sie widerstehen und deswegen der Welt, die sie umgibt, nicht nachgeben. Unter dem Einfluss der Jamaat-e-Islami* wird Pakistan immer islamischer werden, aber es wird nie so werden können wie das Afghanistan der Taliban.

Zaman bringt uns nach Islamabad. Ein Bruder bezahlt die Medikamente, die Angela kauft, indem er vor mir an die Kasse geht, Zaman bezahlt über 6000 Rupien für den Wagen, der uns nach Lahore bringt, in 380 Kilometern Entfernung. Wir brauchen vier Stunden für die Strecke auf einer Autobahn des 21. Jahrhunderts, die durch das Mittelalter führt.

Vor dem Pearl Continental Hotel empfängt uns eine Gruppe von Dudelsackpfeifern. Es sind wie Schotten gekleidete Pakistani, die für die Hochzeit irgendeines reichen, »weiß gewordenen« Machthabers engagiert wurden.

11. Januar 2000, Lahore. Die Stadt ist in Nebel gehüllt, und es nieselt. Wir nehmen einen Wagen des Hotels, wie üblich eine Enklave der Modernität. Besuch in Kiplings* Haus der Wunder, dem wunderschönen Museum von Lahore. Wir gehen hinein, und der Strom fällt aus. Gruppen von Pakistani, Frauen mit Kindern, gehen hinaus. Wir warten alle gemeinsam. Nach etwa zehn Minuten kommt das Licht wieder. Vor dem fastenden Buddha bleiben ganze Familien stehen und beten. Schwarz verschleierte Frauen verweilen ebenfalls und murmeln Gebete.

»Es ist berührend«, sagt eine junge Frau.

Wegen Id ist der Basar noch geschlossen, aber wir genießen es, mit dem Wagen durch schlammige und mit Exkrementen verdreckte Gassen zu fahren. Wunderschön die Stadttore. Ein starker Eindruck von Armut und Größe, Schmutz und Heiterkeit.

15. Januar 2000, Delhi. Poldi ist abgereist. Wundervolle Tage mit Angela. Wir sagen uns immer wieder, wie schön das Leben ist, und dass wir uns, wenn es das eines Tages nicht mehr sein sollte, an Tage wie diese erinnern müssen.

Wir kaufen Dinge, um ein Bild von Asien nach Florenz mitzunehmen. Ich finde schöne Kleider für sie, bei unseren Schneidern lassen wir die im Gandhi-Shop gekauften ändern. An dem kleinen schwarzen Tisch in der Bibliothek essen wir zu Abend und sprechen zum ersten Mal über das Buch, das ich schreiben möchte. Ich bin aufgeregt und ängstlich. Angela erinnert an Spagnol, der gesagt hat: »Das Buch ist schon da.«

Ich hoffe es.

Ich begleite Angela zum Flughafen. Wegen der Entführungen sind die Sicherheitskontrollen sehr streng, aber wie ein alter Bandit habe ich ein verfallenes Ticket mitgenommen und gehe mit ihr hinein, um ihr mit dem vielen Übergepäck, all den Dingen, die wir unterwegs gekauft haben, behilflich zu sein. Weißer zu sein ist hier immer noch von Vorteil. Beim Hinausgehen zeige ich meinen abgelaufenen Presseausweis vor.

20. Januar 2000, Deodars, Almora. Vielleicht, weil man als Reisender immer anderswo ist, gibt es am Ende viele – wahrscheinlich zu viele – Orte, an denen man sich seltsamerweise »zu Hause« fühlt.

Mit Billa am Steuer und Mahesh neben ihm kamen wir bei Sonnenuntergang hier an, und der Himalaja empfing uns mit dem großartigsten Naturschauspiel. Die Berge klar bis nach Nepal hinein, der Himmel tiefblau, der Vollmond zunächst wie weißes Seidenpapier, dann phosphoreszierend, großartig wie ein kostbares Schmuckstück. Die Kiefern und Zedern verfärbten sich schwarz, der Himmel orangefarben, dann violett, das Tal verstummte, und die Stille wurde durchbrochen nur von Hundegebell in der Ferne. Was für ein Empfang!

Angela fehlt mir. In das Eckzimmer zu kommen, mit dem großen Bett und den schönen, brennenden Lampen auf den Nachtschränkchen, war wie die Heimkehr von einer Beerdigung, wenn wir all das Vertraute und Bekannte vor uns sehen, dabei aber das fehlt, was integraler Bestandteil von allem war. Und doch habe ich erneut gelernt – in Macau, als ob ich das noch gebraucht hätte –, dass die Sehnsucht »wie eine Nachtigall ist: Sie singt schöner, wenn man sie im Käfig hält«.

Zu Fuß gehe ich den Weg zu Anam und Anandi hinauf, und ich fühle mich durchdrungen, erfasst und erfüllt von Leere, Hoffnung, guten Gedanken, Liebe und dem schönen Gefühl, mit Angela nun eine Gemeinschaft erreicht zu haben, die allen Stürmen standhält. Große Freude. Wir werden fern voneinander sein, um besser zu werden. Ich fühle, dass ich hier eine Möglichkeit habe, meine Stimme wiederzufinden, die Nachtigall in meiner Brust wieder singen zu lassen.

Der Tag hat in Delhi im Dunkeln begonnen. Auf dem Weg nach Ghaziabad schob sich eine riesige Sonne wie ein roter Ball über den Horizont herauf, sichtbar über der Schicht von Abgasen und Rauch, mit Wolkenstreifen davor, die in Flammen aufgingen. Umrisse von Bäumen, verdörrt wie die Menschen, arm und schön wie die Menschen, die ich wie Schatten durch die Ebene irren sehe auf der Suche nach einem Moment der Abgeschiedenheit für ihr Geschäft.

Es ist das Indien, das man kennt: arm, schmutzig, zum Verzweifeln und zugleich anrührend. Ich sehe eine Frau, wie sie mit bloßen Händen in einem Müllhaufen wühlt. Im Vergleich dazu ist ein schmutziger und zerlumpter Mann an der Straße ein »Herr«, weil er eine gebogene Eisenstange auf der Schulter trägt, mit der er »professionell« wühlen kann.

Freude, die Routine hinter sich zu lassen, die Last des Alltags.

21. Januar 2000, Deodars, Almora. Tag mit Richard auf dem wunderbaren Basar, ich kaufe eine Gasflasche, um Tee machen zu können, lange Unterhosen und eine schöne *Thulma*. Der Basar ist eine faszinierende Welt, die von den Supermärkten ausgelöscht wird: die armen nepalesischen Sherpas, manchmal auch Kinder, barfuß und spärlich gekleidet, die Händler, die in der Sonne sitzen und warten wie Eidechsen, dann Mittagszeit, wenn das Essen wichtiger ist als ein Geschäft. Die Kühe, die zwischen den Leuten herumlaufen. Großer Frieden, die alten Häuser mit Holzintarsien, einige verfallen. Zum Glück gibt es hier nicht viel Entwicklung, und man wird sie nicht abreißen, um Bauten aus Glas und Aluminium hinzustellen.

Bei Tara* treffe ich Geeta, Brasilianerin, 50 Jahre alt, freundlich und verloren, wohlbeleibt, aber verwahrlost in der Seele. Auch sie eine »Waise« Oshos. Eine Geschichte wie tausend andere. Ich trinke Tee mit ihr und noch einer brasilianischen »Waise« Oshos, sie lebt hier allein, alle sind so um die 50, 60, alle mit einem schönen Lächeln, aber verloren.

22. Januar 2000, Binsar. Mondschein liegt still auf meinen Schultern, den Baumwipfeln, dem Wald, einem Hügelrücken und dahinter den Umrissen weiterer Hügel und Berge vor einem völlig klaren Himmel. Ich betrachte die Flamme und das flackernde Licht von zwei Petroleumlampen. Am Boden auf einer weißen Wolldecke sitzend, schreibe ich diese Zeilen. Ich bin glücklich. Es kommt mir wirklich so vor, als hätte ich den ersten Schritt zu einer großen Reise getan, als hätte ich die Chance zu einem neuen, schönen Abenteuer. Die Stille ringsum ist immens, und die Möglichkeit, die eigene Stimme zu vernehmen, ist so groß wie nie.

Ich bewohne hier ein bescheidenes Steinhaus vor dem Haus der Datta. Ich steige eine Holztreppe hinauf, und dort habe ich einen schönen großen Raum mit einem Kamin. Mir wurde der junge Nandu anvertraut, der sich um mich kümmern wird, der mir Holz und Wasser bringen … und sauber machen wird.

Mahesh und Richard installieren das Solarpaneel, und als wir es ausprobieren, kommt und geht das rote Licht, der Strom kommt und geht. Ich fühle mich verloren, doch dann scheint sich mit ein paar Schlägen alles beheben zu lassen. Aber wie es einmal schiefgehen konnte, kann es tausend weitere Male schiefgehen.

Ich verbringe den Nachmittag damit, mich einzurichten, ich kehre den Raum, stelle einen kleinen Altar mit einem Buddha zum Meditieren auf den Tisch. Um sieben frugales Abendessen mit den

Datta, dann leckere Ferrero-Schokolade aus der riesigen Schachtel, die Vivek so gut gefällt.

Marie Thérèse erzählt, sie habe Alain Daniélou besucht, der in Zagarolo im Sterben lag, und den sie 30 Jahre lang nicht gesehen hatte. Sie sei drei oder vier Tage geblieben, sie hätten gelacht, über alles Mögliche gesprochen, aber nie über seine Krankheit oder seinen Tod, und beim Abschied sei es für sie, die nie jemandem die Füße berührt hatte, völlig natürlich gewesen, sich zu seinen Füßen hinabzubeugen. Da habe er ihr die Hand auf den Kopf gelegt.

Vivek sagt, er gehe jetzt ins Bett, aber gegen eins wird er aufstehen, sich eine Tasse Tee machen und in seinem Sessel sitzend das Licht einer Kerze betrachten. »Was für ein Symbol!«, sagt er. »So aufrecht … ohne Flackern.« Mit ihren Lampen begleiten sie mich bis an die Tür. Kaum draußen vor dem Haus löschen alle ihre Lampen beim Anblick des unglaublichen Monds … den Angela mir bis hier herauf geschickt hat.

24. Januar 2000, Binsar. Ich wache auf, mache mir Notizen, die ich dann am Morgen nicht entziffern kann, und die Träume verwehen, als wären sie nie dagewesen.

Um sieben beginnt die Sonne die Berge mit einem Hauch von Rosa zu überziehen.

Mir wird klar, dass man durch das Leben hier, ohne den Komfort, den wir gewöhnt sind, sich jedes Handgriffs bewusster wird, achtsamer wird für alles was geschieht. Bei den Batterien fragt man sich, wie lang sie halten werden, ein Stück Papier hebt man auf, ebenso wie ein Streichholz, das vielleicht noch einmal verwendet werden kann, man geht sparsam mit den Kerzen um. Ich sehe, dass die Kühe auf meine Wiese zutrotten, und laufe hinaus, um zu kontrollieren, ob sie mein Solarpaneel auch nicht umreißen können.

Vivek besucht mich und verführt mich mit seinem Lachen. Ich gebe nach, und in der Mittagssonne genieße ich das Essen, den Frieden und die Gesellschaft der Krähen, die mich dafür, dass sie mir gestern den Käse geraubt haben, heute entschädigen wollen und mir aus der Hand fressen.

Ich male den Sonnenuntergang, und die Hände werden mir steif vor Kälte. Ich gehe hinein, mache Feuer und höre Vivek langsam die Treppe heraufkommen. Er möchte reden, meinen Kommentar zum Buch der Madhu erörtern. Mein Einwand ist der übliche: Das Leben ist eine großartige Gelegenheit, Gelegenheit auch zu Lust und Freude, wenn es jedoch aufgefasst wird wie ein beständiges Opfer, um etwas anderes zu erhalten, dann hat die Suche keinen Sinn. Er wiederholt, dass Krishna Prem* zum Schluss vollständig im Frieden mit sich selbst war, völlig im Einklang (mir gefällt diese Definition eines Menschen im reifen Alter). Ich frage ihn nach seiner Auffassung von Krankheit. »Wie der Schmerz muss die Krankheit in Einklang mit dem Sein gebracht werden.« Ich frage mich, wie Ramana Maharshi* das gemacht hat, der solche Schmerzen hatte, dass er weinen musste. Die Idee des Todes muss neu überdacht werden, sagt er.

»Ist es die Krankheit, die den Tod verursacht, oder ist es der Tod, der die Krankheit verursacht?«

25. Januar 2000, Binsar. Die Nächte sind immer voller Träume, einer nach dem anderen. Bei jedem ist es, als wollte ich aufwachen, um ihn aufzuzeichnen, ich habe das Gefühl, ich werde ihn nicht vergessen, ich schlafe wieder ein und träume erneut.

In einem Traum war ich in einer Stadt so ähnlich wie Maresca. Ich sehe Carabinieri. Ich frage mich, warum es so viele sind, ich gehe in Richtung Zentrum, es werden immer mehr, bis ich auf die Piazza gelange, dort sehe ich eine Gruppe Männer, die einen geschnappt haben und ihn zu Tode prügeln, während viele andere Carabinieri mit ihren Mützen ringsum stehen und so tun, als würden sie nichts sehen. Ich greife ein, versuche, den Unglückseligen zu retten, beschuldige die Carabinieri, sie täten nicht ihre Pflicht, bis ich begreife, dass alle Carabinieri sind und dass sie es sind, die den Mann verprügeln. Ich frage, wer der diensthabende General ist. Man sagt, er gehöre zu einer Sondereinheit, aber er sei nicht da; ein Mann mit Schnurrbart kommt auf mich zu, einer aus dem Süden, ohne jede Autorität, aber wichtigtuerisch; ich sage, ich sei ein Journalist von *Repubblica* und würde diese Geschichte in die Zeitung bringen. Der Kerl ruft einen jungen Hauptmann, ich sage, ich sei ein Journalist vom *Corriere*, ich versuche, mir Achtung zu verschaffen. Ich rechtfertige mich, indem ich sage, ich arbeite für zwei verschiedene Zeitungen, ich könne in beiden schreiben.

Ich wache auf und fühle, dass das Problem mein Ego ist, meine Identität, wer ich bin. Vielleicht der Mann, den sie verprügeln? Einer, von dem die Carabinieri etwas wissen wollen, und am Ende bin vielleicht auch ich fast überzeugt, dass man ihn verprügeln muss, um zu einem Ergebnis zu kommen? Erst gestern Abend habe ich mit Vivek über die scheinbare Absurdität gesprochen, ein Leben voller Opfer zu führen, um etwas zu erreichen, das nicht sicher ist.

Die Sonne ist untergegangen, nach einem grauen und bedeckten Tag. Ein Augenblick der Panik, als der PC sich plötzlich aufhängt und die Batterie sich mit einem Schlag vollkommen entlädt. Mir scheint, das ist ein weiteres negatives Zeichen (dass ich nicht hier sein soll? Das Gas, das nicht funktioniert und die Solarlampen, die nach wenigen Minuten ausgehen?).

Ich frage Vivek, was dieses Selbst hinter dem Ego ist, das es zu zerstören gilt.

»Es gibt nicht eine indische Sicht der Dinge und eine abendländische ... Es gibt nur den empirischen und den inneren Menschen, und Letzterer ist universal. Plotin sagt genau dasselbe wie die Veden und Buddha.«

Sie ist wunderbar, diese Sicherheit Viveks, in gewisser Weise ewig zu sein, etwas in sich zu tragen, was seine materielle Existenz übersteigt, und darauf relativ leicht zurückgreifen zu können, womöglich nachts in der Stille, wenn er die reglose Flamme einer Kerze betrachtet, die in seinem Esszimmer brennt, mit dem Fenster auf den göttlichsten Anblick der Welt, den vom Mond beschienenen Nanda Devi. Er sagt, so wie man im Schlaf präsent sein kann und wie man aus tiefem Schlaf erwacht, genauso muss man den Tod betrachten. Wenn das träumende Ich verschieden ist vom geträumten Ich und dieses auch existiert, während das andere schläft, muss es ebenso ein Ich geben, das überlebt, wenn das andere stirbt.

26. Januar 2000, Binsar. Heute Morgen wäre ich lieber Maler als Drechsler von Worten. Im Nebel heben sich die Riesenrhododendren mit ihren großen, moosbedeckten Armen ab.

Nandu, der junge Paria, der sich um mich kümmert, kommt barfuß und zitternd und bringt ein Bündel Holz, als ich seine nassen Fußabdrücke sehe, hole ich meine Schachtel mit Socken hervor und gebe ihm ein Paar. Und die sehr dünne Baumwollhose, die er anhat? Nur auf dem Kopf trägt er eine gelb-grüne Mütze und einen Schal, der ihm die Ohren bedeckt. Sonst ist er nackt wie die Tiere des Waldes.

Den ganzen Tag über ist es grau. Manchmal fällt dichter Regen, manchmal schwerer Schnee in großen Flocken. Gegen Abend klart der Himmel dort auf, wo die Sonne untergeht, und die Hügelketten sehen aus wie ein Wellenmeer, einen Moment lang überziehen sich die Berge mit Rosa, aber wirklich nur für einen Moment. Dann verschwinden auch sie im grauen Nebel, der immer dunkler wird.

Die Alten gehen ein wenig spazieren, und ich lade sie zum Tee ein.

Danach möchte Aurelia, die bei ihnen zu Gast ist, mit mir reden, und wir sitzen eine Stunde am Feuer. Sie ist 22 Jahre alt, fühlt viele moralische Verpflichtungen und fürchtet, nicht genug Kraft zu haben, sie in die Praxis umzusetzen. Sie will den Menschen helfen, sich mit Unterentwicklung befassen, aber in Wirklichkeit interessiert sie sich für den Menschen, für Kunst und Kultur. Ich höre ihr zu, gehe auf sie ein, sage, was mir dazu einfällt.

Ich hasse es, Guru zu sein, dass man mir eine »Weisheit« zuschreibt, von der ich fühle, dass ich sie nicht habe.

27. Januar 2000, Binsar. Mittagessen. Marie Thérèse sagt, Angelas Buch über China sei wunderbar, von da kommen wir auf die Kulturrevolution zu sprechen.

»Glaubst du, dass China zu seiner Kultur zurückkehrt?«, fragt Vivek.

Ich sage nein, weil der Kommunismus die Wurzeln ausgetrocknet hat, ich führe das Beispiel Pol Pot an, sage, dass die Zerstörung sämtlicher Pagoden zum Ziel hatte, die Erinnerung an die Vergangenheit, an den Buddhismus auszulöschen.

»Aber ist Buddha deiner Meinung nach eine Pagode?«, sagt Vivek.

Zum Abendessen mache ich Kartoffelomelett. M.T. erzählt, die Frau von Harish, dem Bediensteten, werde demnächst ihr zweites Kind bekommen. Heute habe sie sie besucht und sie gefragt, ob sie etwas brauche. »Nein«, habe sie geantwortet, sie wolle keine anderen Frauen um sich haben, nicht einmal ihre Mutter. Sie hat eine Rasierklinge ausgekocht, mit der wird sie selbst die Nabelschnur durchtrennen.

»Hast du keine Angst?«, habe M.T. sie gefragt.

»Angst wovor? Haben die Kühe etwa Angst?« Sie ist 23 Jahre alt. Sie wohnt in dem Steinhaus unten am Feld. Ich habe sie in den vergangenen Tagen mit ihrer zweijährigen Tochter in der Sonne sitzen sehen, sie macht sich nur Sorgen, ob sie genügend Milch hat für beide Kinder. Keinerlei Unruhe, keine Angst. Ich denke an Folco, der einen Kurs für sanfte Geburt besucht hat, an die Angst seiner Frau, an die Periduralanästhesie und an unsere Gesellschaft, die alles garantiert, alles versichert und alles institutionalisiert und dadurch eine so große Distanz zwischen uns und die Natur gelegt hat, uns so viel von der natürlichen Beziehung zu den Dingen genommen hat.

Vivek gibt mir *Das Geheimnis der goldenen Blüte** zu lesen. Ich lese die Eloge C. G. Jungs auf den deutschen Sinologen Richard Wilhelm (Übersetzer des *I Ging*), und mir wird klar, wie bedenklich auch er schon die blinde Übernahme östlicher Heilslehren durch den Westen fand.

28. Januar 2000, Binsar. Ich versuche, in der Nacht aufzustehen, um »bei der Kerze zu sitzen«, aber es ist zu kalt. Um sechs Uhr gelingt es mir aufzustehen. Das Morgenrot ist wunderschön, mit einem warmen Orange, das aus dem Dunkelblau der nepalesischen Berge jenseits des kleinen Tals aufsteigt, das ich von meinem Fenster aus sehe. Der Nanda Devi steht prächtig da in einer Reihe von Gipfeln, die kein Ende zu nehmen scheinen.

Ich beschließe, ein Aquarell zu malen, aber die Farben frieren ein und der Pinsel vereist und wird steif. Der Kamin qualmt unter dem Dach, weshalb man ihn reparieren muss, der Hahn an dem kleinen Trinkwasserbehälter ist leck und muss gerichtet werden, also beschließe ich, den Vormittag auch für ein Bad zu nutzen, und ich bestelle einen Eimer heißes Wasser.

Danach, während die Männer auf das Dach steigen, um mit lehmverschmierten Händen die Löcher im Schornstein abzudichten, sitze ich mit Vivek in der Sonne, und wir reden über Sufis.

Ursprünglich waren sie Häretiker, und wenn sie das nicht sind, sind sie keine echten Sufis. Es gibt verschiedene Sufi-Traditionen: Im Vorderen Orient sind es Muslime, die von der griechischen Welt beeinflusst wurden – standen sie unter dem Einfluss von Platon und Plotin, waren sie Mystiker, standen sie unter dem von Aristoteles, waren sie Theologen. In Zentralasien vermischten sie den Islam mit dem Buddhismus, in Kaschmir mit dem shivaistischen Hinduismus.

Vivek ist immer noch fasziniert von meiner Uhr, die auf dem Zifferblatt einen Buddha zeigt. »Die Ewigkeit, eingespannt in die Zeit … Und welche Zeit? Nicht die der Erfahrung, sondern die Zeit der Uhr mit den Zeigern, die aus dem Herzen des Buddha hervorkommen.«

Dann im Gespräch über die Muslime: »Was ist besser, viele Götter zu haben und eine einzige Menschheit oder einen Gott und viele Menschheiten? Bevor der Prophet kam, war Mekka ein schöner Ort der heidnischen Kulte, da waren Tempel mit vielen Göttern. Der Prophet zerstörte sie alle und teilte die Menschheit ein in Gläubige und Ungläubige. Die Muslime sind eine Bedrohung, und der Prophet selbst war eine Bedrohung. Ihre heilige Schrift, der Koran, ist voll schrecklicher Anweisungen, wie man die Ungläubigen behandeln soll …«

Der große Unterschied besteht zwischen den offenbarten Religionen und denen, die das nicht sind: In den einen gibt es einen Propheten, dem Gott gesagt hat, wie die Dinge liegen, und er sagt das den anderen weiter (und Mohammed sagt, er sei der letzte Prophet); in den anderen gibt es keinen Vermittler, im Grunde heißt es dort, »erkenne dich selbst«, und damit entdeckst du, dass du selbst Gott bist.

29. Januar 2000, Binsar. M.T. reist heute ab und wird einen Monat fort sein. Ich hoffe, mein Schreiben kann beginnen.

Mitten am Nachmittag eine Überraschung, ein Geschenk. Richard und Elisabeth kommen mit Büchern und einem sehr langen Fax von Angela. Große Freude, aber auch eine leise Angst, dass dieses Leben auf so verschiedenen Wegen uns auseinanderbringen könnte.

Wenn ich gezwungen wäre zu wählen, würde ich mich für sie entscheiden und in Florenz leben, würde mich bemühen, dort das zu finden, was ich hier suche. Sie fehlt mir sehr, auch wenn ich mit einem gewissen Verdruss spüre, dass sie noch immer ganz von den Dingen der Welt in Anspruch genommen ist. Ich möchte ihr näher und nützlicher sein. Wenn ich nur hier wäre, um ein Büchlein zu schreiben, das dann womöglich nicht zustande kommt, wäre das die Mühe nicht wert. Ich hoffe, die Kräfte zu stärken, mit denen ich dann gern allen helfen würde.

Abendessen mit Vivek, allein, Gespräche über Zeit und Tod. Ich gehe früh schlafen in der Hoffnung, einen schönen Anfang für das Buch zu träumen.

30. Januar 2000, Binsar. Frühstück mit Vivek, immer noch mit seinem Zeitproblem beschäftigt. Er sagt, in der Nacht habe er an den Baum gedacht, der in allen Kulturen ein Symbol des Lebens ist:

die Wurzeln in der Erde, die Äste in der Luft. Das Leben geht hervor aus der Dunkelheit, aus dem, was unten ist. Aber die indische Kultur ist die einzige, in welcher der Baum auch mit den Wurzeln in der Luft und dem Wipfel nach unten dargestellt wird, im Grund genommen wie unser Nervensystem, das seine Wurzeln im Kopf hat und sich von dort nach unten verzweigt.

31. Januar 2000, Binsar. Frühstück mit Vivek, Thema ist immer noch das Bewusstsein, das universelle, das jedem individuellen Bewusstsein zugrunde liegt, auch dem der Ameisen (von denen man glaubte, das einzelne Tier allein würde sich verloren fühlen, stattdessen hat man entdeckt, dass sie, auch wenn sie isoliert sind, Entscheidungen fällen!).

Über die Freiheit erzählt er die Geschichte von dem weisen Kalifen, an den ein Mann sich mit der Frage wendet, ob es im Leben Freiheit gibt.

»Sicher«, sagt der Kalif, »du hast zwei Beine. Aber kannst du auf einem stehen?«

»Ja«, antwortet der Mann.

»Dann versuch es. Entscheide dich, auf welchem du stehen willst.« Der Mann denkt kurz nach, dann hebt er das linke Bein und steht auf dem rechten.

»Gut«, sagt der Kalif, »jetzt heb auch dieses.«

»Wie … das ist unmöglich!«, sagt der Mann.

»Siehst du? Das ist die Freiheit: Du bist frei, aber nur, die erste Entscheidung zu treffen.«

Im *Mahabharata** wird ein alter Mann gefragt, ob im Leben Freiheit oder Vorherbestimmung herrschen, und er antwortet: »Sie sind wie die zwei Räder an einem Karren.«

Ich gehe zum *Mandir*, wo der Wagen auf mich wartet, gefolgt von Govind*, er trägt meine Solarlampe, die repariert werden muss. Das Wetter ist herrlich, warm, als ob Frühling wäre. Sogar die Bäume lassen sich täuschen, und ein Rhododendron ist übersät von roten Blüten.

Ich gehe auf den Basar, um mich mit Vorräten einzudecken, und bin überglücklich, wieder heraufzukommen, in die Stille. Sogar der Basar von Almora erscheint mir mittlerweile zu viel!

2. Februar 2000, Binsar. Mit der Wollmütze auf und darüber die Kapuze der gelben Fleece-Jacke, die ich vor Jahren in Hongkong gekauft und nie getragen habe (endlich findet sie eine Verwendung) gehe ich jeden Abend zu Bett und decke mich mit der herrlichen schwarzen *Thulma* zu, die in einem Überzug steckt (wodurch sie wärmer hält, heißt es). Zum Einschlafen lese ich den schrecklichen und aufgeblasenen Daniélou.

In der Nacht träume ich einen neuen Anfang für das Buch, ich wache auf, um sofort alles auf ein Blatt Papier zu notieren, das ich neben dem Bett liegen habe, aber ich denke, morgen früh wird es sein wie die Dinge, die man im Drogenrausch aufschreibt: nicht so außergewöhnlich, wie sie einem in dem Moment vorkommen.

Ich erwache um vier, denke, ich stehe auf, doch dann sinke ich zurück auf das warme Lager. Um sieben stehe ich auf, ein schönes Licht fällt ins Zimmer, und eine große Stille hüllt die ganze Natur ein. Ich schaue hinaus. Alles ist völlig weiß, die großen Zedern wirken riesig mit den Ästen voller Schnee, ein Teil der Stämme weiß, die Vorsprünge weiß umrandet, erste Sonnenstrahlen. Das Tal liegt im Weiß der Wolken, die auch die Gipfel des Himalaja in der Mitte durchschneiden: die Spitzen rosa in der Sonne, unten blau-weiße Wolkenbänke.

Frühstück im Salon, weil der Ofen im Essraum kaputt ist. Das Weiß draußen verbreitet viel Helligkeit, und das schöne Bild von Brewster leuchtet an der Lehmwand.

Geschichten von Panthern. Auch sie sind Menschenfresser, und wenn sie es ein oder zweimal probiert haben, werden sie sehr dreist und sind auch imstande, in Häuser einzudringen und Kinder wegzuholen. Vergangenes Jahr musste einer getötet werden, weil er in einem Bauernhaus hier im Tal einen zehnjährigen Jungen gefressen hatte.

Wir sprechen über Folco. Ich sage, am meisten habe er an sich selbst gearbeitet, und dadurch sei er ein feiner Mensch geworden.

Vivek sagt, das sei die einzige Arbeit, die die Sache wert sei, alles Übrige komme von selbst.

»Ich fürchte«, sage ich, »das hat ihn aber nicht auf die Welt draußen vorbereitet, die hart und schrecklich ist.«

»Aber die Welt innen ist noch härter, und dann … die Welt außen ist nichts als eine Spiegelung der inneren Welt.«

Ich erzähle ihm von der Begegnung Folcos mit einem Lama, und Minuten später fragt er mich, ob dieser Lama noch am Leben ist. Die Geschichte hat ihn beeindruckt.

3. Februar 2000, Binsar. Wunderbarer Morgen. Die Berge sind sehr weiß und so nah wie nie, der Schnee verleiht ihnen eine Leichtigkeit, die ich nie zuvor gesehen habe. Es ist ihre gleichbleibende und stets wechselnde Schönheit, ihre Beständigkeit, was diesen göttlichen Eindruck hervorbringt. Was ist göttlich, wenn nicht Schönheit, Beständigkeit, dieses Gefühl der Größe, diese Anspielung auf alles, was der Mensch nicht sein kann?

Vivek hat *Der Analog* von René Daumal* gelesen. Er sagt, der Mann sei interessant, sei von der Existenz einer anderen Welt überzeugt. Er denke an eine Schnecke, daran, wie sie die Welt nur zwei-, nicht dreidimensional sehen kann, weshalb ihre Welt eine andere ist.

Ein dem »Tun« gewidmeter Tag, weniger dem »Sein«, was – wie Vivek sagt – wesentlich wichtiger ist. Hier gibt es tausend Gründe, nichts zu tun, weil man die schöne Lust am Sein entdeckt.

»Die Tatsachen?«, sagt Vivek. »Die Tatsachen an sich sind roh. Es sind die Gefühle des Menschen, die ihnen eine Deutung geben.«

»Die Wissenschaft? Sie schreitet auf ihre Weise voran, nährt sich von dem, was sie will, und schließt aus, was ihr nicht passt. So schließt sie zuerst die Gefühle aus, die Empfindungen des Menschen; sie ignoriert das Bewusstsein, ja, sie stellt sich ihm entgegen, beschränkt sich auf die Tatsachen.«

Ich mache das Abendessen, Zwiebelomelett, Erbsen mit Knoblauch, gedünsteter Blumenkohl.

Nach dem Abendessen die letzten Stücke Schokolade.

Viveks Meinung nach ist die einzige Sache, die wir wirklich haben und über die wir verfügen können, unsere Fähigkeit zu lieben, und das ist eine große Kraft, die wir bedingungslos einsetzen können.

4. Februar 2000, Binsar. Die Tage vergehen wunderbar in einer ununterbrochenen Folge von Gesprächen, Gedanken, Spaziergängen, Schweigen und verrinnender Zeit.

Heute Nacht war ich um vier Uhr wach und wollte das ausprobieren, was Vivek »das Geheimnis der Kerze« nennt. Ich stand auf, stellte die Kerze vor den erloschenen Kamin, und ohne allzu viel Technik, ohne viel nachzudenken, setzte ich mich in eine Decke gehüllt mit geschlossenen Augen hin, um »der inneren Melodie zu lauschen«. Der Geist war ruhig, die Gedanken lösten einander ab, waren im Fluss, ich beobachtete sie wie ein Spiel, ohne sie zu verscheuchen ... Das Buch, die erste Seite ... ich hörte deutlich die Stimme einer Frau (keine bestimmte Frau, nicht Angela, niemand, den ich kenne), einfach eine klare und deutliche Frauenstimme:

»Mach weiter so, ich werde dir helfen.«

Wunderbar das Treiben meines Geistes, die Streiche, die mir zu spielen er imstande ist. Oder ist das die Stimme, von der Vivek spricht? Eine Stimme, die manchmal, wie er sagt, nicht einmal spricht, sondern dich die Antwort auf die Probleme, die du hast, fühlen lässt?

Ich schlafe wieder ein, und wie um die »Spiritualität« der Stimme auszugleichen, ein Traum um Sex: Ich bin in meinem Zimmer, ein sehr junges Mädchen, klein, weiß und nackt kommt zu mir, sie zeigt ihren schönen Hintern und sagt, sie habe in meiner Hand gesehen, dass die Linie der Sexualität nicht klar sei, sie sei nicht ausgeprägt, und sie könne sie verändern. Wie?, frage ich, die Handlinie sei doch festgelegt. Nein, beharrt sie, die Linie kann verändert werden, tu ihn hierhin, und sie deutet auf ihr Wunder der Natur. Das verlockt mich, aber nicht übermäßig. Ich sage, mir sei die Linie recht so, wie sie ist, ich fühle, dass es nicht recht wäre, und damit ist alles zu Ende, ich bin zufrieden, dass ich verzichtet habe.

5. Februar 2000, Binsar. Das Frühstück dauert über zwei Stunden, nachdem Vivek zu Beginn sagt: »Heute Nacht habe ich über die Krankheit nachgedacht. Wenn du die deine auf eine andere Person übertragen könntest, würdest du das tun?«

Ich denke einen Augenblick nach, ich denke an diejenigen, die sich eine Niere kaufen in dem Bewusstsein, dass sie sie einem weggenommen haben, der das womöglich gar nicht wusste, und ich sage: »Nein … aber das ist das Resultat meiner christlichen Erziehung.«

»Nein, das hat nichts mit dem Christentum zu tun, sondern mit deinem inneren Sinn für das Leben. Und wenn du sie auf ein Tier übertragen könntest, sagen wir ein Pferd?«

»Sofort«, sage ich.

»Das arme Pferd, warum soll es für dich leiden? Ich könnte das nicht. Und dann, ist es wirklich wünschenswert, die Krankheit loszuwerden, die eigene Krankheit?«

Ich sage, heute hätten die Menschen im Westen kaum Skrupel, ihre Krankheit auf jemand anderen zu übertragen … sagen wir ein Tier oder einen Baum (überhaupt keine Skrupel).

Vivek: »Wir sollten den Schleier des Geheimnisses nicht lüften, denn es würde nur weiter zurückweichen, würde noch unnahbarer und entrückter. Das Schöne am Geheimnis ist, dass es bleibt, was es ist: ein Geheimnis.«

Mir wird klar, dass es in allen Kulturen diesen Mythos um das Geheimnis gibt, welches Geheimnis bleiben muss, dass der menschliche Geist vielleicht etwas braucht, worüber er nicht hinausgehen darf.

»Vivek, wenn du vor der Kerze sitzt, schöpfst du da wirklich aus einer Quelle in dir, von der du glaubst, dass wir alle sie besitzen?«

»Ja, denn die Menschen können verschiedene Gedanken haben, verschiedene Meinungen, verschiedene Empfindungen, aber alle haben dieselben Gefühle.«

»Und welches ist die Sprache dieser Gefühle?«

»Das ist der springende Punkt: Es ist dieselbe Sprache wie in der Kunst, in der Liebe, dieselbe wie im Mitleiden. Es ist gewiss keine Sprache aus Worten. Sie geht über Worte hinaus, es ist eine Art der Kommunikation, die alle verstehen können. Mit welcher Sprache spricht die Musik zu deinem Herzen?«

»Wenn du in dich hineingehst, dann ist diese Reise das, was du geistiges Leben nennst, nicht wahr?«

»Ja.«

»Aber wo ist der Geist, Vivek?«

»Sag du mir, wo er nicht ist!« Und er lacht sein großartiges raues Lachen.

Dann erzählt er: »Rumi sagte einmal: ›Es gibt einen Koran, der in unser aller Herz eingeschrieben ist, und die Sprache, in der er geschrieben ist, ist sicher nicht das Arabische.‹ Von Galilei über Newton bis heute ist die Wissenschaft die einzige Art geworden, die Welt zu verstehen, aber das genügt überhaupt nicht. Die Welt ist nicht allein das, was sich messen lässt, sie lässt sich nicht auf Mathematik reduzieren. Nimm die Musik: Die Musik ist Mathematik, aber die Mathematik allein genügt nicht, um die Musik zu erklären. Was ist die Zeit in der Musik? Eine Note ist nicht von einer anderen geschieden, sie dauert fort in der Stille und schafft eine Melodie. Aber was für eine Zeit ist das? Ständig vergeht ein Augenblick, um Vergangenheit zu werden, und es gibt einen Augenblick, der die Vergangenheit enthält und damit die Zukunft.

Seitdem die Wissenschaft alle anderen Arten des Weltverständnisses verdrängt hat, haben wir für mein Gefühl etwas verloren, und in vieler Hinsicht war das alte kosmogonische Modell, die Welt zu betrachten, besser. Nimm das Leben, das Bewusstsein, den Menschen: Sind das mathematische Formeln? Können sie mithilfe der Wissenschaft beschrieben und erklärt werden?«

Es schneit, es schneit den ganzen Tag. Ich habe große Lust zu malen (nach dem Buddha im Morgengrauen, dem Buddha im Schnee, nun den Buddha in der Sonne, für ein Triptychon). Da ich schreiben muss, wäre ich gern Maler; wäre ich Maler, würde ich schreiben wollen. Viveks distanzierte Einstellung wird immer mehr auch die meine: das Sein für viel wichtiger zu halten als das Tun.

Ich schreibe keine Zeile, öffne auch nicht die Datei *Kapitel 01*. Um fünf kommt Vivek zum Tee, dann lädt er mich ein, in seinem Salon *Der Analog* zu lesen, dann Abendessen. Es ist halb neun, und draußen tobt der Sturm, ich spare Energie und gehe mit etlichen Decken über meiner tibetischen *Thulma* zu Bett. Ein großes Feuer im Kamin leistet mir Gesellschaft. Das Bewusstsein ist ruhig, der Geist ebenso, gleichmütig, wie ich es seit langem gewollt habe.

Vivek sagt, sämtliche intellektuellen Positionen bewegen sich zwischen zwei Extremen: auf der einen Seite die Haltung des Materialisten, der weiß, dass er heute keine Erklärung der Welt hat, dass er nicht weiß, was sie im Innersten zusammenhält, der aber sicher ist, dass die Wissenschaft es eines Tages herausfinden wird; auf der anderen Seite die Haltung des Yogi, der absolut sicher ist, dass es das Bewusstsein ist, was alles zusammenhält, und dass das eines Tages allen klar sein wird.

Das Schlimme ist, dass da jetzt eine neue, äußerst verderbliche Position hinzugekommen ist: der Konsumterror mit seinem Imperativ »lebe, um zu essen, und iss, um zu leben«.

So wird alles durcheinandergebracht.

6. Februar 2000, Binsar, halb fünf Uhr morgens. Seit Jahrhunderten empfehlen sämtliche Lehrmeister, bei Sonnenauf- oder Sonnenuntergang zu meditieren, die Stunden des Tages, in denen alle *Rishi* meditieren und unendlich viel Energie in der Luft ist. Gestern habe ich Vivek gefragt, warum.

»Sonnenauf- und Sonnenuntergang sind die Momente, in denen die zwei Welten sich vereinen, Tag und Nacht, Licht und Finsternis, das Subjektive und das Objektive. Die Nacht ist der Moment des Subjekts, wenn alle Dinge im Dunkel verschwinden, während am Tag die Dinge vorherrschend sind, ans Licht treten, und das Subjekt zurückweicht. Deshalb ist der Moment, da die beiden sich vereinen, wie eine Tür, durch die man von einer Welt in die andere übergeht, um zu versuchen zu sehen.«

Mir wird immer klarer, dass Vivek wesentlich mehr zu meinem Herzen spricht als der *Swami*, der war zu intellektuell und übersetzte die großen Ideen nicht in Gefühle.

Das übliche wunderbare Frühstück, das bis um zehn Uhr dauert, mit aufblitzendem Blau in dem großen Fenster, Leuchten von Bergen und Tälern in den kurzen Augenblicken, wenn der Wind die Wolkendecke aufreißt.

Wir sprechen über Homosexualität und Sex. Vivek sagt, die Griechen hätten besser als alle anderen verstanden, dass die Sexualität göttlich ist: Eros. Das moderne Denken hat die Sexualität enorm eingeschränkt und sie auf etwas Körperliches reduziert, das heißt auf die bloße Lust.

Am besten lässt sich die Wirklichkeit durch die Gefühle verstehen, nicht durch den Intellekt, denn der ist beschränkt. Bisweilen ist das Flötenspiel eines Hirten, das aus dem Wald dringt, viel bewegender als eine klassische Sonate.

Seit zwei Tagen rühre ich die *Runde* nicht an. Jetzt, da ich Distanz gewonnen habe, werde ich mich mit Vergnügen wieder hineinstürzen, auch weil mir das Buch dank Vivek unterdessen klarer erscheint, mit einem – symbolischen, allegorischen – Sinn, mit dem ich mich sehr viel wohler fühle: von der Suche nach einer Lösung für das Problem der körperlichen Gesundheit bis zur … »Kerze«.

7. Februar 2000, Binsar. Beim Frühstück sage ich, dass das Buch mit ihm enden könnte, ohne ihn beim Namen zu nennen und auch nicht Binsar, um zu verhindern, dass scharenweise Leute hier heraufkämen, um ihn kennenzulernen. Die Idee gefällt ihm, aber er bittet darum, »Binsar« wirklich nicht zu nennen.

Ich sammle das Wasser, das vom Dach tropft, in einem Eimer,

um mich zu waschen. Eine der beiden Krähen nutzt einen Augenblick meiner Unaufmerksamkeit aus und frisst den ganzen Honig auf, den ich eben in eine Schale mit Joghurt gegossen und auf dem Tisch habe stehen lassen.

Ich nähe am Kragen eines Hemds einen Knopf an, wo sonst der Wind hineinfährt.

Ich lese René Daumals *Der Analog* zu Ende. Eine wahre Freude. Er hat das Problem begriffen und mit verschiedenen Symbolen beschrieben. Ein Ökologe *ante litteram*.

Ich arbeite an Kapitel eins.

8. Februar 2000, Binsar. Ich stehe bei Sonnenaufgang auf und schreibe. Wunderbar. Dann häusliche Arbeiten: die Teekanne reinigen, Feuer machen, mich waschen. Achtsam auf jede Bewegung, bewusst mit jedem Ding umgehen, an Streichhölzern sparen, am Holz, an den *Cikla*, den Holzspänen zum Feueranzünden.

Ich arbeite, bin aber auch etwas deprimiert. Vielleicht ist es Viveks große Intellektualität, mit der ich nicht mithalten kann.

9. Februar 2000, Binsar. Ein Tag folgt dem anderen, auf die Nacht folgt der Morgen, jedes Mal anders, jedes Mal ermutigend. Manchmal überfällt mich die Nacht mit ihrer Dunkelheit, die mir die meines Nichtwissens scheint. Alles, was ich tue, erscheint mir unnütz, unerheblich im Vergleich zu der Erkundungsarbeit, mit der Vivek befasst ist.

Ich fühle mich wie ein Wurm, meine intellektuellen Fähigkeiten auf null reduziert angesichts der Sprünge seines Geistes, meine Art zu denken so sehr von Logik, Vernunft und Wissenschaft verseucht, dass ich unfähig bin – aber ich hoffe, dass es nicht so ist –, in diese wunderbare Welt einzutreten, in der er sich mit Freude bewegt.

Die Krähen kommen und fressen uns aus der Hand, sie rufen einander von den Baumwipfeln aus. Sie müssen Mitleid haben mit uns, die wir immer am Boden sind, nie ihren Blick über Berge und Täler haben.

Wir sprechen über uns, und ich sage ihm, wie viel Ichs es in mir gibt: das anständige, das ernsthafte, das Mörder-Ich, das Vergewaltiger-Ich … welches ist das wahre? Und sind sie nicht alle Projektionen meines physischen Ich?

»Diese alle sterben mit dem physischen Menschen. Aber irgendwo unter ihnen gibt es eine Spur des höheren Selbst. Such danach!«

Er erzählt mir von einem Freund, Philosophieprofessor und stark beeinflusst vom Existenzialismus, von Sartre und dessen Idee, dass im Grund unsere einzige Wahl die ist zu sterben, dieser Freund ging zu Ramana Maharshi und fragte ihn, was er davon halte.

»So wie die Dinge liegen, bist du tot«, antwortete Ramana. »Warum versuchst du nicht lieber zu leben?«

Das gefällt mir. Ich habe eine wunderschöne Beziehung zu Vivek. Ich fühle mich ihm sehr nah. Während der *Swami* mir immer mehr aus dem Blick gerät, er ist zu intellektuell und nicht friedvoll heiter, nicht »fern«, nicht jenseitig genug.

Ich nenne ihn Guru, er wehrt ab. Und ich zitiere ihn: »Wenn der Schüler bereit ist, erscheint der Meister.«

Mittagessen mit dem großartigen Reis, den Vivek zubereitet.

Viveks Reis: Etwas Butter auf den Boden des Dampfkochtopfs geben. Den Reis leicht anrösten, eine halbierte Zwiebel hinzufügen. Etwas Ingwer, sehr fein geschnittene Fenchelblätter, Kerbel, fein gehackte *Tej Patta* (ein Blatt wie Lorbeer), *Jira* (braune Körner), Kurkuma, der gut ist für die Leber, Nelken, etwas Zimt und gestoßener rosa Pfeffer.

Nach Tagen des Schneefalls scheint heute eine wundervolle Sonne, von der man sich auf der Terrasse nach Süden liebkost fühlt.

10. Februar 2000, Binsar. Fast drei Wochen bin ich jetzt hier, es ist, als wäre ich gestern angekommen. Ich habe mich an den Rhythmus hier gewöhnt, einfach und ohne Druck. Heute Morgen bin ich um fünf aufgestanden. Die Kerzenübung ist schon fast ebenso verlockend wie die Wärme des Bettes. Auch heute Morgen habe ich mich vor die Flamme gesetzt, die wie der Geist eines Yogi ist.

Gedanken an Angela, ständig. Sie ist das Einzige, was mir fehlt, und ich weiß nicht genau, was an ihr mir fehlt; nicht die Welt, die sie mit sich schleppt, nicht der Trubel des Lebens, in das sie verstrickt ist, sondern ihr Wesen, in das ich mich vor vielen Jahren verliebt habe und in das ich auch heute noch zutiefst verliebt bin. Oft kommt mir ihre Erscheinung in den Sinn, als wir an meinem Geburtstag von Settignano zurückkamen: eine Reinheit, eine Schlichtheit und eine Intensität, die mich noch heute rühren. Und wir sind so fern voneinander, dass wir uns in diesen Körpern auch nicht mehr wiedersehen könnten.

An Angela. Heute Morgen, als ich meine paar Gymnastikübungen machte, hatte ich den Eindruck, einen gewissen Schmerz zu verspüren, der sicher von dem vielen am Boden Sitzen kommt, der aber auch – so meine Überlegung – einen Infarkt ankündigen könnte. Durch den Schnee sitzen wir hier fest, und auch wenn es nicht so wäre, würde es nicht viel nützen, ins Krankenhaus von Almora gebracht zu werden, wo ein Arzt Nandus* einjährigem Sohn 15 Injektionen verordnet, die dann in der ihm gehörigen Apotheke gekauft werden müssen, weil die Bestände im Krankenhaus, die es dort umsonst gäbe, aufgebraucht sind.

Und so könnte ich sehen, wie meine lieben Harish, Nandu, Puran und Lal Bahadur einen schönen Stapel Holz aufschichten, mit ihren *Cikla* ein lebhaftes Feuer entfachen und meinen verblichenen Körper den Flammen übergeben; du würdest dann eine kleine Urne bekommen, von der das Gesetz verlangt, dass du sie auf einen Friedhof bringst.

Ich bitte dich, tu das nicht, wirf mich in Orsigna in den Fluss, ich will nicht, dass sich mein Andenken mit einem Friedhof verbindet. Das ist ein Ort für wirklich Tote, das werde ich nicht sein, wenigstens nicht, solange ihr lebt und solange die Kinder unserer Kinder leben, denen irgendwann einmal jemand von diesem Vorfahren erzählen wird, der t. t. geworden war und das ablegte, um sein Selbst zu suchen, und der in einer Hütte im Himalaja die Tage seines körperlichen Erdendaseins beschloss, um als guter Geist dort zu bleiben, neugierig umherzustreifen und zu sehen, wer ihm folgen würde.

Ich erfreue mich an der Knospe eines Rhododendrons, die ich vor zehn Tagen unterwegs gepflückt habe, die bisher gleich geblieben ist, klein und weiß, sich aber heute Morgen in ihrer kleinen Vase mit Wasser geöffnet und ihre feuerroten Blütenblätter entfaltet hat neben meinem kleinen Buddha am Fenster. Ich bin heiter.

Schwarze Wolken brauen sich über Binsar zusammen.

Um acht ziehe ich mich in meine Höhle zurück. Ich lese die erste ausgedruckte Fassung des ersten Kapitels von der *Runde* und bin frustriert. Es gefällt mir nicht, es stimmt nicht. Niedergeschlagen gehe ich zu Bett. Ich höre, wie der Wind draußen an meinen Fenstern rüttelt, aber ich will nicht sehen, ob es schneit.

11. Februar 2000, Binsar. Ich stehe um fünf auf. Das Bett ist warm, aber mich lockt die Kerze und das, was sie verheißt. Draußen herrscht eisige Kälte. Es schneit heftig, und ich sehe den Schnee waagrecht an meinem Fenster vorbeiziehen.

Der Geist ist neblig trüb wie die unkenntliche Landschaft draußen. Ich klammre mich an die Idee von diesem Untergrund, dem Untergrund aller Untergründe, von dem Vivek spricht. Ich spüre, dass hinter den Erscheinungen etwas ist, ich glaube daran, sehe es aber nicht, ich fühle nur formlose Gedankenfetzen, die ich vorüberziehen lasse, ohne ihnen allzu viel Bedeutung beizumessen.

Beim Frühstück löst Vivek meine Fragen: Man muss warten. Nicht einmal hoffen darf man. Er sagt, in Binsar werde ich das Buch nie schreiben, die Vision ist zu groß, die Gedankengänge zu neu, um sich darauf zu konzentrieren. Hier muss ich lernen, mich an diesen Untergrund zu halten, so dass ich ihn überallhin mitnehmen kann. Das Buch werde ich in Delhi schreiben, sagt er, oder an einem anderen Ort im Himalaja, sage ich. Er überzeugt mich. Ich überarbeite zügig die ersten zehn Seiten, so dass sie (für mich) akzeptabel sind.

Der Tag ist ganz weiß. Die schneebeladenen Bäume bewegen sich im Wind, ohne dass auch nur eine Handvoll Schnee von ihren Ästen herabfällt. Es scheint, als wären sie schlagartig alle eingefroren. Ich probiere aus, so im Schnee zu gehen wie die Leute von hier. Barfuß gehe ich hinaus, um das Solarpaneel sauber zu machen, das sich vielleicht auch durch das völlig weiße Licht des Tages auflädt, dann kehre ich ins Haus zurück und massiere mir die Füße. Am meisten leiden die Fingerspitzen. Bis um sechs bleibe ich in meinem friedlichen Winkel sitzen. Ich arbeite bis Mitternacht. Mir scheint, die ersten zehn Seiten sind jetzt endlich ausgefeilt.

12. Februar 2000, Binsar. Ich erwache um sechs. Ich meditiere vor dem Fenster, das die weiße, reglose Welt draußen zeigt. Es schneit immer noch. Wir sitzen absolut fest.

Noch einmal packt mich heimliche Angst bei dem Gedanken, die Schmerzen könnten nicht, wie ich glaube, vom stundenlangen reglosen Sitzen am Boden kommen, sondern wären Anzeichen eines Infarkts. Ich stelle mir vor, wie ich in Viveks großem Raum liege, mit Blick auf die Berge, darauf warte, dass mich jemand nach Almora bringt, und unterdessen sterbe.

Wenn ich es mir aussuchen könnte, wäre ich lieber in meiner *Gompa* in Orsigna, aber ich habe mein Leben lang auf den Zufall vertraut und das hat mir Glück gebracht, und wenn dieser »Zufall« jetzt eintreten muss, nur zu! Ich bin sicher, wer mich geliebt hat, wird deshalb die Erinnerung an mich nicht weniger lieben.

In der Meditation nehme ich mir vor, mit Angela zu sprechen. Ich konzentriere meine Gedanken auf sie. Ich sehe sie in einem Bett liegen, auf der linken Seite, und ich erscheine ihr im Traum. Ich zeige ihr, wie wir hier im Schnee festsitzen, ich lächle und sage ihr, sie solle nicht besorgt sein, ich könne nicht nach Almora hinunter und sie anrufen, sie solle sich keine Gedanken machen. Ich würde mich melden, sobald ich könne. Sie solle ganz beruhigt sein. Ich bin es auch, völlig, ohne Beklemmungen oder Ängste vor einem Infarkt.

Um neun scheint die Sonne einen Moment lang wunderschön,

noch sehnlicher herbeigewünscht, als sie gleich darauf hinter einer großen weißen und dunklen Wolke verschwindet, die uns einhüllt.

Ich versuche vergeblich, den Drucker zu reparieren.

Die Stunden vergehen. Jetzt, da ich ruhig und heiter bin, wäre es da nicht schöner, es mit jemandem zu sein, von dem ich mich so sehr Teil fühle? Ich nehme mir vor, mit Angela zu sprechen, sie zu fragen, was sie von mir möchte. Ich würde das Buch gern an einem Ort schreiben, wo sie in der Nähe ist. Wo immer sie will.

Unsere Vorräte gehen aus. Heute Abend nur ein paar Bohnen und eine Zwiebel. Auch die Zwiebeln gehen aus.

13. Februar 2000, Binsar. Große Aufregung unter den Bediensteten von Binsar. Am Nachmittag ist im Wald unterhalb von uns im Schnee die Leiche der *Sannyasin*-Frau gefunden worden, die im *Mandir* wohnte – ihr gehörten die schönen Katzen, von denen wir mit Poldi ein Foto gemacht haben. Ein Bein fehlte, von einem Tier gefressen.

Vivek ist besorgt. »Wenn das ein Panther war, wird der jetzt zum Menschenfresser. Hoffen wir, dass es ein Schakal war oder ein wilder Hund, der sie angefallen hat, nachdem sie tot war.«

15. Februar 2000, Binsar. Mit Freudenschreien stürze ich hinaus. Es ist halb sieben, und der unglaublichste Sonnenaufgang entrollt sich vor meinen Augen. Die Sonne geht unter einer Schicht schwarzer Wolken auf, die feuerrot werden, die Berge treten mit Gelb-, Violett- und meerblauen Tönen aus der kosmischen Finsternis heraus. Ich ziehe die Wollmütze und drei Decken über den gelben Pyjama und trete barfuß auf den gefrorenen Schnee. Es ist ganz einfach wunderbar. Ich denke an Saskia, die ich nach Angkor mitgenommen habe, um das Maß menschlicher Größe in ihrem Herzen zu verankern, ich wollte, sie wäre hier, um die Größe des … Schöpfers zu fühlen!

Der Himalaja scheint mir entgegenzukommen mit seinen Ausläufern, die gelb aufleuchten, die Gipfel bleiben im Schatten, dann ein

Sonnenstrahl wie pures Gold ausgegossen über die Wellenkämme der niedrigeren Berge.

Was für ein Schauspiel diese Welt, die jeden Tag erneut die Ängste der Nacht vertreibt!

17. Februar 2000, Almora. Endlich können wir in die Stadt hinunter. An vielen Stellen ist der Weg noch voller Eis und Schnee und gefährlich. Wir haben unseren Spaß daran, die Spuren der Tiere zu betrachten, die vor uns hier vorbeigekommen sind. Vivek erkennt ein Wildschwein, einen Hirsch, eine Kuh und auch einen Marder, »ein echter Mörder, er tötet aus Lust am Töten, vor allem Hühner«.

Deshalb hat hier oben niemand Eier.

Ich kann mit Angela sprechen. Wunderbar. Ich fühle mich wie gesegnet von einer alten Liebe, die sich erneuert. Ich spüre, dass sie ruhig und heiter ist. Wir machen Pläne für Treffen und Reisen.

Ich schlendere über den Basar, der immer noch einer der verlockendsten und elendesten ist.

19. Februar 2000, Binsar. Mit Vivek kehren wir zurück hinauf nach Binsar. Ich leide, weil er auf der vereisten Straße mit dem Jeep gefährlich schnell fährt. Ich habe Magenschmerzen, ich spüre Stiche, die, wie ich fürchte, von meinem Krebs kommen. Sie kommen vielleicht nur von der Angst.

20. Februar 2000, Almora. Das Solarpaneel macht Scherereien, vielleicht funktioniert es nicht mehr, und ich bin ... verzweifelt. Nicht so sehr. Vivek sagt, jetzt, wo der PC ohne Strom ist, müsse ich die Zeit, die mir bleibt, nutzen, um zu meditieren und mich zu versenken, und dann zum Schreiben woandershin gehen, wenn ich gefunden habe, »was wahr klingt« und alles Übrige ausgeschieden habe.

Seine Sichtweise ist immer sehr mystisch und scheint vor allem auf Gefühle gegründet, nicht auf den Intellekt, den er als dem Verständnis hinderlich ansieht.

Als ich ihn frage, was ein Yogi zur Lösung der Probleme der Welt beitragen kann, verhält er sich sehr distanziert. Er sagt, da sei nichts zu machen, jedes Ding müsse seinen Lauf nehmen, und solange die Menschheit sich ihres Seins nicht bewusst werde, sei es unnütz, hierhin und dorthin zu laufen und Löcher zu stopfen.

Die beste Arbeit ist die an sich selbst, und wenn jeder nur das täte, wäre das Problem gelöst.

Ich fahre noch einmal nach Almora hinunter, glücklich, einen Vorwand zu haben, um Angela anzurufen. Wir telefonieren in der Nacht. Ein Vergnügen. Jetzt eint uns sogar das Telefon. Ich habe große Lust, sie wiederzusehen.

Was ist die Liebe? Was vereint das Krähenpaar, das seit 30 Jahren auf dem Baum vor Viveks Haus lebt? Jedes Jahr brüten sie ihre Jungen aus, sobald die flügge sind, jagen sie sie davon, denn das hier ist ihr Zuhause. Und die beiden sind zusammen, immer.

23. Februar 2000, Binsar. Ich stehe um fünf auf, gehe hinaus, um mein Haus im Mondschein zu fotografieren. Ich genieße den Sonnenaufgang, die Berge wirken vor dem Himmel wie aus Silberpapier gestanzt.

Vivek spricht von den Kräften der Psyche, die die Welt regieren: die Habgier. Er denkt an das, was sie hervorbringt.

Er ist überzeugt, dass es keinen Unterschied gibt zwischen der östlichen und der westlichen Psyche und dass die Habgier in allen liegt, dass sie im Geist der Zeit liegt und nicht leicht zu ändern ist. Die Veränderung eines Menschen ist schon viel, aber der Kampf zwischen diesen Kräften ist stets im Gange, auch jetzt.

Die indische Kultur ist die einzige, die die Zerstörung als einen Aspekt des Göttlichen betrachtet. So tritt Krishna vor Arjuna: wie eine Todesmaschine, ein Feuer, in das sich Abermillionen Mücken stürzen, getrieben von einer Kraft, die alles an Größe übertrifft. Krishna selbst sagt: »Ich komme wie die Zeit, die zerstört.«

Und an dem Punkt bittet Arjuna Krishna, in die Gestalt zurückzukehren, die ihm vertrauter und bekannt ist: in die des Freundes.

25. Februar 2000, Binsar. Morgen fährt Vivek nach Almora, und er wird mit seiner Frau zurückkehren, das ist also unser letztes Mittagessen in der Sonne auf unsere Art, und so kommt es, dass wir beide es so empfinden, als müssten wir Bilanz ziehen über diesen langen, wunderbaren Monat, den wir gemeinsam verbracht haben.

»Warum bist du hierhergekommen? Warum habe ich mich vom ersten Augenblick an wohlgefühlt mit dir? Vielleicht bist du gekommen, um den Sinn deiner Krebserkrankung zu entdecken, vielleicht beginnt hier deine zweite Runde auf dem Karussell. Das innere Leben ist ein anderes Leben.«

Er dankt mir, dass ich ihm geholfen habe, seinen Artikel zu entwerfen, ich danke ihm, dass er mir geholfen hat, den »Weg der Mitte« wiederzufinden.

Ich sage, dass ich in meiner Suche nach Einsamkeit so weit gegangen bin, Angela auszuschließen, ihr das Gefühl zu vermitteln, sie sei die Ursache für meine Konflikte mit dem Alltäglichen, sie zum Symbol für das Geschwätz des »normalen« Lebens zu machen. Ich bereue das schrecklich, ich fühle, dass ich »beichten« muss, und ich glaube, hier den Sinn wiedergefunden zu haben des in Einsamkeit Zusammenseins mit jemandem, der für mich alles andere ist als ein »Hindernis«.

Vivek zitiert ein schönes Gedicht von Tagore *Der künftige Asket:* Er wacht um Mitternacht auf, ist aufbruchbereit, er sieht seine Frau und seine Kinder an:

»Wer seid ihr, dass ihr das innere Leben behindern wollt?«

»Sie sind ich«, hört er die Stimme Gottes. Aber er hört nicht darauf und bricht dennoch auf.

Und Gott sagt: »Der nach mir sucht, hat mich auf der Suche nach mir zurückgelassen.«

Bravo. Genau mein Fall.

Ich begleite Vivek ans Tor, er umarmt mich und sagt noch: »Du musst dir zwei Schlüsselworte merken, denn in ihnen ist alles enthalten: Einheit und Harmonie. Das ist es, was wir alle anstreben.«

Ich stehe auf der Steinterrasse, allein mit den Krähen, ich

genieße die Stille und den Klang ihres tausendstimmigen Geflüsters. Das der Himmelssphären? In diesen drei Tagen der Einsamkeit nehme ich mir alles Mögliche vor, außer zu schlafen!

Ein kalter Wind erhebt sich, und meine zwei Krähen sind hoch oben, sie rufen mich, da sie mich am Rand des Abgrunds sehen, der sich hinter dem Haus auftut, in Richtung Sonne.

Ich antworte ihnen und beneide sie, sie lassen sich tragen vom Wind, lassen sich in die Tiefe sinken, dann tauchen sie hoch oben wieder auf, rufen mich. Ich habe große Lust, ihnen zu folgen, mich hinabzuwerfen, und es ist, als verspürte ich eine Hand, die mich so sehr stößt, dass ich mich umschauen muss.

Die Zeit … was ist die Zeit, frage ich mich, fragen wir uns seit Tagen. Ich stelle mir das Anlaufnehmen vor, den Flug und die Zeit, in der ich mich fühlen würde wie meine Krähen in der Luft, leicht im Flug. Hoch oben sehe ich einen Falken, langsam kreist er und schaut auf alles herab … Ja, dieser Augenblick Zeit, in dem auch ich flöge, könnte mir unendlich erscheinen, und damit würde alles auf den Felsen enden, in der Dunkelheit des Waldes. Merkwürdige Gedanken bei Sonnenuntergang. Ich setze mich und versuche zu meditieren, aber nichts, was ich in mir finden könnte, ist so überwältigend wie das, was ich vor Augen habe, weshalb es absurd wäre, sie zu schließen.

Ich lasse mich durchdringen und trunken machen von den Farben, der Stille, dem Wind, den Rufen meiner beiden Krähen, die sehen, wie feige ich bin, und mich am Boden zurücklassen.

Ich kann nur Fragen stellen. Das ganze Leben lang habe ich Fragen gestellt, manchmal auch banale und dumme. Aber habe ich je eine Antwort gegeben?

Was ist mein Leben? Heute Abend an diesem Ort außerhalb der Welt, die Welt zu meinen Füßen und die Brust voller Sehnsucht, den Kopf voller Gedanken, im Grunde ich voller Leere?

Ich bin heiter und gelassen. Ich könnte wirklich mit meinen Krähen fliegen!

27. Februar 2000, Binsar. Herrlicher Sonnenschein trocknet mir die Haare, die ich mit zwei Eimern Wasser gewaschen habe. Sogleich kommen die Krähen neugierig heran und wollen sehen, was es Neues auf der Welt gibt. Ich bin allein, aber sie kommen trotzdem und picken mir die Brosamen aus der Hand.

In der Sonne sitzend lese ich das wunderschöne Buch von Helena Norberg-Hodge* über Ladakh zu Ende, es ist der Nachruf auf eine interessante Gesellschaft, die von der Entwicklung, vom »Fortschritt« ausgelöscht wurde, mit einem hoffnungsvollen Schlusskapitel darüber, was wir »von Ladakh lernen können«.

Ich denke an all die gut ausgebildeten jungen Leute, die sich verloren fühlen und ohne sinnvolle Aufgabe in der Welt. Sie sollten sich in Bewegung setzen, an jeder Ecke gibt es ein Problem zu lösen, etwas zu lernen. Sie sollten nach Ladakh gehen.

28. Februar 2000, Binsar. Eine schöne Nacht mit Träumen, sie haben etwas mit Computern zu tun, die kaputtgehen (Bücher, die nicht geschrieben werden) und die ohne Panikgefühle repariert werden (hoffen wir, dass das Buch geschrieben wird).

Seit zwei Tagen lese ich mit großem Vergnügen das Buch von Paul Brunton*, das ich, wie mir klar wird, nur oberflächlich durchgeblättert habe (nichts wahrer als der Satz »Wenn der Schüler bereit ist, erscheint der Meister«). Er ist ganz einfach fabelhaft und wunderbar, voller Aufrichtigkeit und richtiger Einsichten über Indien.

Beim Schreiben präsent halten, auch für ein neues Buchprojekt: heute noch einmal die Reise machen, die er auf der Suche nach dem *Geheimen Indien* unternommen hat, sehen, was davon geblieben ist.

Mit Folco? Vierhändig schreiben?

Das Verstreichen der Zeit ängstigt mich nicht, ich habe nie das Gefühl, etwas zu verschwenden, langsam lege ich die Last der Pflicht ab.

Vivek hat gehört, dass mich in Delhi viele Leute kennen und zuletzt womöglich herausfinden werden, dass ich hier bin, also wiederholt er, ich solle nichts sagen, solle das »Geheimnis« wahren, denn nur demjenigen, der das wirklich will, der sich von sich aus auf den Weg macht, kann man eine Hand reichen, etwas sagen, ihm bei der »Suche« helfen.

Mit anderen Worten, er ist besorgt, dass ich über die vielen Dinge schreibe, von denen wir gesprochen haben. Er möchte, dass ich mit dem »Geschick des Schriftstellers« darauf anspiele, andeute, dass es eine Welt hinter den Erscheinungen gibt, aber sie nicht vorzeige.

In gewisser Weise fühle ich, dass er Recht hat, aus den Gründen, die ich selbst vertrete: Die Schwierigkeit der Suche verleiht dem, was man findet, seinen Wert.

29. Februar 2000, Binsar. Ich stehe um fünf auf, und statt mich in meinem Zimmer vor die Kerze zu hocken, setze ich mich mit Blick auf das Gebirge, das noch im Schatten liegt, unter einem sternenübersäten Himmel und einem kleinen, aber sehr hell leuchtenden Mond hinter den beiden Zedern.

Ich sitze zwischen Schneeresten, das Gras ist feucht, aber die Kälte ist nicht so, dass sie die Gedanken einfriert, die meinen erheben sich zu einem großartigen Flug, ich versuche zu verstehen, woher sie kommen, aber ich verliere mich.

Ich fühle mich eins mit der Natur, mit den Vögeln, die erwachen, mit den Ameisen unter der Erde. Sollte das Leben wirklich eins und unteilbar sein? Und sollte mein Leben, an dem ich scheint's so hänge, Teil dieses umfassenderen Lebens sein?

Ich denke sehr viel an Angela, an ihre schönen Nachrichten »aus der Welt«.

Um acht Frühstück. Ich will in mein Zimmer zurückgehen, als er mich ruft.

»Setzen wir uns ein wenig in die Sonne und laden die Batterien auf«, sagt er. »Dein Geschick als Schriftsteller wird vor allem darin bestehen, die Dinge anzudeuten, sie nicht offen auszusprechen, sie zu verstehen zu geben. Wenn du sie klar aussprichst, wird man dich für verrückt halten, keiner wird dir zuhören. Du musst an die Maske denken. Du musst deine Maske aufbehalten, musst vielleicht auch mehr als eine haben. Nun kannst du nicht mehr von der Maske beherrscht werden, du wirst sie beherrschen, du wirst sie abnehmen, nachdem du sie benutzt hast, du wirst sie abnehmen, wenn du dich vor die Kerze setzt, aber die Maske ist nützlich, unerlässlich, um weiter in der Welt zu leben und so auch anderen Menschen zu helfen. Mit der Maske kannst du ein, zwei Dinge sagen und sehen, ob jemand versteht.

Denk dran, dass du es bist, der die Maske benutzt, und nicht die Maske dich.«

1. März 2000, Binsar. Ich verbringe den Tag mit Lesen, ich schreibe keine Zeile. Ich muss mich entscheiden: Entweder mache ich mich ans Schreiben und verschwinde für zehn Tage, oder ich reise ab. Die alten Zeiten hier sind vorbei.

Auch Vivek weiß das, er kommt mich am Abend unter einem Vorwand besuchen, um mir zu sagen, dass der wahre Guru in einem ist, dass es schön ist, wenn man deprimiert ist, weil es da etwas zu entdecken gibt, dass die Gefühle tiefer sind und von einem anderen Ort kommen als die Gedanken, dass man den Mut nicht sinken lassen soll, manchmal verschwindet der innere Guru, er zieht sich zurück, wie um zu sagen: »Jetzt mach du selbst.«

Und dann plötzlich, wenn man ihn wirklich braucht, taucht er wieder auf.

»Hast du versucht, an den Guru zu denken wie an eine Frau? Das ist interessant, weil Frauen andere Eigenschaften haben, eine andere Weisheit.« (Ob er damit wohl auf meine unübersehbare Irritation seiner Frau gegenüber anspielt?)

5. März 2000, Binsar. Ich mache das erste Aquarell fertig, es ist ein »Quadriptychon« geworden, das das ganze Panorama zeigt, aber es gefällt mir nicht. Ich schreibe, und es gelingt mir nicht, ich gehe spazieren in der Hoffnung, Vivek zu treffen, aber er macht heute nicht seinen üblichen Spaziergang, und ich sehe ihn nicht. Aber …

er hat meine Nachricht gespürt und taucht in meinem Zimmer auf, zum Teetrinken. Wie schön!

Beim Frühstück hatte ich ihm von den jungen Leuten von heute erzählt, von dem System von Produktion und Konsum, in das sie eingespannt sind, und er hat darüber nachgedacht und ist gekommen, um mir zu sagen, dass man nicht zu verzweifeln braucht.

»Diese jungen Leute, von denen du gesprochen hast, haben noch ihre Freiheit, sie haben die Wahl … Und dann, wenn auch für die meisten unsichtbar, die Schlacht zwischen den Kräften, die den Menschen auf eine Maschine reduzieren wollen, und denen, die fest entschlossen sind, sich dem zu widersetzen, ist noch im Gange. Die Schlacht ist im Gange. Also besteht kein Grund zur Verzweiflung. Der Mensch ist im Grunde gut und stark, und er wird es schaffen.«

Wir sprechen über den Schmerz. Viveks Ansicht nach »hat der moderne Mensch die Tendenz, den Schmerz und das Leiden um jeden Preis zu vermeiden, und deshalb wird er deren positive Seite nicht mehr gewahr. Der Schmerz stärkt den Menschen, und wenn er nicht leidet, fehlt ihm diese Stärke. Ich will nicht sagen, dass alle leiden müssen, aber wenn das Leiden kommt, könnte es eine Bedeutung haben, und es ist sinnvoll, sich in Einklang damit zu bringen.«

»Wie mein Krebs. Vielleicht habe ich ihn bekommen, um mich etwas zu lehren … um mich hierherzubringen.«

Er lächelt. Er ist absolut sicher, dass es so ist.

6. März 2000, Binsar. Es ist die Rede von Abreise. Mittlerweile bleiben mir nur noch drei Tage. Wohin kommt das Solarpaneel, die letzten Fotos. In gewisser Weise macht es mir Angst abzureisen, aber ich spüre, dass ich muss.

Nachmittag: vier Stunden Wanderung im Wald mit Vivek. Schön.

Ich denke viel an das Buch, nun daran, es in Italien zu schreiben.

8. März 2000, Binsar. Seitdem ich hier angekommen bin, habe ich jeden Tag die Blätter meines Tees getrocknet, um daraus ein schönes chinesisches Kissen zu machen. Im Gedanken an meine

Abreise habe ich heute den ganzen Sack Tee zum letzten Mal auf dem Steintisch auf meiner Wiese in der Sonne ausgebreitet. Als ich um drei hinging, um alles wieder in der Plastiktüte zu tun, war … nichts mehr da, und die Krähen sprachen vom blühenden Rhododendron aus zu mir. Sie hatten sich alles genommen, um damit ihr Nest zu bauen!

So werden auf diesem schönen Teekissen statt meines weißen Hauptes die schwarzen Köpfchen der jungen Krähen liegen, die in ein paar Monaten schlüpfen werden.

Ich stehe in der Nacht auf, um zu meditieren: Ich denke darüber nach, wer ich bin, und zum ersten Mal habe ich die deutliche Empfindung, dass ich mein Körper bin. Ich sehe ihn, alt und verbraucht, und ich spüre ein anderes Ich, das nicht so ist. Ich sehe den Körper von außen.

9. März 2000, Binsar. Gestern Abend hat mich der Himmel beeindruckt. Um acht kam ich vom Abendessen hinaus in die vollkommene Dunkelheit des Neumonds, mir schien, als hätte ich den Himmel nie so voller Sterne gesehen und als hätte ich seine Schönheit nie gebührend bestaunt. Der Sternenhimmel ist wirklich etwas Ungewöhnliches, und wir haben keine Augen mehr, ihn zu sehen.

Heute Morgen kommt ein kleiner grauer Vogel mit roten und schwarzen Federn und einem schönen Schopf aus schwarzen Federn, setzt sich ohne jede Scheu auf meinen Fuß und fängt an, für sein Nest die Wolle aus meinen dicken Socken zu zupfen.

Vivek hält meine Hand, wir sind begeistert.

»Wir sind so gleichgültig geworden gegenüber der Natur, so gleichgültig gegenüber dem Leben!«, sagt er, und ihm kommt die Geschichte von dem Zen-Meister in den Sinn, der bei Sonnenuntergang vor allen Schülern, die aufgereiht vor ihm sitzen, seine Predigt halten will, als sich ein Vogel im offenen Fenster auf die Fensterbank setzt. Er schaut sich um, singt eine halbe Minute lang, dann fliegt er fort.

»Für heute ist die Predigt beendet«, sagt der Zen-Meister.

10. März 2000, Binsar addio! Die Bündel, Taschen und der Reisesack sind gepackt. Ich schreibe diese Zeilen in meinem Zimmer, das nicht mehr heilig ist, ich bin schon für die Ebene gekleidet. Aber ich fahre glücklich von hier fort, nehme die Gelassenheit mit, die ich hoffe, hier ein für alle Mal erlangt zu haben. Ich bin um fünf aufgestanden, habe eine Stunde lang vor dem Fenster vor der Kerze gesessen, dann riefen mich die Berge zu dem Fest, das sie mir bereiteten: ein duftiger, leichter Sonnenaufgang ohne Dramatik.

Ich habe mein letztes Aquarell gemalt (»Dein bestes«, sagt Vivek), mit einer Pflanze, die wie ein gebrochenes Herz ist, doch ihr Kopf weist zum Gipfel des Nanda Devi.

Alles ist im Einklang, besonders ich mit Vivek, der nach Worten sucht, um mir zu sagen, wie wichtig ihm unser gemeinsames Lachen gewesen ist: »Wir haben viel gelernt und viel gelacht«.

M.T. und Vivek begleiten mich bis zum Tor. Ich bin meinerseits gerührt, und finde nichts Besseres, als zu gehen, ohne mich umzusehen, und mit lauter Stimme zu deklamieren: *»Tiger, tiger, burning bright in the forests of the night …«**

Ich höre ihn lachen und noch einmal sagen: »Komm bald wieder!«

15. März 2000, Delhi. Zehn Stunden Autofahrt und ich bin in Delhi. Ich erfreue mich am Haus. Das Gebirge scheint sehr fern. Ich frage mich, ob ich bei mir geblieben bin.

25. März 2000, Delhi. Vivek kommt. Wunderbar. Es ist sechs Uhr früh. Draußen dämmert es, und er setzt sich auf einen der beiden indischen Diwane und erinnert mich an »die große Arbeit von Jahren, die wir in zwei Monaten bewältigt haben«.

Meine kostbare Liebe,

das wird dich freuen: Die Reihe von häuslichen Missgeschicken scheint für heute zu Ende. Um drei sind Vivek und ich schlafen gegangen, und um sechs sind wir aufgewacht. Er kam aus deinem Zimmer, ganz glücklich und tief bewegt.

In deinen Regalen hat er den Katalog mit den Arbeiten deines Vaters gefunden, von dem ich ihm erzählt hatte, und er war beeindruckt. »Die Arbeiten mit über sechzig werden symbolisch und sehr wirkmächtig… Einige dieser Bilder haben den Hauch von Größe, der Meisterwerken eigen ist.« Am liebsten mochte er *Die Rosen*, einige *Kastanienbäume* und einen *Garten*.

»Ich verstehe, dass er Picasso nicht leiden konnte, bei Picasso gibt es nichts Symbolisches, häufig nur große Versiertheit und keine Vision. Dein Schwiegervater Staude war vom Feuer geleitet, das spürt man … Man muss verstehen, all das ist symbolisch: Die Sonne ist der Verstand, der Mond die Gefühle, das Feuer ist das Leben; die Sterne sind das Schicksal … Und wenn da weder die Vernunft noch die Gefühle, noch die Lebenskraft, noch das Schicksal sind, die den Menschen leiten, so kann er immer noch auf das eigene Selbst zählen.«

Wir sind über den Khan Market geschlendert, die einzigen echten »Inder« unter lauter verwestlichten Menschen – was die für Augen machten, als sie uns sahen, zwei weiß gekleidete Alte mit schönen Bärten, wir schienen direkt aus einem Stich des vorigen Jahrhunderts zu kommen –, wir haben im chinesischen Restaurant des Ambassador gegessen, nachdem wir die Musik haben abstellen lassen.

Alle fragten nach dir, sehr nett.

20. April 2000, New York. Gestern Abendessen mit Yahalom, der mir als »Antipasto« verkündet, dass er die Ergebnisse der Biopsie gesehen hat, noch bevor sie abgezeichnet waren, und dass es keine Anzeichen von Krebs gibt. Er ist überglücklich und wundert sich über meine fast gleichgültige Reaktion.

Ich will nicht jubeln, da ich weiß, dass er mir eines Tages das Gegenteil wird sagen müssen.

* * *

29. Juli 2000, Orsigna. Seit Wochen, seit Monaten schaue ich auf jedes Datum als mögliches Datum, um mit meiner Arbeit zu beginnen, den alten Kerzentrick wiederaufzunehmen, täglich zu schreiben, mich gegen die tausend Fangarme zur Wehr zu setzen, mit denen mich das Alltagsleben wie ein Polyp umschlingt.

Keines hat's gebracht, nicht der erste April, nicht der neunte, nicht der erste Mai, nicht der Sturm auf die Bastille. Vielleicht ist heute das richtige Datum: Wie eine frische Brise schneit, als Erneuerung einer alten Bekanntschaft, Andrea Bocconi* herein, wiederum Ergebnis eines großartigen »Zufalls«.

Er sieht meinen Hanuman und zitiert einen Satz aus dem Ramayana, als Hanuman Rama trifft und ihn fragt: »Wer bist du?«, und er antwortet: »Wenn ich nicht weiß, wer ich bin, bin ich dein Diener; wenn ich weiß, wer ich bin, bin ich du.«

Er erzählt, sein Leben sei verändert, seitdem er in Indien war. Wo? In Almora! Er war der Italiener, der Tara das erste Geld gab, um sein *Guesthouse* zu eröffnen!

Ich bekomme Gänsehaut und möchte weinen vor Freude, wegen der Koinzidenzen.

31. Juli 2000, Orsigna. Wir haben geputzt, gewienert, eingerichtet, gepflanzt. Das Haus ist bereit, Folco, Ana, Novalis und Saskia aufzunehmen, der es im letzten Moment gelungen ist, ihren Flug umzubuchen und mit den anderen herzukommen.

* * *

27. September 2000. Von Orsigna nach New York. Der Flug ist wie jeder, ohne Persönlichkeiten und ohne Geschichte.

Mich beeindrucken immer wieder diese Gruppen von orthodoxen Juden, die von Brüssel (oder vielleicht von Antwerpen) aus nach New York fliegen, alle schwarz-weiß gekleidet, die Locken, die unter dem Hut hervorkommen hinter die Ohren gelegt, blasse, biblische Gesichter, die Frauen jung und schon Mütter von drei oder vier sehr kleinen Kindern, die Männer scheinbar immer heiter. Sie sind sehr alt. Mir gefallen die jungen Leute, die so behütet und schon so indoktriniert sind, das heißt, geschützt vor der großen Freiheit der Welt. Sie trinken nicht, essen nur ihre speziellen Gerichte, die ihnen die Stewardess bringt, zusammen mit meinem vegetarischen Essen.

28. September 2000, New York am Morgen. Ich schalte den Fernseher ein, zappe von einem Kanal zum anderen: ein zum Tode Verurteilter in Texas, ein Präsidentschaftskandidat, dann noch einer, die Meldung, dass die Teenager nicht genug schlafen. Ein chinesischer Astronaut wirbt für eine Website, die auch denen, die sich mit dem PC nicht auskennen, hilft, eine E-Commerce-Seite aufzubauen (»Dort kannst du alles verkaufen, von deiner Autobiografie bis zum Holzspielzeug …«). Alles ist Werbung, Geld, Ware, Arbeit … Lächeln. Und alles scheint zu funktionieren.

Ich bin nach Amerika gekommen, um meinen Körper zu heilen, aber es ist klar, dass ich zur Heilung meiner Seele nach Indien fahren musste.

Vielleicht sollte ich, wenn ich Zeit hätte, wirklich über Amerika schreiben, über diesen starken und gewiss stimulierenden Gegensatz. Ich öffne die Chintz-Vorhänge im Zimmer, schön geht die Sonne über einer Fläche geparkter Autos auf; ich sehe die schimmernden Flugzeuge, die nur wenige Meter über meinen Kopf hinwegdröhnen, das Fahrgestell schon ausgefahren zur Landung.

*29. September 2000, Gurukulam in Saylorsburg (Pennsylvania).** Ravi, der *Pujari*, Sohn des Priesters im Dorf des *Swami*, kommt mich an der Bushaltestelle der Linie von Easton abholen.

Man müsste sich länger in der Stadt aufhalten, dann könnte man einen Horror-Roman schreiben: beduselte alte Rentner, die auf den Bänken rund um die Denkmäler sitzen, verlassene Straßen, Geschäfte für »Antiquitäten« und Sammlerobjekte, heruntergekommene Trödelläden. Junge Schwarze kommen vorbei, die von mir verlangen, dass ich sie grüße, tätowierte junge Männer mit weißblond gefärbten Haaren, fette Frauen … Über dieses Amerika müsste man schreiben.

Ich komme an und begrüße gleich den *Swami*, er ist unverändert, thront auf einem Sessel, die Schüler zu seinen Füßen. Er lässt mich reden, während Familien zerstreut Bananen und Blumen zu seinen Füßen niederlegen. Ich bin froh, hier zu sein, es ist eine Zuflucht, da ich meine Routine aufgeben musste, aber eine Lösung ist es nicht.

Ich werde das Notwendige daraus ziehen: etwas Ordnung, eine neue Routine, etwas Frieden, etwas *Gita*.

9. Oktober 2000, Gurukulam in Saylorsburg. Ich lese *My Guru* von Isherwood* zu Ende. Mich stört seine ganze Homosexualität, und mir wird klar, eben nachdem ich wieder ein paar Tage im Aschram bin, dass ich nie einen Guru, einen *Swami* lieben werde, und dass die Lösung Vivek – der beste Guru ist in dir selbst – die einzige ist, die zu mir passt. Ich suche nach Anregungen, Ideen, nicht nach einem Objekt der Liebe, und ich bin nicht für fromme Unterwerfung gemacht.

Wir kehren ins Mayflower Hotel in New York zurück. Ich habe Yahalom versprochen, ihn anzurufen und auf einen Drink mit ihm zu gehen. Das fällt mir schwer, aber noch schwerer fällt es mir, dass ich ihn nicht erreiche und eine Nachricht auf dem Anrufbeantworter hinterlassen muss.

Vielleicht hat er auf dem Computer gesehen, dass ich wieder Krebs habe, er will es mir nicht bei einem Drink sagen und wartet darauf, mich morgen im Krankenhaus zu sehen. Ich warte auf seinen Rückruf, mache mir Sorgen. Beklemmende Angst macht sich breit, und ich gehe zu Bett, auf das Schlimmste gefasst.

10. Oktober 2000, Mayflower Hotel New York. Um neun rufe ich Yahalom auf dem Handy an. Es antwortet die Tochter. Er hat das Handy ihr überlassen und ist ins Krankenhaus gegangen. Mir scheint, alles bestätigt sich. Sie zögern, mir »die schlechte Nachricht« zu überbringen. Ich gehe ins Nebenzimmer zu Poldi und wir trinken Tee. Als ich in mein Zimmer zurückkomme, sehe ich an dem roten Licht, dass jemand angerufen hat. Ich wähle die 5000 und höre Yahaloms Stimme. Ein Augenblick Panik, dann: »Gute Nachrichten, alles bestens: die histologische Untersuchung, die CT. Du hast bloß einen Gallenstein, aber das ist harmlos. Diese Maschinen sehen mittlerweile wohl zu viel.«

Um elf sehe ich die Portlock. Sie bestätigt alles, ist sehr freundlich, aber auch sie scheint von dem Lebensrhythmus gestresst. Das Krankenhaus ist modernisiert worden, neue Räume, neue Teppichböden, neue Möbel. Aber auch ein schnellerer Rhythmus, mehr Kontrollen.

Ich sage zu ihr: »Ihr hier in diesem Land seid führend in der Behandlung von Krebs, vielleicht weil dieses Land auch in der Verursachung von Krebs führend ist.«

Sie scheint einverstanden, und die Idee einer Reise durch die USA, diesen großen »Vergifter der Menschheit«, verlockt mich. Aber jetzt zur *Runde*. Sie wollen mich in acht, neun Monaten wiedersehen, und diese Zeit, die mir wirklich geschenkt wird, muss ich nutzen.

18. Oktober 2000. Tage in Orsigna, friedlich und heiter mit Angela. Die Berge kleiden sich in Rot, Orange und Violett, wundervoll.

Wir sprechen davon, wieder in Indien zu leben.

Mir gefällt die Vorstellung, neun Monate Zeit zu haben: Jetzt will ich an nichts anderes denken. Das ist wirklich eine Schwangerschaft, der ich nicht entfliehen kann, sonst entflieht mir das Leben.

20. Oktober 2000, Florenz – Delhi. Angela begleitet mich im Morgengrauen zum Flughafen. Wir haben das Gefühl, die Fundamente für ein großes Einvernehmen gelegt zu haben und die Idee eines »Neuanfangs«.

23. Oktober 2000, Delhi. Während ich meinen Sack packe, um im Morgengrauen mit Marie Thérèses Wagen aufzubrechen, klingelt das Telefon. Automatisch, als ob das selbst auferlegte Tabu hier nicht funktionieren würde, hebe ich ab.

»Terzani? Ich bin Mitglied der Jury des Premio Max David …«

»Nein danke, ich will ihn nicht … ich will ihn nicht!« Ich tue so, als würde ich brüllen und lachen. Ich brauche fünf Minuten, um den Eindruck zu zerstreuen, den ich sicher gemacht habe, verrückt oder maßlos von mir eingenommen zu sein. Am Schluss hat er, glaube ich, verstanden … er murmelt etwas von Bernardo Valli* und von jemand anderem, der ihn gewarnt und eine solche Reaktion vorhergesehen hätte.

Als ich auflege, bin ich sehr glücklich, erleichtert, dass ich mich von all dem losgemacht habe. Es muss mir nur gelingen, mit *Fliegen ohne Flügel* nichts zu tun zu haben, das jetzt in Amerika erscheint und auf das der Verlag sehr zu setzen scheint.

25. Oktober 2000, Binsar. Der Weg nach Binsar ist noch immer derselbe, Vivek kommt mir gerührt entgegen und singt: *»Tiger, tiger…«* Er empfiehlt, »nicht auf den Trick mit der Kerze zu verzichten«, das ist noch so eine magische Art von ihm, dem abgenutzten Begriff »Meditation« Gewicht zu nehmen, ihm eine schöne Leichtigkeit zu geben.

»Wie geht es deinem Freund?«, fragt er im Gehen.

»Wem, Poldi?«

»Nein, dem inneren Freund …«, ich begreife, dass er von meinem Krebs spricht.

Er findet das taoistische Symbol von Yin und Yang großartig, Licht und Dunkel, mit einem Punkt Helligkeit in der Mitte des Dunkeln und einem Punkt Dunkelheit im Hellen.

Wir setzen uns auf die Veranda mit Blick auf die schöne wilde Pflanze mit den wunderbaren blauen Blüten, darunter der Kirschbaum, die Zweige mit rosa Blüten besetzt, die sich auflösen wie Tränen in der Luft.

26. Oktober 2000, Binsar. Ist es möglich, dass die Krähen mich wiedererkannt haben? Ich sitze auf der Wiese und schaue auf die Berge, die sich in der Sonne mit Rosa überziehen, und die schöne große Krähe mit den glänzend schwarzen Federn und den violetten Reflexen ruft mich oben von der Zeder aus, dann schwingt sie sich auf den untersten Ast des Baumes, unter dem ich sitze. Ich antworte ihr, sie neigt den Kopf, rupft sich eine Feder, schaut mich noch einmal an und ruft mich, setzt sich neben mich, gurrt und fliegt davon, um wiederzukehren, als ich mich auf die Ostveranda setze.

Welche Freude, welche maßlose Freude, die Natur!!!

27. Oktober 2000, Almora. Um neun Uhr früh kommt Folco mit dem Zug aus Delhi, großartig, heiter. Ein Vergnügen, ihn zu sehen, aber ich spüre gleich, dass ich nicht auf ihn zählen kann, mich nicht auf ihn stützen kann.

Ich bin erkältet, bin müde. Ich verstehe nicht, warum ich fern von einem wundervollen Ort sein muss, der meiner ist, um hier meinen Frieden zu suchen, warum ich fern von meiner Frau sein muss, um hier zu sein, unter Umständen, die mich immer mehr ermüden, wo ich, um zu überleben, so viel Energie aufwenden muss.

Zusammen gehen wir in Jageshwar mit schmutzigen Füßen über feuchte und glitschige Steine, über die schon tausend andere ihre Schritte gelenkt haben. Ich stelle fest, dass ich nicht einmal mehr neugierig bin. Dieses Indien ist scheinbar nichts mehr für mich, vielleicht ist der Zeitpunkt gekommen, abzureisen, nach Europa zurückzukehren, lange Monate im Contadino zuzubringen und INNERE Reisen zu unternehmen.

Schön für mich, mit Folco zusammenzusein und ihm das Gefühl zu geben, dass ich auf Distanz bin, dass er frei ist, zu sein, wer er sein will, dass ich keine Wünsche und Pläne mehr für ihn habe (ich glaube, das ist mir gelungen).

Irgendwann kann ich mir aber doch die Bemerkung nicht verkneifen, er solle sich von dem verrückten *Sadhu*, bei dem er eine Woche verbringen will, lieber nicht eins überziehen lassen, weil ich mich nicht um seinen verwaisten Sohn kümmern will. Er lächelt. Ich bei mir weniger.

28. Oktober 2000, Almora. Gleich nach dem Frühstück mit Folco auf der Suche nach seinem *Sadhu.**

Die Straße führt über Anhöhen ohne die Wälder von einst, dann ein Erdrutsch, und wir stehen vor einem Abgrund. Der *Sadhu* ist auf der anderen Seite. Man muss auf einem schmalen Pfad am Abgrund entlanggehen. Ich vermeide es hinunterzuschauen, fühle mich nicht trittsicher. Mir wird klar, dass ich alt bin, dass ich meinen Vorrat an Kraft und Abenteuerlust erschöpft habe, aber nicht aufgehört habe, ein sorgender Vater zu sein, der im Stillen immer noch Pläne macht, wie den, zu dem *Sadhu* zu gehen, um den Ort zu sehen, wo Folco ein paar Nächte zubringen will, mir Gewissheit zu verschaffen, ein Foto vom Ort und den Leuten zu machen.

Wir sprechen über uns, unsere Beziehung, darüber, wo ich glaube, Fehler gemacht zu haben (»Was für Fehler?«, fragt er, der diese Art von Seelenschau hasst, wie ich sie hasste). Ich bin gern mit ihm beisammen, aber ich fühle, dass ich enttäuscht bin, dass ich ihn beurteile. Ich erwarte, dass er eine Taschenlampe dabeihat (aber die mag er nicht), dass er eine Decke dabeihat, um die Nacht im Freien zu verbringen (er hat sie vergessen), dass er die Filmkamera verwendet, die er dabeihat, um sich in der Arbeit zu erproben, die er zum Beruf machen will (aber er holt sie nie hervor), dass er Rücksicht auf mich nimmt, schließlich bin ich alt und könnte mich vor dem Abgrund fürchten, aber er verliert kein Wort darüber, weder auf dem Hinweg (»Bist du sicher, dass du mitkommen willst, vielleicht strengt es dich an«), noch auf dem Rückweg, als ich hinter dem Führer gehe und er nicht sagt: »Oh, gib acht.« Nichts dergleichen, und beim Aufwärtsgehen verspüre ich bei den ersten Schritten einen seltsamen Schmerz in der Brust, und ich bin kurzatmig wie neulich.

29. Oktober 2000, Almora. Es ist bewölkt und ich sorge mich bei dem Gedanken, dass es regnen könnte, wegen der glatten Straße, auf der Folco morgen zurückkommen müsste. Ich habe Billa aus Delhi kommen lassen, um abzureisen und Folco seine Freiheit zu lassen, frei von meiner Obhut, frei, seine Pläne zu machen, frei, auf die Suche nach anderen *Sadhus* zu gehen.

5. November 2000, Dharamsala. Wie üblich bin ich unter einem Vorwand gekommen: das Schulgeld für die drei mongolischen Kinder zu zahlen, die wir zusammen mit Jane* adoptiert haben.

Ich kaufe Bücher über tibetische Medizin. Das Mädchen, das in den Laden kommt, erzählt, sie sei in Italien gewesen, auf einem Kongress über Minderheiten in Südtirol. Der Westen ist reich und kann es sich erlauben, Tibeter zu »adoptieren«, etwas beizutragen zu ihrer Sache, ohne dass das den Chinesen etwas ausmachen würde, sie haben begriffen, dass diese Tibeter nirgendwohin gehen werden, daher setzen sie ihre Repressionspolitik fort.

Arme Tibeter: Mittlerweile gehören sie einer Emigrationskultur an. Tibet, das ist mittlerweile nur hier und nirgendwo sonst, schon gar nicht in Tibet! Und dieses Tibet hier ist eine Attraktion für Hollywood-Schauspieler, gelangweilte europäische Prinzessinnen und ein paar Milliardäre.

6. November 2000, Dharamsala. Mein Zimmer, der *King's Room*, das Zimmer des Königs, ist dasselbe, in dem Vivekananda während seines Besuchs hier oben wohnte. Ich möchte hinausgehen, aber das Tor ist abgeschlossen. Ich bin ein Gefangener ... auch meiner Rolle als »erster, sehnlich erwarteter zahlender Gast«.

Ich meditiere in dem hohen Raum oberhalb des Säulengangs, immer wieder abgelenkt vom Lärm der Autos, die durch die Straßen preschen. Ich mache mir Notizen am Computer, ich gehe hinaus, um zu sehen, ob Jane vielleicht zu Hause ist. Ihr Haus ist feucht, elend, sie aber ist groß, elegant, sehr mager, von würdevoller Armut. Wir gehen ein paar Schritte durch »ihr« Dorf, und wir gehen »unsere«

adoptierten Kinder besuchen – die alle, wie sich herausstellt, zwischen 20 und 30 Jahre alt sind: Einer ist schon Arzt, einer hat zwei Jahre am Institut für traditionelle Medizin in Lhasa studiert, der Dritte war sehr gut in der Schule, ist dann aber drei Mal durch die Aufnahmeprüfung an der Universität gefallen und hat ein Jahr lang als Eremit gelebt.

7. November 2000, Dharamsala.
Meine liebe Angelina,

ob du mir fehlst? Ich spaziere durch »unser« Dharamsala, das immer schmutziger und verzweifelter wird, immer mehr von verwirrten jungen Leuten aus dem Westen bevölkert. Ich glaube, ich habe die Grenze erreicht. Mein indisches Maß ist voll, und nur Binsar, wohin ich fliehen werde, bleibt in meiner Vorstellungswelt ein Symbol des Friedens.

Da komme ich also zu dir gelaufen, um dir zu sagen, wie dieses Indien mir ein Loch in die Seele frisst, wie ich die Armut nicht mehr ertragen kann, die Leprakranken, die ideologische Konfusion, die intellektuelle Misere, hier obendrein kombiniert mit einer scheußlichen Modernität.

Bei Freud habe ich eine schöne Stelle gefunden. Er singt das Loblied der modernen Technik und sagt, wie schön es ist, das Telefon und den Telegrafen zu haben, durch die er mit dem Sohn in der Ferne kommunizieren kann. Dann setzt er hinzu, um zu sagen, was er wirklich denkt: »Aber wenn der Sohn im Dorf geblieben wäre, hätte ich das Telefon nicht gebraucht, und die Freude, mit ihm zu kommunizieren, wäre größer gewesen.«

Nun ja, die moderne Technik!!!

Bis bald, meine Liebste, ich muss los, stell dir mich vor in den vollgepissten Straßen von Dharamsala und in zwei Tagen zu Hause in Delhi, um zu überprüfen, was »in der Familie« vorgeht, bevor ich mich auf den Weg nach Binsar mache, dem einzigen Loch, das mir bleibt.

tiz

9. November 2000, Dharamsala – Delhi. Fünf Stunden Fahrt auf einer schönen Landstraße bis Chandigarh. Ich gehe zum Bahnhof mit einem Gepäckträger in Uniform und mit dem jungen *Raja*, der mich begleitet.

Von dort aus bin ich schnell in drei Stunden in Delhi, aber die Ankunft dort ist widerwärtig, der menschliche Abfall entlang der Bahngleise, Kinder, Schweine, Ziegen und Krähen im Gestank der Kloaken und haufenweise verrottetes Plastik … Das Ganze gesehen in Gesellschaft von fetten Punjabi und herausgeputzten Frauen, die essen und plaudern, als ob das da draußen nur ein Film auf einer Leinwand wäre und nicht ihr Leben, ihre Stadt, ihre eigenen Leute.

Wieder im Hader mit dem Hinduismus und seinem Mangel an Mitgefühl.

15. November 2000, Delhi – Almora. Mit einem vollbeladenen Tata Sumo mache ich den Umzug in den Himalaja. Eine Freude, der Weg diesmal ohne Dramen und Ängste wegen Billas Fahrstil, der krank ist.

16. November 2000, Almora. Tag auf dem Basar, um die letzten Vorräte einzukaufen. Ich fühle mich nicht wohl, ich habe das Gefühl, ich kriege keine Luft, ich habe Schmerzen in der Brust, ich habe das Gefühl, ich bekomme einen Infarkt. Ich denke an Schliemann*, der allein und unerkannt in Neapel auf der Straße starb.

18. November 2000, Deodars, Almora. Am Nachmittag erste Etappe des Umzugs nach Binsar. Ich schicke zwölf Kartons, Säcke, Solarpaneele und Lampen bis zum *Mandir*.

19. November 2000, Binsar. Um neun kommt der Jeep, der mich nach Binsar hinaufbringt. Da werden drei, vier verzweifelte und zerlumpte Gestalten sein, die ausschließlich kommen, um ein paar Gepäckstücke zu tragen: meine Kartons, meine Bücher, meine Hoffnung, schreiben zu können, und im Grunde das Gefühl, diese Flucht lohnt sich nicht mehr.

Es kostet mich so viel, immer mehr Mühe, die Freiheit hier zu organisieren, dass es besser wäre, die zu genießen, die ich in einem Leben in Florenz und Orsigna zusammengetragen habe, in Gedanken zu reisen und das Herz der Melodie des Lebens lauschen zu lassen…

Binsar! Binsar!

Ich gehe zu Fuß nach Binsar hinauf, mit den üblichen Gedanken an einen Tod à la Schliemann. Im Gehen stelle ich mir das »Danach« vor, dabei weiß ich, dass das so nicht kommen wird, wie alles. Ich sehe mich hier auf dem Weg sterben. Gut, dann werde ich wenigstens verbrannt, und das wäre eine Chance für meine Kinder, besonders Folco, den Vorschriften zuwiderzuhandeln, die italienische Polizei zu hintergehen, denn sie könnten mit mir in einer Urne zurückkommen, ohne mich beim Zoll zu deklarieren, und mich wirklich auf dem Grund des Contadino vergraben, bei dem Ginkgo-Baum, mit einem Stein darauf für die Vögelchen …

Großartig, in Binsar anzukommen, mit den beiden Alten, die mich festlich erwarten. Ich verbringe den Tag damit, mich einzurichten, sauber zu machen, die Tücher auszubreiten, Nägel einzuschlagen, dem Raum meine Form der »Heiligkeit« zu verleihen, der nun beherrscht wird von dem neuen *Thangka* mit dem Buddha der Medizin. Ich denke ans Meer, an Ban Phe und wie viel leichter das Leben ist, wenn man sich nicht gegen die Kälte wehren muss und wenn das Wasser aus dem Hahn kommt und man den Computer nur an eine der vielen Steckdosen anzuschließen braucht.

24. November 2000, Binsar. Ich stehe im Morgengrauen auf und nehme mit Freude wieder meinen Platz vor den Bergen ein. Ein erster rosa Strahl beleuchtet den Trishul*, dann, viel später, den Nanda Devi. Mir scheint, ich bin nicht mehr derselbe wie vergangenes Jahr, mir fehlt ein Quantum Freude und Begeisterung. Mich verführt nur die »magische« Stunde, wenn Vivek in der ersten Sonne auf der Veranda sitzt und sich seine x-te Zigarette dreht und anzündet, und wenn ich mit einer einzigen Frage die »Büchse der Pandora« seiner Weisheit öffne. Heute Morgen war es das Buch über Magie, *Net of Magic**.

Ich schlafe besser, versuche den Trick mit der Kerze wieder in meinen Tagesrhythmus einzubauen, vorerst aber finde ich die Magie des vergangenen Jahres nicht wieder. »Niemals in die Vergangenheit zurückkehren«, war meine Regel gewesen, und ich habe sie übertreten. Wir werden sehen.

27. November 2000, Binsar. Schrecklicher Wind, eine furchtbare Nacht, mich tröstet nur, dass ich nach Almora fahre und Nachricht von Angela erhalten werde.

Ich fahre mit Vivek. Die einzigen Nachrichten kommen von Menschen, von denen ich nichts hören will. Also spreche ich mit Angela. Große Freude, sie zu hören, wenn auch fern, sehr fern … weshalb es dann so ist, als würde ich es kurz machen wollen, um mich danach nicht zu sehr allein zu fühlen oder in eine dieser absurden Enttäuschungen zu verfallen, die das Telefon erzeugt.

Wir kommen in der Kälte nach Binsar zurück, die Luft ist eisig und es regnet. Vielleicht gibt es einen Schneesturm.

Drei junge Träger, zitternd und in Lumpen, die wie aus Marmor gemeißelten Füße in Gummilatschen, tragen die Vorräte hinauf. Fleißig, langsam, sie unterhalten sich … ohne Empörung und ohne Ressentiment. Sie bekommen 70 Rupien am Tag. Die meisten sind Nepalesen, und was sie wärmt, scheint der Ballen, der auf ihren Schultern liegt, wie eine hochgekrempelte Weste, um die Steine für die Einfassungsmauer Stück für Stück hinaufzutragen, und jetzt meine Vorräte.

Ich schäme mich, weil ich eine zweite Daunendecke habe, zwei Kissen, eine neue Jacke, kiloweise Äpfel, Mandarinen … usw.

30. November 2000, Binsar. Es gelingt mir nicht zu schreiben, ich habe das Gefühl, ich schweife ab. Ich setze mich vor die Berge, und ich fühle ihre Göttlichkeit nicht. Ich male und werfe die Aquarelle ins Feuer. Govind fährt morgen nach Almora, und ich schreibe ein paar Zeilen für Angela, ich kann nicht lügen, aber ich will auch nicht, dass sie sich wegen meines Zustands Sorgen macht.

Ich beschließe, ab morgen einen anderen Rhythmus einzuhalten. Ich werde versuchen, es mit dem Schreiben aufzunehmen, die Notizen aus New York. Ich mache meinen ersten Spaziergang bis an die Mauer vor den Bergen. Eine riesige grau-schwarze Wolke mit sehr weißen, leuchtenden Rändern verdeckt mir die Sonne, ich sehe die Strahlen, die den Horizont, Täler und Berge durchschneiden.

Ich setze mich und fasse Mut. Vielleicht habe ich die Kurve gekriegt. Ich lese bis spät, mit Vergnügen.

1. Dezember 2000, Binsar. Seltsam, wie einer, auch wenn er »weise« ist, doch immer feste Daten und Fristen braucht, Daten, um neu anzusetzen, wieder von vorn anzufangen.

Erster Dezember, und alles scheint mir leichter: Ich stehe um vier auf, meditiere, gehe wieder ins Bett, stehe um sieben auf … und laufe langsam bis zur eingestürzten Mauer – der Hintergrund, vor dem ich seit dem vergangenen Jahr immer das Bild Angelas mit ihrem orangenen Schal sehe.

Ich frühstücke allein und lese mir das Notizbuch aus New York durch, das ich nicht transkribiert habe, insbesondere über die Operation.

3. Dezember 2000, Binsar. Es ist Sonntag, und wie in Monticelli ist das Badetag.

»Nandu, *garam pani*, heißes Wasser!!!«

Und nach einer halben Stunde kommt ein Eimer kostbaren heißen Wassers, das man mit dem eiskalten vermischt, um sich zuerst den Kopf zu waschen und dann mit dem Spülwasser den übrigen Körper.

Das neue Haus, das für mich gebaut wird, kommt voran, und ich male mir schon den Frieden aus, in dem ich arbeiten werde.

Ich sehe Vivek, der von seinem Spaziergang zurückkehrt, ich mache ihm Zeichen mit der Taschenlampe, und er kommt zum Tee herüber.

Ich arbeite gut bis spät. Ich nehme den Faden des Buches wieder auf, und ich fühle mich zu Hause. Die Lust, es zu schreiben, kehrt zurück.

4. Dezember 2000, Binsar. Ich stehe um fünf auf. Das langsame Tropfen des Wassers in dem Kupferfilter lenkt mich bei der Meditation ab. Ich gehe bis zur eingestürzten Mauer, dann gehe ich zum ersten Mal bis zu dem großen Felsen. Dort angekommen, befällt mich eine seltsame Unruhe, eine Art Angst, fast Panik.

Ich verspüre ringsumher negative Kräfte, fast habe ich Angst vor mir selbst, dass mein Geist mich auf den Abgrund zutreibt, ich sehe mich selbst, wie ich falle, wie ich mit Angela herkomme, die Angst hat. Der Ort ist wunderschön, der Blick auf die Berge ist herrlich, das Moos auf den Steinen lädt zum Sitzen ein, einen Augenblick schließe ich die Augen, um mich zu beruhigen, aber ich kann da nicht bleiben. Ich muss weg, langsam, genau achte ich darauf, wohin ich die Füße setze, ich kontrolliere meinen Atem, um nicht auszugleiten und hinabgezogen zu werden.

Ich erzähle das Vivek, der zu mir sagt: »Vor 20 Jahren hat sich dort ein schreckliches Verbrechen zugetragen; ein Mann hat seine Frau von diesem Felsen hinuntergestürzt, und dann müssen da auch noch die Schwingungen der Engländer sein, sie setzten sich auf diesen Felsen und töteten die Tiere unten im Wald.«

Bin ich medial empfänglich geworden?

Der junge Govind kam, um mir einen Blumenstrauß mit roten Rosen zu bringen, er achtete darauf, nicht über meinen Teppich zu gehen: eine Freude für mich, aber ich glaube auch für ihn. Wo kann so etwas noch geschehen?

Gegen Mittag dann höre ich Stimmen hinter dem Haus. Es sind

Frauen aus einem entfernten Dorf, die gekommen sind, um Wurzeln zu bringen, zum Dank dafür, dass wir (ich) neulich ihren Mädchen, die im Wald Kräuter suchen waren, eine Handvoll Äpfel geschenkt habe(n).

Schöne und schmutzige bunte Gewänder, großartiges Lächeln, eine unglaubliche stumme Kommunikation zwischen Großmüttern, Töchtern und Enkelinnen, die »ins Theater« nach Binsar gehen, wo eine alte weiße Frau ihnen Tee und Kekse serviert (sie entstammen einer hohen Kaste und würden nicht trinken, was Nandu ihnen serviert). Die Männer arbeiten in elenden Fabriken im Punjab. Sie bestellen ein paar karge Felder, die kaum für drei Monate zu essen abwerfen, halten ein paar Büffel und ein paar Kühe für die Milch. Sie haben keinen Strom, sehen nicht fern, ihre Wunschmaschine ist nicht in Gang gesetzt, sie lächeln, freuen sich, sie werden sich zur Dämmerstunde von diesem merkwürdigen »weißen Sahib« oben auf dem Berg erzählen, von dem Hund Chenoo, der ihnen nachläuft, weshalb sie ihn zurückbringen müssen, von den schönen, in Wirklichkeit schäbigen Äpfeln, die wir ihnen geschenkt haben und in die sie beim Fortgehen hineinbeißen, ohne sie zu waschen. Glücklich und schwatzhaft.

*10. Dezember 2000, Binsar.** Vollmond, ich ziehe um in »Anams Zuflucht«. Wunderbar, ich fühle, dass sie ein gutes Feng-Shui hat, dass ich werde schreiben können, Frieden haben werde. *»Shanti, shanti«*, wiederholt der Brahmane, der gekommen ist, um die *Puja* zum Einzug in das neue Haus zu zelebrieren.

Eingemummelt sitzt er auf einem Plastikstuhl, bis alles so weit ist, der *Pujari* ist der Brahmane von Kasar Devi, er hat vorstehende Hasenzähne und sitzt ein wenig krumm da, als wolle er so wenig Platz wie möglich einnehmen und sich vor der Kälte schützen.

Vier Kissen im Kreis am Boden, ein *Thali** mit Reis, rotes Pulver, gelbes Pulver, Rosenblätter, Zuckergebäck, Weihrauchstäbchen, angezündet und in die Fugen zwischen den Steinen gesteckt, eine winzige Schüssel, aus der ein brennender Docht hervorschaut, dessen Flamme sich aus zerlassener Butter speist, zwei Glas Wasser, »das aus dem Ganges kommt«: Der *Pujari* erklärt, dass wir der Gottheit die fünf Elemente darbringen.

Weil wir keine »Gottheit« haben, macht er eine aus einer Kokosnuss. Er umwickelt sie mit einem Stück roten Tuchs, legt ihr vergoldeten Draht um den Kopf, setzt sie behutsam vor sich auf den Boden, und das wird die Gottheit, der wir opfern, reihum, je nach den Litaneien, aus denen er vorliest und mechanisch rezitiert und dabei Luft holt, als würde er ersticken. Ich höre, dass mein Name »Anam« in seinen Gebeten auftaucht.

Für den Anlass ist die Zeremonie verkürzt worden, sie dauert etwa eine halbe Stunde. Zum Schluss werden wir alle gesegnet, und er geht mit dem Wasser aus dem Ganges durch das Haus und besprengt alles, einschließlich meines Computers auf dem Tischchen. Das Haus ist gesegnet, gesäubert von all seinen möglichen Unreinheiten, und den Bewohnern sind alle schlechten Handlungen, die sie womöglich begangen haben, verziehen.

Der *Pujari* macht uns die *Tika* auf die Stirn, während draußen die Arbeiter darauf warten, die zehn Kilo Fleisch und die acht Kilo besten Reises zu verzehren, die ihnen heute zustehen. Der *Pujari* rührt nichts an (es ist von Angehörigen niederer Kasten gekocht), und die Arbeiter sind gezwungen, das *Thali* aus der Zeremonie zu nehmen und sich die *Tika* mit gefalteten Händen gegenseitig anzubringen.

Das Fest rings um zwei brodelnde Kessel beginnt auf der Wiese und in der Sonne.

12. Dezember 2000, Binsar. Wieder schlafe ich nicht: Der Mond leuchtet hell, und M.T.s Kürbis mit all dem Masala liegt mir im Magen. Aber ich leide nicht an Schlaflosigkeit, ich lese, schaue auf den Wald und horche auf den Panther, der brüllend zwischen den Bäumen umherstreicht. Am Morgen kommt Govind und sagt, er hätte ihn gesehen: eine Mutter mit zwei Jungen, denen sie das Jagen beibringt. Er hat sie mit seiner Taschenlampe angeleuchtet. Wenn sie brüllt, so um ihre Jungen zurückzurufen. Sie ist noch immer auf dem Hügel unterwegs.

15. Dezember 2000, Binsar. Ich stehe auf, glücklich, zum Treffen mit Angela aufzubrechen. Der Morgen ist herrlich, ich richte das Haus für ihren Empfang her.

Mit Nandu und seinem Bruder gehen wir zum *Mandir*. Wir rufen laut, um den Panther zu verscheuchen, der auf dem Weg sein könnte. Wir sehen seinen Kot, dann bleiben die Jungs stehen und schauen in den Wald. Sie zeigen auf den Fuß eines Baumes, ich schaue hin, wir sehen etwas davonspringen: Es ist ein Hirsch. Auf dem Weg nach Papparsalli zwei Wölfe mit kurzem Schwanz.

18. Dezember 2000, Delhi. Am Flughafen, um Angela abzuholen. Ich erblicke eine Frau, die ihr ähnlich sieht, sie hat den gleichen orangenen Schal, ich denke, sie ist es, doch dann geht diejenige zum Ausgang, und ich bemerke, dass sie zu jung ist, eine Frau von vielleicht 40. Schade, denke ich, »ich würde schon tauschen«. Die Frau kommt näher, immer deutlicher ist sie jung und schön, »ich würde wirklich tauschen«. Es ist Angela.

20. Dezember 2000, Deodars. Wir verlassen Delhi am frühen Morgen auf dem Weg nach Almora. Der Sonnenuntergang ist fabelhaft. Die Berge wunderbar und der Widerschein in der goldenen Luft wie ein großes Geschenk. Wir gehen um acht Uhr schlafen.

24. Dezember 2000, Binsar. Die Natur ist großartig.

Gestern Morgen konnten wir nicht schlafen und haben gemeinsam eine Stunde lang das Heraufziehen des Tages beobachtet, dann abends am anderen Fenster sein Ende. Es geht uns gut miteinander: Manchmal fühle ich, dass wir wirklich »nicht zwei« sind, mehr als sie. Sie fürchtet vielleicht, dass ich mich hier verliere, nicht mehr zurückkehren will (das entnehme ich ihren Fragen danach, für wie viele Monate ich die Miete bezahlt habe). Ich denke nur an das Buch, das Buch ist dieses Haus, und nur hier kann ich es fertigschreiben. Dann … dann wird man sehen.

Vivek am Morgen: »Du bist glücklich. Frag dich, woher dieses Glück kommt. Nicht vom Körper, nicht von der Erfüllung der Wünsche, nicht davon, etwas zu Ende gebracht, ein Ziel erreicht zu haben … Woher kommt es?« Dann lässt er mich zurück mit einer Art *Koan** aus der *Isha-Upanishad**: »Nicht wissend gehst du ein in den Tod; wissend in die Unsterblichkeit.«

Angela erzählt mir, Vivek habe von mir gesagt, ich sei »ehrlich«. Intellektuell, moralisch, spontan ehrlich. Das amüsiert mich. Ich richte ihr das Bett her, mit der Wärmflasche und tue alles, damit sie gut schlafen kann.

Schönes Weihnachtsessen mit den Datta. Dutzende Kerzen schwimmen in den großen Messingtellern, die wir in Morabad gekauft haben. Die Petroleumlampen auf den Fensterbänken machen das Haus insgesamt zu einem Weihnachtsbaum. Das Essen ist einfach, man redet über dies und das, und das Wenige wird viel.

Vivek lacht über diejenigen, die wie die kalifornischen Anams durch die Welt laufen auf der Suche nach Schätzen und hier und da Ideen aufgreifen, sich aber nie daranmachen, ausdauernd »nach Wasser zu suchen« und beharrlich immer wieder am selben Ort graben, bis sie welches finden: Wasser, keine Schätze, Wasser. M.T. singt ein schönes französisches Lied aus dem 18. Jahrhundert, das wie für Binsar gemacht scheint, eine Hymne an die Unermesslichkeit des Himmels und seiner Stille. Um halb zehn begleiten wir sie unter einem von Sternen übersäten Himmel bis zu ihrem Haus, M.T. und Vivek, in Festtagskleidern, ein bisschen beschwipst, schwatzend und glücklich.

Von fern gesehen scheint »Anams Zuflucht« wie eine Vision aus dem Märchen.

Angela ist »angekommen«, sie schläft die ganze Nacht ruhig.

25. Dezember 2000, Binsar. Enorme Ruhe und Gemächlichkeit. Angela fühlt sich wohl, ist glücklich. Sie beginnt sich dem Rhythmus dieser Gebirgslandschaft anzupassen, und unvermittelt schlägt sie etwas vor, was ich als eine mögliche Option bisher für mich behalten habe: das Haus in Delhi aufzugeben, um dies hier als Stützpunkt in Indien zu haben, für uns und für die Freunde.

30. Dezember 2000, Binsar. Angela ist im Geist, wenn auch gelassen, viel mit den Kindern beschäftigt, mit Anzio, den Bildern, der Ausstellung, Florenz.*

Mein Geist ist, wenn er nicht leer ist, beim Tod, bei der vergehenden Zeit, bei dem, was ich nicht getan habe und nicht tue.

3. Januar 2001, Binsar–Almora. Ich erwache erstmals wieder mit dem ganzen Gewicht der Welt auf den Schultern.

Nach dem Mittagessen schlage ich Angela vor, bis zur Forsthütte auf dem Berg zu gehen. Der Wald ist wunderschön, die Luft rein, auch zwischen uns. Die Freude rückt alles an seinen Platz. Bei Sonnenuntergang kommen wir nach Hause zurück, wobei der Wald bisweilen aufzuflammen scheint in einem goldenen Licht, das durch die Wipfel sickert, zwischen den langen Bärten der Moose hindurch, die von den Rhododendren und Steineichen herabhängen. Ich habe die Taschen voller Eukalyptussamen, um im Zimmer einen guten Duft zu verbreiten, im Dunkeln wird es ein schönes warmes Nest des Friedens für alle beide. Wir schlafen eng umschlungen, wie in unseren besten Zeiten, fast zehn Stunden.

5. Januar 2001, Binsar. Wunderschöner Tag, der mit der Angst vor dem Panther begann: Angela ist zu ihrem Morgenspaziergang ausgegangen, und ich mache Feuer für ihr Bad, als Govind mit der Nachricht kommt, dass der Panther, den ich am Vorabend brüllen hörte, im Wald vor dem Tor ist und dass er heute Morgen seinem Vater gefolgt ist. Ich stürze hinaus, springe über die Mauer, um den Weg abzukürzen, ich versuche zu pfeifen, aber ich kriege keine Luft. Endlich sehe ich Angela, die seelenruhig den Weg heraufkommt, der hinter dem Haus der Bediensteten an der alten Mauer entlangläuft. Wir lachen, in der Sonne, die über den Gipfeln aufgeht.

8. Januar 2001, Binsar. Herrlicher Abend mit Vivek, der Angela im Vollmond zurückbegleitet und auf einen *Sundowner* bleibt, einen Old Monk Rum mit heißem Wasser: Er spricht vom »Jenseits«, von der Stille, gegen die die Gedanken antanzen, und Angela sagt, sie sei »wirklich in Binsar angekommen«. Eine großartige Solidarität, Gemeinschaft. Ich glaube, wir haben die nötigen Reserven angelegt, um wieder ein Weilchen jeder für sich zu leben und das zu Ende zu bringen, was wir uns vorgenommen haben, ohne uns zu verlieren, vor allem aber, ohne einander zu verlieren.

9. Januar 2001, Kaladunghi. Um neun erwartet uns Shoban Singh* am *Mandir*, um uns nach Nainital und Kaladunghi zu fahren, um die Welt unseres neusten »Freundes«, des Schriftstellers Jim Corbett*, kennenzulernen. Wir schlafen in einem schönen Zelt auf dem Campingplatz Camp Jungle Lore, inmitten einer Plantage mit großen Mangobäumen.

10. Januar 2001, Kaladunghi. Erwachen um fünf. Es ist dunkel, kalt, feucht mit tief hängendem Nebel. Im Wald auf einem Elefanten auf der Suche nach einem Tiger, den man nicht sieht. Gegen Mittag sind wir in Moradabad und treffen Billa. Abends zu Hause in Delhi.

Ich habe vor, ein paar Tage zu bleiben und dann abzureisen, bevor Folco kommt, so dass er und Angela allein sein können.

22. Januar 2001, Benares. Wieder am Boden.

Bin vielleicht am Ende meiner indischen Reise angelangt, wie es mit der durch Indochina, den chinesischen Kommunismus und durch alle anderen Illusionen meiner Zeit geschah.

Um nicht junge amerikanische Studenten anhören zu müssen, die auf der Terrasse des Ganga View Hotel Sufi-Musik machen, esse ich in der Pizzeria, zusammen mit einem englischen Busfahrer, der hier jedes Jahr vier Monate lang Sitar lernt, und einem pensionierten amerikanischen Philosophieprofessor, der zum ersten Mal in Indien ist. Mit dem Fahrer laufen wir kurz durch die stinkenden, schmutzigen Gassen mit großen Räumen, in denen Dutzende von Pilgern Platz finden und am Boden schlafen, mit Kühen in den Höfen und überall dem Geruch von Tod. Wir gehen in das Cybercafé, das nach hinten raus ein Fenster hat.

Ich flüchte sofort durch die Vordertür und kehre durch dunkle Gassen zurück zum Assi Ghat, ich bemerke ein winziges, neugeborenes Hündchen, das schon voller Räude ist, verletzt und zittert. »Nichts zu machen, du wirst es nicht schaffen«, drängt es sich mir auf. Mit diesem Gedanken bin ich eingeschlafen, um dann ständig von den Stimmen der Touristen geweckt zu werden, die sich treffen und einander ihre Abenteuer erzählen. Türenschlagen, andere Geräusche, um die ich mich nicht kümmere.

Am Morgen auf der Terrasse eine Frau im Schlafsack, sie steht auf, kommt auf mich zu und fragt mich, ob ich »Tiziano« sei. Ich sage nein. Wie heißt du? Ich sage »Anam« und laufe davon.

Ich gehe an den Fluss; alles, was mich früher berührte, irritiert mich jetzt, stößt mich ab, verursacht mir Übelkeit: ein grauenhafter *Pandit** mit einem angepflockten Kalb, der Scharen von Bäuerinnen Geld abknöpft, sie gehen in den Fluss baden, nicht ohne zuvor den sinnlosen Litaneien dieses Schurken (sicher nicht in Sanskrit!) gelauscht zu haben, wobei sie das Kalb am Schwanz halten; ein Hund, der versucht, es zu beißen, wirkt, als wäre er ebenfalls in Trance; alte Leute, die glücklich und erregt vom Fluss zurückkehren, einen Messingeimer mit dem grauen Wasser des Ganges bei sich; eine Alte mit einem von Elefantiasis geschwollenen Bein, die sich lächelnd wieder anzieht. Gebete, Düfte, Gestank, Trümmer, haufenweise Müll, Schwaden von Kot- und Kloakengestank. Ein Weißer macht auf einer Plattform oberhalb des Flusses Yoga.

Tod, Aberglauben, Trostlosigkeit. Leprakranke Bettler nehmen vor dem Ganga View Hotel Aufstellung, eine Leprakranke setzt ihren Karren ab, Kinder hocken auf einer schmutzigen Matte und lernen den einzigen Beruf, den sie im Leben ausüben werden: betteln.

Ich denke an den zu schreibenden Roman: Ein Vater, der seine Tochter sucht … Jetzt müsste ich allerdings den Sohn suchen, der sich in einer Illusion von Glück verliert.

Ich fühle mich kraftlos, ohne Inspiration, nicht einmal mehr fähig zu schreiben, zu beschreiben, nur eine große Leere. Benares ist nicht mehr »meins«. Ich habe nur Lust zu fliehen, nach Binsar, wo Sauberkeit und Stille herrschen, die wahre Würde des Gebirges. Ich buche einen Flug für den Nachmittag.

Das Boot wartet unten am Haus auf mich. *Babu** rudert mühsam gegen die Strömung, hält sich so dicht wie möglich am Ufer. Wir kommen an den *Burning Ghats** vorbei, wo eine Gruppe von Männern einen Leichnam ans Ufer legt, die Füße zum Wasser. Ich sehe, wie sie Wasser schöpfen und damit Gesicht und Körper besprengen, dann nehmen sie die orangefarbenen Blumengirlanden, mit denen der Leichnam bedeckt ist, ab und werfen sie ins Wasser.

Sie legen den Leichnam auf den Scheiterhaufen aus großen Holzscheiten, und zwei nackte Männer, nur einen weißen Fetzen um die Hüften, entzünden das Stroh, das unter Kopf und Füßen liegt. Einer verscheucht eine Ziege, die versucht hat, an einem anderen, eben erst angekommenen Kadaver zu nagen, die Blumengirlanden liegen noch auf ihm.

Unmöglich, einen Wagen zu bekommen. Ich fahre mit einem *Three-Wheeler* zum Flughafen, und auf dem Weg atme ich Abgase und Gestank, und ich werde traurig über so viel unnützes Elend. Das Wunderbare ist, dass diese Inder sich trotz allem ihre weise Distanz bewahrt haben.

Ich versuche an Angela zu schreiben.

Meine Angelina,

mit der größten Freude habe ich deine Nachricht über Saskia

gelesen. Das hast du sehr gut gemacht … im Unterschied zu mir. Aber der Reihe nach.

Die Kumbh Mela war nicht der ideale Ort für dieses Treffen zwischen Vater und Sohn, weil die Mela in ihrer Absurdität, mit ihren *Sadhus* und den Massen an verlorenen, bekifften, benommenen und verrückten Jugendlichen aus dem Westen, die in Indien großzügigerweise in »Heilige« umgewandelt werden, tendenziell das ganze Leben beherrschte. Ich bin froh, dass jemand vom *Corriere* da war, denn positiv über die Mela zu schreiben, wäre mir so gut wie unmöglich gewesen, so niederschmetternd und widersprüchlich sind die Eindrücke.

Im Grunde war es bewegend zu sehen, wie die althergebrachte Frömmigkeit bei der Masse der Inder fortlebt, und zum Verzweifeln, wie die »Spiritualität« zur letzten Attraktion unserer Konsumgesellschaft geworden ist und der Westen der neue Markt für diese überaus gewitzten *Sadhus*, die hier, dank der Publicity von Channel 4 und einer Horde von europäischen Fotografen und Schreiberlingen einen fabelhaften Auftritt für ihre hypertrophen Egos hatten.

Ich bin von all dem sehr irritiert. Folco noch mehr, weil er entdecken musste, dass das »Wunder« des an der Wasseroberfläche schwimmenden Steins daher rührt, dass der Stein falsch ist, dass keiner der *Sadhus* zu Fuß gekommen ist, dass keiner von ihnen in einer Höhle lebt … Doch ihm blieb die Hoffnung, die Idee, dass irgendwer wirklich heilig sei und irgendwer wirklich »Kräfte« habe.

Für mich war die Mela ein Spektakel, für ihn eine ständige Aufforderung zum Vergleich mit seinem Leben, seinen Hoffnungen, seiner Illusion, einen Weg zu finden, der nicht der aller ist.

24. Januar 2001, Delhi – Binsar. Um Punkt sechs breche ich auf. Um 10 Uhr 15 bin ich am Bahnhof Kampur, fünf Minuten später kommt Shoban Singh, und mit seinem Maruti eines pensionierten Unteroffiziers im Kumaon-Regiment sind wir um drei bei Tara, um vier am *Mandir*. Um Viertel vor fünf kehre ich heim in mein grandioses Amphitheater. Mir kommen fast die Tränen angesichts dieses Friedens, dieser Stille, der Schönheit dieses Hauses, das nun leer ist. Angelas Schuhe unten an der Treppe täuschen mich einen Moment lang. Um 8 Uhr 30 gehe ich schlafen, nachdem ich ein *Chillum** geraucht habe, von dem ich mir sage, dass es das letzte sein soll.

25. Januar 2001, Binsar. Ich habe zehn Stunden am Stück geschlafen, ein wenig Kopfweh wegen der Höhe. Ich gehe die Berge anschauen an dem Punkt, zu dem Angela immer ging. Ich beschließe, den Felsen aufzusuchen, von dem ich beim letzten Mal beinah fliehen musste.

Ich möchte mich mit den negativen Kräften aussöhnen. Wenn ich allein hier bleiben muss zum Arbeiten, brauche ich die Unterstützung von allem und dem Gegenteil von allem, auch der negativen Kräfte.

Der Felsen ist wunderschön. Die Sonne hat ihre Bahn geändert, und er ist schon um acht beschienen. Ich setze mich und meditiere, ich habe keine Angst, und ich sehe mich wie in einem Raumschiff, das durch das All fliegt. Keinerlei Angst. Vielleicht habe ich mit den Geistern von hier Frieden geschlossen.

26. Januar 2001, Binsar. Vivek kommt mit einem Geschenk: »Eine Lampe für deinen Weg.« Eine schlichte, schöne alte Petroleumlampe mit einer winzigen Flamme, »die nicht flackert«.

Und das Mantra? Das folgt, »wenn du das Buch fertig hast«.

Die Lampe ist schön, elegant, ein echter Andachtsgegenstand. Eine Inspiration, aber ich bin nicht im Frieden mit mir selbst, und ich kann mich nicht davorsetzen.

28. Januar 2001, Binsar. Ich erwache um drei und setze mich im Dunkeln vor Viveks Lampe … um die Zeit zu vertreiben, um die Gedanken zu beobachten, wie sie vor dem dunklen Hintergrund tanzen.

Ein schönes Gedicht von Tagore: Die Sonne, riesig und wunderbar, ist dabei unterzugehen, sie blickt auf die Welt und fragt sich: »Was passiert jetzt, wo ich nicht mehr da bin?«

Von unten antwortet ihr ein Lämpchen. »Meisterin, ich werde tun, was ich kann.«

30. Januar 2001, Binsar.
Mein liebes, liebes Angelinchen,

der Göttliche Künstler hat mich mit einem bewegenden Schauspiel in Binsar empfangen. Die Atmosphäre war winterlich, schwere Regenwolken hingen über dem Wald und die Berge waren verschwunden, eingehüllt in große kalte Nebelschwaden, als sich plötzlich dort, wo die Sonne untergeht, der Himmel auftat, die höheren Wolkenschichten von unten feurig angestrahlt wurden, und ein merkwürdiger, lapislazuliblauer Streifen den Hintergrund bildete für das exakt gezeichnete Profil der letzten Gipfelkette. Ich habe die Jacke angezogen und bin deinen Weg gegangen bis dort, wo die Mauer eingefallen ist und die Weite der Welt dem Herzen ganz nah kommt. Es war wunderschön, und du warst bei mir.

Ich habe mich auf einen der Vorsprünge gesetzt und mich gleichsam vergessen. Einen Augenblick lang erschien es mir in dieser unglaublichen Stille, wo nur der Wind in der Ferne säuselte, als sei da kein Unterschied zwischen meinem Leben und meinem Tod, zwischen Dasein und Nicht-Dasein. Dann sah ich die gelben Grashalme zittern und ließ mich fallen, schwer, mit dem Körper, den ich noch habe, kehrte ich gleichsam zurück zur Erde.

Im letzten Licht, das einem wirklich das Herz zuschnürt bei der Vorstellung von der Dunkelheit, die es vertreiben wird, bin ich wieder ins Haus gegangen.

Beim Licht der Solarlampe habe ich »Folcos Zimmer« in Ordnung gebracht, das unten neben dem Bad. Auf einen Stapel von Ziegelsteinen habe ich die große Sperrholzplatte gelegt, die einmal Teil deines Schranks war; darauf habe ich die Matratze gelegt, auf der du geschlafen hast, und darüber, als Betttuch, eine große weiße *Thulma*, die ich heute im Gandhi-Shop erstanden habe (bis 31. Januar 30 Prozent Rabatt!). Auf den Betonboden habe ich anstelle des grauen Sisalteppichs einen neuen orangefarbenen gelegt, Petroleumlampen, eine Vase mit Rhododendronblüten, einen Sessel und ein Kissen vor das Fenster getan, wo man sich hinsetzen und über den Zustand der Welt und den eigenen nachdenken kann. Ich glaube, es wird ihm gefallen, allein zu sein, abgeschieden, und so lang schlafen zu können, wie er will. Für tagsüber überlasse ich ihm den linken Teil des hellen Flurs, wenn man die Treppe hinaufgeht.

Ich hoffe sehr, bei diesem Besuch einen Ausgleich für die verunglückte Begegnung in Allahabad schaffen zu können; ich werde versuchen, ihn reden zu lassen, selbst nicht zu viel zu sagen und vor allem ihn dazu zu bringen, sein eigenes Maß zu finden und das der wunderbaren Welt, die uns umgibt. Hier ist der ideale Ort dafür.

Ich lese noch ein wenig und schlafe ein. Ich nehme mir vor, dir jeden Abend zu schreiben, auch kurze Notizen, damit du, wenn auch mit ein wenig Verzögerung, eine Vorstellung von unseren Tagen bekommst und was wir daraus machen. Das könnte dir helfen zu verstehen, was für dich noch zu tun bleibt.

Gute Nacht, meine über alles geliebte Frau,

t.

1. Februar 2001, Binsar, 4 Uhr morgens. Folco schläft im oberen Zimmer (im letzten Moment erschien es mir, als könnte es besser für ihn sein, im ersten Stock mit Blick auf die Berge zu schlafen), am Boden, gut eingepackt zwischen zwei *Thulma*, mit der Wollmütze auf, deinen Hüttenschuhen und der langen Unterhose an, die ich für dich gekauft hatte. Ich wache auf, wie immer wenn ich nachts pinkeln muss, im unteren Zimmer, das sehr hübsch geworden ist, aber diesmal kann ich gewiss nicht wieder einschlafen bei dem Wirbel an Gedanken, die auf mich einstürmen, und den versprochenen »Kopfkissengesprächen« mit dir. Da bin ich also.

Der erste Tag war herrlich. Folco ist um 11 Uhr 30 mit Naya Govind angekommen, der seinen Sack, die Filmkamera und das

Stativ trug. Er hatte im Zug nicht geschlafen, und die Autofahrt ist ihm nicht bekommen, aber er war bestimmt, klar und energisch. Für beide war es ein schönes und notwendiges Wiedersehen. Wir haben in der Sonne gegessen, mit den Krähen und mit Vivek, der kam, um im Auftrag von M.T. ein Ferrero Rocher zu holen.

Nach dem Mittagessen hat Folco eine Stunde im Gras geschlafen, auf der »Landebahn der Götter«, in Gesellschaft des Hündchens vom *Mandir*, das ihm gefolgt ist. Dann haben wir auf der Veranda nach Westen mit Vivek Tee getrunken, bei Sonnenuntergang »Mamas Spaziergang« gemacht (er eingemummelt in die Jacke vom betrunkenen Schneider und einen Schal um den Hals), haben vor dem Fenster, das du kennst, gesessen und geredet und geredet, beim Schein sämtlicher Kerzen und der Petroleumlampe im unteren Zimmer zu Abend gegessen, dann wieder oben geredet bis spät: leichter und entspannter als in Allahabad, aber doch tauchten da immer wieder tiefe, grundlegende Differenzen in der Lebensauffassung auf, was mir das Gefühl vermittelt, ich müsse »einen Eiertanz aufführen«, und ihn veranlasst zu sagen: »Darüber muss ich mit Mama reden, sie versteht das besser.«

Ich habe die Meinung geäußert, von der ich fest überzeugt bin – auch wenn ich dann bereit bin, sie zu revidieren – dass Söhne es sich heutzutage zu leicht machen, die Verantwortung für ihre Probleme auf die Väter abzuwälzen, und dass »jeder den Vater hat, den er hat, und dass man lernen muss, sich in der einen oder anderen Weise mit ihm zu arrangieren«.

Um elf sind wir heiter und zufrieden ins Bett gegangen, nach einer großen, gefühlvollen Umarmung, wobei er mir für den Empfang dankte, dass ich ihm mein Zimmer überlassen habe, und ich ihm dankte, dass er mich besuchen gekommen ist.

Es ist Viertel nach sechs. Hinter den Gipfeln Nepals zieht ein schöner orangener Schimmer herauf, vertreibt die Albträume *of the darkest hours of the night*.

2. Februar 2001, Binsar. Folco ist aufgestanden, um die Berge bei Sonnenaufgang zu filmen. Dann ist er wieder schlafen gegangen. Es ist zehn Uhr, und ich sehe ihn auf dem Vorplatz Gymnastik machen, dann auf der Kante über dem steil abfallenden Amphitheater sitzend sein Müsli verzehren, neben sich das Hündchen vom *Mandir,* das sich ihm angeschlossen hat. Er scheint mir sehr erleichtert. Ich bin es auch. Ich gehe hin und danke ihm für die ehrliche Unterredung am gestrigen Abend. Wenn ich die Ansicht vertreten habe, dass er den Vater, den er hat, nehmen muss, wie er ist, sehe ich ein, dass auch ich den Sohn, den ich habe, nehmen muss, wie er ist, aber wir alle beide müssen – damit meine ich vor allem ihn – die Welt, die wir vor uns sehen, nehmen, wie sie ist, und uns mit ihr arrangieren. Er wirkt gelassen, weniger ängstlich.

Gegen Sonnenuntergang sind wir zum Jägerfelsen gegangen, um von dort oben den Sonnenuntergang zu betrachten und zu filmen. Ich war unruhig wegen der unheimlichen Kräfte, die ich an dem Ort spüre (oder wegen meines Schwindelgefühls und meiner Fantasien), er aber war begeistert und fand die Sequenzen, die er dort oben gedreht hat, ideal, genau das, was ihm fehlte für eine Traumszene am Anfang des Films.

3. Februar 2001, Binsar. Folco kommt begeistert zurück, nachdem er zwei Stunden »Büchse der Pandora« mit Vivek gefilmt hat. Er erzählt, er sei großartig, klug, aufmerksam, gebildet und warmherzig gewesen. Die Schlussszene des Films soll mit ihm sein, wenn er auf Folcos Frage: »Ich habe überall im Himalaja nach einem *Sadhu* gesucht, der in einer Höhle im Wald lebt und imstande ist, etwas Besonderes zu tun, habe ihn aber nicht gefunden, gibt es ihn denn?«, antwortet: »Sicher gibt es ihn. Um ihn zu finden, musst du durch Wälder ziehen und Gebirge überqueren, in eine Höhle dringen, aber das alles in dir selbst: Der wahre *Sadhu* sitzt dort und wartet auf dich, mach dich auf.«

4. Februar 2001, Binsar.

An Angela. Was für ein Tag, dieser letzte Tag! Wie eine Tragödie mit der Katharsis am Ende, wieder einmal zufällig, wie Folco meint, wieder einmal göttlich durch die zufällige Anwesenheit der Schutzgötter Vivek und Marie Thérèse.

Ich war dabei, dir die obigen Zeilen zu schreiben, um acht Uhr früh, als er ins Zimmer kam, gut aufgelegt, heiter. »Ich müsste noch eine Woche bleiben. Es ist herrlich hier, es tut mir gut, mit dir zu sprechen, und hier gewinnt man Abstand von allem, man sieht die Dinge besser. Ich habe mich beruhigt. Alles ist mir klarer. Lass mir eine halbe Stunde, dann frühstücken wir.« Aus der halben Stunde wurde der halbe Vormittag. Er lag ausgestreckt auf der »Landebahn der Götter« und schrieb und schrieb. »Dein Drehbuch?«, fragte ihn M.T., als er wieder hinauf kam. »Nein, nein.« Um elf kamen die beiden Datta, und so saßen wir zu viert in der Sonne, mit den Krähen, die krächzten, weil sie meinten, wir würden zu Mittag essen. Vivek hat eine wunderbare Zusammenfassung der Diskussion gegeben und Folco aufgefordert, der zu sein, der er sein will.

Bald darauf sind wir nach Almora aufgebrochen. Folco hätte gleich weiterfahren müssen, aber er hat einen anderen Wagen genommen, um noch eine Stunde allein mit mir auf der Terrasse des Deodars zu sitzen und Tee zu trinken. Er war ruhig. Er machte sich Vorwürfe, weil er am Morgen heftig geworden war, um den Standpunkt von Mutter Teresa zu verteidigen, und er nahm sich vor, das in Zukunft mit mehr Gelassenheit zu tun.

Ich habe ihm Auszüge aus deiner Nachricht vorgelesen. Während er auf Richards Vespa stieg, der ihn zum Taxi brachte, sagte er, er habe wunderschöne Tage verbracht, unsere Begegnung sei für ihn überaus wichtig gewesen.

»Folco, du bist ein wunderbarer Sohn, aber du bist mein Sohn, denk daran.« Die Vespa fuhr schon den Sandweg hinunter. »Nein, du bist auch Ems' Sohn, du bist unser Sohn.«

»Ja, aber lasst mich jetzt allein weitergehen«, sagte er mit einem großen, rührenden und gerührten Lächeln.

7. Februar 2001, Binsar.
Meine ferne, ferne Angela,

heute Morgen vor Sonnenaufgang stand eine merkwürdige kleine, vollkommen runde Wolke über dem Nanda Devi, und als die ersten Sonnenstrahlen hinter den nepalesischen Gipfeln hervorkamen, verfärbte sie sich feuerrot, so dass Vivek aufsprang.

»Was macht die Sonne da um diese Zeit?«, fragte auch er sich, einen Moment lang überzeugt, dass die Welt verrückt geworden war.

Zum Glück war ich im Geist anderswo, aber doch bestürzt.

Binsar ist, wie du dich erinnerst, warm, sonnig, still, mit den Umrissen der Männer, die auf dem Hügel Holz machen, und dem immer lebendigen Wald voller Vogelrufe und leisen Tritten von irgendwelchen Tieren. Ich habe an der Haustür das Kupferschild angebracht, auf dem in Sanskrit geschrieben steht »ANAM SHERANAM«, »Anams Zuflucht«. Aber all das scheint mir wie aus einer anderen Zeit, wie das Buch, das ich schreiben sollte, und wüsste ich nicht, dass ich dir in Florenz jetzt nur eine Last wäre, würde ich Folcos Abreise aus Indien abwarten und würde vor deiner Tür auftauchen, um daraus ein für alle Mal unsere Tür zu machen.

Als Folco hier war und ich als Vater die Rolle der Zielscheibe, des Therapeuten, des Freundes übernehmen musste, schien mir, ich komme gut klar mit der Situation, und Worte wie »Scheitern« oder »Verrücktheit« gingen mir durch den Kopf, aber diese Worte hatten nicht das Gewicht, das sie für gewöhnlich haben, das jetzt aber wieder fühlbar wird.

Ich habe beschlossen, den heutigen Tag mit Nachdenken zu verbringen darüber, was mir zugestoßen ist, mit Vivek darüber zu sprechen, unsere Botschaften noch einmal durchzulesen, die wirklich teilnahmsvolle und intelligente von Saskia, und abzuwarten, dass sich nach diesem immensen Sturm der Staub wieder legt.

In einer betäubenden Stille, bei einem Mond, ich glaube Vollmond, der im Fenster unseres Zimmers aufgegangen ist, sitze ich nun an meinem Tischchen und »plaudere« mit dir, wobei mir bewusst ist, dass jede Minute, die ich hier verbringe, vertanes Leben ist, die achtlose Verschwendung einer Gabe, für die ich dem Himmel vielleicht nicht genügend dankbar bin.

Gute Nacht, meine so feeeeeeeeeeeeeeeeeeeerne Frau.

t.

8. Februar 2001, Binsar. »Day one« (!): Es hat schon viele gegeben. Ich will wieder anfangen zu schreiben, mich ganz auf mein Projekt konzentrieren.

Vollmond. Ich bin unruhig. Ich schließe den Vorhang vom großen Fenster. Um fünf Uhr stehe ich auf. Eine schöne halbe Stunde vor Viveks magischer Lampe, die einen schönen schwarzen Kreis auf das orangene *Gamcha** auf dem Tischchen am Balkon wirft.

»Unter einer Lampe ist immer Dunkelheit«, sagen die Inder, womit sie meinen, dass auch eine große Seele dunkle Seiten haben kann.

Ich bekomme mich wieder in den Griff. Ich denke an Folco mit Zuneigung und Distanz, mir kommt die Idee, ihm ein Aquarell zu widmen. Ich denke an Saskia, die endlich ihren Weg gefunden hat, es wäre schön, wenn auch sie mich besuchen käme, dann wären wir quitt. Ich werde ihr schreiben. Nach seinem Spaziergang kommt Vivek zum Tee. Die Sonne geht langsam und gelassen über den Hügeln und hinter den Häusern der Bediensteten unter. Er erinnert sich einer Bronze aus Südindien, »Tanz der untergehenden Sonne«, in der der ganze Frieden dieses Augenblicks liegt.

9. Februar 2001, Binsar.
An Angela. Vollmondnacht, gegen die ich mich zu Wehr setze, indem ich sämtliche Vorhänge zuziehe und unter der *Thulma* schlafe. Früher mochte ich den Mond, jetzt macht er mich unruhig. Ich denke, es ist derselbe, den du siehst, und ich fühle mich einsam. Früher hätte ich mich durch den Mond mit dir verbunden gefühlt. Jetzt nicht. Ich denke, Folco ist bei dir, und ich kann mir eure Unterhaltungen, seine Schlussfolgerungen nicht vorstellen.

Um sechs stehe ich auf, und um neun habe ich bloß Gymnastik und einen Spaziergang gemacht, eine Öllampe betrachtet, die einen vollkommen runden Schatten auf das orangene Tuch auf meinem Tischchen wirft, die Berge beobachtet, wie sie aus dem Halbdunkel heraustreten, und die Sonne genossen, die wärmt, aber nicht heiß ist. Ich lese ein schönes Buch und fühle, dass ich schreiben müsste, aber wie?

Ich betrachte Vivek, der um halb vier seinen Spaziergang macht, wunschlos, ohne Erwartungen, ohne Verpflichtung.

Ich habe das Gefühl, ich habe Magenschmerzen. Einbildung? Sollte ich wieder krank werden, würde das die Perspektive völlig verändern, und sogar diese Einsamkeit wäre Vergeudung gewesen.

Ich denke an Saskia, die ich sehen möchte, »bevor es zu spät ist«.

10. Februar 2001, Binsar. Wieder eine Nacht ohne gut zu schlafen und der Gedanke an den Krebs kehrt wieder (vielleicht ja nur, weil ich das Buch von Frank über die Bücher von Krebskranken und Krebstoten gelesen habe).

Ich sehne mich nach dem Geruch des Meeres in Hongkong vor 30 Jahren, als ich durch den Western District ging, nach der Sonne, die mich überflutet, wenn ich unter den Bogengängen einer italienischen Stadt hervortrete.

Besser, ich mache mich an die Arbeit.

Sehr merkwürdiger Tag: vielleicht der Tag einer Wende. Alle Gewohnheiten vergessen: den Kerzentrick, die Gymnastik, den Spaziergang. Ich fange an, Angela zu schreiben, schließlich mache ich einen Spaziergang bis zum Sommerhaus des englischen Verwalters auf dem gegenüberliegenden Hügel, das gebaut ist, als sollte es Jahrhunderte überdauern. Schön und königlich mit einer winzigen, sehr malerischen Kapelle unter der größten Eiche, die ich je gesehen habe, die Häuser der Bediensteten im Sonnenschein, der Garten mit kleinen Stufen, die vielleicht zu Wasserspielen gehörten. Alles verfallen, als entstammte es der Zeit der Assyrer. Alles verlassen.

Ich kehre nach Hause zurück und trinke Tee mit Vivek und M.T.

Mitten am Nachmittag lege ich mich ins Bett, stehe bei Sonnenuntergang auf und finde meinen Frieden bei der Lektüre von René Guénon* – was hat mich bewogen, unter so vielen Büchern heute ausgerechnet dieses auszuwählen? – nach den einseitigen Unterhaltungen Viveks, der schönen Theorie und der wenigen Praxis macht diese Lektüre Hoffnung.

12. Februar 2001, Almora. Ich bin nach Almora hinuntergefahren und habe alles mitgenommen, was ich brauchen würde, wenn ich bis nach Florenz weiterfahren würde, so zum Verzweifeln scheint mir meine Einsamkeit hier oben. Glücklicherweise hat Angela wunderbare, sehr kluge Botschaften geschrieben. Wir sprechen 45 Minuten miteinander und beschließen, die Vorsätze, die wir jeder für sich gefasst haben, und die Versprechen, die wir einander gegeben haben, einzuhalten, bevor wir uns treffen, »um wieder zusammenzuleben«.

Ab morgen schreibe ich, oder ich schreibe nie mehr.

Bei der Rückkehr empfängt mich der Göttliche Künstler mit einem wunderbaren Sonnenuntergang. M.T. geht es nicht gut. Sie hat hohen Blutdruck, und ich treffe sie in ihrem Zimmer, wie sie ihn mit einem Gerät misst. Mir wird klar, dass auch ich Bluthochdruck haben könnte. Seit Tagen stehe ich mit merkwürdigen Kopfschmerzen auf. Ich messe den Blutdruck: 151, noch nie so hoch gehabt. Ich werde mehr Knoblauch essen.

13. Februar 2001, Binsar. Ein wunderbarer Tag, um wieder anzufangen zu leben.

Ich habe mehr Farbe ins Haus gebracht: Hellblau auf dem Esstisch, Rot auf dem Tischchen vor dem Sofa, Weiß auf dem neben der Tür, wo jetzt ein großartiger Strauß Mimosen prangt, den ich beim Heimkommen gepflückt habe.

Gestern Abend habe ich den Ofen nicht angemacht, ich habe in dem schönen Zimmer mit dem Kopf nach Osten geschlafen und dabei das Kissen benutzt, das ich eben aus den getrockneten Teeblättern der vergangenen drei Monate gemacht hatte. Um sechs bin ich vor der schönen »Lampe für meinen Weg« zu meinen Problemen, die mich bedrücken, auf Distanz gegangen, dann habe ich vor dem Shiva-Tempelchen das Aquarell für Folco fertig gemacht. Ich habe gebadet, die weiße Weste angezogen anstelle der aus Peschawar und bin zu Vivek gegangen, um ihm meinen neuen Lebensrhythmus zu verkünden und dass ich wieder anfangen will zu leben.

Überall ringsum ist Frühling. Die Luft hat nichts Stechendes mehr, die Sonne ist mild, und der Wald spricht mit vielen neuen Vogelstimmen. Im Haus höre ich zum ersten Mal das Summen von Fliegen wie im Sommer in Orsigna.

»Moscone, novità o persone« (Fliegen bringen Neuigkeiten oder Besucher), sagte meine Mutter. Aber das lässt sich auf Binsar scheint's nicht anwenden. Ein Tag ohne Neuigkeiten, ohne Menschen, nur mit der üblichen Sehnsucht nach Angela, während ich mit großer Lust die Freude an der Arbeit, am Sitzen vor den Worten wiederentdecke.

15. Februar 2001, Binsar. Ich habe die Freude an der Arbeit wiedergefunden. Ich stehe auf mit der Lust, mich vor die Seiten zu setzen, vor die unendlich vielen Notizen, die es zu montieren gilt. Es ist, als wäre die Geschichte in den Worten schon vorhanden und als müsste ich sie nur suchen, wie die Statue im Stein. Ich schreibe mit zwei brennenden Petroleumlampen rechts und links von meinem Computer.

Ich fühle mich und bin einsam. Aber ich habe ein Ziel.

16. Februar 2001, Binsar. Die Sonne scheint, der Schnee liegt noch schön hoch, und ich beschließe – ich suche immer nach Ausreden –, sämtliche Teppiche und die *Thulma* auf dem Schnee ausklopfen zu lassen und dann zum Trocknen über den Zaun zu hängen. Dann muss ich baden, mir die Haare waschen.

Im Tal liegt ein Nebelmeer, aus dem wie Inseln Hügel herausragen, wie im Meer von Hongkong die Inseln in Richtung Macau, von unserem Haus in der Pokfulam Road aus gesehen. Ich male ein Aquarell. Ich versuche, über Wunder zu schreiben, und höre Viveks Stimme, der Streichhölzer holen gekommen ist.

»Tiziano, was sind Wunder?«

Wow! Ich versuche meine Meinung dazu zu sagen, er wartet ab, dann sagt er: »Wir glauben, Wunder seien diejenigen Ereignisse, die gegen die uns bekannten Naturgesetze in der Physik, der Chemie usw. verstoßen. Aber nein, Wunder geschehen jeden Tag, aber wir betrachten sie nicht als solche. Denk nur an dein Leben und seine vielen, wichtigen Wendungen. Die hatten etwas Wunderbares an sich, nicht wahr? Das sind Wunder. Sämtliche Kräfte des Universums treten einen Augenblick lang in einem Ereignis zusammen: Das ist das Wunder, wir aber halten es für selbstverständlich. Weil wir die Psyche verkennen.

Die Psyche ist sehr wichtig, sie ist überall, sie lässt die Dinge geschehen. Dann kommt da ein Herr Freud und spricht vom Unbewussten, und wir erkennen, dass es da etwas gibt … Aber wir betrachten nur die Oberfläche. Was ist die Psyche? Die Psyche ist etwas Lebendiges, die Psyche ist Leben, ist ein Aspekt des Lebens, ein Aspekt im Leben des Universums.«

22. Februar 2001, Binsar. Drama unter den Bediensteten, sie haben die »heiligen« Bäume gefällt und werden dafür von den Förstern geschlagen, jetzt müssen sechs von ihnen je 1000 Rupien Strafe zahlen.

Ich fahre mit Vivek und M.T. nach Almora, sie wollen nach Delhi. Ich verpasse die Gelegenheit, vor Dunkelheit nach Binsar zurückzukehren, und das gibt mir die Gelegenheit, in Almora in dem schrecklichen Shikhar Hotel zu nächtigen, aber mit dem Vergnügen, am Abend fast eine Stunde lang mit Angela zu sprechen. Was für eine wunderbare Gefährtin, geduldig, großzügig … fern.

25. Februar 2001, Binsar. Ich kann es nicht glauben, dass Sonntag ist. Sonntag, der Tag, an dem ich mich als Junge schön anzog und ins Stadtzentrum ging. Sonntag, an dem ich auch als Erwachsener gewöhnlich nicht arbeitete. Sonntag, an dem ich in Singapur mit den Kindern ausging. Sonntag, Sonntag. Ich kann es nicht glauben, dass Sonntag ist. Oder habe ich mir wirklich ein Gefängnis gebaut, in dem ich mich eingeschlossen habe, um das Vergnügen zu haben, den Schlüssel wegzuwerfen?

Ich glaube, ich bin wirklich ein Mensch mit nur einem einzigen Prinzip: dem, keine Prinzipien zu haben. Auch das des Lebens in Einsamkeit ist überholt. Ich habe keine Lust mehr, irgendetwas zu suchen, schon gar nicht mich selbst. Ich träume davon, bei einem Botschafter zum Abendessen eingeladen zu sein, meine Geschichten über die Roten Khmer zu erzählen, ich träume davon, das Gespräch zu beherrschen, Liebe zu machen, ich träume, von einer Welt voller Menschen zu träumen, die lachen, singen, tanzen, rauchen und trinken; ich träume von Geräuschen, Musik aus einem Radio, das keiner abstellt, von einem Fernseher, der hängen geblieben ist.

Seit 24 Stunden regnet, schneit und hagelt es. Es ist windig, und meine Fenster sind graue Wände, in denen sich ab und zu ein Spalt auftut, um mir die Täler voller Nebel zu zeigen und weitere graue Wände. Die Männer sind alle verschwunden, vielleicht wärmen sie sich in der Stille über dem Stall des verrückten Stiers.

Gestern habe ich Govind weggeschickt, um allein zu sein, und jetzt graust mir vor der Einsamkeit, der Stille und der Tatsache, nur mit mir selbst Worte gewechselt zu haben … bisweilen sogar mit lauter Stimme. Das Haus der Datta ist unsichtbar und leer, und ich laufe durch das meine, kritzle was, stürze mich auf ein Aquarell, esse was, um mir Gesellschaft zu leisten, und träume von einer anderen Welt. Seit Tagen erregt mir die einst »magische« Lampe geradezu Abscheu.

Ich habe Lust auf Fleisch, auf ein Steak auf dem Teller, auf eine Frau im Bett.

Ich könnte darüber nachdenken, was einen Mann dahin bringt, wo ich bin, einen erfolgreichen Mann vor dem Erfolg zu fliehen, einen Mann mit einer geliebten Frau vor der Liebe zu fliehen … oder vielleicht ist wirklich alles Illusion: der Erfolg, die Frau, die Liebe, weswegen die Flucht die beste Lösung ist, um die Enttäuschung zu vermeiden!

Ich denke nur an ein Wort, das »Nichts«, und so fühle ich mich, so denke ich, aber so träume ich nicht. Also ist dieses gepriesene-verfluchte »Nichts« nicht alles. Ist da wirklich in meiner inneren Leere das, was die Zen-Meister das »ursprüngliche Gesicht« nennen, das Ich, von dem ich ausgegangen bin, um diese Leere zu werden?

Es ist dunkel, und ich zünde die Petroleumlampe an, um mich »aufzuwärmen«.

Wie ist wohl das Wetter in Florenz?

28. Februar 2001, Binsar. Um zehn Uhr kommt endlich Govind mit einem Brief von Angela. Ich mache mir Tee, lasse mir Zeit, um ihre Gesellschaft auszukosten, in der Hoffnung, dass mich das zum Schreiben inspiriert.

Ich lese. Ich habe eine großartige Frau, eine Gefährtin, die die Gefahren des Lebens teilt.

Welche Freude. Ich schreibe. Ich unterteile ein langes Kapitel in zwei. Mir scheint, ich habe eine Masse von Worten vor mir, von denen ich weiß, dass es in ihnen eine Ordnung gibt. Das Problem ist, sie ausfindig zu machen, aber vorhanden ist sie. Und das ist tröstlich … wie für Michelangelo (was für ein Vergleich!!!), der wusste, dass die Form im Marmorblock steckt, es galt sie nur zu finden. An die Arbeit. Am Nachmittag kommt Jaggat* mit einer schönen Botschaft von Saskia.

Welche Ernte heute! Ich muss mich revanchieren, indem ich in der Masse der Worte die Form suche …

Und noch ein Monat ist zu Ende!

2. März 2001, Binsar.

An Angela. Dattas erwarten mich zum Tee. Sie ist begeistert, dass du sie von Italien aus in Delhi angerufen hast. Ich bin weniger begeistert, weil sie ihrer Tochter Mukti zum »Opfer« gefallen sind, die sie gezwungen hat, die armen Kerle fristlos zu entlassen, die schon von den Förstern geschlagen und zu 1000 Rupien Strafe verdonnert worden waren, was für sie ein Vermögen ist, und jetzt sind sie auch noch arbeitslos!

Grauenhaft … und ein weiterer Beweis, dass die Weisheit im täglichen Leben zu nichts nütze ist, und dass diese wunderbaren Inder wie Vivek im Grunde genommen Weicheier sind, weil sie das Leben als Teil dieses Universums und dieser Menschheit betrachten, die schon sieben Mal untergegangen und wiederauferstanden ist. Also wozu soll man sich einsetzen, wo sie doch bald wieder untergehen wird?

Sie sind belastet, die Arroganz der Brahmanen sitzt ihnen in den Knochen, und was auch immer sie in ihrem Kopf denken mögen: Alle Geschlagenen gehören einer anderen Kaste an, weshalb sie kaum mehr Beachtung und Mitleid verdienen als die Kühe, die zu hüten ihnen bestimmt ist. Ah, wie Recht Buddha hatte, dieses eine große Prinzip des »Mitleids« einzuführen als einzig mögliche Revolution gegen den Hinduismus.

Ich sehe eine wundervolle Sonne mit ungewöhnlichen, korallenroten Tönen hinter den Häusern der Entlassenen untergehen, und mir wird klar, dass man auch hier dem Alltäglichen und dem Leben nicht entkommt, das kleine Leben von hier zieht mich in seine Strudel(chen) hinein.

Und ich bin hier, um nicht mit ansehen zu müssen, dass das Giacosa* schließt!!! Was sagen die jungen Florentiner? Wer begehrt auf? Was tun die alten Florentiner? Sie schreiben im Himalaja Bücher.

O Angelina! Was für ein Durcheinander die Welt ist. Ich mache mir Reis mit Bohnen und gehe ins Bett!

3. März 2001, Binsar.
An Angela. Aus Protest gehe ich nicht zur Stunde der »Büchse der Pandora« und mache mich ans Schreiben. Ich werde nichts anderes tun, denn im Augenblick mag ich nichts anderes tun. Nicht einmal gegen die Schließung des Giacosa protestieren, da die Menschheit schon sieben Mal untergegangen ist … weswegen auch in Florenz … Kurzum, an die Arbeit! Und jede Zeile, die ich nicht hier an dich schreibe, wird eine Zeile im Buch.

6. März 2001. Heute Morgen finde ich eine Krähe im Haus, die im Bücherregal nach Käse sucht. Eins der Vögelchen mit rotem Kamm stopft sich auf dem Teppich vor dem Haus den Schnabel voll. Ich spreche immer häufiger mit mir selbst. Bedenklich? Der Kopfschmerz rund um das linke Auge will nicht vergehen.

Ich schreibe weiter. Wenn das Buch 180 Seiten hätte, hätte ich schon ein Drittel davon geschrieben … recht und schlecht.

Seit gestern geht mir Terry Anderson* nicht aus dem Sinn, der Journalist von AP, der von den Moslems im Libanon als Geisel genommen wurde. Sie haben ihn jahrelang festgehalten. Noch in Tokio hat man Pressekonferenzen über ihn abgehalten und Unterschriften gesammelt. Es war schrecklich sich vorzustellen, wie er in einer zerbombten Wohnung in Beirut an einen Heizkörper gekettet war, ohne zu wissen, ob er je befreit würde. Aber das Schlimmste sollte erst noch kommen: Als er endlich nach Hause zurückkehrte, hatte seine Frau sich schon mit jemand anderem liiert, und nach ein bisschen Neugier wurde er von der Welt vergessen. Wie wird es ihm ergangen sein?

Bald rolle ich meinen Futon aus und schlüpfe unter die schöne tibetische Decke, der einzige schöne Gegenstand in meinem derzeitigen Leben – ich hasse diesen Ort, ich hasse die Berge, die Rhododendren, die Vögelchen, die Krähen … und vor allem das Buch. Schön daran ist nur der Titel. Ich werde bloß den Titel veröffentlichen.

Und wer hat gesagt, dass ich etwas veröffentlichen muss? Warum setze ich mich nicht mit einer Philippinin nach Mauritius ab? Von dort könnte ich schöne Ansichtskarten nur mit Grüßen schicken. Keine zu bauenden Sätze!

7. *März 2001*. Um halb sechs »spüre« ich das erste Licht. Ich stehe auf ohne Kopfweh. Mir scheint, ich habe mehr Energie, weniger Magenschmerzen, der Kopf ist frischer.

Doch das Unerwartete tritt ein. Während ich im Bad bin, kommt eine der Krähen ins Haus, sie erschrickt, als sie mich sieht, flattert gegen das Fenster, findet die Tür nicht, wirft den eisernen Kerzenständer um, flattert gegen die Petroleumlampen, und schließlich duckt sie sich auf den Boden. Reglos. Ich frage mich, ob ich sie anfassen kann, ob sie mir nicht in die rechte Hand hackt, so dass ich tagelang nicht schreiben kann, aber sie ist ruhig. Ich nehme sie mit beiden Händen. Sie hackt nicht, ja, wendet mir zwei tieftraurige, flehende Augen zu, als wollte sie mich um Hilfe bitten. Sie öffnet ihren riesigen Schnabel ... voller Blut. Ich trage sie hinaus. Ihr Gefährte sitzt oben auf der Zeder und zetert, zetert und zetert, ich öffne die Hände und die Krähe fliegt davon, während der andere weiterzetert ... gegen mich?

Die beiden Krähen fliegen krächzend am Himmel im Abendrot. Ein heftiger Windstoß trägt sie in die Höhe und lässt sie fallen. Sie genießen es. Und ich genieße es, ihnen zuzuschauen.

8. *März 2001*. Vor einem Jahr bin ich aufgebrochen. Jetzt bin ich hier, um zu bleiben. Seit einer Woche habe ich keine Nachricht von Angela. Ein merkwürdiges Leben habe ich mir da ausgesucht, und mir kommen ernsthafte Zweifel, ob ich das wirklich als das große Finale meines Lebens will.

Und jetzt: auf den Hosenboden!

9. *März 2001*. Holi*. Große Stille. Alle Bediensteten sind im Dorf zum Feiern. Die Sonne ist bleich, die Atmosphäre ist drückend, wenigstens in mir. Ich habe gut geschlafen, aber mit den üblichen Träumen.

Nach einer halben Stunde kehre ich zurück ins Bett und träume erneut: Ich bin in einem Haus wie Binsar, ich bin in der Küche. Alles ist in Unordnung, keiner räumt auf, und überall sind Reste von früheren Mittag- und Abendmahlzeiten, die ich esse, um »zu frühstücken«. Ich fange an mit einem alten Stück Brot mit Resten von Heidelbeermarmelade. Draußen vor dem Fenster sehe ich eine für hier typische Szene: M.T., die von der Höhe aus einen armen Nepalesen anschreit, er solle dies und jenes tun, und ich bemerke, dass genau vor meinem Haus eine Meute Hunde ist. Es sind alles Welpen, ganz viele, und sie laufen und tollen umher, aber ich fürchte, M. T. sieht sie und macht eine ihrer hysterischen Szenen. Dann höre ich jemanden, der in meinem Esszimmer in Binsar Klavier spielt (das es in Wirklichkeit nicht gibt). Ich öffne langsam die Tür und sehe Angela im Morgenmantel, ganz ins Spiel vertieft, entrückt; sie spielt Klavier, und das gefällt mir sehr. Ich weiß, wenn sie mich sieht, hört sie auf zu spielen, und ich sage zu ihr: »Ich bitte dich, spiel weiter, das ist der einzige Beweis, dass ich im Leben etwas zustande gebracht habe. Der Rest ist Scheitern.«

Ich arbeite den ganzen Tag. Um vier verdunkelt ein schweres Gewitter den ganzen Horizont. Ich lasse den Computer stehen und mache mich an ein Aquarell vom Tal im Nebel. Der Regen dauert nur zehn Minuten, aber die Luft ist kalt, als ich auf »Angelas Weg« gehe. Ich mache bei Dattas Halt, um ein wenig zu plaudern und zu sehen, ob nicht zufällig eine Nachricht von Ems gekommen ist. Nein. Ich kehre zurück, esse im Stehen und arbeite beim Licht von zwei Petroleumlampen.

10. März 2001. Die zugezogenen Vorhänge haben mir geholfen. Ich habe gut geschlafen, und meine Seele (wenn ich denn eine habe) – das Unbewusste, wie diejenigen sagen, die sich dafür bezahlen lassen, dass sie dir das deine enthüllen – konnte in aller Ruhe sprechen. Meine Träume werden immer interessanter, sie reflektieren all das, was ich mir bewusst nicht eingestehe.

Einer scheint mir bemerkenswert, weil er mit dem Kampf mit

meinem Ego zu tun hat, das alles daransetzt, sich auf die gewohnte Manier zu behaupten, während ich es in Schach halten und es unter Umständen, wenigstens so, wie es war, zerstören möchte.

Schauplatz ist Queen's Road in Hongkong. Ich gehe so, wie ich heute bin, mit langen weißen Haaren, auf einer Straßenseite entlang, und aus dem Augenwinkel sehe ich einen sehr berühmten Journalisten der BBC, der die Sendung *Talking Point* moderiert. Ich tue so, als sähe ich ihn nicht, weil wir uns nicht kennen, aber ich wäre überglücklich, in seine Sendung eingeladen zu werden. Ebenfalls aus dem Augenwinkel sehe ich, dass er eine der Besucherinnen des Foreign Correspondent's Club aufhält und sie fragt, wer ich bin. Ich denke, dass ich ihr gegenüber immer freundlich gewesen bin, weswegen sie gut über mich sprechen wird, und er wird mich in seine Sendung einladen. Ich gehe und komme zum FCC. Die Frau sitzt mit einer Freundin an einem Tisch, und ich erwarte, dass sie auf mich zukommt und sagt: »Weißt du, Sebastian hat mich aufgehalten und gefragt, wer du bist usw.« Keineswegs. Sie sagt nichts, und um sie unter einem Vorwand anzusprechen, frage ich sie, wo es ein gutes Teehaus gibt, die, die ich kannte, seien alle verschwunden. Die Freundin steht auf und versucht, mir Hinweise zu geben. In Wirklichkeit habe ich in einem anderen Teehaus bereits einen Tisch besetzt, habe zwei Röllchen bestellt und gegessen, bin aber gegangen, ohne zu bezahlen, um mich im Club so blöd zu benehmen. Jetzt habe ich Schuldgefühle, weil ich die Rechnung nicht beglichen habe, weil ich noch immer so eitel und albern, so banal den Dummheiten der Welt verfallen bin.

Ich esse mit meinen Krähen, in Stille. Heute Morgen scheint eine schöne Sonne. Es ist über eine Woche, dass ich mich nicht bei Angela melde und dass sie sich bei mir nicht meldet. Ein interessantes Experiment, aber ich würde gern wissen, ob es allen gut geht und ob die Flut nicht das Wenige hinweggespült hat, das ich in einem Leben zusammengetragen habe. Morgen steige ich hinunter ins Tal.

Bei Sonnenuntergang gehe ich zum Jägerfelsen, dem verfluchten Ort, der mich immer wieder anzieht. Immer unheilvoller, aber wenn ich von dort zurückkomme, habe ich wenigstens Lust, in Frieden mit mir selbst zu sein, ohne vor »Geistern« zu fliehen.

12. März 2001, Binsar. Eben bin ich nach einem grauenhaften Besuch in Almora nach Binsar zurückgekehrt. Ich wusste gestern schon, dass ich am Telefon mit Angela streiten würde, und so ist es gekommen. Ich habe mich von der schlechtesten Seite gezeigt.

Ich habe geraucht, und ich trinke. Draußen herrscht großer Frieden, und fast ebenso in mir.

Und nun die Wahrheit. Es kann kein Zweifel bestehen, dass ich diese Krise provoziert habe, nachdem ich mich durch Angelas eilige Nachrichten verletzt fühlte, durch ihre Zerstreutheit, dadurch, dass sie überhaupt nicht darauf einging, was ich ihr geschrieben hatte (in meinen vorangegangenen Botschaften habe ich viele Dinge angedeutet, von vielen Dingen gesprochen, aber sie redet nur von dem verfluchten Katalog, der ihr Mühe macht, sie plagt).

Ich habe ihr früh am Morgen vom Shikhar Hotel aus geschrieben, habe alle Schuld auf mich genommen und ihr gesagt, was ich zum Teil denke: dass das wahre Problem ich bin, meine Beziehung zu mir selbst, die Tatsache, dass ich mich gescheitert fühle, plötzlich, auf der ganzen Linie, vor allem was die Familie angeht. Ich habe ihr gesagt, sie solle mir nicht aus Pflichtgefühl schreiben, sie solle nicht auf meine Botschaften warten, sie solle ihren Weg gehen, und ich würde den meinen gehen. Wir würden uns wieder treffen, weil wir viel zusammen waren, auch in früheren Leben, weshalb wir miteinander verbunden sind.

Ich habe ihr auch geschrieben, dass ich eifersüchtig bin auf alles, was sie abgesehen von mir macht, dass ich eifersüchtig bin auf den Vater, dass sie den Großteil ihres Lebens mit Katalogen und Ausstellungen verbringt. Die pure Wahrheit.

13. März 2001, Binsar. Die Gasflasche ist leer, und ich muss mich darum kümmern, so vergeht die Zeit, und erst um zehn kann ich mich hinsetzen. Ich lese noch einmal Angelas letzte Botschaft. Sie ist lieb, aber ich bemerke, wie sie darauf besteht, dass ich an ihrem Leben nicht interessiert bin, dass ich das, was sie macht, als »lästig« empfinde, und dass, wenn wir wieder zusammenleben, sie an meinem Leben teilnehmen würde und ich an ihrem! Vielleicht ist nun auch unsere Beziehung Gegenstand von Verhandlungen geworden. Zu diesen Verhandlungen werde ich nicht erscheinen.

Vivek geht nach Almora. Ich beobachte einen Sturm, der aufzieht, aber nicht losbricht. Ich denke an meinen inneren Sturm.

Ich habe immense Sehnsucht nach Angela. Ich möchte sie hören, möchte ihr nicht wehtun. Ich weiß, dass sie jetzt beim Umzug leidet. Schon denke ich daran, ihr Freitag eine Nachricht zu schicken.

14. März 2001, Binsar. Zurück vom Spaziergang (der Weg ist rot von Rhododendronblüten, die Wind und Sturm gestern verweht haben; ein paar noch an den Bäumen hängende beleuchten die ersten Strahlen im Gegenlicht), und habe Lust auf Kaffee.

Ich mache bei Dattas Halt, die frühstücken und mich einladen. Bei Tisch öffnet Vivek die Büchse der Pandora.

»Du kannst dich der Strömung nicht widersetzen, also widersetz dich nicht dem Fluss der Gedanken, die dich während der Meditation heimsuchen. Sei dir ganz einfach des stillen Untergrunds bewusst, aus dem die Eingebungen kommen, die Gedanken zu deinem Buch oder anderem.

Zeit und Bewusstheit sind dasselbe. Die Zeit hat zwei Eigenschaften: Sie wiederholt sich nie. Heraklit und die Griechen hatten Recht: ›Du kannst nicht zweimal in denselben Fluss steigen.‹ Im Augenblick, da du den Fuß in den Fluss setzt, ist das Wasser schon vorüber, und der Fuß steht in anderem Wasser. Und doch bleiben wir daran ›haften‹, hoffen, die Vergangenheit zu wiederholen.«

Es ist 11 Uhr 30, und draußen ist es stockdunkel. Tief hängende Wolken verdecken den Mond. Ich bin müde und verwirrt von einem weiteren unnützen Tag, den ich damit zugebracht habe, die ersten Kapitel anders anzuordnen.

Ich gehe ins Bett und bin nach einer halben Stunde wieder wach: Wieder habe ich von einem Toten geträumt. Christopher, Angelas Taufpate, kommt mich in Binsar besuchen. Ich höre seine Stimme, trete oben an die Treppe, er erblickt mich von unten und fällt tot um. Ich gehe näher hin und entdecke, dass er noch atmet, wir sprechen über das, was kaputtgegangen ist.

Sehr seltsam.

16. März 2001, Binsar. Ich stehe um sieben auf, und schon scheint die Sonne beim Fenster herein. Der Himmel ist völlig klar, kein Lüftchen regt sich. Ich würde gern arbeiten, aber ich werde zum Kaffee eingeladen. Die Büchse der Pandora.

Ich frage Vivek: »Wenn der Tod für uns das Ende des Bewusstseins ist, was ist er dann für die Tiere?«

»Einfach das Ende des Körpers. Das bisschen Bewusstsein, das sie haben, geht wieder ein in das universale Bewusstsein. Auch die Tiere haben ein Bewusstsein, aber es ist ihnen nicht bewusst, dass sie es haben: Darin besteht der große Unterschied zu uns. Wir sind auf unsere Persönlichkeit konzentriert, die von einem Leben ins andere übergeht, bis sie in dem viel größeren universalen Bewusstsein aufgeht.«

Govind bringt mir eine sehr deprimierte Nachricht von Angela.

17. März 200, Delhi. Um sieben frühstücke ich mit Dattas. Ich verlasse sie und das Haus, ohne zurückzuschauen, ich verabschiede mich mit einer einzigen Geste von den Bergen. Ich könnte in einer Woche wiederkommen, in einem Monat, in einem Jahr oder nie mehr.

In Almora erwartet mich eine weitere traurige Nachricht von Angela. Um sechs komme ich in Delhi an. Um elf am Flughafen und um neun Uhr morgens in Florenz.

18. März 2001, Florenz. Angela ist überrascht. In einer völlig anderen Welt. Der Umzug. Das Haus ist eine Gepäckaufbewahrung.

20. März 2001, Orsigna. Wir fahren nach Orsigna und finden Frieden und Ordnung wieder. Ich bleibe zum Arbeiten da.

Wir kommen überein, getrennt zu leben. In zwei Tagen kommt Saskia, um Ems zu helfen. Ich halte mich da raus.

9. April 2001, Florenz. Ich stehe auf, der Vollmond geht hinter dem Teso-Wald unter, und ich beschließe, nach Florenz zu fahren. Um acht bin ich vor Angelas Tür, eine Tüte Brioches dabei, sie ist drinnen am Telefon mit Folco und lacht. Wir verbringen einen herrlichen Tag zusammen mit einem wunderbaren Sonnenuntergang, vom Garten aus gesehen, und Abendessen in der Bibliothek. Ich spiele die Rolle eines großen »Freundes« der Familie, der Angela zu ihrem Geburtstag Ratschläge gibt, wie sie verhindern kann, dass ihr Mann den Weg der Einsamkeit einschlägt. Wir lachen viel.

10. April 2001, Florenz. Ein schöner Morgen, Arbeit in der Bibliothek, dem »Potala«, Mittagessen mit den beiden Alten, die im Garten arbeiten, dann in Orsigna, in Frieden, im Einklang. Ich bin heiter, Angela auch. Folco hat ein schönes Fax geschickt über Novi, der eine halbe Stunde aufrecht vor einem Klavier sitzt, vielleicht nährt das Angelas Hoffnungen auf Kontinuität.

28. April 2001, Florenz. Angela fährt nach Berlin. Ich esse mit Saskia in dem veganen Restaurant in San Casciano. Sie entschlossener und sicherer.

2. Mai 2001, Orsigna. Sinnlos vertane Tage, ohne Inspiration, ohne Angela, die allein gefahren ist, als ob ich hier wer weiß was zu tun hätte. Ich versuche, bei mir zu sein, aber ich finde mich nicht. Ich bin nicht deprimiert, es scheint mir jedenfalls nicht so, aber ich fühle mich nicht wohl. Immer fehlt mir etwas.

5. Mai 2001, Berlin. Die Ausstellung in der Zitadelle* ist ein großer Erfolg.

Saskia hat mir ihre neue Visitenkarte gegeben: *Directeur commercial, Ligne Homme* bei Christian Dior. Mir scheint, sie hat ihr Leben wieder im Griff, ist der Falle entgangen. Sie muss nur aufpassen, dass der Erfolg, die Karriere, nicht eine neue Falle wird.

13. Mai 2001, Florenz. Berlusconi wird zum Premierminister gewählt. Ich verbringe die Nacht mit Angela und Saskia, die früh nach Paris zurückfliegt, vor dem Fernseher. Ich fühle mich verletzt, gedemütigt. Wie ist es möglich, dass wir eine Mehrheit aus solchen Leuten geschaffen haben?

15. Mai 2001, Orsigna. Ich gehe in die Geschäfte und rufe: »Oni, oni, oni, ich bin ein Balilla* von Berlusconi!«, und alle lassen ihrer Verzweiflung freien Lauf. Beim Zeitungshändler in Maresca erzählt eine Frau, dass ihr Vater, ehemaliger Kommunist und Resistenza-Kämpfer, auch Berlusconi gewählt hat: »Weißt du, dass er als kleiner Junge nicht einmal einen Ball zum Spielen hatte?«, hat er zu ihr gesagt.

Der Fotoroman, den er an zwölf Millionen Familien verschicken ließ, hat seine Wirkung getan. Es ist eine Schande.

Ich verspüre die Versuchung, hierzubleiben, meinen neuen Weg zu verlassen und wieder in der Welt mitzumischen. Die Idee gefällt mir und macht mir Angst.

17. Mai 2001, Capri. Wieder und wieder aufgeschoben, sind wir schließlich auf »Hochzeitsreise« gegangen.

Im Zug ärgere ich mich über all die Handys, die krächzen wie Reibeisen, und ich mache eine Szene: Ich tue so, als würde ich von »Arcore«* aus von »Silvio« angerufen, der mir ein Ministerium anträgt, das ich nicht will. Mir wird klar, dass ich mir einen Pferdeschwanz wachsen lasse, um eine Antenne zu haben, mit der ich Gedanken übertragen und das Handy vermeiden kann.

Pension Villa Krupp. Auch hier ist die Moderne angekommen, alles Dekadente und »Historische« ist mit weißem Kalk und Badezimmerfliesen übertüncht worden. Alle scheinen davon besessen, die Spuren der Vergangenheit und des Alterns zu beseitigen.

Im Grunde ist die Idee des Museums, in dem Dinge eingeschlossen werden, miserabel: Man rettet sie, aber man reißt sie aus ihrem Kontext und hindert die Menschen daran, die Geschichte dort zu erfahren, wo sie stattgefunden hat.

Museum: Wir besuchen das mit einigen Gemälden von Diefenbach*, einem verrückten deutschen Maler, der vom Monte Verità herkam. Schöne Geschichten von Leuten, freien Geistern, die sich in Armut und voller Genialität auf der Suche nach etwas hier zusammenfanden. Weber*, der rudernd hierherkam und nach einer Woche in Sorrent landete, wo man ihn verhaftete, weil man glaubte, er sei aus einem Gefängnis entwichen.

18. Mai 2001, Capri. Ich habe wirklich »Kräfte«. Ich will Bernardo auf seinem Handy anrufen. Ich rufe ihn schon eine Ewigkeit nicht an. Er ist in einer Pension … gleich nebenan! Wir treffen uns oben auf dem Felsen bei der Villa Jovis, beim Salto di Tiberio. Auch hier scheint der Spiritus Loci sich verflüchtigt zu haben.

19. Mai 2001, Capri. Spaziergang zur Villa Malaparte. Erstmals »verspüre« ich etwas. Um der Piazzetta und den Leuten dort auszuweichen, steigen wir zu Fuß bis zur Marina Piccola hinunter und landen in einem Restaurant an der Straße am Meer und essen in Frieden eine Pizza, unter Geplauder und Gelächter.

20. Mai 2001, Capri–Florenz–Orsigna. Wir brechen frühmorgens auf, frühstücken in der Bar der Armen über der Seilbahn; um eins sind wir in Florenz, um halb vier in Orsigna, um an der Wahl zum Gemeinderat teilzunehmen.

23. Mai 2001, Florenz – Delhi. Die Ankunft in Delhi ist traurig. Mittlerweile bin ich auch hier auf dem falschen Kontinent.

Vielleicht war es falsch, schnell nach Europa zu reisen, um Angela zu sehen; vielleicht war es falsch, wieder abzureisen. Wenn man aus der Flugzeugtür tritt, ist der Geruch noch derselbe, aber er rührt mich nicht. Billa ist krank, er hat eine böse Hepatitis, und ein neuer Fahrer erwartet mich. Das Haus ist schön, aber schrecklich leer.

27. Mai 2001, Delhi – Binsar. Daniram fährt den Toyota. Wir fahren um 5 Uhr 15 vom Sujan Singh Park los, um zwei sind wir in Almora. Der Gemüsemann hat offen, so mache ich meine Einkäufe, und wir fahren weiter. Um halb vier sind wir am *Mandir*.

An keinem anderen Ort wie hier fühle ich, dass Frieden in mich einkehrt. Es ist, als käme alles an seinen Platz: mein Leben, der Tod.

Kurz hinter Koparkhan beeindruckt mich das Blau von zwei riesigen Jacaranda-Bäumen, durchwirkt vom feurigen Rot eines Flammenbaums. Die Pflanzenwelt mit ihren Farben berührt mich. Hier scheint mir alles üppiger, lebendiger, wahrer.

28. Mai 2001, Binsar. Ich habe neun Stunden geschlafen, tief und fest.

In der Stunde der Büchse der Pandora erzähle ich von Capri, Ein Vergnügen, Viveks verständnisvolle Aufmerksamkeit. Kaum erwähne ich Axel Munthe*, lacht er vor Freude und erinnert sich, dass er vor Jahren *Das Buch von San Michele* gelesen hat. Er erinnert sich daran.

Warum ergeht es mir hingegen so, dass ich ein Buch zum Lesen aus meiner Bibliothek nehme und erst wenn ich es aufschlage, merke, dass ich darin unterstrichen und Randnotizen gemacht habe, womöglich nur wenige Monate zuvor? Vielleicht lese ich nur, um zu »finden«, nicht um zu verstehen. »Der Wahrheitssucher! Er wird sie nie finden, wenn die Wahrheit nicht ihn findet.«

29. Mai 2001, Binsar. Wieder eine großartige Nacht mit komplizierten und wirren Träumen, vielleicht auch durch das Fasten, das ich eingehalten habe, mit der Freude, die das Einhalten von Vorsätzen begleitet. Ich erwache beim vielstimmigen Gezwitscher unzähliger Vögel, die jetzt ins Tal gekommen sind, um hier zu leben und sich fortzupflanzen.

Vivek erzählt, die Krähen hätten zwei Junge bekommen, aber eins davon sei aus dem Nest gefallen und von einer Katze oder etwas Ähnlichem gefressen worden, nur die Federn seien am Fuß des Baums übrig geblieben. Einen ganzen Tag lang hätten die Krähen gezetert. »Sie waren wirklich außer sich.« Dann hätten sie sich dem zweiten Jungen zugewandt, und kaum war es imstande zu fliegen, hätten sie es davongejagt.

Im Kopf bin ich endlich wieder bei Bhagavan* und allem, was mich angeht. Vor allem die Natur hier ringsum: Vielfalt der Blumen, Vogelrufe, Schattierungen von Grün. Einige Rhododendren blühen jetzt, aber die Knospen sind eher rosa als rot.

Ich fühle mich wieder Teil von etwas Großem, und ich spüre, wie in meinem Inneren wieder Frieden einkehrt, nach dem ich mich so sehr sehne. Ich genieße die unendliche Stille, die mich umgibt, genieße es, auf nichts und niemanden Rücksicht nehmen zu müssen außer auf mein »Ich«, das ich suche. Es liegt wieder ein Lächeln auf meinem Mund. Ich sitze mit Freuden auf dem Kissen, ohne Anstrengung, vor Viveks brennender Lampe. An ihrem Fuß sehe ich den schönen dunklen Kreis. Ist es möglich, dass ich von so weit herkommen muss, um mich zu finden? Um mich in Frieden zu fühlen?

Nichts lenkt mich hier ab von dem, was mich im Grunde angeht. Also Bhagavan, die einfachen Vögelchen, die sich von früh bis spät zu schaffen machen, Manju, die schöne weiße Kuh, die bald ein Kälbchen bekommt, und die Blumen, die in den unglaublichsten Winkeln gedeihen, in den Ritzen der neuen Mauer und überall auf den Mauervorsprüngen, mit einer Fantasie an Farben und Formen, dass man sich in ihrer Betrachtung verlieren könnte.

30. Mai 2001, Binsar. Binsar enttäuscht mich nie (bis jetzt). Ich lese und schreibe fast bis Mitternacht. Ich gehe ins Bett, mit offenen Fenstern, die die Stille der Nacht und die Ruhe des Sternenhimmels ins Haus treten lassen. Ich fühle mich in Harmonie mit dem Frieden der Welt hier. Um fünf ist die Sonne schon kräftig, ich wache auf, würde mich gern vor die Lampe setzen, schlafe aber wieder ein.

Um sechs bin ich im Wald. Eine halbe Stunde lang sehe ich einem Marienkäfer zu, wie er auf und ab krabbelt, eifrig an einem Grashalm hinaufsteigt, dann an einem anderen, dann an noch einem und schließlich an der Spitze desselben, der sich unter seinem kleinen Gewicht beugt, ausruht, mit seinem glänzenden roten, schwarz gepunkteten Panzer.

Welche Fantasie hat doch der Göttliche Künstler!

* * *

1. Oktober 2001, Binsar.
An Angela. Vincenzo Cottinelli* hat mir geschrieben, ich habe ihm sofort geantwortet.

Lieber, liebster Freund! Was für eine Gedankenübertragung! Seit gestern ärgere ich mich über die Fallaci*, über das Forum, das die Zeitung ihr bietet (heute sind es zwei ganze Seiten mit Briefen und Kommentaren), und ich denke: »Verdammt! Was wird Tiziano dazu sagen, ich möchte ihn hören.« Und da bist du, sagst die treffendsten und humansten Worte; ich dachte auch: Grazia Cherchi* wäre bestimmt betrübt und deprimiert über ihren Auftritt; aber jetzt sage ich, sie hätte deine Ansichten geteilt und geliebt und sie hätte dir gedankt.

v.

Ein jeder geht auf eigene Art mit Alter und Tod um. Die Fallaci hat sich für Hass und Ressentiment entschieden: für die niedrigsten Instinkte und deren Gewalt. Die Ärmste! Wenn sie nur nicht wieder und wieder geboren wird ... womöglich als palästinensisches Mädchen in einem Flüchtlingslager oder als farbige Verkäuferin in einer unserer heutigen Städte, die durch ihre niederträchtige Wut und ihren fehlgeleiteter Stolz bestimmt nicht zivilisierter geworden sind.

t. t.

14. Oktober 2001, Delhi.

Meine Liebste,

deine Nachricht von gestern mit der Geschichte von Kandahar und deine heutigen Saturday News waren sehr erfreulich. Tausend Dank.

Vivek geht es gut, man hat einen Herzkatheter gemacht, und es ist alles gut gelaufen, er wird morgen entlassen und kommt zu uns nach Sujan Singh Park. Ich kehre Dienstagabend nach Delhi zurück, und ich werde wohl ein paar Tage mit Vivek dort ausharren ... Ich muss es, um einen Zahn behandeln zu lassen, bevor ich losfahre.

Ich muss nach Pakistan, um die Luft dort zu schnuppern und die Dinge zu schreiben, die sich mir aufdrängen. Nach einem prächtigen neunstündigen Schlaf habe ich heute Morgen BBC gehört, da gab es eine Diskussion darüber, wie nach dem Krieg die Demokratie nach Afghanistan gebracht werden soll: Ob man das Prinzip »eine Stimme pro Kopf« anwenden könne oder nicht. O Gott, muss ich also noch einmal deutlich werden? Die Unkenntnis der Geschichte und des Menschen allenthalben ist erschreckend.

Im umarme dich, meine liebe, große Freundin. Ich fahre mit Shoban Singh nach Binsar, und wir hören uns Dienstagabend wieder.

Lass es dir gut gehen, bald werden wir gemeinsam im Fond eines Ambassador reisen. Ich liebe dich immer mehr, auch aus Egoismus.

Bin dankbar, wenn du mich informierst über das, was in Italien und in den Zeitungen gesagt und geschrieben wird.

tiz

16. Oktober 2001, zurück in Delhi.
An Angela. Ich bin wohlauf, ich war schon beim Zahnarzt auf dem Khan Market, einem Freund von Marie Thérèse, sehr nett. Er sagt, ich habe eine Infektion, und er hat mir für fünf Tage Antibiotika gegeben. Morgen früh gehe ich wieder zu ihm. Auch die Nasennebenhöhlenentzündung ist besser geworden.

Ich habe deine schönen Botschaften und deine Ermunterungen gelesen. Die Polemik von Pirani* und die anderen: Schick mir eine Kopie per Fax, wenn du kannst, nur um mich anzufeuern.

Wie du weißt, schreibt man aus Wut oder aus Liebe. Wenn ich beides kombinieren könnte, würde ich gut schreiben.

Ich rufe dich später an.

tiz

17. Oktober 2001, Delhi.
An Saskia. Ich bin eben mit schrecklichen Zahnschmerzen von Binsar heruntergekommen und habe große Lust, mich wieder auf den Weg zu machen, um mit eigenen Augen den Wahnsinn »unserer« Welt zu sehen, die mit der einen Hand Bomben wirft und mit der anderen Brot an die Kinder austeilt, die diesem Manna nachlaufen und dabei auf die in der Erde verborgenen Minen treten.

Danke für deine Botschaft.

Ich umarme dich, meine großartige Tochter.

t.

17. Oktober 2001, Delhi.

Ems, es ist hier zwei Uhr Nachmittag. Ich bin wirklich besorgt. Ich war auf der Pressekonferenz von Colin Powell*, wo ich DIE Frage nicht stellen konnte. Ich bin aufgestanden, habe meinen Namen gesagt, aber da hatte man das Mikrofon schon an eine Frau aus Powells Gefolge gegeben, die nach den Reaktionen auf das Attentat auf den israelischen Minister fragte.

Interessant waren aber die zwei Stunden Wartezeit zusammen mit einer Schottin, die vom State Department aus für Reuters berichtet. Sie sagt, Amerika mache einem Angst, sie fühle sich unsicher, die McCarthy-Ideologie sei auf dem Vormarsch.

Ich habe Angst vor dem unendlichen Krieg, der jetzt einsetzen wird.

Ich denke, ich werde ein paar Tage nach Pakistan fahren. Vielleicht schon morgen.

Wir hören uns heute Abend in Ruhe, im Dunkeln.

Danke nochmals.

t.

22. Oktober 2001, Islamabad.

Ems, und jetzt bist du auch wieder allein! Ich habe sehr gut geschlafen und den Rhythmus von Binsar beibehalten (um neun ins Bett, Erwachen von selbst um vier und lesen).

Ich bin sehr glücklich in meinem verkommenen *Guesthouse*, fern vom Zirkel der Primadonnen im Marriott. Hier eine Episode: Um sechs Uhr nachmittags gehe ich im Hotel vorbei, um zu sehen, wann die Pressekonferenz der muslimischen Extremisten stattfindet, und ich sehe mehrere Autos voller TV-Journalisten mit ihren riesigen Schildern CNN, CBS, ABC, die mit quietschenden Reifen in eine Richtung davonbrausen. Ich sehe eine andere Truppe, die in einen Kleinlaster steigt, und ich frage eine junge Frau um die 30: »Wohin habt ihr es denn so eilig?« Sie sieht mich an, als wäre ich ein Stück Scheiße, und gewiss bin ich das auch mit meiner weißen Umhängetasche und dem Haarknoten (dafür komme ich ohne Polizeikontrolle ins Hotel: Respekt vor einem alten *Ulema**!) und sagt: »Wir sind von der BBC, Sie werden es heute Abend im Fernsehen sehen.«

»Aber ich habe keinen Fernseher«, antworte ich. Und bin noch mehr Scheiße. Das wär was für dich, ein Tagebuch über diesen »Irrsinn des Schauspiels« zu schreiben. Gott sei Dank habe ich Bewunderer unter den jungen Reportern, die Beniamino Natale* in Bewegung gesetzt hat und die mir schon in verkommenen *Guesthouses* in Peschawar Zimmer reservieren. Wohin ich morgen fahren will.

Erzähl mir alles von dir. Mir gefällt der Gedanke, dass du mit unserer Tochter zusammen bist.

Ich umarme und küsse dich, meine wunderbare Frau.

tiz

23. Oktober 2001, Islamabad.

Meine liebe Angelina,

gestern habe ich den Nachmittag im Zirkus der Taliban-Vertretung verbracht. Sie sind fantastisch im »Gequake« der Kriegsberichterstatter, die im Fünf-Sterne-Hotel Marriott wohnen und heroisch vom Dach des Hotels aus senden. Sehr tüchtig John Pilger* von der BBC, ich habe ihn gesehen, er ist einer aus meiner Generation, wir hatten Differenzen über Vietnam, denn er gehörte zu denen, die vor den Kommunisten davongelaufen sind, aber er ist einer wie ich, ein Provokateur.

Danke dir für das, was du mir über die Welle von Hass gegen die Araber schreibst. Das ist eine Sache, die man schnell begreiflich machen muss.

Heute fahre ich nach Peschawar, und dann sehe ich weiter. Ich will versuchen, brav zu sein und nur zu schreiben, wenn ich etwas zu sagen habe. Bisher habe ich nicht einmal dem *Corriere* gesagt, dass ich hier bin.

Lass es dir gut gehen. Hab einen schönen Tag, ich küsse dich, stell dir mich vor auf dieser Straße, auf der ich den Indus überquere.

tiz

26. Oktober 2001, Islamabad.

Meine Angelina,

ich habe all deine Botschaften gelesen. Danke.

Ich bin in einem Cybercafé weit weg von meinem *Guesthouse*, wo der Computer einen ... Blackout hatte!!!

Ich habe sehr gut geschlafen, hier ist die Luft weniger verpestet als in Peschawar, heute versuche ich zu arbeiten. Wenn die Dinge, die ich mir überlegt habe, es wert sind, werde ich sie niederschreiben können, wenn nicht, dann waren sie es nicht wert. Nicht einmal, erzählt zu werden. Wir werden sehen.

Mir geht es gut. Nur die Nase rebelliert weiterhin gegen diese Gaskammer, zu der die modernisierte Dritte Welt geworden ist. Mein Rotz ist schwarz, ich niese, aber im Grunde geht es mir besser als den anderen, die seit Wochen hier sind.

Ich verbringe die Tage so, wie du es von mir kennst, gehe den Verbindungen nach, die hierhin und dorthin führen in dieser Stadt und in dieser schönen Welt von einst. Schwer, da Ordnung hineinzubringen.

Das Handy wird zu einer Quelle der Frustration, es ist pakistanisch, also vermutlich gebraucht, und funktioniert nicht immer, die Batterien entladen sich, und wenn es funktioniert, dröhnen mir die Stimmen der anderen im Ohr ... Deshalb war ich auch dir gegenüber so distanziert, weil ich den Apparat eine Handbreit vom Ohr weghalten musste, ich kann nicht riskieren, taub zu werden, da das Gehör mein einzig gut erhaltener Sinn ist.

Pläne? Ich habe keine. Ich sehe von Tag zu Tag, was zu tun ist, und hier wäre da noch einiges. Ich will versuchen, heute im Zimmer zu bleiben, zu lesen und mir Notizen zu machen, mit welchem Ergebnis, weiß ich noch nicht.

Poldi. Wir werden sehen. Wenn er kommt, nehme ich ihn mit. Ich würde SEHR gern Inhalationen machen, durch die ich damals die Nebenhöhlenentzündung losgeworden bin, aber erst in ein paar Wochen, wenn die Geschichte hier zu Ende geht, während die Afghanen in aller Stille unter dem Bomben »unserer« Zivilisation weitersterben.

Wie soll man darüber schreiben, ohne als Savonarola zu erscheinen?

Ich kehre in mein *Guesthouse* zurück, eine halbe Stunde zu Fuß in der Sonne und im Staub, im höllischen Chaos der Lkw.

Genieß deinen schönen Flecken Erde. Die Vorstellung von geordneten Bücherregalen gefällt mir. Ich kehre dahin zurück ... eines Tages.

tiz

*29. Oktober 2001, Peschawar.**
An Angela. Schau, was mir de Bortoli schreibt und was ich ihm geantwortet habe:

Lieber Tiziano, ich danke dir von Herzen. Der Artikel ist wunderbar und fulminant. Natürlich weicht dein Kommentar von der Linie ab, die der *Corriere* bisher eingehalten hat (ich komme immer mehr zu der Überzeugung, die beste Linie ist die Eisenbahnlinie). Zweifel am Krieg haben auch wir viele, wie auch unsere heutige Schlagzeile zeigt. Ich würde dir zwei Lösungen vorschlagen: Entweder ich schreibe einen Kasten, in dem ich sage, dass ich das große Vergnügen habe, deine Artikel zu veröffentlichen, dass sie natürlich deine persönliche Meinung zum Ausdruck bringen, dass deine Berichte aber auch uns vom *Corriere* zum Nachdenken anregen sollen, oder du sagst das am Anfang deines Textes selbst, in der Form, die dir am liebsten ist? Als Titel würde ich vorschlagen *Der Söldner und der afghanische Doktor*, der anspielt auf *Der Sultan und der heilige Franz von Assisi* (ich bin stolz darauf, einen schönen Titel für einen außergewöhnlichen Artikel gefunden zu haben, der auch von den Schulen angefragt wird).

Eine Umarmung

fdb

Liebster Ferruccio,

tausend Dank für deine offenen Worte. Mir ist deine Lage vollkommen klar – meine auch. Wenn ich schreiben kann, was ich auf dem Herzen habe (und mir scheint, es liegt vielen Menschen auf dem Herzen, nach den Reaktionen zu urteilen, die ich bekomme), und du das veröffentlichst, dann sind bestimmt viele dir dankbar dafür. Ich natürlich als Erster. Ich finde es auch richtig, dass du dem, was du von mir veröffentlichst, eigene Worte voranstellst. Und die kannst du selbst am besten finden, von mir würde das nicht ehrlich klingen. Diese Ehrlichkeit sollte aber auch von dem Leser anerkannt werden, der nicht einverstanden ist.

Ich finde den Titel sehr gut. Danke. Ich lese den Artikel noch einmal. Sollten Korrekturen anzubringen sein, schicke ich den Text sofort zurück. Bis bald.

Ich umarme dich in dankbarer Freundschaft

t. t.

2. November 2001, Lahore.

Meine liebe Ems, bist du zurück?

Ich bin gestern Nacht in Lahore angekommen, und heute früh habe ich einen sehr staubigen und sonnigen Vormittag in einer riesigen Menge muslimischer Männer verbracht: ungefähr eine Million (Poldi und ich waren die einzigen Ausländer), eine Art islamische Kumbh Mela – mein Gott, wie ich sie nicht mag! Aber interessant.

Morgen Nachmittag brechen wir auf nach Quetta, nach wie vor in Begleitung unserer beiden Medizinstudenten, einer von ihnen will Psychoanalytiker werden.

Hier ist alles in Ordnung, Fotokopien meines Artikels kursieren mit zwei Tagen Verspätung unter den italienischen Journalisten. Es kommen Anfragen für Fernsehinterviews, aber ich ... bin schon anderswo, wie üblich. Mein Informant an der internen Front ist Valerio, der seit Wochen in einem Hotel in Islamabad sitzt. Sehr nett auch der tüchtige Beniamino Natale, den ich gestern in Peschawar allein zum Mittagessen eingeladen hatte, doch als er mit zwei weiteren Italienern anrückte, die mich ohne sonderliches Interesse kennenlernen wollten, bin ich noch vor dem Reis »geflohen«.

Ich umarme dich, nicht frustriert sein von meinem Handy, ruf mich an, wenn du anrufst, scheint es mir fast kein Handy.

Ich umarme dich, meine Liebste,

tiz

3. November 2001, Lahore.

Was für ein Glück, Angelina. Ich fühlte es heute Morgen, dass du dich melden würdest, und ich fühlte es, dass das kleine E-Mail Center unweit vom Museum, zu dem ich unterwegs war, offen sein würde. Und da bin ich nun und lese deinen schönen langen Brief. Tausend Dank für die Ermunterung und die Nachrichten.

Poldi ist sehr nett und nervig: Um sechs Uhr heute früh, während eines Dokumentarfilms der BBC über die Flächenbombardements in Odessa, erzählt er mir von Spinoza und von seiner Lust sich umzubringen, vor allem seitdem ich ihn gestern in die »Gesellschaft« von Lahore mitgenommen habe, auf den Geburtstag der spanischen Frau von Ahmed Rashid*, einem großen Journalisten von hier, und dort viel erfahren und gelernt habe. Poldi hingegen war deprimiert, »weil er nicht mehr versteht, was vorgeht«. Er will Ideen sehen, mir machen die Fakten schon Angst genug. Kurz, wir verstehen uns, es ist schön, dass er dabei ist, so fühle ich mich weniger allein, er ist wie ein Bruder, lieb und einfühlsam.

Jetzt gehe ich in die Kathedrale, um mit einer italienischen Nonne zu sprechen, dann ins Museum, und dann brechen wir auf nach Quetta.

Die Zirkustruppe, das sind, wie du verstanden hast, Poldi, ich und zwei junge paschtunische Studenten aus Peschawar, die sich als sehr nett entpuppt haben, einer vor allem ist besonders intelligent, Sohn einer Kurzwarenhändlerin, die heute, glaube ich, zum ersten Mal ein Flugzeug nimmt.

Tim McGirk* hat uns eine Unterkunft besorgt.

Ruf mich heute Morgen besser nicht an, denn ich werde im Flugzeug sein, und ich glaube nicht, dass das Handy da funktioniert, aber in Quetta bin ich dann wieder immer erreichbar.

Ich möchte ein paar Tage nicht schreiben. Ich würde gern einen Brief aus Quetta schreiben, aber ich habe schon so viel anderes Material für einen weiteren Brief, man wird sehen.

Ich will nicht zu sehr predigen.

Ich umarme dich, meine Liebste,

tiz

3. November 2001, vom Flughafen Lahore.

Meine liebe Ems,

eben habe ich mit dir gesprochen, und das hier ist eine kleine »Nachschrift« aus dem Internetcafé am Flughafen. Miteinander zu sprechen ist schön, AUCH am Telefon. Vielleicht hat das Handy, sparsam und mit Liebe eingesetzt, unsere Kommunikationsfähigkeiten am Telefon wiederhergestellt.

In Quetta erwartet uns Tim McGirk, der vielleicht im Serena Hotel Zimmer für uns buchen konnte. Heute Morgen, bevor wir aufbrachen, habe ich in der Kathedrale von Lahore eine wunderbare italienische Nonne getroffen, 70 Jahre alt. Verzweifelt über die Vorgänge, konnte sie nicht mehr tun als eine Mahnwache mit Gebeten rund um die Uhr zu organisieren, unter Teilnahme von vielen christlichen pakistanischen Mädchen. Seit dem Anschlag von neulich sind alle in Angst und Schrecken. »Als ich im Fernsehen hörte, dass bereits 300 Bomben auf Afghanistan gefallen sind, da war das, als wären sie mir aufs Herz gefallen«, und sie fing an zu weinen. »Die Italiener haben ihre Sache nicht gut gemacht, aber die Amerikaner noch weniger.«

Sehr nett, wie die in Keng Tung, sie war aus Brescia!

Ich umarme dich, Ems, mein Flug wird aufgerufen.

Bis bald,

tiz

4. November 2001, Quetta.

Meine liebste Ems,

mit dem »Zirkus Terzani« bin ich gestern Nachmittag hier eingetroffen. Angewidert von der Festungskaserne des einzigen Hotels für Journalisten, wo Tim für uns Zimmer reserviert hatte, haben wir uns wie die Diebe davongeschlichen auf den Basar, wo wir in einem Hotel Islamabad für 400 Rupien die Nacht wohnen, statt den 10 000 im Hotel für die Presse. Wenn man verstehen will, worum es in dem Krieg geht, dann auch darum.

Es geht uns gut. Die Stadt ist eine Festung in der Wüste, umgeben von kahlen, violetten Bergen in einem goldenen Sanddunst. Schön und sauber, ich denke, ich werde ein paar Tage bleiben. Die schlechte Nachricht ist, dass der paschtunische Freund und Intellektuelle, den ich im »Brief aus Peschawar« erwähnte, in Islamabad auf der Intensivstation liegt: Nachdem er eine Fernsehcrew zu den Taliban nach Kandahar begleitet hatte, erlitt er im Flugzeug einen schweren Herzinfarkt. Ein schwerer Schlag, aber so ist das Leben.

Von neun bis drei habe ich gut geschlafen, dann mit Poldi geplaudert, Tee und noch mal Tee bis zum Frühstück im Kasernen-Hotel mit einem Italiener von der UNO, der sich, um keine Fehler zu machen, in Rom erkundigt hatte, wer ich bin … und dann gab es kein Halten mehr!!! Auch der Ruhm ist eine zweischneidige Sache!!!

Hier in der Wüste geht es mit der Nebenhöhlenentzündung besser, aber auch hier ist die Luft verschmutzt.

Ich umarme dich, meine Liebste, genieß den Sonntag und denk dir mich in einem Klima wie dem deinem, aber mit kahlen, violetten Bergen am Horizont.

t.

5. November 2001, Quetta.

Angelinaaaaaa, endlich lese ich was von dir.

Danke, dass du mir von Melinda* erzählst, ich werde lesen, was sie schreibt, das habe ich vermieden, weil ich mittlerweile den Eindruck habe, alle sind Teil einer Verschwörung gegen … »uns«. Alle. Auch der arme Shaw, den ich absolut nicht sehen will. Dieser Krieg ist weder ein Videospiel für die, die weit weg sind, noch ein Event des Abenteuertourismus für die, die hierherkommen. In der Hinsicht ist Poldi, der manchmal recht nervig sein kann mit seinem Spinoza-Blick, hervorragend, weil er so aufmerksam wie nötig jeden meiner Schritte verfolgt und beobachtet, wenn auch mit einem anderen Interesse.

Wir verbringen einen Tag mit bürokratischem Kram für das Visum, um zur Grenzstation mit Afghanistan fahren zu können, wie wir das am Khyber-Pass gemacht haben, der von hier wie von Peschawar aus drei Autostunden entfernt ist. Nach vielem Palaver und Zitieren und freundlichem Lächeln können wir vielleicht morgen hinfahren. Sonst warten wir ab.

Das hier ist ein interessanter Ort, auch wenn es verstörend ist, sich in einem Krankenhaus aufzuhalten, wie ich das gestern getan habe, mit Kindern, die von einer unserer Bomben zerfetzt wurden, während sie Ball spielten!!! Eine Schande, dieser Krieg, und im Fernsehen höre ich, dass nun auch Italien Soldaten und Hubschrauber hierherschicken will. Eine Schande. Nur damit Berlusconi gestern Abend in Downing Street mit am Tisch sitzen konnte. Eine Schande.

Ich empfinde mein Hiersein als Mission, aber eine, wie du sehr wohl weißt, überaus schwierige, denn es geht darum zu sagen, ohne auszusprechen, zu verstehen zu geben, ohne zu schreien ... und ohne sich auf den Scheiterhaufen bringen zu lassen.

Danke, dass du da bist, meine Liebste.

tiz

5. November 2001, Quetta, abends.

Meine Angelina,

ich schreibe dir aus einem Cybercafé, was hier Pornoläden sind, wo Scharen junger Männer sich hinter Vorhängen einen runterholen, während sie sich im Internet riesige weiße Mösen anschauen. Arme Welt ... arme muslimische Welt!

Über den Krieg: Ich bin verzweifelt über die Tatsache, dass Berlusconi, »um von Blair zum Abendessen eingeladen zu werden« das Land und seine Männer verpflichtet hat. Es ist eine Schande.

Umso richtiger scheint es mir zu schreiben, aber es ist nicht einfach.

Gestern hat Jon Swain mich angerufen, weil er in der BBC eine Diskussionsrunde unter Journalisten gesehen hatte, wo einer den Brief der Fallaci zitierte und sagte, sie sei leider letzte Woche verstorben. Stimmt das? Das glaube ich nicht, du hättest es mir gesagt, oder ich hätte es in den Zeitungen gelesen. Es kam mir so vor, als hätte ich einen Nagel zu ihrem Sarg beigetragen, und das tat mir leid.

Ich habe den Artikel von Melinda in der *Newsweek* gesehen (danke, dass du mich darauf hingewiesen hast), ohne Leidenschaft und vielleicht auch nicht wirklich wahr, aber für alle scheint dieser Krieg ein Spiel.

Ich umarme dich, dir eine gute Nacht, meine Ems.

tiz

5. November 2001, Quetta.

Liebste Saskia,

tausend Dank für deine Worte. Sie haben mir gefehlt, aber ich verstehe das Problem mit dem defekten Computer. Vielleicht ist der Zeitpunkt gekommen, eine Investition zu tätigen, damit wir alle in Kontakt bleiben können. Denk nur, ich habe mein Handy Tag und Nacht eingeschaltet!!! So verändern sich die Menschen und die Welt … zum Schlechteren.

Eine große Angst schnürt mir die Kehle zu, und es lähmt mir wirklich die Zunge zu sehen, dass jetzt auch die Italiener in den Krieg ziehen. Was für eine Schande … und keiner geht auf die Straße: Alle schauen *Big Brother* statt zu demonstrieren. Was für eine Welt haben wir geschaffen, ich und die meiner Generation!

Ich umarme dich und danke dir, dass du da bist.

Bis bald … wenn es mir gelingt zu schreiben, tue ich das auch für dich.

tiz

6. November 2001, Quetta.

Angelina,

nur zwei Zeilen, um dich wissen zu lassen, dass ich heil und wohlbehalten von einem äußerst intensiven Tag zurückgekommen bin: Konvoi von Journalisten bis zur Grenze, Schlüpfen durch die Maschen des bürokratischen Netzes, außergewöhnliche Begegnungen, sogar mit einem örtlichen Taliban-Führer, endlich fahren die anderen zurück, wir versuchen, uns zu verstecken, um die Nacht hier zu verbringen, aber man findet uns. Tritte in den Hintern für die beiden Studenten aus Peschawar, ich interveniere mit Diplomatie der alten Schule, endlich setzt man uns ins Auto, und bei Sonnenuntergang, mit einer Sonne, die herrlich über einem Meer aus Bergen herabsank, sind wir mit bewaffneter Eskorte hier in Quetta angekommen.

Da sind wir nun voll kleiner Geschichten und großer Eindrücke. Ich wollte dir nur sagen, dass ich hier bin und jetzt ein Weilchen brav sein werde.

Ich umarme dich, meine große Angelina,

tiz

7. November 2001, Quetta, morgens.

An Angela. Wie du dir vorstellen kannst, lebt man hier in einer einzigen Dimension, der des Krieges, und seit heute Nachmittag in der des Schreibens. Ich brauche zwei Tage, und wie üblich irritiert mich der vorige »schöne« Artikel. Aber das ist mein Problem.

Meiner Ansicht nach dauert dieser Krieg Monate, mit Höhen und Tiefen, und ich will mich nicht hineinverwickeln lassen, vor allem nicht im Alltäglichen. Ich will weiterhin schreiben, wenn möglich für den *Corriere,* aber wenn ich das Terrain sondiert habe, könnte ich auch »Briefe aus … Odessa, Bangkok, Hongkong oder Timbuktu« schreiben. Also schieben wir unsere Pläne auf bis dann, wenn wir uns sehen (falls das möglich ist), bis dahin betrachte alle Optionen als offen. Theoretisch gefiel mir auch die Idee, Weihnachten in Binsar zu feiern, Schnee, Sauberkeit, Frieden, so würde auch Saskia mein Refugium sehen, wohin ich in jedem Fall früher oder später fahren muss, um zu entscheiden, was daraus werden soll, einen neuen Govind zu finden und die Mäuse zu vertreiben, die bestimmt schon die Bücher anknabbern, und auf jeden Fall, um Vivek wiederzusehen.

7. November 2001, Quetta.
Es tut mir leid, Ems, diese Flut von Botschaften.

Heute habe ich Lust, ein bisschen bei dir zu sein ... ohne zu viel Intellektualität à la Poldi um fünf Uhr früh beim Teetrinken, ohne den Horror, Dinge schreiben zu müssen, die mir so selbstverständlich scheinen, ohne fürchten zu müssen, dass ich auf der Piazza Signoria auf dem Scheiterhaufen verbrannt werde.

Was mich schreckt, ist die Hartherzigkeit der Menschen, wie kann man nur ironisch über das schreiben, was geschieht. Liest du die Zeitungen? Hast du den netten, pathetischen und weinerlichen Artikel von Biagi* gelesen, albern, weil er sich nicht mangelnden Patriotismus vorwerfen lassen will?

Ich umarme dich
tiz

10. November 2001, Quetta.
An Angela. Es ist elf Uhr, und ich habe es nicht mehr ausgehalten, in einem stinkenden Zimmer auf dem Bett zu sitzen und zu schreiben ... denn Tatsache ist, dass ich nicht fertig bin, dass mir der Text nicht gefällt, dass Poldi sehr hilfreich, aber auch eine intellektuelle Störung ersten Ranges ist, aber der Schluss ist trotzdem großartig, und es ist gut, dass wir beide heute nach Islamabad fahren, und er in der Nacht nach Paris weiterfliegt, während ich mich wieder einschließe und versuche, zu Ende zu kommen.

Jetzt kann ich nicht auf all deine Fragen antworten, ich bin mit dem Kopf woanders, aber beginnen wir mit Bernabò. Wichtig für mich ist zu wissen, wie lang vor der Veröffentlichung ich einen definitiven Text abliefern muss. Meine Idee war, alles, was ich über diesen Krieg geschrieben habe, zu veröffentlichen, angefangen vom ersten Text.

Hier meine Lage, du kennst sie ja. Ich bin enttäuscht von meiner Unfähigkeit zu schreiben, ausgelöst auch durch die »Erwartung«, so zu schreiben wie beim vorigen Mal. Also sitze ich da und sitze da, aber ohne Ergebnis.

Meine Nase leidet unter diesem umweltverseuchten Quetta, und ich habe beschlossen, Poldi nach Islamabad zu begleiten, ich werde dort in der alten Pension Jasmine wohnen, wo wenigstens die Luft sauber ist, und ohne jemandem zu sagen, dass ich dort bin (auch dafür ist das Handy ausgezeichnet). Ich bleibe mit dem Kopf in Quetta, um diesen »Brief aus Quetta« zu schreiben, absurderweise kann ich aus der Distanz Dinge sagen, die von dort aus gesagt zu heftig wären.

Ich werde es versuchen. Jetzt habe ich ein Gerüst und ein Thema. Du wirst es beurteilen.

Das mit Poldi war wirklich eine schöne Erfahrung, auch weil er mir meine Einsamkeit erleichtert hat, aber leider bin ich hypersensibel geworden und empfinde jeden Gedanken, der nicht meinem Kopf entspringt, wie einen Sturm, mein Herzrhythmus ändert sich, auch meine Empörung will keine Form annehmen.

Kurz, alles bestens, wenn wir uns jetzt trennen und ich zu MEINEM zurückkehre.

Danach weiß ich nicht. Spontan würde ich für Bangkok optieren.

Ich habe wirklich Lust auf Familie, auf dich, auf die einfachen Dinge.

Ich schreibe dir oder rufe dich an, wenn ich in Islamabad bin. Ich bin dir wirklich immens dankbar für dein Dasein in jedem Sinn … aber es sind jetzt mehr als 40 Jahre, dass wir FÜREINANDER DA SIND. Ich hoffe, dass du das in gewisser Weise auch so empfindest.

Die Pläne für Weihnachten erscheinen mir optimal, aber wer weiß, wie die Welt dann aussieht.

Ich habe nur noch 200 Dollar in der Tasche. Das ist mir noch nie passiert, aber auch das amüsiert mich. Genug, um noch einmal Kekse für Abdul Wasey, zehn Jahre alt, zu kaufen, er wurde von einem Cruise Missile getroffen, während er Kricket spielte.

Ach, Angela, was für eine Welt!

tiz

12. November 2001, Islamabad.

Ems, ich bin seit fünf Uhr auf, ich arbeite, mal besser, mal schlechter. Poldi hat mich angerufen, gerade als ich mir überlegte, dass er mir als Teezubereiter fehlt (in Quetta war es unser Ritual, uns beim Tee zu unterhalten, wenn die Sonne hinter dem großartigen Berg aufging, den man vom Fenster des Hotels aus sieht).

Jetzt schreibe ich, und ich schreibe, weil es meine Pflicht ist.

Ich trage den roten Sarong, den du kennst, die Decke um die Schultern, ich sitze mit dem kleinen PC auf dem Bett und feile und schreibe, ohne allzu sehr zu leiden. Dass kein Termindruck besteht, hat mir die Angst genommen.

Und im Übrigen ist Schreiben nun mein Leben.

Mach dir keine Sorgen wegen des Geldes. Ich liebe dich, wir lieben uns, und das ist tröstlich.

Ich küsse dich, Ems.

Ruf mich an, wann immer du willst.

tiz

13. November 2001, Islamabad.

An Angela. Es ist vier Uhr morgens. Ich lese deine Botschaft, danke.

Ich bin unsicher über das, was zu tun ist, aber ich mache den Artikel fertig, auch wenn er nur für das Buch Verwendung finden sollte.

14. November 2001, Islamabad.

Ems, speichere den Text von gestern auf Diskette, schalte den Computer im Büro ein und drucke die Diskette dort aus, dieser Drucker funktioniert. Und LIES alles NOCH EINMAL durch. Vielleicht warst du zu großzügig und voreingenommen für deinen Mann. Ich fürchte wirklich, diesmal habe ich übertrieben. Ich glaube an die Dinge, die ich geschrieben habe, aber wie die Wahrheit über den Krieg lassen sie sich vielleicht nicht aussprechen, oder wenigstens im *Corriere* nicht drucken.

Bisher keine Reaktion von de Bortoli, dem ich geschrieben habe:

»Wie üblich, sieh du, ob, wann und wie.« Damit habe ich ihm einen Ausweg gelassen, und vielleicht ergreift er ihn ja bereitwillig, aber glaub mir, keine Verärgerung. Wenn es so wäre, würde ich den Text für das Buch verwenden, das ich in Binsar schreiben will.

Über Empfehlung bin ich auf der Warteliste für einen Flug der PIA übermorgen früh. Poldi hat seine Leute in Bangkok schon in Bewegung gesetzt, ich werde einen Tag bleiben und dann nach Ko Samui fahren, um meine Nase behandeln zu lassen. Morgen kommen mich meine beiden Studenten aus Peschawar besuchen, sie bringen mir die Weste, die sie auf dem Basar von Chitral haben nähen lassen ... und auch Poldis Unterhosen, die er in er Wäscherei des North-West Frontier Heritage Hotel gelassen hat.

Einen guten Tag, meine Liebe, einen guten Tag,

tiz

*15. November 2001, Islamabad.**
An Angela.

>From: De Bortoli Ferruccio
>To: Nemo Niemand
>Subject: Brief aus Quetta
>Date: Wed, 24 Nov 2001 19:00:50 +0100
>Lieber Tiziano,
>herzlichen Dank. Wir drucken den Artikel in zwei Folgen ab morgen. Ciao,
>Umarmung
>fdb

Mein Lieber,

ich danke dir. Rechne mich zu deinen Bewunderern in einem Augenblick wie diesem, da eine Rakete, natürlich rein »zufällig«, den Sitz von Al Jazeera in Kabul trifft.

In ein paar Stunden schicke ich einige Korrekturen.

Lass mich wissen, wo ihr den Text teilt, so kann ich für den zweiten Teil eine Überleitung schreiben.

Umarmung
t. t.

Ems, danke dir. Hast du gesehen, ich habe dir die Nachricht von de Bortoli weitergeleitet.

Deine Gebete werden erhört. Ich bin erleichtert … für dich. Ich für mein Teil hatte schon resigniert. So können wir wirklich alle beide frohgemut aufbrechen. Ich hoffe, meine Botschaften leisten dir Gesellschaft auf der Reise.

Meine Buchung für den Flug morgen früh ist bestätigt, und ich komme am frühen Nachmittag in Bangkok an.

Jetzt gehe ich das pakistanische Ticket kaufen.

Bis bald.

tiz

1. Dezember 2001, Islamabad. Ich bin am Abend angekommen. Im Marriott treffe ich Bernardo, groß in Form, gut aussehend und nach wie vor »Journalist«, jetzt ganz besessen von Mullah Omar*, über den er schreiben will. Es fasziniert ihn, dass er sich zum Sterben nach Kandahar begeben hat. Es geht ihm gut, es freut mich, ihn zu sehen, aber ich spüre, wie fern wir einander sind, wie verschieden unser Umgang mittlerweile ist. Und doch verbinden uns die Geschichte und eine große Zuneigung.

Ich habe ein bisschen Angst, dass ich noch weiter schreiben muss und nicht »einsam und fern« bleiben kann.

Mit dem Wagen der *New York Times* nach Peschawar, um Jon und Marina Forti* vom *manifesto* zu treffen. Abendessen im Khan Club. Jon ist zunehmend verzweifelt darüber, wie der Krieg läuft und wie die Presse sich anpasst. Er sagt, die *New York Times* sei die *Prawda* dieses Krieges geworden.

2. Dezember 2001, Peschawar. Mit Jon und Marina Gespräch mit einem vom Dschihad, er ist einer von drei Überlebenden aus einer Gruppe von 43, die zum Kampf nach Afghanistan gegangen sind.

Er erklärt sich bereit, wieder hinzugehen, wenn seine Organisation das von ihm verlangt. Der 24-Jährige sagt, die Scharia diene dazu, die Gesellschaft vor der Entartung, vor Lastern wie Drogen oder Alkohol zu schützen. Er sagt, es gebe etliche Spione unter den Taliban. Er ist jetzt ein *Ghazi*, ein Veteran des Dschihad. Er erklärt sich bereit, jedweden Befehl seiner Organisation auszuführen. Wenn man ihm sagte, er solle in New York eine Bombe legen, dann würde er das tun. Er sagt, viele Taliban hätten sich den Bart abrasiert und seien in ihre Dörfer zurückgekehrt, jedoch bereit, wieder zu den Waffen zu greifen, wenn es notwendig ist. Sie werden dem Appell der Taliban folgen.

»Im Koran steht geschrieben, dass der Islam die Welt erobern wird, deshalb versucht der Westen jetzt, den Islam zu vernichten.«

3. Dezember 2001, Islamabad. Mit Saeed und seinem Freund Jamal, einem Afghanen, der mit mir nach Kabul kommen möchte. Das scheint mir nicht sinnvoll. Er ist hier, seit er sieben ist. Für fünf Minuten treffe ich Nancy Duprée*, die mir einen Brief nach Kabul mitgibt, an einen, der auf der Straße Kartoffeln verkauft – den ehemaligen Direktor des Museums*.

Ich fahre zurück in die Stadt.

Das abendliche Essen nach dem Fasten tagsüber im Ramadan heißt *Iftar*. Das Ende des Ramadan ist *Id*. Es gibt ein zweites *Id* zwei Monate später, wenn die Lämmer geschlachtet werden. Jedes Tier wird in drei Teile geteilt: einer für sich selbst, einer für die Gäste und einer für die Armen.

4. Dezember 2001, Islamabad. Jon zeigt mir, was der Korrespondent aus Dschalalabad geschrieben hat und was dann veröffentlicht wurde. Pure Zensur. Grauenhaft.

Ich gehe zum nachmittäglichen Briefing der Koalition und ergreife angewidert die Flucht: eine Schande, die Angestellten lachen und bereiten Erklärungen vor, mit denen sie die Leute abspeisen.

An der Wand das Foto eines Afghanen, er trägt einen Mehlsack mit der Aufschrift »USA«. Eine Schande, noch nie habe ich solchen Hass auf die USA empfunden. In Vietnam hatte ich Mitleid mit den Marines, mit den Kämpfern.

5. Dezember 2001, Kabul. Ich breche auf nach Kabul, mit einem Brief in der Jackentasche, einem Buch in der Reisetasche und großer Wut im Herzen.

UNO-Flug: eine kleine Beechcraft 200 mit neun Sitzen, Kommandant ein junger Schwede, Kopilot ein Däne: »Wenn wir in Dänemark doch auch nur solche Berge hätten!« Stupende Landschaft, das Gebirge des Hindukusch wie ein stürmisch bewegtes und eingefrorenes Meer, die Wellenkämme unbeweglich, gleißend weiß vor dem Himmel. Kein Gipfel ragt empor, eine Fläche aus Gipfeln.

»Das Leben währt kaum eine Stunde«; Akbar*, Dichter und Mörder.

Die Flüsse wie Venen auf der alten Haut der Erde. Wir fliegen in 31 000 Fuß Höhe, darüber besteht Gefahr von Raketenbeschuss, wir fliegen nach Norden und dann nach Süden, um das Kriegsgebiet oberhalb von Tora Bora zu umgehen, wo nach Bin Laden gesucht wird. Unglaubliches Licht, anhaltendes Gleißen wie bei einer Erscheinung. Große Schatten auf den violetten Hügeln.

Flughafen Bagram: Drei Marines kommen und durchsuchen uns, lassen einen Hund unser Gepäck beschnüffeln. Ich bemerke Spannungen zwischen den Spionen und Außenbeauftragten der neuen Regierung und den Amerikanern, die die Herren sind. Die Geschichte Zentralasiens geht weiter, das Große Spiel auch. Neben den Marines ein russischer Hubschrauber mit Militärs in Uniform.

Minen entlang der Straße. Dutzende Wracks von Panzern, Autos, Lkw. In der Ebene zwischen Felsbrocken Reste von Raketen und nicht detonierte Bomben. Ein paar Umleitungen, um zwei Minenfelder zu umfahren. Der Wagen muss auf dem Asphalt bleiben. Überall neue Minen.

Der Basar, vom Zimmer im Spinzar Hotel aus gesehen, ist ein Gewimmel des Elends. Der Fahrer und der lokale UNO-Funktionär unterhalten sich, während der Wagen durch eine Ebene des Todes fährt, die Hügel lebendig hinter den Schatten, die sich in der untergehenden Sonne verändern und länger werden.

6. *Dezember 2001, Kabul*. Ich erwache bei Morgengrauen. Vor dem Fenster sehe ich eine Landschaft wie in Peking im Winter, dürre und verstaubte Bäume, schmutzige Wände und ungepflegte Parks. Ich esse mit Bernardo im Khalid Restaurant, ein ehemaliges Kino mit Nachtigallen in Käfigen darin und fetten alten Männern, die sich Softpornos ansehen.

Ich entdecke Gino Strada* neben dem Krankenhaus von Emergency und nutze die Gelegenheit. Er sagt richtige Dinge, aber sein Ego scheint mir über ihn und über alles vorzuherrschen. Marco, ein Arzt aus Brescia, erzählt, dass die Fälle von Menschen, die auf Minen treten, zunehmen, weil jetzt viele versuchen, nach Hause zurückzukehren, und die Minen mehr geworden sind. Gestern Abend ist ihm ein neunjähriger Junge, den er operiert hatte, gestorben, wahrscheinlich hatte er kleine Diebstähle begangen, und man hatte ihm mit einer Kalaschnikow in den Bauch geschossen. Im Krankenhaus mit einem Wachposten der Nordallianz liegen ein Dutzend verletzte Taliban, ohne Beine. Alles so sinnlos.

Gianluca beklagt sich, wie auch in Italien alles so ideologisch gesehen wird und wie sich niemand klarmacht, dass hinter jeder Äußerung Tote und Verletzte stehen. Das Krankenhaus wurde nach einem Überfall der Religionspolizei geschlossen, die herausgefunden hatte, dass in der Mensa Männer und Frauen nur durch einen Vorhang getrennt waren. Drei Afghanen wurden verhaftet und Ausländer ausgepeitscht. Das Krankenhaus hat man geschlossen. Seit April haben sie dieses neue Krankenhaus, das ein sowjetischer Kindergarten war.

Es kommen laufend Verletzte, jetzt vor allem durch Minen.

Zu Beginn des Tages habe ich eine Stunde nach Bernardo gesucht, dann nach Valli. Ein Schuhputzerjunge hat mir Hinweise gegeben. Er kennt alle. Wenn man langsam durch die Straßen fährt, sieht man zerschossene Häuser, rußgeschwärzt, geplündert, durch Explosionen zerstört, und der Fahrer erklärt: Das ist aus der Zeit von Massoud*, das von Hekmatyar*, das von den Amerikanern. Einige sehr präzise Einschüsse: »Das waren Araber«, sagt der Fahrer.

Ich suche nach Nancy Duprées Archäologen. Ich treffe ihn zu Hause an, und wir gehen ins Institut, er ist selbst ein archäologisches Fundstück.

Das Institut ist ein staubiges Dachgeschoss mit einer zusammengeflickten Tür. Es fehlen Lichtschalter, die Treppengeländer bestehen aus alten Wasserrohren. Ein Aushang kündigt ein internationales Seminar zur Kultur Kuschanas* an. Das Nichts in dem Raum ist äußerst ordentlich und von Staub bedeckt, eine zerbrochene Fensterscheibe über dem Schreibtisch, mein Stuhl wackelig, seiner auch.

Auf dem Markt verwendet ein Kind einen halben Ziegelstein als Gewicht, ein anderes sammelt Papier und steckt es in eine Plastiktüte, die es auf dem Rücken trägt, im Gehen spielt es mit einem Rad, das an einem langen Stab befestigt ist.

Man telefoniert, ohne zu zahlen. Taxifahrer und Dolmetscher versuchen Geld zu machen. Manch einer zahlt 100 Dollar für ein Auto und 100 Dollar für einen Dolmetscher.

Abendessen bei Gino Strada und den Leuten von Emergency, darunter der junge Dokumentarfilmer Fabrizio. Der Koch, politischer Ratgeber und Fahrer, hat unter den Kommunisten sieben Jahre im Gefängnis gesessen, er hat einen Sohn und einen Bruder im Dschihad gegen die Sowjets verloren. Er hat gegen die Taliban gekämpft: »Keine Familie, die in diesem Krieg nicht ihre Verluste hätte.«

Gino: »Afghanistan ist das Waterloo der humanitären Einrichtungen, alle haben eingewilligt, sich unter den Schirm, das heißt unter die Koordination und Kontrolle der Vereinten Nationen zu begeben, die ›seltsamerweise‹ beschlossen haben, Kabul am Tag nach dem Attentat auf die Twin Towers zu evakuieren, womit sie die internationale Präsenz auf null reduzierten, und das in einem vom Krieg geschundenen Land, wo diese Präsenz im Gegenteil hätte erhöht werden müssen. Sie haben eine große Kampagne über die ›humanitäre Katastrophe‹ lanciert, um Gelder einnehmen zu können, die vor allem in die Verwaltung dieser Gelder fließen, nicht zu den Menschen, die sie brauchen. Jeden Tag war die Rede von Flüchtlingen, die nicht kamen, die es nicht gab.

In Zeiten der Hochtechnologie an Krieg zu denken, ist wie den Knüppel in den Mikrochip einbauen zu wollen. Im Krieg werden nicht nur die Knochen der Menschen zerbrochen, sondern auch die menschlichen Beziehungen. Wir sind unempfindlich für das gegenwärtige Leid. Und wenn man das Leid des Einzelnen aus dem Blick verliert, wenn man von Leiden im Allgemeinen spricht, versteht man nichts mehr vom Leid.«

Emergency weist das »Kriegsgeld« zurück. Das ist ein wiederkehrendes Thema bei den Kritikern: Auch der Italiener von der Logistik sagt, es sei absurd, dass die Amerikaner Lebensmittelrationen abwürfen, dass die Militärs humanitäre Aktionen machten. Da stimme etwas nicht.

Mittlerweile funktionieren auch die humanitären Organisationen nach den Kriterien, die unserer Zivilisation zugrunde liegen: Geld und Effizienz.

Gino erzählt, dass zwei Flugzeuge, eins von der UNO und eins vom Roten Kreuz, leer losgeflogen seien, um ihre Mannschaften in Kabul abzuholen, und dass man sich geweigert habe, ihn und seine Leute mitzunehmen, weil das den Widerspruch evident gemacht hätte, den es bedeutet, Kabul zu evakuieren und Afghanistan seinem Schicksal zu überlassen.

8. Dezember 2001, Kabul. Ein Tag mit Professor Feroozi*, erst seit kurzem Archäologe, aber sehr nett. Besuch bei ihm zu Hause mit dem Scheißhaus, der unverschleierten Frau und den Papierdrachen. »Die Taliban hinderten die Kinder daran, Drachen steigen zu lassen, weil sie damit Zeit vergeudeten und nicht den Koran studierten.«

In der Kaserne neben dem Archäologischen Institut auf einem großen, jetzt von Schutt bedeckten Platz zeigt uns ein Junge ein Haus, in dem 120 Araber ermordet wurden. Man hat die Leichen dann mit Bulldozern weggeschafft und den Leuten 100 000 Afghani fürs Begraben gegeben.

Feroozi nennt die Namen von Schulen, Krankenhäusern, Internaten, die zerstört wurden, während wir auf der Straße fahren, die einst von Bäumen gesäumt war. Alles ist zerstört.

9. Dezember 2001, Kabul. Am Abend besuche ich Bernardo, der morgen abfliegt. Ich habe für den 19. gebucht.

Bernardo ist sehr nett. Er fragt mich, was ich schreiben will, es gelingt mir, ihm in zwei Sätzen das Wesentliche zu sagen, und er lässt sich die Gelegenheit nicht entgehen: »Mit deinem ersten Artikel hast du ins Schwarze getroffen. Das hast du sehr gut gemacht, auch du bist ehrgeizig und eitel, aber das hast du alles gut hinbekommen, auch das mit deinem Ausstieg aus dem Arbeitsleben.«

Er sagt noch mehr schöne Dinge zu mir, er zitiert Lévi-Strauss* über die Moderne, die alle Unterschiede zunichtemacht, aber er erinnert mich daran, dass im Grunde auch Lévi-Strauss in Jahrtausenden denkt und dass es, auch wenn ich ein paar Leute beeinflusse, am Ende nichts ändert.

Ich sage zu ihm, dass ich ihn sehr gut verstehe, aber dass es Saskia gewesen sei, die mich angestoßen hat. Und dann geht die Sache mir nah, deshalb bin ich »von meinem Berg herabgestiegen«:

»Osama Bin Laden hat mich aus meiner Höhle gelockt.«

Wir verstehen uns, es rührt mich, dass wir endlich wieder miteinander reden können, ich umarme ihn, er erwidert die Umarmung und sagt, dass ihm nichts anders übrig bleibt, als so weiterzuarbeiten, denn »es ist nicht schön, denken zu müssen, dass man keine Zukunft hat«.

Ich spreche mit Angela, sehr lieb und großzügig. Sie sagt, sie erwartet mich.

10. Dezember 2001, Kabul. Mit Abbas auf dem schiitischen Friedhof von Sakhi-jan. Die Berge zeichnen sich in der Ferne im Dunst ab. Auf den Sandhügeln die leeren Augen zerstörter Häuser. Der Boden ockerfarben. Im Tempel eine Hand und ein Fuß von Ali. Zwei blaue Kuppeln vor einem klaren, tiefblauen Himmel. Viele Sperlinge und viel Elend. Überall Einschüsse.

Mit Abbas in der Galerie für Moderne Kunst, um »die Verbrechen« der Taliban zu besichtigen. Sie haben sämtliche Bilder mit menschlichen Gestalten darauf entfernt und solche von ausländischen Malern. An deren Stelle hängt ein Schildchen mit der Aufschrift »AUSLÄNDER«. Der Minister höchstpersönlich ist gekommen, um die Bilder abzunehmen. Es kommt einer im Turban, er hat die Schlüssel zum Depot. Es wirkt, als wäre er der Minister, der diesen Raum abgeschlossen hat. Die Siegel sind nur vier Monate alt. Nackte Frauen, die im Spiegel ihren Venushügel betrachten. Man begreift, dass das anstößig ist in einem Land, wo alle Frauen verschleiert sind.

Der Fahrer erzählt befriedigt, dass die neuen Machthaber die Taliban gezwungen haben, die Bänder der Kassetten, die sie hörten, aufzuessen. Wenn einer beim Musikhören erwischt wurde, landete er für eine Woche im Gefängnis. Fuhr eine Frau allein im Taxi, landeten sie und der Taxifahrer einen Monat lang im Gefängnis. Alle Männer mussten Hut tragen.

Wunderbare Gesichter der Menschen auf dem Vogelmarkt. Sie lassen alle kämpfen, von den kleinsten Vögeln bis zu Kamelen. Diese Art von Kämpfen hat mit den Taliban wieder angefangen. Vorher stand ein Monat Gefängnis darauf.

11. Dezember 2001, Kabul. Besuch bei Alberto Cairo*, er ist seit zwölf Jahren hier mit sechs Zentren in ganz Afghanistan: »Dieses Land existiert nicht ohne den Krieg. Die USA haben den Krieg ins Land gebracht, ohne ein Versprechen auf Frieden, aus purem Rachedurst haben sie Krieg angefangen. Sie hätten verschiedene andere Versuche unternehmen können, die nicht den Einsatz von Gewalt bedeuten. Der Krieg ist schmackhafter als der Frieden.«

15. Dezember 2001, Kabul. Ein Tag nach dem anderen, so viel Dinge gesehen, gehört, aber ich finde keine Worte, diese Geschichte zu erzählen. Ich habe nur große Wut, große Trauer in mir. Ich spreche manchmal mit Angela, ich fühle sie sehr nah. Sie fehlt mir sehr.

19. Dezember 2001. Flug Kabul–Islamabad in einem von Südafrika gemieteten Flugzeug.

Zwei Nächte Schreiben im *Guesthouse* neben dem Jasmine.

21. Dezember 2001, Islamabad–Delhi. Endlich Angela und zu Hause. Ich feile an dem Artikel*, den ich zum Glück schon geschrieben habe.

* * *

31. Januar 2002, Binsar. Ein seltsamer, schöner Monat. Zunächst in der *Gompa* von Delhi von früh bis spät arbeitend, um die *Briefe gegen den Krieg* fertig zu machen, Angela noch bei mir, die mich beschützt, mir hilft und mich inspiriert.

Dann in Binsar, mit dem Computer, der sich plötzlich, als ich gerade in Ruhe verschiedene Briefe beantworten wollte, durch die Mail eines »Bewunderers« einen schrecklichen Virus einfängt, schwarz wird und sagt: »Du hast geglaubt, Gott zu sein«, vor meinen Augen seinen Geist aufgibt, sämtliche Dateien zerstört und über die, die infiziert und verdorben zurückbleiben, immer wieder den Satz stellt: »Du bist ein Stück Scheiße.«

Ich verzweifle nicht, mir ist zum Lachen zumute. Ich hätte diese Mail, die seit Wochen da war, in Kabul öffnen können, oder schlimmer noch in Delhi, während ich im Wettlauf gegen die Zeit die letzten Zeilen dieses Buches zu schreiben versuchte, an dem mir so viel liegt.

Die vergangenen Tage mit dem Hin und Her zwischen Almora und Binsar waren anstrengend. Ich habe angekleidet in dem schrecklich schmutzigen Shikhar Hotel geschlafen, dann bin ich auf den Berg hinauf, um festzustellen, dass der Computer noch immer nicht funktioniert, und dass sein und mein Gedächtnis tot ist: die Briefe an die Freunde, an die Familie, die Notizen zu *Noch eine Runde auf dem Karussell* und die Tagebücher von Jahren. Einiges werde ich retten können, vielleicht auf den Disketten, die ich, glaube ich, im Contadino abgelegt habe (die, die ich hier gefunden habe, sind unlesbar), aber im Grunde verzweifle ich nicht.

Ich verbringe schöne »Pandora«-Stunden mit Vivek, der mich daran gemahnt, dass man, wenn man sich nicht innerlich verändert, auch außen nichts bewirken kann; mit seiner wenig distanzierten und wenig »weisen« Sicht des Islam und sogar des Friedens frustriert er mich.

»Solange kein Frieden in dir ist, hast du kein Recht, von Frieden zu reden.«

Im Grunde hat er Recht, oberflächlich betrachtet nicht. Denn das dient nur dazu, die Tatenlosigkeit zu rechtfertigen. Seiner Ansicht nach – und ich bin einverstanden – ist das, was geschieht, der ewige Kampf der Kräfte des Lichts gegen die Kräfte der Finsternis, sind Bush und Osama nichts weiter als beliebige Werkzeuge, ist alles, was geschieht, unausweichlich, und etwas dagegen tun zu wollen, nur »sentimental«.

Ich sage ihm, dass ich gern »sentimental« bin; ich weiß, dass er Recht hat, und doch bleibe ich, der ich bin: ein Mann unserer Zeit, ein Mann im Rad des *Samsara*.

Die Unterhaltungen in der Sonne mit den Krähen, die auf dem großen Rhododendron hocken und krächzen, sind immer voller Humor und schöner Geschichten.

Eine, um zu erklären, dass das Böse in der Welt des Bösen sein muss, aber nicht notwendig ausgemerzt werden muss: Eine schreckliche Schlange, Kalya, geht in den Yumana, den großen heiligen Fluss in der Ebene von Delhi. Die Menschen sind verzweifelt, sie können nicht mehr baden oder Wasser holen gehen. Der junge Krishna erfährt von dem Problem, steigt ins Wasser und beginnt, wie ein Verrückter auf dem Kopf der Schlange herumzutanzen, bis die ihn anfleht aufzuhören. Da verlangt Krishna von ihr, dass sie in den Ozean zieht: »Der Ozean ist groß genug, um das Böse aufzunehmen.«

Standpunkte. Von der Erde aus betrachtet scheint die Sonne auf- und unterzugehen, von sich selbst aus gesehen geht die Sonne weder auf noch unter und ist immer glühend heiß. Ebenso der Körper: Vom Standpunkt des Ich aus scheint er geboren zu werden und zu sterben, aber vom Standpunkt des Bewusstseins aus?

Und dann, was ist das Böse? Das *Mahabharata* ist voll von anständigen Menschen, die sich aus irgendwelchen Gründen auf die Seite des Bösen schlagen. Bhishma zum Beispiel tut es aus Loyalität: Er ist gut, aber er will seinen Herrn nicht verraten und tötet.

Meine angebetete Angelina,

zum ersten Mal, seit der »Krankheit« des Computers sitze ich auf meinem Schaffell am Boden vor meinen Bergen und schreibe die ersten Zeilen auf diesem Toshiba, eine Reinkarnation des alten PCs, an dich.

Aber wie es offenbar auch den Menschen ergeht, ist er ebenfalls ohne Gedächtnis, ohne Erinnerungen wieder auf die Welt gekommen, aber in gewisser Weise zu mir gehörig, wiedererkennbar, wie es mir sicherlich auch mit dir ergangen ist: Ich wusste genau, dass ich dir nah gewesen bin, ja, sehr nah, in wer weiß welchem anderen Leben, in welcher anderen Welt. Tier? Pflanze? Mineral? Und wenn du ein Kristall gewesen wärst, eingeschlossen in einem Stein und wir Jahrtausende so gelebt hätten … bevor wir alle beide glücklicherweise im Lauf eines Jahres in Florenz unsere menschliche Gestalt annahmen?

Kurz, ich bin sehr glücklich und kann nicht anders, als diesen ersten Moment meines wiedergeborenen Computers mit dir zu teilen, ohne all das, was ich in den vergangenen drei Jahren geschrieben habe, ohne die Briefe an dich, an die Kinder, die Notizen zu *Noch eine Runde auf dem Karussell* und wer weiß was sonst noch, was mir in diesen albernen Momenten fehlt, in denen es scheint, es könne wirklich etwas fehlen: Wenn man schon so viel hat wie ich … an dir.

Nun, damit diese Zeilen Bestandteil der künftigen Erinnerung der Kindeskinder von Novalis werden oder der Kindeskinder unserer Tochter, schreibe ich dir von meinen letzten Stunden hier oben, so dass eine Spur bleibt von dem herrlichen Leben in diesem Jahr 2002.

Almora war kalt, feucht und traurig, und wie ich dir sagte, ergreife ich immer gern die Flucht. Gestern Abend habe ich in Richards schönem, großen anglo-indischen Bett geschlafen, nachdem ich Elisabeths übliches vegetarisches Essen verzehrt hatte, begleitet von Gesprächen über … Computer. Ich habe noch besser geschlafen als üblich, weil Richard eine Flasche Old Monk aufgemacht hatte, den wir mit heißem Wasser verdünnt tranken.

Das Erwachen war voller Ungewissheit wegen des Schicksals des armen Computers, den ich in Händen von einem dieser Produkte der Bill-Gates-Zivilisation gelassen hatte.

Ich hatte das Glück, dass meiner Inder war, das heißt naiv und mit einem schönen Sinn für das Göttliche … Er hat fünf Tage lang mindestens 14 Stunden pro Tag gearbeitet, und am Ende ist es ihm geglückt. Einmal ist es für beide auf dem stinkenden Bett des Shikhar zwei Uhr nachts geworden, wir hatten dorthin umziehen müssen, weil in seinem Geschäft ständig der Strom ausfiel und seine Arbeit zunichtemachte.

Und auch da ist es gut gegangen: Ich habe angezogen geschlafen, habe das Kissen mit meinem Schal umwickelt, um den Gestank meiner Vorgänger zu meiden. Und dann den ganzen Tag dort, über diesen kleinen Toten gebeugt, der auf Plastikstühlen ruhte, mit Drähten und Verbindungsteilen, als ob es sich wirklich um einen Patienten an Schläuchen in einem Krankenhaus handelte.

Wir haben diesen schauderhaften *Chai* getrunken, ein paar Kekse und noch mehr *Chai*, und weiter, weiter, aus dem Internet herunterladen, in Delhi anrufen, abends dann heiße Sandwiches von Elisabeth, mit Pilzen, die sie wer weiß wo auf dem Basar von Almora aufgetrieben hat.

Nach dem Frühstück auf der Terrasse mit Krähen und jenem »Flimmern in der Luft« sind wir heute Morgen mit Richards Vespa noch einmal zu dem Geschäft gefahren. Und dort verkündete der Typ glücklich, dass der Computer wieder am Leben sei. Ich habe eine Probe gemacht und es allen bekannt gegeben: Ich war überglücklich.

Bevor ich Almora verließ, musste ich noch einmal zu meinem Zahnarzt. Er sagt, es ginge besser, aber vielleicht sei da noch »ein kleiner Infektionsherd«, und dafür müsse ich noch zwei Tage Antibiotika nehmen. Kurzum, es lebe Indien.

Der Jeep gelangte ohne Probleme bis zum Sanctuary Gate, dann lag hoher Schnee, aber man hatte schon Trupps alter Männer mit Schaufeln vorausgeschickt, diese Schals um die Ohren, die dir so gut gefallen, um den Weg freizuschaufeln. Und so sind wir mit nur ganz leichtem Schlingern bis kurz vor den *Mandir* gelangt.

Dort machten wir Halt, aber durch das laute Motorengeräusch des Jeeps waren die beiden Nepalesen schon aus dem Haus gekommen, und binnen weniger Minuten hat sich der übliche herrliche Tross von Männern gebildet, beladen mit Paketen und Ballen, mit Dosen voller Kartoffeln, Blumenkohl, Äpfeln, Mandarinen, Knoblauch, Zwiebeln und Bananen, und sich durch den Wald in Bewegung gesetzt, ich hinterdrein mit meinem schönen Stock, gut gekleidet mit der pakistanischen Weste über der Jacke vom betrunkenen Schneider, der violetten Mütze von Marie Thérèse (sie ist mir zu groß und rutscht herunter) und dem Schal vom Basar.

In weniger als einer Stunde war ich zu Hause: Schon vom Tor aus hatte ich Govind gerufen, und als ich eintrat, brannte das Feuer.

Auf dieses Haus kannst du eifersüchtig sein, Angelina: Manchmal vermittelt es mir dasselbe Gefühl des Friedens, das auch du mir gibst! Der Schnee heute war wunderschön, ganz weiß und unberührt, mit der großen Kuppel-Kathedrale meiner Steineiche davor.

Ich habe Govind mit dem Teppichklopfer losgeschickt, die *Thulma* im Schnee auszuklopfen, habe mich umgezogen und ihm barfuß geholfen, dieses schöne schwarze Fell durch den Schnee zu ziehen, damit es sauber wird, um dich zu empfangen, und als die Füße anfingen, mir wehzutun, habe ich mir – wie sie es machen – *Pahari,* schöne Wollsocken, angezogen, habe mich in den Sessel gesetzt und den tiefblauen Himmel voller grauer und schwarzer Wolken betrachtet, zwischen denen eine wunderschöne Sonne Versteck spielte.

Ich habe zwei Pellkartoffeln mit Butter gegessen, habe mich bequem häuslich angezogen, und da sitze ich nun wieder und denke an dich, schreibe dir und lade dich in aller Form ein, ein paar Wochen hier in Frieden zu verbringen, unter der schönen Decke, die jetzt über den Holzzaun hängt, dahinter die Silhouette des Nanda Devi.

Um fünf erwarten mich Dattas zum Tee; da ich ihr Radio und ihr Fernseher bin, wollen sie von mir etwas über die Abenteuer in Almora und mit dem Computer hören (ich war für sie zwei Tage lang ohne Nachricht verschwunden), aber erst muss ich mit dir sprechen.

Heute Abend werde ich den PC für meine Bedürfnisse konfigurieren, ich suche auf den Disketten, ob etwas Erinnerungswürdiges darauf ist, und dann mache ich mich an die Lektüre des *Dhammapada,* der Sammlung der Sprüche des Buddha in Versen, die wahrscheinlich seine ersten Schüler zusammengestellt haben.

Willst du einen Vers hören? »Nicht die weißen Haare machen den Weisen.« Das geht mich an.

Die andere Lektüre in diesen Tagen ist der stupende, große Coomaraswamy*. Stell dir vor, halb Engländer, halb Sri Lanker hat er Mineralogie studiert! Und alle großen Indologen wie Zimmer verdanken ihm unendlich viel! Er war Direktor des Instituts für Mineralogie in Colombo. Als er zu Besuch nach Indien kam, sah er die Statuen von Elephanta (die die Portugiesen, »Bringer der großen christlichen Kultur«, als Zielscheibe für ihre modernen Gewehre benutzt hatten) und die von Ellora, und das hat sein Leben verändert.

Ich habe beim Lesen von Coomaraswamy viel an dich gedacht, ich habe diese Statuen nicht gesehen, und wenn du wolltest und Zeit hättest, könnten wir gemeinsam eine Reise in dieses Indien machen. Du könnest versuchen, auf deine Weise über Indien zu schreiben, anders als früher, aber es wäre ein Ansatz.

Ich würde gerne meine »Reise« fortsetzen, wobei ich – wie ein großer Sufi sagte – »die Reise, das Ziel und der Reisende bin, nichts weiter als ich selber zu mir selbst«.

Ach, weißt du von Coomaraswamy? Als er starb, konnte er Griechisch, Latein, Persisch, Arabisch, und er hatte angefangen, Chinesisch zu lernen.

Sein *The Dance of Shiva* erklärt, warum so viele von uns hier das finden, was sie überall suchen und was es nicht mehr gibt: Nicht den Hinduismus, sondern die Keime dieser »ewigen Philosophie«, wie er sie nennt, die der gesamten Menschheit gehörte, bevor sie ganz verloren ging, sage ich.

Wie Recht Vivek hat, wenn er Platons Republik als »innere Republik« sieht, als Republik des »Selbst«, wo es keine Demokratie geben kann, denn sonst wären ja alle Instinkte gleichberechtigt, und jeder Idiot könnte auf die Straße rennen und »Freiheit! Freiheit!« schreien.

Das waren Menschen! Aber jetzt? Die Erziehung, die wir unseren jungen Leuten angedeihen lassen – viele Fakten und keine Weisheit – kommt mir vor, als wurde man einem Blinden einen Spiegel in die Hand geben! Besser wäre es, Gandhis Lehren im Gebirge zu unterrichten, und wenn du es recht bedenkst, sind diese meine verfrorenen und stinkenden, schmutzigen und zitternden Nachbarn weit menschlicher als die, die du zur Zeit um dich hast.

Aus Almora habe ich auch ein Paket *Shabji* mitgebracht, Obst und Gemüse für Ambu, den Kuhhirten, der hier oberhalb des verrückten Stiers wohnt, mit seiner Frau und drei Kindern, wovon das jüngste so alt ist wie Novalis. Du solltest sie sehen! Ständig in Bewegung, tollen sie auf den Wiesen und Hängen umher, die Frau heiter, und am Abend, sobald die Sonne untergeht, alle miteinander ins Bett, gleichzeitig mit den Kühen.

Heute Abend feiern sie mit einem Weihnachtskuchen, den ich bei Balbir auf dem Basar günstiger bekommen habe.

Ach so, noch etwas, um eine Spur dieses unvergleichlichen Indien für meine Urenkel zu hinterlassen: Ich ging auf den Basar mit einer Einkaufsliste, die Govind geschrieben hatte, und dort ist Balbir der persönliche Lieferant Ihrer Majestät Marie Thérèse.

Mitten auf dem alten Basar, den du kennst (oh, du solltest sehen, was für schöne Wollsachen der Junge oben auf der Anhöhe hat! Auch schöne Westen in deiner Größe, in verschiedenen Farben und mit verschiedenem Futter), begrüße ich Balbir mit der Namaste*-Geste, und er grüßt mit Namaste-Händen zurück, als ich bemerke, dass er nicht spricht. Ich rede ihn an, er spricht nicht … und holt ein auf Englisch geschriebenes Schild hervor, auf dem geschrieben steht: »SECHS WOCHEN SCHWEIGEN«.

Stell dir vor, Ems, der Händler Balbir hat vor seinem Gott ein Gelübde abgelegt, dass er sechs Wochen lang nicht sprechen wird! Ich habe ihn gleich »Muni Baba« genannt, stummer *Sadhu*, das gefiel ihm sehr, er lachte und befahl seinen zwei Handlangern, die jetzt auch sein Gebrumm verstehen, mit großen Gesten, was sie für meinen Einkauf aus den Regalen und aus den Löchern im Boden holen sollten.

Auch das ist das Indien, das ich liebe: ein Händler, der ein Schweigegelübde ablegt! Und dann Coomaraswamy und Buddha.

Wisse mich also in dieser erlauchten Gesellschaft, glücklich und deine große, wunderbare Präsenz im Herzen.

Ich küsse dich, meine Liebste.

t.

PS: Vivek sagt, Balbir spielt den stummen *Sadhu*, um für eine große Lüge zu büßen, die er gesagt hat, und um so die Konsequenzen abzuwenden, die ihm daraus erwachsen könnten.

1. Februar 2002, Binsar. Ein strahlender Tag nach einer Nacht, in der ich endlich an die Erfahrung der magischen Lampe, des Friedens, der Distanz wiederanknüpfen konnte (hoffe ich).

Gerade noch rechtzeitig. Morgen brechen Vivek und ich nach Almora auf, dann nach Delhi. Er hat beschlossen, jetzt hinzufahren, so als wollte er mich bis zuletzt vor der Sinnlosigkeit meiner »Pilgerreise« warnen. (»Nichts kann man jetzt gegen die Kräfte unternehmen, die entfesselt wurden, Osama und Bush sind nur ihre Werkzeuge, ihre Opfer.« Und gegen die Versuchungen des Ego: »Ich sehe, dass in den Zeitungen von Tiziano die Rede ist, dass die Mächtigen ihm Preise und Ehrungen verleihen«.)

Am Morgen und dann wieder am Abend stehen wir vor einem Schauspiel, das der Göttliche Künstler eigens inszeniert zu haben scheint, um die Feierlichkeit der zu treffenden Grundsatzentscheidung zu unterstreichen.

Eine Geschichte (aus den Volkserzählungen Indiens) über das Schuldgefühl, als Antwort auf meinen »sentimentalen« Pazifismus (auch Guru Govind hat gesagt: »Wenn alle Methoden fehlgeschlagen sind, greif zum Schwert«). Ein Räuber, der viele Leute getötet und ausgeraubt hatte, trifft eines Tages im Wald einen *Sannyasin*, der zu ihm sagt: »Schade, durch deine Lebensweise hast du den wahren Sinn, die Schönheit des Lebens verloren.« Der Räuber ist neugierig, der *Sannyasin* nimmt ihn mit, zeigt ihm die Schönheit, und er wird *Sadhu*. Aber das Schuldgefühl für das, was er getan hat, verfolgt ihn. Er sagt sich: »Das ist Vergangenheit, es gehört zur vergänglichen Welt, zum Unbeständigen«, doch die Schuld nagt an ihm.

Einmal sieht er in einem Wald Räuber einer Hochzeitsgesellschaft auflauern, die sie ausrauben wollen. »Ach, das habe ich auch getan, vergängliche Dinge ohne Bedeutung. Da kann man nichts machen.« Der Hochzeitszug naht, die Räuber greifen an und der alte *Sannyasin* sieht gleichmütig zu, ohne etwas zu unternehmen. Bis einer der Räuber die Braut aus der Sänfte zerrt, um sie zu vergewaltigen.

Da tritt der ehemalige Räuber vor, nimmt sein Schwert und schlägt alle tot … und in diesem Augenblick vergehen all seine Schuldgefühle.

* * *

*20. Mai 2002, Binsar.** Monatelanges Schweigen auf diesen Seiten. Viele Dinge sind geschehen, darunter der Erfolg der *Briefe gegen den Krieg*, meine Pilgerreise durch Italien, Angelas Geburtstag mit Poldi und Saskia in Paris – zufällig, weil der Flug Verspätung hatte –, und nun der Versuch, wieder Frieden zu finden.

Wir sind aus Italien abgereist an dem Tag, an dem der *Corriere* die Rückkehr der *Briefe* auf Platz eins der Bestsellerliste verkündete – nach einigem Auf und Ab, aber immer unter den ersten fünf: eine optimale Art, sich vom Getriebensein, vom falschen Pflichtgefühl zu verabschieden, das die Aufblähung des Ich maskierte.

Wir haben heiße Tage in Delhi verbracht, dann zwei Wochen der Ruhe in diesem Haus mit Ausschlafen und dem Gefühl der Solidarität, danach schöne Tage in Dharamsala mit Rinpoche, dem Maler meines »Buddha der Medizin« und der »verrückten« Jane.

Angela ist in Paris, und ich bin nicht einmal imstande, die Worte für diese Zeilen zu finden. Ich gebe es auf.

Auf morgen, mit ein paar Vorsätzen, Prinzipien, etwas Schweigen.

21. Mai 2002, Binsar. Angela muss in Florenz angekommen sein. Ich stehe sehr niedergeschlagen auf.

Wiederkehrende Gedanken, die mit der Überflüssigkeit meines Alleinseins hier zu tun haben, wo mir alles verändert erscheint. Das Haus ist in sich eine Routine geworden, die befolgt sein will. Vivek immer erbitterter in seinem Anti-Islamismus.

Ich setze mich ein wenig neben ihn in die Sonne und stelle fest, dass ich vermeiden möchte, mich an seinem Schnupfen anzustecken, und dass ich den unerträglichen Gestank seiner Schweißfüße rieche. Auch die schönen Dinge, die er sagt, erscheinen mir sinnlos:

»Wir können nichts machen gegen die Kräfte, die die Welt mit sich reißen.«

»Höchstens können wir uns aus der Strömung heraushalten«, sage ich.

»Auch das ist fast unmöglich«, antwortet er mir. »Das Prinzip, das die moderne Welt beherrscht, ist der Hedonismus, und gegen den kann man nichts machen.«

Er spricht über die muslimische Welt und sagt, eine Gesellschaft, die keine Achtung vor der Frau hat, könne keine große Zukunft haben. Das Problem der westlichen Gesellschaften sei, dass die feministische Bewegung Achtung vor der Frau fordere, dass man die aber wie die Liebe nicht erzwingen könne: Entweder ist sie da oder nicht.

Wir sitzen schweigend in der Sonne.

»Wie weit ist deine Kampagne zur Rettung Europas, Tiziano?«, provoziert mich Vivek.

In jedem Augenblick spüre ich, dass unsere Beziehung durch meine Reise durch Afghanistan und das Verfassen der *Briefe* einen Riss bekommen hat, und auch dadurch, dass ich möglichst tolerant von den Muslimen spreche.

Dann kehrt er glücklicherweise seine besseren Seiten hervor, als er mich nach meinem Besuch in Dharamsala fragt, und ich erzähle ihm von der Trauer, die ich verspürt habe, weil den Leuten bewusst wird, dass Tibet – das die Exilanten am Leben erhalten wollen – nicht mehr existiert. Es ist ein Konsumprodukt für westliche Touristen geworden, die nicht einmal mehr auf der Suche nach Spiritualität sind.

Er sagt, auch Marco Pallis* habe sich getäuscht. Es sei sinnlos, die Traditionen retten zu wollen, wie das beispielsweise die Exil-Tibeter tun. Traditionen vergehen, sie lassen sich nicht künstlich konservieren, und das Einzige, was sich lohnt zu konservieren, ist der Kern von allem, der sich nicht wandelt, weil er unwandelbar ist.

»Was mit der Zeit kommt, geht mit der Zeit«, das gilt auch für

Traditionen. Es ist sinnlos zu versuchen, sie zu erhalten, das bringt nichts.

Ich lese noch einmal das erste Kapitel der *Runde* – Inschallah –, um neu anzusetzen. Ich lese noch einmal und bin deprimiert.

22. Mai 2002, Binsar. Ich wache früh auf. Die Sonne geht hinter den nepalesischen Bergen auf. Es herrscht großer Frieden, auch in mir. Zum ersten Mal setze ich mich wieder auf das Kissen und frühstücke in der Sonne.

Der kleine Steintisch der Krähen ist zu einer Speisestätte aller möglichen Gäste geworden, die abgestuft nach Größe hier aufkreuzen. Sobald die Krähen weg sind, kommen die Vögel mit den weißen Flügelspitzen, dann die Ameisen. Auch ich stehe im Zentrum einer großen Bewegung, kaum öffne ich die Tür und trete aus dem Bad heraus, um mir mit dem Kopf nach unten das Haar gegen den Strich zu bürsten, setzen sich die beiden Krähen kreischend auf den Zaun und hinter ihnen die beiden Eichelhäher.

In der BBC Gerüchte von einem Krieg zwischen Indien und Pakistan. Mein Nachbar, Arun Singh, der sich hierher zurückgezogen hat, nachdem er Verteidigungsminister von Rajiv Gandhi* war, wird auf Viveks Telefon angerufen, er solle nach Delhi kommen und den Außenminister beraten. Er, Vivek und ich verbringen gemeinsam zwei Stunden in der Sonne.

Vivek meint, der Krieg sei unausweichlich, es gebe keine Schöpfung ohne Zerstörung, angesichts der Gewalt anderer dürfe man nicht zimperlich sein, angesichts der verbrecherischen Mentalität der Terroristen, und es könne keinen Kompromiss mit dem Islam geben: Der Islam müsse untergehen, besser, von innen heraus.

Arun sieht das Grauen des Krieges, zieht die Möglichkeit in Betracht, dass ganze Städte zerstört, weite Teile des Landes durch Nuklearwaffen verseucht und auf Jahrzehnte hinaus unbrauchbar werden. Er bemerkt, dass die Pakistani die »Irrationalen« spielen und schließlich vielleicht selbst daran glauben; er meint, die Mentalität des Dschihad habe die militärische Kaste erfasst, und es gebe Ereignisse, wie den Angriff auf die Familienangehörigen der Soldaten in Kaschmir und morgen die Ermordung einer prominenten indischen Persönlichkeit, womöglich des Premierministers, die nicht ohne Antwort bleiben können. Der Krieg löst das Problem nicht, aber unter gewissen Umständen ist er unvermeidlich.

Ich vertrete die Ansicht, dass der Krieg vermieden werden müsse und dass Indien, die letzte große Kultur der Welt, einen neuen Weg finden müsse, abseits der Schemata der Vergangenheit ein eklatantes Zeichen zu setzen, das alle überrascht und neue Bedingungen schafft (zum Beispiel, die Unabhängigkeit Kaschmirs zu erklären).

Arun ist überzeugt, dass die USA blockiert sind. Bush weiß, wenn er etwas gegen Pakistan unternimmt, riskiert er, Osama Bin Laden mit Nuklear- und Chemiewaffen vor der Tür zu haben. Daher die jüngsten Warnungen Rumsfelds* vor Terrorakten in New York.

25. Mai 2002, Binsar. Wirre und leere Tage.

Arun Singh ist nach Delhi gefahren, nachdem der Außenminister ihn ein Dutzend Mal angerufen hat, er will seinen Rat, ob man Krieg mit Pakistan führen soll oder nicht.

Ich schreibe ihm zwei Zeilen, um ihn daran zu erinnern, dass Leute wie wir, die auf Distanz zur Welt gegangen sind, die Aufgabe haben, neue Arten der Problemlösung vorzuschlagen. Ich erinnere ihn an den Satz Gandhis, dass man nicht »die alte Geschichte« wiederholen soll.

Vivek ist hart und aggressiv zu mir. »Na, wie geht es mit deinem Kreuzzug zur Rettung Europas? Wo ist die zweite Phase deines Kreuzzugs?« Seiner Ansicht nach bürde ich mir nur unnütz Lasten auf. »Halte dich an eine einzige Sache, grab nur an einer Stelle. Hattest du eine Erleuchtung? Bist du überzeugt, dass es einen Weg gibt? Wenn ja, dann halte dich daran.«

Aber bin ich wirklich überzeugt?

Das Wetter ändert sich von Stunde zu Stunde. Die großen Waldbrände, die die Luft mit Rauch erfüllten, sind gestern durch Regen und Hagel gelöscht worden. Den Nachmittag mit der Lektüre einer Biografie von Gurdjieff* verbracht.

27. Mai 2002, Binsar. Ich bin kurzatmig, vielleicht ist der dicke Nebel schuld, der das Haus umgibt und in dem ich nach neunstündigem Schlaf frühmorgens spazieren gehe.

Vivek kommt mit seiner »Büchse der Pandora«, die sich jetzt ganz gegen mich richtet.

»Du hast zwei Wege vor dir, wie diese zwei Klingen«, sagt er mit Blick auf die Schere, die er zum Schneiden des Tabaks für die Zigaretten verwendet, die wir rauchen. »Beide sind schwierig: Einer ist der Verzicht auf alles, was du tust, auf den Erfolg, die Zeitungsausschnitte, die du aufgehoben hast – puff! puff! – weg, das alles ist nichts wert, hast du das nicht begriffen? Und Ihm dienen, sich Ihm zur Verfügung stellen. Oder weiterhin deinem Ich dienen, in dem Glauben, dass dessen bester Teil dein höheres Selbst sei.

Der Krebs hatte dir geholfen, Abstand zu gewinnen, aber seit dem 11. September bist du wieder aufgeregt, hast deine Aufregung der Welt gezeigt und dafür Beifall bekommen. Ja und? Alle haben wir uns in der einen oder anderen Weise über den 11. September aufgeregt, na und? Es braucht nur jemand erschossen zu werden, schon regst du dich auf und rennst herum. Osama Bin Laden? Es hat schon Zehntausende Osama Bin Ladens vor diesem gegeben, und es werden Zehntausende nach ihm kommen, was kannst du da machen?«

»Der Kerzentrick ist eine Droge«, sage ich.

»Ja gewiss, da war ich mir sicher. Fang wieder an, lass die Gedanken ziehen, richte deinen Geist fest auf das Licht, wie der Geist des Yogi es macht, der sich von keinem Windstoß erschüttern lässt. Fang dort wieder an. Diene Ihm und nicht dir. Du magst glauben, du hast die eine oder andere Lampe angezündet, indem du herumliefst und von den Dingen sprachst, die du glaubst verstanden zu haben, aber bist du dir sicher, dass deine Lampe brennt? Und wenn deine nicht brennt, wie kannst du da glauben, die der anderen anzuzünden?« Und er bricht in großes Gelächter aus.

Zum Thema »Vorherbestimmung« spricht er von seinem Freund dem Philosophen Daya, der weiterhin schreibt, weil das sein »Schicksal« ist. Dann zitiert er mit Bezug auf Daya eines der Distichen, die ein Freund von ihm geschrieben hat: »Er hat sein ganzes Leben damit zugebracht zu leben, und es bleibt ihm nichts. Er hat sein ganzes Leben damit zugebracht zu schreiben, und die Seite ist leer.« Er lacht.

3. Juni 2002, Binsar.
Meine angebetete Angelina,

ich bin müde, und bevor ich unter meine *Thulma* krieche, muss ich mich ein paar Minuten hinsetzen und dir sagen, wie schön es war, all deine Botschaften vorzufinden, jetzt mit dir zu sprechen und zu wissen, dass du bei deiner Rückkehr mein altes Fax vorfinden wirst, und dass wir damit wieder »quitt« sind.

Ich habe die Ausdrucke all deiner Botschaften bei mir und werde sie beim Zubettgehen noch einmal lesen.

Zu den Plänen. Ich würde gern, wenn ich kann, bis Ende Juli hier bleiben. Das könnte bedeuten: August in Orsigna, 11. September in Paris oder Hamburg, um den 20. in Amerika und dann ... Haiti, wenn wir unterdessen nicht gestorben sind, wenn Indien nicht über Pakistan eine Bombe abgeworfen hat, wenn ich mich nicht in den Abgrund gestürzt habe, weil ich nicht schreiben kann, und wenn nicht ein Schmetterling im Amazonasgebiet von einem Lastwagen überfahren wurde – was den Zusammenbruch der Tokioter Börse und einen Wirbelsturm in Irland auslösen würde.

Schön die Geschichten von meinen Lesern, Apotheker und Schuster von der Porta Romana. Wunderschön, dass dir die Neuauflage deiner *Giorni cinesi** gefallen hat. Noch mehr freut es mich, dass dich das nicht in Verlegenheit bringt, sondern dass du fast stolz darauf bist. Ich habe es immer ernst gemeint, wenn ich sagte – nachdem sie veröffentlicht waren, nicht wenn ich bei einem Komma oder einem falschen Wort die Krätze bekam –, dass auf lange Sicht deine Bücher mehr taugen als meine, weil sie von einer beständigeren Wirklichkeit erzählen, die die Leser heute oder in hundert Jahren interessiert.

Was die französische Ausgabe der *Briefe* angeht (es liegt mir sehr viel daran), spiel nicht die bescheidene Ehefrau (im Gegenteil, du kannst dir Dinge herausnehmen, die bei mir peinlich wirken würden). Sprich mit der, die das Buch macht, sag ihr, du hättest gesehen, dass die französischen Zeitungen den Mut hatten, zu schreiben, was sie von der »Angeberin« halten, sie hätte bestimmt bemerkt, dass die *Briefe* gegen die Fallaci gerichtet sind, und dass sie auf diese Karte setzen müssen.

Kurz, wenn der Schmetterling nicht vom Lastwagen überfahren wird … dann werden wir was erleben. Und nun, zufrieden mit diesem zusammenhanglosen Wortschwall, während du in Mailand bist, vielleicht bei Longanesi, umarme ich dich und gehe eilig … ins Bett!

Der Himmel ist klar und der Wald steht reglos. Es weht kein Lüftchen. Nur die Nachfalter, die mich für Mahakala* halten, die Zeit, die auch auf den Türbalken in Angkor immer mit offenem Mund dargestellt wird, stürzen sich kopfüber gegen die Scheiben meiner Fenster, in der Hoffnung, im schönen Licht meiner Petroleumlampe zu verbrennen, in deren Schein ich dir geschrieben habe und dich nun küsse …

Ciao, Ems.

t.

10. Juni 2002, Binsar. In der Nacht erbitterter Kampf der Schaben gegen mich. Ich wache auf, reibe mich mit Dettol ein und schlafe wieder ein.

11. Juni 2002, Binsar. Ich schlafe in meinem Zimmer, um den Flöhen zu entkommen. Ich bin voller Läuse.

Ich gehe um halb neun ins Bett, aber eine halbe Stunde später höre ich großes Geschrei in der Dunkelheit. Die Männer schlagen mit Kochlöffeln auf Töpfe, zünden Feuer an, brüllen und kommen mit Taschenlampen daher. *»Baagh! Baagh!«* »Panther! Panther!« Eine halbe Stunde später hat die Dunkelheit wieder alles verschluckt.

Ich gehe zu Dattas. Wir reden über Bush, Saddam Hussein, und ich verliere die Fassung, ich schreie, rege mich auf, sage, was ich denke und schließe: »Sogar ihr steht auf den Schultern von Menschen, die, so wenig sie auch wissen mögen, dafür sorgen, dass die Züge fahren, dass Wasser in den Leitungen fließt usw.«

Vivek steht auf, geht auf die Veranda und wartet auf mich, weil er nicht will, dass M.T. unsere Unterhaltung weiter mitverfolgt.

»Ich gebe dir einen Rat. Du bist nicht auf dem Pfad, und ich glaube, du wirst es nie sein. Und warum? Aus drei Gründen: Der eine ist, dass du noch zu sehr im Bewusstsein dieser Dinge lebst; dann hast du Angst, du umkreist das Hauptproblem, aber hast nicht den Mut, es anzugehen, weil du ein Feigling bist; du bist ein Feigling und weißt, wenn du dieses Problem angehen würdest, wenn du zum Kern der Sache vordringen und aufhören würdest, das Problem nur zu umkreisen, bestünde die Gefahr, dass all die kleinen Sicherheiten, die dir so lieb sind, in Rauch aufgehen: Dein Familienleben würde zerstört. Und drittens … das musst du selbst herausfinden.«

»Ja, mein großes Ego, ich weiß.« Im Stillen glaube ich allerdings, dass ich kein Feigling bin, sondern dass ich auf diesem »Pfad« nicht gehe, weil mir die Art und Weise nicht gefällt, in der ich ihn und andere wie ihn darauf wandeln sehe.

Ich lächle, M.T. kommt, und es ist die Rede von anderem. Sie geben mir ein Buch von Huxley*, *Affe und Wesen*, und ich werde zum Mittagessen eingeladen.

12. Juni 2002, Binsar. Eine harte Nacht, Flöhe, Wind und viele Gedanken. Morgen fahre ich endlich nach Almora und spreche mit Angela, um über die tausend Dinge des Lebens zu entscheiden und über das Schicksal dieses Büchleins-Büchelchens, dieses verdammten Buches, das ich so gern los wäre.

M.T. und Pierre spielen Karten, Vivek und ich auf der Veranda in diesem unglaublichen violett-orangenen Licht des Sonnenuntergangs. Zwanglos reiht er Geschichten an Geschichten.

Er erzählt von einem Mal, als er bei einem Konzert plötzlich fühlte, wie die Musiker, die Musik, der Komponist, er selbst und das ganze Publikum »eins« geworden waren. Er spricht von Henry Moore* und sagt, er sei ein Genie, weil er einen Bezug zum Stein hatte und ihn fühlte. Denn wir legen einen Finger auf den Stein und fühlen ihn, diese Erfahrung wird von den Sinnen ans Gehirn weitergeleitet, aber schon diese Erfahrung ist partiell. Was aber ist die Erfahrung des Steins? Vielleicht fühlte Moore auch die. Von daher seine Größe.

14. Juni 2002, Almora. Ich gehe mit Vivek zum *Mandir* dann nach Almora hinunter. Im Wald kommt er auf die Themen der vergangenen Tage zu sprechen.

»Du bist nicht auf dem Pfad und wirst es nie sein, weil du ein Feigling bist, und dazu braucht es Mut.«

Er geht mit seinem Stock, und ich denke, er würde ihn mir gern überziehen. Auch ich habe meinen Stock dabei und denke, ich würde ihn damit auf den Kopf schlagen. Ich beherrsche mich. Ich habe keine Lust mehr, mit ihm zu reden. Was bleibt, ist eine allgemein menschliche Sympathie und Dankbarkeit für die vielen schönen Dinge, die er mir gesagt hat.

Ich bin sehr froh, ihn beim Haus seiner Tochter zu verlassen und selbst im »Luxus« des Deodars zu übernachten.

Wunderbares Gespräch mit Angela. Abendessen mit Stefano, Mina und ihrem Sohn bei Kerzenschein auf der Terrasse, die auf die Leere der Welt blickt.

15. Juni 2002, Binsar im Regen. Ich genieße die Stille.

16. Juni 2002. Vivek kommt zurück. Ich habe mir vorgenommen, nicht mehr über Politik zu reden, aber er fängt an, ich weiß auch nicht wie, über die Todesstrafe zu reden.

»Das Leben ist kein Wert an sich. Indem man einen Vergewaltiger tötet, tut man ihm einen Gefallen. Man tut das nicht aus Rache, sondern aus Mitleid. Ihr seid alle sentimental. Europa hat seine Kraft eingebüßt, seine Willenskraft ... ihr seid eine schwache Gesellschaft.«

Ich lächle und schweige. Ich will einfach nur abhauen. Das ist wirklich das Ende einer Beziehung.

Ist es möglich, dass alles auf null zurückgeht?

Vielleicht müsste ich abreisen, aber ich weiß nicht wohin.

Florenz ist voller Leute, Orsigna auch. Mir bleibt nichts anderes übrig, als hier auszuharren und zu versuchen zu schreiben. Ich lese *Affe und Wesen*. Das lenkt mich ab, noch immer vermeide ich es zu schreiben.

Ich habe vielleicht Angst, nicht mehr dort zu sein, wo ich zu sein glaubte, als ich hier heraufkam, und dass jetzt alles beschädigt und falsch klingt. Oder vielleicht muss ich gerade deswegen zu mir selbst zurückkehren, zu meiner Aufrichtigkeit, die nicht aus Büchern kommt, nicht angeeignet, sondern gefühlt ist.

18. Juni 2002, Binsar. Vielleicht, weil die Spannungen zwischen Indien und Pakistan geringer geworden sind, gelingt es mir endlich, mit Vivek zu reden, wenn auch vorsichtig.

Er ist überzeugt, ich würde noch immer an meinem Ego basteln, er machte ironische Bemerkungen darüber, dass ich eine »Kultfigur« werde.

»Das bin ich schon«, antworte ich, »aber eben deswegen fliehe ich und komme nach Binsar.«

Er sagt mir zwei interessante Dinge. Das Erste: Der Ferne Osten hat begriffen, dass sich die äußere Welt nie ändern wird, wenn man den inneren Menschen nicht ändert. Deshalb ist es sinnlos, die Gesellschaft ändern zu wollen. In der Tat ist der Westen daran gescheitert.

»Auch der Osten ist gescheitert«, sage ich, »schau dich doch bloß um. Die Leute wollen nichts anderes als so zu sein wie der

Westen, überall Elend, und die Menschen verhungern und haben kein Trinkwasser.«

Das Zweite ist, dass das Leben an sich kein Wert ist: »Leben nährt das Leben. Es ist an dir, deiner Existenz Wert zu verleihen. Das Leben ist nicht heilig, du bist es, der es dazu macht. Sie ist sinnlos, diese sentimentale Vorstellung, dass das Leben an sich einen Wert habe.«

Er zitiert ein persisches Sprichwort: »Gott wollte dem Menschen Flügel geben und musste ihm die Beine brechen.« Dann fügt er hinzu: »Siehst du, dass du noch immer dein Ego aufblähst und dich dabei wohlfühlst ... Ich sollte es besser nicht durchstoßen, denn der Gestank würde bis nach Europa dringen. Und doch liegt in dem Gestank ein Duft, der zum Himmel aufsteigen wird.«

Ich glaube, er ist versucht, es zu tun, und ich wäre neugierig zu sehen, was geschieht.

19. Juni 2002, Binsar. Hier zu leben wird immer schwieriger, und zum ersten Mal denke ich, dass ich am Ende des Jahres den Vertrag nicht verlängern und nie mehr zurückkehren könnte.

Ambu kommt und erzählt von dem Brand, der von der Ebene heraufzieht, Vivek sagt etwas, gibt Befehle, M.T. widerspricht ihm, fährt ihm über den Mund, kritisiert ihn.

Ich fühle, dass seine Angriffe mich nicht berühren. Immer mehr kehre ich zu dem zurück, was ich bin, auch dankbar für die Dinge, die ich glaube, von ihm bekommen zu haben, aber so sehr Florentiner, dass es mir unmöglich ist, mich irgendjemandem in irgendeiner Weise zu »ergeben«. Er spricht vom Guru, von der Tatsache, dass man ihn nur trifft, wenn man dazu bereit ist. Alles Dinge, die ich weiß, die mich interessieren, die mich neugierig machen und die in gewisser Weise auch mein Leben verändern, aber nicht so weit, dass ich es in die Hände eines anderen legen würde.

»Mach nur weiter so ... Ein paar Leute wirst du erreichen mit deinen Reden, eine Stunde lang werden sie getröstet sein, zufrieden, dann werden sie in den Club gehen und Karten spielen. Nicht einmal auf einen Kaffee werden sie verzichten für die Sache, für den Kampf gegen den Affen ... Und der Affe des Menschen ist stark und gut gewappnet.«

Er wiederholt, wichtig sei zu wissen, was real ist und was nicht. Und in sich selbst jenes Ganze zu finden, das die einzelnen Teile reflektiert. Er erinnert daran, dass in jedem von uns viele Teile sind, und dann an den Satz, den Uspenskij* über Gurdjieff sagt: »Es sind zwei Seiten in ihm, das Gute und das Böse. Und wenn sie miteinander im Kampf liegen, ist es gefährlich, ihm auch nur physisch nahe zu sein.«

Ich gehe zurück nach Hause, und nun liegt mir zwar nicht mehr das Frühstück im Magen, aber unsere Unterhaltungen. Ich habe nur Lust, mein Buch zu schreiben, aber ich denke, ich könnte auch alles zusammenpacken und gehen.

20. Juni 2002, Binsar. Um eins bin ich mit dem Essen fertig, ich habe mir schnell ein paar Spaghetti mit trockenem Rosmarin und Salbeiblättern gemacht, die ich aus M.T.s Blumentöpfen stibitzt habe, als ich Mina daherkommen sehe mit ihrem »Maler« Eric. Ich muss höflich sein, schnell noch ein paar Spaghetti zubereiten und zwei Stunden Konversation machen.

Das einzig Interessante, das ich darin finde, ist, dass es aufgrund gewisser Planetenkonstellationen Montag und Dienstag allen schlecht gegangen ist, alle waren deprimiert: Eric war im Begriff, die Koffer zu packen und seine Familie zu verlassen, der Sohn hat in der Schule von der indischen Lehrerin zwei Ohrfeigen bekommen, auf dem Kamm hier waren alle schlecht gelaunt und depressiv. Ich auch, wie ich weiß.

Eric fragt mich, an welchem Tag ich geboren bin ... ah, Jungfrau: In der keltischen Astrologie ist mein Zeichen der Rabe. Früher einmal waren wir weiß, und der König hatte uns als Wache für die Königin bestellt, während er in den Krieg zog. Sie war wunderschön und ließ sich von einem Prinzen verführen, und als der König wiederkam, wollten wir die Königin nicht verraten und blieben auf die Frage »Wer war's?« stumm. Und so wurden wir dazu verdammt, schwarz zu sein, immer mitten im Lärm zu leben, zu krächzen, aber mit dem Traum, uns abzusondern, die Masse zu fliehen und wieder weiß und spirituell zu werden. Ich??? Womöglich. Ich will nur, dass sie gehen. Mit der Zeit werde ich immer schweigsamer und distanzierter, auch weil ich ein paar Züge von ihrem Joint genommen habe. Sie verstehen, und um drei gehen sie, ich begleite sie bis zur Quelle.

Ich gehe zurück nach Hause und werfe mich aufs Bett.

22. Juni 2002, Almora. Ich spreche lang mit Angela, mit Novi, der »Opa« ruft. Ich bekomme eine Nachricht von Folco, sehr lieb und sehr fern. Ich kehre nach Binsar zurück, entschlossen, noch einen Monat zu bleiben, ohne mich vom Fleck zu rühren, und zu versuchen, das vermaledeite Buch so weit wie möglich voranzubringen.

23. Juni 2002, Binsar. Nachmittag. Vivek kommt vorbei. Es gibt keine Spannungen, ja, einen Versuch der Versöhnung. Ich erzähle ihm von meinem Buch, von der Notwendigkeit, es endlich vom Tisch zu bekommen.

»Wie viele Seiten hast du geschrieben? Ungefähr 150? Das ist genug, ich meine, es könnte da auch kein Ende geben. Okay, mach es fertig. Aber achte auf das Problem des Ich. Du willst doch nicht Gegenstand eines Kults werden. Wer weiß, was das dann für ein Kult wäre ...«, und so lachen wir.

Dann spricht er erneut über Mitleid und Gerechtigkeit. *Ahimsa* bedeutet, nicht unnötig Schmerz zuzufügen. Es bedeutet keineswegs »nicht töten«. Das ist der Sinn der *Gita*, das ist der Sinn der gesamten indischen Geschichte, die voll ist von Tötungen, angefangen von den Mythen: Shiva tötet, Vishnu tötet. Die Götter töten.

Es war einmal ein schrecklicher Dämon, der obendrein eine besondere Gabe besaß: Aus jedem Tropfen seines Blutes, der auf die Erde fiel, würde ein neuer Dämon entstehen wie er selbst. Und so war er überaus mächtig geworden, und niemand vermochte etwas gegen ihn, denn ihn zu töten hätte bedeutet, sein Blut zu vergießen.

Da geht Shiva hin, spießt ihn mit seinem Dreizack *(Trishul)* von unten auf und wusch!, trägt ihn zur Sonne, die sein Blut austrocknet, und so fällt kein Tropfen davon auf die Erde. Die Szene ist in Ellora dargestellt.

24. Juni 2002, Binsar. Monsun! Monsun? Der Regen hat mich aufgeweckt. Sobald er aufhörte, habe ich einen Spaziergang gemacht und kam mit von Feuchtigkeit durchtränktem Bart wieder zurück. Es regnete stundenlang, dann, in der Mitte des Nachmittags, hellte sich die ganze Welt auf, die Berge kamen zum Vorschein und die Wellenkämme anderer Berge und Hügel. Wunderschön. Viele neue Vögel sind gekommen.

Ich schreibe um acht Uhr morgens an meinem Tischchen, beim Licht von zwei Petroleumlampen.

Mit Vivek herrscht wieder eine gute Atmosphäre, und unter dem Vorwand, feiern zu wollen, dass man die Berge sieht, bittet er M.T., die Flasche Portwein hervorzuholen. Ihr passt das nicht, uns sehr wohl! Als ich ihn in der Tür erscheinen sah, habe ich mich zum Spaß niedergeworfen und seine Füße berührt. Er lachte.

Es ist Vollmond, ich gehe hinaus in die Nacht und denke an Angela, die ihn von San Carlo aus betrachtet – denselben Mond.

28. Juni 2002, Binsar. Um fünf kommt Vivek zu Besuch. Er hat lange nachgedacht: Es lohne sich nicht, mit zwei Booten zu fahren, man könne eine Sache nicht halbherzig tun, also solle ich mich für diese Geschichte einsetzen, an der mir so viel liegt, nach Europa reisen, Preise entgegennehmen, Reden halten.

»Bring alle Fähigkeiten zum Einsatz, die du im Lauf des Lebens erworben hast, verwende alle Tricks, die du kennst, um die Dinge zu sagen, die du sagen willst, und verankere deine Werte in den Herzen. Aber bilde dir nicht ein, du sprächest von ›wahren‹ Werten.«

Das freut mich. Ich habe den Eindruck, die Versöhnung dient ihm auch.

Um sieben mache ich einen Spaziergang bis zur eingefallenen Mauer und empfange eines der schönsten Geschenke des Göttlichen Künstlers: An einer Wegbiegung ist es, als werde pures Gold vor mir ausgegossen, das aus dem Unendlichen strömt. Eine große, vollkommen schwarze Wolke steht hoch am Himmel, die Sonne ist dahinter verborgen und sendet ein unglaubliches Licht, orange und golden, über die Hügelketten aus. Die nahe gelegenen sind golden, die Wipfel der Bäume golden. Wie ein goldener Schleier, Gold überall. Es dauert nur wenige Sekunden, dann zieht die Wolke weiter, und alles ringsum wird wieder blau und grau. Hinreißend!

30. Juni 2002, Binsar. Gestern Abend kam im letzten Licht Radha, die Kuhhirtin des *Mandir*, und klopfte an mein Fenster: die letzte Versuchung Christi?

Sie bringt mir eine Plastikflasche mit Milch, die am Morgen schon geronnen ist. Ich gebe ihr hundert Rupien, schenke ihr ein großes Lächeln, eine Schachtel Schokolade und den Ratschlag, schnell zu machen, um die Dunkelheit und den Panther zu vermeiden.

Zurück bleibt Kuhgestank und eine unbewusste … Verführung.

2. Juli 2002, Binsar. Stunde der Büchse der Pandora. Man kann die Sexualität vom Standpunkt der »Begierde« aus betrachten (Standpunkt des niederen Selbst) oder von dem der »Einheit« (Standpunkt des höheren Selbst). Die beiden Standpunkte sind nicht geschieden, sie sind beide vorhanden. Sie sind miteinander vermengt und verflochten. Das niedere und das höhere Selbst sind nicht wie obere und untere Schubladen in einem Schrank. Sie sind alle beide in uns.

4. Juli 2002, Binsar. Kurzer Besuch bei Dattas, um Ankunft und Verschickung verschiedener Dinge zu regeln. Wieder wird von den »Nachrichten« gesprochen, und wieder muss ich mich beherrschen, Konversation treiben und diplomatisch bleiben, als das Gespräch auf die Moslems in Indien kommt, auf die Tatsache, dass nur sie Waffen haben, dass in Gujarat usw.

Ich denke an das Foto von Vivek mit der Krähe auf dem Kopf: mein Guru?

Wer von beiden?

Aber er hat es selbst gesagt: Der wahre Meister ist in dir! Ich suche nun den: Die Reise ist hier zu Ende.

Ich muss nur noch darüber schreiben, und dann wird das hier ein schöner ruhiger Ort im Himalaja sein, wie einer an der sizilianischen Küste.

Nur weiter weg?

6. Juli, 2002, Binsar. Vivek ist krank. Ich höre ihn laut husten in seinem Zimmer unter dem Foto des *Swami* Sathyananda. Einen Moment lang habe ich Schuldgefühle. Habe ich dazu beigetragen, dass er sich allein fühlt? Verraten?

Am Nachmittag bringt die Tochter Doktor Ashwani und seine Frau, um nach ihm zu sehen. Er scheint mir ein Anhänger von Osho, sie ein bisschen verrückt, auf der Suche nach sich selbst. Er erzählt mir von einem Buch, dann bringt er ein schönes Zitat von Osho: »Die Religion ist für diejenigen, die Angst haben vor der Hölle; Spiritualität ist für die, die schon da waren.«

8. Juli 2002, Binsar. Wie üblich weckt mich die Maus um vier, damit ich zur Lampe gehe.

Ich besuche Vivek an seinem Bett: Ich gehe alte Geschichten durch, um sicher zu sein.

Was ist Freiheit? Freiheit ist die Freiheit der Liebe, die uns bindet mit einem Band, das nicht bindet. (Ramprasad Sen*, 18. Jahrhundert, Bengale).

10. Juli 2002, Binsar. Ich glaubte, quitt zu sein, und habe die Einladung der Datta angenommen, bei ihnen Couscous zu essen, und das ist mir schlecht bekommen. In Vivek schlummert eine unterdrückte Wut, die ihm aus allen Poren quillt. Vielleicht ist es Eifersucht oder Enttäuschung, weil er fühlt, dass ich ihm entgleite, fühlt, was ich bin: ein Reisender, der sich wie ein Chamäleon den Farben seiner Umgebung anpasst, während die Umgebung (in dem Fall die Person) glaubt, er sei bekehrt. Das bin ich nicht. Ich bin es nie zu gar nichts.

Wenn das bedeuten würde, »Journalist« zu sein, wäre ich damit einverstanden, aber für ihn bedeutet Journalistsein, nichts zu verstehen: »Er war nach dem Krieg zwei Wochen in Afghanistan und glaubt, ein Experte zu sein …«, sagt er Türen schlagend, kommt zurück und setzt hinzu: »Wer ist mehr wert, ein fähiger Schreiner oder ein unfähiger Journalist? Trotzdem glauben die Journalisten, die Wichtigsten zu sein.«

Für ihn ist sein Standpunkt die Wahrheit (ich weise ihn darauf hin, dass sein Standpunkt bisweilen zu indisch ist, um die Komplexität der heutigen Probleme zu begreifen). Für ihn geht es um den Kampf zwischen dem Islam und dem Rest der Welt, und die einzige Lösung ist Gewalt gegen Gewalt. Dann korrigiert er sich und spricht von »Gerechtigkeit gegen Barbarei«.

Ich beherrsche mich, aber die Gedanken, die mir jetzt – und eine halbe Stunde später – durch den Kopf gehen, sind folgende (wichtig scheint mir, sie festzuhalten): Das hier ist zu einem bloßen Ferienort geworden, der Mehrwert, den ich anfangs hier fand, ist verschwunden. Der Grund, warum es mir nicht gelingt, den Teil über Binsar zu schreiben, ist, dass nichts bleibt, was es ist, ich kann die Zeit nicht anhalten. Mein Hiersein, jetzt, der Versuch zu schreiben, führt die Geschichte weiter und fügt das letzte Kapitel hinzu, das wahrhaftigste: Es gibt keine Abkürzungen, schon gar nicht die eines Guru, der dir den Pfad weist.

Das ist ein Aspekt, den man unbedingt unterstreichen muss, auch um künftige junge Reisende davor zu warnen, sich von der Vorstellung irreführen zu lassen, »dass man jemanden braucht, der Licht macht«. Das soll er tun, doch dann ist es an uns zu urteilen, zu bewerten, unsere Erfahrungen zu machen.

Vivek hat mir sehr geholfen, aber nicht weil ich – wie er sagt – »mich aus Angst vor dem Sterben von der Welt zurückgezogen hatte«, sondern weil er mich die Dinge von einem anderen Standpunkt aus hat betrachten lassen, was mir Trost gegeben hat, die Kraft und die Anregung, meine eigene Sicht auf das Leben zu finden. Und nicht unbesehen ein Paket an Ideen zu kaufen, die – um boshaft zu sein – nicht einmal bei ihrem Verkäufer wirklich gut funktionieren.

Traurig, aber so ist es, und ich wäre nicht aufrichtig, gäbe ich das nicht zu.

Am Nachmittag, als ich schon alles zugeklappt habe und mich für den schönsten Teil des Tages bereit mache, ohne Bedienstete und ohne Lärm, höre ich, dass es an der Tür kratzt. Es ist Vivek, der nach seiner Genesung seinen ersten Spaziergang macht; geschickt von M.T., entschuldigt er sich »vielmals« (sagt er) für die Dinge, die er gesagt hat und die mich, M.T. zufolge, auch hätten beleidigen können. Ich sage ihm, ich sei überhaupt nicht beleidigt, ja, eher amüsiert darüber, dass ich ihm erlaube, Dinge zu mir zu sagen, die kein anderer ungestraft zu mir sagen dürfte. Ich begleite ihn bis zu seiner Haustür.

Er geht nur mühsam, keucht, der Gang hat ihn Anstrengung gekostet, ich mache mir Sorgen wegen des Winds, der aufkommt.

Kurz, noch einmal »quitt«, aber ich bin von hier schon »weitergereist«: eine neue Etappe. Ich weiß, dass ich sehr viel gelernt habe. Insbesondere der zu sein, der ich immer war: einer aus Monticelli.

11. Juli 2002. Binsar. Sehr merkwürdig. Ein schlapper Tag, es regnet nicht, ich bin müde und ein bisschen konfus, unzufrieden mit dem Buch, unsicher, und da kommen drei Seiten von der anderen Seite des Hügels: Doktor Ashwani schreibt mir, wie wichtig es für ihn war, mich zu treffen, welchen Eindruck es auf ihn gemacht hat, wie ich mit der Krankheit umgehe, und er ermuntert mich, darüber zu schreiben. Natürlich lädt er mich auch zum Abendessen ein, und ich antworte ihm »Nein, danke«.

Ich mache mich wieder ans Schreiben.

Um nett zu sein, besuche ich am Nachmittag die beiden Alten, und Vivek greift mich erneut an:

»Also hast du das Buch fertig?«

»Wenn du je eins geschrieben hättest, wüsstest du, dass das nicht so einfach ist, wie du glaubst.«

»Ja, aber es ist zu nichts gut …« M.T. geht etwas holen, und er setzt hinzu: »Weißt du, ich dachte wirklich, du hättest dich von der Welt gelöst, hättest Abstand gewonnen, dagegen sehe ich, dass du immer noch mittendrin steckst.«

Ich verkneife mir, ihn zu fragen, wie er das macht: Er predigt, man solle nicht urteilen, wie kann er mich da verurteilen; er sagt, man müsse sich von seinen Wünschen lösen, wie kann er da wünschen, dass ich mich von der Welt löse.

Ist das nicht meine Sache?

Ich bleibe freundlich und mache einen Spaziergang. Immer mehr der, der ich bin.

13. Juli 2002, Binsar. Zwei wunderschöne, ermunternde Nachrichten von Angela. Das ist mein wahres Zentrum auf der Welt.

16. Juli 2002, Binsar. Sonntag kamen Stefano, der Arzt, Jonathan, der (tüchtige) Batikmaler sowie eine ehemals schöne junge indische Frau, ehemalige Osho-Anhängerin. Ich verstecke mich, aber sie lassen sich im Garten nieder und »warten« auf mich, da bleibt mir nichts anderes übrig, als so zu tun, als hätte ich geschlafen, und Spaghetti zu machen, das Essen zieht sich bis um fünf.

Ich erzähle das den Datta, als ich vor dem Joggen bei ihnen vorbeigehe, und sie attackieren mich wegen meiner Beziehungen zu den »Hippies«.

»Schick sie zu mir rüber, ich gebe ihnen Bescheid«, sagt Vivek, der im Grunde eifersüchtig ist, dass sie zu mir kommen … »Ich habe ein paar Dinge über *Ticiano* zu sagen«, bemerkt er unter großem Gelächter zu M.T., und ich nehme Reißaus, gehe joggen und versuche (erfolglos), mir aus dem Kopf zu schlagen, welche Last sie sind.

Abends um sechs gehe ich wieder bei ihnen vorbei, weil ich weiß, dass sie leiden, und wirklich sind sie sehr nett, holen eine Flasche Whisky heraus. Es sind keine Bediensteten da, sie laden mich ein, eine Suppe mit ihnen zu essen, was ich lieber vermieden hätte, aber mir scheint, damit und mit den flambierten Bananen, die sie zubereiten, bin ich wieder quitt und kann gehen. Noch während ich spreche, denke ich, jetzt, wo ich gleichgezogen habe, bin ich wieder in der Lage, von ihm zu lernen, ohne mich gegen ihn zu wehren.

17. Juli 2002, Binsar. Ich arbeite. Das Wetter ist wunderschön, Nebel und Wolken.

Die Maus hatte sich im Geschirr- und Vorratsschrank häuslich eingerichtet, und wir mussten die Löcher, durch die sie hereinkam, zuzementieren (haben dabei vergessen, Glassplitter in den Zement zu mischen, wie M.T. empfahl). Die Maus schlüpft in eine Plastiktüte, und ich trage sie weit fort in den Wald. Sie schaut mich an und huscht davon. Ich konnte ihr den Schwanz nicht grün anmalen, um zu sehen, ob sie wiederkommt. Aber es hat mir gefallen, sie nicht zu töten, wie es mir gefällt, die verzweifelten Fliegen mit einem Papiertaschentuch einzufangen und aus dem einzig gitterlosen Fenster rauszulassen.

Ich besuche die beiden Alten, die jetzt viel ruhiger sind, und unterziehe mich sogar einer Partie Rommé … und gewinne: das Glück des Anfängers.

21. Juli 2002, Binsar. Seit ein paar Tagen ist der Himmel bedeckt und kein Sonnenstrahl fällt auf die Solarpaneele. Und bald wird auch der Computer unbenutzbar. Ein ausgezeichneter Vorwand, der Lust auf Abreise nachzugeben. Ich verlege sie ein paar Tage vor, und heute Abend gehe ich auf einen Drink und ein Abendessen zu den beiden Alten: nett und freundlich.

Er sagt, er sei hart zu mir gewesen, aber die Freundschaft habe sich dadurch vertieft.

Ich weiß, dass das nicht seine wahre Meinung ist, aber er ist korrekt, so sind wir wieder quitt. Ich mag ihn, aber irgendwie – womöglich auf eine mir eigene Art, die mir gar nicht gefällt – habe ich ihn ausgenutzt, ich habe ihn ausgesaugt, und jetzt kann ich ohne ihn auskommen. Bin ich darin immer noch Journalist? Nein. Ich empfinde eine tiefe Aversion gegen jede Form der Unterwerfung.

Vivek ist wie immer wunderbar, und heute Abend kommt er zu diesem herrlichen Schluss: Zwei Bücher haben die indische Kultur geprägt, das *Arthashastra** von Chanakya und das *Kamasutra*. Das eine, das des indischen Machiavelli, hat die Tradition des *Dharma* durchbrochen, und das andere hat aus der Frau ein Objekt der Lust gemacht.

Ich kehre im Dunkeln nach Hause zurück, der Abend ist sehr schön und windig, doch in mir trage ich einen großen Zauber: den aufzubrechen und wieder dem seidenen Faden nachzugehen, mit dem mich zu binden ich gewählt habe, Angela.

22. Juli 2002, Binsar, frühmorgens. Ich habe schlecht geschlafen bei anhaltend stürmischem Wind, der an den Fenstern rüttelt, und in Träumen bin ich mit Poldi zusammen und mit Frauen, die ich begehre.

Ich packe die letzten Kisten und mache mir letzte Notizen, nachdem ich in der Nacht die Gurdjieff-Biografie von Uspenskij gelesen habe, über die inneren Oktaven in der objektiven Musik. Ich bin sehr glücklich über das Hier und Jetzt und über das Bald Dort.

Ich breche leichten Herzens auf, voller Lust, diese *Runde auf dem Karussell* zu Ende zu bringen, und mit den Worten Viveks, dass es immer dasselbe Karussell ist und dass man vielleicht jemand anderen aufsteigen lassen sollte, und ich denke, ich werde in New York bei den »Wahrsagern« Gelegenheit dazu haben.

Mit der Sonne geht auch der Gedanke an eine mögliche neue Chemotherapie auf und die Vorstellung vom Gefährten Tod. Wo ist mein Samarkand? Besser nicht hin eilen, sondern stehenden Fußes warten …

Wohlan!

* * *

*25. Dezember 2002, Weihnachten in Binsar.** Eine lange Geschichte … des Schweigens.

Ich hatte die letzten Zeilen dieses Tagebuchs im Juli geschrieben und meine *Splendid Isolation* aufgegeben, um gegen meinen Willen in die Welt zurückzukehren.

Und jetzt wieder hier, »zu Hause«, führe ich die Fäden all dessen zusammen, was sich in diesen langen, fast unnützen Monaten voller Dinge, Menschen, Ereignissen – in aller Stille, weil ich keine Worte dafür fand –, an »Geschichte« zugetragen hat, die im Grunde keine Spur mehr in mir hinterlässt: die Teilnahme an der Friedensbewegung, der Besuch in New York, der mit der Vernehmung durch die Einwanderungsbehörde begann, die Untersuchungsergebnisse, eins schlechter als das andere, was mit einer Bauchoperation endete, bei der mir der Magen herausgenommen werden sollte, der vom Krebs befallen ist, es wurde aber alles so belassen, wie es ist, weil mittlerweile auch in der Leber Metastasen sind.

Meine Entscheidung, die empfohlene Chemotherapie nicht zu machen, meine Rückkehr nach Italien, entschlossen, was mir bleibt an Zeit, in Ruhe zu verleben, meine letzten öffentlichen Auftritte zuerst in der Buchhandlung Edison zur Präsentation des Büchleins *Regaliamoci la Pace**, dann am 10. Dezember in Florenz der große Fackelzug für den Frieden, meine erste und letzte Ansprache auf der Piazza Santo Spirito und unser leichter Aufbruch – Angela wunderbar und schwer erschüttert von meinem Schicksal (es ist immer leichter, Betroffener zu sein als Zuschauer) – nach Indien, von wo ich auch nicht zurückkommen könnte.

Jetzt beginnt vielleicht die schönste Zeit unseres Lebens.

Vielleicht nur, weil ich weiß, dass ich binnen Kurzem sterben muss (ein Arzt hat gesagt: »Wenn Sie in einem Jahr noch auf den

Beinen sind, wäre das für die Medizin ein historisches Ereignis«), erscheint mir den Tod ein neues, interessantes Abenteuer.

Eine Reise. Etwas, worauf ich scheint's neugierig bin wie jener mongolische Mönch, der nur sehen wollte … was danach kommt.

30. Dezember 2002, Binsar. Wunderbare Tage in der Sonne und ruhige Nächte unter zwei *Thulma*. Angelas Anwesenheit ist eine stete Freude, nach Tagen mit Herzrasen, verursacht durch die Höhe, ist sie jetzt in Harmonie mit dieser Welt. Wir können uns stundenlang an den Vögeln erfreuen, die sich auf unserer Steineiche tummeln und sich die Beeren an einem Baum etwas außerhalb der Einzäunung streitig machen. Stundenlang auf den Decken in der Sonne liegend, essend oder dösend. Stundenlang vor den großen Fenstern, um uns an den wechselvollen, farbenprächtigen Sonnenuntergängen zu erfreuen.

Vivek kommt zu mir für seine Stunde der Büchse der Pandora, und Angela nutzt die Gelegenheit, die *Memsahib*, die Frau des oberen Hauses, zu besuchen.

Vivek meint, ich wolle ein Buch schreiben aus dem einzigen Grund, aus dem man Bücher schreiben kann, abgesehen von dem, sich selbst zu bessern: »Zum Geld verdienen.«

Für danach hat er jedoch ein Projekt: einen Dialog über die »neuen Barbaren« zu schreiben. Vier oder fünf Personen, darunter ein gebildeter Mensch, ein Wissenschaftler, ein Ästhet, ein Soziologe (einer, der die Gesellschaft nur von außen untersucht, niemals von innen), die in Binsar miteinander diskutieren – Der *Binsar-Dialog* könnten wir uns erlauben dieses Gespräch zu nennen, denn wenn es erscheint, sind wie beide tot. Thema: die »neuen Barbaren« – der Businessmensch. Der gegenwärtige Krieg spielt sich zwischen den alten und den neuen Barbaren ab. Da die Religionen ihre geistige Dimension eingebüßt haben, sind die verbliebenen Systeme entweder repressiv (Islam) oder praktisch nutzlos (Christentum). Früher oder später wird der Geist eine neue Religion erfinden.

Ich erzähle ihm die Geschichte vom sprechenden Frosch, und

Vivek schlägt eine andere Lösung vor: Der Mann küsst den Frosch, der sich in eine wunderschöne Frau verwandelt, aber da wird er selbst zum Frosch.

Wir lachen und lachen in der wunderbaren Himalaja-Sonne eines herrlichen Dezembers.

31. Dezember 2002, Binsar. Anhaltender, stiller Schneefall hält uns im Haus fest. Er beginnt im Morgengrauen und hört den ganzen Tag nicht auf. Wir essen auf dem Boden vor dem Ofen. Wir trinken Tee mit Dattas und gehen um neun Uhr schlafen. Alles ist wunderbar weiß, ruhig und still.

1. Januar 2003, Binsar. Nach dem wunderschönen Schneefall an Silvester heute erneut schöner Sonnenschein und vor Sonnenaufgang die Bergkämme wie Scherenschnitte vor einem orange-violett-goldenen Himmel.

Wir gehen hinaus und sinken an verschiedenen Stellen bis zu den Knien ein. Ich tanze barfuß auf den tibetischen Teppichen, die wir auf dem Schnee ausgebreitet haben, und ich hänge sie zum Trocknen über den Zaun. Wir essen in der Sonne. Unglaublich, wie sich das Wetter ändert. Die Krähen kehren zurück. Angela hat sich beim Spaziergang angestrengt, ihr Herz schlägt unregelmäßig und findet den ganzen Tag seinen Rhythmus nicht wieder. Wir in gewisser Weise auch nicht.

Ich beginne den Tag, indem ich die chinesische Medizin Number One einnehme, das Wundermittel, das Angela von China nach Delhi hat kommen lassen und von dort mit Mahesh bis nach Almora.

2. Januar 2003, Binsar. Den Frieden wiedergefunden. Wir sprechen stundenlang in der Sonne mit Blick auf den Wald. Es gelingt mir, die Dinge zu sagen, die mir am Herzen liegen, von meinem vermutlich nahen Tod zu sprechen. Ich bitte sie, auch sie solle davon sprechen und mir die Probleme nennen, die sie sieht.

3. Januar 2003, Binsar – Almora. Angela beschließt, nach Delhi zu fahren, damit ich arbeiten kann. Vom Deodars aus gehen wir zu Fuß nach Almora hinein, weil die Straße vereist ist. Wunderschöner Spaziergang hinter dem Savoy Hotel, mit der Sonne, die hinter den Gipfeln untergeht und Goldstaub, der über den Tälern liegt.

Von oben gesehen, bietet der Basar einen Anblick wie vor 100 Jahren, mit Gruppen von Männern, die auf dem Pflaster Feuerchen schüren, um sich zu wärmen. Frieden, Ruhe, Kühe, die zwischen den Menschen herumstreunen, bei den Gemüsegeschäften hereinschauen und am Eingang der Tempel. Jedes Geschäft ist eine Theaterbühne. Wir genießen diese zeitliche Entrücktheit sehr.

Im Deodars essen wir mit François Gautier und seiner Frau Namrita zu Abend. François hat einen Bestseller über seinen Guru geschrieben, der sich jetzt Seine Heiligkeit Sri Sri Ravi Shankar* nennt. Er sagt, ich solle nur die ersten und die letzten Seiten lesen. Es scheint ihm schrecklich peinlich, eingestehen zu müssen, dass er den Rest vier Mal umschreiben musste, weil der Guru und seine Anhänger an jedem Kapitel etwas auszusetzen hatten und viele Änderungen verlangten, zuletzt passte ihnen ein Satz über die *Puja* nicht, und sie wollten alle schon im Handel befindlichen Exemplare zurückziehen lassen.

Es betrübt und ärgert mich zu sehen, wie leicht die abendländische Vernunft – gegen die Einwände zu erheben ich der Erste bin – vor den indischen Marktschreiern kapituliert. François zufolge wird sein Guru die Spiritualität in Indien und in der Welt verbreiten.

Mir wird immer klarer, dass ich nicht anders kann, als aus dem Stoff zu sein, aus dem ich bin.

Ich lese das Buch über Sri Sri Ravi Shankar. Gelungen ein paar seiner Aussprüche. »Warum hast du so viele Gefolgsleute?«

»Ich habe nie jemandem den Rücken gekehrt, wie soll ich da Gefolgsleute haben?«

4. Januar 2003, Almora. Erwachen im Deodars. Angela fährt früh morgens im Auto nach Delhi.

Ich breche mit Tara auf und gehe ein gutes Stück Wegs zu Fuß, langsam, darauf bedacht, nicht auf den Eisplatten auszurutschen, die noch auf dem Weg sind. Affenhorden leisten mir Gesellschaft, springen aufgeregt in den Baumwipfeln herum. Die Berge sind atemberaubend klar.

Ich fühle, wie großer Frieden in meiner Brust einkehrt und große Lust, mich an die Arbeit zu machen und dieses Büchlein zu Ende zu bringen, um mich dann … dem Rest der Geschichte zu widmen.

Die letzte Geste: ein großer Kreis, der sich wie auf einer Zen-Zeichnung mit einem einzigen Pinselstrich schließt.

5. Januar 2003, Binsar. Alles ist bereit, damit anzufangen … das Buch zu Ende zu bringen. Ich habe lang und schlecht geschlafen, Erbrochenes im Mund mitten in der Nacht, was mich daran erinnert, dass ich nicht viel Zeit zu verlieren habe (und vielleicht … vor dem Schlafengehen nicht mehr so viel *Torrone* essen sollte).

Die Aufzeichnungen sind in Ordnung, ebenso die Lampen, Batterien, Solarpaneele. Von fern höre ich Vivek husten, ich stelle mir vor, er sitzt in der Sonne, und ich spüre, dass ich … seinen Segen brauche, um loszulegen. So steige ich den Hügel hinauf.

Ich treffe ihn auf der Terrasse an. Reglos. Mir scheint, er schläft. Leise rücke ich einen Sessel heran, setze mich vor ihn hin. Auch ich in der Sonne. Die beiden Hunde spielen miteinander, tollen herum, beißen sich vorsichtig und wälzen sich am Boden. Einer springt auf den Tisch, er macht ein Geräusch, und Vivek hebt den Kopf, er bemerkt meine Anwesenheit.

Er lächelt. »Ich war gerade dabei, folgendes Problem zu lösen: Was ist das Bewusstsein des Körpers? Es ist der Körper. Ohne das Bewusstsein des Körpers, ist der Körper nicht. Das Bewusstsein des Geistes ist der Geist. Das Bewusstsein der Vernunft ist die Rationalität, aber das Bewusstsein des Irrationalen ist nicht das Irrationale. Das Bewusstsein des Guten ist das Gute, aber das Bewusstsein des Bösen, ist das ... das Böse? Nein. Ist das Bewusstsein des Todes der Tod? Nein.«

Marie Thérèse kommt, die Überlegungen brechen ab, es ist die Rede vom Essen, von unwichtigen Dingen. »Wie erkennst du einen Menschen, der sich selbst verwirklicht hat?«, fragt sie.

Und er: »Du spürst es. Wenn du Krishna Prem begegnetest, spürtest du, dass er sich verwirklicht hatte. Dasselbe gilt für Krishnamurti*, für Ramana Maharshi ...«

Sie sagt, sie hätte einen Brief an eine Frau zu schreiben gehabt, deren Mann mit 71 an Krebs operiert wurde, und man fürchtet, er habe sich schon ausgebreitet. »Wie schreibt man an eine Person in diesen Umständen ... das ist schwierig«, sagt sie.

Ja, denke ich ... und erinnere mich daran, dass ich loslegen muss, dieses Buch zu Ende bringen muss.

8. Januar 2003, Binsar. Ich bin zum Frühstück mit M.T.s Brioches eingeladen. Das Frühstück endet auf der Terrasse mit der Stunde der Büchse der Pandora. Wunderbar, wie in früheren Zeiten.

»Es war einmal ein König, der hatte von den großen Kräften der Yogis gehört, und er wollte einen davon mit eigenen Augen sehen. Also sandte er einen Kundschafter in sein Reich aus, der ihm einen Yogi fände, der in der Lage wäre, den Lauf eines Flusses umzukehren.

Eine alte Prostituierte sagte: ›Es gibt keinen Yogi, der dazu imstande wäre, das kann nur ich.‹

Sie wurde zu Hofe gebracht, und der König brach in Gelächter aus: ›Wie solltest du, eine Frau, die ein solches Leben geführt hat, dazu imstande sein?‹

›Weil ich die Macht der Wahrheit besitze‹, antwortete sie.

Der König ließ sie einen Versuch machen, und ... pluff, kehrte der Fluss seinen Lauf um. Der König war sehr beeindruckt. Er flehte die Frau an, den Fluss sofort aufzuhalten, weil er sonst sein Reich zerstören würde, dann fragte er sie, woher sie solche Kräfte habe.

›Als ich anfing, diesen Beruf auszuüben‹, antwortete die alte Prostituierte, ›habe ich geschworen, dass ich nie einen Mann zurückweisen würde. Wer auch immer zu mir kam, ob alt oder jung, hässlich oder schön, gesund oder krank, ich würde ihm meine Liebe schenken. Ich habe ganz einfach meinen Schwur gehalten.‹«

10. Januar 2003, Binsar. Die Sehnsucht nach Angela ist fast körperlich schmerzhaft. Ich habe den Mut, es ihr zu sagen, und gemeinsam beschließen wir, dass sie wieder herkommt. Ich arbeite an dem Buch, aber es gefällt mir nicht. Vergangene Nacht habe ich sehr schlecht geschlafen, stundenlang wach gelegen und mich gefragt, ob dies das Haus ist, »in dem man kein Buch schreibt«.

Die Sonne gibt mir wieder ein bisschen Kraft. Ich rufe Angela noch einmal an. Auch Folco ändert seine Pläne. Ich bestelle einen Ofen, um das untere Zimmer zu beheizen, so lasse ich dieses hier Angela.

29.–30. Januar 2003, Binsar. Schöne und entspannte Tage mit Angela.

Wir brechen frühmorgens von Binsar auf, um auf den Basar zu gehen. Abendessen im Deodars, und am nächsten Tag eine schöne Reise nach Bageshwar* über Kausani und Baijnath, um die schöne Parvati* zu sehen, die wie üblich von *Pujari* mit Beschlag belegt ist. Eine erstaunliche Statue aus dem Süden, die vielleicht hier gelandet ist, um sie vor den Moslems zu schützen. Immer wieder Geheimnisse ohne Erklärung. Die Geschichte gibt es in Indien nicht. Nur Mythen. Wunderschöne.

Wir kommen gerade rechtzeitig zurück, bevor heftiger Schneefall einsetzt, es folgen uns die Träger mit Teppichen und Schals, die dieses Refugium noch wohnlicher machen sollen. Angela beginnt sich zu Hause zu fühlen. Sie schläft zehn Stunden am Stück, auf dem Boden, im großen Zimmer vor dem Ofen. Anhaltende Freude.

31. Januar 2003, Binsar. Ich stehe auf, um die Nachrichten aus der weiten Welt zu hören, mit Trauer und einer Spur schlechten Gewissens, weil ich hier oben bin, fernab und nutzlos.

***

6. März 2003, Binsar. Der Monat Februar ist wunderbar dahingeflossen, ich konnte in Ruhe arbeiten, und Angela las die ersten Kapitel der *Runde*, mit großer Nachsicht.

Dann ein paar schlimme Tage der Depression, der Angst, nicht rechtzeitig fertig zu werden.

Angela fährt nach Almora und kommt wieder, und alles ist wieder … ausgeglichen.

Ich schlafe herrlich tief mit einem wundervollen Befreiungstraum: Ich bin in einem großen Krankenhaus oder einer Schule mit vielen großen Fenstern. Ein Pelikan kommt herein, verirrt sich in den Korridoren und findet nicht wieder heraus. Er fliegt gegen die Fenster, und ich versuche, ihm zu helfen, aber er versteht nicht, traut mir nicht. Dann stößt er so heftig an, dass er zu Boden fällt, ich nehme ihn, streichle ihn und spreche mit ihm, er versteht. Er antwortet mir mit etwas wie einem doppelten Händedruck, wie wir ihn mit den Kindern verwendeten, wenn wir im Meer vor der Insel Rawa tauchten, ich trage ihn hinaus, er fliegt davon, und ich fliege ein Weilchen mit ihm, schlage mit den Ellbogen wie mit Flügeln. Wunderschön.

Erwache mit einem Glücksgefühl. Mache einen langen Spaziergang, und alles kommt wieder ins Rollen, einschließlich eines neuen Kapitels, dessen Anfang ich mir in der Nacht überlegt habe.

*8.–9. März 2003, Jageshwar**. Ewiges Bedauern, dass nichts sich gleich bleiben kann. Am Eingang zur Stadt hat die indische Regierung kürzlich ein kleines, ganz weißes Museum gebaut, mit Teppichboden, weshalb man die Schuhe ausziehen muss, und einem schauerlichen Parkplatz davor mit Betonsäulen, die das Flussufer verschandeln, wo sich noch immer diejenigen waschen gehen, die eben einen Verwandten verbrannt haben.

Wir sehen zwei Leichen vorbeiziehen, zuerst werden sie im Marschschritt auf den Schultern getragen, dann steigen sie hinter den riesigen Zedern in großen Rauchwolken zum Himmel auf.

Mitte März 2003, Delhi. Mit Angela in Delhi, mit der Idee, dass sie nach Peking fliegt, um dort meine chinesische Medizin zu kaufen, doch dann beschließen wir, alles zu streichen, sie soll lieber nach Italien fahren, bevor der Krieg ausbricht.*

Ich kehre glücklich nach Binsar zurück und versuche zu schreiben.

Die Leber versetzt mir kleine Stiche. Bleibt mir genug Zeit?

Nicht einmal das bedrückt mich.

31. März 2003, Binsar. 10 Uhr 30. Während ich schreibe, verspüre ich plötzlich einen heftigen Schmerz links in der Brust. Er wird stärker, fast verliere ich das Bewusstsein, und doch mache ich weiter, ich schalte den Computer aus, ich bedaure, das Buch nicht zu Ende gebracht zu haben, ich gehe ans Fenster und rette eine Fliege. Die letzte; ihr Leben zu retten, rettet vielleicht das meine.

Ich halte es nicht aus, der Schmerz wird stärker. Ich versuche, mich zu beherrschen. Ich ziehe die Weste aus, Hitzewellen. Ich setze mich im Lotossitz auf den Teppich, und so wie er gekommen ist, löst sich der Schmerz auf, vergeht, im Mund verspüre ich einen seltsamen Geschmack, im Magen ein Rumoren, Brechreiz, aber ich bleibe sitzen, denke, dass ich sterben könnte, jetzt auf der Stelle, allein. Aber ich sterbe nicht, und der Schmerz vergeht.

Ich ziehe mich wieder an und schreibe diese Zeilen.

3. April 2003, Binsar. Angela unterwegs zwischen dem Contadino und Florenz mit Folco und Novalis, die letzten, auch lustigen »Nachrichten« von der Familie. Ich allein in diesem herrlichen, stillen Haus. Dattas waren tagelang in Almora.

Heute Nacht wieder dieser mysteriöse, plötzliche Schmerz in der Brust. Ich bin davon aufgewacht, ich dachte, ich sterbe, und wieder habe ich mich nicht von Panik überwältigen lassen. Ich bin ins andere Zimmer gegangen, habe das Licht vor dem Buddha angezündet und habe mich vor ihm hingesetzt. Nach zehn Minuten etwa war es vorbei. Im Mund blieb ein merkwürdiger, bitterer Geschmack zurück. Ich habe den Eindruck, während dieser Anfälle verliere ich nicht das Bewusstsein, aber es kommt zu einer gewissen Geistesveränderung. Das Herz? Oder, wie Vivek meint, »Luft« im Bauch?

Ich wollte, Angela wäre hier, aber ich will sie jetzt nicht kommen lassen.

Ich nehme mir Folgendes vor: Ich halte hier aus, bis sie kommt (am 21. April) und erkläre ihr dann, wie das Buch werden soll, wenn ich es nicht beenden kann. Das ist meine einzige wirkliche Sorge. Dass die ganze Zeit hier vergeudet ist, weil ich diese Sache nicht fertig bekomme, die zu erzählen ich mir in den Kopf gesetzt habe.

Ich habe keine Lust, nach Almora zu fahren und ein EKG machen zu lassen, und auch nicht nach Delhi, um zu einem Arzt zu gehen. Ich will keine Untersuchungen, keine weiteren Pillen.

Gestern ist die chinesische Medizin eingetroffen und ein langes Fax von Angela, das ist die wahre Medizin. Ich schreibe weiterhin, unter größten Schwierigkeiten, als ob der Kopf im Grunde nicht mehr funktionieren würde.

Ich erwarte den Regen, auch um mehr Luft zu bekommen, die mir jetzt fehlt.

9. April 2003, Binsar. Angelas Geburtstag. Noch einer, den wir getrennt verbringen.

Ich versuche zu schreiben, aber es gelingt mir nicht. Der Krieg macht mir Angst, er lässt mich nicht schlafen, ich kann mich nicht konzentrieren, nicht distanziert sein. Ich höre Tag und Nacht Radio und frage mich, was ich tun kann, nach Europa fahren? Einen offenen Brief an den *Corriere* schreiben, in dem ich jeden auffordere, etwas zu unternehmen (ich: nie wieder nach Amerika zu reisen, um meinen Krebs behandeln zu lassen?). Nach Delhi fahren, die Dinge im Fernsehen verfolgen und auf Angela warten?

Ich schäme mich, angesichts eines derartigen Horrors so ohnmächtig zu sein.

Vielleicht hat Vivek wirklich Recht mit seiner absurden Frage: »Sag mir, verdient es unsere Kultur gerettet zu werden?«

Ich schicke Govind mit einem Geburtstagsfax für Angela nach Almora und versuche, ein Kapitel zu beenden.*

Rede aus Anlass der Hochzeit von Saskia und Christopher

Am Spätnachmittag des 17. Januar 2004 heiratet unsere Tochter Saskia in der Basilika der Santissima Annunziata in Florenz Christopher. Tiziano, wie üblich in indischer Kleidung mit schwarzen Sandalen, führt sie zum Altar. Während des Festbanketts erhebt er sich und ergreift das Wort. Er spricht frei, auf Englisch. Niemand nimmt es auf. Ein paar Tage zuvor jedoch hatte er sich auf seinem Computer einige Notizen gemacht zu dieser, seiner letzten öffentlichen Rede. Hier die Übersetzung.

Angela Terzani Staude

Nichts geschieht zufällig. Wenn wir hier sind, muss das einen Sinn haben. Zu sehen, welchen Grund jeder von uns hat, hier zu sein, und nachzuverfolgen, was uns hierhergeführt hat, ist eine wunderschöne Übung in Demut und ein Akt der Bewunderung für jene Intelligenz, die die Welt zusammenhält.

Wir sind hier, um mit Freuden daran teilzunehmen, wie zwei Menschen den heiligen Bund der Ehe schließen.

Das größte Leid des Menschen ist das Gefühl der Einsamkeit und des Getrenntseins, und sein höchstes Streben ist es, Teil des Einen zu sein, sich mit dem Einen wieder zu verbinden. Die Ehe ist die Quintessenz all dieses Strebens, wie das OM, das alle Laute in sich vereint.

Um die zu einem gehörige andere Hälfte zu erkennen, muss man den Prozess durchlaufen, den sämtliche Religionen und Philosophien anvisieren: sich selbst erkennen, wissen, wer man ist.

Ein Mann ging eines Tages zu einem Sufi-Meister, um ihn zu fragen, was gut und was böse sei. Der Meister antwortete: »Gut ist das, was verbindet, böse ist das, was trennt.« Es braucht Zeit, die andere Hälfte zu erkennen, auch diese beiden Seelen haben ihre Zeit gebraucht. Aber, wie der Urdu-Dichter sagt: »Du wirst deinen Weg finden, wenn du zuvor den Mut hattest, dich zu verlaufen.«

Es freut mich, dass Saskia Teil einer ausgedehnten Familie wird, mit überlieferten Traditionen und religiösen Werten. Die Religionen sind für den Anfang ein guter Weg, vor allem wenn sie ein Werkzeug sind, sich selbst zu verbessern (problematisch wird es, wenn Religionen andere verbessern wollen).

Mit einem hat jene Intelligenz gespielt: der deutschen Seite. Ich habe meine andere Hälfte in der Tochter eines deutschen Malers und einer deutschen Architektin erkannt, die Florenz zu ihrer Wahlheimat erkoren hatten. David, Christophers Vater, hat sie in der Tochter einer deutschen Frau erkannt, die uns heute Abend hier fehlt und ebenfalls aus Deutschland kam.

Deutschland und Florenz. Lasst mich über diese Stadt sprechen. Saskia und Florenz, die Geschichte meiner Familie. Florentiner Adelige haben diese Kirche erbaut, meine Vorfahren haben dafür die Steine behauen … Frei und unvoreingenommen, war Florenz eine große Stadt, die den Menschen in den Rang des »Herrn« erhob.

Heute ist sie eine Stadt seelenloser Kaufleute, ohne Ideale, ohne Werte außer dem der Habgier. Aus dem Abstand späterer Jahrhunderte könnte sie sogar als Ursprung für den Niedergang des Menschen betrachtet werden, denn mit diesem seinem Anspruch, die Natur zu beherrschen, hat der Mensch den Kontakt zu jener Intelligenz verloren, die ihr Gott nennen könnt.

Für einen alten Mann wie mich ist es eine große Freude, an dem ältesten aller Riten, der Hochzeit, teilzunehmen, wenngleich ihr zugeben müsst, dass es für den Vater als Lebensspender auch eine schmerzliche Freude ist, zu sehen, wie sein kostbarster Teil von dannen zieht.

Die Ehe ist ein Mythos, einer der größten, vielleicht der älteste.

Die Ehe ist keine Liebesgeschichte, denn eine Liebesgeschichte ist eine Lustbeziehung, und wenn es mit dieser schiefgeht, ist es aus und vorbei. Die Ehe ist keine Frage der Zweckmäßigkeit, des Besitzanhäufens, des Erwerbs von neuen Weinbergen oder eines Königreichs: Die Ehe ist deine Verpflichtung zu dem, was du bist. Der andere Mensch ist deine andere Hälfte, du und der andere, ihr seid nicht *zwei*.

Die Ehe bedeutet Anerkennung einer spirituellen Einheit. Und wenn du ein Leben führst, wie es sich gehört, gegründet auf innere Werte und nicht einfach auf die Sinne, dann wirst du den richtigen Menschen heiraten, und zusammen mit diesem Menschen wirst du die Einheit wiederherstellen, die göttlich ist.

Die Ehe ist eine Verpflichtung fürs Leben, »bis dass der Tod euch scheidet«, heißt es im Sakrament ... Und, würde ich zu behaupten wagen, auch darüber hinaus. Ich weiß zum Beispiel, dass ich, wenn ich meinen Körper verlasse, der Tau auf dem Blatt sein werde, das Angela dann sein wird. Oder ein in einen Felsen eingeschlossener Kristall.

Die Ehe ist eine Verpflichtung fürs Leben, und als solche wird sie das Erste und Vordringlichste im Leben. Und wenn deine erste Sorge nicht die Ehe ist, dann bist du nicht verheiratet, bist du bloß Partner in einem Vertrag, den jeder guter Anwalt wieder auflösen kann.

Die Ehe ist die symbolische Anerkennung der Einheit der gegensätzlichen Aspekte des Lebens, des männlichen und des weiblichen. Zwei Aspekte ein und derselben Sache, Yin und Yang: Jetzt seid ihr weder das eine noch das andere, sondern die Einheit von beiden. Ihr seid diese Beziehung, und den Opfern, die ihr bringen, den Leiden, die ihr überstehen müsst, werdet ihr euch nicht im eigenen Namen oder dem des anderen stellen, sondern im Namen dieser Einheit.

Die Ehe ist *nicht* die Sache zweier Egos, von denen jedes sich um seine Angelegenheiten kümmert, sondern die zweier Seelen, die ihr Eins-Sein anerkannt haben. Ihr seid bereits auf dem Weg zu der natürlichsten und wunderbarsten Sache, die ein Paar unternehmen kann: Fortpflanzung, Kinder haben.

Ich bin sicher, dass ihr euch der immensen Verantwortung bewusst seid, die das bedeutet, vor allem in der Welt von heute.

Noch nie sah die Welt sich vor so dramatische Entscheidungen gestellt wie heute. Wir stehen mitten in einem großen Prozess der Entzivilisierung. Eine Supermacht, die die große Lektion der Geschichte noch nicht gelernt hat – dass Supermächte nicht von Dauer, sondern vergänglich sind wie alles andere auch –, ist im Namen der westlichen Welt dabei, den Frieden zu zerstören, der durch einen langwierigen, in Kämpfen errungenen Zivilisierungsprozess zustande kam. Im Lauf eines Jahres konnte man diesen Abbauprozess beobachten, am Verhalten der Vereinten Nationen in der Irakkrise, an der Schwächung Europas und seiner Verfassung, an der Auflösung des Friedensplans für den Nahen Osten, des Abkommens zur Nichtverbreitung von Kernwaffen sowie an der Nicht-Ratifizierung des Kyoto-Protokolls für Umweltschutz.

In einer so instabilen Welt ist es nötig, dass ihre tragenden Elemente solide sind. Nach den beiden verheerenden Kriegen im vergangenen Jahrhundert hat die Menschheit unter größten Schwierigkeiten darauf hingearbeitet, den Krieg für illegal zu erklären, andere Wege zur Lösung internationaler Konflikte zu finden, und das ging so weit, dass viele Staaten dieses Prinzip in ihre Verfassung aufgenommen haben.

Heute ist der Krieg wieder eine akzeptierte Tatsache geworden. Der Krieg ist nicht länger tabu, nicht nur für diejenigen, die beschlossen haben, den Frieden zu brechen, sondern auch – und das ist noch viel beunruhigender – für die vielen sogenannten Intellektuellen, die sich zu Speichelleckern der Mächtigen gemacht haben und Geschmack daran finden, den Krieg zu preisen; oder für diejenigen, die im Namen des »Realismus« die Notwendigkeit des Krieges behaupten und sich an der Niederlage derer ergötzen, die weiterhin an die Möglichkeit des Friedens glauben. Für sie ist der Pazifismus eine Entartung des Menschen, von dem sie behaupten, er sei von Natur aus kriegerisch, sei immer gewalttätig gewesen und werde es immer sein.

Aber ich bitte euch, ich bitte euch, denkt über all das nach und seht ein, dass es mit Gewalt keine Zukunft gibt. Ich ermahne euch, erzieht eure Kinder zur Gewaltfreiheit, zur Achtung vor dem Leben, dem ganzen Leben, erzieht sie im Sinne der Gebote der Religion, in der ihr geheiratet habt und wo es heißt »du sollst nicht töten«, ohne Ausnahme. Vielleicht muss es sogar heißen: »Du sollst kein anderes Lebewesen töten.«

Habgier und Gewalt beherrschen immer mehr unser Leben, seid euch dessen bewusst. Konsumgüter sind der einzige Wert, an dem wir uns orientieren, und die moderne Erziehung hebt den Wert der Gewalt hervor und verführt zum Streben nach den nutzlosesten Dingen.

Wettbewerb heißt, wer Klassenbester sein will, muss die Unterlegenheit der anderen wünschen. Das ist nicht gesund.

Bringt euren Kindern andere Werte bei. Ihr habt euch für eine Religion entschieden. Gut; vertieft sie und lehrt eure Kinder deren wahre Werte. Lehrt sie, die Tiere zu achten, lehrt sie, Teil der Natur zu sein, statt die Natur als etwas zu betrachten, das der Mensch beherrscht.

Lehrt sie, sie selbst zu sein … Lehrt sie teilen. Denn nackt sind wir auf die Welt gekommen, und nackt sterben wir, und alles, was wir im Leben anhäufen, haben wir anderen weggenommen. Lehrt sie den Wert der Liebe.

Liebe ist Freiheit, Vertrauen und Loyalität. Liebe ist das Band, das nicht bindet, sie ist wie der Elefant, der mit einem seidenen Band an einen Baum gebunden ist. Sie ist die glückliche Vertrauensbeziehung, in der es keine Angst gibt.

Angst, Angst, Angst. Angst ist das große Hindernis, das jedes andere Gefühl lahmgelegt. Wo Angst ist, ist keine Liebe.

Lehrt eure Kinder nicht, sich an die Gesellschaft anzupassen, sich mit dem zufriedenzugeben, was da ist, Kompromisse zu schließen mit dem, was sie vorfinden; gebt ihnen innere Werte, mit denen sie die Gesellschaft verändern und dem diabolischen Plan einer weltweiten Gleichschaltung sämtlicher Gehirne widerstehen können. Denn die Globalisierung ist nicht nur ein ökonomisches, sondern auch ein biologisches Phänomen, insofern als sie uns globale Wünsche und globale Verhaltensweisen aufzwingt, die schließlich unsere Denkweisen global verändern werden.

Die Welt von heute braucht Rebellen, geistige Rebellen.

Und du, Christopher, denk an die Geschichte vom Mäuschen! Die Elefanten feierten Hochzeit. Alle tanzten, als sie bemerkten, dass da ein Mäuschen war, das mitten unter ihnen tanzte.

»He du«, ruft ein Elefant ihm zu, »warum tanzt du hier mit uns?«

»Weil auch ich einmal ein Elefant war, bevor ich heiratete«, antwortet das Mäuschen.

Und nun teilen wir nach altem Brauch das Mahl, essen, trinken und stoßen gemeinsam an, um mit vereinten Kräften jene intelligente Kraft des Universums heraufzubeschwören, die uns zusammenhält, auf dass sie dieser Ehe Bestand verleihe, als Symbol der Einheit der Welt.

Denn dies ist kein Fest: Es ist eine Feier von Tod und Wiedergeburt, deren Zeugen wir alle sind.

Nachbemerkung des Herausgebers

Die vorliegende Auswahl geht zurück auf die Entdeckung von 147 Dateien in dem Ordner »Tagebuch« auf Tiziano Terzanis Laptop. Man brauchte jedoch nur im Archiv im Haus in Florenz nachzusehen, um festzustellen, dass dieselben Dateien auf elf 3,5-Zoll-Disketten abgespeichert waren. Die Tagebucheintragungen umfassen den Zeitraum 1988 bis 2003. Insgesamt beläuft sich das Material auf mehr als 5,5 Millionen Zeichen, mit anderen Worten, auf über 3000 Seiten. Hinzu kommen Materialien auf Papier aus den Jahren zuvor, also ausgedruckte Dateien, die in verschiedenen Kartons verwahrt wurden.

In der Tat hatte Terzani seit Ende 1983 eine Reihe Dateien auf seinem Computer, die er ausdruckte und in zwei Ordnern mit der Aufschrift »NEIBU« (Chinesisch für »zum internen Gebrauch bestimmt«) ablegte. Diese Dokumente zeichnen Schritt für Schritt das Drama seiner Ausweisung aus China nach. Jedes Detail wurde sorgfältig aufbewahrt: die Liste der von den Pekinger Behörden beschlagnahmten Gegenstände, die Quittung über die Geldstrafe von 2000 Yuan, Notizen von Ehefrau Angela, die von Hongkong aus versuchte, ihm zu helfen, die für den SPIEGEL geschriebenen Texte, Kopien des Briefwechsels mit den in den Tagebüchern genannten Gesprächspartnern, maschinengeschriebene Notizen und Aufzeichnungen in Notizbüchern.

Terzanis Beziehung zum Tagebuchschreiben ist unregelmäßig. Regelmäßig ruft er sich jedoch in Erinnerung, wie wichtig es sei. Er erwähnt das Tagebuch mehrfach, verpflichtet sich immer wieder, regelmäßig zu schreiben und die Einträge zu ordnen, das Geschriebene aufzubewahren. Am 14. September 1988, dem Tag seines 50. Geburtstags, schreibt er: »Regelmäßig Tagebuch führen über Eigenschaften und Ideen.« Fünf Jahre später, während einer langen Reise zu Land und zur See: »Ich werde 55, wie gewöhnlich ohne die Größe der Wende zu spüren, ich stelle sie mir aber groß vor und fasse große Vorsätze: diesmal REGELMÄSSIG UND SYSTEMATISCH TAGEBUCH ZU FÜHREN über die Jahre, die mir bleiben, das soll ein Tresor sein voll der Dinge, die der Strom des Lebens sonst mit sich nehmen würde. Werde ich das schaffen? ICH MUSS ES SCHAFFEN. Gewiss ist das eine Art, die Zeit, die bleibt, zweimal zu leben.« Es vergehen nur wenige Monate, er hat sich an den Strand von Ban Phe zurückgezogen, um *Fliegen ohne Flügel* zu schreiben, da ruft er sich selbst zur Ordnung: »Heute wäre der Tag, an dem mein Flugverbot zu Ende gegangen wäre. Ich feiere mit zwei Bieren und drei Whiskys und fasse große Vorsätze der Abstinenz für das kommende Jahr: einen Monat ohne, einen mit Alkohol. Gymnastik und Meditation. Und vor allem der Vorsatz, Tagebuch zu führen. Elektronisch oder nicht. Tagebuch.« Nach Entdeckung der Krankheit wird der Vorsatz umso dringlicher.

Vier Jahre später, am Tag seines 60. Geburtstags, bemerkt er, dass »ich mehr als alle anderen Male voller guter Vorsätze zum Frieden bin. Die Regeln scheinen mir klar: Sich von der Welt fernhalten. Tagebuch schreiben JEDEN TAG, und seien es auch nur zwei Zeilen.« Und ein Jahr später, als er von Indien nach Italien zurückkommt: »Ich nehme mir heute, an einem beliebigen Tag des Aufbruchs vor, meinen Vorsatz einzuhalten und jeden Tag Tagebuch zu führen. Die einzige Art, meinen Frieden wiederzufinden.«

In einem Zeitraum von 20 Jahren waren die Tagebücher für Terzani ein Ort der Arbeit, der Planung und des Denkens. Viele Reportagen, Interviews und Artikel sind aus den täglich im PC festgehaltenen Ideen hervorgegangen. Für etliche Bücher wie *Gute Nacht, Herr Lenin*, *Fliegen ohne Flügel* und *Noch eine Runde auf dem Karussell* hat Terzani Material aus diesen Seiten geschöpft. Das ist der Grund, weshalb in dieser Auswahl einige Jahre ganz wegfallen oder sichtbar spärlich sind: In den Büchern Gesagtes sollte nicht wiederholt werden. Aus den beiden Jahren 1986 und

1987 gibt es allerdings keine Aufzeichnungen, weder auf Papier noch elektronisch.

Die Tagebücher brechen im Frühjahr 2003 ab, auch wenn Terzani bis Ende des Jahres am PC weiter an den Dateien arbeitet.

Unter den letzten abgespeicherten Dateien ist die *Rede zur Hochzeit von Saskia und Christopher* aufgetaucht, die den vorliegenden Band beschließt. Aus der letzten Änderung lässt sich ersehen, dass der Text am Sonntag, 11. Januar 2004 um 10 Uhr 30 vormittags ausgedruckt wurde, eine Woche vor der Hochzeit.

Àlen Loreti

Dank

Angela Terzani Staude dankt Guglielmo Cutolo vom Verlag Longanesi für die große, großzügige Hilfsbereitschaft und die Sorgfalt, mit der er die Entstehung dieses Buches verfolgt hat.

Anmerkungen

Juni 1981

Qufu: Stadt in der Provinz Shandong. Siehe dazu den Artikel »Wir lehren, nicht zu rebellieren. Qufu – die Geburts- und Kultstadt des Philosophen Konfuzius«, in *Fremder unter Chinesen*, Reinbek 1984.

5. Oktober 1981

Eine 4000 Jahre alte Kultur: Terzani entwickelt diesen Gedanken in »Viermal stieß ich zu und war glücklich. Die Zerstörung der chinesischen Kultur«, in *Fremder unter Chinesen*.

23. Februar 1982

Xinhua: staatlich kontrollierte Presseagentur der Volksrepublik China.

8. August 1982

Angela arbeitet an ihrem chinesischen Tagebuch: Terzanis Frau Angela schreibt an einem Tagebuch, das von den Begegnungen und Reisen mit der Familie im ganzen Land berichtet. Es erscheint auf Deutsch 1986 unter dem Titel *Chinesische Jahre 1980–1983* und auf Italienisch 1987 unter dem Titel *Giorni cinesi* (Chinesische Tage).
Dieser verdammte chinesische Roman: Terzani sammelt Material und Ideen für ein Buch, das ein Wunschtraum bleiben wird.

Dezember 1982

Dieter ruft an: Dieter Wild, Chef des Auslandsressorts beim SPIEGEL, zeigt sich besorgt wegen der Reportage »Jeder Parteisekretär ist ein Kaiser«, die in zwei Teilen abgedruckt wird (20. und 27. Dezember). Es geht um die Untersuchung der kulturellen und urbanen Zerstörung Pekings. Wieder veröffentlicht in: *Asien, mein Leben. Die großen Reportagen*, München 2010.

Dezember 1982

Der fette »Professor«: Es handelt sich um einen gebildeten Mann, mit dem Terzani Umgang hat und der ihn mit Ideen und Geschichten aus dem alten Peking versorgt.

März 1983

»Rabbit« Li: Funktionär des Außenministeriums, Spitzname, den ihm die ausländischen Journalisten gegeben haben.
Ende Juni 1983 beschließt Terzani, seine Familie in Sicherheit zu bringen. Angela und die Kinder verlassen Peking und ziehen nach Hongkong in die Pokfulam Road an der Westküste der Insel mit Blick auf das südchinesische Meer.

17. Januar 1984

Terzani wird vom Außenministerium vorgeladen wegen Schwierigkeiten bei der Verlängerung seines Visums.
Hu Yaobang (1915–1989): Generalsekretär der KPCh von 1980 bis 1987.
Shi Pei Pu (1938–2009): chinesischer Opernsänger. Spionierte über 20 Jahre die Franzosen aus, indem er sich als Frau ausgab.

10. Februar 1984

Neal Ulevich: amerikanischer Fotoreporter, 1977 mit dem Pulitzer-Preis ausgezeichnet, zum damaligen Zeitpunkt für Associated Press in Peking tätig.
***xiao* Liu:** »*xiao*« chinesisch für »jung«, freundschaftlich-vertrauliche Anrede. Liu ist während Terzanis Zeit in China 1979 bis 1984 sein Dolmetscher und Assistent.
Orville Schell: einflussreicher amerikanischer Sinologe und Journalist für den *New Yorker* und *Time*, Autor von *Lieber reich als gleich. Das neue Bewusstsein der Chinesen*, Frankfurt/Berlin 1986.

14. Februar 1984

An Angela: Terzani kommuniziert mit seiner Frau dank der Vermittlung eines Freundes bei der australischen Botschaft, Roger Uren, der in den Tagebüchern *Deep Throat* genannt wird. Er organisiert die »Brieftauben«, den Versand und Austausch von Sendungen und Briefen sowohl an Angela als auch an den »Onkel«, das heißt den SPIEGEL.
***lao* Liu:** »*lao*« chinesisch für »alt«, in China als ehrerbietige Anrede gebraucht. Es handelt sich um einen Polizeifunktionär.

21. Februar 1984

Der »Bruder«: junger kommunistischer Journalist aus Hongkong, brüderlicher Freund Terzanis.
Pater László Ladány (1914–1990): Jesuitenpater ungarischer Abstammung. Er leitete damals *China New Analysis*, eine für jeden Journalisten und Diplomaten in Hongkong maßgebliche Monatsschrift.
Erich Böhme (1930–2009): Chefredakteur des SPIEGEL.
Eugenio Scalfari: italienischer Schriftsteller, Journalist und Politiker; gründete 1976 die Tageszeitung *La Repubblica* und war bis 1996 dort Chefredakteur.

27. Februar 1984, morgens

Lies alles aufmerksam durch: gemeint sind die 20 *Hostage of Deng* betitelten Seiten, die mit einer »Brieftaube« zu Angela gelangen, die sie an den SPIEGEL weiterleitet. Es ist der Bericht, über das, was vorgefallen ist, der verwendet werden kann, falls die Situation das erfordert. Um das Ansehen des Journalisten und des Magazins zu wahren, wird der Artikel am 12. März im SPIEGEL unter dem Titel »Und nun beginnen wir mit Ihrer Umerziehung« veröffentlicht. Er bildet das letzte Kapitel von *Fremder unter Chinesen;* auch abgedruckt in *Asien, mein Leben*.

27. Februar 1984, nachmittags

Nach drei Wochen ist Terzani noch immer in derselben Lage, isoliert und ohne ein Zeichen von italienischer oder deutscher Seite.
Bernardo Valli: Journalist bei *La Repubblica* und damals Korrespondent in London, mit Terzani befreundet seit den siebziger Jahren, als beide bei der Mailänder Tageszeitung *Il Giorno* arbeiteten.

2. März 1984

David Bonavia: Korrespondent der englischen Tageszeitung *The Times* in Peking.
Ich übergebe ihm alle Aufzeichnungen dieser vergangenen vier Jahre: Bevor Terzani auf das Polizeipräsidium geht, gibt er, um eine Beschlagnahmung zu verhindern, seine privaten und geheimen Aufzeichnungen über China Roger Uren, damit er sie zu Angela nach Hongkong bringt. Wenige Stunden später wird ihm mitgeteilt, dass er das Land verlassen muss.
Günther Schödel: deutscher Botschafter in Peking.

3. März 1984

Ma Yucheng: Funktionär des Außenministeriums in Peking.

5. März 1984

***xiao* Wei:** Koch im Hause Terzani.
Klaus Rupprecht: Diplomat an der Botschaft der Bundesrepublik Deutschland in Peking.

31. Mai 1984

Matteo Ricci (1552–1610): italienischer Priester, Jesuit und Missionar, der während der Ming-Dynastie in China das Christentum verbreitete.

7. Oktober 1984

Terzani zieht nach Hongkong und nimmt seine Arbeit wieder auf: Er reist auf die Philippinen, wo er den Kampf gegen den Diktator Ferdinand Marcos verfolgt, der zusammen mit seiner Frau Imelda seit 20 Jahren an der Macht ist. Marcos ist angeklagt, er habe im

Jahr zuvor den Oppositionellen Benigno Aquino jr., genannt »Ninoy« ermorden lassen, als dieser aus dem amerikanischen Exil heimkehrte. Die Verantwortung für den Mord wird auf Fabian Ver, Generalstabschef des Heeres und Marcos' rechte Hand, abgewälzt. »Ninoys« Witwe, Corazon Aquino, genannt »Cory«, führt den Kampf ihres Mannes fort und kandidiert 1986 für die Präsidentschaftswahlen.
Frankie Sionil José: philippinischer, Englisch schreibender Autor, Eigentümer der Buchhandlung »Solidaridad« in Manila; er half Terzani, die Politik und die Gesellschaft des Landes zu verstehen.

11. Oktober 1984
Max Vanzi: Journalist der United Press International, zusammen mit Fred Poole Autor von *Revolution in the Philippines: The United States in a Hall of Cracked Mirrors*, New York 1984.

12. Oktober 1984
Tondo: Viertel im Hafen von Manila, bekannt für seinen »Smokey Mountain« (rauchenden Berg), eine enorme Müllhalde unter freiem Himmel.

22. Oktober 1984
Legnaia: Viertel in Florenz in der Nähe von Monticelli, wo Terzani geboren wurde.

24. Oktober 1984
Nachdem im September, herausgegeben vom SPIEGEL, *Fremder unter Chinesen* erschienen war, eine Anthologie der Reportagen aus den vier Jahren in China, bringt der italienische Verlag Longanesi die italienische Übersetzung unter dem Titel *La porta proibita* heraus.
Aldo Natoli (1913–2010): Essayist und Historiker, ehemaliger Abgeordneter der kommunistischen Partei Italiens, PCI.
Alberto Jacoviello (1929–1996): Journalist und Korrespondent für *La Repubblica*.
Renata Pisu: Sinologin, Journalistin und Übersetzerin.

2. November 1984
Renato Guttuso (1911–1987): italienischer Maler, Zeichner, Illustrator, Bühnenbildner, Kunstkritiker, Essayist und Politiker.

21. Mai 1985
Jean-Jacques Jaffeux: Japanologe und Sinologe, den Terzani sehr schätzte.

22. Mai 1985
Yasukuni-Schrein: schintoistischer Tempel.
Shamisen: dreisaitiges Lauteninstrument, das bei Theateraufführungen verwendet wird.

Shinjuku: Viertel in Tokio, Sitz von Regierungseinrichtungen und Finanzinstituten.

24. Mai 1985

Meiji-Zeit: Regierungszeit des Kaisers Mutsuhito von 1868 bis 1912, seinem Todesjahr.

26. Mai 1985

Henry Scott-Stokes: Korrespondent in Tokio für die Londoner *Times*. Autor der Biografie *Yukio Mishima,* München 1986.
Yukio Mishima (1925–1970): japanischer Schriftsteller und politischer Aktivist. Nahm sich nach traditioneller Samurai-Art das Leben.
Mama-san: Bardame, bei der die Gäste auch ihr Herz ausschütten.

29. Mai 1985

Geta: traditionelle japanische Sandalen.

30. Mai 1985

Azabu: Viertel der Botschaften und Konsulate in Tokio.

2. Juni 1985

Heihachiro Togo (1848–1934): Kriegsheld der kaiserlichen japanischen Marine.
Akira Kurosawa (1910–1998): japanischer Filmemacher, u. a. von *Die sieben Samurai, Rashomon* und *Ran*. *Ran* von 1985 beschreibt den Fall eines Kriegsherren der Sengoku-Zeit, der zugunsten seiner Söhne zurücktritt. Sein Reich zerfällt unter den Intrigen und Kämpfen der Söhne. Der Kriegsherr wird wahnsinnig.

3. Juni 1985

Karel van Wolferen: Niederländer, Korrespondent der *Nieuwe Rotterdamsche Courant,* Autor von *Vom Mythos des Unbesiegbaren,* München 1989, ein Buch, das den Mythos des japanischen Aufstiegs entkräftet.
Roland-Pierre Paringaux: Korrespondent von *Le Monde diplomatique.*
Ninja und **Fusai:** Ehefrauen der genannten Journalisten.
Ian Buruma: niederländischer Journalist, Schriftsteller und Asienexperte, Autor von *Japan hinter dem Lächeln: Götter, Gangster, Geishas,* Frankfurt 1985.

4. Juni 1985

Abbas Attar: iranischer Fotograf für die Agentur Magnum, seit 1973 mit Terzani befreundet. Im Vietnamkrieg waren sie gemeinsam Autoren eines Scoop über die Vietcong.

7. Juli 1985

Maurice Pinguet (1929–1991): Autor von *Der Freitod in Japan*, Frankfurt 1996.

Folco ist in Cambridge: Folco überspringt in Tokio ein Schuljahr und beendet die Schule mit knapp 17 Jahren. Terzani begleitet ihn nach Cambridge, wo er zum Studium zugelassen wird, aber ein Jahr lang warten muss.

8. Juni 1986

Sin-ming Shaw: ein alter Freund Terzanis, den er 1968 bei den Studentenunruhen an der Columbia Universität in New York kennenlernte. Geboren in Shanghai, aber aufgewachsen in Hongkong und ausgebildet in den USA, trifft er Terzani 1975 in Hongkong wieder, wo er sich niederlässt, um sich mit Finanzgeschäften zu befassen. Von da an verlieren sie sich nicht mehr aus den Augen.

Jean-Luc Domenach: französischer Sinologe und Politologe.

6. Juni 1988

Kenzo Tange (1913–2005): japanischer Architekt. Hauptvertreter des »Neuen Bauens« in Japan. Baute u. a. das Friedensmuseum in Hiroshima.

Tadao Ando: japanischer Architekt, u. a. mit dem Pritzker-Preis ausgezeichnet.

Philippe Pons: französischer Journalist von *Le Monde* und guter Freund Terzanis, bereits in den siebziger Jahren Korrespondent aus Tokio, als die Terzanis in Hongkong lebten.

18. Juni 1988

Han: alte chinesische Dynastie (202 v. bis 220 n. Chr.) und Bezeichnung für die ethnischen Chinesen, die über 90 Prozent der Gesamtbevölkerung Chinas ausmachen.

8. November 1988

Hirohito (1901–1989): Kaiser Japans, regierte von 1926 bis zu seinem Tod. Terzani berichtet in verschiedenen Artikeln über die Agonie des Kaisers und die japanische Geschichte, so in »Japan, Todeskampf eines Gottes«, »Hirohito: Gefangener der Geschichte«, »Todeskampf eines Gottes«, in *In Asien*, München 2008.

Otemachi: Viertel in Tokio.

Akihito: gegenwärtig Kaiser von Japan, damals Kronprinz.

Kenji no Ma: das »Zimmer des Schwerts und des Siegels« im Kaiserpalast.

20. November 1988

Peter R. Kann: Asienkorrespondent des *Wall Street Journal*, Pulitzer-Preis 1972, Vorstandsvorsitzender der Firma Dow Jones & Comp.

25. November 1988

Ugo Stille alias Mikhail Kamenetzky (1919–1995): Journalist und Chefredakteur des *Corriere della Sera;* Terzani lernte ihn in New York kennen, wo er Korrespondent für den *Corriere* war und er selbst an der Columbia University studierte.
Giorgio Fattori (1924–2007): Journalist und Leiter der Verlagsgruppe Rizzoli-Corriere della Sera.

28. Februar 1989

Andreas ›Dries‹ van Agt: holländischer Diplomat und Botschafter der EU in Japan, vormals Premierminister der Niederlande.

14. März 1989

Patrick Lafcadio Hearn (1850–1904): amerikanischer Journalist und Autor, naturalisierter Japaner mit dem Namen Koizumi Yakumo, Autor berühmter Studien zur japanischen Kultur und Literatur, so beispielsweise *Japanische Geistergeschichten*, Köln 2013. Terzani spricht von ihm in »Japan, am Rande des Abgrunds«, in *In Asien*.

20. März 1989

Sogo: Messepavillon in Yokohama.

2. April 1989

In den Monaten nach diesem Datum lässt Terzani das Tagebuch liegen, weil ihn die Proteste auf dem Tiananmen-Platz beschäftigen, über die er in verschiedenen Reportagen für den *Corriere* berichtet. Im Sommer erkundet er die Insel Sachalin, über die er Ende des Jahres schreibt »Sachalin: die verfluchte Insel«, in *In Asien*.

1. August 1990

Daigo: Stadt in der Präfektur Ibaraki, wohin Terzani sich einen Monat lang zurückzieht, allein, nur in Gesellschaft des Hundes Baolì, bevor er nach Bangkok zieht. Er widmet seine Zeit einer Reportage über Japan für den SPIEGEL und plant, ein Buch über seine japanische Erfahrung zu schreiben.

5. August 1990

Fou Ts'ong: chinesischer Pianist, der als erster Chinese 1955 in Warschau einen internationalen Wettbewerb gewann. In den sechziger Jahren floh er nach London, um den Verfolgungen der Kulturrevolution zu entgehen. 1973 wurde er in Singapur bekannt und war nach seiner Rehabilitierung durch die KPCh häufig zu Gast in Peking, wo ihn eine Freundschaft mit Terzani verband.

6. August 1990

Der Artikel über den Fuji: bezieht sich auf den Artikel »Zeige mir deine reine Haut«, in DER SPIEGEL, 1. Oktober 1990; auch in *Asien, mein Leben.*

8. August 1990

Ukiyo-e: Bild der im Fluss befindlichen Welt, japanischer Druck aus der Edo-Zeit.

13. August 1990, Nachmittag

Ferragosto: 15. August, Mariä Himmelfahrt, allgemeiner Feiertag in Italien.

13. August 1990, elf Uhr abends

Happi: traditioneller japanischer Baumwollmantel, der zu festlichen Gelegenheiten getragen wird.
Pachinko: in Japan sehr verbreitetes Glücksspiel.

16. Mai 1991

Imelda Marcos: Frau des philippinischen Diktators Ferdinand Marcos.

31. Oktober 1991

Am Ende ihres Lebens standen Tiziano Terzani und die Journalistin und Schriftstellerin Oriana Fallaci (1929–2006) einander denkbar fern. Er: vertieft in die Welt und die Dinge und überzeugt davon, den anderen verstehen zu müssen. Sie: verschanzt auf ihrem Standpunkt und überzeugt, dass die Distanz vom anderen nicht mehr überbrückbar ist. Wir haben uns entschieden, diese Passagen abzudrucken, weil uns Terzanis persönliche Meinung über die historische Rivalin von allgemeinem Interesse scheint. Ein analoges Vorgehen auf der anderen Seite würden wir billigen. Es handelt sich um zwei große Protagonisten des italienischen Journalismus, die beide ihren Standpunkt stets unmissverständlich klarmachen wollten. Mit Respekt üben wir keine Zensur. (Anmerkung des Verlags)

8. Dezember 1991

Léopold de Stabenrath: auch »Poldi« genannt, französischer Unternehmer, seit den siebziger Jahren in Bangkok ansässig, enger Freund Terzanis und Begleiter auf seinen Reisen in Asien.
James Barnett: freier amerikanischer Journalist, ansässig in Bangkok.

9. Dezember 1991

Das ganze Jahr 1991 hindurch begleitet Terzani journalistisch den langsamen Friedensprozess in Kambodscha in verschiedenen Reportagen für den *Corriere della Sera.*
Baht: thailändische Währung.

Das ist Pol Pots Bank: Das Städtchen Bo Rai, wenige Kilometer von der thailändischen Grenze entfernt, war ein Umschlagplatz für den Handel mit Edelsteinen, der für die Finanzierung der kommunistischen Guerillakämpfer unter Pol Pot lebenswichtig war. Pol Pot, alias Saloth Sar (1925–1998), kambodschanischer Revolutionär und Diktator, Führer der Roten Khmer und verantwortlich für die Ermordung von über einem Drittel der kambodschanischen Bevölkerung zwischen 1975 und 1979.
Hun Sen: ehemaliger Roter Khmer im Gefolge von Pol Pot, von 1993 an Premierminister Kambodschas.
Miller's Crossing: Gangsterfilm der Coen-Brüder von 1990.

16. April 1992
Preah Vihear: hinduistischer Tempel aus der Khmer-Zeit, an der aktuellen Grenze zwischen Thailand und Kambodscha gelegen.
Norodom Sihanouk (1922–2012): mehrfach Staatsoberhaupt und König von Kambodscha bis zu seiner Abdankung 2004.
Naga: Schlangenwesen in der buddhistischen und hinduistischen Mythologie.

19. April 1992
Supreme National Council: seinerzeit die neue kambodschanische Regierung.
Son Sann (1911–2000): antikommunistischer kambodschanischer Politiker, in den sechziger Jahren bereits Premierminister, war von 1982 bis 1991 Premierminister der Koalitionsregierung des Demokratischen Kampuchea.
Son Sen (1930–1997): kambodschanischer Revolutionär, Führer der Roten Khmer und verantwortlich für die Geheimpolizei.
Khieu Samphan: kommunistischer Revolutionär, treuer Verbündeter von Pol Pot, Staatsoberhaupt des Demokratischen Kampuchea von 1976 bis 1979 während der Herrschaft der Roten Khmer. 2014 wegen Verbrechen gegen die Menschlichkeit zu lebenslanger Haft verurteilt.
Norodom Ranariddh: zweiter Sohn Norodom Sihanouks.
Dennis McNamara: neuseeländischer Jurist und Direktor der Sektion Menschenrechte der United Nations Transitional Authority in Cambodia, UNTAC.

20. April 1992
Boutros Boutros-Ghali: ägyptischer Diplomat, UN-Generalsekretär von 1992 bis 1996.
Henry Kamm: Korrespondent der *New York Times*, Pulitzer-Preis 1977.

23. April 1992
Fan Tan: einfaches chinesisches Glücksspiel.

9. Juli 1992

Jurte: mongolisches Zelt, verbreitet bei den asiatischen Nomadenvölkern. So nennt Terzani die kleine Hütte, die er nach der UdSSR-Reise im Sommer 1991 in Orsigna baut; von dieser Reise erzählt er in *Gute Nacht, Herr Lenin*, Hamburg 1993.

30. Juli 1992

Jakob und Chiara: Jakob Staude, Bruder von Angela, Astrophysiker am Max-Planck-Institut in Heidelberg, und seine Frau Chiara Colli, Altphilologin und Übersetzerin.
Luigi Pirandello (1867–1936): italienischer Schriftsteller und Dramatiker. Erhielt 1934 den Nobelpreis für Literatur.

25. August 1992

Alberto Baroni: Gerontologe, in den fünfziger Jahren Terzanis Klassenkamerad am Galileo-Gymnasium in Florenz.

25. September 1992

Maurice Eisenbach: australischer Anthropologe, erwähnt im Kapitel »Kambodscha: Buddhas Wimper« in *Fliegen ohne Flügel*, Hamburg 1996.

26. September 1992

Banyan: Baum aus der Ficus-Familie, auch als Bengalische Feige bekannt. In Indien gilt er als heilig.
Hoc: kambodschanischer Journalist, Dolmetscher und Begleiter Terzanis. Ebenfalls erwähnt in »Kambodscha: Buddhas Wimper« in *Fliegen ohne Flügel*.

24. November 1992

Lord Henry John Temple, 3. Viscount Palmerston: von 1859 bis 1865 Premierminister des Vereinigten Königreichs, gehörte zu den Verfechtern einer Liberalisierung des Handels mit China, nachdem der Erste Opiumkrieg mit dem Vertrag von Nanking beendet wurde, der auch die Abtretung Hongkongs an das Vereinigte Königreich vorsah.

28. Januar 1993

Abends Abfahrt nach Chiang Mai: Die Eindrücke der Reise zwischen Thailand, Birma und Laos sind in *Fliegen ohne Flügel* in dem Kapitel »Birma, adieu!« geschildert.

1. Februar 1993

DEA: Drug Enforcement Administration, US-amerikanische Antidrogenbehörde.

3. Februar 1993

You Tiao: chinesisches frittiertes Gebäck, das in ganz Südostasien verbreitet ist.

Cheroot: in Birma beliebte zylindrische Zigarren. Der Tabak wird aus gebrochenen Blättern des Cheroot-Baums gemacht.
Franciscus Verellen: Cousin von Angela, der damals an der École française d'Extrême-Orient (EFEO) studierte, deren Direktor er heute in Paris ist. Terzani trifft ihn in Chiang Mai, wo die EFEO einen Sitz hat.
Wat Zom Kham: Tempel, erwähnt im Kapitel »Birma, adieu!« in *Fliegen ohne Flügel.*

1. März 1993
Das ganze Frühjahr bis in den Mai hinein ist Terzani mit dem beschäftigt, was er die »Große Reise Malaysia / Singapur / Indonesien« nennt und auf der er Material für das Buch *Fliegen ohne Flügel* sammelt.

21. Juli 1993
Terzani kehrt auf dem Landweg nach Italien zurück und durchquert dabei Indochina, China, die Mongolei und Russland.

10. August 1993
Ferdynand Antoni Ossendowski (1876–1945): polnischer Schriftsteller und Entdeckungsreisender, der die entlegenen Gebiete Asiens und Südostasiens bereiste, Autor von *Tiere, Menschen, Götter,* München 1955, auf den Terzani sich in den Kapiteln »Mein Freund, das Gespenst« und »Die ›fliegenden‹ Händler der Transsib« in *Fliegen ohne Flügel* bezieht.

25. September 1993
Die Rückkehr nach Bangkok ist eine dreiwöchige Reise auf dem Containerschiff *Trieste,* das von La Spezia aus nach Singapur fährt. Terzani erzählt davon in dem Kapitel »Besser als ein Job bei der Bank« in *Fliegen ohne Flügel.*
Auf der Flucht: Spielfilm von Andrew Davis aus dem Jahr 1993 mit Harrison Ford in der Hauptrolle.
Corrado Stajano: italienischer Schriftsteller und Journalist; Autor von *Der Staatsfeind,* Berlin 1976.

1. November 1993
James Pringle: schottischer Journalist und Korrespondent für den Fernen Osten für Reuters, *Newsweek* und *Times.*

19. November 1993
Ich breche auf zu einem *Retreat:* Terzani nimmt an einer dreitägigen Meditationsveranstaltung teil, die das Buddhist Meditation Center in Zusammenarbeit mit der Mahachulalongkornrajavidyalaya Universität Bangkok organisiert.

21. November 1993

Rice Christians (Reischristen): abwertende Bezeichnung für Menschen in Asien, die zum Christentum konvertierten, um von den Missionaren materielle Hilfe gegen Armut und Hunger zu erhalten.

13. Januar 1994

Dan Reid: amerikanischer Autor, spezialisiert auf Studien zu Asien und zur Chinesischen Medizin.

John Coleman (1930–2012): ehemaliger Mitarbeiter der CIA in Thailand, seit den siebziger Jahren Experte für Vipassana-Meditationspraktiken, über die er in dem Buch *The Quiet Mind*, New York 1971 berichtet. Terzani spricht über ihn im Kapitel »Der meditierende CIA-Agent« in *Fliegen ohne Flügel*.

18. Januar 1994

Fosco Maraini (1912–2004): Florentiner Ethnologe und Orientalist, Autor u. a. von *Geheimnis Tibet*, München 1953.

20. Januar 1994

Anicca: Begriff aus dem Sanskrit, der »Unbeständigkeit des Daseins« bedeutet; im Buddhismus ein fundamentaler Aspekt des Seins.

21. Januar 1994

Girolamo Savonarola (1452–1498): italienischer Dominikaner-Mönch und Bußprediger. Wurde wegen Kritik an Adel und Klerus in Florenz auf der Piazza Signoria öffentlich gehängt und dann verbrannt.

23. Januar 1994

Turtle House: Wohnhaus der Terzanis in Bangkok, so genannt, weil eine riesige Schildkröte in dem zum Haus gehörenden Teich lebte.

25. Januar 1994

Sukhumvit: eine der bedeutendsten Geschäftsstraßen in Bangkok.

Kamsing: Gärtner und Wächter im Turtle-House.

26. Januar 1994.

Ganesh-Statue: hinduistische Gottheit, meist dargestellt als beleibter Mann mit großem Elefantenkopf.

10. Februar 1994

Strand von Ban Phe: Terzani mietet ein Haus an diesem thailändischen Strand. Er kehrt im Lauf des Jahres mehrmals dorthin zurück und schreibt dort *Fliegen ohne Flügel*.

14. Februar 1994

Edward Weston (1886–1958): einer der bedeutendsten amerikanischen Fotografen des 20. Jahrhunderts, Mitbegründer der Gruppe f/64; Meister der Schwarz-Weiß-Fotografie.
Tina Modotti (1896–1942): italienische Fotografin, die nach Kalifornien auswanderte; sie war in der Kommunistischen Partei Mexikos aktiv und nahm am spanischen Bürgerkrieg teil.

16. Februar 1994

Palmeraie: Hotel in Ryong.

26. Februar 1994

Mario Spagnol (1930–1999): Chef des Verlags Longanesi. Es ist sein Verdienst, auf Terzanis schriftstellerisches Talent gesetzt zu haben.

27. April 1994

Jon Swain: englischer Journalist von der *Sunday Times*, Autor von *River of Time*, London 1995, über seine Erfahrung in Indochina.
Khun Sa (1933–2007): General, Rebellenführer und Drogenhändler mit einer persönlichen Schutztruppe, in der er Kinder anstellt. Terzani begegnet ihm im Zuge seiner Nachforschungen zum »Goldenen Dreieck«, wovon er in dem Kapitel »Birma, adieu« in *Fliegen ohne Flügel* berichtet.

30. April 1994

Am Ende des Aufenthalts in Thailand steht der Umzug nach Delhi.
Mechai Viravaidya: thailändischer Arzt, bekannt für seinen Einsatz in der Prävention von Aids und Geschlechtskrankheiten.
Marisa Viravaidya: Schwester von Mechai, seit der Zeit des Vietnamkriegs mit den Terzanis befreundet.

1. Juni 1994

Terzani lässt sich in Delhi nieder, wo er zwei Wohnungen aus der Kolonialzeit mietet, eine für das Büro des SPIEGEL, die andere für sich und die Familie.

2. August 1994

Durian: Frucht des gleichnamigen Baums, auch Stink- oder Käsefrucht genannt, sehr verbreitet in Südostasien, besonders in Malaysia und Indonesien, mit stachliger Schale und trotz des unangenehmen Geruchs genießbar.

7. November 1994

Die Pest in Surat: bezieht sich auf die Pestepidemie, die im September im Westen Indiens ausbrach. Terzani berichtet davon in der Reportage »Stadt der Ratten«, in DER SPIEGEL, 3. Oktober 1994.

Thangka: Gemälde auf Leinwand oder Papier, eine buddhistische Gottheit oder buddhistisches Symbol darstellend, das Mongolen und Tibeter in Tempeln und an Orten des Gebets aufhängen.

19. März 1995

Die romantische Atmosphäre dieser alten Grenzstadt: Über diese Reise schreibt Terzani einen Artikel für den *Corriere*, in dem er zum ersten Mal auf die Verbreitung und die Gefährlichkeit des religiösen Fanatismus islamischer Prägung der Taliban hinweist.
Benazir Bhutto (1953–2007): zweimal Premierministerin Pakistans, bei einem Attentat ermordet.
Lashkar Gah: Stadt im Süden Afghanistans.

23. März 1995

Imran Kahn: pakistanischer Sportler, Kricket-Meister, ging dann in die Politik.

28. März 1995

***Cuore* (Herz):** italienisches Kinderbuch von Edmondo de Amicis (1846–1908), erschienen 1886. Intention des Buches ist, den jungen Lesern im italienischen Königreich Vaterlandsliebe, Respekt gegenüber Autoritäten und Eltern, Opfergeist, Heldentum, Mitleid, Gehorsam und Leidensfähigkeit zu vermitteln.

2. April 1995

Gateway of India: Wahrzeichen Mumbais, eröffnet 1924, von den Briten zur Erinnerung an den Besuch von König Georg V. und seiner Frau errichtet. Ursprünglich als feierlicher Landungspunkt für die ankommenden Dampfschiffpassagiere gedacht.
Taj Mahal Palace: Luxushotel in Mumbai, eröffnet 1903, gegenüber vom Gateway of India. Nicht zu verwechseln mit dem Grabmal Taj Mahal in Agra.

4. April 1995

Mannina: Maßschuhmacherei in Florenz.

10. April 1995

Terzani erzählt von der Reise nach Mustang in der Reportage »Mustang: das verlorene Paradies«, in *In Asien* sowie in dem Fotoband *Meine asiatische Reise*, herausgegeben von Folco Terzani, München 2010.
Haddsch: Pilgerreise der Moslems nach Mekka.

25. August 1995

Ich habe den Text über Kaschmir geschrieben: bezieht sich auf die Reportage »Jeder Schatten ist verdächtig«, in DER SPIEGEL, 21. August 1995.

September 1995

Edda Fagni (1927–1996): Universitätsdozentin und Gewerkschafterin, Mitglied des italienischen Senats.
Rifondazione Comunista: Nachfolgepartei der Kommunistischen Partei Italiens (PCI), entstanden 1991 nach der Spaltung des PCI.

23. Oktober 1995

Sadhu: Oberbegriff im Hinduismus für streng asketisch lebende Menschen und die Mönche verschiedener hinduistischer Orden.
Charan Das: wohlhabender junger Amerikaner, der nach Indien geht, um Sadhu zu werden.
Tiagu: besondere Sekte der Sadhu.

21. Dezember 1995

Diese Reise wird beschrieben in »Der vierzehnte Dalai Lama« in *In Asien*.

25. Januar 1996

Schreibmaschinen verkauft: d. h. Saskia macht ein Praktikum.

29. Januar 1996

Beating Retreat: traditionelle britische Militärzeremonie: Am Ende eines Tages der Schlacht wird zum Einrücken geblasen, nachdem die Soldaten die Toten begraben und die Verwundeten versorgt haben.

17. Februar 1996

Raghu: Assistent, Übersetzer und Dolmetscher Terzanis in Delhi.
Ems: Wortschöpfung von Folco: »Em« für M wie Mama plus ein angehängtes S.
il Contadino: Landhaus der Terzanis in Orsigna im Apennin bei Pistoia.

21. Februar 1996

Großes Id-Fest: Es handelt sich um das islamische Fest Id al-fitr, das Fastenbrechen, mit dem das Ende des Ramadan begangen wird.
Kurta: kragenloses, langes Hemd aus Baumwolle, Seide oder Musselin.

22. Februar 1996

Premio Bancarella: italienischer Literaturpreis, gegründet 1953 in Pontremoli. Mit *Un indovino mi disse (Fliegen ohne Flügel)* gehört Terzani mit weiteren fünf Autoren (Nicholas Evans, Carmen Martin Gaite, Daniel Pennac, Mario Rigoni Stern und Stefano Zecchi) zu den Finalisten der 43. Ausgabe des Preises 1996.

23. Februar 1996

Monticelli: Viertel von Florenz, in dem Terzani aufgewachsen ist.

Anzio: Hans-Joachim Staude (1904–1973), genannt Hans-Jo, italienisch ausgesprochen »Anzio«, Angelas Vater, Maler. Lebte seit 1929 in Florenz. Terzani war sein großer Bewunderer.
Luigi Bernabò: zusammen mit seiner Frau Daniela Terzanis Literaturagent.

27. Februar 1996
Muhammad Yunus: bengalischer Wirtschaftswissenschaftler, Erfinder der Mikrokredite und Gründer der Grameen Bank, bekam 2006 den Friedensnobelpreis verliehen.

7. April 1996
Phoolan Devi (1963–2001): populäre indische Frau, bekannt als »Königin der Banditen«, engagierte sich in der Politik und wurde ermordet. Terzanis Artikel über sie findet sich unter dem Titel »Königin der Banditen« in *In Asien*.
Mircea Eliade (1907–1986): rumänischer Religionshistoriker und Autor.
Der Atem Indiens: Reisebericht des italienischen Schriftstellers und Filmemachers Pier Paolo Pasolini (1922–1975), entstanden nach einer Indienreise Anfang der sechziger Jahre, erschienen auf Deutsch, Freiburg 1986.

16. Mai 1996
Atal Bihari Vajpayee: indischer Premierminister in verschiedenen Legislaturperioden. Terzani hatte wenige Wochen zuvor ein Exklusivinterview mit ihm geführt: »Guru der Nationen«, in DER SPIEGEL, 6. Mai 1996.
François Gautier: französischer Schriftsteller und Journalist, der seit Ende der siebziger Jahre in Indien lebte, Autor von *The Guru of Joy: Sri Sri Ravi Shankar & die Kunst des Lebens*, Frankfurt 2008.

24. Mai 1996
Beppe Severgnini: italienischer Journalist und Schriftsteller.
Mario Rigoni Stern (1921–2008): italienischer Schriftsteller.

30. Mai 1996
Tiziano Terzani vagabond d'Asie: So lautete der Titel eines Artikels von Philippe Pons in *Le Monde* vom 31. Mai 1996.

16. Juni 1996
Rai Anand Krishna: Historiker Indiens und der indischen Kunst.
Qutb Minar: zählt zu den höchsten Turmbauten der islamischen Welt, errichtet vermutlich Ende des 12./Anfang des 13. Jahrhunderts, 72,30 Meter hoch aus rotem und hellem Sandstein.
Jainismus: indische Religion, im 6./5. Jahrhundert v. Chr. entstanden.

Dynastie der Mamelucken: Anfang des 13. Jahrhunderts gründeten die Mamelucken das Sultanat von Delhi.

19. Juni 1996

Chapati: traditionelles Brot der indischen Küche.
Masala: Gewürzmischung.
Mogul: kaiserliche Dynastie islamischen Glaubens, die zwischen dem 16. und 19. Jahrhundert in Indien herrschte.

6. Juli 1996

Lingam: Phallussymbol, das zum Shiva-Kult gehört.

12. Juli 1996

Giuseppe Somenzi: kaufmännischer Leiter des Longanesi-Verlags.

13. Juli 1996

Giorgio Saviane (1916–2000): italienischer Schriftsteller.

14. Juli 1996

Piero Bertolucci: Aktionär, Produktionschef und Cheflektor des Adelphi-Verlags. Seit gemeinsamen Studienzeiten in Pisa mit Terzani befreundet.
Luigi Preti (1914–2009): italienischer sozialdemokratischer Politiker, Anwalt und Autor.
Giulio Andreotti (1919–2013): siebenmaliger Ministerpräsident Italiens, wichtigster Vertreter der ehemaligen katholischen Volkspartei Democrazia Cristiana, Schriftsteller und Autor, z. B. von *Meine sieben Päpste*, Freiburg im Breisgau 1982.
Vittorio Sgarbi: italienischer Kunstkritiker und Politiker, bekam den Premio Bancarella 1990 für sein Buch *Davanti all'immagine* (Vor dem Bildnis).
Gabriel García Márquez (1926–2014): kolumbianischer Schriftsteller und Literaturnobelpreisträger, war 1990 mit dem Roman *Der General in seinem Labyrinth*, Köln 1989, nominiert, verlor aber bei der Wahl durch die Buchhändler.

27. Juli 1996

Auf den Spuren Mutter Teresas: daraus entsteht der Artikel »Mutter Teresa«, in *In Asien*. Mutter Teresa (1910–1997), Ordensschwester und Missionarin in Kalkutta, erhielt 1979 den Friedensnobelpreis, von der Katholischen Kirche wurde sie selig gesprochen.

31. Juli 1996

Hanuman: hinduistischer Affengott. Ein Anhänger Ramas, er dient ihm in dem Epos *Ramayana*.

21. August 1996
Momin Latif: indischer Dichter in französischer Sprache, u. a. von *Peut-être moi*, Liancourt 2007.

10. September 1996
Ngari Rinpoche: der jüngere Bruder des Dalai Lama.
Sannyasin: in der hinduistischen Tradition derjenige, der auf alle Güter verzichtet; sein Ziel ist die Befreiung vom Karma und vom Kreislauf aus Wiedergeburt und Tod.

11. September 1996
Kundun: »die Anwesenheit«, eine der tibetischen Formeln, um vom Dalai Lama zu sprechen.
Heinrich Harrer (1912–2006): österreichischer Bergsteiger, Entdecker und Autor, bekannt durch das autobiografische Werk *Sieben Jahre in Tibet*, Berlin 1952.

12. September 1996
Christopher Hitchens (1949–2011): britischer Journalist und Essayist, Autor des kontrovers diskutierten Buches *The Missionary Position: Mother Teresa in Theory and Practice,* London 1995.

20. September 1996
Kalighat: Viertel in Kalkutta.

28. September 1996
Billa: Chauffeur des SPIEGEL in Delhi.

10. Oktober 1996
Nach 25 Jahren der Zusammenarbeit, Dutzenden Reportagen und nachdem er die SPIEGEL-Büros in Singapur, Hongkong, Peking, Tokio, Bangkok und Delhi »lanciert« hat, verlässt Terzani das deutsche Wochenmagazin und beantragt seine Frühpensionierung.

16.–19. Oktober 1996
Cernobbio: ein Konferenzzyklus, organisiert vom Aspen Institut.
Eni: italienischer Erdöl- und Energiekonzern.
Marco Pannella: italienischer Politiker, Mitbegründer des Partito Radicale.

27. November 1996
Großmutter Lina: Terzanis Mutter, die am 23. November mit 87 Jahren verstarb.
Elvi: Haushälterin der Familie Terzani.
San Carlo: Anwesen der Terzanis in Florenz.

27. Dezember 1996

Rabindranath Tagore (1861–1941): neuere Schreibweise Thakur, bengalischer Dichter und Schriftsteller, Nobelpreis für Literatur 1913.

Kumbh Mela: wichtigstes religiöses Fest der Hindus.

25. Januar 1997

Mohandas Karamchand Gandhi (1869–1948): indischer Rechtsanwalt, Widerstandskämpfer, Publizist, Asket und Pazifist, war politischer und geistiger Anführer der indischen Unabhängigkeitsbewegung.

26. Januar 1997

Subhash Kak: indisch-amerikanischer Computerwissenschaftler, auch bekannt für indologische Veröffentlichungen.

Shiro: Süßspeise.

29. Januar 1997

Jawaharlal Nehru (1889–1964): erster Premierminister des unabhängigen Indien, von seinen Landsleuten abgöttisch verehrt.

5. Februar 1997

Pater Tissa Balasuriya (1924–2013): katholischer Priester und Theologe aus Sri Lanka, der die unbefleckte Empfängnis Marias anzweifelte, so in *Mary and the Human Liberation*, London 1997.

6. Februar 1997

Simon Winchester: Journalist des *Guardian*, Forschungsreisender und Autor großer Reportagen für *National Geographic*. Unter seinen Büchern *Der wilde Strom*, München 2008, und *Der Mann, der China liebte*, München 2011.

LTTE: Liberation Tigers of Tamil Eelam, paramilitärische Organisation, kämpfte von 1983 bis 2009 im Bürgerkrieg in Sri Lanka.

21. Februar 1997

Thich Nhat Hanh: buddhistischer Mönch aus Vietnam, Autor zahlreicher Werke zu buddhistischen Praktiken und zur Gewaltfreiheit, z. B. *Wahren Frieden schaffen*, München 2004.

15. März 1997

Salpêtrière: Krankenhaus in Paris.

21.–29. Mai 1997

Nach weiteren Untersuchungen in Bologna erhärtet sich die Diagnose Magenkrebs. Auf Rat seines Freundes John Burns, Journalist der *New York Times*, der die Erkrankung überstanden hat, beschließt Terzani, in die USA zu reisen und sich dort im führenden Krebsforschungszentrum, dem Memorial Sloan Kettering Cancer Center

(MSKCC) in New York in Behandlung zu begeben. Er erzählt diese Episode im ersten Kapitel von *Noch eine Runde auf dem Karussell,* München 2005.

30. Mai 1997

Am 31. Mai erhält Terzani den Luigi-Barzini-Preis für Auslandskorrespondenten.

17. Juni 1997

Bevor er sich den onkologischen Behandlungen unterzieht, fliegt Terzani nach Hongkong, um über ein Ereignis von historischer Reichweite zu berichten: die Rückgabe der Insel Hongkong an China. In einer Artikelserie für den *Corriere della Sera* erzählt er von der Geschichte und der Entwicklung der kleinen englischen Kolonie, durchwirkt mit persönlichen Erinnerungen, da er mit der Familie in der zweiten Hälfte der siebziger Jahre und nach seiner Ausweisung aus China 1984–85 hier gelebt hat.

Kuli: eigentlich chinesisch »ku-li«, »traurige Kraft«, das heißt Tagelöhner, der durch Einsatz seiner Körperkraft seinen Lebensunterhalt verdient. Die Engländer verwendeten den Ausdruck in all ihren asiatischen Kolonien.

19. Juni 1997

Ich schreibe meinen ersten Artikel für den *Corriere:* der »erste« nach den vergangenen schwierigen Monaten.

21. Juni 1997

Liaison Committee: Verbindungsausschuss.

9. Juli 1997

Praia Grande: Strandpromenade in Macau.

31. Juli 1997

Instandsetzer: So nennt Terzani seine New Yorker Ärzte.

29. August 1997

Umzug: Um sich den Behandlungen zu unterziehen, mietet Terzani ein Appartement in New York.

6. September 1997

F. Scott Fitzgerald (1896–1940): US-amerikanischer Schriftsteller; seine wichtigsten Romane sind *Der große Gatsby* (1925) und *Zärtlich ist die Nacht* (1934).

Enrico Mugnaini: Neurologe, seit 1970 Forscher an der Universität Chicago, war Freund Terzanis aus gemeinsamen Studienzeiten in Pisa; er wird in dem Kapitel »Die Teile des Ichs« erwähnt, in *Noch eine Runde auf dem Karussell.*

12. September 1997

Day One: Es beginnt der Zyklus der Chemotherapie, wie in dem Kapitel »Der Fremde im Spiegel« in *Noch eine Runde auf dem Karussell* geschildert.

16. September 1997

John Gruen: amerikanischer Autor und Journalist.

19. September 1997

die Idee zu dem Buch: Terzani begreift sofort, dass der Krebs »ein Thema« ist, dass er davon erzählen will und muss. Er spricht darüber mit dem Verleger Mario Spagnol, dem er *Noch eine Runde auf dem Karussell* auch widmen wird: »In Erinnerung an Mario Spagnol, den Verleger meiner Wahl; er war der Erste, mit dem ich über diese Reise sprach.«

20. September 1997

Stadt der Freude: Film von Roland Joffé aus dem Jahr 1992 mit Patrick Swayze. Ein amerikanischer Arzt hilft in Kalkutta einem Rikscha-Fahrer.
Patrick Sabatier: Asienkorrespondent der *Libération*.

27. September 1997

Sammlung mit den besten Reportagen: Terzani versammelt Reportagen aus 20 Jahren Korrespondententätigkeit in Asien unter dem Titel *In Asien*.

2. Oktober 1997

Bitong: vasenartiges Gefäß aus China, eigentlich für Pinsel.
Katorga: sowjetische Straf- und Arbeitslager.
Yuan-Dynastie: chinesischer Name des mongolischen Kaiserhauses, das von 1279 bis 1368 über China regierte.
Hiroshige: Utagawa Hiroshige (1797–1858), Meister des japanischen Farbholzschnitts am Ende der Edo-Zeit.
Daniel ›Dan‹ Rather: bekannter amerikanischer Fernsehjournalist beim Sender CBS.

30. Oktober 1997

Soba: dünne japanische Nudeln aus Buchweizen.

6. November 1997

***La porta proibita (Fremder unter Chinesen), In Asia (In Asien)* und das Buch über die Reise durch die Welt des Krebs:** Die ersten beiden erscheinen 1998. *Un altro giro di giostra (Noch eine Runde auf dem Karussell)* wird in Italien 1999 veröffentlicht; Spagnol wird es nicht mehr erleben, da er im September 1999 seiner Krankheit erliegt.

12. Januar 1998

Terzani kehrt nach New York zurück, um wenige Wochen später mit der Strahlentherapie zu beginnen. Er erzählt von dieser Erfahrung im Kapitel »In den Fängen der Spinne« in *Noch eine Runde auf dem Karussell*.

8. Februar 1998

Mangiafuoco (Feuerschlucker): Spitzname, den Terzani dem italienischen Homöopathen Massimo Mangialavori gibt. Er schreibt über ihn in *Noch eine Runde auf dem Karussell*.

1. März 1998

Hutong: enge Gassen im alten Peking, die von der Entwicklungspolitik der chinesischen Führung vernichtet wurden.

8. März 1998

Kofi Annan: Diplomat aus Ghana, Generalsekretär der Vereinten Nationen von 1997 bis 2006.
Arthur Schlesinger (1917–2007): amerikanischer Historiker und Essayist.
Gavin Young (1928–2001): Journalist und Kriegsberichterstatter für *The Observer* und *The Guardian*.
Bob Silvers: seit 1963 Chefredakteur der *New York Review of Books* und ihr Mitbegründer.
Jonathan Galassi: amerikanischer Dichter, Übersetzer von Eugenio Montale, Italo Calvino und Giacomo Leopardi, Literaturkritiker und gegenwärtig Chef des Verlagshauses Farrar, Straus and Giroux.
William Shawcross: einflussreicher englischer Journalist, Autor zahlreicher Bücher, darunter *Schattenkrieg: Kissinger, Nixon und die Zerstörung Kambodschas*, Berlin / Wien 1980.

Mitte / Ende Mai 1998

John Burns: englischer Journalist, Korrespondent der *New York Times* in Delhi, zweimaliger Pulitzer-Preisträger.

1. Juni 1998

Jean Kershner: geborene Staude, Kusine von Angela, Ehefrau des Regisseurs Irvin Kershner, ein Freund Terzanis.

24. September 1998

Norman Douglas (1868–1952): schottischer Schriftsteller.
Clive Staples Lewis: englischer Schriftsteller, Autor u. a. von *Über die Trauer*, Frankfurt 2009.
Lettres Persanes (Persische Briefe): von Charles de Secondat de Montesquieu (1689–1755), erschienen anonym 1721.

9. Oktober 1998

Deepak Puri: indischer Journalist bei der Redaktion von *Newsweek* in Delhi, für viele Auslandskorrespondenten sehr hilfreich.
Padma: indische Journalistin.
Baskar: indischer Journalist, guter Freund von Terzani.

15. Oktober 1998

Pater Sandro Bencivenni: italienischer Jesuit, Professor an der Sofia-Universität in Tokio. Terzani lernte ihn 1965 kennen, als er als Angestellter von Olivetti in Tokio war.

16. Oktober 1998

Piteglio: bezieht sich auf das Buch von Giuseppe Mucci *Fattecosiècche … Leggende, paure e riti del paese di Piteglio*, Pistoia 1999, in dem es um die Traditionen der Bewohner der Pistoieser Berge geht.
Darshan: Erscheinung oder Bekundung des Göttlichen, eben der Dalai Lama.
Mahesh: Hausangestellter der Terzanis.

11. November 1998

Nicholas Roerich (1874–1947): russischer Maler, Schriftsteller und Reisender.

13. November 1998

Samsara: Sanskrit, Bezeichnung für den immerwährenden Kreislauf von Werden und Vergehen.

3. Dezember 1998

Ein Container fährt los: Terzani schickt Bücher und Kunstgegenstände, die sich in Jahrzehnten der Reisen angesammelt haben, nach Florenz.

6. Dezember 1998

Almora: Stadt im Bundesstaat Uttarakhand im äußersten Norden Indiens, 350 Kilometer von der Hauptstadt Delhi entfernt, am Fuß des Himalaja an der Grenze zu Tibet und Nepal. Die Gegend ist berühmt, weil sich der Mystiker Vivekananda hier aufhielt. Um die Mitte des 20. Jahrhunderts scharte sich eine Reihe von ausländischen Wissenschaftlern, Künstlern und Buddhisten um Vivek Datta und ließ sich auf einem Höhenkamm nieder, der »Crank's Ridge« genannt wurde, von Terzani übersetzt mit »Kamm der Verschrobenen«.

8. Dezember 1998

Marie Thérèse Dominé Datta: Viveks belgische Frau, Wissenschaftlerin und Mitarbeiterin des französischen Orientalisten und Religionshistorikers Alain Daniélou (1907–1994).

Vivek Datta: der Mann, der in *Noch eine Runde auf dem Karussell* »der Alte« genannt wird. Verheiratet mit Marie Thérèse, lebt er seit den fünfziger Jahren in Binsar, einem abgelegenen Ort im Wald, auf 2300 Meter Höhe und nur zu Fuß erreichbar.
Nanda Devi: zweithöchster Berg Indiens, 7816 Meter hoch, der Name bedeutet »Göttin der Freude«.
Earl Brewster (1878–1957): amerikanischer Maler, lebte in den 30er Jahren in Almora.
Helena Petrovna Blavatsky (1831–1891): deutsch-russische Okkultistin.

5. Februar 1999
Ferruccio de Bortoli: zu jener Zeit Direktor des *Corriere della Sera*, heute Chef des Verlages Longanesi.

13. Februar 1999
Roberto Benigni: italienischer Filmemacher und Komiker; *Das Leben ist schön* erhielt 1999 den Oscar als bester fremdsprachiger Film.

14. März 1999
Brunalba: Ehefrau von Mario Sabatini. Ehemalige Schäfer und Wärter von Terzanis Haus »il Contadino« in Orsigna.

20. März 1999
***Khun* Anusorn:** Thailänder, der als Heiler und »Kanal« des Gottes Shiva auftritt. Terzani spricht von ihm in *Noch eine Runde auf dem Karussell*. Das dem Namen vorangestellte *Khun* bedeutet so viel wie Herr (oder Frau).
Tika oder *Tilak:* hinduistisches Segenszeichen, meist auf der Stirn.

21. März 1999
Sangha: Leben in der buddhistischen Gemeinschaft.

22. März 1999
Arthur Waley (1889–1966): englischer Orientalist und Übersetzer.
Ivan Morris (1925–1976): englischer Übersetzer und Autor, Dozent für fernöstliche Sprachen an der Columbia University in den Jahren, als Terzani die New Yorker Universität besuchte.
das Foto, das ich als Erinnerung an mich hinterlassen möchte: Der Sohn Folco wird ihm diesen Wunsch erfüllen und das Foto von Terzani auf dem Totenbett machen. Es beschließt das Buch *Das Ende ist mein Anfang*, München 2007.

23. März 1999
Muong: ethnische Minderheit in Nordvietnam.

31. März 1999
Terzani fährt nach Anaikatti in der Nähe von Coimbatore im Bundesstaat Tamil Nadu. Hier besucht er einige Monate lang ein Institut für Vedanta und Sanskrit, das Arsha Vidya Gurukulam. Das Seminar wird geleitet von dem *Swami* Dayananda Saraswati, den Terzani bei einem Vortrag über die indische Philosophie an der Universität Berkeley kennengelernt hatte. Ebendieser *Swami* lädt Terzani nach Saylorsburg in Pennsylvania ein, wo er ebenfalls in einem Aschram unterrichtet.

1. April 1999
Pujari: derjenige, der die *Puja* ausführt, die hinduistische Zeremonie der Opfergabe an eine Gottheit.
Satsang: Moment der gemeinsamen Meditation in den Aschrams.

3. April 1999
Mandir: Tempel.

4. April 1999
Vidiadhar Surajprasad Naipaul: britischer Schriftsteller, Nobelpreis für Literatur 2001, Autor u. a. von *An der Biegung des großen Flusses*, Frankfurt 1983. Terzani erwähnt ihn im Kapitel »Das Licht in Händen« in *Noch eine Runde auf dem Karussell*.

6. April 1999
Karma Chang Choub: tibetischer Mönch, ursprünglich Italiener. Terzani spricht ausführlicher über ihn in dem Kapitel »Träume eines Mönchs« in *Fliegen ohne Flügel*.

11. April 1999
Alle Herrlichkeit auf Erden: US-amerikanischer Spielfilm von Henry King aus dem Jahr 1955, mit William Holden in der Hauptrolle.
Om namah shivaya: Mantra zur Verehrung des Gottes Shiva.

13. April 1999
Terzani fährt nach Kottakkal im Bundesstaat Kerala und hält sich einige Tage im Arya Vaidya Sala auf, einem der renommiertesten Ayurveda-Zentren Indiens. Über die Erfahrung berichtet Terzani im Kapitel »Heilendes Theater« in *Noch eine Runde auf dem Karussell*.
Salwar Kamiz: traditionelle Bekleidung in Südostasien.
Bhagavad Gita: religiöses Poem und heiliger Text des Hinduismus.

14. April 1999
Vedanta: populäre Richtung der indischen Philosophie.
Samadhi: Grabmal oder Schrein.

15. April 1999
Dhoti: traditionelle Männerkleidung in Indien.
Kathakali: expressive Form des indischen Tanzes oder Tanzdramas.

21. April 1999

Subramanya: hinduistische Gottheit, auch unter den Namen Karttikeya, Skanda oder Murugan bekannt.

30. April 1999

Ishvara: in der *Gita* die höchste Form des Göttlichen.

27. Mai 1999

Joachim Yahalom: Arzt am Memorial Sloan Kettering Cancer Center.

27. Juni 1999

Brahmachari: junger spiritueller Schüler, Begriff aus dem Sanskrit für »derselbe Lebenswandel wie Brahma«.

30. Juni 1999

Anna Libera Dallapiccola: Indologin an der Universität Heidelberg.
Mahout: der Elefantenführer.

4. Juli 1999

Terzani fährt nach Derisanamscope im Distrikt Kanyakumari und besucht den jungen ayurvedischen Arzt L. Mahadevan, den er im Aschram kennengelernt hat. Er berichtet von der Erfahrung im Kapitel »Der Arzt für Gesunde« in *Noch eine Runde auf dem Karussell.*
Gawao: thailändischer Vogel, auch in Indien verbreitet, benannt nach seinem Ruf »gawao, gawao«. Der wissenschaftliche Name ist leider nicht bekannt.
Ramayana: Nationalepos Indiens, vermutlich entstanden zwischen dem 4. Jh. v. Chr. und dem 2. Jh. n. Chr.
Rishi: im Hinduismus Seher oder mythische Wesen, die Wunder wirken sollen oder Krankheiten heilen können.
Rangoli: indische Kunst, Höfe oder Böden mit Figuren aus farbigem Pulver oder Reis zu dekorieren.
Ernesto Labriola: Kardiologe aus Bologna, seit jeher Terzanis Arzt und zusammen mit seiner Frau Maria Rosa lebenslange Freunde.

11. Juli 1999

um uns nach Palestrina zu bringen: In Palestrina in der Provinz Rom erhält Terzani für das Werk *In Asien* den Albatros-Preis für Reiseliteratur.
Bruce Chatwin (1940–1989): britischer Schriftsteller.
Voyager autour de ma chambre: Terzani zitiert das gleichnamige Werk des französischen Schriftstellers Xavier de Maistre (1763–1852), erschienen 1794, deutsch erstmals 1796 unter dem Titel *Reise durch mein Zimmer.*
Sven Hedin (1865–1952): schwedischer Entdeckungsreisender und Geograf.

Ferdinand von Richthofen (1833–1905): deutscher Geologe und Entdeckungsreisender in Südostasien.

20. November 1999

Terzani fährt nach Manila, um Material und Informationen über die philippinischen Heiler zu sammeln. Er spricht davon in dem Kapitel »Magische Heilung« in *Noch eine Runde auf dem Karussell.*

Maria Corazon Aquino, genannt »Cory« (1933–2009): Präsidentin der Philippinen von 1986 bis 1992, Witwe von Benigno Aquino Jr., Oppositionsführer gegen den Diktator Ferdinand Marcos.

Gregorio Honasan: bekannt als »Gringo«, philippinischer Senator und mitverantwortlich für die Absetzung Marcos'.

23. November 1999

77-jährigen Jesuiten: Pater Jaime Bulatao, Gründer des Instituts für Psychologie an der Universität Manila, auch erwähnt im Kapitel »Magische Heilung in *Noch eine Runde auf dem Karussell.*

25. November 1999

Anting-Anting: philippinisch für »Amulett«.

1. Dezember 1999

Terzani macht eine Woche Heilfasten auf der Insel Ko Samui. Von dieser Erfahrung berichtet er in dem Kapitel »Die Insel der Gesundheit« in *Noch eine Runde auf dem Karussell.*

8. Dezember 1999

Harvey Stockwin: englischer Journalist, freiberuflicher Mitarbeiter der *South China Morning Post* in Hongkong, Kenner des gesamten Fernen Ostens; Ende der achziger Jahre berichtet er auch aus Japan, wo Terzani ihn wochenlang bei sich beherbergt.

13. Dezember 1999

Terzani fährt nach Macau, um über die Rückgabe der portugiesischen Kolonie an China zu berichten. Gemäß dem chinesisch-portugiesischen Abkommen von 1987 soll die Übergabe am 20. Dezember um Mitternacht erfolgen.

À Tiziano, cette ville en partage: »Für Tiziano, dem diese Stadt zum Teil auch gehört«.

Paul Theroux: amerikanischer Reiseschriftsteller.

23. Dezember 1999

Deodars: Gästehaus, betrieben von dem Ehepaar Richard und Elisabeth Wheeler. Es handelt sich um ein Wohnhaus im Kolonialstil vom Ende des 19. Jahrhunderts in Almora. Terzani und seine Frau machen dort Station auf dem Weg nach Binsar, das bedeutet eine Stunde Autofahrt am Höhenkamm entlang und einen Aufstieg zu Fuß bis zu einem hochgelegenen Wald: Terzani berichtet über Deodars, Almora und die historische Gemeinschaft von Crank's Ridge in dem Kapitel »Eine Flöte im Nebel« in *Noch eine Runde auf dem Karussell.*

25. Dezember 1999

Anam: amerikanischer Schauspieler, der sich mit Anandi auf den Höhenkamm von Almora zurückzog, um dort sein Leben als »Anam« zu beenden. Seinem Beispiel folgend nennt Terzani sich »Anam«, »der ohne Namen«.

28. Dezember 1999

Yoni: eigentlich der tantrische Begriff für das weibliche Genital. Aber auch Quelle, Ursprung, Ruheplatz, Behältnis, Aufenthaltsort, Schlupfloch, Nest.

30. Dezember 1999

Osho: eigentlich »Rajneesh« Chandra Mohan Jain (1931–1990), indischer Philosoph und Begründer der Neo-Sannyas-Bewegung, auch bekannt als Bhagwan.

31. Dezember 1999

Arun Singh: Politiker und Mitglied der indischen Regierung.
Alice Boner (1889–1981): Schweizer Malerin und Bildhauerin. Fasziniert von dem Choreografen Uday Shankar und der indischen Kultur, zog es sie in den dreißiger Jahren nach Indien.

1. Januar 2000

Terzani richtet sich in einer Hütte in Binsar ein, wo er sich von der Welt zurückzieht und sich dem Schreiben an *Noch eine Runde auf dem Karussell* widmet. Seine langen Aufenthalte dort sind unterbrochen von ärztlichen Kontrollbesuchen in New York.
Novalis: genannt »Novi«, Sohn von Folco und seiner ersten Frau, Terzanis erster Enkel.

4. Januar 2000

Terzani reist zehn Tage lang durch Pakistan, in Begleitung von Angela und dem Freund Léopold.
Hasan Askari Rizvi: pakistanischer Politikwissenschaftler und Militäranalyst.

6. Januar 2000

Naan: ungesäuertes Brot, wie die Muslime im Vorderen Orient, Zentralasien, Pakistan und Indien es zubereiten.

7. Januar 2000

Gandhara: antike Region um die Stadt Peschawar, heute das Grenzgebiet zwischen Afghanistan und Pakistan, in der Zeit vor Christus vom Buddhismus geprägt.

8. Januar 2000

Paolo Avitabile (1791–1850): italienischer General des Königreichs beider Sizilien, Figur mit märchenhaften Zügen; er bereiste Persien und wurde zum Gouverneur von Peschawar. Terzani erwähnt ihn auch im »Brief aus Peschawar« in *Briefe gegen den Krieg*, München 2002.

9. Januar 2000

Vivekananda (1863–1902): hinduistischer spiritueller Lehrer.

10. Januar 2000

Jamaat-e-Islami: 1941 gegründete islamistische Partei in Pakistan und Bangladesch.

11. Januar 2000

Rudyard Kipling (1865–1936): britischer Schriftsteller und Literaturnobelpreisträger 1907, lebte von 1882 bis 1887 in Lahore; Autor von *Das Dschungelbuch*, Frankfurt 1996 (erste vollständige Übersetzung ins Deutsche).

21. Januar 2000

Tara: Besitzer eines kleinen Lebensmittelgeschäfts mit Telefon und Fax, in unmittelbarer Nähe des Deodars-Gästehauses.

24. Januar 2000

Krishna Prem (1898–1965): bürgerlich Ronald Henry Nixon Engländer, Mitbegründer des Aschrams Mirtola unweit von Almora, Viveks Lehrer.

Ramana Maharshi (1879–1950): indischer Religionslehrer und Mystiker, herausragender Vertreter der Advaita-Vedanta-Schule.

27. Januar 2000

Das Geheimnis der goldenen Blüte: Werk des Schweizer Psychoanalytikers C. G. Jung (1875–1961) und des deutschen Sinologen und Missionars Richard Wilhelm (1873–1930), München 1929.

31. Januar 2000

Mahabharata: indisches Epos, heiliger Text der hinduistischen Religion.

Govind: junger Helfer Terzanis in Binsar.

3. Februar 2000

René Daumal (1908–1944): französischer Schriftsteller. Die Novelle *Le Mont Analogue* erschien posthum 1952, als *Der Analog* 1964 auf Deutsch.

10. Februar 2000

Nandu: Helfer Terzanis in Binsar.

27. Februar 2000

Helena Norberg-Hodge: schwedische Linguistin, Forscherin und Umweltaktivistin, Autorin von *Leben in Ladakh*, Freiburg 1994.

28. Februar 2000

Paul Brunton (1898–1981): englischer Reisender und Erforscher der Esoterik, Schüler von Ramana Maharshi, Autor u. a. von *Von Yogis, Magiern und Fakiren*, Freiburg 1980.

10. März 2000,

The Tiger: Gedicht von William Blake (1757–1827).

29. Juli 2000

Andrea Bocconi: toskanischer Schriftsteller und Psychotherapeut, Autor von *Reisen und Bleiben*, Zürich 2007.

29. September 2000

Während eines Aufenthalts in New York zur Behandlung seiner Krebserkrankung fährt Terzani nach Saylorsburg ins Arsha Vidya Gurukulam, auf Einladung des *Swami*, den er schon aus Anaikatti kennt.

9. Oktober 2000

Christoper Isherwood (1904–1986): englischer Schriftsteller, konvertierte zum Hinduismus und beschäftigte sich besonders mit der Auslegung und Übersetzung der Veden.

23. Oktober 2000

Bernardo Valli: italienischer Schriftsteller und Journalist.

28. Oktober 2000

Folco auf der Suche nach seinem *Sadhu:* Terzanis Sohn sammelt Material und Interviews für einen Dokumentarfilm über *Sadhus*.

5. November 2000

Jane Perkins: auch »crazy Jane« genannt, Engländerin und Freundin Terzanis, lebt seit 15 Jahren in Dharamsala, Übersetzerin und Streiterin für die Sache Tibets. Durch sie lernt Terzani Rinpoche kennen, den Bruder, Sekretär und Arzt des Dalai Lama.

16. November 2000

Heinrich Schliemann (1822–1890): deutscher Archäologe, der die antike Stadt Troja und den Schatz des Priamus ausgrub. Er starb allein auf einer Straße in Neapel, allen unbekannt.

24. November 2000

Trishul: Berg der Nanda-Devi-Gruppe im Himalaja, 7120 Meter hoch.

Net of Magic: Wonders and Deceptions in India: Werk des amerikanischen Schriftstellers und Essayisten Lee Siegel, Experte für Vergleichende und Indische Literaturwissenschaft, Mitarbeiter u. a. des *New Yorker* und der *New York Times*.

10. Dezember 2000

Ende des Jahres kann Vivek dank der Hilfe seiner Tochter Mukti Terzani eine größere und bequemere Hütte übergeben, die so ausgebaut wurde, dass mehrere Personen darin Platz finden. Die Behausung wird auf den Namen »Anam Sheranam« getauft, Anams Zuflucht, und mit einer kleinen religiösen Zeremonie feierlich eingeweiht. Daher beschließen Terzani und Angela, den Großteil der Möbel von Delhi nach Florenz zu schaffen und die Wohnung in Delhi nur als Zweitwohnsitz zu behalten, Binsar hingegen als den Hauptwohnsitz in Indien.

Thali: indisches Gericht, bei dem die Zutaten in kleinen Metallschälchen separat auf einer großen Platte serviert und mit Reis und Fladenbrot gegessen werden.

24. Dezember 2000

Koan: kurze Anekdote oder Sentenz eines buddhistischen Zen-Meisters.

Isha-Upanishad: kürzeste der Upanishaden, Sammlungen philosophischer Schriften des Hinduismus.

30. Dezember 2000

Anzio, die Bilder, die Ausstellung: Angela ist mit den Vorbereitungen einer Ausstellung mit Bildern ihres Vaters Hans-Joachim Staude (1904–1973) beschäftigt, die in Berlin stattfinden soll; der Maler Staude hatte sich 1929 in Florenz niedergelassen.

9. Januar 2001

Shoban Singh: Chauffeur von Mukti, der Tochter von Vivek und Marie Thérèse. Gelegentlich fährt er auch die Terzanis.

Edward James »Jim« Corbett (1875–1955): britischer Jäger und Forschungsreisender, berühmt für seine Jagd auf »große Raubtiere« in Indien und Afrika. Wurde oft in die Himalaja-Region gerufen, um »menschenfressende Tiger« zu erlegen, über die er viele Bücher schrieb. Bekehrte sich zum Umweltschutz und betrieb die Einrichtung des ersten indischen Nationalparks. In Kaladunghi befindet sich das Jim Corbett Museum.

22. Januar 2001

Pandit: ein gebildeter Brahmane.

Babu: Kosenamen für Männer, die arbeiten, wie der Bootsführer.

Ghat: Hindi, Uferbereich oder Treppe an einem Gewässer, umgeben von Tempeln, an dem rituelle Waschungen vorgenommen werden oder auch die Toten verbrannt werden *(Burning Ghats)*.

24. Januar 2001

Chillum: konisches Röhrchen zum Rauchen von Cannabisprodukten.

8. Februar 2001

Gamcha: Tuch, das jeder Inder für alle Verwendungszwecke bei sich trägt.

10. Februar 2001

René Guénon (1886–1951): französischer Schriftsteller, der zum Islam konvertierte; Autor zahlreicher Werke über Metaphysik und Philosophie.

28. Februar 2001

Jaggat: einer der indischen Träger.

2. März 2001

Giacosa: historisches Café in der Via Tornabuoni in Florenz.

6. März 2001

Terry Anderson: amerikanischer Journalist von Associated Press, im Libanon von den Hisbollah-Milizen gefangen genommen und von 1985 bis 1991 als Geisel gehalten.

9. März 2001

Holi: hinduistisches Frühlingsfest.

5. Mai 2001

Ausstellung in der Zitadelle: Terzani fährt zur Eröffnung der Ausstellung mit den Bildern seines Schwiegervaters Hans-Joachim Staude in der Zitadelle in Berlin Spandau.

15. Mai 2001

Balilla: Jugendorganisation der Nationalen Faschistischen Partei Italiens, gegründet 1926.

17. Mai 2001

Arcore: Gemeinde in der Provinz Monza und Brianza in der Lombardei, Hauptwohnsitz von Silvio Berlusconi.
Karl Wilhelm Diefenbach (1851–1913): deutscher Maler und Sozialreformer, gestorben auf Capri.
Max Weber (1864–1920): Der deutsche Soziologe verbrachte 1901 einige Zeit in Sorrent.

28. Mai 2001

Axel Munthe (1857–1949): schwedischer Schriftsteller und Psychiater, Autor von *Das Buch von San Michele*, München 1951, ein autobiografischer Text, dessen Titel an die Villa erinnert, die er sich auf Capri baute.

29. Mai 2001

Bhagavan: auch Bhagvan, bedeutet in Indien »Gesegneter«, »Erhabener« oder »Gott«.

1. Oktober 2001

Vincenzo Cottinelli: italienischer Fotograf.
Nach den Anschlägen vom 11. September 2001 schickt Terzani am 14. September, seinem 63. Geburtstag, eine E-Mail an den Chefredakteur des *Corriere della Sera*, Ferruccio de Bortoli, und bietet ihm einen Artikel an. Am 16. September erscheint »Quel giorno, tra i seguaci di Bin Laden« (»Dieser Tag bei den Anhängern Bin Ladens«), ein Text, der zum Ausgangspunkt für den Band *Briefe gegen den Krieg* wird. Doch am 29. September veröffentlicht der *Corriere* ganzseitig einen langen Brief von Oriana Fallaci mit dem Titel »Die Wut und der Stolz«, die damit ein über zehnjähriges Schweigen bricht. Der Text entfacht einen journalistischen Sturm. Am 8. Oktober räumt der *Corriere* Terzani Platz für eine Erwiderung ein, in der Terzani sich mit »Der Sultan und der heilige Franz von Assisi« direkt an die Fallaci wendet (in *Briefe gegen den Krieg*). Er erntet heftige Kritik. Denjenigen, die er »alt und verknöchert« nennt, »die nichts Neues zu denken vermögen«, setzt er das entgegen, was er sein ganzes Leben lang getan hat: Er reist und schreibt Erfahrungsberichte. Mit 63 Jahren und schwer krank (nur sehr wenige wissen allerdings um seinen Gesundheitszustand), bricht er nach Pakistan und Afghanistan auf, in Begleitung seines Freundes Léopold.
Grazia Cherchi (1937–1995): italienische Schriftstellerin und Journalistin.

16. Oktober 2001

Mario Pirani (1925–2015): Journalist der *Repubblica*, Autor des Artikels »*I profeti disarmati davanti al terrore*« (»Die wehrlosen Propheten angesichts des Terrors«), in *La Repubblica*, 13. Oktober 2001.

17. Oktober 2001

Colin Powell: General und Nationaler Sicherheitsberater der USA von 2001 bis 2005.

22. Oktober 2001

Ulema: Begriff, der in der muslimischen Welt »Meister« oder »Weiser« bedeutet, dem man großen Respekt zollt.
Beniamino Natale: Journalist und Korrespondent der italienischen Nachrichtenagentur ANSA in Delhi und Peking.

23. Oktober 2001

John Pilger: australischer Journalist und Dokumentarfilmer.

29. Oktober 2001

Terzani schickt am 27. Oktober einen weiteren »Brief« an de Bortoli, der am 31. Oktober unter dem Titel »*Il soldato di ventura e il medico afghano*« (»Der Söldner und der afghanische Arzt«) im *Corriere della Sera* erscheint.

3. November 2001

Ahmed Rashid: pakistanischer Journalist der *Far Eastern Economic Review*, Autor u. a. von *Taliban*, München 2002, und *Am Abgrund. Pakistan, Afghanistan und der Westen*, London/Berlin 2012; 2009 ausgezeichnet mit dem Premio Letterario Internazionale Tiziano Terzani.

Tim McGirk: Journalist und Korrespondent des *Independent*, später Redaktionschef des *Time Magazine*.

5. November 2001

Melinda Liu: Fernost-Korrespondentin von *Newsweek*.

7. November 2001

Enzo Biagi (1920–2007): italienischer Journalist, Autor und Fernsehmoderator.

15. November 2001

Der *Corriere* druckt am 15. November »*Il profeta guerriero e quel tè nel bazar*« (»Der prophetische Krieger und dieser Tee im Basar«) und am 16. November »*L'ospedale dei disperati e il taleban con il computer*« (»Das Krankenhaus der Verzweifelten und der Taliban mit dem PC«).

1. Dezember 2001

Mullah Omar (1960–2013): eigentlich Mohammed Omar, Anführer der Taliban in Afghanistan, von 1996 bis 2001 Staatschef des Islamischen Emirats Afghanistan.

Marina Forti: Journalistin und Korrespondentin der Tageszeitung *il manifesto*.

3. Dezember 2001

Nancy Duprée: Frau des amerikanischen Archäologen und Kulturwissenschaftlers Louis Duprée (1925–1989), Direktorin des Afghanistan Center an der Universität Kabul.

der ehemalige Direktor des Museums: Von ihm ist auch im »Brief aus Kabul« die Rede: »Der Kartoffelverkäufer und der Käfig der Wölfe«, in *Briefe gegen den Krieg*.

5. Dezember 2001

Jalaluddin Muhammad Akbar (1542–1605): Großmogul von Indien, gilt als einer der bedeutendsten Herrscher des Landes.

6. Dezember 2001

Gino Strada: Chirurg und Gründer der italienischen NGO Emergency. Terzani erwähnt ihn auch im »Brief aus dem Himalaja: Was tun?«, in *Briefe gegen den Krieg*. 2004, wenige Monate nach Terzanis Tod, wird Emergency eine Operationseinheit im afghanischen Lashkar Gah nach dem »italienischen Journalisten, Weltbürger, Kriegsberichterstatter und Streiter für den Frieden« benennen.
Ahmad Shah Massoud (1953–2001): bekannt auch als »der Löwe von Pandschir«, militärischer Anführer des afghanischen Widerstands zunächst gegen die sowjetische Invasion, dann gegen das Regime der Taliban.
Gulbuddin Hekmatyar: Kommandant der afghanischen Mudschahedin, aktiv im Widerstand gegen die Sowjetunion und gegen die USA.
Kuschana: antikes Reich in Zentralasien und Nordindien, reichte in der Zeit seiner größten Ausdehnung zwischen 100 und 250 n. Chr. vom heutigen Tadschikistan bis zum Kaspischen Meer und vom heutigen Afghanistan bis ins Indus-Tal.

8. Dezember 2001

Abdul Wasey Feroozi: Archäologe, Direktor des National Institute of Archaeology in Kabul.

9. Dezember 2001

Claude Lévi-Strauss (1908–2009): französischer Ethnologe, früherer Vertreter einer Ethnosoziologie.

11. Dezember 2001

Alberto Cairo: italienischer Physiotherapeut, seit Ende der achziger Jahre im Auftrag des Internationalen Roten Kreuzes in Afghanistan tätig. Terzani erwähnt ihn in »Brief aus Kabul. Der Kartoffelverkäufer und der Käfig der Wölfe« in *Briefe gegen den Krieg*.

21. Dezember 2001

Ich feile an dem Artikel: gemeint ist der Artikel »Der Kartoffelverkäufer und der Käfig der Wölfe«. Terzani zieht sich nach Delhi und Binsar zurück, um die *Briefe gegen den Krieg* zu vollenden.

31. Januar 2002

Ananda Kentish Coomaraswamy (1877–1947): Historiker und Philosoph aus Sri Lanka, bedeutender Erforscher der indischen Kunst und der Beziehungen zwischen östlicher und abendländischer Kunst, Autor u. a. von *Geschichte der indonesischen und indischen Kunst*, Leipzig 1927.
Namaste: Grußgeste und -formel bei den Hindus, wobei die Hände zusammengelegt vor der Brust gehalten werden. Sie drückt die Ehrerbietung für den anderen Menschen aus.

20. Mai 2002

Die Lücke im Tagebuch erklärt sich durch die Rückkehr Terzanis nach Italien, wo er sein Buch *Lettere contro la guerra (Briefe gegen den Krieg)* öffentlich vorstellt, was er seinen Freunden und Bekannten in einer E-Mail vom 17. Januar mit den folgenden Worten ankündigt: »Ich habe soeben die letzten Worte eines Büchleins mit dem Titel *Lettere contro la guerra* geschrieben, das in genau einem Monat bei Longanesi erscheinen wird. Mir liegt viel daran, nicht wegen des üblichen Ego-Trips, sondern weil ich es als meine moralische Verpflichtung ansehe. Aus diesem Grund rücke ich von meinem Vorsatz, mich von der Welt fernzuhalten, ab. Seit ›*Osama bin Laden smoked me out of my cave*‹, habe ich mich als Rentner mit einem falschen Presseausweis aus Bangkok wieder auf den Weg gemacht, zuerst entlang der Grenze zwischen Pakistan und Afghanistan, dann in Kabul. Momentan bin ich in meiner Hütte in den Bergen, um Kraft zu schöpfen für Italien. Ich komme für anderthalb Monate, um wo auch immer und vor jedem, der sie hören will, diese Geschichte zu erzählen. Das Buch ist in keiner Weise ›journalistisch‹. Es handelt sich um Briefe an meinen Enkel Novalis, der sie lesen wird, wenn ich nicht mehr in diesem Körper weile, wenn die Menschheit sich jedoch ein weiteres Mal mit der Möglichkeit ihrer Auslöschung befassen muss. Die Reise durch Italien mache ich nicht, um das Buch zu ›promoten‹, vielmehr ist sie eine Pilgerfahrt für den Frieden. Ich gehe hin, wo man mich einlädt, außer in Talkshows im Fernsehen, wo alles, auch Krieg und Tod, nur ein Vorwand für Showbusiness ist, dafür, eine Diskussion anzuheizen, jemandem das Wort abzuschneiden und es einer Soubrette zu erteilen oder einem General, der noch nie den Krieg gesehen hat. Es liegt mir sehr viel daran, zu jungen Leuten zu sprechen.«

Die »Pilgerfahrt für den Frieden« beginnt am 20. Februar mit einer Generalprobe in Florenz und führt ihn durch ganz Italien, in Schulen, Theater, sogar Klöster. Anfang Mai kehrt er nach Binsar zurück.

21. Mai 2002

Marco Pallis (1895–1989): britischer Bergsteiger und Entdeckungsreisender, Erforscher der tibetischen Kultur und buddhistischer Traditionen, Autor zahlreicher Essays, darunter *Ich komme aus Tibet*, Freiburg 1970; Mitarbeiter an der Zeitschrift *Studies in Comparative Religion*, für die auch Renée Guénon und Ananda Coomaraswamy schrieben.

22. Mai 2002

Rajiv Gandhi (1944–1991): indischer Politiker, Sohn von Indira Gandhi, 1984–1989 Premierminister Indiens, starb durch ein Attentat.

Donald Rumsfeld: US-amerikanischer Politiker, Verteidigungsminister der USA von 2001–2006.

25. Mai 2002

Georges Ivanovič Gurdjieff (1866–1949): griechisch-armenischer Schriftsteller, Choreograf und Komponist, Begründer des spirituellen Systems der »Vierte Weg«.

3. Juni 2002

Es ist die Rede von der Neuauflage des Buches ***Giorni cinesi*** von Angela Terzani Staude, deutsch: *Chinesische Jahre 1980–1983*.
Mahakala: buddhistische Gottheit.

11. Juni 2002

Aldous Huxley (1894–1963): britischer Schriftsteller, u. a. von *Schöne neue Welt*; der Roman *Affe und Wesen* ist 1959 erstmals auf Deutsch erschienen.

12. Juni 2002

Henry Moore (1898–1986): britischer Künstler und Bildhauer, berühmt für seine imposanten anthropomorphen Werke.

19. Juni 2002

Petr Demjanovič Uspenskij (1878–1947): russischer Philosoph, Autor von *Der vierte Weg*, Basel 1983, war Schüler von Georges Ivanovič Gurdjieff.

8. Juli 2002

Ramprasad Sen (1723–1775): bengalischer Dichter und Verfasser religiöser Lieder.

21. Juli 2002

Arthashastra: Staatsrechtslehrbuch des Alten Indien, vermutlich um 300 v. Chr. entstanden.

25. Dezember 2002

Das Auftreten eines weiteren Tumors im Magen zwingt Terzani zu einer Operation, die jedoch vergeblich ist: Die Metastasen sind schon zu weit verbreitet, und der Chirurg unterlässt den Eingriff. Man stellt ihm eine Lebensdauer von sechs Monaten in Aussicht (es werden jedoch 20 sein). Terzani beschließt, auf jede weitere Behandlung zu verzichten und kehrt nach Italien zurück. Mit unglaublicher Kraft und Begeisterungsfähigkeit nimmt er an den Demonstrationen für Frieden und Gewaltlosigkeit teil. Schließlich kehrt er nach Binsar zurück, entschlossen, in der Zeit, die ihm bleibt, *Noch eine Runde auf dem Karussell* zu vollenden.

***Regaliamoci la pace* (Schenken wir uns Frieden):** Eine Sammlung von Gesprächen mit Tiziano Terzani und 15 weiteren italienischen Persönlichkeiten, erschienen 2002.

3. Januar 2003

Sri Sri Ravi Shankar: indischer Guru und Begründer der *International Art of Living Foundation.*

5. Januar 2003

Jiddu Krishnamurti (1895–1986): indischer Philosoph, Theosoph und spiritueller Lehrer, Autor u. a. von *Selbsterkenntnis*, München 2014.

29.–30. Januar 2003

eine schöne Reise nach Bageshwar: Terzani fährt mit Angela im Wagen durch die benachbarten Himalaja-Täler, auf der Suche nach antiken Tempeln und neuen Schals.

Parvati: eine hinduistische Muttergöttin, gilt als Gattin des Shiva und Mutter von Ganesha und Karttikeya. Ihr Name bedeutet »Tochter der Berge«.

8. –9. März 2003

Jageshwar: einer der wichtigsten heiligen Orte im Himalaja, Sitz zahlreicher Tempel, die im Wald verborgen sind und an einem Fluss liegen, an dessen Ufern die Toten verbannt werden. Man hält dies für den Geburtsort Shivas.

Mitte März 2003

Angela soll lieber nach Italien fahren, bevor der Krieg ausbricht: bezieht sich auf die Gerüchte eines möglichen Krieges zwischen Indien und Pakistan, weshalb Arun Singh nach Delhi gerufen wurde.

9. April 2003

Das Tagebuch bricht hier ab, und Terzani widmet sich ganz dem Schreiben von *Noch eine Runde auf dem Karussell*. Er verbringt die letzten Monate in Binsar, bis er an Weihnachten nach Florenz zurückkehrt, um die Familie zu treffen und an der Hochzeit der Tochter Saskia teilzunehmen. Er wird Asien nicht mehr wiedersehen. Bis Ende Februar bringt er die letzten Kapitel zum Abschluss und übergibt das Manuskript dem Verlag Longanesi, der das Buch am 25. März 2004 veröffentlicht. Terzani kündigt das Buch selbst am 11. März mit einer E-Mail an diejenigen an, die ihm auf seiner offiziellen Website www.tizianoterzani.com folgen:

Liebe Freundinnen, liebe Freunde,
über ein Jahr ist vergangen, seitdem ich euch mitteilte, dass ich mich zurückziehen wolle, um das Buch, an dem ich schrieb, zu beenden.

Und endlich hat der Berg – buchstäblich der Berg – gekreißt und hat ein Mäuschen geboren: *Un altro giro di giostra (Noch eine Runde auf dem Karussell)* ist im Druck und wird am 25. März in den Buchhandlungen sein, nicht mehr *meine* Sache, sondern ein Kind, das auf eigenen Beinen steht. Es ist das Buch, das ich unter den größten Mühen geschrieben habe, aber am Ende, wie das so geht, auch mit der größten Freude, denn von allen Geschichten, die ich in der Vergangenheit erzählt habe, ist das hier bei weitem die persönlichste, die bewegendste, und sie mit der größtmöglichen Aufrichtigkeit zu erzählen, bei jedem Schritt zu versuchen, mir selbst und dem Leser gegenüber ehrlich zu sein, war eine stete, beträchtliche Herausforderung.

Reisen ist für mich immer eine Lebensform gewesen, als mir daher 1997 verkündet wurde, mein Leben sei in Gefahr, war meine spontane Reaktion, mich auf Reisen zu begeben, um nach einer Lösung zu suchen. Ich wusste, dass diese Reise anders sein würde als alle vorherigen: eine Reise, auf die ich nicht vorbereitet war, eine Reise in unbekanntes Gebiet, von dem ich keine Karten besaß. Ich wusste jedoch auch, dass von allen Reisen diese die herausforderndste, die intensivste sein würde, weil jeder Schritt, jede Entscheidung, manchmal zwischen Vernunft und Wahn, zwischen Wissenschaft und Magie, unmittelbar mit meinem Überleben zu tun hatte. Überall machte ich mir Notizen über das, was ich sah, fühlte, empfand.

Noch eine Runde auf dem Karussell ist die Geschichte dieser Pilgerreise, die mit der materiellen Last des Körpers beginnt und Jahre später mit der Distanzierung vom Körper endet und der Suche nach dem, was am wenigsten körperlich an uns ist: die Seele? Ein Bewusstsein, das nie geboren wird und daher nie stirbt?

Die erste Etappe ist New York. Nachdem ich jahrzehntelang im Fernen Osten gelebt hatte, sehe ich mich ins Herz des extremsten Westens versetzt. Daraus entsteht, wie ein Buch im Buch, ein beklemmendes Porträt der USA als Speerspitze unserer Zivilisation und auch des gegenwärtigen Zerfalls unserer Zivilisation.

Nach Monaten in den USA kehre ich endlich »nach Hause« zurück, nach Indien, und auf der Suche nach etwas oder jemandem, der mir helfen kann, widme ich mich jenem fundamentalen Aspekt Indiens – seiner Spiritualität –, dem ich in Jahren des Journalismus nie hatte näherkommen können.

Ab da wird das Buch ein ungewöhnlicher Bericht über Indien, über seine stete Beziehung zum Göttlichen, über das Indien der Legenden und Mythen, der schönen Geschichten der Volksweisheit, die ich unterwegs auflese, mal indem ich als einfacher Schüler in einem Aschram lebe, mal indem ich als Patient in merkwürdige ayurvedische Krankenhäuser gehe oder mich in die Hände von wundersamen Ärzten begebe, die glauben, alles über den Menschen zu wissen, was man

wissen kann, dank der jahrtausendealten heiligen Texte, weil sich im Grunde nichts ändert, und all unsere Übel durch unsere Abkehr von der Natur und den Verlust unserer kosmischen Anbindung verursacht sind.
Jede Kultur hat ihre eigene Art, die Probleme des Menschen anzugehen, einschließlich Krankheit und Leid. Ich will mir keine dieser Arten entgehen lassen. Daher die Entschlossenheit, es mit der tibetischen Medizin aufzunehmen, mit der chinesischen, der indischen, mit der Homöopathie: Jedes Mal mit einem Meister, der mir die Grundprinzipien und die Geschichte seiner Disziplin erklärt. Daher der Besuch von Kursen in Yoga, Reiki und Qigong, die Begegnung mit den verschiedensten Persönlichkeiten, deshalb begebe ich mich auch in die absurdesten Situationen und erprobe als Erster die Energie in der Pyramide der Gesundheit, lasse mich auf den Philippinen von einem sehr berühmten Psychochirurgen »operieren«, lasse mich mit Pranotherapie behandeln oder unterziehe mich auf der Insel Ko Samui in Thailand einem langen Fasten mit Darmspülung. Jedes Mal probiere ich die Verfahren und Mittel an mir selbst aus.
Am Ende verwandelt sich die äußere Reise auf der Suche nach einer Behandlung in die innere Reise einer Rückkehr zu den göttlichen Wurzeln des Menschen. Die Reise wird allegorisch – von unten nach oben, von der Ebene ins Gebirge –, bis die zufällige Begegnung – zufällig? sicher nicht, denn nichts in unserem Leben geschieht zufällig –, bis die Begegnung mit einem alten Mann im Himalaja mir das Gefühl vermittelt, ich bin angekommen.
In meiner Hütte ohne Strom und Telefon, nur mit der großen Meisterin Natur, erfahre ich wieder den Wert der Stille, ihre Heiligkeit, und überzeuge ich mich davon, dass das Heilmittel der Heilmittel, die wahre Medizin für all unsere Übel darin besteht, unser Leben zu ändern, uns selbst zu ändern und mit dieser inneren Revolution unseren Beitrag zur Hoffnung auf ein besseres Leben zu leisten.
Von dem Alten lerne ich, Stunden vor einer Kerze zuzubringen in dem Versuch, die Harmonie der Gegensätze zu erfahren, dieses eine, in dem alles zusammenfällt.
Der Schluss? Nichts ist unnütz, alles dient zu etwas, der Geist spielt eine enorme Rolle in unserem Leben, und Wunder existieren, aber jeder muss der Schöpfer seines eigenen sein.
Ein dramatisches Ereignis ist für mich zum Ariadnefaden geworden, es bringt mich nicht nur dazu, meine Prioritäten zu überdenken, sondern auch meine Identität in Frage zu stellen, mich zu fragen, wer eigentlich dieses »Ich« ist, auf das wir alle so großen Wert legen, und mich selbst und die Welt von einem völlig anderen Standpunkt aus zu betrachten, aus einer anderen Perspektive als die, die wir automatisch einnehmen.

Noch eine Runde auf dem Karussell ist also ein Buch über Amerika, ein Buch über Indien, ein Buch über Schulmedizin und alternative Medizin, ein Buch über die vielen Arten und Weisen, wie vor allem die östlichen Kulturen das Problem des Menschen angehen; am Ende sind es viele Bücher in einem: ein helles und freundliches Buch, ein Buch über das, was nicht stimmt in unserem Leben als moderne Männer und Frauen, und über das was noch herrlich ist im Universum in uns und um uns herum.
Es ist mir ein großes Vergnügen, mit Einwilligung meines Verlages Longanesi, zwei Abschnitte aus dem Buch hier vorwegzunehmen: Der erste behandelt Indien, der zweite berichtet von meinem »zufälligen« Ankommen bei der Hütte zu Füßen des Nanda Devi, dem höchsten und göttlichsten Berg Indiens, im Angesicht dessen ich diese Zeilen geschrieben habe.
Eine große Umarmung an alle, t. t.
PS: Ich glaube, ein Buch wie dieses braucht nicht »präsentiert« zu werden. Was es zu sagen hat, sagt es selbst – hoffe ich –, und so habe ich beschlossen, nichts von dem zu machen, was man in Amerika »flogging« nennt, das Buch wie ein Pferd auf der Zielgraden vorwärtszupeitschen, indem man in Buchhandlungen, Restaurants oder noch schlimmer in den Talkshows des immer erbärmlicheren Fernsehens davon spricht. Den Fernseher abgeschaltet zu lassen, ist Teil des »Konsumverzichts«, von dem ich in dem Buch spreche und den ich für eine gute Art halte, sich auf den Weg unseres Heils zu begeben.

Terzani zieht sich nach Orsigna zurück und lehnt jeden Besuch ab, geschützt im Kreis der Familie verlebt er die letzten Monate, gibt lediglich dem Regisseur Mario Zanot ein Interview: *Anam, il senzanome. L'ultima intervista a Tiziano Terzani* (Anam, der Namenlose. Das letzte Interview mit Tiziano Terzani), Mailand 2005, und lässt die Gespräche mit seinem Sohn Folco aufzeichnen: *La fine è il mio inizio* (*Das Ende ist mein Anfang,* München 2007).
Am 28. Juli 2004 »verlässt er seinen Körper«, wie er sich gern ausdrückte.